Yvonne Hötzel
Debatten um die Todesstrafe in der Bundesrepublik Deutschland von 1949 bis 1990

Juristische Zeitgeschichte
Abteilung 3, Band 41

**Juristische Zeitgeschichte**
Hrsg. von Prof. Dr. Dr. Thomas Vormbaum
(FernUniversität in Hagen)

**Abteilung 3:**
**Beiträge zur modernen deutschen Strafgesetzgebung.**
**Materialien zu einem historischen Kommentar**

Band 41

Redaktion: Katharina Kühne, Dana Theil

De Gruyter

Yvonne Hötzel

# Debatten um die Todesstrafe in der Bundesrepublik Deutschland von 1949 bis 1990

De Gruyter

ISBN 978-3-11-024876-0
e-ISBN 978-3-11-024877-7

*Bibliografische Information der Deutschen Nationalbibliothek*

Die Deutsche Nationalbibliothek verzeichnet diese Publikation in der Deutschen Nationalbibliografie; detaillierte bibliografische Daten sind im Internet über http://dnb.d-nb.de abrufbar.



Druck: Hubert & Co. GmbH & Co. KG, Göttingen
♾ Gedruckt auf säurefreiem Papier

Printed in Germany

www.degruyter.com

# Vorwort

Die Arbeit wurde im November 2009 im Fachbereich Rechtswissenschaften der FernUniversität in Hagen als Dissertation angenommen.

Mein ganz besonderer Dank gilt meinem verehrten Doktorvater Prof. Dr. Dr. Thomas Vormbaum, der mir die grundsätzliche Möglichkeit eröffnete die vorliegende Arbeit zu verfassen und die Anregung zu diesem Thema gab. Seine langjährige, anhaltend wohlwollende Unterstützung, seine ständige Bereitschaft zur fachlichen Diskussion sowie die vielen konstruktiven Ratschläge haben maßgeblich zur Realisierung dieser Arbeit beigetragen.

Bedanken möchte ich mich auch bei Herrn Prof. Dr. Dr. h.c. mult. Günter Bemmann für die zügige Erstellung des Zweitgutachtens. Den Mitarbeitern des Bundesarchivs Koblenz und der Friedrich-Ebert-Stiftung danke ich für die freundliche und kompetente Hilfe während meiner Recherchearbeiten. Weiteren Dank gilt den Mitarbeitern des strafrechtlichen Lehrstuhls der FernUniversität in Hagen, die mich während der ganzen Dissertation stets freundlich unterstützt haben.

Widmen möchte ich diese Arbeit meiner Mutter Christel Hötzel, der ich von ganzem Herzen danke für ihre uneingeschränkte Förderung meiner Ausbildung sowie dafür, dass sie mir auf meinem Lebensweg stets liebevoll und bedingungslos zur Seite steht. Meinem Lebensgefährten Luca d'Elia danke ich für sein offenes Ohr in schwierigen Zeiten der Dissertation, für die vielen wertvollen fachlichen Anregungen und für sein unermüdliches und zeitintensives Korrekturlesen meiner Arbeit.

Eure fortwährende Unterstützung, euer Verständnis und eure oft endlose Geduld haben mir den notwendigen Rückhalt zur Durchführung dieser Arbeit gegeben.

Herten, im Mai 2010 *Yvonne Hötzel*

# Inhaltsverzeichnis

## ZWEITER TEIL: BEMÜHUNGEN UM DIE WIEDEREINFÜHRUNG DER TODESSTRAFE

ANHANG

# ERSTER TEIL:
# DIE ABSCHAFFUNG DER TODESSTRAFE

# 1. Kapitel:
# Einleitung

Am 24. Mai 1949 trat in der Bundesrepublik Deutschland Art. 102 des Grundgesetzes[1] mit dem Wortlaut

> „Die Todesstrafe ist abgeschafft."

in Kraft.

Nach fast 100 Jahren Reformbestrebungen der Abolitionisten in den deutschen gesetzgebenden Körperschaften[2] fand damit die Geschichte der Todesstrafe ihr vorläufiges Ende, nachdem sie im Verlauf der zwölfjährigen Epoche der Willkürherrschaft der Nationalsozialisten seit dem Jahre 1933 zu einem Terrorinstrument[3] geworden war – eingesetzt zur Einschüchterung, Unterdrückung und Vernichtung politischer Gegner und „Minderheiten", die nicht in das Weltbild der Nationalsozialisten passten. Belegt wird dies zum einen durch einen Satz Goebbels, der argumentierte, es sei nicht vom Gesetz auszugehen, sondern vom Entschluss, der Mann müsse weg.[4] Zum anderen schrieb Roland Freisler

---

1 Artikel ohne Gesetzesangabe sind solche des Grundgesetzes.

2 Im einzelnen siehe *Bernhard Düsing*, Die Geschichte der Todesstrafe sowie *Richard Evans*, Rituale der Vergeltung.

3 Sowohl die Zahl der Tatbestände, welche die Todesstrafe androhten, als auch die Zahl der Todesurteile und ihre Vollstreckung stiegen in einem bis dahin noch nie da gewesenen Ausmaß. Bis 1933 bestanden nur drei Straftatbestände, die mit dem Tode bestraft waren: Mord, Sklavenraub mit Todesfolge und verbrecherische Sprengstoffdelikte mit Todesfolge. Infolge der nationalsozialistischen Regierungsgewalt erhöhten sich die Straftatbestände auf sechsundvierzig, unter anderem für solche Tatbestände wie „Schutz der Sammlung von Wintersachen für die Front" oder Abbruch der Schwangerschaft, wenn dadurch die Lebenskraft des deutschen Volkes beeinträchtigt wurde. Ein besonders eindringliches Beispiel war die „Verordnung über die Strafrechtspflege gegen Polen und Juden in den eingegliederten Ostgebieten" v. 4.12.1941 (RGBl. I S. 759), wonach die Todesstrafe als Regelstrafe zu verhängen war, wenn Personen eine deutschfeindliche Gesinnung bekunden oder durch ihr sonstiges Verhalten das Ansehen oder Wohl des deutschen Reiches oder des deutschen Volkes herabsetzen oder schädigen. Weiterhin war danach die Todesstrafe nicht nur in den Fällen, wo das Gesetz sie androht, möglich, sondern auch da, wo das Gesetz die Todesstrafe nicht vorsieht, „wenn die Tat von niedriger Gesinnung zeugt oder aus anderen Gründen besonders schwer ist; in diesen Fällen ist die Todesstrafe auch gegen jugendliche Schwerverbrecher zulässig". Für eine vollständige Aufzählung der einschlägigen Gesetze siehe *Düsing*, a.a.O., S. 200ff.

4 Siehe *Martin Broszat*, Zur Perversion der Strafjustiz im dritten Reich, in: Vierteljahresheft der Zeitgeschichte (1958) 4. Heft, S. 360.

– Staatssekretär im Reichsjustizministerium und späterer Präsident des Volksgerichtshofs –,

> „das deutsche Strafrecht [habe] die Funktion einer dauernd arbeitenden Selbstreinigungsapparatur, die alle Friedensstörer mit allen zur Verfügung stehenden Mitteln zu bekämpfen und zu vernichten hat.“[5]

Die Zahl der verhängten und vollstreckten Todesurteile kann lediglich geschätzt werden, da nach Kriegsbeginn die statistischen Quellen völlig zum Erliegen kamen. Geschätzt wird die Zahl der Todesurteile auf insgesamt ca. 16.000, zu denen weitere 25.000 durch die Militärgerichte kommen.[6,7] Schlüter kommt für den Volksgerichtshof zu dem Ergebnis, dass im Zeitraum zwischen Juni 1942 bis Februar 1944 der Anteil der Todesstrafen mit fast 60% seinen Höchstwert erreichte. Jeder zweite Angeklagte wurde zum Tode verurteilt.[8] Hinzu kommen hunderttausende Hinrichtungen in den besetzten Ländern, vor allem Frankreich, Holland, Tschechoslowakei, Polen und UdSSR.[9]

Vor diesem geschichtlichen Hintergrund sollte man annehmen, die Öffentlichkeit habe nach dem Zusammenbruch des NS-Regimes die sofortige und gänzliche Abschaffung der Todesstrafe gefordert, zumindest jedoch in der Mehrheit befürwortet. Dies war jedoch nicht der Fall. Bei einer demoskopischen Umfrage im Spätherbst 1948 ergab sich, dass gut 74% der deutschen Bevölkerung für

---

5 Siehe *Roland Freisler* in: Franz Gürtner, Das kommende deutsche Strafrecht, S. 13ff., zitiert in: *Olaf Hohmann*, Die Geschichte der Todesstrafe in Deutschland.

6 Siehe *Horst Dreier*, GG-Kommentar, Bd. 3, Art. 102; basierend auf Zahlen nach *F.-C. Schroeder*, Nachwort in: Johann Dachs, Tod durch das Fallbeil, S. 145ff. Für die Militärgerichtsbarkeit zitiert *Dreier* ebenfalls *Gritschneder*, der darüber hinausgehend ungefähr 50.000 Todesurteile und ca. 20.000 Hinrichtungen annimmt. Vgl. *Otto Gritschneder*, Furchtbare Richter, S. 9ff. Vgl. auch *Evans*, a.a.O., S. 694, 916f.

7 *Professor Bockelmann* benennt später allein für die Zivilgerichte eine Gesamtzahl von mindestens 18.141 Todesurteilen. Er stützt sich hierbei auf statistische Unterlagen des BJM, sowie eine Veröffentlichung von *Blau* (ZStW Bd. 64 [1952], S. 31ff.), die auf einem Exemplar der Reichskriminalstatistik von 1939 bis 1943 basiert, das man 1945 in den Trümmern eines Berliner Regierungsgebäudes gefunden hatte. Danach hatte die Zahl der Todesurteile bis Mitte 1943 8.359 betragen. Auf dieser Grundlage rechnete Bockelmann anteilig die fehlenden Zahlen für die zweite Hälfte des Jahres 1943 bis 1945 hoch. Siehe Niederschrift über die 108. Sitzung der Großen Strafrechtskommission v. 17.10.1958, Bd. 11, Beratungen zur Todesstrafe, S. 15 sowie Anhang Nr. 17.

8 Siehe *Holger Schlüter*, Die Urteilspraxis des nationalsozialistischen Volksgerichtshofes, S. 225. Zitiert in: *Hohmann*, a.a.O. Zur Ausdehnung des Anwendungsbereichs der Todesstrafe durch die nationalsozialistische Gesetzgebung siehe *Düsing*, a.a.O., S. 200ff.; *Evans*, a.a.O., S. 624ff.

9 Siehe *Frank Müller*, Streitfall Todesstrafe, S. 77.

die Beibehaltung der Todesstrafe in Deutschland war.[10] Düsing führt diese Volksstimmung unter anderem darauf zurück, dass der „Umfang der verhängten und vollstreckten Todesurteile der großen Mehrheit ebenso unbekannt geblieben war, wie der Umfang der Euthanasieverbrechen in den Konzentrationslagern". Hinzu komme, dass sowohl Soldaten als auch die gesamte Bevölkerung unter der ständig herrschenden Todesangst abgestumpft und durch die wirtschaftliche Not der Nachkriegszeit verhärtet gewesen seien. Gerade in den durch die Waffenlosigkeit der deutschen Polizei und durch eine ununterbrochene Kette schwerster Morde, Raubmorde und anderer Gewaltdelikte gekennzeichneten, ersten Nachkriegsjahren, sei die Todesstrafe als das letzte Schutzmittel erschienen.[11]

Umso erstaunlicher war die Entscheidung des Gesetzgebers, sich bei der Gestaltung des Grundgesetzes – wenn auch nur als Provisorium gedacht, stellte es immerhin die Grundlage des demokratischen Zusammenlebens des neu aufzubauenden deutschen Staates dar – bewusst gegen die öffentliche Meinung zu wenden.

Dieser Diskrepanz zwischen öffentlicher Meinung und Gesetzgeber will diese Arbeit unter Zugrundelegung Parlamentarischer Debatten, anhand von Akten des Bundesjustizministeriums sowie durch die Auswertung der Tagespresse und demoskopischer Erhebungen für die Bundesrepublik vom Zeitpunkt ihrer

10 Siehe Allensbacher Berichte des Instituts für Demoskopie (IfD), Spätherbst 1948. Die Fragestellung lautete: „Wenn ein neues deutsches Strafgesetzbuch eingeführt werden sollte, wären Sie dann für Beibehaltung oder für Abschaffung der Todesstrafe?" Insgesamt befürworteten 37% die unbedingte Beibehaltung der Todesstrafe, und 37% die Beibehaltung in besonderen Fällen. Nur 21% sprachen sich für die Abschaffung aus. Allgemein kann festgestellt werden, dass die Männer und die unter 30-jährigen die stärkeren Befürworter der Todesstrafe waren. Die Zustimmung der jungen Jahrgänge führte Allensbach auf die Nachwirkungen der nationalsozialistischen Erziehung zurück. Weiter wurde untersucht, für welche Delikte die Deutschen die Anwendung der Todesstrafe befürworteten. Hierbei sprach sich mit 73% eine starke Mehrheit für die Anwendung bei Mord und Sittlichkeitsverbrechen aus. Für politische Delikte hingegen fand sich generell keine Mehrheit unter den Befragten. Im Gegenteil, es sprachen sich nahezu drei Viertel der Befragten in diesem Punkt gegen die Todesstrafe aus. Bei einer Betrachtung der Delikte mit politischem Charakter fiel dem IfD auf, dass der erst jüngst entstandene Begriff „Verbrechen gegen die Menschlichkeit" – entgegen der allgemeinen Ablehnung für politische Delikte – eine sehr hohe Zahl von Stimmen erhielt, die die Todesstrafe billigten. Das Allensbacher Institut meinte aufgrund der Kommentare der Befragten eine „gewisse Anzüglichkeit" der Befragten feststellen zu können, da die Befragten im Zusammenhang mit der Bejahung der Todesstrafe für Verbrechen gegen die Menschlichkeit öfter auf die politischen Vorgänge in der Ostzone angespielt hatten.

11 Siehe *Düsing*, a.a.O., S. 224f.

Geburt bis hin zur Wiedervereinigung mit dem ostdeutschen Teil auf den Grund gehen.[12]

Im ersten Teil sollen zunächst die Gründe für diese „unpopuläre“ Entscheidung untersucht werden. Warum haben die Mitglieder des Parlamentarischen Rates der Meinung des deutschen Volkes nicht Rechnung getragen? War das Entsetzen über die Gräueltaten der nationalsozialistischen Zeit so übermächtig, dass die Abschaffung lediglich ein Reflex auf ein grausames Unrechtssystem darstellte? Waren vielleicht zum Zeitpunkt der Abschaffung der Todesstrafe durch das Grundgesetz die Abolitionisten mehrheitlich im Parlamentarischen Rat vertreten, so dass kein Spiegelbild der öffentlichen Meinung bestand? Hatten die Verfassungsgeber im Gegensatz zur breiten Masse die erforderlichen juristischen Sachkenntnisse, um die nötige Distanz zu dem emotional diskutierten Thema zu wahren? Oder wollten sie, wie es Mittermaier[13] angedeutet hat, nur ihre eigene Haut und die von Freunden und Familienmitgliedern retten?

Wie der ehemalige Bundesjustizminister Thomas Dehler geschrieben hat, war die Verabschiedung der Regelung des Art. 102 nicht der Schlusspunkt in der deutschen Geschichte der Todesstrafe, wohl aber ein Meilenstein.[14] Insgesamt acht Mal beschäftigte sich allein der deutsche Bundestag nach Inkrafttreten des verfassungsrechtlichen Todesstrafenverbots mit verschiedenen Begehren zur Wiedereinführung der Todesstrafe. Daneben wurde die Todesstrafe zahlreiche Male im Zusammenhang mit anderen Fragen thematisiert. Aus diesem Grund sollen im zweiten Teil der Arbeit die unterschiedlichen Bestrebungen zur Wiedereinführung der Todesstrafe erforscht werden – im Wandel der jeweils amtierenden Bundesjustizminister. Hierbei soll es nicht darum gehen, diejenigen, die für die Todesstrafe eintreten, moralisch zu bewerten. Vielmehr geht es um eine objektive Betrachtung der Motive: Was bewegte den Einzelnen dazu, sich für die Wiedereinführung der höchsten Strafart einzusetzen? Aus welchen Gründen flammte die Diskussion um die Todesstrafe, trotz ihrer Abschaffung, in den nächsten Jahrzehnten immer wieder auf? Parallel hierzu soll die Entwicklung der öffentlichen Meinung für und wider die Todesstrafe dargestellt und gleichzeitig untersucht werden, ob und wenn ja, welche Rolle die öffentliche Meinung bei den Wiedereinführungsbegehren spielte.

---

12 Hierfür wurden vorrangig 41 Akten des Bundesjustizministeriums zum Thema „Todesstrafe“, demoskopische Ergebnisse verschiedener Meinungsforschungsinstitute sowie die Tagespresse und Magazine für den Zeitraum von 1949 bis 1990 ausgewertet.

13 *Wolfgang Mittermaier*, Die Todesstrafe in Deutschland abgeschafft, in: ZStR, 64 (1949), S. 369f.

14 Siehe Vorwort *Dehlers*, in: Düsing, a.a.O.

Im Laufe der Zeit wandelte sich die öffentliche Meinung. Seit den späten siebziger Jahren gab es in den westdeutschen Ländern der Bundesrepublik immer eine stabile Mehrheit gegen die Todesstrafe. Waren es bei Inkrafttreten des Grundgesetzes noch 74% der Befragten, die die Todesstrafe uneingeschränkt befürworteten, sprachen sich kurz vor der Wiedervereinigung Deutschlands nur noch 22% bedingungslos für die Todesstrafe aus.[15] Diese Entwicklung schien die These Lazarsfeld zu bestätigen: „Wenn ein Gesetz beschlossen wird, folgt über kurz oder lang die Mehrheit der Bevölkerung nach."[16] Den Ursachen des in der Öffentlichkeit vor sich gegangenen Wandels soll im dritten Teil dieser Arbeit Rechnung getragen werden.

---

15 Siehe Allensbacher Berichte des Instituts für Demoskopie, Oktober 1986.

16 *Paul F. Lazarsfeld*, Public Opinion and the Classical Tradition, in: The Public Opinion Quarterly, Vol. XXI, No.1, S. 39ff. Zitiert von *Elisabeth Noelle-Neumann*, in: Rechtsbewusstsein im wiedervereinigten Deutschland, Institut für Demoskopie Allensbach v. 8.3.1995.

# 2. Kapitel: Der Abschaffungsartikel im Gefüge des Grundgesetzes

Wie Evans feststellt, machten die Erfahrungen der Nachkriegszeit[1] – die Verhängung der Todesstrafe durch die Alliierten und vor allem ihre Wiederaufnahme durch die deutsche Justiz nach Maßgabe des Strafgesetzbuches von 1871 – eine Abschaffung der Todesstrafe wenig wahrscheinlich. Alles deutete auf eine Wiederherstellung des traditionellen deutschen Systems des Kriminalrechts und der Strafrechtspflege hin.[2] Die Legitimation der deutschen Rechtstradition war durch die Ereignisse der nationalsozialistischen Zeit nicht ernsthaft in Frage gestellt worden,

> „am wenigsten vom Richterstand selbst, dessen Mitglieder zumeist bereitwillig an der Perversion der Justiz des Dritten Reichs mitgewirkt hatten. Aus ihrer Sicht markierte die Neuauflage des Strafgesetzbuches von 1871 die Rückkehr zu einer gesunden vernünftigen Rechtspraxis, die nicht leichtfertig abgeschafft werden durfte."[3]

Auch das deutsche Volk sah keine Notwendigkeit für die Abschaffung der Todesstrafe. Bei rund 74% Zustimmung innerhalb des westdeutschen Volkes für die Beibehaltung der Strafe überrascht es nicht, dass Initiativen,[4] die in der Nachkriegszeit für die Abschaffung der Todesstrafe gekämpft hatten, kaum Erfolge hatten verzeichnen können. Solche Initiativen scheiterten meist schon

---

1 Siehe hierzu ebenfalls *Düsing*, a.a.O., S. 224ff.

2 So *Evans*, a.a.O., S. 922. Hatten doch die Alliierten bei der Besetzung Deutschlands 1945 sämtliche, von den Nationalsozialisten erlassenen Gesetze, durch Artikel 4 Abs. 8 des „Gesetz Nr. 1" des Alliierten Oberkommandos in Deutschland aufgehoben, mit Ausnahme für Taten, die durch ein vor dem 30.1.1933 geltendes oder durch ein von der Militärregierung oder mit deren Ermächtigung verkündetes Gesetz mit dem Tode bedroht wird. Damit war das alte Reichsstrafgesetzbuch von 1871 in der Fassung von Anfang 1933 wieder in Kraft getreten, d.h. auch die Anwendung der Todesstrafe bei Mord. Vgl. auch *Düsing*, a.a.O., S. 224 sowie *Hans Wrobel*, Strafjustiz im totalen Krieg, S. 53.

3 Näheres siehe *Evans*, a.a.O., S. 922.

4 Die frühere Friedensbewegung *Deutsche Liga für Menschenrechte* konnte in den Westzonen nicht wieder erfolgreich Fuß fassen. Auch einer Kampagne der *Gesellschaft der Freunde*, eine Gruppe von Quäkern, welche Rundschreiben an zentrale und regionale Regierungen und Verwaltungen schickten und in Eingaben an verfassungsgebende Versammlungen für die Abschaffung plädierten, war wenig Erfolg beschert. Näheres siehe *Evans*, a.a.O., S. 923.

an den Bundesländern,[5] die sich in der Mehrzahl nachdrücklich für die Beibehaltung der Todesstrafe aussprachen und erreichten somit gar nicht erst die breite Öffentlichkeit. Auch namhafte Juristen, wie z.B. der frühere Reichsjustizminister Gustav Radbruch oder Hans v. Hentig, die seit jeher für die Abschaffung eintraten, erreichten die Öffentlichkeit nicht, da sie zumeist ihre Appelle nur in von der deutschen Bevölkerung wenig beachteten Medien veröffentlichten.[6]

Letztlich waren auch die strafrechtlichen Maßnahmen der Alliierten wenig geeignet, der Wiedereinführung der Todesstrafe in Deutschland entgegenzuwirken. Wurden doch allein in der britischen Zone zwischen den Jahren 1945 und 1949 von britischen Gerichten nicht weniger als 587 Todesurteile gefällt und 398 vollstreckt.[7] Ohnehin waren die vier Alliierten überzeugte Anhänger der Todesstrafe. Hinrichtungen wegen Landesverrats, Meuterei und anderen militärischen Straftaten waren während des Krieges in Großbritannien, Frankreich, den USA und der Sowjetunion gängige Strafpraxis.[8]

Umso überraschender war die letztendliche Entscheidung des Parlamentarischen Rats gegen die höchste Strafform und für ein entsprechendes Verfassungsverbot – traf sie doch die meisten Beobachter völlig unvorbereitet. Gustav Radbruch, Verfechter der Abschaffung der Todesstrafe schon zu Zeiten der Weimarer Nationalversammlung, würdigte diese Wendung als „eine Überraschung für alte Gegner der Todesstrafe und für Fachmänner des Strafrechts".[9]

---

5 Die meisten Länder wurden von der Christlich-Demokratischen Union (CDU) bzw. Bayern von der Christlich-Sozialen Union (CSU) regiert, die fest in der Tradition des politischen Katholizismus, der schon immer für die Todesstrafe gewesen war, standen. Siehe *Evans*, a.a.O., S. 923f.

6 Siehe *Gustav Radbruch*, Die Erneuerung des Rechts, in: Die Wandlung, 2. Jahrg. (1947), Heft 1, S. 8ff. sowie Ars moriendi, in: ZStR, 59 (1945) S. 460ff. Für *Hans v. Hentig* siehe Crime, Causes and Conditions sowie The Criminal and his Victim. In entsprechenden Beiträgen lehnten auch die Rechtswissenschaftler *Eberhard Schmidt* (Einführung in die Geschichte des dt. Strafrechts; Goethe und das Problem der Todesstrafe, in: ZStR, 63 [1948] S. 444ff.); *Helmut Coing* (Die obersten Grundsätze des Rechts) sowie *Theodor Rittler* (Die Todesstrafe und das 20. Jahrhundert, in: Wort und Wahrheit, Feb. 1948, S. 93ff.) u.a. die Todesstrafe ab. Im einzelnen siehe *Düsing*, a.a.O., S. 225ff. Vgl. auch *Evans* a.a.O. S. 925.

7 Im Vergleich dazu, waren von deutschen Gerichten in der gleichen Zeit „nur" 38 Todesurteile gefällt und 14 Verurteile hingerichtet worden. Näheres siehe *Düsing*, a.a.O., S. 230; *Evans*, a.a.O., S. 922.

8 Siehe *Evans*, a.a.O., S. 883.

9 Tag v. 25.06.1949 „Das Ende der Todesstrafe".

Im Wandel der westlichen Sicherheitsinteressen in dem sich verschärfenden Ost-West-Konflikts hatten die Westalliierten zusammen mit den Benelux-Ländern ihre Bemühungen um militärische und wirtschaftliche Zusammenarbeit verstärkt und vor diesem Hintergrund den Aufbau eines westdeutschen Staates als zukünftiger Bündnispartner gegen den Osten beschlossen. Um ein schnelles Zustandekommen eines neuen westdeutschen Teilstaates zu gewährleisten, wurde auf Anweisung der drei Militärgouverneure eine verfassungsgebende Versammlung der Westzonen eingesetzt: der Parlamentarische Rat. Die Ziele für die staatliche Rekonstruktion bestimmten die Alliierten in den „Frankfurter Dokumenten".[10] Im Vorfeld bestellte die Ministerpräsidenten-Konferenz vom 25. Juli 1948 zur Vorbereitung der Arbeiten zunächst einen Ausschuss von Verfassungsexperten: den Verfassungskonvent auf Herrenchiemsee.

## A) Verfassungskonvent auf Herrenchiemsee im August 1948

In der Zeit vom 10. bis zum 23. August 1948 erarbeitete dieses unabhängige Sachverständigengremium – gestützt auf einen bayerischen Entwurf eines Grundgesetzes, der im Wesentlichen auf Gedankengängen des von vorwiegend süddeutschen CDU- und CSU-Abgeordneten gebildeten Ellwanger Entwurfs beruhte[11] – ein Gutachten über den Entwurf eines Grundgesetzes, auf dessen Grundlage der Parlamentarische Rat eine Verfassung für die Bundesrepublik Deutschland verabschieden sollte.

Bevor die Verfassungsfragen im Plenum des Konvents diskutiert werden konnten, bildeten sich Unterausschüsse, die sich mit den einzelnen Themen befassten. In der 5. Sitzung des Unterausschusses I wurde durch die Mitglieder Justus Danckwerts, Hermann Brill und Carlo Schmid die Frage nach einem Verbot der Todesstrafe im Zusammenhang mit den Grundrechten aufgeworfen. Auf Anregung Danckwerts kam der Unterausschuss jedoch überein, in dem Schlussbericht lediglich das Problem aufzuzeigen und auf die Notwendigkeit einer Entscheidung durch den Parlamentarischen Rat zu verweisen, ohne selbst eine Stellungnahme abzugeben.[12] Dieser Linie blieb der Unterausschuss I treu und bestätigte sie in der 8. Sitzung. Dort hieß es:

> „Es besteht Übereinstimmung darin, dass nicht mehr, wie im vergangenen Recht, eine Anhäufung der Androhungen von Todesstrafe vorkommen dürfe. Es wird beschlossen, sich auf die Anregung an den Parlamentarischen Rat zu beschränken,

---

10 Siehe *Karl Kroeschell*, Rechtsgeschichte Deutschlands im 20. Jahrhundert, S. 195ff.

11 *Ivo Zeiger*, Das Bonner Verfassungswerk, in: Stimmen der Zeit 1949, S. 161ff. Zitiert von *Düsing*, a.a.O., S. 277.

12 Siehe *Peter Bucher*, Der Parlamentarische Rat 1948–1949, Bd. 2, S. 218.

der Abschaffung der Todesstrafe, insbesondere hinsichtlich politischer Straftaten, sein Augenmerk zuzuwenden." [13]

In der sich anschließenden Plenarsitzung des Konvents am 23. August 1948 konnten sich die Mitglieder im Rahmen der Diskussion über die „Rechtspflege" lediglich auf eine Anregung zur Regelung der Frage der Todesstrafe im Parlamentarischen Rat einigen. In dem offiziellen Bericht des Verfassungskonvents ist als Ergebnis der Diskussion dann auch folgende Stellungnahme zu finden:

> „Schließlich wurde im Zusammenhang mit den Grundrechten erwogen, ob in das Grundgesetz ein Verbot der Todesstrafe aufgenommen werden soll. Die Meinungen hierüber waren geteilt. Weil es sich um eine eminent politische Frage handelt, wurde beschlossen, sich auf die Anregung an den Parlamentarischen Rat zu beschränken, der Frage der Abschaffung der Todesstrafe – insbesondere im Bezug auf politische Delikte – sein Augenmerk zuzuwenden."[14]

Im Ergebnis kann aus der abschließenden Stellungnahme des Verfassungskonvents weder eine abschaffungsfreundliche noch abschaffungsfeindliche Ansicht entnommen werden.[15]

Dennoch lässt sich, da der Verfassungskonvent die Notwendigkeit der Diskussion über dieses Thema erkannte und dem Parlamentarischen Rat nahe legte, diese Diskussion aufzunehmen, vermuten, dass eine abschaffungsfreundliche Tendenz bestand, zumindest für bestimmte Delikte wie z.B. politische Straftaten. Wie aus den Protokollen der 8. Sitzung des Unterausschusses I zu entnehmen ist, waren die Mitglieder des Verfassungskonvents zwar davon überzeugt, dass auch im zukünftigen deutschen Staat die Anwendung der Todesstrafe rechtmäßig sei.[16] Es bestand jedoch Einigkeit darüber, dass die Anwendung der Todesstrafe einer Eingrenzung bedurfte – insbesondere hinsichtlich politischer Straftaten –, um einen Missbrauch durch den Staat zu verhindern, wie es unter der NS-Herrschaft der Fall gewesen war. Hinzu kam sicherlich die Unschlüssigkeit, ob die Abschaffung der Todesstrafe vorab im Grundgesetz aufgenommen werden sollte oder dies Sache des Strafrechts und damit des

---

13 Ebd.

14 Bericht über den Verfassungskonvent auf Herrenchiemsee 10.–23.8.1948. Ebenso *Düsing*, a.a.O., S. 277.

15 *Düsing* entnahm der Stellungnahme, „dass ausgesprochene Verfassungssachverständige Bedenken gegen die Aufnahme einer Abschaffungsbestimmung in das Grundgesetz ebenso wenig trugen, wie die Schöpfer der Verfassungen von Portugal, Italien, Österreich, der Schweiz (Bund und mehrere Kantone), Nicaragua, Kolumbien, Ecuador und Uruguay." Siehe *Düsing*, a.a.O., S. 277.

16 Siehe *Bucher*, a.a.O.; *Eberhard Pikart/Wolfram Werner*, Der Parlamentarische Rat 1948–1949, Bd. 5, S. 19.

späteren Bundesgesetzgebers sei. Um einer endgültigen Beantwortung der Frage nach der Abschaffung und insbesondere nach dem Ort einer solchen Regelung aus dem Weg zu gehen, begnügte sich der Verfassungskonvent mit der Anregung, diese bedeutsame Frage im Parlamentarischen Rat zu diskutieren.

## *B) Der Parlamentarische Rat*

Am 1. September 1948 trat der Parlamentarische Rat in Bonn zusammen; sein Präsident wurde der frühere Kölner Oberbürgermeister Konrad Adenauer (CDU), Vorsitzender des Hauptausschusses wurde der südwürttembergische-hohenzollersche Justizminister Carlo Schmid (SPD). Zusammengesetzt war die verfassungsgebende Versammlung aus Mitgliedern, die nicht vom Volke, sondern von den Landtagen der einzelnen Länder entsandt worden waren.[17] Im Parlamentarischen Rat waren letztlich insgesamt 65 stimmberechtigte Abgeordnete und 5 weitere, jedoch nicht stimmberechtigte Abgeordnete aus West-Berlin, vertreten.[18] Adenauer begründete die Einladung der 5 West-Berliner Abgeordneten später damit, dass ihre Anwesenheit die Verbundenheit Deutschlands mit Berlin besonders ausdrücken und das Bestreben Deutschlands unterstreichen sollte, auch West-Berlin unter das neue Grundgesetz fallen zu lassen.[19] Die Aufteilung unter den Parteien sah wie folgt aus: Je

---

17 Nach den Vorgaben der Militärgouverneure war die Zahl der Ratsmitglieder so zu bestimmen, dass die „Gesamtzahl" der Bevölkerung nach der letzten Volkszählung durch 750.000 oder eine ähnlich von den Ministerpräsidenten vorgeschlagene und von den Militärgouverneuren gebilligte Zahl geteilt wird. Die Anzahl der Abgeordneten aus jedem Land sollte im selben Verhältnis zur Gesamtzahl der Mitglieder der verfassungsgebenden Versammlung stehen, wie seine Bevölkerung zur Gesamtbevölkerung der beteiligten Länder. Siehe *Kroeschell*, a.a.O., S. 196; ebenso Einl. Kommentar zu Bonner Grundgesetz, (1950), S. 40f.

18 Viele seiner Mitglieder waren bereits dreißig Jahre zuvor an Debatten über die Todesstrafe beteiligt, so z.B. *Helene Weber* von der CDU oder der nicht stimmberechtigte 73-jährige sozialdemokratische Abgeordnete *Paul Loebe*, die beide Mitglieder der Weimarer Nationalversammlung waren. Der Anteil der Akademiker, der in der Weimarer Nationalversammlung nur ein Drittel betrug, stieg im Parlamentarischen Rat auf zwei Drittel an. Ebenso stieg im Verhältnis zur Weimarer Zeit die Zahl der teilnehmenden Professoren. 43 Mitglieder des Parlamentarischen Rates waren Beamte, was der Versammlung auch den Namen „Beamtenparlament" einbrachte. Nur ein Abgeordneter bezeichnete sich als Arbeiter, der Kommunist *Reimann*. Im einzelnen siehe *Düsing*, a.a.O., S. 277f. Vgl. auch *Evans*, a.a.O., S. 928f.; *Rainer Salzmann*, Die CDU/CSU im Parlamentarischen Rat, Bd. 2.

19 *Konrad Adenauer*, Erinnerungen 1945–1953, Bd. 1, S. 151.

27 Mitglieder der CDU/CSU und der SPD; 5 Mitglieder der FDP sowie je 2 Mitglieder der Deutschen Partei, des Zentrums und der KPD.[20]

Die Stimmverteilung im Parlamentarischen Rat führte zu einer Pattsituation zwischen den beiden großen Fraktionen CDU/CSU und SPD, was die Durchsetzung politischer Ziele erschwerte. Historisch betrachtet war jedoch zu erwarten, dass die SPD traditionsgemäß für die Abschaffung der Todesstrafe, die Union dagegen für eine Beibehaltung der Todesstrafe votieren würde. Somit waren die Stimmen der anderen Parteien stimmentscheidend dafür, ob die Todesstrafe durch das Grundgesetz beseitigt würde. Um sich gegen die Vorstellungen der SPD durchzusetzen, versuchte die CDU/CSU-Fraktion im Parlamentarischen Rat und auch noch später, neben der Deutschen Partei als verlässlichem Partner die FDP zu einer Zusammenarbeit zu bewegen und das, obwohl CDU-Vorsitzender Adenauer die Freien Demokraten als „absolut unzuverlässig"[21] einstufte.

Bei Betrachtung der Diskussion über die Abschaffung der Todesstrafe im Parlamentarischen Rat fällt insbesondere ins Auge, dass weder in den Sitzungen des Hauptausschusses noch in denen des Plenums die klassischen Argumente für und wider die Todesstrafe, wie in den vergangenen gesetzgebenden Körperschaften, auftauchen. Im Vordergrund stand der Schrecken des nationalsozialistischen Regimes, die Unmenschlichkeit jener Zeit und der Schrekken des Krieges sowie die Verpflichtung des deutschen Volkes vor seiner Geschichte, von dieser Zeit deutlich Abstand zu nehmen. Die Gegner der Todesstrafe nutzten die einmalige, durch die geschichtlichen Ereignisse begründete Chance, indem sie, unter Vermeidung der klassischen Argumente gegen die Todesstrafe, an die menschliche Seite der Gegner, die infolge von Diktatur und Krieg so sensibel wie selten zuvor war, appellierten. Den Weg in die inhaltliche Diskussion wählten nicht einmal überzeugte Befürworter der Todesstrafe. Sie formulierten lediglich formelle Bedenken gegen die Regelung im Grundgesetz und forderten, die Entscheidung über das Schicksal der Todesstrafe dem künftigen Bundesgesetzgeber zu überlassen, wohl in der Hoffnung, dass die Gräueltaten des NS-Regimes bis dahin verblassten und sich die Bun-

---

20 Damit, so *Evans*, war der Parlamentarische Rat repräsentativer als der ernannte Verfassungskonvent, aber kleiner als die Versammlungen, die 1918, 1870 und 1848 über die Frage der Todesstrafe beraten hatten. Gleichwohl verfüge er über eine stark repräsentative, demokratische Legitimationsbasis. Siehe *Evans*, a.a.O., S. 928.

21 *Adenauer* hatte auf einer Tagung in Königswinter erklärt, die FDP sei absolut unzuverlässig und in ihren Meinungen geteilt, sodass es außerordentlich schwierig sei, mit ihr einig zu werden. Siehe *Salzmann*, a.a.O., S. XII.

destagsabgeordneten nicht mehr verpflichtet fühlen würden, der politischen Vergangenheit Rechnung zu tragen.[22]

## *I. Die Abschaffungsdebatte im Hauptausschuss*

Zunächst befasste sich der Hauptausschuss des Parlamentarischen Rats mit dem Entwurf des Grundgesetzes. In diesem fanden auch die Erörterungen über die Abschaffung der Todesstrafe ihr Schwergewicht. Der Hauptausschuss bestand aus 21 Mitgliedern; jeweils 8 Abgeordnete der CDU und SPD, 2 Abgeordnete der FDP und je 1 Mitglied der Deutschen Partei, KPD und Zentrumspartei.[23]

### *1. Erste Lesung (6. Dezember 1948)*

Initiatorin des Prozesses der Abschaffung der Todesstrafe war nicht etwa die sozialdemokratische Partei (SPD), obwohl sich seit 1906 in ihren Grundsatzprogrammen die Forderung nach Abschaffung der Todesstrafe finden lässt.[24] Stattdessen brachte ein Mitglied der rechtslastigen Deutschen Partei (DP), Hans-Christoph Seebohm,[25] den Antrag auf Abschaffung der Todesstrafe in den Parlamentarischen Rat ein.[26] Für die Abschaffung der Todesstrafe führte er an, dass dies ganz grundsätzlich die Abkehr des deutschen Volkes von jedem

22 Bei einer erneuten Diskussion zu einem späteren Zeitpunkt bestand – angesichts der Tatsache, dass gut 74% der Bevölkerung für die Beibehaltung der Todesstrafe war – die Chance, dass das gewählte Parlament eine weniger abschaffungsfreundliche Tendenz verfolgen würde.

23 Vgl. *Düsing*, a.a.O., S. 279; *Evans*, a.a.O., S. 929.

24 Nicht einmal auf den Nachkriegsparteitagen zur Neugründung der SPD wurde die Forderung nach einem Ende der Hinrichtungen erhoben, obwohl sich doch die SPD seit 1906, wenn auch nicht einmütig, für die Abschaffung der Todesstrafe einsetzte. So *Evans* S. 925f. Zu den Parteiprogrammen von 1906, 1912, 1919, 1921 und 1925 siehe *Düsing*, a.a.O. Vgl. auch *Manfred Worm*, SPD und Strafrechtsreform, S. 62; *Teresa Müller*, Die Haltung der Parteien zu den Problemen von Strafe und Strafvollzug, S. 199.

25 Der schlesische Vertriebene *Hans-Christoph Seebohm*, der zusammen mit seinem Sekretär *Hans-Joachim von Merkatz* die DP im Parlamentarischen Rat vertrat, „gehörte zu den Konservativsten des Hauses“, wie sich der SPD-Abgeordnete *Carlo Schmid* später erinnerte. So *Evans*, a.a.O., S. 929.

26 Hinter Art. 2 sollte unter anderem eingefügt werde: „Das keimende Leben wird geschützt. Körper- und Leibesstrafen sind verboten“. (Siehe Antrag Nr. 4 der Deutschen Partei [Drs. P.R. 12. 48–398]; Sten. Bericht des Hauptausschusses des Parl. Rates, 42. Sitzung v. 18.1.1949, S. 533f.). Näheres siehe *Düsing*, a.a.O., S. 279. Die Verbindung der Todesstrafe mit der Frage der Abtreibung sei, so *Evans*, auf Seebohms konservative Wählerschaft gemünzt. Siehe *Evans*, a.a.O., S. 930f.

Gewaltsystem und seinen Abschied vor der Fülle vollstreckter Todesurteile in den letzen 15 Jahren bekunden sollte.[27]

Dieser Antrag wurde – trotz seiner Aktualität und Brisanz – nicht weiter diskutiert, sodass er zunächst scheiterte.

### 2. Zweite Lesung (18. Januar 1949)

Von dieser Niederlage ließ sich Seebohm jedoch nicht beirren. Während der Debatte über Art. 2 wiederholte er seinen Antrag auf Abschaffung der Todesstrafe, indem er anregte, neben dem Recht auf Leben, körperliche Unversehrtheit und persönliche Freiheit dem Art. 2 Abs. 3 als weiteren Satz hinzuzufügen:

> „[...] Die Todesstrafe wird abgeschafft."[28]

Zur Begründung führte er aus,[29] das deutsche Volk bekunde damit die grundsätzliche Abkehr von jedem Gewaltsystem und seine Abscheu vor der Fülle vollstreckter Todesurteile in den letzten Jahren. Die anstelle der Todesstrafe verhängte längere Freiheitsstrafe solle vor allem dazu dienen, dem Menschen, der eine Todesstrafe nach bisherigem Recht verwirkt habe, die Gelegenheit zur inneren Läuterung zu geben.[30] In einem modernen Rechtsstaat dürfe es nicht mehr möglich sein, die Todesstrafe zu vollstrecken. Dieser Grundsatz innerhalb der Verfassung sei notwendig, „um ein klares und eindeutiges Bekenntnis

---

27 Siehe Parlamentarischer Rat: Verhandlungen des Hauptausschusses (1948/1949), S. 534. Da das nationalsozialistische Reich nur gut 12 Jahre dauerte, liegt die Vermutung nahe, dass der Abgeordnete nicht nur diese Zeit einbeziehen wollte, sondern auch die nunmehr drei Jahre andauernde Besatzungszeit und die damit verbundenen zahlreichen verhängten und zum Teil schon vollstreckten Todesurteile. Allein in den drei Westzonen wurden zusammen 5.133 Menschen wegen Kriegsverbrechen vor Gericht gestellt. Davon endeten 668 Verfahren mit einem Todesurteil. Neben Kriegsverbrechen verhängten die Alliierten auch die Todesstrafe für die verschiedensten Straftaten im Zusammenhang mit der Besatzung selbst. Siehe *Norbert Frei*, Vergangenheitspolitik, S. 171; *Horst W. Schmollinger*, Die deutsche Partei, S. 1025ff.; *Martin Broszat*, Siegerjustiz oder strafrechtliche Selbstreinigung, in: Vierteljahresheft der Zeitgeschichte (1981), 29. Heft, S. 477ff. Ebenso *Düsing*, a.a.O., S. 279; *Evans*, a.a.O., S. 888, 930ff.

28 Sten. Bericht des Hauptausschusses des Parl. Rates, 42. Sitzung v. 18.1.1949, S. 534f.

29 Ebd.

30 Wenn *Seebohm* die Chance zur inneren Läuterung betonte, wandte er sich vor allem an die früheren Staatsdiener des Dritten Reichs (So *Evans*, a.a.O., S. 930). Zwar mäßigte sich Seebohm, nachdem er in der ersten Lesung des Hauptausschusses mit seinem Antrag gescheitert war, indem er im Rahmen seines zweiten Vorstoßes in der zweiten Lesung des Hauptausschusses auf eine genaue Angabe des Zeitraumes der verhängten und vollstreckten Todesurteile verzichtete. Diesen gemäßigten Kurs konnte er jedoch nicht durchhalten, wie sich in der dritten Lesung zeigen sollte.

zu dem Recht auf körperliche Unversehrtheit abzulegen“, und dürfe daher nicht nur in einem Strafgesetz geregelt werden.

Wieder hatte der Antrag keinen Erfolg. Unterstützung erhielt Seebohm lediglich durch den Abgeordneten Heinz Renner von der Kommunistischen Partei Deutschlands (KPD).[31] Immer noch fand der Antrag der Deutschen Partei keine Unterstützung bei den anwesenden SPD-Abgeordneten. Der sozialdemokratische Abgeordnete Greve[32] wollte den Abänderungsantrag sogar ablehnen, da in Art. 2 des Grundgesetzes bereits so viele Probleme „auch mit einem gewissen Pathos“ hineingebracht wurden, „die niemals wahr werden könnten, wenn man sie unmittelbar geltendes Recht sein lassen will“. Vielmehr sollte der Art. 2 gänzlich in der vorgeschlagenen Form gestrichen und durch folgenden Entwurf ersetzt werden:

> „Jedermann hat die Freiheit, zu tun und zu lassen, was die Rechte anderer nicht verletzt und nicht gegen die verfassungsmäßige Ordnung oder das Sittengesetz verstößt.“[33]

Die Haltung der übrigen Ausschussmitglieder war gleichgültig, wenn nicht sogar ablehnend. Während der Abgeordnete und spätere Bundespräsident Theodor Heuss (FDP) den Antrag für überflüssig hielt, da in die Verfassung nicht Dinge hineingenommen werden dürften, die im Strafgesetz als solche geregelt seien, befassten sich die CDU-Abgeordneten Weber und von Mangoldt überhaupt nicht mit der Frage der ausdrücklichen Abschaffung der Todesstrafe, sondern richteten ihr Augenmerk auf andere strittige Punkte im Zusammenhang mit Art. 2. Am Ende der 2. Lesung wurde, bei Abwesenheit von sechs Abgeordneten, der Antrag auf Abschaffung der Todesstrafe mit 9 zu 6 Stimmen abgelehnt.[34]

Düsing[35] führt die mangelnde Unterstützung des Antrages der Deutschen Partei von Seiten der SPD in der zweiten Lesung des Hauptausschusses unter anderem auf die Abwesenheit des SPD-Abgeordneten Wagner zurück. Dieser kämpfte sowohl in der dritten Lesung des Hauptausschusses, als auch später im Plenum intensiv für sein Anliegen. Zwar erklärt die Abwesenheit des Ab-

---

31 So *Düsing*, a.a.O., S. 279; *Evans*, a.a.O., S. 931. *Renner* erklärte, die Verfassung sei für die Praxis des Alltags der Menschen wesenlos, inhaltslos und bedeutungslos, da ihr die praktische gesetzmäßige Untermauerung der deklaratorischen Rechte vollkommen fehle. Siehe Sten. Bericht des Hauptausschusses des Parl. Rates, 42. Sitzung v. 18.1.1949, S. 534f.

32 Sten. Bericht des Hauptausschusses des Parl. Rates, 42. Sitzung v. 18.1.1949, S. 534.

33 Ebd.

34 Sten. Bericht des Hauptausschusses des Parl. Rates, 42. Sitzung v. 18.1.1949, S. 534f.

35 Siehe *Düsing*, a.a.O., S. 279.

geordneten Wagner, dass er nicht bereits in der zweiten Lesung des Hauptausschusses dem Antrag der Deutschen Partei beigetreten war, sie erklärt aber nicht die mangelnde Unterstützung des Antrags durch die anwesenden SPD-Abgeordneten, von denen der SPD-Abgeordnete Greve sogar die Abschaffung ablehnte. Die gänzlich fehlende Unterstützung der SPD und auch der anderen Parteien für den Antrag der Deutschen Partei könnte eher darin begründet sein, dass Seebohm in seiner Argumentation für die Abschaffung der Todesstrafe offen die Militärregierung der westlichen Alliierten angriff. Diese Angriffe gegenüber den Alliierten und Parteinnahme für nationalsozialistische Kriegsverbrecher konnte der Parlamentarische Rat nicht fördern, da er unter andauernder Beobachtung der westlichen Alliierten stand. Eine Unterstützung einer anti-alliierten Einstellung hätte die angestrebte größtmögliche Handlungsfreiheit Deutschlands, die durch das Grundgesetz wieder hergestellt werden sollte, aufs Spiel gesetzt.

### *3. Dritte Lesung (10. Februar 1949)*

War in der zweiten Lesung die SPD, vertreten durch den Abgeordneten Greve, noch der Abschaffung der Todesstrafe entgegen getreten und hatte so die bisherigen abolitionistischen Bemühungen der SPD ignoriert, holten die SPD-Abgeordneten – der Ludwigshafener Justizrat Friedrich Wilhelm Wagner[36] und der Vorsitzende des Hauptausschusses des Parlamentarischen Rats Carlo Schmid[37] – Versäumtes nach und setzten die Linie der sozialdemokratischen Parteiprogramme fort; Wagner beantragte, in Art. 131 a zu regeln:

> „Die Todesstrafe ist abgeschafft.“[38]

---

36 Sten. Bericht des Hauptausschusses des Parl. Rates; 52. Sitzung v. 10.2.1949, S. 669ff.

37 Ebd. S. 672. *Die Zeit* berichtete am 27.1.1949, dass die Entsendung *Carlo Schmids* zum „Bonner Parlament“ ursprünglich nicht ganz ohne Regie zustande gekommen sei. Der Vorsitzende der bayerischen CDU, *Josef Müller* habe sich dafür eingesetzt, dass der Sozialdemokrat nach Bonn geschickt wurde. „Es habe da, so sagt man, geheime Abmachungen zwischen den beiden gegeben, die zukünftige Posten betreffen, besetzbar in einer Zeit, da Westdeutschland eine gewisse, von den Alliierten versprochene Souveränität erhielte,“ schrieb die Zeitung. Siehe Zeit v. 27.1.1949 „Bonn: Parlamentarier in guter Stimmung“.

38 Sten. Bericht des Hauptausschusses des Parl. Rates, 52. Sitzung v. 10.2.1949, S. 669, 671. Die Tatsache, dass der Abgeordnete *Wagner* in der dritten Lesung des Hauptausschusses den Antrag auf Abschaffung der Todesstrafe stellte, der letztlich zur Verabschiedung des Artikels führte, kann nicht darüber hinwegtäuschen, dass die Anfänge der Debatte im Parlamentarischen Rat zunächst der Deutschen Partei, vertreten durch *Seebohm*, zu verdanken waren.

Nach einer Zeit der schwersten Barbarei und der tiefsten Erniedrigung des Menschentums sei es unerlässlich

> „einen Beweis dafür zu erbringen, dass das deutsche Volk sein Leben wirklich erneuern will und [...] das Recht auf Leben so hoch schätzt, dass der Staat nicht das Recht haben soll, das Leben – das er nicht gegeben hat – zu nehmen.“[39]

Schmid trat seinem Parteigenossen Wagner bei, indem er betonte, dass diese Frage nunmehr grundsätzlich geregelt werden müsse und nicht kriminalpolitischen Gesichtspunkten oder Zweckmäßigkeitserwägungen überlassen werden dürfe. Übereinstimmend sahen die sozialdemokratischen Abgeordneten in der Anwendung der Todesstrafe eine Barbarei, die nicht weniger brutal und unmenschlich sei, als die schwersten Verbrechen, nur weil sie im Namen des Staates ausgeführt werde. Sie kritisierten die Irreversibilität der Todesstrafe und bestritten ihre Abschreckungswirkung.[40] Die Geschichte habe gezeigt, dass trotz Bestehens der Todesstrafe immer Verbrechen begangen worden seien und dass in Ländern, wo die Todesstrafe bereits abgeschafft worden sei, kein eklatanter Anstieg der Verbrechen zu verzeichnen sei. Die Zuständigkeit des Parlamentarischen Rats zur Entscheidung über die Regelung der Todesstrafe folge daraus, erklärte Wagner, dass das Grundgesetz bereits durch die Regelung der Grundrechte so tief in das Schicksal des deutschen Volkes eingreife, dass dies die Zuständigkeit zur Stellungnahme bezüglich der Todesstrafe mit sich ziehe.[41]

Unterstützung fand der sozialdemokratische Antrag von dem KPD-Abgeordneten Renner,[42] der zwar mit der Anerkennung des „Rechts auf Leben und die körperliche Unversehrtheit“ in Art. 2 Abs. 1 bereits die Todesstrafe automatisch abgeschafft sah. Dennoch hielt er im Sinne der Klarheit eine ausdrückliche Regelung in der deutschen Verfassung für richtig und notwendig. Bestätigt durch den Abschaffungsantrag der SPD-Abgeordneten, konnte Seebohm[43] den gemäßigten Kurs, den er in der zweiten Lesung eingeschlagen hatte, nicht durchhalten. Neben weltanschaulichen Gesichtspunkten führte der DP-Politiker erneut und diesmal explizit die „Erlebnisse der letzten Jahre,

---

39 Ebd. S. 669. Ähnlich äußerte sich *Carlo Schmid*, der erklärte, der Staat degradiere sich durch die Vollstreckung der Strafe selbst. Von Amts wegen bestehe die Verpflichtung für den neuen deutschen Staat, mit der Tötung im Dienst des Rechts aufzuhören, denn er habe die größere Würde und die erste Veranlassung dazu. (Ebd., S. 672).

40 Ebd. *Wagner* (S. 669), *Schmid* (S. 672).

41 Sten. Bericht des Hauptausschusses des Parl. Rates, 52. Sitzung v. 10.2.1949, S. 671.

42 Sten. Bericht des Hauptausschusses des Parl. Rates, 52. Sitzung v. 10.2.1949, S. 670.

43 Ebd.

nicht nur der Zeit bis 1945, sondern auch der Zeit nach 1945", an.[44] Die Entscheidung über die Todesstrafe dürfe daher nicht dem normalen Gesetzgeber überlassen werden, weswegen eine ausdrückliche Verankerung im Grundgesetz zwingend erforderlich sei.

Nach Ansicht der Mehrheit der anwesenden Mitglieder aber, waren andere Themen, beispielsweise solche der Staatsgründung der Bundesrepublik, vorrangiger zu behandeln. Zunächst wollte man sich um einen handlungsfähigen Staat bemühen, bevor man sich ausführlich einzelnen strafrechtlichen Aspekten zuwandte. Lediglich der rheinland-pfälzische Justizminister Süsterhenn,[45] – wie sich später herausstellen wird, ein leidenschaftlicher Befürworter der Todesstrafe – ging inhaltlich auf die Ausführungen Wagners und Schmids ein. Der CDU-Abgeordnete verwahrte sich insbesondere gegen den Vorwurf, die Vollziehung der Todesstrafe aufgrund eines ordnungsgemäßen gerichtlichen Urteils sei Barbarei. Seiner Ansicht nach, stellte die Todesstrafe keine Barbarei dar, wenn sie Ausdruck staatlicher Machtanwendung sei und damit im Dienste des Rechts angewandt werde. Die anderen Abgeordneten des Parlamentari-

---

44 Spätestens zu diesem Zeitpunkt muss auch dem letzten Zweifler klar gewesen sein, welche Absicht *Seebohm* eigentlich mit seinem Antrag bezweckte. Es kam Seebohm allein darauf an, durch das Verbot der Todesstrafe in der BRD auch die Alliierten von weiteren Verhängungen und Vollstreckungen der Todesstrafe an Kriegsverbrechern abzuhalten. Als bundesweite Nachfolgerin der lokal begrenzten Niedersächsischen Landespartei (NLP) entstand für die Deutsche Partei die Notwendigkeit, ihre politischen Ziele neu zu definieren, da ihr ursprüngliches Ziel, ein unabhängiges und selbständiges Niedersachsen zu gründen, außerhalb der Grenzen Niedersachsens keine oder nur wenige Anhänger fand. In Ermangelung von Mitgliedern und finanziellen Mitteln, umgarnte die Deutsche Partei ehemalige aktive Nationalsozialisten mit Forderungen wie Wiederherstellung des Nationalstolzes, Wiedereinführung der alten „schwarz-weiß-roten Reichsflagge" und Anerkennung der früheren Angehörigen der Waffen-SS als Kriegsveteranen. Zu einem ihrer wichtigsten Programmpunkte zählte die Forderung nach Beendigung der Entnazifizierung. Weiterhin setzte sich die Deutsche Partei für die Freilassung der noch in den Gefängnissen der Alliierten einsitzenden deutschen Kriegsverbrecher ein. Zweifellos musste es der Deutschen Partei zu Wählerstimmen verhelfen, wenn sie verhinderte, dass nationalsozialistische Kriegsverbrecher zum Tode verurteilt wurden; zumal von breiten Bevölkerungsschichten die Entnazifizierung als „unnötig" angesehen wurde. Die Deutsche Partei machte aus ihrer Werbung um die ehemaligen Nationalsozialisten als Mitglieder und Wähler keinen Hehl. Der Parteivorsitzende *Hellwege* forderte bereits 1947 die Verwirklichung der „Grundsätze des Rechtes und der Gerechtigkeit sowie auch menschlicher Großzügigkeit" bei der Entnazifizierung. Er brachte seine Meinung darüber auf die Formel: „Wer Blut an den Fingern und wer Dreck am Stecken hat, der soll gerichtet werden, die anderen aber lasse man laufen." Ausführlich zur DP und ihren Beweggründen siehe *Schmollinger*, a.a.O. sowie *Hermann Meyn*, Die Deutsche Partei. Vgl. auch *Rudolf Holzgräber*, Die DP. Partei eines neuen Konservatismus?, S. 407ff. Ebenso *Evans*, a.a.O., S. 931f.

45 Sten. Bericht des Hauptausschusses des Parl. Rat; 52. Sitzung v. 10.2.1949, S. 671.

schen Rates dagegen begnügten sich damit, die Befugnis der Verfassungsversammlung zur Regelung eines strafrechtlichen Problems durch das neue Grundgesetz anzuzweifeln. Es bedürfe zunächst der eingehenden Erörterung des Problems und Vorbereitung der Öffentlichkeit. Aufgrund der fehlenden Zeit zu einer eingehenden Erörterung aber müsse die Entscheidung dem zukünftigen Bundesgesetzgeber überlassen bleiben. Wenigstens jedoch müsse den Fraktionen im Vorfeld die Möglichkeit zur Diskussion eingeräumt werden, bevor im Hauptausschuss eine präjudizielle Entscheidung gefällt werde.[46] Der CDU-Abgeordnete Walter[47] bezweifelte ausdrücklich die Legitimation des Parlamentarischen Rates, da dieser Körperschaft die unmittelbare staatliche Bevollmächtigung durch das Volk fehle. Vielmehr sei die Entscheidung im Interesse der breiten Masse des Volkes und bedürfe daher einer vorherigen Volksabstimmung. Zumindest sei ein vom Volk gewähltes Parlament für die Entscheidung erforderlich. Letztlich forderte Walter – der selbst jahrzehntelang Richter war –, die Todesstrafe lediglich für die vorsätzliche Tötung eines Menschen beizubehalten.

Angesichts der Häufung der Forderung, die Entscheidung über diese Frage nicht zu überstürzen, wurde die Abstimmung im Hauptausschuss ausgesetzt. Schmid unterstützte dieses Vorgehen mit dem Hinweis, bei der Abstimmung müssten alle Mitglieder des Hauptausschusses anwesend sein, das Schicksal der Todesstrafe dürfe nicht dem Zufall der personellen Besetzung überantwortet sein.[48] Berücksichtigt man die vergangenen Lesungen im Parlamentarischen Rat, so war zu erwarten, dass der Antrag von Wagner das Schicksal der vergangenen Anträge auf Abschaffung der Todesstrafe teilen und eine Vertagung der Abstimmung lediglich eine zeitliche Verzögerung des Scheiterns des Antrags bedeuten würde.[49] Dennoch sollte sich die Vertagung der Abstimmung letztlich als Vorteil für die Abolitionisten herausstellen.

46 Ebd., *Strauß* (CSU, S. 670), *Becker* (FDP, S. 671), *Süsterhenn* (S. 671). *Heinrich v. Brentano* (CDU) stellte zwar nicht die Berechtigung des Parlamentarischen Rates zur Entscheidung dieses Problems in Frage: „Wir sollten nicht selber unsere Zuständigkeit zur Regelung einer solchen Frage bezweifeln." Er forderte aber ebenfalls Zeit, um sich mit dem „neuen, überraschenden Antrag, dessen Bedeutung sicherlich keiner von uns verkennt, auseinander zusetzen". (S. 671).

47 Sten. Bericht des Hauptausschusses des Parl. Rats, 52. Sitzung v. 10.2.1949, S. 671.

48 Sten. Bericht des Hauptausschusses des Parl. Rats, 52. Sitzung v. 10.2.1949, S. 672.

49 So auch *Düsing*, a.a.O., S. 281f.

### *4. Abstimmung (5. Mai 1949)*

Erst drei Monate später stimmte der Hauptausschuss über die Abschaffung der Todesstrafe ab. Von einer übereilten oder oberflächlichen Betrachtung durch die Abgeordneten kann also nicht gesprochen werden. Ohne dass die Debatte erneut eröffnet worden war, stimmten 15 Abgeordnete für die Abschaffung, während die Gegner der Abschaffung mit nur 4 Abgeordneten vertreten waren. Zwei Abgeordnete blieben der Abstimmung fern.[50]

Aus der Tatsache, so stellt Düsing fest, das der Ausschuss insgesamt nur aus 21 Mitgliedern bestand, sei zu ersehen, dass etwa die Hälfte der CDU-Abgeordneten sich für die Abschaffung ausgesprochen hatte. Die hohe Zustimmung der CDU/CSU war besonders überraschend, da die Fraktion noch auf einer Sitzung am 3. März 1949 entschieden hatte, dass die Regelung der Todesstrafe „nicht in die Verfassung aufgenommen werden soll, sondern in eine Strafrechtsreform gehört"[51]. In diesem Rahmen wollte die Fraktion die „Empfehlung aussprechen, die Todesstrafe nicht abzuschaffen, sie aber auf wenige schwerste gegen Leib und Leben gerichtete Verbrechen zu beschränken".[52]

## *II. Die Abschaffungsdebatte im Plenum*

### *1. Zweite Lesung (6. Mai 1949)*

Bereits einen Tag nach der Abstimmung im Hauptausschuss lag die Frage der Abschaffung der Todesstrafe, welcher im Entwurf des Grundgesetzes nunmehr in Art. 103 geregelt war, dem Plenum des Parlamentarischen Rates zur Abstimmung vor.

Am gleichen Tag und als unmittelbare Reaktion auf die überraschende Entscheidung des Hauptausschusses stellte der christdemokratische Abgeordnete

---

50 Sten. Bericht des Hauptausschusses des Parl. Rates, 57. Sitzung v. 5.5.1949; S. 77. Zitiert nach *Düsing*, a.a.O., S. 282f.

51 Siehe *Salzmann*, a.a.O., S. 417f.

52 Bereits einen Monat zuvor hatte die *CDU/CSU-Fraktion* in einem Sitzungsprotokoll festgehalten: „Nach längerer Diskussion ergibt sich der Standpunkt der anwesenden 15 Fraktionsmitglieder folgendermaßen: Die Mehrheit der Fraktionsmitglieder hält die Abschaffung der Todesstrafe nicht für möglich. Um hier keine Debatte in der Öffentlichkeit zu entfesseln, soll in einer interfraktionellen Besprechung erreicht werden, dass diese Frage zurückgestellt wird, dass die späteren Regierungsorgane darüber entscheiden, und falls das nicht möglich ist, soll eine Entschließung festgelegt werden, dass der zukünftige Gesetzgeber diese auf die seltensten Fälle beschränkt." Siehe *Salzmann*, a.a.O., S. 411, 418.

Paul de Chapeaurouge[53], noch bevor über den Art. 103 debattiert werden konnte, den Antrag auf Streichung des Art. 103.[54] Neben diesem Antrag verfasste de Chapeaurouge in weniger als 24 Stunden ein Exposé „Um die Todesstrafe"[55], welches er sowohl an die Abgeordneten des Parlamentarischen Rats als auch an die Presse verschickte. Unter Hinweis auf Kahls Referat auf dem Wiener Juristentag von 1912[56] erklärte er in diesem Exposé, es sei „einfach unverantwortlich, dass der Parlamentarische Rat sich an dieses schwierige Problem ohne genügende Vorbereitung wagt und glaubt, zu ihm Stellung nehmen zu sollen".[57] Sowohl in dem Exposé als auch in der Plenumdebatte[58] betonte er, eine Vorwegentscheidung über das Schicksal der Todesstrafe falle nicht in die Zuständigkeit des Parlamentarischen Rats, sondern allein in die des zukünftigen Bundesgesetzgebers. Ins „vorläufige" Grundgesetz sollten nur notwendige Regelungen aufgenommen werden, und die Abschaffung dieser Strafe sei keine notwendige in diesem Sinn.[59] Dies habe auch der Verfassungskonvent auf Herrenchiemsee so gesehen, als er in den Entwurf des Grundgesetzes keine Regelung gegen die Todesstrafe aufgenommen habe. Mit der Abschaffung der Todesstrafe beraube man die junge deutsche Demokratie

53 Der schon an der Diskussion um die Todesstrafe beim Juristentag 1922 teilgenommen hatte. Siehe *Evans*, a.a.O., S. 929.

54 Siehe Drs. Nr. 867 v. 6.5.1949. Gestützt wurde der Antrag von neun anderen CDU-Abgeordneten: Kühn, Finck, Binder, Mayr, Kroll, Hofmeister, Schwalber, Blomeyer, Schröter.

55 In dem Exposé nahm er gegen die Abschaffung der Todesstrafe Stellung und verwies darauf, dass diese an dem Tag erfolgte, an dem gegen die Giftmörderin Irmgard Swinka wegen siebenfachen Mordes sieben Mal die Todesstrafe beantragt wurde. Einen Tag später wurde Swinka viermal zum Tode verurteilt. Ausführlich hierzu siehe *Düsing*, a.a.O., S. 283f. Zum Antrag siehe Drs. Nr. 867 v. 5.5.1949; Sten. Bericht des Plenums des Parl. Rates, 9. Sitzung v. 6.5.1949, S. 186.

56 Dabei verschwieg er jedoch, dass *Kahl* sich in dem Strafrechtsausschuss des alten Reichstags 1928 und 1930 letztendlich gegen die Todesstrafe ausgesprochen hatte. Auf diese Tatsache hatten *Wagner* und auch der FDP-Abgeordnete *Becker* aber bereits in der dritten Lesung des Hauptausschusses hingewiesen. Und auch im Plenum korrigierte *Wagner* den Eindruck, Kahl habe sich für die Beibehaltung der Todesstrafe ausgesprochen. Vgl. Sten. Bericht des Hauptausschusses des Parl. Rates, 52. Sitzung v. 10.2.1949, *Wagner* (S. 669f.), *Becker* (S. 671), sowie Sten. Bericht des Plenums des Parl. Rates, 9. Sitzung v. 6.5.1949, S. 187. Ausführlich zum Strafrechtsausschuss des Reichstags siehe *Düsing*, a.a.O., S. 163ff.

57 Zit. nach *Düsing*, a.a.O., S. 283.

58 Sten. Bericht des Plenums des Parl. Rates, 9. Sitzung v. 6.5.1949, S. 186.

59 „Wir schaffen ein Grundgesetz, das nur die notwendigsten Bestimmungen enthält, um die Bundesrepublik Deutschland vorläufig lebensfähig zu machen. In ein solches Grundgesetz gehört eine Bestimmung über die Todesstrafe nicht hinein." Siehe Sten. Bericht des Plenums des Parl. Rates, 9. Sitzung v. 6.5.1949, S. 186.

ihres Schutzes, was im gegenwärtigen Zeitpunkt vom Volk nicht verstanden werde. Bisher sei das Problem, speziell nach den schweren Zeiten, die das deutsche Volk durchgemacht habe und in denen schreckliche Todesurteile gefällt worden seien, einfach nicht genügend behandelt worden. Dabei müsse sich jede neue Generation mit diesem Thema neu befassen, was eine Regelung im Grundgesetz ausschließe. Gründe, warum sich jede Generation damit befassen sollte, nannte er jedoch nicht. Letztlich führte er die bewiesenermaßen falsche Tatsache an, alle europäischen Staaten, die die Todesstrafe bereits abgeschafft hätten, hätten davon abgesehen, diese Regelung in ihre Verfassungen aufzunehmen. Daran sollte sich die Bundesrepublik Deutschland ein Beispiel nehmen.[60]

Für den Abschaffungsartikel und somit gegen den Antrag von de Chapeaurouge trat – wie bereits im Hauptausschuss – der Abgeordnete Wagner (SPD)[61] ein, indem er sich ausführlich mit den durch de Chapeaurouge vorgebrachten Argumenten befasste.[62] Wenn man glaube, die junge Demokratie bedürfe des Schutzes der Todesstrafe, stelle man ihr ein sehr schlechtes Zeugnis aus. Die junge deutsche Demokratie könne vielmehr nur aufrechterhalten werden, indem das Leben geschützt werde und nicht dadurch, dass der Grundsatz aufgestellt werde, die Demokratie habe das Recht, Menschenleben zu vernichten. Nachdem die Geschichte des deutschen Volkes durch zwei Weltkriege und der nationalsozialistischen Herrschaft mit Blut geschrieben worden sei, sei es Zeit, zu der Erkenntnis zu kommen, dass das Leben etwas Heiliges sei – so heilig, dass die zum Staat organisierte Gruppe von Menschen sich nicht das Recht zuschreiben könne, anderen Menschen das Leben abzusprechen. Weiterhin behauptete Wagner sogar, dass der Abschaffungsbeschluss des Hauptaus-

60 Wie *Düsing* bereits dargelegt hat, ist dieses Argument falsch, da verschiedene Staaten die Abschaffung der Todesstrafe in ihren Verfassungen geregelt hatten; so z.B. Italien, Österreich, Portugal, Schweiz. Diese Tatsache entging jedoch den anwesenden Ratsmitgliedern; zumindest bemängelte dies kein Abgeordneter. Siehe *Düsing*, a.a.O., S. 284.

61 Sten. Bericht des Plenums des Parl. Rates, 9. Sitzung v. 6.5.1949, S. 187f. BMJ *Dehler* erklärte später in einer Rede vor dem deutschen Bundestag, dass es letztlich der leidenschaftlichen Rede Wagners zu verdanken gewesen sei, dass ein Teil der Abgeordneten im Parlamentarischen Rat die zweifelsfrei auch damals vorhandenen Hemmungen zurück stellten und sich für die Abschaffung der Todesstrafe aussprachen. Siehe Sten. Bericht des BT, 232. Sitzung v. 2.10.1952, S. 10 611.

62 In diesem Zusammenhang erklärte *Wagner*, die von de Chapeaurouge vorgebrachten Argumente seien „so alt, dass man geglaubt hätte, sie im Jahre 1949 nicht noch einmal hören zu müssen“. Sie stimmten mit den Argumenten des Deutschen Juristentages im Jahre 1912 in Wien überein, die nach zwei Weltkriegen jedoch gänzlich überholt seien. Siehe Sten. Bericht des BT, 9. Sitzung v. 6.5.1919, S. 187.

schusses ein sehr großes Echo im deutschen Volk gefunden habe.[63] Das Volk sei von der Notwendigkeit überzeugt, dass der Staat Respekt vor der Heiligkeit des Lebens habe. Die Ansichten de Chapeaurouges seien kurzsichtig, und es sei oberflächlich, zu glauben, dass durch Grausamkeit der Strafen Verbrechen bekämpft oder ausgerottet werden könnten. Es sei sinnwidrig, in Art. 2 Abs. 2 einerseits das „Recht auf Leben" zu garantieren und gleichzeitig die Todesstrafe beizubehalten. Außerdem sei eine klare Haltung zu diesem Problem erforderlich und nicht von Generation zu Generation neu zu debattieren. Denn gerade die jetzige Generation habe das Grauen und das schreckliche Ausmaß der verhängten und vollstreckten Todesstrafen gesehen, so dass gerade sie eine klare Entscheidung zu fällen habe.

Bevor es zur Abstimmung kam, ergriff der kommunistische Abgeordnete Renner das Wort, um sich zunächst gegen die unzutreffende Auffassung zu wenden, dass das Thema nicht genügend erörtert worden sei: die Debatte sei schon vor einigen Monaten mit denselben Argumenten eröffnet worden. Renner führte in seinem Plädoyer zur Abschaffung der Todesstrafe aus, dass gerade der Zusammenbruch des mit der Todesstrafe wütenden nationalsozialistischen Staates die ganze Wirkungslosigkeit der Todesstrafe als eine Form des Schutzes für den Staat beweise. Im übrigen dürfe man dem Richtertum von heute „angesichts seiner Zusammensetzung und seiner nationalsozialistischen Vergangenheit" die Todesstrafe nicht mehr in die Hand geben, denn – so erklärte Renner – „sie werden sie sonst als politische Waffe gegen die fortschrittlichen demokratischen Kräfte im Staate", mit anderen Worten gegen den Kommunismus, „anwenden und ausnutzen".[64]

Bei der anschließenden nichtnamentlichen Abstimmung wurde der Antrag de Chapeaurouges, auf Streichung des Art. 103, abgelehnt. Dagegen wurde der Antrag Wagners zur Abschaffung der Todesstrafe in der Fassung des Hauptausschusses angenommen. Ein Abstimmungsergebnis und damit die Anzahl der Anhänger des Antrags de Chapeaurouge ist nicht bekannt, da über den Antrag lediglich mit Handzeichen abgestimmt wurde und eine Auszählung nicht stattfand.[65] Angesichts der Mehrheit der Abgeordneten hinter der Politik

---

63 Was angesichts der Allensbacher Umfrage im Spätherbst 1948 äußerst fraglich gewesen sein dürfte. Näheres siehe Erster Teil, 1. Kapitel.

64 Sten. Bericht des Plenums des Parl. Rates, 9. Sitzung v. 6.5.1949, S. 188f.

65 Ebd. S. 189. Hierbei dürfte es sich um die überwiegende Meinung des Plenums gehandelt haben, wie schon, so *Düsing*, aus dem Fehlen einer Gegenprobe bei der Abstimmung zu ersehen sei. Nach Düsing sprachen sich sowohl SPD, KPD sowie die Zentrumspartei geschlossen für die Abschaffung der Todesstrafe aus. Von den Freien Demokraten habe sich nur Dehler gegen die Todesstrafe gewandt. (Siehe *Düsing*, a.a.O., S. 285). *Ernst Müller-Meiningen jr.* (Rechtsanwalt und Journalist der Süddeutschen

der CDU/CSU ist die Entscheidung des Parlamentarischen Rates bemerkenswert, denn die starke Mehrheit für die Schlussfolgerung Abschaffung der Todesstrafe kam unter Beteiligung aller Parteien zustande – von der äußerst Linken bis zur Rechten. Die hohe Zahl der Stimmen für die Abschaffung wäre ohne die Unterstützung aller Parteien, auch der CDU/CSU als Repräsentantin einer Richtung, welche die Todesstrafe traditionell befürwortete, schon rein rechnerisch nicht möglich gewesen.[66]

Am Ende der Sitzung stimmte das Plenum über den Entwurf des Grundgesetzes in seiner Gesamtheit ab. Dort hieß in Art. 103

> „Die Todesstrafe ist abgeschafft."

Mit nur 2 Gegenstimmen befürworteten 47 Abgeordnete den Entwurf des Grundgesetzes. 15 Abgeordnete enthielten sich ihrer Stimme.[67]

### *2. Dritte Lesung (8. Mai 1949)*

In der dritten Lesung des Plenums des Parlamentarischen Rats zu dem Entwurf des Grundgesetzes fand sich der Artikel zur Abschaffung der Todesstrafe nunmehr nicht mehr in Art. 103, sondern in Art. 102 wieder. Bei der Abstimmung stimmten 53 Abgeordnete für die Annahme des Grundgesetzes, während 12 Abgeordnete dagegen stimmten.[68]

## *C) Verkündung und Inkrafttreten des Grundgesetzes*

Bereits vier Tage später, am 12. Mai 1949, bestätigten die Militärgouverneure das in dritter Lesung verabschiedete Grundgesetz. Nachdem alle Länder der drei Westzonen – mit Ausnahme von Bayern – das Gesetz ratifiziert hatten,

---

Tageszeitung) erklärte 1954, „von den 65 Abgeordneten stimmten 30 für und 35 gegen die Todesstrafe, die Gegner der Todesstrafe verteilten sich folgendermaßen: 26 SPD, 2 FDP, 2 KPD, 2 Zentrum, 2 DP und 1 Unabhängiger. [...] Die Befürworter der Todesstrafe setzten sich folgendermaßen zusammen: CDU/CSU 27 und FDP 3". (Siehe SZ v. 29.10.1954 „Soll der Mörder mit dem Leben büßen?").

66 Siehe *Düsing*, a.a.O., S.286.

67 Sten. Bericht des Plenums des Parl. Rates, 9. Sitzung v. 6.5.1949, S. 195.

68 Sten. Bericht des Plenums des Parl. Rates, 10. Sitzung v. 8.5.1949, S. 238. *Müller-Meiningen jr.* schrieb hierzu: „Es ist ein Kuriosum eigener Art, dass sich offiziell über das genaue Abstimmungsergebnis nirgends ein Wörtchen findet, insbesondere wurde nicht namentlich abgestimmt." Der Abstimmungsvorgang sei so ungemein flüchtig gewesen – die gesamte Diskussion habe nur sechs Protokollseiten gefüllt. Siehe *Müller-Meiningen jr.*, Todesstrafe und öffentliche Meinung.

wurde das Grundgesetz der Bundesrepublik Deutschland am 23. Mai 1949 verkündet und trat am 24. Mai 1949 in Kraft.

Von dem Verfassungsverbot ließen sich die westlichen Alliierten jedoch nicht beeindrucken. Sie behielten sich die oberste Regierungsgewalt weiter vor.[69] In dem „Besatzungsstatut zur Abgrenzung der Befugnisse und Verantwortlichkeiten zwischen der zukünftigen deutschen Regierung und der Alliierten Kontrollbehörde vom 10. Mai 1949" behielten die Westalliierten sich in Punkt 2.i. ausdrücklich

> „die Kontrolle der Versorgung und Behandlung von Personen in deutschen Gefängnissen, die vor den Gerichten oder Tribunalen der Besatzungsmächte oder Besatzungsbehörden angeklagt oder von diesen verurteilt worden sind, über die Vollstreckung von Urteilen, die über diese Personen verhängt wurden, und über andere sie betreffende Fragen der Amnestie, Begnadigung oder Freilassung"

vor. 1950 warteten im Gefängnis von Landsberg noch 15 Menschen auf ihre Hinrichtung, die vom Internationalen Militärtribunal zum Tode verurteilt worden waren und weitere 15, die andere Kriegsverbrechertribunale zum Tode verurteilt hatten. Hinzu kam ein einzelner Straftäter, der von einem Militärgericht wegen gemeinen Mordes an einem alliierten Staatsangehörigen zum Tode verurteilt worden war.[70] Der spätere Bundesjustizminister Dehler benannte im Rahmen einer Interpellation im Deutschen Bundestag am 14. November 1950 die Zahl der von alliierten Gerichten rechtskräftig zum Tode verurteilten und noch nicht hingerichteten Deutschen im Inland mit 28 und in den Ländern des Westens mit rund 30.[71]

Die Militärgerichte der Besatzungsmächte waren somit immer noch ermächtigt, zivile wie militärische Straftäter mit dem Tode zu bestrafen und machten auch weiter von dieser Befugnis Gebrauch.[72] Aber das Argument, man könne

---

69 Gemäß dem von ihnen in Kraft gesetztem Besatzungsstatut übten sie diese durch die Alliierte Hohe Kommission aus. Siehe *Kroeschell*, a.a.O., S. 196.

70 Siehe *Evans*, a.a.O., S. 939.

71 Sten. Bericht des BT, 101. Sitzung v. 14.11.1950, S. 3691.

72 Auch in Deutschland führte die Verkündung des Art. 102 nicht sofort zur Abschaffung der Todesstrafe, da sie im Strafgesetzbuch für Mord weiterhin als Strafe vorgesehen war. Daraufhin warfen Verteidiger in bereits anhängigen Gerichtsverfahren vor deutschen Gerichten, in denen ein Todesurteil durchaus noch möglich war, die Frage auf, ob das Grundgesetz auf diese Weise das Strafrecht außer Kraft setzen könne. Der *Präsident des Zentralen Rechtsbüros der britischen Zone* erklärte daraufhin, dass das Grundgesetz kein Programm wie die Weimarer Verfassung oder der Katalog der Grundrechte des Deutschen Volkes von 1849, sondern „unmittelbar geltendes Recht" sei. Dies führe zu dem Ergebnis, dass es keine legale Strafe für Mord gebe, da das Grundgesetz den § 211 StGB ersatzlos aufgehoben habe. Daher, so erklärte der Präsident des Zentralen Rechtsbüros der britischen Zone weiter, sei als angemessene Strafe,

nicht zulassen, dass auf dem Boden der BRD deutsche Menschen hingerichtet würden, wo doch das Grundgesetz die Todesstrafe abgeschafft habe, sollte sich in den kommenden Jahren bei den Verhandlungen mit den westlichen Alliierten als durchaus nützlich erweisen.[73] Zumindest erreichten sie einen Teilerfolg durch die Verankerung der Abschaffung der Todesstrafe im Grundgesetz. Deutschen Gerichten, die nunmehr verstärkt über die Verurteilung von deutschen Verbrechern zu entscheiden hatten, war der Weg in die Verhängung und Vollstreckung der Todesstrafe versperrt.[74] So wandelte das amerikanische Berufungsgericht in Nürnberg zwei Todesurteile in lebenslängliche Zuchthausstrafen um, mit der Begründung, es widerspreche sowohl dem Gerechtigkeitsgefühl als auch dem Humanitätsempfinden, eine Strafe aufzuerlegen, die von der deutschen Volksgesamtheit verworfen worden sei.[75] Auch das Oberste Gericht der britischen Besatzungszone in Köln entschied in einem Revisionsverfahren im Juni 1949, dass der Aufhebung der Todesstrafe durch Art. 102 Grundgesetz für die Bundesrepublik Deutschland sowohl aktuelle als auch rückwirkende Rechtskraft zukomme. Danach dürften Todesurteile nicht mehr ausgesprochen und auch nicht mehr vollstreckt werden, auch wenn sie vor dem Inkrafttreten des Grundgesetzes rechtmäßig verhängt worden seien. Anstelle der nicht mehr zulässigen Todesstrafe trete die nächsthöhere Strafe: lebens-

---

die zweitschwerste, nämlich die lebenslängliche Haft, getreten. Hintergrund zu der Verurteilungspraxis der Alliierten siehe *Evans*, a.a.O., S. 936ff.; *Düsing*, a.a.O., S. 297ff.

73 *Frei*, a.a.O., S. 172.

74 Mit dem sich immer mehr verstärkenderen Ost-West-Konflikts war es für die westlichen Besatzungsmächte zwingend erforderlich, die Handlungsfähigkeit Deutschlands wiederherzustellen, damit ein weiterer eigenständiger und Verantwortung übernehmender Bündnispartner gegen die kommunistische Bedrohung aus dem Osten entstand; dies war aufgrund der geographische Lage Deutschlands umso bedeutender, denn die Grenze zum Osten verlief mitten durch Deutschland. Dementsprechend war die Verfolgung und Verurteilung deutscher Kriegsverbrecher nicht mehr die primäre Sorge der westlichen Alliierten. 1948 hatten die westlichen Besatzungsmächte die Todesstrafe für die meisten Delikte in Verbindung mit der Besatzung aufgehoben. Die Militärgerichte schränkten ihre Tätigkeiten ein und übertrugen die Aufgabe der Verfolgung von Kriegsverbrechern allmählich auf die deutsche Justiz. Dieses Rechtssystem bot, wie das der Alliierten, Raum für die weitere Anwendung der Todesstrafe. Bis 1949 sind von deutschen Gerichten 128 Todesurteile verhängt und 24 davon vollstreckt worden. Siehe *Evans*, a.a.O., S. 901; *Müller*, a.a.O., S. 77.

75 Siehe *Düsing*, a.a.O., S. 298. *Die Welt* („Keine Todesstrafe mehr") berichtete am 10.4.1949 von einem Gutachten des amerikanischen Berufungsgerichts, wonach die Abschaffung der Todesstrafe durch das Grundgesetz auch für amerikanische Gerichte in Deutschland, soweit sie nach deutschem Gesetz Recht sprächen, gelten sollte.

längliche Zuchthausstrafe.[76] Durch das Inkrafttreten des Gesetzes Nr. 14 vom 25. November 1949 war die Rechtslage in den drei Besatzungszonen der Bundesrepublik vereinheitlicht und geklärt. Die Alliierte Hohe Kommission entschied, dass zwar das Grundgesetz die Kompetenz alliierter Gerichte nicht berühren könne, dass aber die Hohe Kommission dafür sorgen wolle, dass von alliierten Gerichten nach deutschem Recht abgeurteilte Personen nicht zum Tode verurteilt würden. Dagegen könnten von alliierten Gerichten nach alliiertem Recht abgeurteilte Personen zum Tode verurteilt werden, jedoch nur in Fällen, die eindeutig die Belange der Besatzungsmächte berührten, sowie in Kriegsverbrecherprozessen.[77]

Erst 1952 wurde entschieden, die Hinrichtungen endgültig einzustellen, nachdem der „Vertrag über die Beziehungen zwischen der Bundesrepublik Deutschland und den 3 Westmächten" verkündet worden war.[78]

---

76 Der Generalstaatsanwalt *Schneidewien* führte in dem Revisionsverfahren hierzu aus, dass die klare Formulierung des Art. 102 keine Zweifel darüber zulasse, dass der Gesetzgeber keine Todesurteile mehr vollstreckt sehen wolle, auch wenn sie vor Verabschiedung des Grundgesetzes rechtmäßig verhängt worden sei. Dazu seien keine Ausführungsbestimmungen mehr notwendig. Auch in einem Revisionsverfahren habe das Revisionsgericht nicht mehr wie früher üblich die Ermittlungsgrundlage des Urteils auf Grund der zur Zeit der Tat bestehenden Rechtsverhältnisse zu prüfen, sondern es müsse nach dem Willen des Gesetzgeber die Todesstrafe aufheben. Dieser Ansicht war das Revisionsgericht schließlich gefolgt. Siehe FR v. 17.6.1949 „Abschaffung der Todesstrafe auch rückwirkend"; NZ v. 18.6.1949 „Todesstrafe rückwirkend aufgehoben"; NWDR v. 18.6.1949 „Todesstrafe nicht mehr zulässig". Vgl. auch *Evans*, a.a.O., S. 937.

77 Danach konnte die Todesstrafe nur noch verhängt werden bei Spionage, Nachrichtenübermittlung, Sabotage, Angriff oder Widerstand mit Waffen gegen alliierte Streitkräfte mit Verursachung eines Todes oder einer dauernden Körperverletzung. Gegen Personen unter 18 Jahren war die Verhängung der Todesstrafe seitdem nicht mehr zulässig. In der Sowjetischen Besatzungszone dagegen war die Todesstrafe weiterhin zulässig. Die am 7.10.1949 in Kraft getretene Verfassung sah keine dem Grundgesetz entsprechende Abschaffungsbestimmung vor. Vom 26.4. bis zum 10.7.1950 waren im Zuchthaus Waldheim über 3.400 von der sowjetischen Besatzungsmacht wegen NS- und Kriegsverbrechen, aber auch willkürlich als Gegner des Sowjetregimes verhaftete, jedoch noch nicht verurteilte Personen, vor Gerichte der DDR gestellt worden. Diese hatten neben hohen Freiheitsstrafen, in 32 Fällen ebenfalls die Todesstrafe ausgesprochen. (Siehe BArch, Kabinettsprotokoll v. 16.5.1962) Auch die Berliner Schwurgerichte, für die das Grundgesetz keinerlei Bindungskraft besaß, verhängten auch nach Inkrafttreten des Grundgesetzes noch wiederholt die Todesstrafe. Allerdings entschied der Berliner Magistratrat Anfang Dezember 1949 mehrheitlich, in Zukunft keine Todesurteile mehr zu vollstrecken und machte in allen Fällen von seinem Begnadigungsrecht Gebrauch. Einzelheiten siehe *Düsing*, a.a.O., S. 298ff.; *Evans*, a.a.O., S. 939, 958ff.

78 Siehe *Evans*, a.a.O., S. 937.

# 3. Kapitel: Reaktionen auf die Entscheidung des Parlamentarischen Rates

## *A) Allgemeines*

Obwohl die Abschaffung der Todesstrafe in der Vergangenheit immer ein heiß diskutiertes Thema in der Politik, der Öffentlichkeit und auch unter Juristen darstellte, ging das Thema während und nach den Beratungen des Parlamentarischen Rats zum Grundgesetz in der Tagespresse fast kommentarlos unter. Lediglich in einigen Zeitungen fand diese Materie überhaupt Beachtung. Das *Westdeutsche Tageblatt*[1] spöttelte, der Zeitungsleser habe von der Abschaffung der Todesstrafe nebenher erfahren und dies mit geringerem Anteil aufgenommen, als den Ausgang eines Fußballspiels. Und die *Westfälische Rundschau* schrieb: „Im Tempo der Verabschiedung blieb die Tatsache fast unbemerkt, dass es sich hier um ein rechtsgeschichtliches Ereignis erster Ordnung handelt“[2].

Die Arbeit des Parlamentarischen Rats erweckte nicht das allgemeine Interesse der deutschen Bevölkerung.[3] Zwar wurde in der Tagespresse regelmäßig über die Beratungen des Parlamentarischen Rats berichtet, jedoch stand die Abschaffung der Todesstrafe nie im Vordergrund. Allenfalls nebenher wurde in einzelnen Artikeln darauf hingewiesen, dass sich der Parlamentarische Rat mit der Sache befasste. So schrieb *Die Zeit* in einem ganzseitigen Beitrag über die Arbeit zum Grundgesetz in einem Dreizeiler, dass „ein Antrag des DP-Abgeordneten Seebohm auf Abschaffung der Todesstrafe mit neun zu sechs Stimmen abgelehnt“ wurde.[4] Und anlässlich des Abschaffungsantrags der SPD in der zweiten Lesung zum Grundgesetz erschien ein Artikel zum „Für und Wider die Todesstrafe“[5] in der *Wirtschaftszeitung*. Neben einem geschichtli-

---

1 Westdt. Tageblatt v. 6.8.1949 „Die Todesstrafe – eine Frage zweiten Ranges?“.

2 Westfl. Rundschau v. 24.5.1949 „Der Henker wird erwerbslos“.

3 Vgl. *Düsing*, a.a.O., S. 288. Nach *Düsing* war einem „großen Teil der Bevölkerung die Institution des Parlamentarischen Rates völlig fremd. Bei einer durch das statistische Institut für Markt- und Meinungsforschung in Hamburg durchgeführten Befragung erklärten 41% der Befragten, noch nie etwas von dieser Institution gehört zu haben“.

4 Dagegen thematisierte die Zeitung in dem Artikel ausführlich die Debatte um die Elternrechte. Siehe Zeit v. 27.1.1949.

5 Wirtschaftszeitung v. 26.2.1949 „Für und Wider der Todesstrafe“.

chen Abriss und den gängigen Argumenten für und wider die Todesstrafe hieß es dort am Anfang des Artikels:

> „Nicht wenige mögen überrascht gewesen sein, als sie von dem kürzlich in Bonn gestellten sozialdemokratischem Antrag vernahmen, im Grundgesetz die Todesstrafe für abgeschafft zu erklären. Der Antrag wurde zurückgestellt, aber er hat nach all den Jahren der Missachtung des Menschenlebens zum erstenmal wieder die Diskussion über die Abschaffung der Todesstrafe in Deutschland entfacht.“

Das Entfachen der Diskussion bezog sich jedoch allenfalls auf die des Parlamentarischen Rates, denn die deutsche Bevölkerung musste von der Presse[6] erst auf das Ende einer hundert Jahre dauernden Diskussion aufmerksam gemacht werden, indem diese in den darauffolgenden Wochen nach Inkrafttreten des Grundgesetzes Beiträge zur Abschaffung der Todesstrafe – zumeist von Juristen verfasst – veröffentlichten und so das Thema bewusst zur Debatte stellten.

## *B) Juristen*

Insgesamt lässt sich keine einheitliche Mehrheit für oder wider die Todesstrafe unter den Juristen feststellen. Dies spiegelt sich auch in einem Artikel über eine Tagung des Zentraljustizsamtes Hamburg in Bad Pyrmont wieder. Dort heißt es:

> „Über die von Politikern geschaffene Bestimmung des Ausschlusses der Todesstrafe im neuen Grundgesetz gehen unter den Juristen die Meinungen auseinander. Während ein Teil diese Regelung als fortschrittlich begrüßt, fürchten andere, dass das Fehlen der Todesstrafe als Abschreckung für schwere Verbrechen sich nachteilig auswirken kann.“[7]

Betrachtet man die einzelnen Argumente der Befürworter bzw. der Gegner der Abschaffung der Todesstrafe, so erkennt man höchst unterschiedliche Anhaltspunkte. Besonders auffällig ist die Spaltung zwischen den praktizierenden Juristen (zumeist Gegner der Abschaffung) und den Juristen, die politische Positionen bekleiden (Befürworter der Abschaffung). Es scheint fast so, als sei die Abschaffung der Todesstrafe ein von der Politik geschaffenes Konstrukt, welches nicht die Realität wiederspiegelt. Die Zeitung *Das Volk* schrieb hierzu:

> „Der Streit für und wider die Todesstrafe hat längst die rein juristische Ebene verlassen und hat in die politische Sphäre übergewechselt.“[8]

---

6 Siehe z.B. Volk v. 31.5.1949 „Todesstrafe – ja oder nein?“; Westdt. Tageblatt v. 6.8.1949.

7 SZ v. 5.7.1949 „Keine Todesurteile mehr“.

8 Volk v. 31.5.1949.

## *I. Abolitionisten*

Die Abolitionisten begrüßten die schnelle, wenn auch überraschende Entscheidung des Parlamentarischen Rates und würdigten die Abschaffung der Todesstrafe als Zurückeroberung „eines zum großen Teil verlorengegangenen moralischen Gebiets für Deutschland"[9] und schrieben die Abschaffung der Todesstrafe einem gereiften Rechtsgefühl[10] zu. Der Staatsanwalt Heinz Neudeck dagegen sah in der Abschaffung der Todesstrafe lediglich die Legalisierung eines bereits seit dem Jahr 1945 bestehenden Zustandes. So habe allein Bayern beispielsweise bis Ende März 1949 zwar 33 Todesurteile verhängt, aber keines dieser bayerischen Urteile sei vollstreckt worden. Und auch in anderen Teilen Deutschlands sei über Vollstreckungen in dieser Zeit kaum etwas bekannt. Dieses Auseinanderklaffen von Gesetzgebung und Rechtsprechung einerseits und Vollstreckungs- und Gnadenpraxis andererseits vertrage die Staatsautorität auf Dauer nicht.[11]

Die Hintergründe für die Position der Abolitionisten liegen mehrheitlich in den Erlebnissen der nationalsozialistischen Zeit begründet. Die neue Verfassung sollte, wie Radbruch es ausdrückte, „unter die nationalsozialistische Vergangenheit einen dicken Strich ziehen"[12]. Dies beinhaltete zwingend die Abschaffung der Todesstrafe, um einen Missbrauch des Staates – wie er unter der NS-Herrschaft an der Tagesordnung gewesen war – zu unterbinden. 12 Jahre lang sei die Todesstrafe „als bewusstes Mittel des Mordes von der Staatsführung und ihren Anhängern in einer Form und Häufigkeit missbraucht"[13] worden, von deren Umfang nicht einmal heute alle Menschen sich eine Vorstellung machen könnten. Den Gegnern der Todesstrafe war es offensichtlich wichtig, dem neuen Staat nicht mehr Machtmittel an die Hand zu geben, als unbedingt

---

9 *Curt Stauff*, Senatspräsident beim Obersten Gerichtshof für die Britische Zone in Köln, siehe Welt v. 8.6.1949 „Justitia ohne Richtschwert".

10 Ebd. Ähnlich Staatsrat *Hoegner*, für den die Abschaffung der Todesstrafe seiner Vorstellung eines humanitären Rechtsstaats entsprach. Siehe SZ v. 19.10.1949 „Die Todesstrafe ist abgeschafft".

11 NZ v. 15.6.1949 „Gesetzgebung verzichtet auf die Todesstrafe".

12 Für *Radbruch* war die Abschaffung der Todesstrafe aber nicht nur ein Schlussstrich unter die dunkle nationalsozialistische deutsche Vergangenheit. Für ihn war sie gleichzeitig auch eine geschichtliche Folgerichtigkeit und kriminalpolitische Konsequenz des immer stärker werdenden Gedankens der Besserung und Erziehung. (Siehe Tag v. 25.6.1949). *Hans Wagener* erklärte, die Geringfügigkeit des Eindrucks, den die Hinrichtungsorgie der Hitlerjahre auf eben diese Elemente machte, sollte den Verfechtern dieses Standpunktes zu denken geben. (Siehe WamS v. 17.4.1949 „Sinn und Methode der Todesstrafe").

13 *Stauff*, Welt v. 8.6.1949.

erforderlich. Nach Dirks hatte das deutsche Volk aufgrund dieser Erfahrungen das Recht zu töten, wenn es einem Menschen überhaupt zustehe, verloren.[14]

Gleichzeitig wollten sie die Gefahr eliminieren, mit nationalsozialistischen Juristen gleichgestellt zu werden. Wenn ein Jurist wie z.B. Stauff die Abschaffung der Todesstrafe als Zurückeroberung eines zum großen Teil verlorengegangenen moralischen Gebiets für Deutschland anpries und den Deutschen ein gereiftes Rechtsgefühl zuschrieb, dann entsprang dies dem Bedürfnis, die den Juristen innewohnende Menschlichkeit und Moral zu bekräftigen, um sowohl sich selbst als auch die Besatzungsmächte davon zu überzeugen, dass zwischen ihnen und den Anhängern des Nationalsozialismus keinerlei Berührungspunkte bestehen. Denn nur wenn die politisch Führenden der Bundesrepublik Deutschland die Alliierten überzeugen konnten, nichts mehr mit den Nationalsozialisten gemein zu haben, bestand eine realistische Chance, die Souveränität Deutschlands zurückzuerhalten. Entsprechend ist auch ein Artikel der *Frankfurter Rundschau* zu verstehen, wonach sich

> „gesittete und kultivierte Staatswesen mit gesicherten Staatseinrichtungen humane Strafen erlauben können. Aus dieser Überlegung heraus können wir auf die Todesstrafe als einem Überbleibsel aus dunklen Zeiten verzichten. [...] So kann man es nur begrüßen, dass das neue Grundgesetz mit der Abschaffung der Todesstrafe eine Lösung gefunden hat, die den Forderungen der Menschlichkeit gerecht wird und als Zeichen des Vertrauens in die künftige Gesichertheit unseres staatlichen Lebens aufzufassen ist.“[15]

Gustav Radbruch, als wohl einer der ältesten deutschen Verfechter der Abschaffung der Todesstrafe, warnte in seiner Stellungnahme zur Abschaffung der Todesstrafe,

> „auf der Hut zu sein, wenn vorübergehende Volkstimmungen die Rückgängigmachung einer humanen Tat fordern sollten.“[16]

Radbruch, aber auch andere, prophezeiten, dass die Abschaffung keine Mehrheit im Volke finden werde. Zwangsläufig werde spätestens mit dem Feststellen gesteigerter Kriminalität der Verzicht auf die höchste Strafe in Frage gestellt werden.[17] Dennoch hoffte Neudeck, die Abschaffung der Todesstrafe werde sich als Dauerlösung erweisen.[18] Ohnedies sei durch Art. 102 ein *fait accompli* geschaffen worden, das nur schwer wieder zu beseitigen sei, da die

---

14 Siehe *Walter Dirks*, Die abgeschaffte Todesstrafe, in: Frankfurter Hefte (1949), S. 535. Ähnlich äußerten sich *Hoegner* und der spätere BMJ *Dehler*, siehe SZ v. 19.10.1949.

15 FR v. 16.5.1949 „Die Todesstrafe ist abgeschafft“.

16 Tag v. 25.6.1949.

17 Siehe *Radbruch*, Tag v. 25.6.1949; *Neudeck*, NZ v. 15.6.1949.

18 NZ v. 15.6.1949.

Abschaffung der Todesstrafe nunmehr verfassungskräftig geworden sei.[19] Für die Zeit des Übergangsstadiums „Bonner Grundgesetz" sei der deutsche Gesetzgeber verpflichtet, einen längeren Versuch mit der Abschaffung der Todesstrafe zu machen. Nur wenn der Staat im Kampf gegen schwere Kriminalität von allen ihm zur Verfügung stehenden Machtmitteln energisch Gebrauch mache, bestehe die Hoffnung, dass die Öffentlichkeit sich allmählich mit der vorläufig noch ziemlich unpopulären Abschaffung der Todesstrafe abfinden werde. Andernfalls müsse damit gerechnet werden, dass die Anhänger der Todesstrafe bei den Beratungen über eine gesamtdeutsche Verfassung wieder in der Mehrheit bleiben würden. Die Beseitigung der Todesstrafe habe also weniger die Bedeutung eines gesicherten Fortschritts als vielmehr diejenige einer vielfältigen kriminalpolitischen Aufgabe.[20]

## *II. Gegner der Abschaffung*

Bei den Anhängern der Todesstrafe[21] dominierten die Argumente der Vergeltungstheorie sowie der Abschreckungs- und Sicherungswirkung der Todesstrafe.[22] In Zeiten großer politischer und sozialer Umwälzung sei die Unversehrtheit des Staates ohne schärfste Mittel nicht zu gewährleisten. Ihrer Ansicht nach spielte die Abschreckung immer noch eine große Rolle bei verschiedenen Gruppen. Ministerialrat Eckhardt, Gnadenreferent im bayerischen Justizministerium, glaubte nicht daran, dass die Zahl der begangenen, in vielen Staaten mit der Todesstrafe bedrohten Kapitalverbrechen dort, wo die Todesstrafe abgeschafft sei, gleich hoch bzw. gleich niedrig ausfalle. Und wenn doch, dann nur, weil die gesellschaftlichen und wirtschaftlichen Verhältnisse anders lägen,

---

19 Für eine Änderung des Art. 102 war nunmehr eine verfassungsändernde Zweidrittel-Mehrheit sowohl vom Bundestag als auch vom Bundesrat erforderlich. Es sei, so *Neudeck* prophetisch, „sehr unwahrscheinlich, dass sich so starke Mehrheiten für die Wiedereinführung der Todesstrafe finden werden." Siehe SZ v. 19.10.1949; NZ v. 15.6.1949.

20 NZ v. 15.6.1949.

21 Auch die Strafanstaltsvorstände und Gefängnispfarrer lehnten nach den Ausführungen *Düsings* die Abschaffung der Todesstrafe mehrheitlich ab. Zu den Einzelheiten siehe *Düsing*, a.a.O., S. 290ff.

22 Zum Beispiel der bay. JM *Joseph Müller*, der Landgerichtsrat *Mulzer*, die Rechtsanwälte *Karl Staubitzer* und *Alfred Seidl* sowie der Präsident der Münchener Anwaltskammer *Hanns Dahn* (Siehe SZ v. 19.10.1949). Der Chefpräsident des Landgerichts Berlin *Loewenthal* sprach sich in seiner Position „als Richter nach Überwinden mancherlei Bedenken" auch weiterhin für die Anwendung der Todesstrafe aus. So sei die Vergeltungstheorie von allen Strafrechtstheorien die einzige, mit der die Anwendung der Todesstrafe im deutschen Strafrecht gerechtfertigt werden könne. (Siehe Tag v. 25.6.1949).

da es sich bei den abolitionistischen Ländern um solche mit einer gesicherten Gesellschaftsordnung und sehr geringer Kriminalität handle.[23] In diesem Zusammenhang kritisierte Mulzer zudem, dass die Deutschen offenbar nur in Extremen dächten:

> „Zuerst die Brutalität des Dritten Reichs mit seiner endlosen Kette von Hinrichtungen; jetzt die verwaschene, pseudohumanitäre Milde gegenüber Massenmördern".[24]

Daneben fällt auf, dass die Gegner der Abschaffung sehr darauf bedacht waren, die Anwendung der Todesstrafe auf „Unmenschen" oder „absolutes Gesindel" zu begrenzen; „Menschen" müssten vor „Unmenschen wie Mördern oder Sittlichkeitsverbrechern" geschützt werden. Damit setzten die Anhänger der Todesstrafe potentielle Todesstrafenkandidaten bewusst herab. Sie erweckten damit den Eindruck, das Leben von Mördern u.ä. habe gar keinen Wert und sei somit auch nicht schützenswert. Mulzer sah in dem Verzicht auf die höchste Strafe eine Schwächung des Rechtssystems, da solche unmenschlichen Objekte in dem Bewusstsein, der gerechten Strafe zu entgehen, die Gerichte verhöhnten.[25]

Den schärfsten Widerstand findet die Abschaffung bei dem Hamburger Landgerichtsdirektor Schmarje, der die Gelegenheit einer Urteilsbegründung des Schwurgerichts in einem Taxiraubmordprozess nutzte, um seinen Unmut über die Abschaffung der Todesstrafe kund zu tun, weil „nur" die Verhängung einer lebenslangen Freiheitsstrafe möglich war:[26]

> „Das Gericht ist sich darüber klar, dass das Endergebnis dieses Prozesses nicht befriedigt. Es ist davon überzeugt, dass das Rechtsgefühl des Volkes als einzig mögliche Sühne die Todesstrafe fordert. Art. 102 verbietet jedoch die Todesstrafe. Nach Ansicht des Schwurgerichts ist der Art. 102 nicht vom Mehrheitswillen des deutschen Volkes getragen."[27]

Schmarje sprach weiter die Hoffnung aus, dass die Verantwortlichen sich das Material des Prozesses beschaffen und an eine Änderung dieses Artikels herangehen würden.[28]

---

23 SZ v. 19.10.1949.

24 Ebd.

25 Ebd.

26 Siehe *Düsing*, a.a.O., S. 289.

27 BArch B 141/003826, MicroF S. 101ff.; Ruhr-Nachrichten v. 2.3.1950 „Lebenslange Freiheitsstrafe für Taximörder".

28 Das Gericht sei aber, so *Schmarje*, an das Verfassungsverbot des Art. 102 gebunden, wenn es sich nicht den Vorwurf der Rechtsbeugung aussetzen wolle. Zuvor hatte er erklärt, es sei „ein unerträglicher Gedanke [...], dass diesen brutalen und heimtückischen

## *III. Gemeinsamkeiten*

Aber es finden sich auch Gemeinsamkeiten. Sowohl Abolitionisten als auch Gegner der Abschaffung der Todesstrafe erkannten, dass eine solch immens wichtige Entscheidung ohne Gehör und Unterrichtung der Öffentlichkeit getroffen worden war. Das *Westdeutsche Tageblatt* schrieb hierzu, es sei sicher,

> „dass niemand etwas davon wusste, dass diese in Kulturstaaten von jeher als ein jeden angehendes Problem ersten moralischen Ranges empfundene Frage überhaupt zur Debatte stand."[29]

Die Abolitionisten hinterfragten jedoch die Entscheidung nicht, sondern begrüßten das unerwartete Zustandekommen des Verfassungsverbots. Ohne lange doktrinäre Erörterung habe der Parlamentarische Rat fast im Handumdrehen die Todesstrafe abgeschafft und, so hofften die Abolitionisten, eine umstrittene Entwicklung endgültig zum Abschluss gebracht.[30] Neudeck stellte hierzu fest, der Bonner Beschluss habe offenbar im Schatten wichtiger Entscheidungen über grundlegende staatspolitische Fragen gestanden. Welches auch im einzelnen die Umstände gewesen seien, die der Todesstrafe zu diesem Zeitpunkt ein Ende gesetzt hätten, er begrüße die Entscheidung, auch wenn er in keiner Weise die undemokratische Form der Abschaffung verkenne.[31]

Während für die Abolitionisten also nur das Ergebnis zählte, kritisierten die Gegner der Abschaffung, dass der Parlamentarische Rat zur Entscheidung einer solch wichtigen Frage gar nicht berufen gewesen sei. Besonders die Gründe und die Art der Entscheidungsfindung waren für viele nicht nachvollziehbar. Sie empfanden es insgesamt als höchst unbefriedigend, dass in einer solchen Kernfrage wie der Todesstrafe eine von irgendwelchen parteitaktischen Gründen bestimmte Zufallsmehrheit des ehemaligen Parlamentarischen Rats, der weder direkt vom Volk gewählt war, noch das Problem vorher in der Öffentlichkeit zur Diskussion gestellt hatte, gewissermaßen bei Nacht und Nebel und womöglich auf Generationen hinaus hier entscheiden konnte.[32] In Anbetracht der desolaten Lage Deutschlands wurde diese Frage jedoch auch von den Gegnern der Abschaffung der Todesstrafe nicht weiter hinterfragt.

---

Raubmördern auf unbestimmte Zeit bei korrekter Behandlung und guter Verpflegung körperliches Wohlbefinden auf Staatskosten garantiert wird". Siehe BArch B 141/003826 MicroF S. 101ff.; *Düsing*, a.a.O., S. 289. Vgl. ebenso Sten. Bericht des BT, 52. Sitzung v. 27.3.1950, S. 1901f.

29 Westdt. Tageblatt v. 6.8.1949.

30 *Dirks*, a.a.O., S. 535; *Stauff*, Welt v. 8.6.1949.

31 SZ v. 19.10.1949.

32 Ebd.

Daneben tröstete wohl auch hier die Tatsache, dass es sich bei dem Bonner Grundgesetz nur um eine temporäre Verfassung handelte, somit die Frage letztlich doch nicht endgültig entschieden worden war.

## *C) Öffentlichkeit*

Will man neben der Allensbacher Umfrage[33] weiter die Stimmung in der Öffentlichkeit einfangen, so findet sich – da, wie bereits festgestellt, der neue Verfassungsgrundsatz ein kaum bekanntes Ereignis darstellte – nur eine einzige weitere Quelle: die veröffentlichten Leserbriefe verschiedener Tageszeitungen.

Hierbei handelte es sich zumeist um Reaktionen auf die von den Zeitungen bewusst zur Debatte gestellten Beiträge zur Todesstrafe.[34] Leider waren die einzelnen Redaktionen augenscheinlich aus Gründen der Objektivität darauf bedacht, keiner Position zu viel Aufmerksamkeit zu schenken. Die gegensätzlichen Leserbriefe halten sich die Waage – auch wenn, angesichts der Allensbacher Ergebnisse, die Verfassungsregelung von der Bevölkerung mehrheitlich abgelehnt worden sein dürfte.[35] Obwohl somit keine eindeutige Tendenz feststellbar ist, zeigen sich trotz unterschiedlicher Positionen zu dem Thema dennoch zwei nennenswerte Aspekte:

Zum einen kritisierten beide Seiten, sowohl Gegner als auch Befürworter der Abschaffungsregelung, die fehlende Berücksichtigung der öffentlichen Meinung im Zusammenhang mit der Verabschiedung des Art. 102, wenn auch nicht so vehement wie man aufgrund der Allensbacher Ergebnisse hätte vermuten dürfen. Für die Befürworter der Abschaffung zählte aber unterm Strich lediglich das Ergebnis. Dagegen verurteilten die Abschaffungsgegner das Zustandekommen des Art. 102 scharf. Die Bevölkerung habe erst durch die Veröffentlichung des Grundgesetzes von der Abschaffung der Todesstrafe in Deutschland erfahren. Bei einer vorherigen Befragung der deutschen Bevölkerung hätte der Gesetzgeber einsehen müssen, dass er nicht im Sinne vieler

---

33 Siehe oben Erster Teil, 1. Kapitel.

34 Siehe oben Erster Teil, 3. Kapitel, A).

35 *Stauff*, Welt v. 8.6.1949; Welt v. 8.7.1949 „Fallbeil oder Staatspension?“; Hannoversche Presse v. 21.6.1949 „Wirkt die Todesstrafe abschreckend?“; Welt v. 21.6.1949 „Ja und Nein zur Todesstrafe“; WamS v. 24.4.1949 „Für und wider die Todesstrafe“; *Wagener*, WamS v. 17.4.1949; WAZ v. 2.6.1949 „Der Tod steht jenseits von Gut und Böse“. Die *SZ* berichtete in ihrer Ausgabe vom 19.10.1949, dass sich nach einem Zwiegespräch zwischen Staatsrat *Hoegner* und ihrem Berichterstatter *Müller-Meiningen jr.*, 90% der Zuhörer für die Beibehaltung der Todesstrafe ausgesprochen hatten. Siehe SZ v. 19.10.1949.

Wähler gehandelt habe, als er die Todesstrafe abschaffte, nicht zuletzt angesichts der Tatsache, dass sich zurzeit die Verbrechen in nie da gewesenem Umfang häuften.[36] Zwar sei es möglich, so ein Leserbrief, dass diese „Minderheit“ Recht habe mit ihrer Ansicht, die Abschaffung bedeute eine Festigung der Menschenrechte und des Humanitätsgedankens und damit der Weiterentwicklung. Jedoch berücksichtige die vollkommene Abschaffung nicht das natürliche Empfinden der Mehrheit des deutschen Volkes. Ausschlaggebend (für die Abschaffung der Todesstrafe) könne aber nur das Rechtsempfinden der jeweiligen Epoche sein und nicht die Furcht, man könne uns in späterer Zeit einmal wegen der Beibehaltung der Todesstrafe den Vorwurf der Barbarei machen.[37]

Das *Westdeutsche Tageblatt* stellte hierzu fest:

> „Dass einerseits der Gesetzgeber sich nicht bemüßigt fühlte, zu einer so wichtigen Frage die öffentliche Meinung zu ergründen, dass andererseits jede spürbare Resonanz ausgeblieben ist, kann nicht ernst genug genommen werden als Symptom einer bedenklich undemokratischen Geistesverfassung.“[38]

Neben der Kritik, die Entscheidung der Abschaffung der Todesstrafe ohne die deutsche Bevölkerung getroffen zu haben, lässt sich, wenn auch verstärkt unter den Gegnern, aber auch vereinzelt unter den Befürwortern der Abschaffung der Todesstrafe, eine weitere Gemeinsamkeit herausarbeiten: der Wunsch nach Sicherheit und Stabilität nach den schrecklichen und entbehrungsreichen Kriegsjahren.

Gerade in Nöten der Gegenwart hatte die gefühlsbetonte Vorstellung vom starken Staat, der nicht viel Federlesens macht, sondern gegenüber schweren Verbrechern mit äußersten Mitteln durchgreift, viele Anhänger. Anders als die Mitglieder des Parlamentarischen Rats interessierte sich die Bevölkerung nicht für politische oder humanitäre Überlegungen, die zugunsten der Abschaffung der Todesstrafe sprechen könnten. Vielmehr wurde einmütig befürchtet, die Abschaffung der Todesstrafe könnte als falsches Zeichen gedeutet werden und zu einer verstärkten Gefährdung der Sicherheit der Bevölkerung führen,[39] da ein Krimineller in der Abschaffung „vermutlich nicht den humanen Ausdruck eines kultivierten Staates, sondern eben eine Strafverminderung“[40] erblicke.

---

36 *Stauff*, Welt v. 8.6.1949; Welt v. 8.7.1949; Hannoversche Presse v. 21.6.1949.

37 Hannoversche Presse v. 21.6.1949

38 Westdt. Tageblatt v. 6.8.1949.

39 *Stauff*, Welt v. 8.6.1949; Welt v. 8.7.1949; Welt v. 21.6.1949; WamS v. 24.4.1949.

40 Siehe WAZ v. 2.6.1949. Selbst den Befürwortern der Abschaffung der Todesstrafe reichte die ersatzweise Verhängung einer Zuchthausstrafe nicht aus. So forderte z.B. ein Leser, den „Entzug aller Rechte und Pflichten des Gemeinschaftslebens durch Aus-

Das Volk verlange vom Staat einen vollkommen sicheren Schutz vor „asozialen Elementen“, denn „von jeher stand dem Staat das historische Recht zu, gemeingefährliche Verbrecher aus der menschlichen Gesellschaft, deren unbedingte Sicherheit ihm erste Pflicht sein sollte, zu beseitigen“. [41] Auch die Weimarer Republik habe erkennen müssen, dass der generelle Verzicht auf den Vollzug der Todesstrafe nicht durchführbar sei.[42] Die Abschaffung der Todesstrafe trage nicht dazu bei, das Vertrauen zwischen den Menschen wiederherzustellen.[43]

Den Unmut des deutschen Volkes nahmen die Politiker auf und versuchten die Volksstimmung zu ihren Gunsten zu nutzen, indem sie speziell im Rahmen der kommenden Wahlkämpfe immer wieder die Forderung nach der Wiedereinführung der Todesstrafe formulierten und auch einige Vorstöße in den gesetzgebenden Körperschaften wagten.

---

setzen des Verurteilten in eine Freistätte (verminte Insel oder isolierter Bannbezirk), um dort allein unter dem Richterspruch Gottes, der Natur oder der Mitverurteilten zu stehen“. Siehe WamS v. 24.4.1949.

41 *Stauff*, Welt v. 8.6.1949. Ähnlich Welt v. 8.7.1949; Welt v. 21.6.1949.

42 Welt v. 21.6.1949.

43 Welt v. 21.6.1949. Insbesondere Fälle spektakulärer Verbrechen, wie die der Giftmörderin Swinka, die als erste von dem Art. 102 des GG begünstigt war, waren besonders von der Gefühlsseite nicht geeignet, der Durchführung des Art. 102 im Rechtsleben ungeteilte Zustimmung zu sichern. Siehe NRZ v. 15.6.1949 „Die Todesstrafe ist abgeschafft“.

# ZWEITER TEIL: BEMÜHUNGEN UM DIE WIEDEREINFÜHRUNG DER TODESSTRAFE

# 4. Kapitel: Die Diskussion unter Bundesjustizminister Dehler

## *A) Die Diskussion im Frühling 1950*

### *I. Bundestagssitzung vom 27. März 1950*

Angesichts der nicht unerheblichen Kritik an der Entscheidung des Parlamentarischen Rats, die Todesstrafe abzuschaffen, musste sich die Befürchtung Radbruchs über kurz oder lang erfüllen.[1] In der Tat reichten auf den Tag genau neun Monate nach Inkrafttreten des neuen Grundgesetzes die Abgeordneten der Bayernpartei einen „Gesetzesentwurf über die Wiedereinführung der Todesstrafe" ein. Darin hieß es, der Bundestag wolle folgendes Gesetz beschließen:

> „Der Art. 102 des Grundgesetzes für die Bundesrepublik wird aufgehoben."[2]

Unterschrieben war der Antrag von 14 der 17 Abgeordneten der Bayernpartei.[3]

Entgegen der Ansicht des Ältestenrates,[4] die zur Wiedereinführung der Todesstrafe erforderliche Zweidrittelmehrheit liege außerhalb des Bereiches des Möglichen, war die Chance, den Art. 102 abzuschaffen, nicht von vornherein auszuschließen.[5] Standen sich die Abgeordneten der beiden großen Fraktionen der SPD und CDU/CSU im Parlamentarischen Rat noch mit jeweils 27 Mitgliedern in einer Pattsituation gegenüber, waren die Sitze im Bundestag nach der ersten Bundestagswahl am 14. August 1949 nicht mehr so proportional

---

1 Siehe oben Erster Teil, 3. Kapitel, B).

2 BT-Drs. Nr. 619.

3 Als Begründung für den Antrag erklärte *Baumgartner* im Vorfeld in einem Zeitungsinterview, dass es durch die Häufigkeit der Morde unmöglich erscheine, den Art. 102 beizubehalten. (SZ v. 25.2.1950 „BP beantragt die Wiedereinführung der Todesstrafe"). Allerdings spielte wohl auch die Unzufriedenheit über das Grundgesetz bei dem kontroversen Antrag eine Rolle. Hatte doch die Bayernpartei schon bei der Verabschiedung des Grundgesetzes im Bayerischen Landtag den „Bonner Vergewaltigungsakt" nicht als Grundgesetz, sondern als „Schundgesetz" bezeichnet und als „Machwerk", das die Sozialisierung, Zentralisierung und Russifizierung der deutschen Staaten einläute. So *Düsing*, a.a.O., S. 302.

4 Nach Aussagen des KPD-Abgeordneten *Renner*. Siehe Sten. Bericht des BT, 52. Sitzung v. 27.3.1950, S. 1914.

5 So auch *Düsing*, a.a.O., S. 303; *Evans*, a.a.O., S. 940.

verteilt.[6] Die Union bildete zusammen mit der Deutschen Partei, FDP und der Zentrumspartei mit insgesamt 208 von 410 Sitzen die Bundesregierung.[7] Daneben hatten auch kleinere Parteien wie die Wirtschaftliche Wiederaufbauvereinigung (WAV) und die Bayernpartei (BP), die zuvor von den Beratungen des Parlamentarischen Rats ausgeschlossen waren, nun Zugang zu parlamentarischen Entscheidungen.[8] Auch wenn die SPD mit ihren 136 Stimmen rein rechnerisch die Möglichkeit hatte, die verfassungsändernde Mehrheit zu verhindern, konnte nicht ausgeschlossen werden, dass sich einige Abgeordnete der SPD zur Unterstützung des Wiedereinführungsantrags überzeugen ließen. Schließlich hatte die parteiübergreifende Entscheidung des Parlamentarischen Rats gezeigt, dass die Entscheidung dieser Frage nicht eine Entscheidung der politischen Parteizugehörigkeit, sondern des persönlichen Gewissens war. Schaffte es die BP, die Regierungskoalition von ihrem Vorhaben zu überzeugen, standen die Chancen – zusammen mit den eigenen Stimmen und einzel-

6 Bereits im Vorfeld zur ersten Bundestagswahl hatte *Konrad Adenauer* Gespräche mit der CDU, FDP, DP und Zentrum über die Bildung einer Regierungskoalition und einer Verteilung der zu vergebenden Positionen aufgenommen. Um ihre politischen Vorstellungen durchzusetzen, bedurfte die CDU/CSU-Fraktion zuverlässiger Partner. Diese waren in erster Linie die Abgeordneten der DP. Die Abgeordneten der Zentrumspartei dagegen nahmen gelegentlich eine abwartende Haltung gegenüber der Unionspolitik ein. Auf Anregung des Bischofs *Berning* schlossen CDU und Zentrum am 19.7.1949 ein Wahlabkommen, wonach in einigen Wahlkreisen nur Kandidaten der CDU, in anderen nur Kandidaten der Zentrumspartei aufgestellt wurden. Offizieller Zweck dieses Abkommens war, die „christlichen Stimmen“ nicht zu zersplittern. Der politische Berater des Kölner Erzbischofs führte hierzu aus, die Kirche mache zwar keine direkten Vorschläge, aber sie würde es begrüßen, wenn sich beide Parteien nicht bekämpfen würden. Daraufhin forderte die SPD die Kirche in einem Brief auf, die von ihr erwartete politische Neutralität zu wahren. Ungeachtet dessen musste die Zentrumspartei erhebliche Stimmverluste hinnehmen, während die „DP, die neue Rechtspartei mit nationalsozialistischer Tendenz“ bemerkenswerte Erfolge verzeichnen konnte. Am Ende sollten Adenauers Bemühungen belohnt werden: Er wurde mit einer Stimme Mehrheit der erste Bundeskanzler der Bundesrepublik Deutschland. Siehe *Salzmann*, a.a.O., S. XII, XXV. Siehe auch NRZ v. 20.7.1949; NRZ v. 13.8.1949; NRZ v. 15.8.1949; NRZ v. 16.9.1949.

7 Ein Teil der Abgeordneten innerhalb der CDU (z.B. die CDU-Ministerpräsidenten *Arnold*, *Müller* und *Wohleb*) sprachen sich aber auch gegen eine Koalition mit der DP aus. Sie befürworteten vielmehr eine große Koalition mit der SPD. Siehe NRZ v. 27.8.1949.

8 Die CDU/CSU-Fraktion vereinte 142 Sitze, die SPD erreichte 136 Sitze, die FDP 53 Sitze, die BP 17 Sitze, die DP 16 Sitze, die WAV 15 Sitze, die Zentrumspartei 10 Sitze, die Dt. Reichspartei 6 Sitze, die südschleswigschen Wähler 1 Sitz und Parteilose 2 Sitze. *Düsing* stellt eine nicht unerhebliche Sitzverschiebung fest: Während sich die betont abschaffungsfreundlichen Sozialdemokraten von 41% der Sitze im Parlamentarischen Rat auf 33% der Bundestagssitze verschlechterten, schafften es die zum großen Teil abschaffungsfeindlichen Freien Demokraten ihren Anteil von 7,6% auf 12% zu erhöhen. Siehe *Düsing*, a.a.O., S. 302f.; vgl. auch *Evans*, a.a.O., S. 940.

nen Abgeordneten anderer Parteien – für ihren Antrag auf Abschaffung des Art. 102 nicht schlecht. Schließlich hatten sich viele Abgeordnete im Parlamentarischen Rat aus politischen und/oder privaten taktischem Kalkül für die Abschaffung ausgesprochen, obwohl sie die Zeit eigentlich noch nicht für gekommen hielten. Nachdem sich ihre Hoffnung, die Alliierten würden auf die Anwendung der Todesstrafe bei deutschen Kriegsgefangenen Abstand nehmen, nicht erfüllt hatte, bestand für sie nun keine Notwendigkeit mehr, an der Abschaffung festzuhalten.

## *1. Anhänger des Wiedereinführungsantrags*

Begründet wurde der Wiedereinführungsantrag der Bayernpartei von ihrem Mitglied Hermann Etzel.[9] Der frühere Bamberger Handwerkskammerdirektor war während seiner Rede auffällig um Sachlichkeit bemüht. So verlangte er aufgrund des Ernstes der aufgeworfenen Frage und der Würde des Hauses eine Atmosphäre der Besonnenheit und Verantwortung. Er forderte, die Leidenschaft, die bei den Verhandlungen des Weimarer Reichstages geherrscht habe, zu vermeiden. Diesem Anspruch wurden jedoch die meisten Abgeordneten nicht gerecht, insbesondere Mitglieder seiner eigenen Partei und nicht zuletzt er selbst, unterbrachen im Laufe der parlamentarischen Diskussion regelmäßig andere Redner mit Zwischenrufen.[10] Von dem Gedanken der Sachlichkeit inspiriert, streifte Etzel die bisherige Geschichte der Todesstrafe – Wagner nannte dies später eine „Vorlesung"[11] – was jedoch nur oberflächlich geschah und allenfalls den Schein einer gewissen Sachlichkeit in sich barg. Er verstand es, in seiner Argumentation für die Wiedereinführung der Todesstrafe die geschichtlichen Fakten für sein Anliegen zu nutzen und entgegenstehende Tatsachen einfach nicht zu erwähnen. So behandelte er im wesentlichen nur historische Ereignisse, die sich für die Beibehaltung der Todesstrafe aussprachen, z.B. den Juristentag von 1922 oder die Zweite Verordnung zum Schutz der Republik vom 29. Juni 1922.[12] Im weiteren kritisierte er das erste umfas-

---

9 Sten. Bericht des BT, 52. Sitzung v. 27.3.1950, S. 1892ff.

10 Insgesamt hielt es der Vorsitzende des Bundestags sieben Mal für erforderlich, die anwesenden Abgeordneten offiziell zur Ruhe anzuhalten. Siehe Sten. Bericht des BT, 52. Sitzung v. 27.3.1950.

11 Sten. Bericht des BT, 52. Sitzung v. 27.3.1950, S. 1897.

12 Er „vergaß" aber, Entscheidungen gesetzgebender Körperschaften, wie die Reichsverfassung der Frankfurter Paulskirche von 1848, den Verfassungsentwurf der Preußischen Nationalversammlung, den Juristentag von 1863 oder die ersten beiden Lesungen des Reichstags zur Zeit des Norddeutschen Bundes (erst nach der Intervention Bismarcks hatte man sich letztlich in der dritten Lesung doch für die Beibehaltung der Todesstrafe ausgesprochen), welche sich auch schon vor dem Parlamentarischen Rat für die Ab-

sende, die Todesstrafe ablehnende Werk „Dei delitti e delle pene"[13] des Mailänder Professors Cesare Beccaria als „verwirrt", da keine explizite, jedoch erforderliche Trennung gezogen werde, zwischen der rechtsphilosophischen Frage, ob der Staat das Recht zur Verhängung der Todesstrafe habe und der rechtspolitischen Frage, ob der Staat, „wenn die Vorfrage bejaht wird, gut daran tut, bei den schwersten Verbrechen, sei es zum Zwecke der Sühne, der Sicherung oder der Abschreckung, von ihr Gebrauch zu machen".[14] Zudem berief sich Etzel, wie schon de Chapeaurouge im Parlamentarischen Rat vor ihm, in seiner Begründung für die Wiedereinführung der Todesstrafe auf das erneut unwidersprochene, aber bewiesenermaßen falsche Argument, „die Staatsgrundsätze des Auslands kennen keine Bestimmungen über die Abschaffung der Todesstrafe".[15] Etzel begründete die Forderung der BP mit der Behauptung, das Grundgesetz sei nicht auf demokratische Weise zustande gekommen. In seinen Augen war der Parlamentarische Rat keine Volksvertretung, sondern nur ein auf Besatzungsrecht beruhendes Sonder- und Zweckgremium: ein Geschöpf des Befehls der Sieger.[16] Weder habe die Zusammensetzung des Parlamentarischen Rates dem inzwischen wesentlich gewandelten Willen der Wählerschaft entsprochen, noch sei die Abstimmung über die Einführung des Grundgesetzes in demokratischer Weise durch das Volk selbst erfolgt. Das Volk – und damit auch seine eigene Partei – habe nicht gesprochen.[17] Die große Mehrheit der deutschen Bevölkerung fordere die Wiederzulassung der Todesstrafe im Namen der Moral, des Rechts, der Gerechtigkeit und der Sicherheit der menschlichen Gesellschaft. Sie betrachte die lebenslängliche Zuchthausstrafe nicht als ausreichende Sühne, und verlange daher die „Ausmerzung" der „Ungeheuer in Menschengestalt, oft mehrfachen Raub-

---

schaffung der Todesstrafe ausgesprochen hatten, zu erwähnen. Einzelheiten hierzu siehe *Düsing*, a.a.O. Auf die selektive Aufzählung weisen auch *Düsing*, a.a.O., S. 303f. und *Evans*, a.a.O., S. 941 hin.

13 *Cesare Beccaria*, Von den Verbrechen und von den Strafen (1764), aus dem Italienischen von *Thomas Vormbaum*.

14 Sten. Bericht des BT, 52. Sitzung v. 27.3.1950, S. 1892ff.

15 Siehe oben Erster Teil, 2. Kapitel, B) II. 1. Siehe auch *Düsing*, a.a.O., S. 303f.

16 In seinem Schlusswort betonte *Etzel* erneut die Ansicht der fehlenden Legitimität des Parlamentarischen Rates. Damit wiederholte Etzel als einziger Abgeordnete des Bundestages die Kritik der Öffentlichkeit an der Entscheidung des Parlamentarischen Rates über das Grundgesetz. Siehe Sten. Bericht des BT, 52. Sitzung v. 27.3.1950, S. 1919f.

17 Damit ließ *Etzel* nicht zuletzt den verletzten Stolz der Bayernpartei, nicht an der Beratung und Entscheidung über das Grundgesetz beteiligt gewesen zu sein, durchblicken, was auch von den anderen Abgeordneten des Bundestages nicht unbemerkt blieb. Siehe Sten. Bericht des BT, 52. Sitzung v. 27.3.1950, *Etzel* (S. 1892ff.), *Wagner* (S. 1896ff.), *Meyer-Laule*, (S. 1906ff.), *Dehler* (S. 1895f.) und *Loritz* (S. 1908).

und Lustmörder, der Vater-, Mutter-. und Kindesmörder". Es sei der Gefahr vorzubeugen, Gewaltverbrechern durch eine zukünftige Amnestie oder einen politischen Umsturz, der sich nach den Erfahrungen der Geschichte oft gerade der kaltblütigsten, bedenkenlosesten und energischsten „Elemente" der Zuchthäuser als Mithelfer bediene, die Gelegenheit zu einer neuen Untat zu geben oder die Möglichkeit zu verschaffen, durch Fortpflanzung das neuerliche Ausmaß der durch zwei Weltkriege verursachten „negativen Auslese" ihrerseits weiter zu erhöhen.[18] „Nach längeren Ausführungen über die Strafandrohungen des mit Unterstützung der jetzt abschaffungsfreundlichen Sozialdemokraten zustande gekommenen Republikschutzgesetzes von 1922",[19] erklärte Etzel den Verzicht auf die Todesstrafe in einer Epoche des Zusammenbruchs ehemals festgefügter sittlicher und gesellschaftlicher Ordnungen für eine gefährliche und unverzeihliche Schwäche. Die Bevölkerung habe kein Verständnis, dass sie für Massenmörder und insbesondere ausländische Mörder – die nach einer Statistik des Münchener Zentralamts für Kriminalidentifizierung und Polizeistatistik in Bayern 1949 das 5,5-fache des verhältnismäßigen Anteils der Deutschen ausmachen würden – zum Unterhalt mit ihren Steuergroschen beitragen müssten. Die Mitglieder des Parlamentarischen Rates hätten nicht der Versuchung erliegen dürfen, eine solche Entscheidung ohne Befragung des Volkes selbst zu treffen, auch wenn es verständlich sei, wenn sie unter dem Einfluss der Schock- und Schreckenswirkung des nazistischen Blutrausches und Amoklaufes den Wunsch hatten, die Heiligkeit des Lebens zu demonstrieren.[20]

Uneingeschränkte Unterstützung erfuhr die Bayernpartei für ihren Antrag auf Streichung des Art. 102 allein durch die Deutsche Reichspartei. Aber auch Teile der FDP und auch der Deutschen Partei, die noch im Parlamentarischen Rat durch Seebohm den Anstoß zur Abschaffung der Todesstrafe durch

---

18 Sten. Bericht des BT, 52. Sitzung v. 27.3.1950, S. 1892ff. *Evans* stuft die Rede Etzels, nicht nur wegen „ihrer unbewussten Anklänge an die Sprache des Nationalsozialismus (‘ausmerzen’, ‘negative Auslese’)" als bemerkenswert ein, sondern auch wegen „ihrer Neuauflage rechtsextremer Wahnvorstellungen aus der Weimarer Zeit, wonach Revolutionen immer von Berufsverbrechern angezettelt werden". Auch *Herwart Miessner* von der neonationalistischen Deutschen Reichspartei, „präsentierte eine ganze Sammlung nationalsozialistischer, aber auch älterer Argumente: ‘gesundes Volksempfinden’, die überlegende Legitimität des Instinkts, Blut und Boden, die Erd- und Naturverbundenheit der Frau. Aber diese Sprache", so *Evans*, „war nicht mehr so wirkungsmächtig wie früher." Siehe *Evans*, a.a.O., S. 941, 944.

19 Zit. nach *Düsing*, a.a.O., S. 304. Ähnlich *Evans*, a.a.O., S. 941.

20 Sten. Bericht des BT, 52. Sitzung v. 27.3.1950, S. 1892ff.

Art. 102 gegeben hatte,[21] sprachen sich für die Wiedereinführung der Todesstrafe aus. Auf die durch die Bayernpartei vorgetragenen verfassungsrechtlichen Bedenken wollten aber weder der DP-Abgeordnete Ewers[22] noch der Freie Demokrat Fritz Neumayer[23] eingehen. Mit Ausnahme der Antragssteller herrschte auch unter den Befürwortern der Todesstrafe die einheitliche Meinung, die Verfassung zum jetzigen Zeitpunkt nicht in Frage zu stellen. Dies geschah in Anerkenntnis des Grundgesetzes als zwingende Voraussetzung einer handlungsfähigen Bundesrepublik Deutschland. Die Prinzipien des Strafrechts mussten daher zunächst in den Hintergrund rücken.[24] So war Ewers zwar gegen das Grundgesetz insgesamt, er erkannte es jedoch als „einzige Möglichkeit und Basis für ein gesamtes politisches und staatliches Leben in der Bundesrepublik Deutschland“[25] an.

Stattdessen beschränkten sich die Anhänger der Todesstrafe auf die klassischen materiell-rechtlichen Aspekte: Vergeltungs- und Abschreckungswirkung der Todesstrafe. Gerade die Vergeltungsmaxime, so Ewers im Namen seiner Partei, sei geeignet, die Wiedereinführung der höchsten Strafe zu begründen. Denn diese Maxime lebe „in allen tüchtigen, aufrechten, den Staat bejahenden Bürgern jeder Klasse und jeden Standes, soweit sie nicht von Theorien über den Staat, über die Justiz oder die Philosophie angekränkelt sind“.[26] Das deutsche Strafrecht müsse sich, so der Abgeordnete der Deutsche Reichspartei

21 *Ewers* stellte gleich zu Beginn fest, dass seine Fraktion als einzige Partei geschlossen im Parlamentarischen Rat gegen das Grundgesetz in seiner Gesamtheit gestimmt habe und dass die Ausführungen der Bayernpartei gegen den Art. 102 gegen nahezu jeden Artikel des Grundgesetzes ausgeführt werden könne. Siehe Sten. Bericht des BT, 52. Sitzung v. 27.3.1950, S. 1909ff.

22 Der Wortführer der abschaffungsfeindlichen Mehrheit der Deutschen Partei. Siehe Sten. Bericht des BT, 52. Sitzung v. 27.3.1950, S. 1909ff. Vgl. auch *Düsing*, a.a.O., S. 304.

23 Sten. Bericht des BT, 52. Sitzung v. 27.3.1950, S. 1912f. Der spätere Bundesjustizminister war ein glühender Verfechter der Todesstrafe. Näheres zu *Neumayer* siehe Zweiter Teil, 2. Kapitel.

24 *Evans* erklärt hierzu: „Während die deutsche Einheit für Bismarck noch ein Grund gewesen war, an der Todesstrafe festzuhalten, war sie paradoxerweise jetzt für Leute, die in vielem genauso konservativ dachten wie er, ein Grund, an ihrer Abschaffung festzuhalten. In beiden Fällen hatte der übergeordnete Grundsatz der nationalen Einheit Vorrang vor dem nachgeordneten Prinzip des Strafrechts. [...] Doch während das Deutsche Reich symbolisch auf der Beibehaltung der Todesstrafe errichtet war, wurde die Bundesrepublik Deutschland symbolisch auf ihrer Abschaffung errichtet.“ Siehe *Evans*, a.a.O., S. 944f.

25 Sten. Bericht des BT, 52. Sitzung v. 27.3.1950, S. 1909ff.

26 Ebd., S. 1909ff., Ähnlich *Neumayer* (S. 1912f.) und *Miessner* (S. 1917f.).

(DRP) Herwart Miessner,[27] am Willen des Volkes orientieren, welches in seiner überwiegenden Mehrheit der Todesstrafe aus einem natürlichen Instinkt heraus bejahe und fordere. Daher müsse die Todesstrafe neben anderen Strafandrohungen wahlweise zugelassen werden.[28]

Weiterhin beriefen sich die Befürworter auf die Abschreckungswirkung der Todesstrafe.[29] In Zeiten der Zunahme der Kriminalität schwerer Verbrechen war Neumayer überzeugt, dass gerade wegen der erschreckenden Pressenachrichten und der Nichtachtung des Lebens in jugendlichen Kreisen das abschreckende Moment der Todesstrafe zwingend erforderlich sei, um eine bessernde Wirkung auf das deutsche Volk auszuüben. Der Jugend könne auf diesem Weg die Achtung vor der Unantastbarkeit und Heiligkeit des Lebens beigebracht werden, was zur Folge haben würde, dass die Kriminalität in diesen Bereichen wieder rückläufige Tendenzen aufweisen werde.[30] Hinsichtlich der Abschreckungswirkung der Todesstrafe vertrat Ewers die These, nicht der Strafvollzug, sondern allein die Strafandrohung wirke abschreckend.[31]

Daneben lässt sich unter den Anhängern der Todesstrafe die Fortführung der bereits zuvor festgestellten Tendenz beobachten, die Anwendung der Todesstrafe auf „Unmenschen" oder „Asoziale" zu begrenzen.[32] Die Todesstrafe scheint sich von einer erhabenen Strafe, gestützt durch die Religion, zu einer profanen, aber notwendigen Strafe entwickelt zu haben, mit deren Hilfe allein die 'asozialen' Delinquenten kontrolliert werden können. Jedoch kommt eine uneingeschränkte Anwendung der Todesstrafe auch für sie nicht mehr in Betracht. Vielmehr erfährt die Forderung nach Wiedereinführung der Todesstrafe im Laufe der parlamentarischen Debatte zahlreiche Restriktionen: So sollte die Todesstrafe nur mit der Alternative lebenslängliche Zuchthausstrafe angedroht werden können, damit dem Richter ein Entscheidungsspielraum eingeräumt werde und das Urteil einzelfallgerecht ausfallen könne.[33] Die Möglichkeit von Fehlurteilen durch Indizienbeweise schloss Neumayer aufgrund der Hilfsmittel der heutigen Wissenschaft aus. Ein alternatives Strafmaß zur Androhung der Todesstrafe reiche für die Verhinderung der ohnehin wenigen Fälle von Ju-

---

27 Ebd., S. 1917f.

28 Ebd., *Ewers* (S. 1909ff.) und *Miessner* (S. 1917f.).

29 Ebd., *Ewers* (S. 1909ff.), *Neumayer* (S. 1912f.). Nach *Miessner* konnte die Abschreckungstheorie zwar in ihrer Wirksamkeit nicht von der Hand gewiesen werden, jedoch sei sie aufgrund fehlender Statistiken nicht überprüfbar. (S. 1917f.).

30 Ebd., *Neumayer*, S. 1912f.

31 Ebd., *Ewers*, S. 1909ff.

32 Ebd.

33 Ebd., *Neumayer* (S. 1912f.), *Ewers* (S. 1909ff.).

stizirrtümern aus.[34] Weiter sollte die Verhängung nur bei 'mit an Sicherheit grenzender Wahrscheinlichkeit' festgestellter Schuld des Delinquenten und einer zeitnahen Vollstreckung zur Verurteilung in Betracht kommen. Zudem sei eine zeitnahe Vollstreckung zur Verurteilung – spätestens innerhalb eines Monats nach Rechtskraft – erforderlich, um eine unmenschliche Grausamkeit zu verhindern.[35] Letztlich schlossen alle eine Verhängung der Todesstrafe für politische Verbrechen aus, da deren Täter nicht mit gemeinen Rechtsbrechern, entmenschlichten Übeltätern gleichzustellen seien. Politische Mörder, so Ewers, seien vielmehr irregeleitete Missetäter, die von ihrem Standpunkt aus gar Märtyrer darstellten, die sich irgendeiner Idee opferten. Er sprach die Hoffnung aus, dass in Deutschland keine politischen Morde mehr vorkommen würden.[36]

## *2. Ablehnung des Wiedereinführungsantrags*

Die Gegner des Wiedereinführungsantrags lehnten eine Diskussion zum jetzigen Zeitpunkt ab. Der CSU-Abgeordnete Kleindinst stellte klar, dass seine Partei, unabhängig ihrer Bewertung der Wirksamkeit der Bonner Verfassung, nicht gewillt sei, einen Artikel abzuschaffen, der im ideellen Zusammenhang mit den Grundrechten als Fundament des Verfassungslebens stehe.[37] Und auch sein Parteikollege Professor Laforet erklärte die Verfassung, wenn auch widerwillig, zurzeit für „unantastbar, da sie Grundlage politischen Handelns in der Bundesrepublik Deutschland ist".[38] Der Fraktionsgeschäftsführer der DP, von Merkatz, erklärte für eine Minderheit seiner Partei, damit das Grundgesetz als feste Grundlage bestehen könne, müsse gegen die „Zersetzung des abendländischen Geistes" Front gemacht und dafür Sorge getragen werden, dass die Deutschen in schwankenden Zeiten selbst nicht schwankend gesinnt seien. Die mutige Entscheidung des Art. 102 müsse verteidigt werden.[39] Loritz sprach sich im Namen der WAV gegen die Wiedereinführung der Todesstrafe aus. Obwohl eigentlich Befürworter der Höchststrafe, bezweifelte er dennoch den

34 Ebd., S. 1912f.

35 Ebd., *Ewers* (S. 1909ff), *Miessner* (S. 1917f.).

36 Dies deckt sich mit der Allensbacher Umfrage im Spätherbst 1948, wonach sich 74% der Befragten, die im Grundsatz zwar die Todesstrafe befürworteten, deren Anwendung für politische Delikte jedoch ausschlossen. Siehe oben Erster Teil, 1. Kapitel.

37 Sten. Bericht des BT, 52. Sitzung v. 27.3.1950, S. 1904f. Ähnlich äußerte sich die Abgeordnete *Meyer-Laule*, die zur Achtung des Grundgesetzes als Fundament des staatlichen Aufbaus mahnte. (S. 1906ff.).

38 Ebd., *Laforet*, S. 1906.

39 Ebd., *von Merkatz*, S. 1911f.

richtigen Zeitpunkt eines solchen Begehrens. Solange das deutsche Strafprozessrecht noch so wenig entwickelt sei und solange es „leider gewisse Gerichte gibt, die meines Erachtens bei der Beurteilung der Strafrechtsfälle etwas vorschnell vorgehen“,[40] sei die Wiedereinführung der Todesstrafe auszuschließen. Andere verfassungsrechtliche Probleme, wie z.B. eine Änderung des konstruktiven Misstrauensvotums, seien vorrangig zu thematisieren.[41] Auf Vorschlag des Bundesjustizministers[42] befürworteten die Abgeordneten des Bundestages mehrheitlich, die Entscheidung der Frage über die Wiedereinführung der Todesstrafe auf die in nächster Zukunft geplante Strafrechtsreform,[43] wo sie nicht im Zusammenhang mit Fundamenten des Verfassungslebens diskutiert werden musste, oder bis zur Wiedervereinigung Deutschlands und der damit verbundenen neuen Verfassung,[44] zu verschieben. Dies, so Kleindinst, biete gleichzeitig die Möglichkeit, die noch notwendigen Erfahrungen mit der Aufhebung der Todesstrafe zu sammeln.[45]

Daneben verwahrten sich die Gegner der höchsten Strafe gegen den Vorwurf, dem Parlamentarischen Rat habe nicht die Zuständigkeit zugestanden, die

---

40 Ebd., *Loritz*, S. 1908f.

41 Ebd., S. 1908f. Wie *Paul Löbe* es einen Tag später ausdrückte: „Wir haben im Augenblick vordringlichere Aufgaben und die Behandlung der Frage erscheint mir daher unzeitgemäß.“ Siehe LFP v. 28.3.1950 „Tag der Juristen“.

42 Im Gegensatz zu seiner späteren großen Rede im Oktober 1952 meldete sich *Thomas Dehler* in seiner Funktion als BMJ nur relativ kurz zu dem Thema zu Wort – und das, obwohl ihm ein umfassender Sprechzettel zu dem Thema zur Verfügung stand. (Der Sprechzettel bot einen umfassenden Überblick über die geschichtliche Entwicklung der Todesstrafe im In- und Ausland, thematisierte den Strafrechtsentwurf von 1927 und fasste die Argumente für und wider die Todesstrafe zusammen. Siehe BArch B 141/003826) Er hielt die Diskussion zur jetzigen Zeit – nicht zuletzt aufgrund anderer Sorgen – für fehl am Platz, da diese Frage „sehr abhängig von der augenblicklichen politischen Situation und dem Willen der politischen Machthaber“ sei. Dehler schlug daher vor, die Erörterung bis zu der von ihm geplanten Reform des Strafrechts bzw. bis zur Gestaltung einer gesamtdeutschen Verfassung, zu verschieben. Bis dahin könnten sich die Abgeordneten über die Frage der Wiedereinführung der Todesstrafe hinreichend schlüssig werden. Siehe Sten. Bericht des BT, 52. Sitzung v. 27.3.1950, S. 1895f.

43 Ebd., *Dehler* (S. 1895f.), *Kleindinst* (S. 1904f.), *Loritz* (S. 1908f.).

44 *Wagner* erklärte, das Grundgesetz gelte ohnehin nur für eine „Übergangszeit“, bis das gesamte deutsche Volk über eine neue Verfassung beraten könne, was in naher Zukunft zu erwarten sei. In diesem Zusammenhang stünden alle Artikel – auch der Art. 102 – auf dem Prüfstand. Siehe Sten. Bericht des BT, 52. Sitzung v. 27.3.1950, S. 1896ff. Ähnlich siehe *Laforet* (S. 1906).

45 Ebd., S. 1904f. Ähnlich *Wagner*, der an die Anhänger der Todesstrafe appellierte, dem Grundgesetz und somit dem Art. 102 eine Beobachtungszeit zu gewähren, in der Erkenntnisse über die Wirksamkeit des Grundgesetzes gesammelt werden können. (S. 1896ff.).

Todesstrafe abzuschaffen, insbesondere – so Dehler – habe der Parlamentarische Rat nicht auf Befehl der Alliierten gehandelt.[46] Im Gegensatz zu der momentanen parlamentarischen Debatte, erklärte Renner, sei die Entscheidung des Parlamentarischen Rates aufgrund einer vornehmen und sachkundigen Diskussion zustande gekommen.[47] Und auch Kleindinst würdigte die Abschaffung der Todesstrafe durch den Parlamentarischen Rat als parteiübergreifende Errungenschaft, die nicht zuletzt auf Grund der Bestialität der Nationalsozialisten zustande gekommen sei.[48]

Die Gegner der Todesstrafe äußerten zudem den Verdacht, der bayerische Antrag habe allein die Entwertung des Grundgesetzes zum Ziel, anstatt dem Grundgesetz mit Fairness und Loyalität gegenüberzutreten und der noch jungen Bundesrepublik die Möglichkeit des Lebens zu gewähren. Mit dem Antrag stelle die Bayernpartei die Autorität der Verfassung in Abrede.[49,50] Aus Verärgerung, nicht im Parlamentarischen Rat vertreten gewesen zu sein, versuche die Bayernpartei die Verfassung zu ändern, bevor „die Tinte der Unterschriften unter dem Grundgesetz trocken" sei. „Der Antrag sollte eigentlich lauten: Das Grundgesetz ist abgeschafft."[51] Es dürfe nicht zugelassen werden, dass die Todesstrafe zum Anlass genommen werde, gegen die Verfassung Sturm zu laufen.[52]

---

46 Sten. Bericht des BT, 52. Sitzung v. 27.3.1950, S. 1895f. Ebenso *Wagner* (S. 1896ff.) und *Laforet* (S. 1906). Schließlich, so *Laforet*, sei die Bonner Verfassung von Zweidrittel der beteiligten deutschen Bundesländer angenommen worden.

47 Sten. Bericht des BT, 52. Sitzung v. 27.3.1950, S. 1914ff.

48 Ebd., S. 1904f.

49 Ebd., *Dehler* (S. 1895f.), *Wagner* (1896ff.), *Meyer-Laule* (S. 1906ff.). Die *LFP* schrieb am 28.3.1950: Die „SPD brandmarkte den Versuch der Bayernpartei gleichzeitig als Versuch die junge Verfassung zu durchlöchern".

50 Zwar verwahrte sich *Etzel* in seinem Schlusswort gegen den Vorwurf, der Antrag der BP sei ein Vorstoß auf Abschaffung des Grundgesetzes selbst. Zweck dieses Antrags sei allein gewesen, die Bahn für eine spätere zukünftige Strafgesetzgebung freizumachen. Aber anstatt sein Begehren auf Wiederzulassung der Todesstrafe zu bekräftigen und noch einmal die Notwendigkeit der Abschaffung des Art. 102 darzulegen, räumte er ein, dass seine Partei selbstverständlich viel an dem Grundgesetz auszusetzen habe, weil sie nicht in der Lage gewesen sei, auf das Grundgesetz irgendwelchen Einfluss zu nehmen. Siehe Sten. Bericht des BT, 52. Sitzung v. 27.3.1950, S. 1919f.

51 Sten. Bericht des BT, 52. Sitzung v. 27.3.1950, *Wagner*, S. 1896ff. Ähnlich äußerte sich *Meyer-Laule*, indem sie die Vermutung äußerte, der Antrag der Bayernpartei verfolge einzig den Zweck, die von ihnen ungeliebte Verfassung zu demontieren. (S. 1906ff.).

52 Ebd., *Loritz*, S. 1908f.

Wie schon im Parlamentarischen Rat, nahm der sozialdemokratische Rechtsanwalt Friedrich Wilhelm Wagner[53] als zentrale Figur der Abolitionisten ausführlich zu dem Thema Stellung. Er selbst beschrieb seinen Redebeitrag mehrfach als „leidenschaftslos", was nicht mit den Reaktionen der Anwesenden in Einklang zu bringen war. Die anwesenden Abgeordneten unterbrachen den Sprecher der SPD wiederholt lautstark. Wagner warnte vor der Gefahr des Missbrauchs der Todesstrafe, bei dem nicht nur Verbrechen des Mordes mit der Todesstrafe bestraft würden, sondern – wie es bei Hitler zu beobachten gewesen sei – je nach Stimmung, Zusammensetzung der Parlamente und äußerer Situation auch andere Delikte. Es müsse für die Allmacht des Staates Grenzen geben, wie die Erfahrungen des Dritten Reiches zeigten, und auch in Zukunft sei Vorsicht geboten, dem Staat eine Allmacht über alles zu geben, was möglich sei – nicht zuletzt aufgrund der hohen Anzahl von Justizirrtümern, vor denen keine prozessualen Sicherungen schützten. Im weiteren wies Wagner das Argument der behaupteten Abschreckungswirkung der Todesstrafe zurück,[54] da in Ländern, die die Todesstrafe bereits seit längerem abgeschafft hätten, ein Anstieg der Kapitalverbrechen nicht zu verzeichnen sei.[55] Die in Deutschland insgesamt ansteigende Kriminalität sei auf die „ungeheuren Mengen von entwurzelten Menschen" und deren Verwahrlosung, ausgelöst durch Krieg und Faschismus, zurückzuführen. Nicht zuletzt auch durch die deutsche Presse, in der die Verbrechen bis in jede Einzelheit dargestellt würden und damit gerade schwache Menschen, insbesondere die deutsche Jugend, zur Nachahmung anreize. Der Faschismus sei der Ausdruck für die Geringfügigkeit des Wertes des Lebens, und auch das nationalsozialistische System habe das Menschenleben verachtet. Die Chance ihrer Bekämpfung liege allein darin, den Menschen Respekt vor der Heiligkeit des Lebens wieder einzupflanzen.[56,57] Folge man dem Gedanken der Abschreckungswirkung, erklärte Wag-

53 Bevor *Wagner* auf materielle Argumente zur Todesstrafe-Debatte einging, beschäftigte er sich kurz – wahrscheinlich als Reaktion auf Etzels selektiven Vortrag – mit den deutschen gesetzgebenden Körperschaften, angefangen vom Norddeutschen Bund über die Weimarer Verfassung bis hin zum Bonner Grundgesetz, welche im Ergebnis eine Abschaffung der Todesstrafe bejaht hatten. Siehe Sten. Bericht des BT, 52. Sitzung v. 27.3.1950, S. 1896ff.

54 Ebd., S. 1896ff.

55 Am Beispiel Italien zeigte *Wagner* auf, dass die Morde in den 35 Jahren ohne Todesstrafe um die Hälfte zurückgegangen seien. Trotz dieser Erkenntnisse sei durch den tyrannischen und räuberischen Faschismus die Todesstrafe als höchste Strafe wieder eingeführt worden. Siehe Sten. Bericht des BT, 52. Sitzung v. 27.3.1950, S. 1896ff.

56 Ebd., *Wagner* (S. 1896ff.). Ähnlich äußerten sich die Abgeordneten *von Merkatz* und *Meyer-Laule*. Eine Abschreckungswirkung, so *von Merkatz*, könne nicht mehr eintreten, nachdem die Todesstrafe durch totalitäre Systeme zu einem Liquidieren im Verwaltungswege geworden sei. Infolge der „mechanistischen Gesinnung unserer Welt und

ner weiter, müssten in letzter Konsequenz auch die Arten der Todesstrafe (z.B. Feuertod, Rädern, Hängen, u.a.) nach der Grausamkeit der Verbrechen abgestuft werden, so wie es unter der Carolina gewesen sei.[58] Die Sicherung der Gesellschaft sah er ausreichend durch die lebenslängliche Zuchthausstrafe gewährleistet.[59] Den Vorwurf, zur Zuchthaustrafe Verurteilte seien Staatspensionäre zu Lasten der Allgemeinheit, wies der SPD-Abgeordnete dabei kategorisch zurück. Eine solche „paradiesische Verherrlichung des Zuchthauslebens" reize die Menschen geradezu zum Begehen von Straftaten an.[60]

Anders als die Anhänger der Todesstrafe, fühlten sich die gegen die Todesstrafe eingestellten Abgeordneten, in ihrer Funktion als gewählte Vertreter des Volkes, nicht nur dem allgemeinen Willen des Volkes unterworfen, sondern sahen ebenso die Notwendigkeit, erzieherisch auf das deutsche Volk einzuwirken, notfalls auch gegen dessen Willen. Eine Demokratie habe die Verpflichtung voranzuschreiten, erklärte von Merkatz, Autorität gewissermaßen von oben herzubilden. Carlo Schmid bezweifelte nicht, dass das Volk sich im Rahmen eines Volksentscheids für die Beibehaltung der Todesstrafe ausgesprochen hätte. Aufgabe des Parlaments war nach Schmid jedoch, die eingewurzelten Vorurteile und blutigen Mythen innerhalb des Volkes zu beseitigen

---

Verapparatung unseres Daseins", sei bei vielen Tätern das Gewissen völlig erstorben. (S. 1911f.) *Meyer-Laule* stellte ebenfalls die Wirksamkeit der Todesstrafe als schärfste Strafe, als „Allheilmittel", in Zeiten, in denen Menschen die Angst vor dem Tode genauso verloren haben wie die Ehrfurcht vor dem Leben" in Frage und führte die gesteigerte Kriminalität auf schlechte wirtschaftliche und soziale Gegebenheiten zurück. (S. 1906ff.).

57 *Loritz* dagegen widersprach der These, die abschreckende Wirkung sei durch die NS-Herrschaft und Verrohung des Krieges verloren gegangen. In seiner Funktion als Rechtsanwalt habe er feststellen können, dass auf „primitive" Menschen die Todesstrafe durchaus abschreckend wirke. Eine lebenslängliche Freiheitsstrafe könne Vergleichbares nicht leisten. Er forderte den BMJ in diesem Zusammenhang auf, Zahlen über die Wirkung der Abschaffung der Todesstrafe auf Kapitaldelikte in Deutschland und anderen europäischen Ländern vorzulegen. Siehe Sten. Bericht des BT, 52. Sitzung v. 27.3.1950, S. 1908f.

58 Sten. Bericht des BT, 52. Sitzung v. 27.3.1950, S. 1896ff. Ähnlich äußerte sich *Renner*, der erklärte: „Sollte die Todesstrafe eine abschreckende Wirkung besitzen, dann seien noch härtere und brutalere Methoden die zwingende Folge." (S. 1914ff.).

59 Sten. Bericht des BT, 52. Sitzung v. 27.3.1950, S. 1896ff.

60 Dabei bezog sich *Wagner* auf Aussagen des bereits zitierten Hamburger Landgerichtsdirektor *Schmarje* der anlässlich des Taximörderprozesses in seiner Urteilsbegründung für die Wiedereinführung der Todesstrafe plädiert hatte. *Wagner* zitierte: „Es ist ein unerträglicher Gedanke, dass diesen brutalen und heimtückischen Raubmördern auf unbestimmte Zeit bei korrekter Behandlung und guter Verpflegung körperliches Wohlbefinden auf Staatskosten garantiert wird". Siehe Sten. Bericht des BT, 52. Sitzung v. 27.3.1950, S. 1896ff.

und sich nicht von der Auffassung der Primitiven leiten zu lassen, sondern sich als Gesetzgeber vom Primitiven zu entfernen.[61] Anstatt sich mit Abschreckungs- und Vergeltungstheorien zu beschäftigen, vertraten die Gegner der Todesstrafe verstärkt den – auch schon von Radbruch vertretenen – Grundsatz des Erziehungs- und Besserungsgedankens.[62] Renner stellte in der Frage nach dem Sinn des Strafvollzuges eine Wandlung dahingehend fest, dass sich der Gedanke des Strafvollzuges zum Zweck der Sicherung bzw. Besserung mehr und mehr durchsetze. Die Strafe verfolge den Zweck der Resozialisierung des Delinquenten, d.h., diesen durch Erziehung wieder in die staatliche und soziale Ordnung des betreffenden Staates einzufügen.[63] Hammer, der nach eigenen Angaben für die Mehrzahl der Freien Demokraten sprach,[64] sah die Strafe als Erziehungsmittel und als endgültige Sicherungsverwahrung zum Schutz der Gesellschaft vor dem Asozialen. Man könne der Öffentlichkeit nicht den Frieden und die Versöhnung predigen und gleichzeitig dem sensationslüsternen Volk unkontrolliert die Gelegenheit geben, angetrieben von einer verantwor-

---

61 „Wenn man", so *Schmid*, „vor 200 Jahren ein Plebiszit darüber veranstaltet hätte, ob man Hexen verbrennen soll oder nicht, dann würde man heute noch die Scheiterhaufen rauchen sehen!" Siehe Sten. Bericht des BT, 52. Sitzung v. 27.3.1950, S. 1918f. *Wagner* begründete die überwiegende Zustimmung des Volkes für die Todesstrafe aus dem unmittelbaren Trieb der Vergeltung. Daher sei es Sache des Gesetzgebers „erzieherisch zu wirken und das Volk auf dem Wege zur Menschlichkeit" voranzutreiben. Die Abschaffung diene der Weiterentwicklung von der Bestialität zur Humanität der Menschen aus der faschistischen oder vorfaschistischen Barbarei zu einer menschlichen Gesellschaft. (S. 1896ff.).

62 *Miessner* dagegen, schloss die Anwendbarkeit der Erziehungs- und Besserungstheorie auf handfeste erwachsene Mörder grundsätzlich aus und verwies diese in das Gebiet des Jugendstrafvollzugs. Siehe Sten. Bericht des BT, 52. Sitzung v. 27.3.1950, S. 1917f.

63 Angesichts des Ansteigens der Kriminalität in der Nachkriegszeit, insb. der Jugendkriminalität, forderte *Renner* das Aufzeigen der sozialen, gesellschaftlichen und wirtschaftlichen Gründe hierfür. Er vertrat die Meinung, der Faschismus habe jeden Begriff von Recht und Ordnung und Heiligkeit des Lebens vernichtet. Dem deutschen jungen Menschen sei beigebracht worden, dass es Gott wohlgefällig sei und daher berechtigt, Russen – als „Untermenschen" – zu ermorden. Auch heute finde sich die Differenzierung der Völker- und Rassenhetze – die Hitler benutzt habe –, um das deutsche Volk und seine Jugend willfährig zu machen. Das Verbot der Verhängung der Todesstrafe müsse Sache aller fortschrittlich demokratischen Menschen sein. Als alte sozialistische Forderung habe Russland die Todesstrafe grundsätzlich abgeschafft, und nur für einen ganz genau umrissenen, eng begrenzten Tatbestand und ausdrücklich zeitweilig wieder eingeführt. Die Sowjetunion werde sie sofort abschaffen, wenn die „Bedrohung durch [deutsche] Agenten und die anderen imperialistischen Staaten, wenn die Bedrohung der Sowjetunion durch den von [Deutschen] gewollten und vorbereiteten Krieg aufhört". Siehe Sten. Bericht des BT, 52. Sitzung v. 27.3.1950, S. 1914ff.

64 *Hammer* spricht von einer „starken Anzahl von Freunden". Siehe Sten. Bericht des BT, 52. Sitzung v. 27.3.1950, S. 1905f.

tungslosen Presse, sich mit dem Vorgang des Tötens und Hinrichtens zu befassen. Die Aufgabe, vorbildlich für Frieden und Versöhnung innerhalb des deutschen Volkes zu sein, verbiete es dem Gesetzgeber, barbarische Sühne- und Vergeltungsmaßnahmen zu ergreifen.[65] Die Pflicht des Parlaments bestehe darin, so Meyer-Laule,[66] an die Stelle des Urinstinkts der Vergeltung den Ruf nach Menschlichkeit zu setzen, in der Überzeugung, dass nur über die Vermenschlichung der Zustände die höhere Moral und Gesittung erreicht werden könne. Der Zerstörung von sittlichen Werten sei mit Nachdruck entgegenzutreten. Eine Freiheitsstrafe, bekräftigte die Sozialdemokratin, sei viel effektiver als die Todesstrafe, da durch sie der Verurteilte die Möglichkeit der Resozialisierung erhalten würde, wie der Mörder Rathenaus 'Ernst von Techow' eindrucksvoll bewiesen habe.[67]

Der Bundesjustizminister ermahnte zudem die Anwesenden, es gebe ein höheres Maß des Rechtsgefühls, als es das „dumpfe, triebhafte Verlangen" nach der Todesstrafe darstelle. Die Einstellung zu diesem Thema sei keine Frage der „ratio und des Intellekts", sondern vielmehr eine der „letzten persönlichen Entscheidungen des Einzelnen"[68]. Mit der Zustimmung zum Antrag der Bay-

---

65 *Hammer* erklärte weiter, in Anbetracht der Tatsache, dass das abendländische Recht säkularisiertes Christentum sei, dürfe es keine Tötung – außer in Notwehr – geben. Angesichts der jetzigen politischen Zeit stehe das deutsche Volk vor der Aufgabe, „in einer großen Versöhnung, in der Verkündung eines großen und wirksamen Landfriedens die Gegner der Vergangenheit zu binden und die Gegner in der Zukunft unschädlich zu machen". Ebd., S. 1905f.

66 Der Redebeitrag der Abgeordneten *Meyer-Laule* erhielt rege Anerkennung von anderen Abgeordneten und wurde in den folgenden Tagen in einigen Zeitungen durch auszugsweise Veröffentlichungen lobend hervorgehoben. Dagegen kritisierte die Mutter eines ermordeten Taxifahrers die Ansichten der SPD-Abgeordneten. Ihrer Ansicht nach sollte sich die SPD-Abgeordnete schämen. Sie hätte nicht so daherreden können, wenn sie selbst ein Kind großgezogen hätte. Sie solle einmal persönlich mitmachen müssen, was die Mutter seit der Ermordung ihres Sohnes durchgemacht habe. Vgl. SZ v. 15.4.1950 „Briefe an die SZ: Die Mutter des Ermordeten zur Todesstrafe"; Hannoversche Presse v. 29.3.1950 „Humanität oder Bestialität?"; NRZ v. 28.3.1950 „Bundestag gegen Todesstrafe"; LFP v. 28.3.1950, Sozialdemokrat v. 28.3.1950 „Todesstrafe bleibt abgeschafft".

67 Ernst von Techow wurde zu einer Haftstrafe von 15 Jahren verurteilt. *Meyer-Laule* erklärte, Techow habe die Zeit der Inhaftierung zur Besinnung und Umwandlung zum Guten durchgemacht. Dies zeige sich dadurch, dass Techow nach seiner Begnadigung aufgrund der Hindenburg-Amnestie in Südfrankreich gelebt und dort während der Zeit der nationalsozialistischen Herrschaft unzähligen deutschen Emigranten unter Einsatz seines Lebens zur Flucht geholfen habe. Nach Ansicht Meyer-Laules wäre die Rettung dieser Menschen überhaupt nicht möglich gewesen, wenn Techow nicht die Möglichkeit zur Besinnung gehabt hätte, sondern hingerichtet worden wäre. Siehe Sten. Bericht des BT, 52. Sitzung v. 27.3.1950, S. 1906ff.

68 Sten. Bericht des BT, 52. Sitzung v. 27.3.1950, S. 1895f.

ernpartei, ergänzte Schmid, würde sich das Parlament – unbeschadet der persönlichen Entscheidung in dieser Frage – selbst degradieren. Es sei ein Unterschied, die Todesstrafe abzuschaffen oder sie wieder einzuführen. Daher forderte er – wie auch später der KPD-Abgeordnete Renner –, zur Tagesordnung überzugehen.[69]

### *3. Abstimmung*

Insgesamt war die Meinung innerhalb der verschiedenen Parteien hinsichtlich der Frage nach der Todesstrafe gespaltener als jemals zuvor.[70] Außer in der SPD und der KPD fanden sich in jeder Partei sowohl Befürworter als auch Gegner der Todesstrafe.[71] Dies bestätigte Dehlers Aussage, dass die Beantwortung der Frage vordergründig keine Frage der Parteiräson, sondern die des persönlichen Gewissens jedes einzelnen Abgeordneten sein sollte und war.[72]

Anstatt aber über den Antrag der Bayernpartei auf Abschaffung des Art. 102 direkt abzustimmen, wurde zunächst über den Antrag von Schmid und Renner auf Übergang zur Tagesordnung abgestimmt. Dieser wurde durch den Bundestagspräsidenten Köhler als weittestgehender Antrag eingestuft. Ohne weiteren Redebeitrag zu diesem Antrag stimmte der Bundestag nach der vierstündigen Debatte[73] nichtnamentlich ab. Köhler stellte fest, dass der Antrag der Abgeordneten Schmid und Renner eine „eindeutige"[74] Mehrheit erhalten und sich

---

69 Sten. Bericht des BT, 52. Sitzung v. 27.3.1950, S. 1914ff.

70 Auch die Tageszeitungen stellten fest, dass innerhalb der Parteien die Ansichten geteilt waren, mit Ausnahme der SPD und KPD, die nahezu geschlossen gegen die Todesstrafe gestimmt hätten. In der DP sei, aus Gründen der Zeit des menschenverachtenden Terrors, immerhin eine Minderheit gegen die Todesstrafe festzustellen. Siehe Hannoversche Presse v. 28.5.1950 „zum Tode"; NRhZ v. 28.3.1950 „Wiedereinführung der Todesstrafe abgelehnt". Vgl. ebenfalls *Evans*, a.a.O., S. 943.

71 So trat zum Beispiel BMJ *Dehler* gegen die Wiedereinführung der Todesstrafe ein, während sein Parteikollege und Nachfolger *Fritz Neumayer* als Befürworter der Todesstrafe auftrat. *Von Merkatz* verteidigte die Regelung des Art. 102. Gleichzeitig trat sein Parteigenosse für die Abschaffung der Todesstrafe ein.

72 Sten. Bericht des BT, 52. Sitzung v. 27.3.1950, S. 1896f. Ähnlich äußerte sich *Ewers* (S. 1909ff.), der erklärte, es sei „keine parteipolitische Frage [...], sondern eine Frage, die von irgendwelchen tieferen Lebensäußerungen her bestimmt wird und über die jeder mit sich selbst zu Gericht sitzen muss". Und *v. Merkatz* (S. 1911f.) wollte „in dieser Frage völlige Gewissensfreiheit gewahrt wissen".

73 In der Presse wurde die Diskussion als eine mit leidenschaftlichem Ernst geführte und von ethischen Überlegungen geprägte Debatte beschrieben, die das Interesse der Abgeordneten belebt habe. Vgl. NRZ v. 30.3.1950; Hannoversche Presse v. 28.3.1950 „Weiter keine Todesstrafe"; SZ v. 28.3.1950 „Wiedereinführung der Todesstrafe abgelehnt".

74 Sten. Bericht des BT, 52. Sitzung v. 27.3.1950, S. 1920.

der Antrag Drucksache Nr. 619 auf Wiedereinführung der Todesstrafe erledigt habe.[75]

Trotz der mehrheitlichen Ablehnung des Antrags der Bayernpartei lässt sich dennoch eine weit größere Zustimmung der Abgeordneten für die Wiedereinführung der Todesstrafe beobachten, als letztlich gegen den Antrag auf Übergang zur Tagesordnung gestimmt wurde. Zwar waren viele Abgeordnete für die Anwendung der Todesstrafe, sie hielten die Zeit jedoch aus politischen Gründen noch nicht für gekommen und stimmten daher gegen ihre Wiedereinführung.[76] Die politische Unsicherheit hinsichtlich der Zukunft Deutschlands und deutscher Kriegsgefangener in alliierten Gefängnissen ließ die Abgeordneten zunächst abwarten. Eine Demonstration deutscher Verlässlichkeit und Stabilität in Richtung der Alliierten war ihrer Ansicht unerlässlich auf dem Weg zur Souveränität der Bundesrepublik Deutschland. Damit ließ sich das Kritisieren einer gerade neun Monate zuvor durch die Alliierten bestätigten Verfassung nicht vereinbaren. Dafür nahmen die Abgeordneten auch bewusst in Kauf, den Wünschen und Ansichten der Bevölkerung zuwider zu handeln. Zum Scheitern des Antrags trugen nicht zuletzt auch die Antragssteller selbst bei, indem Etzel, neben der offensichtlichen Zurschaustellung des verletzten Stolzes der Bayernpartei, durch seine – vielleicht unbeabsichtigte – Verwendung nationalsozialistisch belegter Ausdrücke potenzielle Befürworter der Todesstrafe der anderen Parteien abschreckte.

## *II. Pressestimmen*

Die deutsche Presse befasste sich in erster Linie mit den Widersprüchen zwischen der Parlamentsentscheidung und der allgemein herrschenden Volksmeinung. Während die Befürworter der Todesstrafe hauptsächlich verärgert über die Art der Beschlussfassung des Grundgesetzes und damit des Art. 102 sowie darüber waren, dass die Politiker bewusst gegen die Interessen der deutschen Bevölkerung abgestimmt hätten,[77] lobten die Gegner die Ablehnung der Wie-

75 Ebd., S. 1920.

76 Bestätigt wird dies unter anderem durch Ausführungen des CDU-Abgeordneten *Weber* im Oktober 1952. Dort führt er aus, in der Bundestagsdebatte vom 27. März 1950 habe sich seine Fraktion mit großer Mehrheit gegen die Wiedereinführung der Todesstrafe ausgesprochen, da es nur wenige Monate nach Inkrafttreten des Grundgesetzes nicht angebracht erschienen sei, die Vorschriften des Grundgesetzes zu berichtigen. Siehe Sten. Bericht des BT, 232. Sitzung v. 2.10.1952, S. 10 607.

77 So führte zum Beispiel ein Leserbrief die gegensätzlichen Interessen von Volk und Volksvertretern auf die Zerspaltung des gesamten deutschen Volksgemütes zurück. Anders könne es nicht erklärt werden, dass eine gewaltige Volksmehrheit aus ihrem Empfinden heraus für die Wiedereinführung der Todesstrafe sei, die große Mehrheit

dereinführung der Todesstrafe als ersten Schritt zur Erziehung und Besserung des deutschen Volkes.[78]

Speziell der Korrespondent der *Süddeutschen Zeitung*, Ernst Müller-Meiningen jr.,[79] untersuchte die Widersprüche zwischen Parlamentsentscheidungen und Volksmeinung. Die Demokratie ruhe auf den beiden Säulen Rechtsstaats- und Mehrheitsgedanke, welche schwer in Einklang zu bringen seien. Ohne eine dieser Säulen der Demokratie zu favorisieren, befasste sich Müller-Meiningen jr. mit der Frage, wer über einen so wichtigen Verfassungsgrundsatz wie Art. 102 entscheiden dürfe – das Volk oder das Parlament. Er verwies auf die Gefahren, die sich ergeben könnten, würde entweder dem Rechtsstaats- oder dem Mehrheitsprinzip alleinige Geltung verschafft werden. Im Ergebnis erscheine die Herrschaft der Mehrheit, bei aller gebotenen Skepsis gegenüber dem Optimismus und Fortschrittswahn des 19. Jahrhunderts in Sachen Unfehlbarkeit des Volkes, das relativ geringere Übel in der unzulänglichen Welt der Kompromisse.

> „Welche ungeheure Gefahr freilich in der Majorisierung der Minderheit durch eine amorphe Masse von durch Agitation und Not, durch Schlagworte und Hoffnungen zusammen „getrommelten“ Mehrheit liegen kann – am Ende für alle, für Minderheit u n d Mehrheit! – das hatten wir zwischen 1918 und 1945 schmerzlichst durchexerziert.“

Dennoch warnte der Jurist davor, die Gefahrenträchtigkeit der Mehrheit zu unterschätzen. Letzten Endes könne kein Staatsprinzip und keine Verfassung für sich allein, ein Volk vor der Katastrophe bewahren, wenn die Menschen nicht von der sittlichen Grundidee eines notwendigen, gerechten Ausgleichs der Interessen des Einzelnen und der Gemeinschaft geleitet würden. In diesem Zusammenhang kritisierte er auch den Mangel an geistigen und menschlichen Persönlichkeiten, die aufgrund Bildung und Tradition wirklich berufen seien zu regieren. Die heutige Gesellschaft sei unter dem Beglückungswahn vermeintlichen Fortschritts durch und durch zu einer gestaltlosen Masse opportu-

---

seiner Abgeordneten aber aus humanem Idealismus, aus einer Ideologie heraus dagegen sei. Diese Gegensätzlichkeit sei in Ländern mit gefestigten Demokratien nicht möglich, weil die Abgeordneten nicht Beherrscher, sondern vom Volk „Abgeordnete“, seine „Volks-Vertreter“, seine „Vertrauensmänner“ seien. Siehe SZ v. 22.4.1950 „Hat die Mehrheit immer recht?“. Vgl. auch SZ v. 5.4.1950 „Hat die Mehrheit immer recht? – Eine Auseinandersetzung mit dem geflügelten Wort ‘vox populi – vox Rindvieh’“ v. *Ernst Müller-Meiningen jr.*; WamS. v. 19.3.1950 „Seit einem Jahr ohne Todesstrafe“ v. *Arthur Kionke*; Telegraf v. 30.3.1950 „Du sollst nicht töten“.

78 *Müller-Meiningen jr.*, SZ v. 5.4.1950; NRZ v. 29.3.1950 „Um die Todesstrafe“.

79 *Müller-Meiningen jr.*, SZ v. 5.4.1950. Näheres siehe auch *Ernst Müller-Meiningen jr.*, Todesstrafe und öffentliche Meinung.

nistischer Durchschnittswesen und Mitläufer geworden. Diese Fakten müsse man illusionslos sehen und hier die ungeheure Aufgabe der Erziehung erkennen.[80]

Andere Zeitungsbeiträge dagegen hoben den starken Anstieg der Kriminalität, speziell der Mord- und Totschlagsdelikte, seit 1949 hervor.[81] Bisher sei die Todesstrafe nur von Ländern mit gesicherter Gesellschaftsordnung und geringer Kriminalität abgeschafft worden. In Deutschland hingegen lägen die Verhältnisse anders:

> „Mord und Raub häufen sich seit Kriegsende, insbesondere aber seit Abschaffung der Todesstrafe, in einem die Öffentlichkeit alarmierenden Maße."[82]

Diesen Anstieg sahen die Befürworter der Todesstrafe begründet in der Abschaffung der höchsten Strafe, da mangels Androhung der Todesstrafe nunmehr keinerlei Hemmung mehr für Verbrecher bestehe. Insbesondere ein lebenslang verurteilter Verbrecher habe nichts mehr zu verlieren und werde daher nicht vor weiteren Verbrechen (z.B. während seiner Haft oder eines Ausbruchversuchs) zurückschrecken.[83] Ihrer Ansicht nach bedurfte es gerade der Todesstrafe, um eine gefestigte Demokratie in Deutschland wiederherzustellen.[84] Durch die Entscheidung der Politik fühlten sich viele Bürger ihrer Sicherheit vor *asozialen Elementen* beraubt.[85] Erneut kritisierten sie die Abschaffung der Todesstrafe durch den Parlamentarischen Rat und das Festhalten an Art. 102 durch den Bundestag ohne die Befragung und Zustimmung der

---

80 Ebd.

81 SZ v. 9.3.1950 „Rückkehr zur Todesstrafe?" v. *Ernst Müller-Meiningen jr.* Vgl. auch *Müller-Meiningen jr.*, SZ v. 5.4.1950; *Kionke*, WamS v. 19.3.1950; NRZ v. 29.3.1950; Telegraf v. 30.3.1950.

82 *Müller-Meiningen jr.*, SZ v. 9.3.1950.

83 Das Schlimmste, was Mörder zu erwarten hätten, sei eine lebenslange Freiheitsstrafe, d.h. eine Beherbergung mit geregeltem Lebenswandel, um die sie mancher Flüchtling oder sonst in Not befindliche anständige Staatsbürger beneiden könne. Lebenslang Verurteilten stehe theoretisch ein Ausbruchsversuch offen, da sie nichts zu verlieren hätten, und auch aufgrund von Krieg, politischen Umwälzungen oder Naturkatastrophen bestehe für sie die Möglichkeit, befreit zu werden. Der Begehung neuer Verbrechen stehe dann nichts mehr im Wege. Eine drohende Exekution lasse wenigstens einige „asoziale Elemente" vor neuen Morden zurückschrecken, was allein schon ihre Anwendung rechtfertige. Siehe *Kionke*, WamS v. 19.3.1950.

84 SZ v. 22.4.1950.

85 Ohne die Todesstrafe seien die anständigen Menschen Freiwild für Halunken, denen Zuchthaus in keiner Weise ein Abschreckungsmittel bedeute, da sie ja doch meistens bald wieder herauskommen. Siehe SZ v. 15.4.1950. Vgl. auch *Müller-Meiningen jr.*, SZ v. 5.4.1950; *Kionke*, WamS v. 19.3.1950; Telegraf v. 30.3.1950.

deutschen Bevölkerung.[86] Wegen der bewussten Missachtung des öffentlichen Willens habe das Volk sein Vertrauen in die deutsche Regierung verloren und unterliege gleichzeitig dem Gefühl, durch die gewählten Volksvertreter bevormundet zu werden. Vergleichbar mit der Argumentation der Befürworter im Bundestag vertraten die Anhänger der Todesstrafe weiter die Ansicht, Justizirrtümer könnten ausgeschlossen werden, wenn ihrer Anwendung gewisse Restriktionen auferlegt würden. Während die einen Justizirrtümer verhindern wollten, indem die Todesstrafe nur bei zweifelsfrei bewiesener Schuld und Tatsachenlage verhängt werden dürfte,[87] genügte den anderen bereits eine vorsichtige Handhabung der Ermittlungstechniken und der Prozessführung sowie eine Anwendung der Todesstrafe nur gegen geständige Verbrecher.[88]

Die Gegner dagegen führten den Anstieg der Kriminalität hauptsächlich auf die jüngsten Erfahrungen des Nationalsozialismus zurück.[89] Gerade die sechs Jahre Massenmord und zwölf Jahre SS-Praxis, mit ihrem offenen Terror gegen Andersdenkende und ihrer schamlosen Korruption habe „das Leben sehr billig“ gemacht. Nunmehr sei es Aufgabe des Staates, die moralische Minderheit, die sich mit Staatshilfe zu Verbrechern entwickelt habe, wieder auf den richtigen Weg zu bringen; die Verwilderung der Sitten rückgängig zu machen und dem Volk ein Vorbild zu sein, damit ein Menschenleben wieder wertvoll und der letzte Rest der Barbarei beseitigt werden könne.[90] Entgegen der Ansicht der überwiegenden Bevölkerung bedürfe es aber nicht der Todesstrafe, um

---

86 SZ v. 22.4.1950; *Müller-Meiningen jr.*, SZ v. 5.4.1950. *Müller-Meiningen jr.* kritisierte einmal mehr die Art des Zustandekommens des Grundgesetzes und stellte die verfassungsrechtlichen Berechtigung des Parlamentarischen Rats in Frage, indem er erklärte, es sei unbefriedigend gewesen, dass in einer „solch fundamental wichtigen Frage eine von irgend welchen parteitaktischen Gründen bestimmte Zufallsmehrheit des damaligen Parlamentarischen Rats, der nicht direkt vom Volk gewählt“ worden sei und der das Problem vorher nicht der Öffentlichkeit zur Diskussion unterbreite habe, womöglich auf Generationen hinaus gewissermaßen bei Nacht und Nebel habe entscheiden können. Die Art der Beschlussfassung missachte die parlamentarischen Möglichkeiten, weil die Regelung der Todesstrafe nicht in die Verfassung, sondern ins Strafgesetzbuch gehöre. Wo es um die Erhaltung der menschlichen Gesellschaft gegen reißende Wölfe in Menschengestalt gehe, sei der Gedanke des Schutzes nicht von der Hand zu weisen, denn es fehle an einer adäquaten Steigerungsform der Strafe, wenn die „Lebenslänglichen“ durch neue Morde oder gewalttätige Flucht nur gewinnen könnten. Siehe *Müller-Meiningen jr.*, SZ v. 9.3.1950.

87 *Müller-Meiningen jr.*, SZ v. 5.4.1950; *Müller-Meiningen jr.*, SZ v. 9.3.1950; SZ v. 22.4.1950.

88 Siehe *Kionke*, WamS v. 19.3.1950.

89 NRZ v. 29.3.1950; Telegraf v. 30.3.1950.

90 NRZ v. 29.3.1950; SZ v. 25.3.1950 „Rückkehr zur Todesstrafe“.

eine gefestigte Demokratie wiederherzustellen.[91] Vielmehr müsse die Strafe einen pädagogischen Sinn bekommen, indem der Bestrafte selbst die Strafe für gerechtfertigt halte und daraus die Konsequenzen ziehe. Ebenso wie die Gegner im Bundestag forderten auch die Stimmen in der Presse, das Volk durch Politik zu erziehen.[92] Deutschland werde lange brauchen, prophezeite die *Rheinische Zeitung*, bis es wieder ehrlichen Herzens alle Verstöße gegen die soziale Ordnung als Verbrechen ansehen und ahnden könne. Bis dahin habe die junge Republik jedoch kein Recht, irreparable Strafen – wie die Todesstrafe – zu verhängen.[93]

Diesen unterschiedlichen Ansätzen zur Begründung des vermeintlichen Kriminalitätsanstiegs lag nicht zuletzt die Suche der deutschen Bevölkerung nach Recht und Unrecht zugrunde. Nach einer Zeit, in der nicht immer eindeutig festgestellt werden konnte, wer Täter und wer Opfer war, hatte das deutsche Volk nunmehr die Aufgabe zu lösen, einen demokratischen Rechtsstaat zu etablieren, ohne dass sich die grausamen historischen Ereignisse wiederholten. Während die einen in der endgültigen Auslöschung des zweifelsfrei identifizierten Täters den Weg zum Rechtsstaat sahen, meinten die anderen, gerade in der Anwendung der Todesstrafe das Werkzeug der nationalsozialistischen Epoche zu erkennen, und befürchteten eine Wiederholung der Geschichte.

Aber anders als in der Bundestagsdebatte am 27. März 1950 wurde der Wiedereinführungsantrag der Bayernpartei in der Presse nicht ein einziges Mal als Vorstoß gegen das Grundgesetz gewertet oder gar kritisiert.[94] In Anbetracht der mangelnden öffentlichen Unterstützung für die Abschaffung der Todesstra-

91 Denn die von den Befürwortern behauptete Abschreckungswirkung, auch wenn nahezu ausnahmslos alle Richter, Staats- und Rechtsanwälte diese Wirkung der höchsten Strafe bejahten, sei nicht exakt beweisbar. Vergleiche mit anderen Zeiten oder Ländern, in denen die Todesstrafe bestehe bzw. nicht bestehe, seien ziemlich wertlos, weil die soziologischen Verhältnisse stets im Fluss, daher nie absolut seien. Der Täter gehe stets von der Vorstellung aus, nicht erwischt zu werden. Auch die Wirksamkeit des Vergeltungsgedankens sei zu bestreiten, weil durch diesen bloß ein von unvollkommenen Menschen als gleichwertig empfundener Zustand herbeigeführt werde. In selbstrügerischer Absicht redeten sich diese ein, mit der Hinrichtung des Täters sei der Tod des Opfers ausgeglichen, und folgerten daraus die Notwendigkeit der Todesstrafe. Vgl. *Müller-Meiningen jr.*, SZ v. 9.3.1950; SZ v. 25.3.1950; Telegraf v. 30.3.1950.

92 NRZ v. 29.3.1950.

93 Erst recht nicht als Präventivmaßnahme. Siehe NRZ v. 29.3.1950; SZ v. 25.3.1950.

94 Nur *Müller-Meiningen jr.* unterstellt den Antragsstellern „wahltaktische Ziele". Dennoch begrüßte er eine erneute Debatte über die Frage der Todesstrafe im Bundestag. „Die Frage der Todesstrafe wäre sogar wichtig genug gewesen, dass in einem Volksentscheid die gesamte Bevölkerung zu Wort gekommen wäre, die vermutlich mit beträchtlicher Mehrheit für die Beibehaltung sich entscheiden würde." Siehe *Müller-Meiningen jr.*, SZ v. 9.3.1950.

fe sah man den Antrag als eine legitime Maßnahme an. Während eine Vielzahl der Abgeordneten des Bundestags zwar die Anwendung der Todesstrafe dem Grunde nach befürwortete, den Zeitpunkt ihrer Wiedereinführung aus politischen und taktischen Gründen jedoch noch nicht für gekommen hielt, suchte man solche Bedenken in der deutschen Bevölkerung vergeblich.

## *B) Die Diskussion im Winter 1950*

### *I. Bundestagssitzung vom 14. November 1950*

Am 14. November 1950 beriet der Deutsche Bundestag eine Interpellation[95] der Fraktionen der CDU/CSU, SPD, FDP, DP, BP und des Zentrums betreffend die

> „Auslieferung und Hinrichtungen von Deutschen“[96].

Der Verlauf der Beratung der Interpellation bringt deutlich zum Ausdruck, was in vorherigen Debatten um die Todesstrafe im Parlamentarischen Rat und im Bundestag bereits zu erahnen war: Ein wichtiger Grund für viele deutsche Abgeordnete, die Todesstrafe abzuschaffen, war der Schutz deutscher Kriegsgefangener vor Hinrichtungen durch die Besatzungsmächte.

Durch die Abschaffung der höchsten Strafe in der Bundesrepublik Deutschland stand ihren Vertretern ein starkes Argument zur Verfügung: Wenn die Bundesrepublik Deutschland aus Gründen der Humanität die Todesstrafe abschaffe, könne im Gegenzug von den Alliierten verlangt werden, den deutschen Kriegsgefangenen die gleiche Humanität angedeihen zu lassen. Dies unterstreicht das von Höfler vorgebrachte – und von Dehler bekräftigte – Argument, deutsche Kriegsgefangene könnten erwarten, auf deutschem Boden nach deutschen Gesetzen strafrechtlich beurteilt zu werden und nicht durch Auslieferung ins Ausland verbracht und dort hingerichtet zu werden.[97] Es sei sehr bedauer-

---

95 Begründet wurde die Interpellation durch den CDU-Abgeordneten *Höfler*. Höfler war Direktor der Caritas und nahm sich nach 1945 insb. der im Ausland gefangenen Kriegsverbrecher an (siehe *Frei*, a.a.O., S. 203). Hintergrund der Interpellation war nicht zuletzt die Berichterstattung der letzten Tage. So schrieb z.B. die *FAZ* am 10.11.1950 dass „nach zuverlässigen Informationen bei einigen der 16 zum Tode verurteilten früheren SS- und SD-Führern mit einer Bestätigung der Urteile gerechnet werden müsse“. Beantwortet wurde die Interpellation durch den BMJ, der ebenfalls bestätigte: „Nach Pressemeldungen hat der amerikanische Hohe Kommissar erklärt, dass mit einigen Hinrichtungen in Landsberg zu rechnen sei.“ Siehe Sten. Bericht des BT, 101. Sitzung v. 14.11.1950, S. 3690ff.

96 BT-Drs. Nr. 1599.

97 Sten. Bericht des BT, 101. Sitzung v. 14.11.1950, *Höfler* (S. 3690f.), *Dehler* (S. 3691f.).

lich, dass auch fünf Jahre nach Beendigung der Kampfhandlungen, weiterhin Deutsche in alliierten Ländern hingerichtet würden, obwohl das Grundgesetz in Art. 16 Abs. 2 eine Auslieferung Deutscher an Dritte ausschließe. Insbesondere, so Bundesjustizminister Thomas Dehler (FDP), sei von der Auslieferung in die Oststaaten abzusehen, da „in diesen Ländern die Garantien für die Durchführung einer rechtsstaatlichen Begriffen entsprechenden Strafverfolgung nicht gegeben" seien.[98] Sowohl Höfler als auch Dehler betonten, dass es nicht darum gehe, Deutsche ihrer gerechten Strafe zu entziehen, sondern darum, den alliierten Mächten die oben beschriebenen Probleme und die daraus resultierende Unzufriedenheit des deutschen Volkes zum Bewusstsein zu bringen. Die Bundesrepublik Deutschland habe die Todesstrafe abgeschafft, wodurch Hinrichtungen im krassen Widerspruch zu dem verfassungsmäßig festgesetzten (Verbots-)Grundsatz ständen.[99] Allerdings, bestätigte Dehler, sähen die Alliierten – „zum Schmerz aller guten Demokraten"[100] – das Auslieferungsverbot Deutscher ins Ausland nicht als für sie verpflichtend an, obwohl die Besatzungsmächte den Art. 102 für „gewöhnliche, kriminelle Verbrecher" bereits anerkannt hätten und in diesen Fällen von der Verhängung der Todesstrafe absähen. Nach seinen Informationen betrage die Zahl der von alliierten Gerichten rechtskräftig zum Tode verurteilten und noch nicht hingerichteten Deutschen im Inland 28 und in Ländern des Westens rund 30.

Während Höfler schmerzvoll das „Fernbleiben müssen so vieler meiner Brüder draußen im fremden Gewahrsam"[101] beklagte – in Anspielung an den 25. Oktober 1950, den Tag der Auslieferung eines Deutschen durch die Alliierten an Polen, was einem Todesurteil gleichzusetzen sei –, bekräftigte Dehler das Bemühen der Bundesregierung, die Auslieferung Deutscher wegen „angeblicher Kriegsverbrechen" ins Ausland zu verhindern. Angesichts der allgemeinen politischen Entwicklung der letzten Zeit hege die Bundesregierung die Erwartung, ihre Bemühungen brächten in nächster Zukunft den gewünschten Erfolg. Er stellte in Aussicht, gegen die in nächster Zeit anstehenden Hinrichtungen in Landsberg bei der Alliierten Hohen Kommission „ernste Vorstellungen" zu erheben.[102]

98 Ebd., S. 3691f.

99 Ebd., *Höfler* (S. 3690f.), *Dehler* (S. 3691f.).

100 Ebd., S. 3691f.

101 Ebd., S. 3690f.

102 Ebd., S. 3691f.

Daneben wird die Frage nach dem Schicksal der deutschen Kriegsgefangenen zur Frage der europäischen Zukunft gestellt. Sowohl Höfler[103] als auch Dehler[104] betonten die Bemühungen der letzten Zeit, ein einheitliches Europa zu schaffen, und die damit verbundenen Hoffnungen, dass der strafrechtlichen Verfolgung der deutschen Kriegsgefangenen damit ein Ende gesetzt werde. Gestärkt durch den Beitrittsbeschluss vom 15. Juni 1950 zum Europarat und das Wissen um die geografische Lage Deutschlands als Bollwerk gegen die Bedrohung aus dem Osten wurden die deutschen Politiker deutlicher in ihren Forderungen an die Alliierten. Es scheint fast so, als erlangten die Deutschen ein Stück Selbstbewusstsein zurück. War die Kritik von deutscher Seite in Richtung Besatzungsmächte im Parlamentarischen Rat und im Bundestag noch verhalten und versteckt, gingen die Abgeordneten jetzt weit aktiver vor. Dehler ging sogar so weit, wiederholt die Strafbarkeit der Deutschen wegen Kriegsverbrechen offen infrage zu stellen.[105] Seine mehrfache Kritik an der Auslieferung deutscher Kriegsverbrecher wegen „angeblicher Kriegsverbrechen"[106] vermittelte den Eindruck der Verharmlosung, verbunden mit dem unverhohlenen Vorwurf der falschen Verdächtigung seitens der Alliierten. Und auch die Rechtmäßigkeit der ausgesprochenen Todesurteile durch die alliierten Gerichte

---

103 *Höfler* appellierte an Belgien, Frankreich und Holland von „solchen Dingen" Abstand zu nehmen, da ansonsten ein gemeinsames Europa infrage gestellt werden müsste. Weiter führte er aus: „Was nützt uns der Weg zu einem Europa, was nützt uns der wiederholte Gang nach Straßburg, wenn man in diesen primitiven Dingen der Menschlichkeit nicht endlich dahin kommt, ein für allemal Ordnung zu schaffen nach gültigem und nach allgemeinem Recht. [...], dass den alliierten Mächten zum Bewusstsein gebracht wird, dass eine tiefe Unzufriedenheit durch unser Volk geht, in einer Frage, die auch eine Frage an die deutsche und an die europäische Zukunft ist." Siehe Sten. Bericht des BT, 101. Sitzung v. 14.11.1950, S. 3690f.

104 Und *Dehler* begründete: „Die Bundesregierung glaubte, die Erwartung hegen zu dürfen, dass ihre Vorstellungen bei den Besatzungsmächten weitgehende Berücksichtigung finden würden, zumal diese Auslieferungspraxis mit der allgemeinen politischen Entwicklung der letzten Zeit, der sich anbahnenden Eingliederung der Bundesrepublik in die europäische Völkerfamilie und der im Erfolg der New-Yorker-Außenministerbeschlüsse in Aussicht gestellten Übertragung weiterer Zuständigkeiten an die Bundesrepublik nicht mehr vereinbar ist." Siehe Sten. Bericht des BT, 101. Sitzung vom 14.11.1950, S. 3691.

105 Sten. Bericht des BT, 101. Sitzung v. 14.11.1950, S. 3691f.

106 Ebd., S. 3691f. *Frei* stellt fest, dass insgesamt in der BRD die Bereitschaft schwand, Kriegsverbrecher auch als solche zu benennen. In der Presse tauchte immer häufiger die Formulierung „sog. Kriegsverbrecher" auf und beim Heidelberger Juristenkreis wuchsen plötzlich Gänsefüßchen um das Wort. Gegen Jahresende 1951 bemerkte die Londoner Times, dass auch im Bulletin des Bundespresseamtes der Terminus in Ausführungszeichen erschien. Zusehends beliebter, so *Frei*, wurden Unterscheidungen zwischen „politischen und wirklichen Kriegsverbrechern" bzw. „verurteilte Soldaten und echte Kriminelle". Siehe *Frei*, a.a.O., S. 234f.

stellte Dehler in Frage, da „sämtliche Urteile auf Grund von Sondergesetzen ergingen, die überwiegend die Todesstrafe mit rückwirkender Kraft bestimmen“. Zudem seien sie einer gerichtlichen Überprüfung entzogen. Es stehe allein der Weg zu dem von der amerikanischen Hohen Kommission eingerichteten Clemency Board, der Gnadeninstanz, offen. Und auch der vom obersten europäischen Kommando – EUCOM – für die in Dachau abgeurteilten Fälle zuständige und dafür eingesetzte Modification Board entspreche nicht den Anforderungen einer unabhängigen Prüfungsinstanz, da dessen Mitglieder Militärpersonen, und daher dem obersten europäischen Kommando unterstellt seien.[107]

Letztlich bezeichneten beide Redner die Todesstrafe als Instrument der Barbarei, Entmenschlichung und fehlender rechtsstaatlicher Prinzipien,[108] und betonten in diesem Zusammenhang die moralische Weiterentwicklung des deutschen Volkes seit Kriegsende. Der Öffentlichkeit fehle, bedingt durch die lange Zeit seit Beendigung der Kriegshandlungen, das Verständnis für Todesurteile wegen Kriegsverbrechen. Für die zum Tode verurteilten Gefangenen sei mittlerweile so viel Zeit seit dem Urteilsspruch vergangen, das es dem Rechtsempfinden widerspreche, Urteile heute – teilweise vier Jahre danach – zu vollstrecken. Unabhängig von ihrer Schuld sei eine so lange Wartezeit auf die Hinrichtung, und die damit einhergehende dauernde Ungewissheit über das persönliche Schicksal, nicht hinnehmbar. Durch die anstehenden Hinrichtungen, erklärte der Bundesjustizminister, sei die Öffentlichkeit aufs Schwerste beunruhigt.[109]

## *II. Weitere Entwicklungen*

Nach der Interpellation startete eine regelrechte deutsche Offensive, um den in Landsberg Inhaftierten beizustehen. Der Verlauf der Verhandlungen der Bundesregierung mit der Alliierten Hohen Kommission wird von *Norbert Frei*[110] ausführlich beschrieben, sodass an dieser Stelle nur die wichtigsten Etappen der Verhandlungen kurz dargestellt werden und im einzelnen auf die Ausführungen Freis verwiesen wird.

Am 15. November 1950 traten die wichtigsten militärischen Berater des Bundeskanzlers, die Generalleutnants a.D. Adolf Heusinger und Hans Speidel, bei

107 Ebd., S. 3691f.

108 Ebd., *Höfler* (S. 3690f.), *Dehler* (S. 3691f.).

109 Sten. Bericht des BT, 101. Sitzung v. 14.11.1950, S. 3691f.

110 *Frei*, a.a.O.

einem überfallartigen Besuch in der Bonner HICOG-Mission mit einigem Nachdruck für ihre in Landsberg inhaftierten Standesgenossen ein.[111] Einen Tag später führte Konrad Adenauer mit den Hohen Kommissaren auf dem Petersberg ein Gespräch, in dessen Rahmen er eine geheime Liste mit deutschen Forderungen nach notwendigen Maßnahmen und Zugeständnissen seitens der Besatzungsmächte vorlegte. Zwei der dort aufgeführten Punkte betrafen das generelle Aufhalten sämtlicher Auslieferungen deutscher Kriegsverbrecher ins Ausland sowie die Umwandlung aller Todesurteile. Im Gegenzug verband er die Forderungen unterschwellig mit der Aussicht, deutsche Truppenkontingente für Korea bereitzustellen.[112] Die Forderungen Adenauers trafen jedoch auf Widerstand. Es bestand wenig Hoffnung, dass die Besatzungsmächte von dem damals üblichen Verfahren abweichen würden.

Am 25. November 1950 beschloss der Heidelberger Juristenkreis, auf die Freilassung von einigen „Nürnbergern" durch die amerikanischen Besatzer hinzuwirken.[113] Bundesjustizminister Dehler überlegte am 27. November 1950, ob nicht der Bundespräsident für die in Landsberg einsitzenden und zum Tode verurteilten Personen eintreten sollte. Am 6. Dezember 1950 ersuchte der Rat der Evangelischen Kirche in Deutschland in zwei Memoranden – gerichtet an Regierungen und Kirchen von 15 Staaten – um weitgehende „gnadenweise Herabsetzung oder Aufhebung der Strafe [...] besonders in Fällen der Verhängung der Todesstrafe" für Verurteilte, deren Strafe aufgrund von zweifelhaften Grundsätzen zustande gekommen sei. Adenauers Völkerrechtsberater Erich Kaufmann forderte am 20. Dezember 1950 den Bundespräsidenten auf, die Kriegsverbrecherproblematik in seiner Neujahrsansprache zu thematisieren.[114] Woraufhin Heuss sich in seiner Rede zwar vor die Soldaten stellte, die Kriegs-

111 Zit. nach *Frei*, a.a.O., S. 206. Bereits im September 1950 hatte der Bundeskanzler in einer Besprechung mit dem amerikanischen Hohen Kommissar *John J. McCloy*, neben der Verstärkung der alliierten Truppen im Bundesgebiet und der Frage eines deutschen Kontingents innerhalb einer internationalen Streitmacht auch die Frage nach dem Schicksal der deutschen Kriegsverbrecher thematisiert. In dem Protokoll heißt es: „Um die Spannung zwischen Besatzung und Bevölkerung weiter zu vermindern, habe McCloy seine Aufmerksamkeit in besonderem Maße der Tätigkeit der Begnadigungsausschüsse gewidmet, die sich mit den Kriegsverbrecherfällen zu befassen hatten. [...] Eine große Anzahl von Entlassungen stände unmittelbar bevor. Die 17 oder 18 Fälle, in denen nach den Urteilen eine Todesstrafe erfolgen müsse, seien von ihm noch einmal eingehend geprüft worden. 6 oder 7 dieser Fälle müssten vollstreckt werden, da die Verurteilten sich solche Grausamkeiten hätten zuschulden kommen lassen, dass eine Umwandlung der Strafe nicht möglich sei. Die anderen Urteile seien [...] umgewandelt worden." Siehe BArch, Dokument Nr. 48 v. 24.9.1950.

112 Zit. nach *Frei*, a.a.O., S. 204ff.

113 Zit. nach *Frei*, a.a.O., S.207.

114 Zit. nach *Frei*, a.a.O., S. 208f.

verbrecherfrage jedoch nicht direkt ansprach. Weihnachten 1950 forderte Admiral a.D. Gottfried Hansen, Vorsitzender des Bundes versorgungsberechtigter ehemaliger Berufssoldaten, von den Alliierten eine „allgemeine Amnestie“ für die als „sog. Kriegsverbrecher“ verurteilten ehemaligen Wehrmachtsangehörigen.[115] Am 2. Januar 1951 traf sich McCloy erneut mit Adenauer, um die Landsberger Entscheidung zu besprechen. In Landsberg demonstrierten am 7. Januar 1951 mindestens 3.000 Menschen für die Begnadigung der Todeskandidaten, verbunden mit der Aufforderung, die Abschaffung der Todesstrafe durch das Grundgesetz zu respektieren. In diesem Punkt sprach sich am deutlichsten der CSU-Bundestagsabgeordnete Richard Jaeger aus, der später als ein glühender Verfechter der Wiedereinführung der Todesstrafe bekannt werden sollte.[116] Einen Tag später fand ein Treffen sog. Landsberg-Aktivisten mit McCloy statt, die ihrerseits die Freilassung deutscher Häftlinge in Landsberg forderten.[117]

Parallel hierzu versuchte Walter Strauß, Staatssekretär des Justizministeriums, am 8. Januar 1951, Oberbefehlshaber der amerikanischen Streitkräfte in Europa General Thomas T. Handy in Heidelberg an der Vollstreckung der noch verbliebenen Todesurteile aus den Dachauer Prozessen zu hindern. Er konzentrierte sich in seiner Argumentation ganz auf das Malmedy-Verfahren.[118] Strauß warnte Handy: Neue Vollstreckungen könnten die westlichen Integrationsbemühungen in Gefahr bringen, die kommunistischen Bestrebungen hingegen fördern, da sie die Russen unter Umständen auf die Idee brächten, ihre bevorstehende „(Massen-) Vollstreckung in Waldheim“ demonstrativ auszusetzen.[119]

Angesichts der geballten deutschen Aktionen zur Freilassung der deutschen Inhaftierten in Landsberg fühlte sich McCloy massiv bedrängt. In einem Ge-

---

115 Zit. nach *Frei*, a.a.O., S. 209.

116 Zit. nach *Frei*, a.a.O., S. 209ff. Der Korrespondent der *FAZ* identifizierte ca. 300 Gegendemonstranten, die er „als mit 7 Omnibussen aus dem DP-Lager Lechfeld herbeigeschaffte Ausländer“ beschrieb, „deren Störversuche von der Polizei und der deutschen Bevölkerung unterbunden“ worden seien. Siehe FAZ v. 8.1.1951.

117 Zit. nach *Frei*, a.a.O., S. 210.

118 Das Malmedy-Verfahren war ein Kriegsverbrecherprozess vom 16.5. bis zum 16.7.1946 im Rahmen der Dachauer Prozesse gegen insgesamt 73 deutsche Angeklagte. Zwar wurden in dem Verfahren 43 Todesurteile ausgesprochen. Diese wurden jedoch allesamt nicht vollstreckt, sondern in Haftstrafen umgewandelt. Eine nachträglich eingesetzte US-Untersuchungskommission hatte Zweifel an den Ermittlungsergebnissen und somit an der Rechtmäßigkeit des Verfahrens. Im einzelnen siehe *Frei*, a.a.O., S. 211ff. Vgl. auch *Robert Sigel*, Im Interesse der Gerechtigkeit.

119 Zit. nach *Frei*, a.a.O., S.211ff.

spräch mit einer Abordnung des Deutschen Bundestags unter der Führung von Carlo Schmid am 9. Januar 1951[120,121] erklärte McCloy empört: „Wenn unsere Beziehungen von diesen Einzelfällen abhängen, dann hängt unsere Freundschaft in der Tat an einem seidenen Faden. Die Deutschen müssen endlich die 'Enormität' des Geschehens begreifen und auch, wie die Welt, die Horrortaten der Nationalsozialisten wahrnehmen". Schmid hatte McCloy zuvor erklärt: „War der Entschluss des deutschen Volkes, auf die Todesstrafe zu verzichten, gut, dann müssen die Galgen in Deutschland abgebrochen werden, ungeachtet der Scheußlichkeit vergangener und zukünftiger Verbrechen".[122]

Gedrängt durch mehrere Briefe und Depeschen, in denen der Bundespräsident aufgefordert wurde, seine reservierte Haltung aufzugeben, schrieb Heuss am 16. Januar 1951 an McCloy.[123] In dem Brief verlieh er seiner Sorge Ausdruck, sein Schweigen zu der Frage der Kriegsgefangenen könne missverstanden werden. Zwar wisse er, dass manche der Verurteilten „das schwere Strafmaß auch nach dem Gesetz verdient haben", aber es gebe auch Fälle, in denen die individuelle Schuld „durchaus fragwürdig" geblieben sei. Die nunmehr zählenden „Argumente"[124] lägen „bei der psychologischen Situation, in der zurzeit die zwischenzeitlichen Gespräche geführt werden, auf der Hand". Er führte weiter aus: „Meine Sorge ist groß, dass durch etwaige Hinrichtungen von Landsberger Häftlingen unsere gemeinsamen Besprechungen[125] zur Eingliederung der Bundesrepublik Deutschland in eine europäische und atlantische Gemeinschaft empfindlich gestört würden."

Der Münchener Bischof Meisner organisierte einen Brandbrief „sämtliche[r] Herren Kirchenführer im Westen" an McCloy. In diesem wurde McCloy auf-

---

120 Über diese zuvor nicht abgestimmte Initiative gab es in der SPD-Fraktion eine „lange und zum Teil sehr erregte Aussprache". *Schumacher*, *Ollenhauer*, *Wehner*, *Arndt* und *Erler* verteidigten die Aktion, während *Greve* meinte, hätte er im Parlamentarischen Rat geahnt, dass die Abschaffung der Todesstrafe auch zugunsten der Häftlinge in Landsberg angeführt würde, er hätte damals dagegen gestimmt. Zit. nach *Frei*, a.a.O., S. 210. Vgl. auch SPD-Fraktionsprotokolle 1949–1953, S. 226–229; SZ v. 10.1.1951.

121 Am gleichen Tag beschloss die Berliner Stadtverordnetenversammlung und der Magistrat das „Gesetz über die Abschaffung der Todesstrafe", womit an die Stelle der Todesstrafe die lebenslange Zuchthausstrafe trat. Siehe BerlVbl. Nr. 4 v. 9.1.1951, S. 57. Vgl. auch BArch B 141/003826, MicroF S. 22.

122 Zit. nach *Frei*, a.a.O., S. 210.

123 Im folgenden zit. nach *Frei*, a.a.O., S. 213.

124 *Frei* führt hierzu aus, *Heuss* hätte das Wort, nicht ohne einen Hauch von Frivolität, selbst in Anführungszeichen gesetzt (Siehe a.a.O., S. 213).

125 Nach handschriftlichen Vermerk sollte dies eigentlich „Bestrebungen" heißen, so *Frei*, a.a.O., S. 213.

gefordert, „auf keinen Fall eine Wiederaufnahme der Vollstreckung von Todesurteilen zuzulassen, sondern Gnade vor Recht ergehen zu lassen und die ausgesprochenen Todesurteile in Gefängnisstrafen umzuwandeln [...] Das Verhältnis Deutschlands zu den Alliierten würde mit Sicherheit aufs Schwerste belastet werden, wenn aufs Neue Blut zwischen unsere beiden Völker träte“.[126]

Angesichts der Fragilität der Verhandlungen mit den Alliierten über die Zukunft deutscher Kriegsverbrecher wagte die gesamte deutsche Presse es zu dieser Zeit nicht, an der prinzipiellen Richtigkeit der Forderungen nach einer groß angelegten Gnadenaktion zu zweifeln. Erst nachdem vertrauliche Informationen aus dem Kanzleramt darauf hindeuteten, dass nicht alle Landsberger Häftlinge begnadigt würden, begann die Frankfurter Allgemeine Zeitung auf Differenzierungskurs zu gehen, um „Enttäuschungen und überschießenden nationalsozialistischen Reaktionen vorzubeugen“.[127] In einem Leitartikel für die *FAZ*[128] beanstandete der Autor Thilo Bode die Kollektivurteile und –forderungen, wonach alle Landsberger Häftlinge vor weiteren Hinrichtungen verschont werden müssten. Er war der Meinung, „Mitleid mit den Falschen zu haben, nütze der deutschen Sache wenig“. Bode kritisierte damit implizit auch das Parlament für die im November erhobene pauschale Forderung nach einem Exekutionsstopp.[129]

Am 31. Januar 1951 veröffentlichten die Informationsabteilungen von HICOG und EUCOM das Ergebnis der Gnadengesuchsprüfung von insgesamt 102 deutschen Landsberg-Häftlingen.[130] McCloy hatte über die Strafen der zurzeit noch 89 Einsitzenden aus den Nürnberger Nachfolgeprozessen entschieden, General Handy lediglich über die der 13 zum Tode Verurteilten aus den Dachauer Prozessen. General Handy hatte sämtliche – mit Ausnahme von zwei – Todesstrafen in lebenslange Haftstrafen umgewandelt. McCloy hatte von den 15 Todesurteilen vier in lebenslängliche und sechs in Haftstrafen zwischen 20–25 Jahren umgewandelt. Fünf Todesurteile bestätigte er.[131,132]

---

126 Zit. nach *Frei*, a.a.O., S. 214f.

127 Vgl. *Frei*, a.a.O., S. 215f.

128 FAZ v. 18.1.1951 „Landsberg ist modern geworden“ v. *Thilo Bode*.

129 Siehe *Frei*, a.a.O., S. 216f.

130 Siehe BArch B 122/644, BArch Landsberg: Ein dokumentarischer Bericht, Hrsg. v. Information Service Division Office of the U.S. High Commission for Germany. Das BJM hatte dazu mit undatierter Bemerkung Stellung genommen und in 2 Fällen ausreichende Beweise für die Rechtfertigung der Todesstrafe nicht zu erkennen vermocht. Siehe BArch, Protokoll der Kabinettssitzung v. 9.2.1951. Ebenso BArch B 134/3191.

131 Zit. nach *Frei*, a.a.O., S. 219: Mehr als ein Drittel der Begnadigten konnten Landsberg bereits in den ersten Februartagen 1951 verlassen: Einer der Entlassenen war der Bru-

Die wenigsten waren mit dieser Entscheidung jedoch zufrieden. Anstatt sich über den weitgehenden Erfolg deutscher Bemühungen zu freuen, 21 Todesurteile verhindert zu haben, war in der Presse häufig die Forderung zu lesen, auch die sieben verbliebenen Todesurteile müssten noch umgewandelt werden – allein schon deshalb, weil das Grundgesetz die Todesstrafe abgeschafft habe.[133]

## *C) Die Diskussion im Jahr 1951*

### *I. Bayerischer Landtag*

Nachdem die bayerischen Abgeordneten in Bonn mit ihrem Versuch, Art. 102 abzuschaffen, gescheitert waren, beschritten sie nun den Weg über den Bayerischen Landtag und die Bayerische Staatsregierung, wohl in der Hoffnung, hier eine breitere Zustimmung für ihr Begehren zu finden. Am 10. Mai 1951 stellte der Abgeordnete der Bayernpartei Seibert den Antrag:

> „Der Landtag wolle beschließen: Die Staatsregierung wird ersucht, beim Bund auf die Wiedereinführung der Todesstrafe bei Verbrechen des Mordes hinzuwirken.“[134]

Daher befasste sich das Plenum des Bayerischen Landtages in seiner Sitzung vom 21. Juni 1951 mit dem Thema, obwohl es sich bei der Frage nach der Todesstrafe um eine Bundesangelegenheit handelte. Zuvor war der Antrag

---

der des Adenauer-Beraters *Wilhelm Speidel*. Unter den weiteren freigelassenen Häftlingen waren auch alle Inhaftierten aus dem Krupp-Prozess; das Foto von der Begrüßungsszene zwischen dem Firmenchef *Alfried Krupp von Bohlen Halbach* und der blendenden Erscheinung seines jungen Bruders im pelzbesetzten Wintermantel ging um die Welt.

132 Die Bundesregierung verwandte sich auch für die Begnadigung von in Holland wegen Kriegsverbrechen zum Tode verurteilten deutschen Häftlingen. 1951 waren die Todesurteile mehrerer deutscher Staatsangehöriger auf dem Gnadenwege in lebenslängliche Haftstrafen umgewandelt worden, woraufhin die Gnadenpraxis der niederländischen Regierung zunehmend auf die Missbilligung von Abgeordneten des holländischen Parlaments wie auch der Öffentlichkeit gestoßen war. Von den Anfang 1952 wegen Kriegsverbrechen noch einsitzenden 85 dt. Häftlingen waren 5 rechtskräftig zum Tode verurteilt worden. Am 21.3.1952 wurde der ehemalige Kommissar und SS-Hauptsturmführer Wilhelm A. Albrecht in Holland hingerichtet. Die übrigen Todesurteile wurden in lebenslängliche Haftstrafen umgewandelt. Siehe BArch, Protokoll der Kabinettssitzung v. 15.1.1952.

133 Zit. nach *Frei*, a.a.O., S. 221ff.: Danach hielt nur ein knappes Drittel der städtischen Bevölkerung (31%) die Entscheidung für richtig, auf dem Land waren es sogar nur 18% (bezogen auf 80% bzw. 64%, die von der Sache gehört hatten). 25% der Städter hielten die Todesurteile für gerechtfertigt.

134 Beilage Nr. 649.

bereits im Ausschuss für Rechts- und Verfassungsfragen behandelt worden.[135] Dieser hatte in seiner Sitzung am 4. Juni 1951 den Antrag mit sechs Gegenstimmen abgelehnt, „weil er eine Änderung des Grundgesetzes betrifft, für die der Bayerische Landtag nicht zuständig ist."[136]

### *1. Befürworter der Todesstrafe*

Wie bereits in der Bundestagsdebatte am 27. März 1950, konnten die bayerischen Abgeordneten auch diesmal ihre Unzufriedenheit über die Bonner Verfassung und die ihnen durch sie zugedachte Position im staatlichen Gefüge nicht verbergen. Dabei richteten sie den in der Verfassung geregelten Föderalismus gegen das Grundgesetz selbst, um ihr Begehren zu begründen. Unter lebhafter Zustimmung der BP erklärte Piechl, der verfassungsrechtlich verankerte Föderalismus räume den Abgeordneten des Bayerischen Landtages das Recht ein, dem Bund „hie und da"[137] etwas vorzuschreiben. Bayern sei ein eigenständiges Land, das das Recht habe, der Meinung des Volkes gegenüber dem Bonner Parlament Ausdruck zu verleihen.[138] Nur durch die öffentliche Diskussion sei es möglich, auf den Bund einzuwirken.[139] Entsprechend diesem Selbstverständnis richteten sich viele der Anhänger des Antrags mit ihren Beiträgen gegen das Zustandekommen der Verfassung. So sei die Abschaffung der Todesstrafe eine übereilte Entscheidung des Parlamentarischen Rats gewe-

---

135 Der Berichterstatter des Ausschusses, der sozialdemokratische Abgeordnete *Kiene*, fasste zu Beginn der Plenardebatte die Sitzung des Ausschusses zusammen, und teilte das Ergebnis der Beratungen mit. *Kiene* betonte, er habe sich im Ausschuss gegen die Anwendung der Todessstrafe ausgesprochen, da diese nicht mehr der heutigen Zeit entspreche. Der Antragssteller *Seibert* dagegen habe seinen Antrag mit der erschreckenden Zunahme der gemeinsten Morde der letzten Zeit begründet. Beigetreten seien dem Antrag zahlreiche Abgeordnete, z.B. *Meitinger*, *Piechl*, *Lanzinger*, *Knott* und *Schmid*. Insbesondere *Knott* sei für eine schwere Bestrafung der mit Überlegung und Absicht tötenden Mörder eingetreten. Von den Gegnern sei die Todesstrafe zumeist aus formellen Gründen abgelehnt worden. Insbesondere sei dem Bayerischen Landtag die Zuständigkeit für die Behandlung des Antrags abgesprochen worden, da die Todesstrafe durch das Grundgesetz abgeschafft worden sei, auf dessen Änderung der Landtag keinen Einfluss habe. Letztlich, so berichtete *Kiene*, sei der Abgeordnete *Michel* dem Vorwurf *Zietsch*, erst kurze Zeit zuvor hätten Leute aus Kreisen, die jetzt die Todesstrafe befürworteten, für die Landsberger Massenmörder die besten Worte gefunden, entgegen getreten, indem *Michel* erklärte, die CSU sei lediglich dafür eingetreten, dass auch für die Landsberger Häftlinge Recht Recht bliebe. Siehe Sten. Bericht des Bay. LT, 31. Sitzung v. 21.6.1951, S. 909.

136 Beilage 813; Sten. Bericht des Bay. LT, 31. Sitzung v. 21.6.1951, S. 909.

137 Sten. Bericht des Bay. LT, 31. Sitzung v. 21.6.1951, S. 913f.

138 Ebd., *Piechl*, (CSU) S. 913f.; ähnlich *Haußleiter* (DG), S. 915f.

139 Ebd., *Schmid* (CSU), S. 910f.

sen,[140] die die Mentalität des deutschen Volkes widerspiegele, in seiner Gesetzgebung von einem Extrem ins andere zu fallen.[141] Der Antragssteller Seibert[142] zeigte zwar Verständnis für die Entscheidung des Parlamentarischen Rates – nicht zuletzt aufgrund seiner eigenen Erfahrungen im Zweiten Weltkrieg und der Zeit nach 1945. Die Zeit habe aber gezeigt, dass die Menschen aus den Kriegszeiten nichts gelernt hätten. Im Gegenteil, durch die Geschehnisse in der Vergangenheit sei die Achtung vor dem Menschenleben gänzlich verloren gegangen. Durch die jüngste Vergangenheit des deutschen Volkes, erklärte Schmid, sei das Leben eines Menschen so billig wie „Brombeeren" geworden, das niedergeschlagen werde, wie man „Kartoffelkäfer" töte.[143]

Die Notwendigkeit des Begehrens begründeten Seibert, Gaßner, Piechl und Schmid mit der in einem erschreckenden Maße angestiegenen Kriminalität, belegten diese jedoch nicht.[144] Vielmehr begnügten sie sich mit der Verallgemeinerung des Problems, indem sie die Verbrecher auf „Bestien in Menschengestalt" bzw. „Lumpen" reduzierten, vor denen „ordentliche Staatsbürger" bzw. „anständige Leute" geschützt werden müssten.[145] Sie berichteten von besonders aufsehenerregenden und verabscheuungswürdigen Verbrechen, insbesondere solchen an minderjährigen Kindern, und beschworen Szenarien herauf, in denen zu einer „nur" lebenslangen Freiheitsstrafe verurteilte Mörder wieder freikämen, beispielsweise „durch politische Umwandlungen im Land wie 1945"[146] und somit die Gefahr bestehe, dass sie erneut töteten, oder dass sich Täter bei ihrer Verhaftung auf Leben und Tod verteidigten, da sie keine höhere Strafe zu erwarten hätten.[147] Zum Schutz der Gesellschaft und der Polizeibeamten sei dem Antrag zuzustimmen, da das Zuchthaus, als lediglich Fortsetzung eines „sinnlos gewordenen Lebens" eines Mörders,[148] seinen Schrecken verloren habe. Es sei Ausdruck des Notwehrrechtes des Staates, in

---

140 Ebd., *Haußleiter*, S. 915f.

141 Der BP-Abgeordnete *Gaßner* führte weiter aus: Während noch im „Hitler-Reich derjenige, der etwa bei der Verdunkelung 25 Pfennig gestohlen hatte, zu Unrecht zu Tode verurteilt wurde, begnügt man sich heute mit lebenslänglicher Zuchthausstrafe für den grauenhaftesten und perversesten Mörder". Siehe Sten. Bericht des Bay. LT, 31. Sitzung v. 21.6.1951, S. 911f.

142 Sten. Bericht des Bay. LT, 31. Sitzung v. 21.6.1951, S. 909f.

143 Ebd., S. 910f.

144 Ebd., *Seibert* (S. 909f.); *Gaßner* (S. 911f.); *Piechl* (S.913f.); *Schmid* (S. 910f.).

145 Ebd., *Seibert* (S. 909f.); *Piechl* (S. 913f.).

146 Ebd., *Gaßner* (S. 911f.).

147 Ebd., *Seibert* (S. 909f.); *Piechl* (S. 913f.); *Haußleiter* (S. 915f); *Gaßner* (S. 911), *Schmid*, (S. 910f.).

148 Sten. Bericht des Bay. LT, 31. Sitzung v. 21. Juni 1951, *Haußleiter*, S. 915f.

einer Zeit, in der die Achtung vor dem Menschenleben verloren gegangen sei, diese Mörder hinzurichten.[149] Wenn die Schuld eines Täters einwandfrei bewiesen sei, müsse die Hinrichtung die einzige logische Konsequenz sein.[150] Erst die Aussicht auf das Ende des eigenen Lebens könne zu Mördern gewordene Menschen letztlich zu innerer Sühne bringen.[151] Darüber hinaus forderte Seibert, Mörder nicht auf Kosten „ordentlicher Staatsbürger, die die Steuern zahlen" durchzufüttern, und ging sogar so weit, die Kosten für die Unterbringung eines zu lebenslanger Freiheitsstrafe verurteilten Mörders gegen die Kosten einer Hinrichtung aufzurechnen.[152] Politische Hinrichtungen, aber auch Urteile aufgrund von Indizienbeweisen, schlossen die Befürworter des Antrags dagegen aus.

Insgesamt sucht man eine inhaltlich fundierte Auseinandersetzung mit dem Thema in den Redebeiträgen der Anhänger allerdings vergebens. Stattdessen lässt sich mitunter eine gewisse Müdigkeit der Abgeordneten feststellen, diese Problematik erneut zu diskutieren. So forderte Piechl, keine „großen wissenschaftlichen Vorlesungen" mehr über dieses Thema zu halten, sondern die Mörder gleich aufzuhängen oder zu köpfen. Schon in Landsberg sei der Fehler gemacht worden, die Vollstreckung der Todesurteile zwei oder drei Jahre aufzuschieben, anstatt sie sofort zu vollziehen.[153]

Immerhin räumte der CSU-Abgeordnete Schmid ein, dass der Bayerische Landtag für die Entscheidung über die Frage der Todesstrafe nicht zuständig sei. Dennoch müsse die Frage in der Öffentlichkeit besprochen und beim Bund

---

149 Sten. Bericht des Bay. LT, 31. Sitzung v. 21.6.1951, S. 915f.

150 Ebd., *Piechl*, S. 913f. Für *Schmid* stand fest, dass die Forderung nicht heißen dürfe, man sei für die Todesstrafe, sondern „man ist gegen Mord", denn die Todesstrafe sei nur noch eine Folge eines solchen Verbrechens. (S. 910f.). Genau wie zuvor im Ausschuss für Rechts- und Verfassungsfragen bezog sich *Schmid* hauptsächlich auf eine Veröffentlichung des Gefängnisgeistlichen Sigisbert Greinwald. Dieser kam zu dem Schluss, die Todesstrafe sei zu bejahen. Näheres hierzu siehe *Sigisbert Greinwald*, Für und Wider die Todesstrafe.

151 Sten. Bericht des Bay. LT, 31. Sitzung v. 21.6.1951, S. 910f.

152 Das Land Bayern müsse damit rechnen, dass „um diesen Verbrechern, die wirklich kein Recht mehr haben zu leben, eine Heimat zu schaffen", alle drei bis vier Jahre 1 ½ Millionen Deutsche Mark aufzubringen. Nach einem Zuruf des Abgeordneten *Keiler*, ob es also am besten wäre, wieder „die Gaskammern einzuführen, das ist das Billigste?!" verwahrte *Seibert* sich gegen diesen Vorwurf. Sein Antrag entspringe allein dem Gewissen und Verantwortungsgefühl und keiner politisch motivierten Propaganda. Schließlich würden heute – im Unterschied zu früher – demokratische Gerichte zur Überprüfung zur Verfügung stehen, genauso wie die Gewährung eines Gnadenakts jederzeit möglich sei. Siehe Sten. Bericht des Bay. LT, 31. Sitzung v. 21.6.1951, S. 909f.

153 Ebd., *Piechl*, S. 913f.

auf die Wiedereinführung der Todesstrafe hingewirkt werden. Das Volk, so sein Parteikollege Gaßner, bewerte den Art. 102 als folgenschwersten Artikel der Bonner Verfassung.[154]

### *2. Gegner der Todesstrafe*

Auch die Gegner des Antrags beanstandeten, dass die aktuelle Diskussion um die Todesstrafe „immer die gleiche Diskussion wie im Parlamentarischen Rat“[155] sei. So überrascht es nicht, dass auch auf der Gegenseite kaum inhaltliche Argumente gegen die Todesstrafe angeführt wurden. Kritikpunkt war hauptsächlich die Unzuständigkeit des Bayerischen Landtages. Da die Abschaffung der Todesstrafe einer Zweidrittelmehrheit auf Bundesebene bedürfe und der Bayerische Landtag hierauf keinerlei Einfluss habe, sei es allein Aufgabe der Bundestagsfraktionen der einzelnen Parteien, ein dementsprechendes Begehren voranzutreiben.[156] Der bayerische Landtag dagegen habe – unbeschadet des allgemeinen Interesses an diesem Thema – kein Recht, ein Ersuchen, wie das von Seibert gefordert, an den Bund zu richten. Daher müsse der Antrag ohne Wirkung bleiben und sei abzulehnen.[157]

Daneben befassten sich die Gegner des BP-Antrags inhaltlich nur noch mit der, in ihren Augen nicht bewiesenen Abschreckungswirkung der Todesstrafe und der fehlenden Berechtigung des Staates, einen Menschen zu töten. Ein Täter, der vorsätzlich töte, lasse sich nicht von der Androhung der Todesstrafe beeindrucken, da er ohnehin davon ausgehe, nicht überführt zu werden.[158] Dies habe die Vergangenheit – gerade auch die jüngste – eindrucksvoll bewiesen. Trotz brutaler Strafen gegen die Zersetzung des Staates zu Zeiten des Nationalsozialismus, seien unzählige Menschen in dem Bewusstsein der drohenden

---

154 Ebd., *Gaßner*, S. 911.

155 Zum Beispiel der Vorsitzende des Ausschusses für Rechts- und Verfassungsfragen *Stock* (SPD). Siehe Sten. Bericht des Bay. LT, 31. Sitzung v. 21.6.1951, S. 912.

156 Ebd., *Stock* (S. 912); *Zietsch* (S. 912f.); *Korff* (S. 913) sowie der bay. Justizminister *Müller* (S. 914f.).

157 Ebd., *Stock* (S. 912); *Zietsch* (S. 912f.); *Korff* (S. 913) sowie der bay. Justizminister *Müller* (S. 914f.). Nach einem Zwischenruf des BP-Abgeordneten *Baumgartner* „Dann brauchen wir in Bayern gar nichts mehr zu sagen“, erklärte der bay. Justizminister: „Entschuldige, Baumgartner, bring den Föderalismus nicht in Zusammenhang mit der Todesstrafe! Du entwertest damit den Föderalismus.“ Das bayerische Parlament habe wie jede andere Volksvertretung das Recht, zu jeder Frage seine Meinung zu sagen; für die Änderung des Grundgesetzes bedürfe es jedoch einer Zweidrittelmehrheit im Bundestag, wofür die jeweiligen Fraktionen im Bundestag zuständig seien. (S. 915).

158 Ebd., *Zietsch* (S. 912f.), *Korff* (S. 913).

Todesstrafe gegen den Staat angetreten.[159] Aber auch in früheren Zeiten, in denen in Deutschland die Todesstrafe noch geltendes Recht gewesen sei, hätten sich Morde in den vielfältigsten Ausprägungen und Formen ereignet.[160]

Führe man die Todesstrafe wieder ein, erklärte der sozialdemokratische Abgeordnete Stock, so mache sich jeder der daran Beteiligten des Mordes mitschuldig, wenn auch nur ein einziger Verurteilter unschuldig hingerichtet werde. Allein Gott – der das Leben gegeben habe – habe das Recht, ein Menschenleben zu nehmen, nicht aber ein Jurist aufgrund eines Gesetzes.[161] Es bestehe eben, ergänzte Zietsch, ein wichtiger psychologischer Unterschied zwischen der Ermordung eines Menschen durch einen Verbrecher und der Hinrichtung eines Mörders durch den Staat: Während der Ermordete vorher nicht wisse, dass ihm das Leben genommen werde, müsse der zum Tode Verurteilte mit dieser Gewissheit jahrelang leben. Dies sei nicht hinnehmbar, wie die Situation in Landsberg bestätige. Zwar habe die Gesellschaft nicht das Recht, das Leben eines Mörders zu nehmen, doch habe sie die Pflicht, das deutsche Volk vor solchen Menschen zu schützen, indem sie die Mörder durch Verhängung lebenslänglicher Freiheitsstrafen isoliere – sie „gesellschaftlich tot" mache.[162]

Der bayerische Justizminister Müller[163] betonte, die Art und Weise, wie eine Debatte über die Todesstrafe geführt werde, bilde einen Maßstab für die geistige Größe des Gremiums, das die Debatte führe. Bei einer leichtfertigen Debatte des Themas sei angesichts der Erfahrungen der Vergangenheit zu befürchten, dass in Zukunft die Todesstrafe auch wieder als Strafmaß für politische Taten eingeführt werde. Wegen der schrecklichen deutschen Vergangenheit gehe es letztlich allein um eine Entscheidung des Gewissens jedes Einzelnen und nicht um das Ergebnis irgendwelcher Theorien. In diesem Zusammenhang bekräftigte Müller, er selbst hätte die Todesstrafe damals nicht abgeschafft.[164] Zu seinem Bedauern könnten zurzeit auch Statistiken keine Anhaltspunkte für eine positive Wirkung der Todesstrafe erbringen, da streng genommen keine richtige Statistik existiere. Denn auch noch nach 1945 ahnde

---

159 Ebd., *Müller*, S. 914f.

160 Ebd., *Stock*, S. 912.

161 Ebd., *Stock*, S. 912f.

162 Ebd., S. 912f.

163 Ebd., S. 914f.

164 Dem widersprechend hatte *Müller* noch einige Tage zuvor in einer Münchener Diskussionsrunde erklärt, er selbst lehne die Anwendung der Todesstrafe aufgrund eigener Erfahrungen ab. Siehe NZ v. 14.6.1951 „Gesellschaft für bürgerliche Freiheiten diskutiert über die Todesstrafe". Einzelheiten zur Diskussionsrunde siehe unten Zweiter Teil, 1. Kapitel, C), II.

man Taten aus der nationalsozialistischen Zeit und führe diese damit mit in der Statistik an. Daher sei es erforderlich, zunächst verwertbare Erfahrungen zu sammeln, bevor erneut eine Änderung hinsichtlich der Todesstrafe überhaupt diskutiert werden könne. Eine wiederholte Änderung führe nur zu neuen Erschütterungen, die bei der gegenwärtigen politischen Lage die Gefahr mit sich brächten, die Todesstrafe auch gegen politische Überzeugungstäter anzuwenden.[165]

### *3. Abstimmung*

Entgegen der vorherigen Diskussion auf Bundesebene waren sich die Landtagsabgeordneten aller Parteien in ihrer Meinung über die Todesstrafe jeweils erstaunlich einig. Traten im Bundestag Mitglieder der gleichen Fraktion noch für jeweils unterschiedliche Positionen ein, scheint es hier so, als verträten die jeweiligen Fraktionen in dieser Frage geschlossen eine Meinung. Zudem bestätigte sich erneut die Vermutung, die Todesstrafe sei unter anderem mit dem Ziel abgeschafft worden, um deutsche Kriegsgefangene vor der Vollstreckung von Todesurteilen durch die Alliierten zu bewahren. Nachdem durch die Hinrichtungen von Landsberg die Hoffnung der rechten Politiker auf Rettung der deutschen Kriegsgefangenen jedoch zerschlagen worden war, stand der Geltendmachung ihrer eigentlichen Überzeugung, nämlich der Forderung nach der Anwendung der Todesstrafe, nichts mehr im Weg.[166]

In der namentlichen Abstimmung wurde der Antrag des Ausschusses für Rechts- und Verfassungsfragen auf Ablehnung des Antrags des Abgeordneten Seibert abgewiesen. Von den insgesamt 168 abgegebenen gültigen Stimmen stimmten 72 Abgeordnete für und 90 Abgeordnete gegen den Antrag des Ausschusses. Sechs Abgeordnete enthielten sich ihrer Stimme.[167]

Daraufhin fasste der Bayerische Landtag am 21. Juni 1951 folgenden Beschluss:

---

165 Sten. Bericht des Bay. LT, 31. Sitzung v. 21.6.1951, S. 914f.

166 *Haußleiter* sah die vorschnelle Entscheidung des Parlamentarischen Rates dadurch bewiesen, dass trotz des Grundgesetzes „in unserem Land Hinrichtungen durchgeführt worden sind. Hier ist ein Widerspruch zwischen dem Handeln in unserem Land und dem Grundgesetz, das in diesem Land gilt.“ Dieser Widerspruch allein rechtfertige es, den Wunsch auf Änderung des Grundgesetzes auszudrücken. *Zietsch* verlieh seiner Verwunderung Ausdruck, dass erst kurze Zeit zuvor Leute aus Kreisen, die jetzt die Todesstrafe befürworteten, für die Landsberger Massenmörder die besten Worte gefunden hätten. Siehe Sten. Bericht des Bay. LT, 31. Sitzung v. 21.6.1951, *Haußleiter* (S. 916), *Zietsch* (S. 909).

167 Sten. Bericht des Bay. LT, 31. Sitzung v. 21.6.1951, S. 917.

> „Die Staatsregierung wird ersucht, beim Bund auf die Wiedereinführung der Todesstrafe bei Verbrechen des Mordes hinzuwirken.“[168]

Nach verschiedenen Korrespondenzen zwischen der bayerischen Staatsregierung und dem Bundesministerium der Justiz gab der bayerische Ministerpräsident Hans Ehard am 19. November 1951 bekannt,[169] dass sich der Bundesminister der Justiz mit Schreiben vom 8. November 1951 zu dem oben bezeichneten Beschluss des Bayerischen Landtages wie folgt geäußert habe:

> „Die Bundesregierung kann die Frage der Todesstrafe zur Zeit nicht an die gesetzgebenden Körperschaften des Bundes herantragen. Für eine Wiedereinführung der Todesstrafe würde eine Zweidrittelmehrheit sowohl im Bundestag wie auch im Bundesrat erforderlich sein. Am 27. März 1950 hat der Bundestag beschlossen, über den Antrag der Bayernpartei vom 24. Februar 1950 auf Aufhebung des Art. 102 des Grundgesetzes zur Tagesordnung überzugehen. Bei dieser Sachlage muss abgewartet werden, welche Erfahrungen sich aus der Abschaffung der Todesstrafe ergeben, um nach geraumer Zeit zu überprüfen, ob eine Änderung der bestehenden Regelung in Betracht kommen kann.“[170]

## *II. Die öffentliche Diskussion*

Auch außerhalb der parlamentarischen Debatte wurde die Frage der Todesstrafe diskutiert. Allerdings fand die öffentliche Diskussion weitgehend unbeeindruckt von den parlamentarischen Erörterungen und dem Beschluss des Bayerischen Landtages statt.[171] Erst aufsehenerregende Straftaten, wie die Halacz-

---

168 Beilage 975. Mit Schreiben vom 28.9.1951 gab der bay. Ministerpräsident dem BMJ die „Anregung des Bayerischen Landtags“ zur Kenntnis und bat um Stellungnahme. Siehe BArch B 141/003826 Bl. 33.

169 In der Sitzung am 11.3.1952 stellte der Abgeordnete *Gaßner* eine Anfrage an die bayerische Staatsregierung, inwiefern die bayerische Staatsregierung etwas in der Angelegenheit des Beschlusses vom 21.6.1951 unternommen habe. Diese Frage wurde durch den Ministerpräsident *Ehard* persönlich beantwortet. Allerdings beschränkte er sich lediglich darauf, seine Stellungnahme vom 19.11.1951 erneut zu verlesen. Siehe Sten. Bericht des Bay. LT, 74. Sitzung v. 11.3.1952, S. 1614f.

170 Beilage 1870. Vgl. auch BArch B 141/003826 Bl. 34.

171 Nur *Müller-Meiningen jr.* meinte, einen Wandel der Einstellung zur Todesstrafe in den westdt. Parlamenten feststellen zu können: Während der Bundestag noch Anfang 1950 den Antrag auf Wiedereinführung mit überwältigender Mehrheit abgelehnt hatte, habe der Bayerische Landtag nunmehr mehrheitlich beschlossen, für die Wiedereinführung der Todesstrafe einzutreten. Diese Entscheidung sei stimmungsweisend für die weiteren Entwicklungen in den Bundesgremien. Auch in der Öffentlichkeit sei, so *Müller-Meiningen jr.*, gegenüber der Zeit vor drei Jahren, als der Parlamentarische Rat das Grundgesetz beschlossen hatte, ein Wandel vor sich gegangen. Damals hätten gerade die Deutschen noch stark unter dem Eindruck gestanden, wie furchtbar monoton das Fallbeil unter der Herrschaft des Nationalsozialismus gearbeitet habe. Der Ekel davor habe zu einem wesentlichen Teil mit zu der Bestimmung des Art. 102 geführt. Seit die-

Attentate oder die Frankfurter Banküberfälle lösten heftige Streitgespräche in der Öffentlichkeit aus. Am 29. November 1951 erschütterten drei Bombenattentate in Eystrup, Bremen und Verden die Bundesrepublik, bei denen die 18-jährige Kontoristin Margret Grüneklee und der Bremer Hauptschriftleiter der „Bremer Nachrichten" Adolf Wolfard zu Tode kamen.[172] Die zuständigen Stellen stuften die Anschläge zunächst als solche mit einem politisch-terroristischen Hintergrund ein, da Wolfard führendes Mitglied der CDU war. Das Bundeskabinett befasste sich mit der Angelegenheit, und ausländische Geheimdienste ließen sich in Bonn über die Attentate informieren.[173] Letztlich stellte sich heraus, dass die Bombenattentate von dem 22-jährigen Erich von Halacz verübt worden waren. Entgegen allen Spekulationen terroristischer Hintergründe handelte es sich aber lediglich um den Versuch, die Angehörigen wohlhabender Personen zu erpressen.[174] Weiteren Zündstoff erhielt die öffentliche Diskussion durch einen aufsehenerregenden Frankfurter Raubüberfall in Bockenheim, bei dem zwei jugendliche Täter zwei Bankangestellte kaltblütig

---

ser Zeit hätten sich jedoch „manch scheußliche Verbrechen" in der Bundesrepublik ereignet, die einen Teil der Anhänger jener Bestimmung nachdenklich gemacht hätten. (Siehe SZ v. 10.8.1951 „Bestien in Menschengestalt". Vgl. auch FAZ v. 15.12.1951 „Schwierige Änderung"). Dabei verkennt *Müller-Meiningen jr.* jedoch, dass schon zur Zeit der Abschaffung der Todesstrafe eine viel größere Zustimmung für die Anwendung der Todesstrafe unter den Abgeordneten festgestellt werden konnte, als letztlich tatsächlich für ihre Wiedereinführung gestimmt haben. Die mittlerweile knappe Mehrheit ist somit weniger auf einen Wandel der Ansichten der Abgeordneten, als darauf zurückzuführen, dass jetzt mehr Abgeordnete entsprechend ihrer wahren Überzeugung statt aus taktischem oder politischem Kalkül heraus, handelten.

172 Die erste Bombe, die Margret Grüneklee tötete, war eigentlich für den Unternehmer Carl Mayntz, Chef der Marmeladenfabrik Göbber & Co., bestimmt; sie detonierte jedoch bereits im Postamt von Eystrup. Die zweite Bombe explodierte fünf Stunden später in der Bremer Redaktion. Die dritte Bombe, die jedoch aufgrund einer defekten Batterie nicht zündete, galt dem Futtermittelfabrikanten Anton Höing aus Verden. Zit. nach einer Reportage des Radiofunksenders Radio Bremen, Die großen Kriminalfälle – Post vom Tango-Jüngling.

173 Zit. nach einer Reportage des Radiofunksenders Radio Bremen, Die großen Kriminalfälle – Post vom Tango-Jüngling.

174 In einem Verhör gab *Halacz* an, dass er die Bomben an willkürlich ausgesuchte, wohlhabende Leute geschickt habe, um deren Angehörige hinterher mit der Drohung zu erpressen, er werde auch sie in die Luft sprengen, wenn sie ihm nicht 5.000 Deutsche Mark zahlten. Mit dem erpressten Geld habe er einen Schallplattenverleih eröffnen wollen. Am 25.4.1952 wurde Erich von Halacz vom Verdener Landgericht zu lebenslangem Zuchthaus verurteilt. Zit. nach einer Reportage des Rundfunksenders Radio Bremen, Die großen Kriminalfälle – Post vom Tango-Jüngling.

erschossen hatten sowie anderen, besonders kaltblütigen Raubüberfällen im Umkreis von Frankfurt.[175]

### 1. Reaktionen der Politik

Alle Parteien – mit Ausnahme der SPD und der Zentrumspartei – kündigten nach den Sprengstoffanschlägen an, sich in nächster Zukunft mit der Frage der Todesstrafe zu beschäftigen.[176] Der Fraktionsvorsitzende der CDU im Bundestag, Heinrich von Brentano, erklärte nach den Attentaten

> „Da scheint der politische Terror schon wieder loszugehen"

und kündigte an, dass seine Fraktion ernsthafte Überlegungen darüber anstellen werde, inwieweit die Bundesrepublik die Todesstrafe für „gewisse Kapitalverbrechen oder politischen Mord" wiedereinführen sollte.[177] Kurze Zeit später befürworteten sowohl der Landesausschuss der schleswig-holsteinischen CDU[178] als auch der Vorstand der CDU/CSU-Fraktion im Bundestag die Wiedereinführung in bestimmten schwerwiegenden Fällen. Der Vorstand verlieh seiner Hoffnung Ausdruck, dass entsprechend dem Wunsch der meisten Abgeordneten aller Parteien nach einer Neugestaltung des Strafvollzugs die notwendige Zweidrittelmehrheit zur Änderung des Grundgesetzes mit der Gesamtheit der eigenen Stimmen und denen der Koalitionspartner erreicht werden könne.[179]

Bereits am 30. November 1951 plädierte die Deutsche Partei auf ihrem Bundesparteitag in Kassel dafür, die Verfassung abzuändern und die Todesstrafe wiedereinzuführen.[180] Die Bundestagsfraktion der Freien Demokraten kündigte

---

175 Diese Ereignisse veranlassten verschiedene Institutionen dazu, zur Diskussion des nach wie vor aktuellen Themas einzuladen. Beispielsweise Diskussionsrunde der *Gesellschaft für bürgerliche Freiheiten* (NZ v. 14.6.1951), Tagung der *Evangelischen Akademie Baden* (FAZ v. 7.3.1952 „Gespräche über die Todesstrafe"), Beitrag des *Hessischen Rundfunks*, Soll die Todesstrafe wiedereingeführt werden? (FAZ v. 19.9.1952 „Strafe und Zurechnungsfähigkeit" v. *Rolf Schroers*), Diskussionsrunde des *Nordwestdeutschen Rundfunks Berlin*, Politische Forum, Wieder Todesstrafe? (Sten. Aufnahme v. 16.4.1952), Veranstaltung des *Frankfurter Seminars* (FrNPr v. 29.8.1952 „Namhafte Stimmen für und wider die Todesstrafe" v. *Joachim Wilmsdorff*).

176 FAZ v. 15.12.1951.

177 SZ v. 1.12.1951 „Großfahndung nach den Attentätern".

178 Bremer Nachrichten v. 2.4.1952 „CDU für die Todesstrafe".

179 SZ v. 9.9.1952 „CDU/CSU will Wiedereinführung der Todesstrafe beantragen"; FAZ v. 6.9.1952 „Parteitag der Union doch in Berlin – Diskussion im Fraktionsvorstand über die Wiedereinführung der Todesstrafe".

180 Westfl. Zeitung v. 6.12.1951 „Um die Todesstrafe"; Ruhr-Nachrichten v. 1./2.12.1951. Einige Zeit später sprach sich die Landesversammlung der DP in Niedersachsen, ver-

ebenfalls an, sich in naher Zukunft mit einem Antrag einiger ihrer Mitglieder zu befassen, im Bundestag erneut die Wiedereinführung der Todesstrafe für Mord und Menschenraub in schweren Fällen zu fordern.[181] Vergleichbar äußerten sich das niedersächsische Justizministerium und der Justizminister von Rheinland-Pfalz Bruno Becher, die mitteilten, dass die Bombenattentate geeignet seien, die Abschaffung der Todesstrafe in Deutschland einer neuen Prüfung zu unterziehen.[182,183] Ebenso setzte sich das Organ der katholischen Arbeiterbewegung *Ketteler Wacht* aufgrund der jüngsten Entwicklungen in Deutschland dafür ein, die durch das Grundgesetz abgeschaffte Todesstrafe wiedereinzuführen.[184]

Ungeachtet aller ethischen Bedenken, resümierte die *Niederdeutsche Zeitung*[185], seien weite Kreise zu der Erkenntnis gekommen, in derart krisenhaften Zeiten sei das radikale Abschreckungsmittel unverzichtbar.

Wurde die Todesstrafe für politische Taten aufgrund ihrer Instrumentalisierung zum Erhalt nationalsozialistischer Herrschaft bisher vehement ausgeschlossen, scheint diese Ansicht mittlerweile revidiert worden zu sein. Ein einziges vermeintlich politisches Attentat, durch das sich deutsche Politiker bedroht fühlten, reichte aus, um diesen Grundsatz über Bord zu werfen und erneut die Wiedereinführung der Todesstrafe auch für politische Taten zu fordern. Gerade die Tatsache, dass deutsche Politiker erst bereit waren, über die Wiedereinführung der Todesstrafe nachzudenken, nachdem ihr eigenes Leben bedroht zu sein schien, rief verständlicherweise Verdrossenheit unter der deutschen Bevölkerung hervor. Dementsprechend schrieb der *Spiegel* nicht ganz zu Unrecht:

---

treten durch Bundesminister *Heinrich Hellwege*, im Zusammenhang mit dem Deutschlandvertrag ebenfalls für die Wiedereinführung der Todesstrafe aus. Siehe Hamburger Abendblatt vom 26.5.1952.

181 FAZ v. 12.9.1952 „Aussprache über die Todesstrafe“.

182 Ruhr-Nachrichten v. 1./2.12.1951; Welt v. 19.2.1952 „Justizminister Becher für die Todesstrafe“.

183 Zeitgleich berichteten sowohl die *Süddeutsche Zeitung* als auch die *Niederdeutsche Zeitung*, dass auch der bayerische Innenminister Hoegner (SPD), obwohl er beharrlicher Gegner der Todesstrafe sei, die Wiedereinführung der Todesstrafe bei Angriffen auf das Leben von führenden politischen Persönlichkeiten als vorübergehende Maßnahme befürworte. Diese Meldung dementierte *Hoegner* jedoch in der *SZ* und stellte fest, dass er nach wie vor ein entschiedener Gegner der Todesstrafe sei. Siehe Niederdt. Zeitung v. 19.12.1951 „Die Glosse“; SZ v. 15.11.1951 „Volk und Todesstrafe“; SZ v. 18.12.1951.

184 dpa-Meldung 210 v. 24.9.1952 „Katholische Arbeiterbewegung für Todesstrafe“; SZ v. 26.9.1952 „Für die Wiedereinführung der Todesstrafe“.

185 Niederdt. Zeitung v. 19.12.1951.

> „Zwei Tote genügten, um die humanitären Anwandlungen des Parlamentarischen Rats genauso gedankenlos in Frage zu stellen, wie damals die Abschaffung der Todesstrafe beschlossen war.“[186]

Der Bürger – so Müller-Meiningen jr. – sei darüber verdrossen, „dass der Ruf nach der Todesstrafe in Bonn justamento erst dann eine Chance – eine ‘Bombenchance’ sozusagen – erhielt, als es so aussah, als ob es an das geheiligte Leben der Herren Politiker ginge“. Der viel apostrophierte Mann auf der Straße empfinde es zu Recht als höchst irritierend, „dass das Leben eines brutal hingemordeten Taxi-Chauffeurs oder eines durch Sittlichkeitsverbrecher schändlich hingemordeten Kindes leichter wiegen soll als etwa das fernbedrohte eines Ministers oder Abgeordneten, bei denen solche Gefährdungen ja vergleichsweise zum normalen Berufsrisiko gehören“.[187]

Dagegen schloss, neben den Sozialdemokraten,[188] auch das Bundesjustizministerium die Wiedereinführung der Todesstrafe in Zukunft aus. Zwar seien die Meinungen über dieses Problem sowohl im Bundesjustizministerium als auch im Bundeskabinett geteilt, dennoch sei nicht zu erwarten, dass sich im Bundestag die notwendige Zweidrittelmehrheit finden werde.[189] Gegen die von der CDU-Fraktion vorgeschlagene Wiedereinführung wandte sich auch der Deutsche Bund für Bürgerrechte mit der Erklärung, der Verzicht auf das Richtschwert symbolisiere, dass der neue Staat sich selbst gewisse Schranken auferlege. Er habe dazu besonderen Anlass in einer Zeit, die unmittelbar auf eine Epoche folge, in der der Staat seine Macht in äußerster Schrankenlosigkeit ausgeübt habe.[190]

### *2. Befürworter der Todesstrafe*

Wie schon ein Jahr zuvor, wurde dem Parlamentarischen Rat erneut vorgeworfen, den Art. 102 außerhalb seiner Kompetenzen beschlossen zu haben. Mül-

---

186 SZ v. 15.11.1951.

187 Ebd. Ähnlich äußerte sich *Hans Baumgarten* in der *FAZ*: Nach den Sprengstoffattentaten hätten sich die Abgeordneten der christlichen Parteien nur deshalb für die Wiedereinführung der höchsten Strafe ausgesprochen, da sie glaubten, es handele sich hierbei um terroristische Anschläge, und befürchteten, die deutsche Kultur könnte durch fanatische Anhänger des östlichen Kollektivismus bedroht werden. Siehe FAZ v. 2.1.1952 „Um Tod und Leben“ v. *Hans Baumgarten*.

188 Anlässlich der Forderung des CDU-Fraktionsvorstands lehnte die SPD – in dem Bewusstsein, dass ohne ihre Stimmen im Bundestag die notwendige Mehrheit in dieser Legislaturperiode nicht zustande kommen konnte – die Wiedereinführung der Todesstrafe in der BRD ab. Siehe Welt v. 6.9.1952 „Keine Todesstrafe“; WNPr v. 19.9.1952.

189 WNPr v. 21.8.1952 „Keine Wiedereinführung der Todesstrafe“.

190 WNPr v. 16.9.1952 „Warnung vor Todesstrafe“.

ler-Meiningen jr. bezeichnete die Entscheidung des Parlamentarischen Rates als eine Entscheidung der „Stimmungsangelegenheit und Zufallslösung" eines nicht einmal direkt vom Volk gewählten Gremiums.[191] Nach Ansicht Lothar Steuers von der Nationalen Rechten hatten die Parlamentarier nicht das Recht, sich als Aristokraten zu fühlen und gegen die Meinung des Volkes zu entscheiden. In diesem Fall sei die Lehre der Demokratie auf einer hohlen Grundlage gebaut.[192] Im modernen demokratischen Zeitalter müsse die „Mehrheit" eine ausschlaggebende Rolle spielen. Ein Parlament, welches vom Volke bestellt sei, dürfe nicht in absoluter Bevormundung des Volkes dessen Verlangen nach innerer Sicherheit – und dazu rechne das Volk auch die Wiedereinführung der Todesstrafe – handeln. Das deutsche Volk erachte nun mal die Anwendung der Todesstrafe als normale Reaktion auf alle erwiesenen Verbrechen für notwendig. Daher müsse das Thema im Bundestag erneut behandelt werden.[193] Die Abschaffung der Todesstrafe durch den Parlamentarischen Rat sei, so der durch die Nürnberger Prozesse bekannt gewordene Strafverteidiger Rudolf Dix, der Versuch gewesen, sich mit subjektivem Recht von der nationalsozialistischen Justiz zu distanzieren und gleichzeitig demokratische Zuverlässigkeit unter Beweis zu stellen. Dies sei in alten, organisch gewachsenen, mit demokratischer Erbweisheit ausgestalteten Demokratien wie zum Beispiel den britischen oder nordamerikanischen Staaten nicht möglich, da in jenen Ländern niemand auf den Gedanken komme, die Anwendung der Todesstrafe sei undemokratisch.[194]

---

191 *Müller-Meiningen jr.* betonte erneut die „mangelnde Kompetenz" des Parlamentarischen Rats in Bezug auf die Regelung des Art. 102 und erklärte, „in einem sozial zerrissenen und armseligen Gebilde wie im Nachkriegsdeutschland" sei die Beseitigung der Todesstrafe voreilig gewesen. Siehe *Müller-Meiningen jr.*, SZ v. 10.8.1951. Vgl. auch SZ v. 15.11.1951.

192 *Steuer*, Stenografische Aufnahme des NWDR Berlin Politische Forum „Wieder Todesstrafe?" v. 16.4.1952, S. 4. *Rolf Winter* von der Deutschen Partei erkannte zwar das Anliegen des Parlamentarischen Rats, mit der „Blutrieselei" aufzuhören, als ehrenhaftes Unterfangen an, dennoch sei die Abschaffung der Todesstrafe durch das Grundgesetz ein Akt falsch angelegter Humanität gewesen. (Ebd., S. 3) Ähnlich äußerte sich auch der Rechtsanwalt *Karl Staubitzer* der den Vorwurf äußerte, die Abschaffung der Todesstrafe sei durch einen „ziemlich fatalen Trick" erfolgt. Sie beruhe auf „missverstandener Humanität und Gefühlsduselei". (Siehe NZ v. 14.6.1951).

193 Selbst dann, wenn eine Wiedereinführung der Todesstrafe fraglich sein dürfte, solange die SPD allein mit ihren Stimmen eine notwendige Zweidrittelmehrheit im Bundestag aus programmatisch-ideologischen Gründen verhindern könne. Siehe FrNPr v. 8.9.1951 „War es richtig die Todesstrafe abzuschaffen?"; Westfl. Zeitung v. 8.9.1951; SZ v. 15.11.1951; *Müller-Meiningen jr.*, SZ v. 10.8.1951.

194 FrNPr v. 8.9.1951.

Es sei, so der Vertreter der Nationalen Rechten, eine alte Erfahrungstatsache, dass es vor der Abschaffung der Todesstrafe Berufsverbrecher vermieden hätten, zu töten, da sie eben die dann zu erwartende Sicherheit, ihr Leben zu lassen, abgeschreckt habe.[195] Die Androhung lebenslänglicher Freiheitsstrafen sei in heutigen Zeiten der Unsicherheit und der ständigen Gefahr der politischen Umwälzung nicht abschreckend genug, da die Inhaftierten hoffen könnten, vorzeitig wieder aus dem Gefängnis entlassen zu werden. Durch die allgemeine Unrast der Verhältnisse und durch die allgemeine Unsicherheit sei der Abschreckungscharakter der Freiheitsstrafe gegenüber früher sehr zurückgegangen. Wenn durch die Hinrichtung zehn oder zwanzig besonders verabscheuungswürdiger Kreaturen die Sicherung des Lebens nur eines Kindes bewirkt werden könne, dann sei die Anwendung der Todesstrafe moralisch berechtigt.[196] Dies gelte insbesondere vor dem Hintergrund, dass friedliche, arbeitsame Menschen von Verbrechern in die Luft gesprengt würden und der Attentäter bei guter Führung bereits nach 15 Jahren das Gefängnis verlassen könne, um erneut „auf die Menschheit losgelassen zu werden“.[197]

Die Ermordung eines Menschen, so der Rechtsanwalt Karl Staubitzer, grenze den Mörder aus der Gesellschaft aus, die ihrerseits die ethische Pflicht habe, mit der letzten Steigerung der Strafmöglichkeiten, der Vernichtung des Lebens, den Trennungsstrich zum Mörder zu ziehen.[198] Wer dem Staat das Recht streitig mache, durch die Gerichte die Todesstrafe auszusprechen, nehme ihm die Möglichkeit, die Gemeinschaft wirksam vor Verbrechen zu schützen.[199] Der Jesuitenpater Professor Hartmann von der Hochschule St. Georgen vertrat die Auffassung, der Staat zeige seine sittliche Würde gerade in der Ausübung der Strafgewalt. Wo er die Todesstrafe verhänge, könne sich diese Würde gerade in der allerhöchsten Form zeigen. Dies richte sich auch nicht gegen die Ehrfurcht vor dem menschlichen Leben, da der Schuldige aufgrund seiner

---

195 Auch Andere beriefen sich auf das gängige Argument der Abschreckung. Z.B. der Justizminister von Rheinland-Pfalz *Bruno Becher* (Welt v. 19.2.1952), die *Ketteler Wacht* (dpa-Meldung 210 v. 24.9.1952; SZ v. 26.9.1952) sowie Diskussionsteilnehmer der Tagung der Evangelischen Akademie Baden (FAZ v. 7.3.1952), der Debatte des Hessischen Rundfunks (*Schroers*, FAZ v. 19.9.1952), der Gesellschaft für bürgerliche Freiheiten (NZ v. 14.6.1951), oder des NWDR Berlin v. 16.4.1952.

196 Sten. Aufnahme des NWDR Berlin v. 16.4.1952., S. 4.

197 Ebd., *Winter*, S. 3.

198 NZ v. 14.6.1951.

199 Die Todesstrafe, so der Rechtsanwalt *Schmidt-Leichner*, sei ein Akt gesellschaftlicher Notwehr, da der Ermordete nicht mehr dazu komme, den Mörder zu töten, müsse die Gesellschaft dies übernehmen. Siehe Welt v. 19.2.1952; *Schroers*, FAZ v. 19.9.1952.

eigenen Missachtung des Lebens bestraft werden müsse.[200] Der Gesetzgeber, so der Frankfurter Staatsanwalt Schulze, welcher die Todesstrafe nicht zulasse, besitze keine Achtung vor dem Menschenleben.[201]

### *3. Gegner der Todesstrafe*

Dagegen würdigten die Gegner der Todesstrafe ihre Entfernung aus dem deutschen Strafsystem als konsequente Fortentwicklung des Rechts im Sinne der Humanität.[202] Für den Vertreter der Gesellschaft für Bürgerrechte Thieme drohte die Barbarei nicht von ein paar Gewaltverbrechern, sondern von einem Staat, der zu morden versuche. Daher sei die Regelung des Grundgesetzes Ausdruck von Großmut, der nicht in Zeiten einer überhitzten Atmosphäre diskutiert werden sollte. Es sei erste Aufgabe des Staates, die Heiligkeit des Lebens zu achten und zu respektieren.[203] Daher sei die Todesstrafe nicht so sehr aus der Sicht der Delinquenten zu sehen, sondern aus der Sicht dessen, der sie vollstrecke – des Staates selbst. Da die Bundesrepublik Deutschland ein Rechtsstaat sei, sollte angesichts der jüngsten Vergangenheit keine deutsche Regierung in die Verlegenheit kommen, die Todesstrafe mit einem einfachen Gesetz auszudehnen. Um dieser Möglichkeit des Machtmissbrauchs vorzubeugen, sollte die verfassungsmäßige Verankerung des Anwendungsverbots der Todesstrafe aufrechterhalten werden.[204] Vertreter der christlichen Kirchen betonten, dass die Todesstrafe aus christlicher Sicht zwar generell legitim sei, um todeswürdige Taten zu sühnen. In einem Staat jedoch, der sich selbst ohne Gott verstehe, müsse die Handhabung der Todesstrafe zur Zersetzung und

---

200 So der Theologe auf einer Veranstaltung des Frankfurter Seminars. (*Wilmsdorff*, FrNPr v. 29.8.1952). Diese Auffassung schwächte *Hartmann* in einer Debatte des Hessischen Rundfunks einen Monat später wesentlich ab. Zwar bejahte er weiterhin grundsätzlich die Anwendung der Todesstrafe als Akt des Rechtsbewusstseins der Menschheit. Doch werde nicht zuletzt angesichts der jüngsten politischen Vergangenheit, des Vergeltungsbedürfnisses und der Angst des Volkes um seine Sicherheit die Diskussion um die Todesstrafe dort zweifelhaft, wo der Mensch selbst zweifelhaft sei. Daher forderte er, dass die Festigkeit eines allgemeinen sittlichen Bewusstseins gegeben sein müsse, ehe man ohne Gewissensnot die Todesstrafe als oberste Sühne für schreckliche Schuld fordern dürfe. Er warnte nunmehr davor, dem Staat durch demokratischen Beschluss das Recht über das Leben zu geben. Siehe *Schroers*, FAZ v. 19.9.1952.

201 *Wilmsdorff*, FrNPr v. 29.8.1952.

202 So der Landgerichtsrat *Heinz Neudeck* (NZ v. 14.6.1951).

203 Ebd. Vergleichbar äußerten sich ein Vertreter von der Zentrumspartei *Gerhardt Ribbeheger* und der SPD *Jürgen Warner* (Sten. Aufnahme des NWDR Berlin v. 16.4.1952., S. 2, 6f.) sowie die Direktorin der Frauenanstalt Preungesheim *Helga Einsele*. (*Wilmsdorff*, FrNPr v. 29.8.1952).

204 Sten. Aufnahme des NWDR Berlin v. 16.4.1952, *Ribbeheger*, S. 6f.

schließlich zum Terror führen. Gerade die heutige Generation sollte sich im Hinblick auf den Missbrauch der Todesstrafe die Frage nach der Notwendigkeit ihrer Anwendung erneut und dringend stellen.[205]

Die Gegner warnten davor, allzu sehr auf die Meinung des Volkes zu setzen. Die Tatsache, dass die Frage immer nach besonders aufsehenerregenden Verbrechen wieder aufgeworfen werde, beweise, dass es sich um eine rein gefühlsmäßige Reaktion handele, die jeglicher Einsicht und jeglichen nüchternen Abwägens entbehre.[206] Daher dürfe das Problem nicht abhängig von Tagesmeinungen oder Äußerungen des Gefühls gelöst werden, sondern müsse allein auf einer nüchternen Entscheidung des Parlaments basieren. Allerdings, so räumte die *Abendzeitung* ein,[207] seien die Strafen ganz allgemein zu niedrig bemessen – angefangen bei der gefährlichen Körperverletzung, endend bei Vergewaltigung, Sittlichkeitsverbrechen an Kindern oder Tötung eines Polizeibeamten. Ein schärferes Durchgreifen der Gerichte würde rasch Wunder wirken und könnte es erlauben, die an sich begrüßenswerte Abschaffung der Todesstrafe beizubehalten, ohne dass die Kapitalverbrechen weiter zunähmen. Die Justiz dürfe keinesfalls so milde Urteile fällen, dass sie in weiten Kreisen den ihr gebührenden Respekt verliere.[208]

Gleichzeitig hegten die Gegner der Todesstrafe die Befürchtung, diese härteste aller Strafen könnte erneut für politische Zwecke missbraucht werden.[209] Schließlich hätten die Länder, die die Todesstrafe wiedereingeführt hätten, dies nur zur Wiedergewinnung staatlicher Machtmittel unternommen.[210] So habe

205 Beispielsweise der Pfarrer *Schomerus* und Propst *Asmussen*. Siehe FAZ v. 7.3.1952.

206 *Wilmsdorff*, FrNPr v. 29.8.1952.

207 AZ v. 1.12.1951 „Todesstrafe – Ja oder Nein?".

208 AZ v. 22.12.1951 „Unverständliche Justiz".

209 *Baumgarten*, FAZ v. 2.1.1952. Ebenso FAZ v. 9.1.1952 „Todesstrafe?" v. *Hans Habel*; FR v. 19.8.1950 „Mord und Sühne" v. *Hans Heinrich*. Der ebenfalls an der Diskussion teilnehmende bayerische Justizminister *Josef Müller*, lehnte die Anwendung der Todesstrafe aufgrund eigener Erfahrungen ab. Erneut formulierte er seine Befürchtung, dass die Möglichkeit zur Verhängung der Todesstrafe stets die latente Versuchung für einen Staat schaffe, auch politische Vergehen mit dem Tode zu bestrafen. In der Sitzung des Bayerischen Landtages am 21.6.1951 erklärte Müller dagegen, er selbst hätte die Todesstrafe damals nicht abgeschafft. Vgl. oben Zweiter Teil, 1. Kapitel, C) I. 2.

210 Der neuen Forderung nach der Wiedereinführung der Todesstrafe liege der Gedanke zugrunde, so *Hans Baumgarten*, Todesstrafen müssten gefällt werden, weil man ohne sie einem politischen Gegner ausgeliefert sei, der die rücksichtslosesten Gewaltmaßnahmen anzuwenden bereit sei. Während um die Jahrhundertwende – trotz aller Kriegsängste – das Kriminalwesen von einem starken Sicherungsgefühl und Friedensvertrauen ausgegangen sei, habe man jetzt das Gefühl, im Krieg zu leben. Und wo „der Kriegszustand verhängt" sei, würden seit jeher drakonische Strafen gelten. Dieser Krieg mische sich mit einer Revolution der Politik und der Ideen und mache als Fanatismus

der Faschismus in Italien die Wiedereinführung der Todesstrafe bewirkt, um politische Macht zu demonstrieren und die politischen Gegner einzuschüchtern. Auch die Sowjets hätten die Höchststrafe allein aus politischen Gründen wiedereingeführt. Wenn die Todesstrafe abgelehnt werde, dann geschehe dies nicht, um den Mördern einen Gefallen zu tun, sondern um die menschliche Gesellschaft von dem Makel des Tötens zu befreien.[211] Selbst wenn man die Todesstrafe für Gewaltverbrechen befürworte, müsse ein scharfer Strich gezogen werden zwischen der Befürwortung der Todesstrafe gegenüber Gewaltverbrechern und der etwaigen Befürwortung der Todesstrafe gegenüber politischen Verbrechern.[212] Auch unter dem Gesichtspunkt, dass die Gefährdung der deutschen Kultur durch die kaum überzeugenden fanatischen Anhänger des östlichen Kollektivismus ungeheuer groß sei, bedeute eine Gleichbehandlung einerseits eine ungeheure Machterweiterung der Strafgerichtsbarkeit; andererseits gehe damit eine Einflussnahme des Staates und seiner Bürokratie auf die Justiz einher. Zwar müssten politische Verbrecher in ihrer Art als gefährliche Unruhestifter sichergestellt werden, jedoch sei es falsch, sie bloß wegen einer Mitarbeit in der die Kultur bedrohenden kommunistischen Partei mit dem Tode zu bestrafen. Vielmehr bedürfe es einer anständigen, nicht ihr Leben antastenden Behandlung, um ihnen allmählich die Augen zu öffnen.[213]

Letztlich lehnten die Gegner der Todesstrafe die Anwendung der Todesstrafe unter Verweis auf die bisher nicht bewiesene Abschreckungswirkung[214] und die stets mit der Todesstrafe einhergehenden Gefahr von irreversiblen Justizirrtümern[215] ab. Nach der heutigen Rechtsprechung, so Ministerialdirektor

---

die Revolutionäre gegen den Einzelmenschen und dessen Leben gleichgültig. Da diese Revolutionäre in blinder Überzeugung, ihnen gehöre der Sieg, handelten, könnten sie nur schwer abgeschreckt werden. So könnte der Staat auf den Gedanken kommen, sich seiner aktiven Gegner für immer zu entledigen, um sich auf diese Weise abzusichern. *Baumgarten* war der Überzeugung, die neuerlichen Vorgänge und Vorstellungen auf diesem Gebiet seien keine zufälligen Tageserscheinungen, sondern wurzelten in sehr tiefen und dunklen Gründen. Siehe *Baumgarten*, FAZ v. 2.1.1952.

211 *Heinrich*, FR v. 19.8.1950.

212 *Habel*, FAZ v. 9.1.1952.

213 Ebd.

214 Z.B. Landgerichtsrat *Heinz Neudeck* (NZ v. 14.6.1951) oder *Ribbeheger* (Sten. Aufnahme des NWDR Berlin v. 16.4.1952, S. 6f.). *Warner* erklärte, drastische Strafen hätten zu keiner Zeit und in keiner Weise die Rechtssicherheit gefördert. Zur Untermauerung führte er eine Statistik Italiens von 1890 bis 1924 an, nach der in der Zeit, in der die Todesstrafe abgeschafft gewesen sei, die Anzahl der Kapitalverbrechen in Italien deutlich zurückgegangen sei. (Sten. Aufnahme des NWDR Berlin v. 16.4.1952, S. 3).

215 Z.B. der Heidelberger Professor *Eberhard Schmidt* auf der Tagung der Evangelischen Akademie Baden (FAZ v. 7.3.1952), oder Ministerialdirektor *Kant* i.R.d. Diskussionsabend des Frankfurter Seminars (*Wilmsdorff*, FrNPr v. 29.8.1952).

Kant vom hessischen Justizministerium,[216] werde nicht die Tat gesühnt, sondern der Verbrecher in persona bestraft – wegen seiner Tat. Die Bevölkerung könne auch ohne die Todesstrafe ausreichend geschützt werden.[217] Gleichzeitig gebe der Staat durch den dauerhaften Ausschluss statt der Tötung den Delinquenten die Möglichkeit, sich zu bessern. Um Rechtssicherheit herzustellen und zu verankern, bedürfe es anderer Wege, als die Todesstrafe anzuwenden; z.B. der Verbesserung der sozialen Verhältnisse.[218] In diesem Zusammenhang wurde die Frage nach der Zurechnungsfähigkeit, nach der Verantwortlichkeit des Täters, aber auch die Frage nach der Maßstäblichkeit des Richtspruches gestellt. Der Gerichtsarzt Prof. Wiethold erklärte, seine berufliche Erfahrung habe gezeigt, dass Mörder, die als zurechnungsfähig hingerichtet worden seien, erst nach der Öffnung ihres Schädels als unzurechnungsfähig erkannt worden seien.[219]

### *4. Meinungsumfragen*

#### *a) Demoskopen*

Dass die Mehrheit der Bevölkerung die Anwendung der Todesstrafe weiterhin befürwortete, zeigte eine Umfrage des Bielefelder Instituts für Meinungsforschung (EMNID) im Jahr 1951.[220] Eine repräsentative Befragung ergab, dass sich 69% aller Befragten für die Wiedereinführung der Todesstrafe für besonders schwere Verbrechen aussprachen. 20% waren gegen ihre Anwendung und 11% waren hinsichtlich der Frage unentschieden. Es wurden 2.031 Erwachsene „im Querschnitt des Bundesgebiets" danach befragt, ob sie dafür oder dagegen seien, dass als Strafmaß für besonders schwere Verbrechen die Todesstrafe wiedereingeführt werde. Im Durchschnitt der männlichen Bevölkerung waren 75% für und 19% gegen die Todesstrafe, bei den Frauen 63% dafür und 21% dagegen. 6% der Männer und 16% der Frauen konnten sich zu keiner klaren Äußerung entschließen. In den Jahrgängen über 30 waren rund 70% für

216 *Wilmsdorff*, FrNPr v. 29.8.1952.

217 Siehe Sten. Aufnahme des NWDR Berlin v. 16.4.1952, *Ribbeheger* (S. 6f.), *Warner* (S. 5).

218 Ebd., S. 3ff.

219 Eine solche Erkenntnis vonseiten eines Psychiaters, erwiderte der Rechtsanwalt *Schmidt-Leichner*, stelle den Strafvollzug überhaupt in Frage. Und Staatsanwalt *Kaiser* stellte daraufhin die Frage, ob die Psychologie nicht nach Argumenten gegen das Schicksal suche und damit den Strafvollzug verpeste. Der Ruf nach der Todesstrafe komme bei vielen einem Reinigungsbedürfnis gleich. Siehe *Schroers*, FAZ v. 19.9.1952.

220 Westfl. Zeitung v. 6.12.1951.

die Anwendung der Todesstrafe, während sich die jüngeren Jahrgänge zwischen 16 und 30 nur zu 63% in diesem Sinne aussprachen.

### *b) Umfrage der Frankfurter Rundschau*

Ludwig Steinkohl befragte für einen Artikel der *Frankfurter Rundschau* verschiedene Berufsgruppen zu dem Thema Todesstrafe. Als Beweggrund führte die Zeitung die in der Bevölkerung herrschende überwältigende Mehrheit für die Wiedereinführung der Todesstrafe an. Da davon auszugehen sei, dass diese Zustimmung Ausdruck rein gefühlsmäßiger Reaktionen auf aufsehenerregende Gewaltverbrechen sei, stelle die Befragung den Versuch dar, ein repräsentatives Meinungsbild in der Gesellschaft frei von jeglichen gefühlsmäßigen Äußerungen zu erhalten. Aus diesem Grund habe die Zeitung ihre Umfrage vornehmlich an Personen gerichtet, die „eine auf Erfahrung, Einsicht und nüchternes Abwägen gegründete Ansicht" in dieser Frage hätten.[221] Im Ergebnis warnte der Autor davor, die Frage in Anhängigkeit von Tagesmeinungen und von Äußerungen des Gefühls zu diskutieren. Die Wiedereinführung der Todesstrafe sei von der Regierung und vom Parlament zu entscheiden; allein gestützt auf den nüchternen Verstand und auf weltanschauliche Grundsätze.

Bei den von Steinkohl befragten Geistlichen der Kirchen beider christlicher Konfessionen konnte keine einheitliche Tendenz für oder wider die Todesstrafe festgestellt werden. Dennoch äußerten beide Kirchen Bedenken hinsichtlich der Wiedereinführung der Todesstrafe: sei es aus dem Grund, dass die Welt im Alltag sowieso nicht gottgläubig handele, sei es, weil es fraglich sei, ob es die Pflicht des Staates sei, die Todesstrafe nach Recht und Gesetz zu handhaben.[222]

Bei den befragten Ministern, Ministerialbeamten, Politikern, Bürgermeistern und Behördenangestellten überwog die ablehnende Haltung gegenüber der Todesstrafe. Der hessische Innenminister Zinnkann vertrat die Auffassung, dass zwar die Bestrafung eine Sühne für eine Freveltat sein solle, jedoch keine Rache. Daher sei die schwerste Freiheitsstrafe zur Unschädlichmachung ausreichend. Und nach Ansicht des Ministerialdirektors Kant vom hessischen Justizministerium war das Sühnebedürfnis der Anhänger der Todesstrafe Ausdruck aggressiver Affekte wie Rache und Vernichtung. Dies beweise die Tatsache, dass die Diskussion immer wieder nach aufsehenerregenden Gewaltver-

221 FR v. 21.8.1952 „Das Für und Wider um die Todesstrafe" v. *Ludwig Steinkohl.*

222 Ebd.

brechen neu auflebe. Die Todesstrafe sei keine echte Strafe und falle daher nicht in den Bereich der humanen Strafrechtspflege.[223]

Die Mehrheit der befragten Kriminalbeamten und Praktiker des Strafvollzugs bejahte die Notwendigkeit der Todesstrafe. Zur Begründung führten sie an, die abschreckende Wirkung der Todesstrafe führe zum Absinken der Kriminalität. Denn bei lebenslänglichen Freiheitsstrafen könne der Verbrecher damit rechnen, dass die Strafe nicht restlos vollstreckt werde. Somit verlöre die Todesstrafe ihre abschreckende Wirkung.[224]

Die Meinungen der befragten Strafverteidiger gingen dagegen erheblich auseinander. Die Rechtsanwältin Engel-Hansen erachtete allein die Todesstrafe als eine gerechte Sühne für einen Gewaltmord. Die damit verbundene Entwürdigung sei wichtig, da die Jugend heute Helden aus den Verbrechern mache. Um diesen seltsamen Vorstellungen zu begegnen, sei der Mörder aus der Gesellschaft auszugrenzen. Nach Ansicht des Frankfurter Anwalts Joseph Klibansky konnten weder abschreckende Urteile noch die Todesstrafe die nach dem Krieg festzustellende anwachsende Kriminalitätsbereitschaft Jugendlicher eindämmen. Daher sei die Todesstrafe abzulehnen. Rechtsanwalt Schmidt-Leichner kritisierte die Gegner der Todesstrafe, weil sie bei der Beurteilung der Sachlage zu sehr an die Gefahren des Missbrauchs, an mögliche Irrtümer und uferlose Anwendung dächten. Die Todesstrafe sei nur für schwerste Verbrechen und niemals zur Durchsetzung zeitbedingter Staatszwecke zuzulassen. Aus Gründen der Menschlichkeit schließe er sich gerne den Gegnern der Todesstrafe an, doch sollten die Mörder dann den Anfang machen.[225]

Letztlich befürworteten alle befragten Berufsrichter die Wiedereinführung der Todesstrafe, da dem Sühnegedanken mit einer lebenslänglichen Zuchtshausstrafe für Gewaltverbrechen nicht ausreichend Rechnung getragen werde. Aus diesem Grund wollten die Richter die Todesstrafe in ihr Verantwortungsbewusstsein gelegt wissen.[226]

---

223 Ebd.

224 Ebd.

225 Ebd.

226 Ebd.

## *D) Die Diskussion im Herbst 1952*

### *I. Bundestagssitzung vom 2. Oktober 1952*

In Anbetracht der überwiegenden Mehrheit für die Wiedereinführung der Todesstrafe sowohl in der Öffentlichkeit als auch unter den Politikern überrascht es nicht, dass sich der Bundestag am 2. Oktober 1952 erneut mit der Frage beschäftigte. Die Abgeordneten hatten gleich über zwei Anträge zu beraten:

Am 10. September 1952 stellte die Fraktion der Deutschen Partei, vertreten durch Mühlenfeld, den Antrag

> „Der Artikel 102 des Grundgesetzes für die Bundesrepublik Deutschland wird aufgehoben."[227]

Die Abgeordneten der Fraktion der Bayernpartei um Etzel beantragten, dem Artikel 102 als Absatz 2 ergänzend anzufügen

> „Dies gilt nicht für die Verbrechen des Mordes und des Menschenraubes. Das Nähere regelt ein Bundesgesetz."[228]

#### *1. Befürworter der Todesstrafe*

Alles in allem standen sich die Befürworter der Todesstrafe aber selbst im Weg. Statt gemeinsam für den weniger einschneidenden Antrag der Bayernpartei zu kämpfen, um damit die Grundlage für eine mögliche Erweiterung der Anwendung der Todesstrafe zu einem späteren Zeitpunkt zu schaffen, trat ein Teil der Befürworter für die uneingeschränkte Wiedereinführung der Todesstrafe ein, während ein anderer Teil ihre Wiedereinführung nur für Mord und Menschenraub forderte.

In dem Bewusstsein, dass der inhaltsgleiche Antrag zweieinhalb Jahre zuvor bereits durch die Bayernpartei erfolglos in den Bundestag eingebracht worden war, führte Hans Ewers (DP)[229] das damalige Scheitern auf die zeitliche Nähe

---

227 BT-Drs. Nr. 3679. *Evans* berichtet, dass die Initiative ursprünglich von der CDU ausgegangen sei, deren Fraktion am 4.9.1952 dafür stimmte, einen Antrag auf Wiedereinführung der Todesstrafe einzubringen. Befürworter der Todesstrafe forderten, in dieser Frage den Fraktionszwang aufzuheben und jeden Abgeordneten nach eigenem Wissen und Gewissen entscheiden zu lassen, da es immer einzelne SPD-Abgeordnete gegeben habe, die mit der abolitionistische Linie ihrer Partei nicht konform gingen. Da die CDU-Fraktion jedoch selbst in dieser Frage gespalten gewesen sei, sodass eine freie Abstimmung schwerlich eine Verfassungsmehrheit erreicht hätte, habe die DP, als Teil der Regierungskoalition, das Stichwort aufgegriffen, und den Antrag auf Wiedereinführung eingebracht. Siehe *Evans*, a.a.O., S. 946.

228 BT-Drs. Nr. 3702.

229 Sten. Bericht des BT, 232. Sitzung v. 2.10.1952, S. 10 607ff.

zur Verabschiedung des Grundgesetzes zurück. Dadurch sei der Antrag fälschlicherweise als erster Vorstoß gegen die Verfassung gewertet worden, was dazu geführt hätte, dass der zu hohe Respekt vor der neuen Verfassung die Abgeordneten davon abgehalten habe, das Grundgesetz infrage zu stellen.[230] In seiner Begründung berief sich Ewers auf europäisch-abendländisches Gedankengut, das durch christliche Grundsätze mitbetont werde und rechtfertigte den Antrag seiner Partei damit, dass die im Wahlbereich der DP erfolgten Morde des Sprengstoffattentäters Halacz – insbesondere unter strenggläubigen evangelischen Christen – Unruhe und Empörung ausgelöst hätten.[231] Verstärkt werde diese Beunruhigung noch durch die, meist von Jugendlichen unter dreißig Jahren verübten, *normalen* Morde.[232] Die Volksstimmung verlange, dass der Staat von seinem Machtmittel letzten Endes in bestimmten Fällen Gebrauch mache. Einzige Intention des Antrags der Deutschen Partei sei es, die Verankerung einer strafrechtlichen Spezialfrage aus der provisorischen Verfassung zu entfernen. Denn mit Artikel 102 habe der Parlamentarische Rat einen alten Fehler wiederholt: „ [...] von einem Extrem ins andere zu fallen“.[233] Erneut bemühte Ewers das unzutreffende Argument, dass keiner der anderen Kulturstaaten eine Frage des Strafrechts als Verfassungsgrundsatz festgelegt habe. Schließlich wandte er sich explizit gegen eine Beschränkung der Wiedereinführung der Todesstrafe auf Mord und Menschenraub, da damit die Frage offen bleibe, ob nicht die Anwendung der Todesstrafe auch für Landesverrat berechtigt sei, insbesondere im Hinblick auf die aktuellen Sprengstoffdelikte.[234]

Dagegen hatte die Bayernpartei, als zweite Antragsstellerin, scheinbar aus ihren Fehlern vom 27. März 1950 gelernt und versuchte nun – in Umsetzung des Beschlusses des Bayerischen Landtages vom 21. Juni 1951 – einen weni-

---

230 Ebd., S. 10 607.

231 Der Antrag erfolge als Fortsetzung der Bemühungen des Landesverbandes der Evangelischen Kirche in Niedersachsen, die bereits eine Erklärung zugunsten der Todesstrafe abgegeben habe. Siehe Sten. Bericht des BT, 232. Sitzung v. 2.10.1952, S. 10 607ff.

232 Diese jugendliche Kriminalität führte *Ewers* nicht nur auf die durch die Presse verstärkte Sittenverderbnis, sondern speziell auf amerikanische Gangsterfilme im Kino, die regelrechte Lehrfilme darstellen würden, zurück. (Siehe Sten. Bericht des BT, 232. Sitzung v. 2.10.1952, S. 10 607ff.). *Evans* schreibt, es „entsprach dem Antiamerikanismus der Rechtsextremen und ihrem Buhlen um die Stimmen der ehemaligen Nationalsozialisten, wenn Ewers die Gewaltverbrechen denen anlastete, „die amerikanisches Gangstertum in mitteleuropäisches Gelände einführen“. Siehe *Evans*, a.a.O., S. 946.

233 Sten. Bericht des BT, 232. Sitzung v. 2.10.1952, S. 10 607ff.

234 Ebd., S. 10 607ff. Dabei hatte *Ewers* in der Sitzung 1950 die Verhängung der Todesstrafe für politische Verbrechen explizit ausgeschlossen. Vgl. oben Zweiter Teil, 1. Kapitel, A) II. 1.

ger einschneidenden Antrag durchzusetzen, indem sie die Anwendung der Todesstrafe für politische Verbrechen kategorisch ausschloss und eine Beschränkung auf Mord und Menschenraub für notwendig erachtete. Hermann Etzel[235] begründete den Antrag mit dem Wandel der politischen Anschauungen der Abgeordneten des Bundestages unter Einwirkung der massiven Forderungen der Öffentlichkeit, sowie der Erfahrungen der letzten Jahre. Durch den Abstand zu den nationalsozialistischen Gräueltaten mit dem Fallbeil und den jüngsten „vermeintlich politischen Attentaten", bei denen es nicht mehr um Opfer aus der anonymen Masse gehe, sondern um Persönlichkeiten des öffentlichen Lebens, seien die Parlamentsmitglieder nun eher geneigt, ihren Standpunkt zur Frage der Todesstrafe zu überdenken. Mit ihrem Antrag wolle die Bayernpartei nur die Möglichkeit eröffnen, im Zuge der großen Strafrechtsreform die Todesstrafe bei den schwersten Gewaltverbrechen anzudrohen und auszusprechen, allerdings beschränkt auf Mord und Menschenraub um einem „Abgleiten in eine Strafgesetzgebung nach Art der Republikschutzgesetze oder der nationalsozialistischen Gesetzgebung" vorzubeugen.[236]

In der Aussprache beriefen sich die der Todesstrafe zugeneigten Bundestagsabgeordneten[237] insbesondere auf den Sühnegedanken sowie auf die Abschreckungs- und Sicherungswirkung der Strafe. Die alleinige Androhung einer noch so langen Zuchthausstrafe, so Franz Meitinger für die Föderalistischen Union (ein Wahlbündnis der Bayernpartei und der Zentrumspartei), könnte potentielle Verbrecher nicht wirksam von neuen Verbrechen abhalten. Daher sei es für den Staat unumgänglich, die Todesstrafe als Abschreckungsmittel anzuwenden.[238] Mörder, die das Leben anderer frivol aufs Spiel setzten, – „neulich in Frankfurt wurden wieder um einiger schnöder Hundertmarkscheine willen zwei unschuldige Menschenleben einfach ausgelöscht"[239] – müsse die schwerste Strafe treffen, da durch Art. 2 Abs. 2 des Grundgesetzes die Heiligkeit des Lebens geschützt sei. Wer Blut vergieße, der müsse mit seinem eigenen Blut bezahlen.[240]

---

235 Sten. Bericht des BT, 232. Sitzung v. 2.10.1952, S. 10 609f.

236 Ebd., S. 10 609f.

237 Ebd. *Meitinger* (FU), S. 10 624ff., *Weber* (CDU), S. 10 616ff., sowie *Schneider* (FDP), S. 10 622ff.

238 Die verfassungsrechtliche Abschaffung der Todesstrafe durch den Parlamentarischen Rat, so *Meitinger* weiter, sei daher ein Fehler gewesen. Siehe Sten. Bericht des BT, 232. Sitzung v. 2.10.1952, S. 10 624ff.

239 Sten. Bericht des BT, 232. Sitzung v. 2.10.1952, *Schneider*, S. 10 622ff.

240 Ebd., *Weber* (S. 10 616ff.), *Schneider* (S. 10 622ff.).

Erneut beriefen sich die Anhänger der Todesstrafe auf den Willen des deutschen Volkes.[241] Diese Begründung war angesichts der bevorstehenden Bundestagswahl und des Wissens, dass das Volk regelmäßig die Todesstrafe mehrheitlich befürwortete, abzusehen. Gerade die kleinen Parteien vertraten die Ansicht, der öffentliche Wille sei zwingend zu beachten und dürfe nicht ignoriert werden.[242] Das rechtlich empfindende Volk sei der Faktor, der für die gewählten Abgeordneten und die deutsche Gesetzgebung richtungsweisend sein sollte. Die Öffentlichkeit spreche sich nicht nur in Zeiten entsetzlicher Verbrechen für die Anwendung der Todesstrafe aus, sondern auch, wenn längere Zeit hindurch keine die Todesstrafe heischenden Verbrechen mehr begangen worden seien. Schneider bestätigte, in jüngster Zeit habe die Mehrheit seiner Wählerschaft ihn aufgefordert, sich – als von ihnen gewählter Abgeordneter – für die Todesstrafe einzusetzen. An diesen Wählerauftrag fühle er sich gebunden, und dies mache es ihm, einmal ins Parlament gewählt, unmöglich, nur noch seinem eigenen Gewissen zu folgen.[243]

Der CDU-Abgeordnete Karl Weber[244] bestätigte, ebenfalls wie später Schneider für die FDP,[245] was vorherige Aussprachen des Bundestages schon offenbart hatten und sich in der anschließenden Abstimmung deutlich abzeichnen sollte: die Zersplitterung der Meinung innerhalb der Parteien. Insgesamt meinte Weber aber einen Anstieg der Befürworter der Todesstrafe unter seinen Fraktionsmitgliedern verzeichnen zu können – auch wenn innerhalb der CDU Einigkeit darüber bestehe, das eine schrankenlose Anwendung der Todesstrafe zwingend auszuschließen sei. Bereits im Parlamentarischen Rat hätten sich die Abgeordneten seiner Partei aufgrund der schlimmen Erfahrungen bis und auch nach 1945 entschieden, die Todesstrafe abzuschaffen, um der Achtung und der Ehrfrucht vor dem Leben wieder Geltung zu verschaffen. Und auch in der Bundestagsdebatte vom 27. März 1950 habe sich seine Fraktion mit großer

---

241 Ebd., *Etzel* (S. 10 609ff.), *Meitinger* (S. 10 624ff.), *Schneider* (S. 10 622ff.).

242 Sten. Bericht des BT, 232. Sitzung v. 2.10.1952, *Meitinger*, S. 10 624ff. Speziell die DP konnte ihre Wahlwerbung für die bevorstehende Bundestagswahl nicht verstecken. Neben der Werbung um ehemalige Nationalsozialisten warb *Ewers* nunmehr auch um die in Niedersachsen weit verbreiteten evangelischen Christen, indem er erklärte, der Fall Halacz und die damit insbesondere unter streng-gläubigen evangelischen Christen verbundene Erregung verlangten aus dem christlich betonten Grundsatz der Vergeltung die Wiedereinführung der Todesstrafe. Einzig *Seebohm* blieb seinen Überzeugungen treu und stimmte sowohl gegen den Antrag der BP als auch gegen den der eigenen Partei. Vgl. oben Erster Teil, 2. Kapitel B) I. 3.; Sten. Bericht des BT, 236. Sitzung v. 30.10.1952, S. 10 868ff., S. 10 905ff.

243 Ebd., *Schneider*, S. 10 622ff.

244 Ebd., *Weber*, S. 10 616ff.

245 Ebd., *Schneider*, S. 10 622ff.

Mehrheit gegen die Wiedereinführung der Todesstrafe ausgesprochen, da es nur wenige Monate nach Inkrafttreten des Grundgesetzes nicht angebracht erschienen sei, die Vorschriften des Grundgesetzes zu berichtigen. Diese Ansicht habe sich aktuell nicht verändert. Trotz der verstärkten Forderung der Wiedereinführung der Todesstrafe durch die Öffentlichkeit – insbesondere nach einzelnen „besonders scheußlichen und empörenden Mordfällen" – dürfe sich das Parlament nicht beeinflussen lassen; seine Aufgabe sei im Gegenteil, zu verhindern, dass dem Gesetzgeber erneut freie Hand bei der Verhängung der Todesstrafe eingeräumt werde – wie es der Antrag der Deutschen Partei offensichtlich vorsehe. Dagegen werde die Frage, ob nicht bestimmte Kapitalverbrechen mit dem Tode bedroht werden sollten, von einer großen Zahl seiner politischen Freunde unterstützt und sei der Überlegung in den Ausschüssen wert.[246]

### *2. Gegner der Todesstrafe*

Die Gegner dagegen traten übereinstimmend gegen die Todesstrafe ein.[247] In einem der ausführlichsten Plädoyers gegen die Todesstrafe seit ihrer Abschaffung trat Bundesjustizminister Dehler[248] (FDP) gegen ihre Wiedereinführung ein. Da dieses Problem nicht aus irgendeinem dumpfen Gefühl heraus entschieden werden dürfe, fühle er sich zu einer fundierten Stellungnahme berufen.

Einleitend gab Dehler einen rechtsgeschichtlichen Überblick über die Entwicklung der Todesstrafe in Deutschland.[249] Seine Darstellung umfasste, im Unterschied zu vorherigen Redebeiträgen anderer Abgeordneter im Bundestag,[250] Beschlüsse gesetzgebender Körperschaften, für und gegen die Todes-

---

246 Speziell für bestimmte rohe und abscheuliche Straftaten wie Raub- und Lustmorde. Siehe Sten. Bericht des BT, 232. Sitzung v. 2.10.1952, *Weber*, S. 10 616ff.

247 Insbesondere der *BMJ* (S. 10 610ff.). Für die SPD die Abgeordneten *Friedrich Wilhelm Wagner* (S. 10 619ff.) und Frau *Emmy Meyer-Laule* (S. 10 618f.). Ebenso der KPD-Abgeordnete *Walter Fisch* (S. 10 623ff.).

248 Sten. Bericht des BT, 232. Sitzung v. 2.10.1952, S. 10 610ff. Die Rede *Dehlers* erschien ebenfalls am 4.10.1952 als Sonderdruck zum Bundesanzeiger Nr. 193, in dem die einzelnen Argumente noch weiter belegt wurden.

249 Ebd., S. 10 610ff.

250 Wie z.B. der Redebeitrag des Abgeordneten *Etzel* in der Parlamentsdebatte vom 27.3.1950, in der er sich nur mit geschichtlichen Ereignisse befasste, die sich für die Todesstrafe ausgesprochen hatten. Siehe oben Zweiter Teil, 1. Kapitel, A) II. 1.

strafe – vom Parlament der Paulskirche bis zum Parlamentarischen Rat.[251] Er erwähnte insbesondere den Wandel des Strafrechtlers und Vorsitzenden des Rechtsausschusses im Reichstag Kahl, der sich zunächst auf dem Wiener Juristentag im Jahre 1922 für die Beibehaltung der Todesstrafe ausgesprochen hatte, um sich in den darauffolgenden Jahren zum Gegner der Todesstrafe zu entwickeln. Dehler gelangte zu dem Schluss, „die geschichtliche Entwicklung zeigt, dass die Todesstrafe nur noch als absterbendes Rudiment aus einer Zeit [erscheint], die eine völlig andere Einstellung zum Menschen und zum Sinn und Zweck der Strafe hatte“[252]. In der „Zeit der vielgescholtenen Aufklärung“[253] habe sich ein Wandel vollzogen, der zu einer ständig zunehmenden Begrenzung der Todesstrafe geführt habe. So seien die grausamen Vollzugsformen vollkommen beseitigt, insbesondere der Vollzug in der Öffentlichkeit finde nicht mehr statt. Leider habe das totalitäre Staatssystem der Nationalsozialisten in Deutschland diese grundsätzliche abolitionistische Tendenz in den gesetzgebenden Körperschaften gestoppt und sogar noch durch die maßlosen Hinrichtungen als staatliches Machtinstrument missbraucht. Darauf habe der Parlamentarische Rat reflexartig mit der Abschaffung der Todesstrafe reagiert und damit an die deutsche Rechtsentwicklung vor 1933 angeknüpft. Gegenüber der Behauptung von Ewers, in keinem anderen Staat sei die Abschaffung der Todesstrafe in die Verfassung aufgenommen worden, wies er darauf hin, dass neben der Bundesrepublik Deutschland auch Italien, Österreich, Portugal, die Schweiz, Nicaragua, Kolumbien, Ecuador und Uruguay die Todesstrafe durch ihre Verfassung abgeschafft hätten.[254]

Weltanschauliche Aspekte,[255] so Dehler weiter, ließen verschiedene Antworten zu. Die Haltung des Christentums sei in keiner Weise einheitlich – sei doch in den jüngsten Diskussionen darauf hingewiesen worden, dass nur ein theokratischer Staat die Todesstrafe verhängen dürfe. Die Antwort auf die gestellte Frage könne demnach nicht allein von der Weltanschauung her gefunden wer-

---

251 Einzelheiten siehe Sten. Bericht des BT, 232. Sitzung v. 2.10.1952, S. 10 610ff. und Sonderdruck zum Bundesanzeiger Nr. 193. Für ausführlichere Informationen zu den gesetzgebenden Körperschaft vor 1949 siehe *Düsing*, a.a.O.

252 Siehe Sonderdruck zum Bundesanzeiger Nr. 193, S. 2.

253 Sten. Bericht des BT, 232. Sitzung v. 2.10.1952, S.10 610ff.

254 In seinem Schlussplädoyer rechtfertigte *Ewers* sich gegen diesen Vorwurf, in dem er erklärte, er habe mit seiner Behauptung nicht Länder wie Uruguay gemeint, sondern ausnahmslose abendländische *Kulturstaaten*. Was die Schweiz anginge, so habe diese die Todesstrafe nur für Landes- und Hochverrat abgeschafft. Dass die Abschaffung der Todesstrafe in der österreichischen Verfassung stehe, sei ihm bekannt. Siehe Sten. Bericht des BT, 232. Sitzung v. 2.10.1952, S. 10 625ff.

255 Sten. Bericht des BT, 232. Sitzung v. 2.10.1952, S. 10 610ff.

den. Zu der oft angeführten „Volksüberzeugung“[256] führte er – unter Beifall der SPD, Mitte und rechten Seite des Parlaments – aus:

> „Darf ich ein ketzerisches Wort sagen: Ich glaube, man verkennt das Wesen der Demokratie, wenn man glaubt, das Parlament sei der Exekutor der Volksüberzeugung. Ich meine, das Wesen der repräsentativen Demokratie ist ein anderes, es ist das der parlamentarischen Aristokratie.[257] Die Parlamentarier haben die Pflicht und die Möglichkeit, aus einer größeren Einsicht, aus einem besseren Wissen zu handeln, als es der einzelne kann.“[258]

Die Volksüberzeugung sei zu sehr abhängig von momentanen Stimmungen und Reizen. So fordere das Volk unter dem frischen Eindruck abstoßender Mord- und Gewalttaten die Todesstrafe, ebenso wie die Stimmung unter Eindrücken entgegengesetzter Art umschlage, zum Beispiel bei Justizirrtümern. Auch Ewers scheine stark unter dem Eindruck der Attentate Halacz zu argumentieren. Ferner sei es, nachdem noch kurz zuvor in den Verhandlungen mit den Alliierten um das Leben deutscher Kriegsgefangener mit dem Argument, die Todesstrafe sei auf deutschem Boden abgeschafft, gekämpft worden sei, widersprüchlich, sie nunmehr wiedereinzuführen zu wollen. Das von Ewers in den Vordergrund gestellte Vergeltungsprinzip sowie das Notwehrrecht des Staates seien keine haltbaren Argumente für die Wiedereinführung der Todesstrafe. Insbesondere als Notwehrrecht komme der Todesstrafe allenfalls bei einer großen Anzahl von Anschlägen gegen die Gemeinschaft eine gewisse Berechtigung zu, wie zum Beispiel in Kriegszeiten. Hinzu komme, dass die Eröffnung der Todesstrafe für wenige Delikte die Gefahr der Ausweitung ihrer Anwendung berge. Mit der grundsätzlichen Entscheidung für die Todesstrafe überschreite man – wie die Erfahrungen nach 1933 gezeigt hätten – die entscheidende Schwelle.[259]

Aus diesem Grund verlagerte Dehler seine Argumentation in das Gebiet der kriminalpolitischen Überlegungen. Für ihn stand die Todesstrafe, als absolute Strafe, im inneren Widerspruch zu den Anforderungen des modernen Strafsystems. Die Resozialisierung des Täters sei eine der wesentlichen Aufgaben der Strafe. Daher bedürfe es einer Strafe, die den verschiedenen Graden des Ver-

---

256 Ebd., S. 10610ff.

257 *Ewers* deutete in seinem Schlussplädoyer an, damit sei Dehler ein „entzückender Lapsus“ passiert. Ewers interpretierte dies dahingehend, dass Dehler vielmehr parlamentarische Demokratie hätte sagen wollen, womit er von der Vertreterschaft gesprochen habe und dass Dehler es verächtlich finden würde, wenn sich Abgeordnete auf das Niveau ihrer Wähler herabbegäben. Siehe Sten. Bericht des BT, 232. Sitzung v. 2.10.1952, S. 10 625ff.

258 Ebd., S. 10 610ff.

259 Ebd.

schuldens gerecht werden könne. Es gebe kein Verbrechen, an dem der Täter allein sittlich schuldig sei. Es seien auch andere Faktoren beteiligt, die dem Täter nicht zur Last gelegt werden könnten. Nur die Verhängung einer Freiheitsstrafe gebe dem Täter zweifelsfrei die Möglichkeit der echten inneren Umkehr. Die vor Hinrichtungen häufig zu beobachtenden inneren Wandlungen der Verurteilten müssten dagegen vor dem Hintergrund der Todesangst bzw. der Hoffnung auf einen Gnadenerlass kritisch betrachtet werden.[260]

Der Bundesjustizminister bezweifelte insbesondere die abschreckende Wirkung der Todesstrafe.[261] Kriminalstatistiken zeigten, dass eine Beeinflussung der Mordziffer durch das Vorhandensein oder Fehlen der Todesstrafe nicht feststellbar sei.[262] Erfahrungen anderer abolitionistischer Staaten hätten im Ergebnis jedoch eine leichte Abnahme von Kapitalverbrechen gezeigt. Und auch aus den aktuellen deutschen Statistiken sei eine dauernd fallende Tendenz der Morddelikte – bei einer im übrigen steigenden Kriminalität – erkennbar, auch wenn ein Überblick schwierig sei, da die Gesamtzahlen für das Gebiet der BRD von 1945 bis 1949 fehlten und lediglich für 1950 vorlägen. Insbesondere unter Berücksichtigung politischer, sozialer und wirtschaftlicher Verhältnisse im Jahr 1950 könnten die vorliegenden Zahlen keinesfalls als besorgniserregend angesehen werden. Bedenklich sei allerdings, dass gleichzeitig die Aufklärungsrate der Morde seit dem Inkrafttreten des Grundgesetzes deutlich abgenommen habe.[263] Den Wunsch, die Bevölkerung vor neuen Verbrechen eines einmal überführten Täters durch die Todesstrafe zu schützen, wies er zurück:

> „Mit dieser Erwägung kann man beinahe für alle schweren Verbrechen die Todesstrafe fordern und wir würden am Ende wieder zu gewissen politischen Erwägungen der nationalsozialistischen Zeit kommen, die in der Ausdehnung der Todesstrafe immer weiter ging und schließlich verlangte, dass jede Haltung, die die Sicherheit des Volkes gefährde, mit dem Tode gesühnt werde."[264]

---

260 Ebd.

261 Dass die wenigsten Verbrecher um ihr Leben fürchteten, beweise die nicht seltene Bitte von Mördern auf der Anklagebank um ein Todesurteil. Bekräftigt werde dies ebenfalls durch Statistiken aus Berlin, wonach zwischen 1926 und 1932 nicht weniger als 153 von 287 verurteilten Mördern Selbstmord begangen hätten. Dagegen habe von 32 Totschlägern nur einer Selbstmord begangen. Ebd.

262 *Ewers* dagegen bezweifelte grundsätzlich den Nutzen von Strafrechtsstatistiken. Vielmehr sei der Verbrechertyp im Einzelfall zu erfassen oder zu erkennen, um Erkenntnisse darüber zu gewinnen, welchen Nutzen die Abschreckungswirkung wirklich habe. Siehe Sten. Bericht des BT, 232. Sitzung v. 2.10.1952, S. 10 609ff.

263 Sten. Bericht des BT, 232. Sitzung v. 2.10.1952, S. 10 610ff.

264 Ebd.

Statistiken aus England[265] zeigten, dass die Mehrheit der Mörder nicht vorbestraft sei, sondern erstmalig straffällig werde. Die Gefahr, dass der vorbestrafte Täter erneut straffällig werde, sei somit gering. Daher könne die Sicherung der Gesellschaft auch durch eine lebenslange Freiheitsstrafe erreicht werden. Menschen, die einen Mordentschluss fassten, befänden sich in einer besonderen psychischen Verfassung, in der sie gar nicht abwägen könnten, welche Strafe sie erwarte, sondern allenfalls, ob sie gefasst würden oder nicht. Dies gelte vor allem für Morde aus triebhaftem Affekt, aber auch für Augenblickstäter sowie für einen erheblichen Teil der Mörder, der unter einem überstarken seelischen Druck handele. Besonders politische Täter nähmen die Todesstrafe als Teil ihres Attentatsplans in Kauf.[266]

Zu begrüßen sei es, dass Ewers es abgelehnt habe, die Kosten des Strafvollzugs für lebenslänglich verurteilte Straftäter zu diskutieren, auch wenn gerade die Öffentlichkeit dieser Gedanke besonders bewege. Mit einer derartigen Betrachtung begebe man sich doch sehr in die Nähe der durch die Geschichte vorbelasteten Thematik der Vernichtung des lebensunwerten Lebens, der Vergasung von Geisteskranken und Ähnlichem.

Im Ergebnis sprach sich der Freie Demokrat auch gerade wegen der Gefahr von Justizirrtümern gegen die Wiedereinführung der Todesstrafe aus, da diese unabsehbare Folgen mit sich führe. Auch Beschränkungen der Anwendung, wie sie im Plenum vorgeschlagen worden seien, könnten Irrtümer nicht wirksam ausschließen. Gerade ein Geständnis des Täters genüge nicht, da sich oft genug ein solches nachträglich als falsch erwiesen habe, sei es, weil das Geständnis unter Druck zustande gekommen sei, sei es, dass es sich bei dem Täter um einen Psychopathen gehandelt habe, der an falschen Selbstbezichtigungen Gefallen gefunden habe. Vor allem führe ein solches Vorgehen jedoch dazu, dass hartnäckige Lügner am Leben blieben, während reumütige Geständige hingerichtet werden könnten.[267] Auch die Beschränkung auf eine mit an Sicherheit grenzender Wahrscheinlichkeit bewiesene Schuld eines Täters biete keine hinreichende Sicherheit, da den Menschen nur ein beschränktes Erkenntnisvermögen zur Verfügung stehe. Ebenso wenig sei die Unterscheidung in Indizien- und Zeugenbeweise geeignet, Justizirrtümer zu verhindern, da der

---

265 Ebd. Vgl. auch Sonderdruck zum Bundesanzeiger Nr. 193, S. 4ff.: Zwischen 1899 und 1908 waren in England von 156 hingerichteten Mördern nur 21 vorbestraft. Des weiteren habe Düsing aufgrund der Statistischen Jahrbücher festgestellt, dass zwischen 1882 und 1932 die Anzahl der nicht vorbestraften Mörder bei 55% lag.

266 Siehe Sonderdruck zum Bundesanzeiger Nr. 193, S. 5.

267 Sten. Bericht des BT, 232. Sitzung v. 2.10.1952, S. 10 610ff., Sonderdruck zum Bundesanzeiger Nr. 193, S. 6f.

Zeugenbeweis nicht zu Unrecht als das am wenigsten zuverlässige Beweismittel bezeichnet werde. Unabhängig davon werde bei all diesen Ansätzen die Zurechnungsfähigkeit des Täters außer Betracht gelassen.[268] Dehler kam unter großem Beifall vonseiten der SPD, FDP und Abgeordneten der CDU zu dem Schluss, dass die Todesstrafe weder notwendig noch nützlich sei. Daher sollte der Staat, insbesondere vor dem Hintergrund des Grundsatzes der Unverletzlichkeit des Lebens, auf diese Strafform verzichten.

Diesen Ausführungen hatten die nachfolgenden Redner nicht mehr viel hinzuzufügen. Sie betonten erneut den vielfachen Missbrauch der Todesstrafe unter dem nationalsozialistischen Regime. Dies habe bereits im Parlamentarischen Rat zum gewünschten Erfolg, der Abschaffung der Todesstrafe, geführt. Als Erbin eines solch mörderischen Systems, dürfe die noch junge Demokratie weder in der Gegenwart noch in der Zukunft auch nur das geringste Element aus jener Zeit übernehmen.[269] Dadurch, dass unmittelbar nach den Halacz-Attentaten zum ersten Mal die Forderung ihrer Anwendung auch für politische Taten formuliert wurde,[270] und Ewers bestätigt hatte, den Antrag der Bayernpartei abzulehnen, da dieser die Anwendung der Todesstrafe für Landesverrat offen lasse,[271] befürchteten nun viele Abgeordnete, dass der Ruf nach der Todesstrafe für Hoch- und Landesverrat in Zukunft immer lauter werden würde. Werde erst einmal das Tor zu den barbarischen Strafen aufgestoßen, erklärte Wagner, gebe es keine Grenze mehr. Schon jetzt gehe der DP eine Wiedereinführung der Todesstrafe für Mord und Menschenraub nicht weit genug. Angesichts der momentanen Stimmungen in den gesetzgebenden Körperschaften sei der Weg zum nationalsozialistischen System nicht mehr weit. Sowohl dem deutschen Volk als auch dem deutschen Parlament solle bewusst sein, „dass eine Verfassung nicht geschaffen wird, um jeden Tag umgemodelt zu werden"[272]. Besonders der Kommunist Fisch befürchtete eine politische Instrumentalisierung der Todesstrafe, denn sonst würden die Antragsteller die Begriffe Hochverrat und Landesverrat nicht „in die Liste der Begründungen künftiger Todesurteile einzuschmuggeln versuchen"[273]. Er verdächtigte die Regierung, die Wiedereinführung der Todesstrafe sei Teil eines Massenmord-

268 Ebd.

269 Sten. Bericht des BT, 232. Sitzung v. 2.10.1952, *Meyer-Laule*, S. 10 618f.

270 Siehe oben Zweiter Teil, 1. Kapitel, C) II.

271 Siehe oben Zweiter Teil, 1. Kapitel, D) I. 1.

272 Ebd., *Wagner*, S. 10 619ff. Ähnlich äußerte sich Frau *Meyer-Laule*, die allgemein vor der mit der Wiedereinführung der Todesstrafe verbundenen Gefahr der Ausweitung der höchsten Strafe durch den Staat, gleich wer ihn repräsentiere, warnte. (S. 10 618f.).

273 Ebd., *Fisch*, S. 10 623ff.

konzepts, in dem alle politischen Gegner – somit auch er selbst – unschädlich gemacht werden sollten. Zu einem Zeitpunkt, zu dem „die Regierung auf die Ratifizierung der Kriegsverträge drängt", um damit fremder Militärgerichtsbarkeit auf deutschem Boden zum Normalzustand zu verhelfen, sei die Propaganda zugunsten der Todesstrafe identisch mit der Einleitung eines Aufmarsches zu einem neuen Massenmord und Teil des Konzepts seiner Organisatoren. Mit der Wiedereinführung der Todesstrafe beuge man sich einerseits den Wünschen fremden Militärs, und andererseits leite man die „Unschädlichmachung" von Kriegsdienstverweigerern und sonstigen politischen Gegnern, die sich „gegen den Kriegskurs der Adenauer-Regierung" richteten, ein.[274] Es sei zu befürchten, „dass gewisse sich demokratisch nennende Richter die alte Praxis Freislerscher Sondergerichte nachzuahmen beginnen"[275].

Gleichzeitig stellten die Gegner der Todesstrafe, die Lauterkeit der Motive der Antragsteller infrage. Während Meyer-Laule sich darauf beschränkte, nach dem tieferen Grund der beiden Anträge zu fragen, insbesondere, da die Zeit bis zur nächsten Bundestagswahl nicht mehr ausreiche, um dieses Thema abschließend im Bundestag zu behandeln,[276] griff Fisch die Deutsche Partei direkt an, indem er sie als eine Partei bezeichnete, „die sich nicht scheut, ehemalige prominente Nazis an die Spitze ihrer Organisation zu stellen, die in Versammlungen den alten Nazistil wieder aufleben lässt und die Redner präsentiert, die sich mit Stolz auf ihre Vergangenheit in der glorreichen NSDAP berufen"[277]. Wagner erinnerte an den Beitrag Seebohms an der Abschaffung der Todesstrafe im Parlamentarischen Rat und gab seiner Verwunderung über den Wandel der Ansichten innerhalb der Deutschen Partei hinsichtlich dieser Frage Ausdruck.[278] Er deutete an, dass die „Sorge um die Köpfe gewisser Männer"[279] für die DP nun überwunden sei und so zu einer Änderung der Anschauungen geführt haben könnte. Vielleicht aber – so spekulierte Wagner

---

274 Ebd., *Fisch*, S. 10 623ff. Damit deutete er an, dass der eigentliche Hintergrund der Anträge auf Wiedereinführung der Todesstrafe die Europäische Verteidigungsgemeinschaft sei und bezog sich hierbei auf die Erklärung des Ministerialrats *Vialon* (FAZ v. 23.9.1952 „Arndt verurteilt scharf die Todesstrafe"), Fahnenflüchtige könnten zukünftig durch eigene Gerichte der EVG zum Tode verurteilt werden.

275 Sten. Bericht des BT, 232. Sitzung v. 2.10.1952, *Fisch*, S. 10 623ff.

276 Ebd., *Meyer-Laule*, S. 10 618f.

277 Ebd., *Fisch*, S. 10 623ff.

278 Die *Westfälische Neue Presse* schrieb, die antragstellende DP dürfe „den zweifelhaften Ruhm in Anspruch nehmen, die Wandlung vom Gegner zum Befürworter der Todesstrafe in der verhältnismäßig kurzen Zeit von zwei Jahren" vollzogen zu haben. Siehe WNPr v. 3.10.1952 „Todesstrafe".

279 Sten. Bericht des BT, 232. Sitzung v. 2.10.1952, *Wagner*, S. 10 619ff.

weiter – sei die Forderung nach der Todesstrafe auch für Landesverrat vor dem Hintergrund des zukünftig zu schaffenden Militärstrafgesetzbuches der Europäischen Verteidigungsgemeinschaft[280], in das man die Todesstrafe aufgenommen sehen wolle, zu verstehen.[281]

Trotz des Wissens, dass die Ablehnung der Todesstrafe in der deutschen Bevölkerung unpopulär sei, müsse die noch junge Bundesrepublik Deutschland eine Demokratie anstreben, die nach Vermenschlichung der Zustände strebe.[282] Ein gewählter Volksvertreter dürfe nicht der allgemeinen Empörung folgen und sich von großen Zeitungsüberschriften beeinflussen lassen.[283] Vielmehr müsse der Staat erzieherisch agieren und mit gutem Beispiel vorangehen, damit das Volk dem Staat folge und nicht umgekehrt. Der Staat habe sich selbst zu erziehen, indem er sich der Gewaltmittel entäußere. Die Aufhebung des Art. 102 sei gleichbedeutend mit der Aufhebung des Grundsatzes der Heiligkeit des Lebens, der den Baustein der gesamten Verfassung bilde. Der einmal eingeschlagene Weg von der Barbarei zur Humanität müsse unbedingt beibehalten werden, auch als Schrittmacher für andere Völker auf humanitärem Gebiet.[284] Die Forderung nach Wiedereinführung der Todesstrafe entspreche lediglich dem uralten, in jedem Menschen vorhandenen latenten Trieb nach Vergeltung, dem menschlichen Racheinstinkt, den der nationalsozialistische Staat, der „bewusst die vox populi in diese gefährliche Richtung gelenkt [hat], weil er nur damit seinen Verbrechen den Anschein der Legalität“[285] hat geben können, missbraucht habe. Dies gehe weit über das hinaus, was „jeder einzelne

---

280 In Anlehnung an die europäische Gemeinschaft für Kohle und Stahl und das damit verbundene neue Konzept der „Kontrolle durch Partnerschaft“, versuchte man auch hier denselben Weg einzuschlagen, um einen deutschen Verteidigungsbeitrag zu ermöglichen. Der Ausbruch des Korea-Krieges im Sommer 1950, der die Furcht vor einem heraufziehenden Dritten Weltkrieg schürte, gab diesen Bestrebungen weiter Nachdruck. Die widerstrebenden Deutschen waren zunächst jedoch allenfalls bereit, sich mit deutschen Truppenkontingenten an einer internationalen europäischen Armee zu beteiligen. Der am 27.5.1952 in Paris unterzeichnete Vertrag über eine europäische Verteidigungsgemeinschaft scheiterte allerdings 1954 in der französischen Nationalversammlung. Siehe *Kroeschell*, a.a.O., S. 204.

281 Sten. Bericht des BT, 232. Sitzung v. 2.10.1952, *Wagner*, S. 10 619ff.

282 Sten. Bericht des BT, 232. Sitzung v. 2.10.1952, *Meyer-Laule* (S. 10 618f.) sowie *Wagner* (S. 10 619ff.).

283 Und sogar *Weber*, eigentlich Befürworter der Todesstrafe, vertrat die Ansicht, dass das Parlament sich nicht von Forderungen der Öffentlichkeit beeinflussen lassen dürfe. Siehe Sten. Bericht des BT, 232. Sitzung v. 2.10.1952, S. 10 616ff.

284 Sten. Bericht des BT, 232. Sitzung v. 2.10.1952, *Wagner*, S. 10 619ff.

285 Ebd. *Meyer-Laule*, S. 10 618f.

von uns verantworten kann".[286] Meyer-Laule warnte vor der steten Gefahr von Justizirrtümern und ermahnte die Befürworter der Todesstrafe die Schwere der lebenslangen Freiheitsstrafe nicht zu unterschätzen:

> „Wer einmal selbst das Schicksal eines Verurteilten erlebt hat – und das war manch einem in diesem Hohen Haus während des „Dritten Reiches" bestimmt, der weiß, wie schwer es ist, zu warten, ob die Zeit vergeht, wie lange er noch warten muss, bis er die Freiheit bekommt. Ich möchte zu bedenken geben, dass lebenslänglich doch mindestens sein muss wie lebendig begraben."[287]

Die Anwesenden sollten „nie das Erlebte oder die Schrecken des Erlebten, wo der Justizmord zur Strafjustiz der sogenannten Rechtsprechung gehörte",[288] vergessen. Dieser Weg könne nur zurück führen und keiner wisse, welches Ende er nehme.

### *3. Abstimmung*

Bevor das Parlament über die Anträge abstimmte, ging Ewers in seinem Schlusswort noch auf die Beiträge der Gegner der Todesstrafe ein. Unter Beifall der DP und unter Lachen und Zurufen der SPD forderte er Frau Meyer-Laule auf, den von ihr vertretenen Versöhnungs- und Mitleidsgedanken auch bei der Beurteilung „von Verdiensten oder Nichtverdiensten solcher Personen, die früher der NSDAP angehörten und längst entlastet sind"[289], anzuwenden. Des weiteren unterstellte Ewers der SPD-Fraktion einen Fraktionszwang, der ihre Abgeordneten davon abhalte, ihrer Überzeugung entsprechend abzustimmen[290]; den Bundesjustizminister griff er persönlich an,[291] und legte ihm nahe, von seiner Position zurückzutreten.[292]

---

286 Ebd., *Meyer-Laule*, S. 10 618f.

287 Ebd. Bezugnehmend auf diese Aussage der Abgeordneten Meyer-Laule, erklärte ein 80-jähriger Geistlicher in einer Eingabe an das *BJM*, es „ist gar zu albern, was eine Frau Abgeordnete faselte, der Mörder schrecke mehr vor dem Zuchthaus zurück als vor der Hinrichtung. Wenn dieser Dame mit ihrem sentimentalen Schmarren die Wahl gelassen würde von Hinrichtung oder Zuchthaus, wo man seine regelrechte Kost hat und nicht frieren braucht [...] und sogar – bei guter Führung nach mehreren Jahren Begnadigung zu gewärtigen hat, was würde sie wählen?" Daraufhin erwiderte der *BMJ* in seiner Antwort, der Geistliche unterschätze die Wirkung einer lebenslangen Zuchthausstrafe, wie immer wieder Fälle beweisen, in denen Täter ausdrücklich um die Todesstrafe statt lebenslänglichem Zuchthaus baten, und forderte ihn auf, einige Mörder zu nennen, die wegen guter Führung „nach mehreren Jahren" entlassen worden seien. (Siehe BArch B 141/003798, MicroF S. 109ff.).

288 Ebd., *Meyer-Laule*, S. 10 618f.

289 Sten. Bericht des BT, 232. Sitzung v. 2.10.1952, *Ewers*, S. 10 625ff.

290 „Denn wir haben keinen Fraktionszwang, meine Herren von der SPD." Siehe Sten. Bericht des BT, 232. Sitzung v. 2.10.1952, S. 10 625ff.

Bei der Abstimmung wurde die Überweisung des DP-Antrags an den Rechtsausschuss mit einfacher Mehrheit durch Handzeichen und Gegenprobe durch das Parlament eindeutig abgelehnt; für den Antrag der Bayernpartei wurde eine Entscheidung durch den sog. Hammelsprung erforderlich. Hierbei stimmten 146 Abgeordnete für eine Überweisung des Antrags, während 151 Abgeordnete sich dagegen aussprachen. Zwei Abgeordnete enthielten sich. Somit wurde auch dieser Antrag abgelehnt.[293]

## *II. Bundestagssitzung vom 30. Oktober 1952*

In der Sitzung vom 30. Oktober 1952 stimmte der Bundestag ein zweites Mal gegen die Anträge der Deutschen Partei und Bayernpartei. Für den Antrag der Deutschen Partei[294] stimmten 103 von den insgesamt 329 anwesenden Abgeordneten. Indessen sprachen sich 216 Abgeordnete gegen den Antrag auf Aufhebung des Art. 102 aus. 10 Abgeordnete enthielten sich.[295]

Bevor der Bundestag über den Antrag der Bayernpartei[296] abstimmte, ergriff der CSU-Abgeordnete Horlacher[297] das Wort. Er kritisierte, dass die von Dehler am 2. Oktober 1952 „wunderbar humanitäre, von sophistischen Aspekten getragene Rede" nicht den gesunden Instinkt des Volkes berücksichtige. Daher sei dem Volk, in Fällen, wo das „gesunde Volksempfinden" die Todesstrafe für Kapitalverbrechen fordere, zu folgen. Jedes Jahr komme ein Prozentsatz mehr von

> „diesen asozialen Elementen in unsere Zuchthäuser hinein. Von Jahr zu Jahr werden wir direkt zu einer Panoptikumsammlung von Mördern und Verbrechern, die in diesen Zuchthäusern sitzen und die sich ständig ergänzen, die ein langes Leben

291 „Ich erinnere mich des sehr unerfreulichen Ausspruchs seines Fraktionskollegen Arndt, dass es jedes Mal eine Katastrophe sei, wenn Herr Dr. Dehler hier auftrete." Siehe Sten. Bericht des BT, 232. Sitzung v. 2.10.1952, S. 10 625ff.

292 „Wer sich nicht auf die Kantsche praktische Vernunft beschränkt, sondern in den Höhen der Metaphysik nach der Willensfreiheit forscht, der muss es aufgeben, Justizminister zu sein und überhaupt von Strafe zu reden." Siehe Sten. Bericht des BT, 232. Sitzung v. 2.10.1952, S. 10 625ff.

293 Sten. Bericht des BT, 232. Sitzung v. 2.10.1952, S.10 628.

294 BT-Drs. Nr. 3679.

295 Von den 18 nicht stimmberechtigten Berliner-Abgeordneten, stimmten 16 gegen den Antrag. Nur ein Abgeordneter befürwortete die Wiedereinführung. Ein anderer enthielt sich seiner Stimme. Siehe Sten. Bericht des BT, 236. Sitzung v. 30.10.1952, S. 10 868ff., 10 905ff.

296 BT-Drs. Nr. 3702.

297 Sten. Bericht des BT, 236. Sitzung v. 30.10.1952, S. 10 870f.

haben und die sich ständig erneuern, bei denen der Abgang nicht so groß ist wie die Erneuerung."[298]

Letztlich stimmten über den Antrag der Bayernpartei nur noch 323 Abgeordnete ab. Bei 14 Stimmenthaltungen votierten 134 Abgeordnete für die Ergänzung des Art. 102, 175 Abgeordnete lehnten den Antrag ab.[299] Insgesamt wurden damit auch in der zweiten Beratung beide Anträge mit überwiegender Mehrheit abgelehnt. Beide Abstimmungen erfolgten namentlich. Daher kann ein verlässliches Bild der Positionen zu diesem Thema innerhalb der einzelnen Parteien dargestellt werden:

Namentliche Abstimmung über den von der Fraktion der DP eingebrachten Entwurf eines Gesetzes zur Aufhebung des Art. 102 des Grundgesetzes (Nr. 3679 der Drucksachen)

| **Partei** | **Für Ergänzungen** | **Gegen Ergänzungen** | **Enthaltungen** |
|---|---|---|---|
| **CDU/CSU** | 42 | 66 | 9 |
| **SPD** | --- | 109 | --- |
| **FDP** | 27 | 17 | 1 |
| **DP/DPB** | 21 | 1 | --- |
| **FU (Bayernpartei/Zentrum)** | 10 | 10 | --- |
| **KPD** | --- | 12 | --- |
| **Fraktionslos** | 3 | 1 | --- |
| | 103 | 216 | 10 |

298 Ebd. Die *SZ* berichtete, dass es zu stürmischen Protestkundgebungen auf fast allen Bänken des Hauses gekommen sei, als der Abgeordnete *Horlacher* mehrere Male mit dem Begriff „gesundes Volksempfinden" operiert habe, welches die Wiedereinführung der Todesstrafe für bestimmte Fälle nahe lege. Auf den lebhaften Widerspruch des Hauses hin, habe Horlacher dem Plenum zu gerufen: „Ja, wollen Sie denn das kranke Volksempfinden herrschen lassen?" Siehe SZ v. 1.11.1952.

299 Die Stimmen der Berliner Abgeordneten verteilten sich mit einer Stimme auf Ja, und 15 Stimmen auf Nein, bei 2 Enthaltungen. Siehe Sten. Bericht des BT, 236. Sitzung v. 30.10.1952, S. 10 868ff., S. 10905ff.

Namentliche Abstimmung über den von den Abgeordneten Etzel (Bamberg), Horlacher und Genossen eingebrachten Entwurf eines Gesetzes zur Ergänzung des Art. 102 des Grundgesetzes (Nr. 3702 der Drucksachen).

| Partei | Für Ergänzungen | Gegen Ergänzungen | Enthaltungen |
|---|---|---|---|
| **CDU/CSU** | 73 | 29 | 14 |
| **SPD** | --- | 110 | --- |
| **FDP** | 28 | 14 | --- |
| **DP/DPB** | 20 | 1 | --- |
| **FU (Bayernpartei/Zentrum)** | 10 | 9 | --- |
| **KPD** | --- | 11 | --- |
| **Fraktionslos** | 3 | 1 | --- |
| | 134 | 175 | 14 |

Speziell bei den CDU-Abgeordneten lässt sich bei der Abstimmung über den Antrag der Bayernpartei eine auffällige Diskrepanz zu der vorherigen Abstimmung über den Antrag der DP feststellen. Lag bei der Abstimmung über den Antrag der Deutschen Partei der Anteil der Gegner noch bei 55%, lehnten nur noch 25% der CDU-Abgeordneten die Ergänzung des Art. 102 nach dem Vorschlag der BP ab.[300,301] Dies bedeutet jedoch nicht, dass sich die Einstellungen der CDU-Abgeordneten von der Ablehnung der Todesstrafe hin zur Befürwortung gewandelt hätten. Vielmehr ist davon auszugehen, dass die Abgeordneten jetzt endlich entsprechend ihrer tatsächlichen Meinung abgestimmt hatten. Weber bestätigte, dass die CDU-Fraktion in den letzten drei Jahren die Abschaffung der Todesstrafe nicht allein aus persönlicher Überzeugung, sondern auch aus politischen Gründen befürwortet habe.[302] Nachdem nun kaum noch deutsche Kriegsgefangene vor den alliierten Henkern zu be-

300 Siehe *Düsing*, a.a.O., S. 333.

301 Personell hervorzuheben ist, dass Bundeskanzler *Adenauer* bei der Abstimmung beider Anträge nicht anwesend war und sein Parteikollege *Brentano*, welcher zuvor noch angekündigt hatte, angesichts der Halacz-Attentate die Wiedereinführung der Todesstrafe in seiner Fraktion ausführlich diskutieren zu wollen, gegen beide Anträge auf Wiedereinführung der Todesstrafe stimmte.

302 Sten. Bericht des BT, 232. Sitzung v. 2.10.1952, S. 10 616ff.

wahren waren, konnten die Abgeordneten des Deutschen Bundestages wieder entsprechend ihrer persönlichen Überzeugung handeln. Den Humanismus, der 1949, in dem Glauben, es handele sich bei dem Grundgesetz lediglich um ein Provisorium, zur Abschaffung der Todesstrafe geführt hatte, konnten sich die Abgeordneten nicht länger leisten. Langsam schien bei den Abgeordneten die Erkenntnis zu reifen, dass das Ziel Wiedervereinigung ferner liege und das Grundgesetz länger, als ursprünglich angenommen, die Basis der deutschen Demokratie bilde.

Spätere Betrachter waren sich einig,[303] dass es nicht zuletzt der Stellungnahme Dehlers zu verdanken war, dass die Anträge der Bayernpartei und der DP keinen Erfolg hatten. Dehler habe sich in einer nicht anders als meisterhaft zu nennenden großen Rede in der Bundestagsdebatte mit einem kompletten Arsenal an gegen die Todesstrafe ins Feld zu führenden Argumenten zum leidenschaftlichen und das Plenum außerordentlich beeindruckenden Anwalt gegen die Wiedereinführung der Todesstrafe gemacht.[304] Die Befürworter der Todesstrafe hatten den ausführlichen Argumenten und dem von Dehler eingebrachten statistischen Material einfach nichts entgegenzusetzen. Wie spätere Ereignisse zeigen werden, ging der Bundesjustizminister mit seiner Rede in die Geschichte der Verhinderung der Wiedereinführung der Todesstrafe in Deutschland ein. Zukünftig werden Redner immer wieder Bezug auf die Ausführungen Dehlers nehmen und erklären, Dehler habe mit seiner Rede bewiesen, dass die Wiedereinführung der Todesstrafe weder notwendig noch nützlich sei,[305] wenngleich der freie Demokrat selbst einräumte, die von ihm vorgetragenen Darstellungen seien durch seine eigenen Ansichten geprägt.[306] Auch auf die anwesenden Abgeordneten verfehlte die Rede ihre Wirkung

303 Mannheimer Morgen v. 3.11.1954 „Neue Debatte über die Todesstrafe" v. *Erhard Becker*; *Müller-Meiningen jr.*, SZ v. 29.10.1954; FrNPr v. 1.7.1961 „Vier Plädoyers gegen das Schafott" v. *Richard Kim*; SZ v. 21.2.1961 „Brauchen wir wirklich die Todesstrafe?" v. *Ernst Müller-Meiningen jr.*; FrNPr. v. 20.2.1956 „Die Todesstrafe" v. *Walter Dirks*; SZ v. 4.11.1958 „Schäffer und die Todesstrafe" v. *Ernst Müller-Meiningen jr.*; Welt v. 14.9.1977 „Darf der Staat mit dem Tode bestrafen?"; SZ v. 27.11.1961 „Stammberger wider die Todesstrafe" v. *Ernst Müller-Meiningen jr.*; Tagesspiegel v. 3.10.1964 „Todesstrafe als Wahlparole"; Welt v. 10.10.1964 „Der Ruf nach der Todesstrafe"; SZ v. 14.12.1964 „Das Richtschwert des Abgeordneten Kühn" v. *Peter Koch*; Welt v. 25.1.1977 „Die Todesstrafe ist populär – aber der Henker bleibt arbeitslos".

304 So *Müller-Meiningen jr.*, SZ v. 29.10.1954.

305 Z.B. Welt v. 14.9.1977; *Kim*, FrNPr v. 1.7.1961; *Müller-Meiningen jr.*, SZ v. 21.2.1961 und SZ v. 27.11.1961; Tagesspiegel v. 3.10.1964; Welt v. 10.10.1964; *Koch*, SZ v. 14.12.1964; Welt v. 25.1.1977.

306 Sten. Bericht des BT, 232. Sitzung v. 2.10.1952, S. 10 616.

nicht. Sie zollten den Ausführungen des Bundesjustizministers ihre Anerkennung,[307] dankten ihm überschwänglich und erklärten öffentlich, er habe mit dieser unerreichbaren Rede allen die Schau gestohlen.[308]

## *III. Pressestimmen*

Auch die deutsche Presse befasste sich mit den Anträgen. Entgegen der ausführlichen Diskussion im Bundestag machte sich in der Presse jedoch – nicht zuletzt, weil gegen den „Widerstand der Sozialdemokraten und auch einiger Mitglieder der Regierungsparteien“[309] bei den momentanen Stimmverhältnissen im Parlament keine für eine Verfassungsänderung erforderliche Zweidrittelmehrheit für die Todesstrafe erreicht werden konnte[310] – eine gewisse Ernüchterung und Ermüdung hinsichtlich des Themas breit.[311] Die Frage war anlässlich der Frankfurter Banküberfälle und der Halacz-Attentate bereits ausführlich in allen Zeitungen beleuchtet worden, sodass nunmehr eine weitere Auseinandersetzung mit der Thematik weitgehend fehlte. Stattdessen befasste sich die Presse mit den Stimmverteilungen innerhalb der einzelnen Parteien. Zum einen stellte sie fest, dass keine Fraktion – auch nicht die der Antragsteller – geschlossen für die Wiedereinführung der Todesstrafe gestimmt habe.[312] Die dreistündige, lebhafte Debatte und ihre Abstimmung, so das *Bayreuther Tageblatt*, hätten gezeigt, dass außer der SPD und der kommunistischen Partei die Meinungen über diese auch in der Bevölkerung sehr umstrittenen Frage innerhalb der Fraktionen sehr geteilt seien.[313] Zum anderen betonte die Presse die knappe Mehrheit, mit der die Anträge abgelehnt worden seien. Insbesondere bei der Abstimmung über den Ergänzungsantrag sei lediglich eine Mehrheit von fünf Stimmen zustande gekommen, was als ein Indiz dafür gedeutet wur-

---

307 Der Kommunist *Fisch* zollte dem BMJ für dessen „persönlichen Bekennermutes“ Respekt. Siehe Sten. Bericht des BT, 232. Sitzung v. 2.10.1952, S. 10 623.

308 So die SPD-Abgeordneten *Meyer-Laule* und *Wagner*. (Siehe Sten. Bericht des BT, 232. Sitzung v. 2.10.1952, S. 10 618ff.). Die *FAZ* betrachtete den Umstand, dass die Sprecher der Sozialdemokraten den BMJ wegen seiner Ausführungen zu diesem Thema offen beglückwünschten und erklärten, die Rede des Ministers müsse als Flugblatt verteilt werden, als kleine politische Sensation. (Siehe FAZ v. 3.10.1952 „Die Todesstrafe wird nicht wieder eingeführt“).

309 FAZ v. 25.9.1952 „Neuer Anfang für die Todesstrafe“.

310 FAZ v. 19.9.1952 „Diskussion um die Todesstrafe“; FAZ v. 25.9.1952; FR v. 18.9.1952 „Bundestag erörtert Todesstrafe“.

311 FAZ v. 25.9.1952; SZ v. 23.9.1952 „Kommt die Todesstrafe wieder?“; SZ v. 3.10.1952 „Bundestag lehnt Todesstrafe erneut ab“.

312 FAZ v. 3.10.1952; SZ v. 3.10.1952.

313 Bayreuther Tageblatt v. 4.10.1952 „Bundestagmehrheit lehnt Todesstrafe ab“.

de, dass in dieser Angelegenheit noch nicht das letzte Wort gesprochen worden sei.[314] Ernst Müller-Meiningen jr. meinte in einem Artikel der *Süddeutschen Zeitung*, eine „bemerkenswerte Ernüchterung“ der Parlamentarier feststellen zu können. Nachdem das „humanitäre Wunschdenken“, das den Parlamentarischen Rat dazu bewogen habe, die Todesstrafe abzuschaffen, enttäuscht worden sei, sei die Achtung vor dem menschlichen Leben schon wieder in der Abwertung begriffen. Daher, so führte er aus, „sinken auch langsam die Aktien der Herren Mörder auf das fragwürdige Benefiz eines Lebensabends im Zuchthaus“.[315]

Letztlich zeigte sich auch die deutsche Presse besorgt über die Forderung, die Todesstrafe im Falle ihrer Wiedereinführung auch für den Tatbestand des Landesverrats anzuwenden. Auch wenn gewiss einige „perverse Gewaltverbrecher“ ihr Leben angesichts ihrer schrecklichen Taten während der nationalsozialistischen Ära sicher verwirkt hätten, da diese Zeit die schändlichste in der deutschen Geschichte gewesen sei, in der die wirklichen Verräter in der Regierung gesessen hätten,[316] sei allein die Forderung Einzelner, die Todesstrafe auch für Landesverrat wiedereinzuführen, geeignet, ihre Wiederzulassung abzulehnen.[317] Auch heute würden politischen Gegnern zuweilen noch landesverräterische Absichten „untergeschoben“, sobald sie anderer Meinung seien. Dies gelte umso mehr, da das Land in zwei Teile zerschnitten und von vier Besatzungsmächten besetzt sei.[318] Auch die *Nürnberger Nachrichten* befürchteten einen erneuten staatlichen Machtmissbrauch, bei dem sich derjenige, der zu wissen glaube, dass die kranken Glieder der Gesellschaft für deren Bestand überflüssig seien und daher beseitigt werden könnten, nicht wundern

314 Sie „verschwieg“ hierbei jedoch, dass es hier nicht um die Abstimmung um die Anträge ging, sondern lediglich um die Frage, ob die Anträge in den Rechtsausschuss überwiesen werden sollten. Siehe SZ v. 3.10.1952; AZ v. 4.10.1952 „Es geht auch ohne Todesstrafe“; Bayreuther Tageblatt v. 4.10.1952; Darmstädter Echo v. 3.10.1952 „Richter über Tod und Leben“.

315 SZ v. 23.9.1952.

316 Ähnlich äußerte sich die *Westfälische Neue Presse*. Ihr Reporter zeigte sich darüber verwundert, dass ein Antrag auf Einführung der Todesstrafe so kurz nach einer Zeit übelster Barbarei gestellt worden sei; nach einer Zeit, während der in völliger Missachtung des Rechts Tausende Todesurteile an Unschuldigen vollstreckt worden seien. Es bestehe keine Ursache, gerade diesen Artikel des Grundgesetzes zu ändern. Dies bedeute einen Rückschritt. Siehe WNPr v. 3.10.1952.

317 Stattdessen sei es zwingend erforderlich, ein strengeres Strafmaß zu realisieren. Auch Gefängnis- und Zuchthausstrafen könnten abschrecken, wenn die Richter diese nur schärfer anwendeten. Die den schweren Gewaltverbrechen vorausgehenden „Rowdytaten“ würden zu milde geahndet, sodass die Täter keine Achtung vor dem Gesetz entwickeln könnten. Siehe AZ v. 4.10.1952.

318 Ebd.

dürfe, wenn eines Tages eben dieser Staat sich das Recht anmaße, unter anderen Gesichtspunkten auch sein eigenes Leben zu fordern. Eine solche Allmacht des Staates müsse verhindert werden.[319] Der juristische Berater der sozialdemokratischen Bundestagsfraktion Adolf Arndt[320] warnte in der *Frankfurter Allgemeinen Zeitung* vor der uneingeschränkten Abschaffung des verfassungsrechtlichen Verbots der Todesstrafe, da ansonsten in der Zukunft die Todesstrafe nicht nur gegen Mörder möglich sei. Vielmehr könne der Staat je nach den politischen Verhältnissen einer augenblicklichen Mehrheitspartei alles für todeswürdig erklären, was ihm nicht genehm sei, „zum Beispiel auch Wirtschaftsvergehen, das Abhören von Feindnachrichten und nicht zuletzt die Dienstverweigerung in der EVG-Armee".[321] Die Ablehnung sei umso mehr von Bedeutung, als die Geltendmachung der Abschaffung der Todesstrafe auf deutschem Boden gegenüber den Besatzungsmächten zur Einstellung der Vollstreckung der Todesurteile von Landsberg geführt habe.[322]

Zurückzuführen, da waren sich die Zeitungen einig, seien die Wiedereinführungsanträge auf die allgemeine, öffentliche Stimmung. Die grausigen Morde der letzten Zeit hätten in weiten Kreisen der Bevölkerung den Ruf nach der Wiedereinführung der Todesstrafe wieder laut werden lassen. Dieser Ruf habe nun auch im Bundestag ein parlamentarisches Echo gefunden. Die Strömung zugunsten der Todesstrafe – die jedes Mal zu finden sei, wenn ein besonders brutaler Mord die Öffentlichkeit errege und beunruhige – gehe quer durch alle

319 Die Gesellschaft habe kein Recht, das Leben ihrer Mitglieder zu rauben. In der Epoche der Aufklärung habe sich die höhere Bewertung des Menschenlebens entwickelt, die ihren Ausdruck im Kampf gegen die Todesstrafe gefunden habe. Skandinavische Länder hätten seit der Abschaffung der Todesstrafe keine auffällige Zunahme von Kapitalverbrechen mehr feststellen können und würden auch nie auf den Gedanken kommen, einen Kausalzusammenhang zwischen einer sensationellen Bluttat und der Abschaffung der Todesstrafe zu „konstruieren". Die Lösung des Problems sah der Autor des Artikels nicht in der Regelung des Strafvollzugs, sondern in der Gründung des gesellschaftlichen Organismus. Die relative Häufigkeit von Kapitalverbrechen während der letzten Jahre sei nur Ausdruck der ungesunden sozialen Verhältnisse, in denen das deutsche Volk lebe, sowie der Erbschaft zweier Weltkriege. Siehe Nürnberger Nachrichten v. 10.11.1952 „Wieder Todesstrafe?".

320 FAZ v. 23.9.1952 „Arndt verurteilt scharf die Todesstrafe".

321 Mit der Erklärung des Ministerialrats *Vialon*, die EVG erhalte eine eigene Rechtsetzung und die EVG-Gerichte könnten die Todesstrafe aussprechen, so erklärte *Arndt*, wolle man nicht etwa nur Fahnenflüchtige treffen, sondern das Grundrecht auf Verweigerung des Waffendienstes antasten. Wer es auf Grund seines Gewissens ablehne Soldat zu sein, solle mit dieser Regelung erschossen werden können. Siehe FAZ v. 23.9.1952.

322 Ebd.

Schichten und folge dem angeborenen Gefühl, dass ein scheußliches Verbrechen, wie Mord eines sei, eine entsprechende Strafe verlange.[323]

## *IV. Demoskopen*

Eine am 23. Januar 1953 veröffentlichte Studie des Allensbacher Instituts für Demoskopie ergab, dass zu dieser Zeit nahezu jeder zweite deutsche Bürger für die Todesstrafe eintrat.[324] Befragt wurden im Dezember 1952 ein „modellgerechter Bevölkerungsquerschnitt" von 2.000 Personen im Bundesgebiet und in West-Berlin zu der Frage „Sind Sie grundsätzlich für oder gegen die Todesstrafe?". Anlass für die Untersuchung war nach Angabe des Instituts die Veröffentlichung einer Umfrage einer internationalen Nachrichtenagentur zu diesem Thema, die zu dem Ergebnis gekommen sei, dass rund 75% der deutschen Bevölkerung für die Todesstrafe einträten.[325] Nach Ansicht des Instituts konnte es sich nicht um eine repräsentative Befragung gehandelt haben, da die Umfrage zu dem Ergebnis gekommen sei, dass Frauen stärkere Verfechter der Todesstrafe seien als Männer. Dagegen sei die eigene Repräsentativumfrage „methodisch einwandfrei" und ergebe ein völlig anderes Bild der öffentlichen Meinung als die der Nachrichtenagentur.

Die Allensbacher Umfrage ergab, dass rund 55% der Befragten (genau wie bereits bei der Umfrage im Juni 1950) grundsätzlich für die Todesstrafe seien. Demgegenüber spreche sich ein Drittel (30%) der Bevölkerung im Bundesgebiet und in West-Berlin gegen die Todesstrafe aus (1950 waren es 28%). Damit sei das Meinungsbild der Öffentlichkeit in den letzten zwei Jahren unverändert geblieben. Nach dem Ergebnis der Umfrage befürworteten die befragten Männer mit 62% in größerem Anteil die Todesstrafe als die Frauen mit nur 50%. Des weiteren sei eine Stimmenmehrheit für die Todesstrafe in den gehobenen Bildungs- und Einkommensgruppen festzustellen.[326] Gleichzeitig werde

---

323 Darmstädter Echo v. 3.10.1952; Nürnberger Nachrichten v. 10.11.1952.

324 Siehe Allensbacher Berichte des Instituts für Demoskopie, Januar 1953. Siehe auch BArch B 141/003826, MicroF S. 91.

325 Ebd. Die *SZ* gab in ihrer Ausgabe am 3.10.1952 Auszüge eines Artikels der Zeitung „Das Parlament" (herausgegeben von der Zentrale für Heimatdienst) wieder, wonach sich aus einer Umfrage einer internationalen Nachrichtenagentur schließen lasse, dass 75% der Befragten für die Wiederzulassung der Todesstrafe für Mörder und Raubmörder seien. Insbesondere zahlreiche grausige Kapitalverbrechen, in letzter Zeit, besonders die ruchlose Tat der Frankfurter Bankräuber, würden der Diskussion immer wieder Nahrung geben. (SZ v. 3.10.1952 „Gegen die Todesstrafe sind 30 Länder"). Vgl. auch Bayreuther Tageblatt v. 4.10.1952.

326 Bewiesen werde dies u.a. dadurch, das Befragte mit einem Monatseinkommen über 400 DM sich mit 61% für die Todesstrafe aussprachen. Solche, mit einem monatlichen

die Todesstrafe in Norddeutschland häufiger gefordert als in Süddeutschland, was im krassen Widerspruch zum Verhalten bayerischer Abgeordneter stehe. Unter den CDU- und SPD-Anhängern befürworteten jeweils 53% die Anwendung der Todesstrafe. 31% der CDU- und 29% der SPD-Anhänger lehnten die höchste Strafe hingegen ab. Von dem FDP-Anhängern befürworteten 60% und von den DP-Anhängern sogar 76% die Todesstrafe.

## *E) Das Bundesjustizministerium*

Das Bundesjustizministerium erreichten in dieser Zeit zahlreiche Eingaben und Anfragen, zumeist von Privatpersonen jeden Alters mit unterschiedlicher Bildung und unterschiedlichem Rechtsverständnis, die sich für eine schnelle Wiedereinführung der Todesstrafe einsetzten und den Bundesminister für Justiz für seine eindeutige Position gegen die erneute Anwendung der höchsten Strafe scharf kritisierten.[327] Die überwiegenden Eingaben waren geprägt von persönlicher Betroffenheit anlässlich aktueller, aufsehenerregender Kapitalverbrechen, wie Mord (insb. Kinds- und Raubmord) oder Sexualverbrechen, die oft belegt wurden durch beigefügte Presseausschnitte. Ein weiterer wichtiger Aspekt war die gefühlte Unsicherheit sowie die Überzeugung, die Kriminalität in der Bundesrepublik Deutschland habe in jüngster Zeit erheblich zugenommen.[328] Gegner der Todesstrafe meldeten sich dagegen nur selten zu Wort.[329] Unter den Eingaben finden sich auch Schreiben von zu lebenslanger Zuchthausstrafe verurteilte Verbrecher, die um die Umwandlung ihrer Haftstrafe in die Todesstrafe baten.[330] So zum Beispiel ein aufgrund Kriegsleiden stark behinderter Mörder, der nach eigenen Angaben unter so starken Schmerzen litt

---

Einkommen unter 100 DM befürworteten die Todesstrafe nur zu 45%. Leider fehlen jedoch Angaben über die Herkunft oder Bildungsgruppen der Befragten. Ebenso fehlt eine Differenzierung, ob die Befragten die Todesstrafe grundsätzlich befürworteten oder nur für bestimmte Delikte ihre Anwendung bejahen.

327 BArch B 141/003796, B 141/003797, B 141/003798. Von der Wiedergabe einzelner Eingaben wird an dieser Stelle abgesehen, da diese aufgrund der Unterschiedlichkeit der Eingebenden in ihren Formulierungen sehr individuell waren.

328 BArch B 141/003796, B 141/003797, B 141/003798.

329 So bildete die Eingabe der *Internationalen Frauenliga für Frieden und Freiheit* vom 9.10.1951 eine Ausnahme. Die Frauenliga beglückwünschte Dehler für seine Rede von „historischer Bedeutung“ und versicherte, selbst auch weiter für die Abschaffung der Todesstrafe zu kämpfen, da es noch lange dauere, „bis der letzte Rest veralterter und gefährlicher Vorurteile“ verschwunden sei und sich in der Meinung des Volkes eine durchgreifende Wandlung vollzogen habe. Siehe BArch B 141/003797, MicroF S. 165f. sowie S. 168f.

330 BArch B 141/003796, B 141/003797, B 141/003798.

– da er im Zuchthaus nicht die notwendige Pflege erhalte –, dass er befürchtete wahnsinnig zu werden. Er wolle weder als „nutzloses Glied der Gesellschaft abgestempelt" werden, noch wolle er dem Staat finanziell zur Last fallen. Da seiner Ansicht nach, die Todesstrafe derzeit nur „suspendiert" sei, bat er zur Beendigung seiner Qual um Aussetzung durch den Bundesjustizminister.[331] Ähnlich äußerte sich ein angeblich unschuldig wegen Mordes zu lebenslanger Zuchthausstrafe Verurteilter, der um die Wiedereinführung der Todesstrafe bat, da die lebenslängliche Zuchthausstrafe für Unschuldige wie ihn viel grausamer sei als der Tod. Solche Menschen würden ansonsten dazu getrieben, sich selbst das Leben zu nehmen.[332]

Daneben trug das Bundesjustizministerium zahlreiche Unterlagen verschiedenster Art zum Thema Todesstrafe zusammen. Neben Zeitungsartikeln und veröffentlichten Leserbriefen sammelte das Bundesjustizministerium, als Materialunterlage für zukünftige Beratungen im Bundestag, zentral alle Petitionen und Resolutionen zum Thema Todesstrafe,[333] die aus den verschiedenen Ressorts, wie zum Beispiel dem Bundeskanzleramt, dem Bundespräsidialamt oder den Ausschuss für Rechtswesen und Verfassungsrecht des Deutschen Bundestags an das Bundesjustizministerium weitergeleitet wurden.[334] Es finden sich ebenfalls Abschriften von Strafverfahren, in denen die Angeklagten im Rahmen des Verfahrens sich dahingehend äußerten, die Tat nicht begangen zu haben, wenn sie mit der Todesstrafe hätten rechnen müssen.[335] Zudem wurden

---

331 BArch B 141/003796, MicroF S. 54f.

332 BArch B 141/003797, MicroF S. 45.

333 Beispielsweise forderte der *Kreistag des Landkreises Warendorf* schon vor der Bundestagsdebatte im Herbst 1952 am 18.7.1951 in einer einstimmig gefassten Resolution, das Bundesparlament möge die Frage der Wiedereinführung der Todesstrafe bald einer ernsten Prüfung unterziehen. Angesichts der erschreckend großen Zahl von Kapitalverbrechen, sei eine Beunruhigung in der Bevölkerung entstanden. (BArch B 141/003796, MicroF S. 49f.) Der Kultusminister des Landes Nordrhein-Westfalens übersandte dem BJM den Antrag einer *Schulpflegschaft in Marl-Drewer*, in der die Eltern darum baten, wenigstens in Fällen grausamer Sittlichkeitsverbrechen an Kindern die Todesstrafe wieder einzuführen. Ihre Kinder müssten vor solchen Unmenschen geschützt werden. Asoziale Elemente könnten jedoch nur wirksam abgeschreckt werden, wenn sie Angst ums eigene Leben haben müssten. (BArch B 141/003798, MicroF S. 55f.).

334 BArch B 141/003796, B 141/003797, B 141/003798, B 141/003826.

335 Zum Beispiel hatte der Verdächtige in einer Strafsache wegen Mordes im Rahmen seiner ärztlichen Untersuchung auf den Geisteszustand dem untersuchenden Gutachter gegenüber erklärt, „dass er wahrscheinlich seine Mutter nicht getötet haben würde, wenn er mit der Todesstrafe hätte rechnen müssen". (Siehe BArch B 141/003826, MicroF S. 96f.) Der Ausschuss des Kreises Feuchtwangen berichtete im Rahmen einer Resolution zur Wiedereinführung der Todesstrafe in der Bundesrepublik Deutschland von einem Mörder, der nach seiner Ergreifung und im anschließenden Verhör erklärt hatte: „Ich werde ja nicht hingerichtet!". (Siehe BArch B 141/003798, MicroF S. 97).

interne und externe Ausarbeitungen zu dem Thema archiviert, etwa über die Vollstreckung der Todesstrafe durch öffentliches Hängen.[336] Anlässlich der Halacz-Attentate beispielweise beschäftigte sich ein Rechtsanwalt aus Mannheim, Jürgen Koch, in einem offenen Brief an alle Fraktionen des Bundestags, ausführlich mit den Argumenten Für und Wider die Todesstrafe, widerlegte im folgenden die gängigen Argumente der Anhänger der höchsten Strafe, um letztlich zu dem Schluss zu gelangen, dass die Todesstrafe nie wieder eingeführt werden dürfe.[337] Interessant, so vermerkte Oberregierungsrat Eduard Dreher in einem Vermerk, sei die Eingabe wegen der dort aufgeführten statistischen Angaben. Nach Ansicht des Rechtsanwaltes war es nicht zu bezweifeln, dass ein Zusammenhang zwischen staatlicher Hinrichtungspraxis und Mordkriminalität bestehe, aber nicht im Sinne einer Abschreckung, wie zumeist von den Befürwortern behauptet, sondern deren Gegenteil. Zum Beweis führte er die Entwicklung der Mordkriminalität „seit dem Ende der Inflation in Deutschland" (1924–1936) im Verhältnis zu den in dieser Zeit durchgeführten Hinrichtungen an,[338] wonach der absolut niedrigste Stand der Mordkriminalität in diesen 12 Jahren gerade in das Jahr 1929 fiel, in dem überhaut keine Hinrichtung vorgenommen worden sei. Dagegen sei die Mordkriminalität sprunghaft angestiegen, als seit dem Jahre 1933 unter dem nationalsozialistischen Regime „die Köpfe rollten" und habe ihren absoluten Höchststand im Jahr 1934 erreicht, in dem nach der offiziellen Statistik der Todesursachen 152 Hinrichtungen stattfanden, die meisten, die – abgesehen von den letzten Kriegsjahren – in Deutschland seit Bestehen der Reichskriminalität überhaupt in einem Jahr vorgenommen worden seien.

---

Ein 19-jähriger Klempnerlehrling fragte, nach der gemeinschaftlichen Ermordung seines Pflegevaters mit zwei anderen Tätern, einen Freund, wie alt mein sein müsse, „um einen Strick um den Hals zu bekommen". (Siehe BArch B 141/003826, MicroF S. 98ff.). Des weiteren findet sich auch ein Aufsatz über die bereits oben zitierten Ausführungen des Hamburger Landgerichtsdirektors Schmarje. (Siehe BArch B 141/003826).

336 BArch B 141/003796, Bl. 18. Insgesamt siehe auch BArch B 141/003826, B 141/003796, B 141/003797, B 141/003798.

337 BArch B 141/003826, MicroF S. 35ff.

338 Der Eingebende setzte die Kriminalitätsziffer (d.h. berechnet auf 100.000 strafmündige Personen) in Verhältnis zu den laut Statistik der Todesursachen hingerichteten Mörder: 1924 (0,41 – 23 Hinrichtungen), 1925 (0,39 – 16 Hinrichtungen), 1926 (0,35 – 14 Hinrichtungen), 1927 (0,25 – 6 Hinrichtungen), 1928 (0,18 – 2 Hinrichtungen), 1929 (0,14 – 0 Hinrichtungen), 1930 (0,18 – 1 Hinrichtungen), 1931 (0,19 – 4 Hinrichtungen), 1932 (0,20 – 3 Hinrichtungen), 1934 (0,63 – 152 Hinrichtungen), 1935 (0,33 – 86 Hinrichtungen), 1936 (0,29 – 58 Hinrichtungen). Siehe BArch B 141/003826, MicroF S. 35ff.

Oberregierungsrat Eduard Dreher stellte ebenfalls in einigen Vermerken Überlegungen zu dem Thema Todesstrafe an.[339] In einem Aufsatz mit dem Titel „Für und Wider die Todesstrafe“, der später in der *Neuen Zeitung* veröffentlicht wurde,[340] erklärte Dreher, es gebe drei Arten an die Frage heranzugehen: gefühlsmäßig, weltanschaulich oder mit nüchternem Verstand. Vor gefühlsmäßigen Reaktionen, die oft genug aus unterbewussten, mehr oder weniger atavistischen Rachevorstellungen genährt würden, warnte Dreher, da sie ohnehin keine wirklichen Lösungen parat hätten. Hingegen müsse jede ernsthaft fundierte weltanschauliche Einstellung zu der Frage respektiert werden. Ihr gebühre Vorrang vor den kriminalpolitischen Zweckmäßigkeitserwägungen des Verstandes, die nur für den von ausschlaggebender Bedeutung seien, der die Todesstrafe weltanschaulich für möglich halte. Im folgenden befasste sich Dreher mit den kriminalpolitischen Zweckmäßigkeitserwägungen, in dem er die gängigen Argumente für und gegen die Todesstrafe gegenüber stellte. Im Rahmen der Ausführungen über eine mögliche abschreckende Wirkung der Todesstrafe verwendete er die von Koch zusammen getragenen statistischen Erkenntnisse des Zusammenhangs zwischen Mordkriminalität und Zahl der vollstreckten Todesurteile. Ergänzend fügte er hinzu, die Mordkriminalität in Deutschland sei im Jahr 1950, die Urteile von Kriegs-, SS- und Polizeigerichten nicht eingerechnet, gesunken. Allerdings scheine sie 1951 wieder zu steigen. Das stärkste Argument gegen die Todesstrafe sah Dreher jedoch in der Gefahr der Justizirrtümer, insbesondere wenn die Schuld eines Täters, wie es jüngst in einem Strafverfahren der Fall war, vom Gutachten einer Sternwarte, ob das Gesicht eines Menschen in einer bestimmten Stunde an bestimmter Stelle vom Mond beschienen sein konnte, abhänge. Der pauschale Ausschluss von Indizienbeweisen oder die Abhängigkeit eines Geständnisses des Täters für eine Verurteilung sei aus bekannten Gründen nicht geeignet, diese Unsicherheiten zu beseitigen. Das Problem lasse sich auch nicht im Wege der Gnade lösen, da gerade beim scheußlichsten Mord, bei dem keinerlei Gnade am Platze sei, ein Irrtum über die Person des Täters unterlaufen könnte. Die Argumentation von der Kostenseite wies Dreher zurück, da man damit bedenklich nah an die Erwägungen, die einmal zur Vergasung der Geisteskranken geführt habe, komme. Abschließend betonte er die verfassungsrechtliche Verankerung der Abschaffung der Todesstrafe – „ob mit glücklicher Hand oder nicht, sei hier dahingestellt“ – und die zur Änderung des Art. 102 notwendige

339 Im einzelnen siehe BArch B 141/003826.

340 BArch B 141/003826, MicroF S. 54ff., Neue Zeitung v. 2./3.8.1952 „Eine Diskussion, die nicht verstummen will – Die Argumente für und gegen die Todesstrafe“ v. *Eduard Dreher*.

Zwei-Drittel-Mehrheit im Bundestag und Bundesrat, und prophezeite, dass die Diskussion auch in Zukunft weiter gehen werde.

Die Mehrzahl der Eingaben an das Bundesjustizministerium beantwortete der Bundesminister der Justiz persönlich. Dabei lehnte er die erneute Anwendung der Todesstrafe kategorisch ab, da sie ein absterbendes Überbleibsel aus überwundenen Epochen darstelle und nicht mehr in die Vorstellungen vom positiven Sinn der Strafe passe. In den Antwortschreiben wiederholte er die Argumente aus seiner Rede vor dem Bundestag im Herbst 1952 und fügte den Schreiben sogar Teilauszüge der Rede bei.[341] Explizit betonte er die grundsätzliche Abschaffung der Todesstrafe durch das Grundgesetz und das damit verbundene Erfordernis einer notwendigen Zwei-Drittel-Mehrheit im Gesetzgebungsverfahren, wollte man diesen Verfassungssatz wieder abschaffen. Die Abschaffung der Todesstrafe sei keine Gnade für den Mörder, sondern die Beseitigung einer falschen Strafe. Zudem forderte Dehler die Eingebenden auf, sich erneut ernsthaft mit dem Thema auseinander zusetzen.[342]

Den eingebenden Verurteilten, die um Umwandlung ihrer lebenslänglichen Zuchthausstrafe in die Todesstrafe baten, teilte er mit, dass die Anwendung der Todesstrafe auch in Ausnahmefällen durch die Abschaffung im Grundgesetz völlig ausgeschlossen sei. Selbst wenn die Todesstrafe in Zukunft wieder eingeführt werde, könne sie keine Anwendung auf bereits Verurteilte finden, da eine Strafe nicht rückwirkend in Kraft gesetzt werden könne.[343]

341 BArch B 141/003796, B 141/003797, B 141/003798. Zu der Argumentation im einzelnen siehe oben Zweiter Teil, 1. Kapitel, D) I. 2.

342 BArch B 141/003796, B 141/003797, B 141/003798.

343 BArch B 141/003796, B 141/003797.

# 5. Kapitel: Die Diskussion unter Bundesjustizminister Neumayer

## A) Parlamentarische Diskussion

### I. Bayerischer Landtag

Unbeeindruckt von der Niederlage auf Bundesebene stellten die Abgeordneten der Fraktion der Bayernpartei Seibert und Gaßner am 15. Dezember 1953, im Bayerischen Landtag folgenden Antrag:

> „Die Staatsregierung wird unter Bezugnahme auf den Beschluss des Bayerischen Landtags vom 21. Juni 1951 (Beilage 975) ersucht, erneut beim Bund darauf hinzuwirken, dass eine Änderung des Grundgesetzes zwecks Wiedereinführung der Todesstrafe bei Verbrechen des Mordes durchgeführt wird.“[1]

Der Antrag wurde zunächst im Rechts- und Verfassungsausschuss des bayerischen Landtages behandelt, wo er – wie bereits der Antrag vom 10. Februar 1951[2] – mit 14 gegen 9 Stimmen bei einer Stimmenthaltung abgelehnt wurde.[3]

Bevor der Bayerische Landtag in seiner Sitzung vom 11. März 1954 jedoch in die Diskussion über den Antrag eintreten konnte, versuchte Landtagspräsident Hundhammer, mit der Begründung, andere Tagesordnungspunkte blieben ansonsten unerledigt, die Rednerliste möglichst kurz zu halten. Nach vereinzelten Wortmeldungen wurde die Rednerliste nach 12 Wortanmeldungen geschlossen und die Rednerzeit auf jeweils fünf Minuten begrenzt.[4]

Als Initiator des Antrags begründete Alfons Gaßner[5] die Motivation für den Antrag mit der großen öffentlichen Forderung nach der Wiedereinführung der Todesstrafe.[6] Die Bayernpartei wolle dieser öffentlichen Forderung gerecht

---

1 Beilage 4966.

2 Siehe oben Zweiter Teil, 1. Kapitel, C).

3 Beilage 5119. Den Verlauf der Diskussion im Ausschuss für Rechts- und Verfassungsfragen fasste der Berichtserstatter *Kramer* (SPD) zu Beginn der Landtagssitzung am 11.3.1954 kurz zusammen. Für Einzelheiten siehe Sten. Bericht des Bay. LT, 187. Sitzung v. 11.3.1954, S. 990ff.

4 Sten. Bericht des Bay. LT, 187. Sitzung v. 11.3.1954, S. 992f.

5 Sten. Bericht des Bay. LT, 187. Sitzung v. 11.3.1954, S. 993.

6 *Gaßner* berief sich u.a. auf namhafte Persönlichkeiten des öffentlichen Lebens wie Hundhammer oder Müller-Meiningen jr. sowie auf die Allensbacher Umfrage v. 23.1.1953, wonach 73% der Bevölkerung sich für die Wiedereinführung der Todesstrafe ausgesprochen hätten. Allerdings hat die Umfrage des Allensbacher Instituts für

werden, auch in dem Wissen, dass für diese Entscheidung nicht der Landtag, sondern der Bundestag zuständig sei. Ziel sei allein, dass der Landtag sich offen zur Wiedereinführung der Todesstrafe für vorsätzliche Tötungsdelikte bekenne. Soweit hiergegen das Argument möglicher Justizirrtümer angeführt werde, habe der Reichsjustizminister Emminger bereits im Jahre 1928 festgestellt, „dass im Laufe der letzten Jahrhunderte kein einziges Fehlurteil vorgekommen sei".[7] In der Weimarer Epoche seien lediglich 41 Todesurteile,[8] und auch nur gegen die perversesten Mörder, vollstreckt worden und nur bei Vorliegen eines absolut feststehenden Urteils. Eine Vollstreckung der Todesstrafe auf bloßen Verdacht oder auf Indizien sei damals ausgeschlossen gewesen. Des weiteren sei bei dem geringsten Zweifel an der Schuld des Delinquenten dieser durch den Reichspräsidenten begnadigt worden.[9] Auch fünf Jahre danach bezeichnete Gaßner die damalige Abschaffung der Todesstrafe als „merkwürdigen Vorgang" und behauptete, „nur mit knapper Mehrheit ist seinerzeit der Antrag des SPD-Abgeordneten Wagner angenommen worden, dass die Todesstrafe in der Bundesrepublik Deutschland abgeschafft werden soll".[10] Auch er griff das bereits von anderen Abgeordneten angeführte (falsche) Argument auf, sehr wenige Verfassungen auf der Welt würden die Abschaffung der Todesstrafe kennen.[11]

Eine erschöpfende parlamentarische Aussprache im Plenum des Bayerischen Landtages wurde jedoch durch die Begrenzung der Redezeit auf fünf Minuten

---

Demoskopie im Jahr 1953 lediglich eine Zustimmung von 55% der Befragten ergeben. (s.o. Zweiter Teil, 1. Kapitel D) IV.) Die 73% Zustimmung für die Wiedereinführung der Todesstrafe von der Gaßner spricht, könnte auf einer Umfrage einer internationalen Nachrichten-Agentur basieren, von der verschiedene Medien berichteten. Unterlagen über Quellen und Urheber die diese Umfrageergebnisse bestätigen könnten, finden sich aber leider nicht.

7 Sten. Bericht des Bay. LT, 187. Sitzung v. 11.3.1954, S. 993.

8 Diesen Angaben widersprach später der Abgeordnete *Schier* von der BHE. Er erklärte, es hätten 150 Hinrichtungen in der Zeit der Weimarer Republik stattgefunden und zwar unterschiedlichster Art. Siehe Sten. Bericht des Bay. LT, 187. Sitzung v. 11.3.1954, S. 996.

9 Sten. Bericht des Bay. LT, 187. Sitzung v. 11.3.1954, S. 993.

10 Sten. Bericht des Bay. LT, 187. Sitzung v. 11.3.1954, S. 993. Die Behauptung Gaßners entbehrt jedoch jeglicher Grundlage. Im Hauptausschuss des Parlamentarischen Rates am 5.5.1949 wurde der Abschaffungsantrag mit 15 zu 4 Stimmen angenommen. Auch in der 2. Sitzung des Plenums am 6.5.1949 stimmten sowohl SPD, KPD als auch die Zentrumspartei geschlossen für den Abschaffungsantrag. Siehe oben Erster Teil, 2. Kapitel, B).

11 Sten. Bericht des Bay. LT, 187. Sitzung v. 11.3.1954, S. 993.

verhindert. Viele bayerische Abgeordnete[12] versuchten erst gar nicht ihre Meinung innerhalb des knappen Zeitfensters zu formulieren, sondern verzichteten gleich zu Beginn auf weitergehende inhaltliche Ausführungen, da die vorliegende Frage, die vor ihrer Beantwortung zunächst einer ernsten Prüfung aller möglichen „wissenschaftlichen, psychologischen, medizinischen, sozialen, religiösen, weltanschaulichen und politischen"[13] Aspekte bedürfe, nicht umfassend geklärt werden könne.[14] Sogar der bayerische Staatsminister Weinkamm verzichtete darauf, für das Justizministerium eine Erklärung abzugeben, da „bei der Stimmung, die in diesem Hause jetzt herrscht"[15], keine Entscheidung über den Antrag getroffen werden könne.[16] Während der Abgeordnete des BHE Schier vorwurfsvoll erklärte, der Antrag sei mit der Redebegrenzung „praktisch abgewürgt" worden, wodurch das Instrument der Parlamentarischen Debatte grundsätzlich in Frage gestellt werde, hielt der Freie Demokrat Bezold „jedes Wort eigentlich [für] zu viel"[17]. Der CSU-Abgeordnete Fischer bezeichnete die anhängige Diskussion als „Scheindebatte" und bedauerte, seine in den letzten Tagen zusammengetragenen Informationen zu diesem Thema aufgrund der Redezeitbegrenzung nicht darlegen zu können.[18] Daher beantrage er, den Punkt von der Tagesordnung abzusetzen und zu einem späteren Zeitpunkt weiterzubehandeln[19] oder zumindest den Antrag an den Rechts- und Verfassungsausschuss zurückzuverweisen.

---

12 Sten Bericht des Bay. LT, 187. Sitzung v. 11.3.1954, *Gaßner* -BP- (S. 993), *von Knoeringen* -SPD- (S. 995), *Lippert* -BP- (S. 993f.), *Sturm* (S. 994), *Seibert* -BP- (S. 994), *Fischer* -CSU- (S. 996f.), *Schier* -BHE- (S. 996), *Bezold* -FDP- (S. 998), Staatsminister *Weinkamm* (S. 998f.). Der Abgeordnete *Baumgartner* kommentierte diesen Verzicht im folgenden als „Selbstkastration des Bayerischen Landtags" (S. 994).

13 *Baumgartner* fügte dieser Aufzählung in einem Zwischenruf „Und der Humanitätsduselei" hinzu. Siehe Sten. Bericht des Bay. LT, 187. Sitzung v. 11.3.1954, S. 995.

14 Sten. Bericht des Bay. LT, 187. Sitzung v. 11.3.1954, *von Knoeringen*, S. 995. Ähnlich äußerten sich *Bezold* (S. 998) und *Fischer* (S. 996f.).

15 Tatsächlich herrschte eine sehr hitzige Stimmung, die geprägt war von zahlreichen provozierenden Zwischenrufen – insbesondere durch den Abgeordneten Baumgartner. Auch die Tatsache, dass der Landtagspräsident immer wieder die jeweiligen Redner unterbrach und auf die Einhaltung der 5-minütigen Redebegrenzung beharrte, führte nicht zur Entspannung der Lage bei.

16 Ebd., *Weinkamm*, S. 998.

17 Ebd., *Schier* (S. 996), *Bezold* (S. 998).

18 Ebd., *Fischer*, S. 996f.

19 Diesen Vorschlag wies der Landtagspräsident *Hundhammer* mit der Begründung zurück, der Landtag habe zuvor abweichend in dieser Sache entschieden. Siehe Sten. Bericht des Bay. LT, 187. Sitzung v. 11.3.1954, S. 997.

Statt durch inhaltliche Ausführungen war die Parlamentsdebatte vorrangig geprägt von der Frage, ob der Bayerische Landtag sich mit diesem Thema überhaupt beschäftigen dürfe. Die Befürworter der Todesstrafe gingen wie selbstverständlich davon aus, Bayern habe als „selbständiger Staat“ das Recht, dem Bund Vorschriften zu machen, und dürfe sich nicht davor scheuen, dem Bund gegenüber die von der Öffentlichkeit formulierten Wünsche vorzuschlagen.[20] Das Grundgesetz, betonte Lippert, sei lediglich ein Provisorium. Daher dürfe die Chance auf Veränderungen der Verfassungsgrundsätze nicht vertan werden.[21] Die Gegner dagegen meinten, die Entscheidung über die Frage der Wiedereinführung der Todesstrafe stehe allein dem Bundestag zu. Zwar habe jeder gewählte Abgeordnete generell das Recht über diese Frage zu entscheiden.[22] Der Freistaat dürfe aber lediglich eine Stellungnahme in dieser Sache abgeben, sodass eine Abstimmung im Landtag ohnehin keine Entscheidung herbeiführen könne.[23] Der CSU-Abgeordnete Schubert[24] verstand den BP-Antrag weniger als Antrag auf Entscheidung für oder wider die Todesstrafe, sondern vielmehr als Aufforderung an den Bundestag, sich erneut mit dem Thema zu befassen. Für ihn stand die Notwendigkeit, der Wiedereinführung der höchsten Strafe unter engen Grenzen fest, da nur sie wirksam der erschrekkenden Ausbreitung der Jugendkriminalität entgegenwirken könne. Die weitgehende Humanisierung des Strafvollzuges habe dazu geführt, dass dem Verbrecher mehr Rechte zugestanden würden als den „Unschuldigen und Anständigen“, sodass der gemeine Jugendliche keinen Respekt mehr vor dem Rechtsstaat und seinen Ahndungsmöglichkeiten habe. Bereits vor dem Krieg 1914, so sein Parteikollege Piechl,[25] hätten schwere Verbrechen, nach dem damals vorhandenen Rechtsgefühl der früheren Regierungen und des Volkes, nur durch die Todesstrafe gesühnt werden können. Auch heute müsse „der anständige Mensch, der Tag und Nacht arbeitet, der bemüht ist, es zu etwas zu bringen

---

20 So der CDU-Abgeordnete *Piechl*. Siehe Sten. Bericht des Bay. LT, 187. Sitzung v. 11.3.1954, S. 994. Diese Ansicht vertraten ebenfalls die Abgeordneten *Lippert* (S. 993f.), *Schubert* -CSU- (S. 997).

21 Sten. Bericht des Bay. LT, 187. Sitzung v. 11.3.1954, S. 993f.

22 Sten. Bericht des Bay. LT, 187. Sitzung v. 11.3.1954, *von Knoeringen* (S. 995), *Bezold* (S. 998), *Schmid* -CSU- (S. 997).

23 In einem Zuruf entgegnete *Baumgartner*: „Aber eine Meinung können wir haben! Sonst richten wir besser überhaupt keine Anfrage mehr nach Bonn!“ Daraufhin antwortete *Bezold*: „Sehr richtig: Es sind ja nur Anträge zum Fenster hinaus!“ Siehe Sten. Bericht des Bay. LT, 187. Sitzung v. 11.3.1954, S. 998.

24 Ebd., S. 997.

25 Ebd., S. 994.

und der im schwersten Existenzkampf steht" geschützt werden und nicht das Leben der Raubmörder.

Für Schier[26] dagegen, war die Abschaffung der Todesstrafe Ausdruck der Entwicklung eines fortgeschrittenen Jahrhunderts und seinem Ruf nach der Änderung der Strafrechtspflege und des Strafvollzugs. Er stellte fest, dass „kein Staat und kein Volk [...] in seiner Urentwicklung die Todesstrafe gekannt" habe. Erst mit der fortschreitenden Zivilisation sei stufenweise die Todesstrafe gekommen.

> „Solange die Überschätzung des Geständnisses die Überschätzung des Eides und vor allen Dingen der Strafvollzug mit unzulänglichen Mitteln – sagen wir – die Richtschnur der Vergeltung ist, werden Sie immer bei den alten Schwierigkeiten haltmachen."[27]

Die Gegner des Antrages warfen den Antragsstellern zudem vor, sie hätten den Wiedereinführungsantrag nur gestellt, weil sie nach der Bundestagswahl am 6. September 1953 nicht mehr im Deutschen Bundestag vertreten waren.[28] Der mittlerweile fraktionslose Haußleiter[29] forderte von der BP, sie solle sich lieber für die zurzeit in Bonn aktuell anstehende Entscheidung der Wehrfrage einsetzen, da in dieser Frage mehr Tote zu erwarten seien, als auf dem Sektor der Todesstrafe, und erinnerte an die einem solchen Antrag innewohnende Gefahr, die Todesstrafe auch für Hoch- und Landesverrat wieder einzuführen. Er zumindest wolle nicht an einer möglichen Ausweitung der Todesstrafe mitschuldig sein und lehnte den Wiedereinführungsantrag daher ab.[30] Dies galt seiner

---

26 Ebd., S. 996.

27 Ebd.

28 Sten. Bericht des Bay. LT, 187. Sitzung v. 11.3.1954, *von Knoeringen* (S. 995), *Haußleiter* (S. 998). Die Bundestagswahl 1953 war ein großer Triumph für die CDU/CSU-Fraktion, die mit nur einem Sitz die absolute Mandatsmehrheit verpasste. Für die SPD, die nach dem Tod Kurt Schumachers im August 1952 mit ihrem neuen Partei- und Fraktionsvorsitzenden Erich Ollenhauer zur Wahl antrat, war es das bisher schlechteste Ergebnis. Die BP erreichte nur 1,7% der Stimmen und verpasste somit den Einzug in den Bundestag. Die DP konnte nur 3,3% der Stimmen auf sich vereinen. Allerdings konnte sie aufgrund des Gewinns von 10 Wahlkreisen mit 15 Abgeordneten über die Grundmandatsklausel in den Bundestag einziehen. Wie schon bei der Bundestagswahl 1949 zuvor mit der Zentrumspartei, verzichtete die CDU diesmal zu Gunsten der DP in acht Wahlkreisen auf die Nominierung eigener Kandidaten, damit die Bewerber der DP überhaupt im Bundestag vertreten waren und das bestehende Bündnis nicht gefährdet wurde. Siehe *Meyn*, a.a.O., S. 51.

29 Sten. Bericht des Bay. LT, 187. Sitzung v. 11.3.1954, S. 998.

30 In der Sitzung vom 21.6.1951 hatte sich *Haußleiter* noch für die Todesstrafe ausgesprochen. (s. o. Zweiter Teil, 1. Kapitel, C) I.) Dementsprechend machte *Baumgartner* ihm nun den Vorwurf: „Das letzte Mal haben Sie aber dafür gesprochen!" Siehe Sten. Bericht des Bay. LT, 187. Sitzung v. 11.3.1954, S. 998.

Meinung nach umso mehr, als die Ausweitung der Todesstrafe unter der momentanen Bundesregierung nicht ausgeschlossen werden könne.[31]

Obwohl der Antrag Seiberts und Gaßners zuvor mit 14 gegen 9 Stimmen, bei einer Stimmenthaltung bereits vom Rechts- und Verfassungsausschuss abgelehnt wurde, beschloss der Bayerische Landtag mehrheitlich am Ende der Diskussion auf Antrag des Abgeordneten Fischers die Materie erneut an den Rechts- und Verfassungsausschuss zu verweisen.[32,33]

---

31 „Seit dem 6. September hat sich der Horizont in Westdeutschland ein wenig verdunkelt, und es könnte sein, dass es beginnt mit der Todesstrafe für den Autobahnmörder, dass es dann fortführt mit der Todesstrafe für die Staatsfeinde, und schließlich käme die Todesstrafe für Fahnenflucht." Siehe Sten. Bericht des Bay. LT, 187. Sitzung v. 11.3.1954, S. 998.

32 Sten. Bericht des Bay. LT, 187. Sitzung v. 11.3.1954, S. 999.

33 Im Rahmen der Beratungen über den bay. Justizhaushalt am 15./16.6.1955 forderte der CSU-Abgeordnete *Lippert* eine erneute, niveauvollere Diskussion durch den Landtag, auch wenn es sich hierbei um eine Bundesangelegenheit handele. Es sei bedauerlich, dass der Landtag sich bisher noch nie „ernsthaft" mit diesem Problem beschäftigt habe. Zwar habe der Bayerische Landtag vor ca. drei Jahren einen Beschluss zu diesem Thema gefasst, aber auch damals habe angesichts der Verwendung von Begriffen wie „brutale Gewalt", „Humanitätsduselei" oder „Durchfütterung von Staatspensionisten" eine „wirklich vertiefte Aussprache" gefehlt. Zuvor hatte der Abgeordnete *Schier* nach einer Kritik der „Überproduktion von Gesetzen" und der zunehmend in Deutschland drohenden „Rechtszersplitterung", wohlwollend gewürdigt, dass in der Haushaltsdebatte noch kein Wort über die Todesstrafe verloren worden sei und eröffnete damit erst die Debatte. Als eigentlicher Gegner der Todesstrafe, räumte *Schier* ein, dass diese für „gewisse Dinge" heilsam sein könnte. Auch ihm falle angesichts der steigenden Kriminalitätsrate die Beibehaltung seiner Position manchmal schwer. Sollte die Todesstrafe jedoch je wieder eingeführt werden, müsste die Strafe sofort und am Ort des Verbrechens gegen den zweifelsfrei überführten Verbrecher vollstreckt werden. Denn der Zweck der Strafe verliere seinen Wert, wenn sie nicht sofort, sondern erst nach ein oder einem halben Jahr, nach einem riesigen Schauprozess, verhängt werde. Die Todesstrafe sei keine Strafart, die eine „Unterbrechung des kausalen Zusammenhangs" vertrage. Nach einem Kapitalverbrechen müssten sich innerhalb einer halben Stunde die Mordkommission, der Untersuchungsrichter und entsprechende Sachverständige am Tatort einfinden, um das Verbrechen vor Ort sofort bewerten zu können. Ein klares Verbrechen sei als solches sofort eindeutig zu erkennen. Durch ein entsprechendes Verfahren könne eine Vereinfachung erreicht werden und die Kosten des Strafverfahrens könnten erheblich gesenkt werden, da eine teure Rekonstruktion der Verhältnisse – soweit nach einem Dreivierteljahr überhaupt noch möglich – entbehrlich sei. Der bayerische Justizminister *Koch* erklärte am Ende der Aussprache „so große Themen wie etwa die Herstellung der absoluten Gerechtigkeit auf Erden oder die Todesstrafe [...] können im Rahmen dieser Haushaltsdebatte wohl nicht zu einem Ende gebracht werden." Siehe Sten. Bericht des Bay. LT, 22. Sitzung v. 15.6.1955, S. 613ff. sowie 23. Sitzung v. 16.6.1955, S. 622f.

## *II. Bundestagssitzung vom 4. November 1954*

Am 12. Juli 1954 reichten DP-Abgeordnete um Bundesminister Hellwege[34] folgenden Antrag ein:

> „Der Artikel 102 des Grundgesetzes für die Bundesrepublik Deutschland vom 23. Mai 1949 (Bundesgesetzblatt S. 1) wird aufgehoben."[35]

Unterstützt wurde der Antrag von 36 Abgeordneten – unter anderem von dem Bundestagsvizepräsidenten und CSU-Abgeordneten Jaeger sowie dem ehemaligen Postminister Schuberth. Zur Begründung des Antrags führten die Antragssteller die immer größer werdende Zahl von Gewaltverbrechen an, die die Wiedereinführung der Todesstrafe notwendig mache. Des weiteren beriefen sich die Abgeordneten erneut auf den Willen des Volkes. Leserumfragen hätten ein eindeutiges Votum für die Todesstrafe ergeben. Zum Beispiel habe eine große Wochenzeitung eine 88%-tige Zustimmung für die Todesstrafe registriert.[36] Insbesondere die Bemühungen der fränkischen Gemeinde Roßtal bei Fürth,[37] ein Volksbegehren in dieser Frage zu erreichen, demonstriere die Notwendigkeit des Antrags.

---

34 Der Vorsitzende der DP rechtfertigte das Engagement seiner Partei für die Todesstrafe in einem Schreiben an die Gesellschaft für Menschenrechte, die bei ihm gegen den Antrag auf Aufhebung des Art. 102 protestiert hatte, damit, „ [...] dass es gerade die von Ihnen erwähnte Menschlichkeit und das Recht sind, die für meine Partei den Beweggrund für eine Wiedereinführung der Todesstrafe bilden. Das Recht des Volkes, vor Bestien in Menschengestalt geschützt zu werden, steht höher, als das vermeintliche Recht dieser Bestien, am Leben zu bleiben. Auch die christliche Lehre steht der Todesstrafe nicht entgegen. Dem Fortschritt einer Nation, den sie ebenfalls anführen und der Bekämpfung von Barbarei und Unmenschlichkeit wird dadurch nicht gedient, dass man den Völkern einen ausreichenden Schutz vor Mördern vorenthält, sondern dadurch, dass man die Mörder ein für allemal unschädlich macht oder sie von der Begehung ihrer Bestialität möglichst abschreckt. [...] Überhaupt sollte man [...] die Begriffe Menschlichkeit, Recht und Fortschritt eher durch das Überhandnehmen brutaler Morde bedroht sehen als durch die gerechte Sühne, die solche Mordtaten finden müssen." Siehe Allg. Zeitung v. 29.7.1954 „Soll der Henker wiederkommen?"; *Müller-Meiningen jr.*, SZ v. 29.10.1954.

35 BT-Drs. Nr. 709. Vgl. auch BArch B 141/003826 MicroF S. 109.

36 SZ v. 13.7.1954 „Wiedereinführung der Todesstrafe beantragt". *Müller-Meiningen jr.* warnte vor den von der Deutschen Partei zur Begründung ihres Antrags angeführten 88% Befürwortern der Todesstrafe. Derartige öffentliche Befragungen seien der ungeeigneteste Weg zu einem verantwortbaren Ergebnis, da die Befragten auf eine weltanschauliche Frage lediglich stimmungsmäßig antworteten. Vielmehr sei die Große Strafrechtsreform der geeignete Anlass, um angemessen und ohne die von Stimmungen abhängige Meinung des Volkes über die Frage zu entscheiden. Siehe SZ v. 14.7.1954 „Zum Thema Todesstrafe" v. *Ernst Müller-Meiningen jr.*

37 Im Rahmen der öffentlichen Auszeichnung von sechs Roßtaler und einem Frankfurter Bürger für ihre mutige Beteiligung an der Ergreifung des Raubmörders Kotschenreu-

Nur zwei Tage später erreichte den Bundestag ein weiterer Initiativgesetz-Entwurf zur Wiedereinführung der Todesstrafe, der erstmals aus den Reihen der CDU vorgelegt wurde.[38] Eine Gruppe von 15 Abgeordneten beantragte

> „Dem Artikel 102 des Grundgesetzes für die Bundesrepublik Deutschland vom 23. Mai 1949 (Bundesgesetzblatt S. 1) wird als Absatz 2 folgende Vorschrift angefügt: Dies gilt nicht für die Verbrechen des Mordes und des Menschenraubes. Das Nähere regelt ein Bundesgesetz."[39]

Die Presse rechnete damit, dass die Anträge in einer der ersten Sitzungen des Bundestages nach den Parlamentsferien behandelt werden würden. Denn der Bundestag musste sich noch in der laufenden Legislaturperiode mit der Frage beschäftigen, wollte er auf den für das nächste Jahr angekündigten Entwurf eines neuen Strafgesetzbuches durch die Große Strafrechtskommission in dieser Angelegenheit noch Einfluss nehmen.[40]

---

ther, der am 26.5.1954 zwei Menschen bei einem Überfall auf die örtliche Sparkassenfiliale erschossen hatte, erklärte der Bürgermeister der Gemeinde, die beste Belohnung sei die Todesstrafe für Kotschenreuther. Seine Gemeinde, so der Bürgermeister, werde nicht eher ruhen, bis die erforderlichen 100.000 Unterschriften für ein Volksbegehren zur Wiedereinführung der Todesstrafe gesammelt seien. Daraufhin beschloss der Kreistag von Fürth, ebenfalls für die Wiedereinführung der Todesstrafe zu stimmen. In den folgenden Wochen wurden auch in anderen nordbayerischen Städten Unterschriftenlisten für ein Volksbegehren ausgelegt. Bereits nach einem Monat hatten sich 1.400 Wahlberechtigte in die Listen eingetragen. Siehe SZ v. 2.7.1954; SZ v. 8.7.1954 „Fünfzig Mark für mutiges Verhalten"; SZ v. 9.7.1954 „Unterschriften für die Todesstrafe"; SZ v. 26.8.1954; dpa-Meldung Nr. 133 v. 6.7.1954 „Für Wiedereinführung der Todesstrafe".

38 SZ v. 29.8.1954 „CDU-Abgeordnete für die Todesstrafe". Bereits am 8.1.1954 hatte die Bundesgeschäftsstelle der CDU aufgrund zahlreicher Zuschriften betr. die Wiedereinführung der Todesstrafe gegenüber dem BJM folgende Stellungnahme abgegeben: „Bei der Unzahl der Verbrechen, die tagtäglich in Westdeutschland geschehen und leider Gottes zum Teil Schwerstverbrechen, kann es die überwiegende Mehrzahl des Volkes nicht begreifen, dass die Todesstrafe für eine bestimmte Art von Verbrechen nicht längst wieder eingeführt ist. Im Dritten Reich galt das Leben so gut wie nichts, in der westdeutschen Demokratie, welche die Folgen von zwei Kriegen zu tragen hat, werden die Schwerstverbrecher noch in Staatspension geschickt. Dafür hat kein Mensch mit gesundem Verstand Verständnis. Es wird höchste Zeit, dass dieses Problem aufgegriffen wird." (Siehe BArch B 141/003799 MicroF S. 18). Der CDU-Bundestagsabgeordnete *Gottfried Leonhard* wandte sich persönlich an BMJ Neumayer mit der Bitte um Stellungnahme zu dem Thema. Anderenfalls werde er mit einigen Freunden einen entsprechenden Antrag in den Bundestag einbringen. Er selbst befürworte seit jeher die Todesstrafe. (Siehe BArch B 141/003798 MicroF S. 172).

39 BT-Drs. Nr. 724. Vgl. auch BArch B 141/003826 MircoF S. 110.

40 FR v. 13.7.1954; *Müller-Meiningen jr.*, SZ v. 14.7.1954; Welt v. 8.7.1954 „Wieder Todesstrafe gefordert".

In Vorbereitung auf die erwartete Parlamentsdiskussion fertigte das Bundesjustizministerium einen Sprechzettel, der Justizminister Neumayer zur Orientierung dienen sollte.[41] Im Gegensatz zu seinem Vorgänger Dehler beabsichtigte Neumayer, sich für die Wiedereinführung der Todesstrafe auszusprechen. Die Abschaffung der Todesstrafe durch den Parlamentarischen Rat sei nicht nur eine zeitgebundene Reaktion auf die Brutalität der nationalsozialistischen Zeit, sondern die logische Wiederaufnahme der Rechtsentwicklungen des Norddeutschen Bundes und des Reichstages, die zu respektieren sei. Dennoch könnten besondere Umstände es rechtfertigen, die Todesstrafe in Einzelfällen wieder einzuführen. Zur näheren Bestimmung derart schwerwiegender Umstände wurde eine Verschiebung der Diskussion bis zu den Beratungen der von Neumayer einberufenen Strafrechtskommission gefordert. Denn nur dort könne der Frage ernsthaft nachgegangen werden – frei von der „gegenwärtigen politischen Aktualität tödlicher Sprengstoffdelikte, Raub mit Marterungen oder Notzucht mit Todesfolge".[42]

Bei der Entscheidung um die Anwendung der Todesstrafe sei insbesondere die Meinung der Öffentlichkeit außer Betracht zu lassen, da der mehrheitliche Teil der Bevölkerung fälschlich davon ausgehe, dass „die schweren Bluttaten täglich im Zunehmen begriffen" seien. Zwar sei es aus dieser Sorge heraus verständlich, nach Abwehrmitteln zu suchen und die Todesstrafe zu fordern, die für den unbefangenen Betrachter Hilfe zu versprechen scheine. Dieses Bild der Öffentlichkeit entspreche jedoch keineswegs den Tatsachen. Tatsächlich zeigten die Zahlen der rechtskräftig verurteilten Mörder und Totschläger nach der Polizeilichen Kriminalpolizeistatistik in der Bundesrepublik Deutschland (ohne Berlin) der letzten Jahre einen stetigen Rückgang der schwersten Kriminalität:[43]

| 1948 | 1949 | 1950 | 1951 | 1952 | 1953 |
|---|---|---|---|---|---|
| 521 | 427 | 410 | 361 | 379 | 308 |

Ebenso belegten die sog. Kriminalitätsbelastungsziffern, d.h. die Zahl der Verurteilten auf 100.000 der jeweiligen strafmündigen Bevölkerung, dass der Stand der schweren Kriminalität sogar wesentlich niedriger liege als in der Weimarer Republik und unter dem nationalsozialistischen Regime. Von der schwankenden Bevölkerungszahl unabhängig betrug die Kriminalitätsziffer für

41 BArch B 141/003826 MicroF S. 111ff.

42 Ebd.

43 Ebd.

den Durchschnitt der Jahre 1900–1914 (0,66), für 1919–1932 (0,96) und für 1950–1952 (0,78).[44] Die derzeitige Blutkriminalität sei keineswegs besorgniserregend. Auch früher seien abstoßende Taten verübt worden, die an Scheußlichkeit nicht hinter den heutigen zurückständen. Schuld an dem gestiegenen Unsicherheitsgefühl der deutschen Bevölkerung sei die „sensationslüsterne Presse". Vor allem Illustrierte machten aus jedem Mord eine Sensation, indem sie über alle Einzelheiten unter Beifügung detailliertester Bilder berichteten. Damit kitzelten sie nicht nur die Nerven eines „sensationslüsternen Publikums", sondern auch die „redliche und ordnungsliebende Bevölkerung in ihrer Gesamtheit".[45] Obwohl Neumayer die Anwendung der Todesstrafe grundsätzlich befürwortete, hielt er die isolierte Entscheidung der Frage um die Todesstrafe zum jetzigen Zeitpunkt nicht für erforderlich, ja sogar für misslich, wenn in näherer Zukunft doch eine erneute Änderung des Grundgesetzes zum Beispiel durch das kommende Militärstrafgesetzbuch absehbar sei.[46]

Die Zeitungen kündigten regelmäßig die unmittelbar bevorstehende große parlamentarische Diskussion im Bundestag an. Der Termin verschob sich jedoch immer wieder[47] – bis zum 4. November 1954, als der Bundestagstagspräsident überraschend zwischen redaktionellen Änderungen, Geburtstagsglückwünschen und dem Beschluss, dem verstorbenen Bundestagspräsidenten Ehler ein Ehrenbegräbnis zu gewähren, erklärte:

---

44 In einer anderen Zusammenstellung betr. der wegen Mord und Totschlag im Dt. Reich in den Jahren 1900–1940 und in der BRD (ohne West-Berlin) in den Jahren 1949–1953 verurteilten Personen werden dagegen abweichende Zahlen genannt. Trotz dieser divergierenden Zahlen ist jedoch auch hier – mit Ausnahme von 1952 – insgesamt ein stetiger Rückgang der verurteilten Mörder und Totschläger festzustellen. Untersucht man jedoch Mord- und Totschlagsdelikte gesondert, fällt auf, dass im Gegensatz zu den Totschlagsdelikten, die Mordverbrechen seit 1951 wieder angestiegen sind: 1949 – 192 Verurteilte (0,53); 1950 – 136 Verurteilte (0,37); 1951 – 110 Verurteilte (0,29); 1952 – 138 Verurteilte (0,36) und 1953 – 145 Verurteilte (0,39). Nur durch die Gesamtbetrachtung mit den Totschlagsdelikten zeigte sich eine allgemeine Abnahme der Kapitalverbrechen. Siehe BArch B 141/003827 MicroF S. 67f.

45 BArch B 141/003826 MicroF S. 111ff.

46 Am 17.3.1955 wurde dem BMJ der gleiche, teilweise aktualisierte Sprechzettel zur Vorbereitung auf eine Bundestagsdebatte am 24.3.1955 vorgelegt. Siehe oben Erster Teil, 2. Kapitel A) II.

47 Zunächst waren die Beratungen für den 14.10.1954 geplant. Der angesetzte Termin wurde jedoch erst auf Ende Oktober verschoben, bevor er letztlich dann am 4.11.1954 auf die Tagesordnung gesetzt wurde. Vgl. BZ v. 30.9.1954 „Todesstrafe"; Schwäb. Landeszeitung v. 2.10.1954 „Diskussion um die Todesstrafe"; AZ v. 9.10.1954 „Für Mörder die Todesstrafe"; Welt v. 20.10.1954 „Todesstrafe wieder aktuell"; FrNPr v. 20.10.1954 „CDU-Abgeordnete beantragen Einführung der Todesstrafe"; SZ v. 20.10.1954 „Um die Wiedereinführung der Todesstrafe".

„Vor der weiteren Erledigung der Tagesordnung einige Mitteilungen. Die Fraktionen haben sich geeinigt die Debatte über die Todesstrafe heute abzusetzen.“[48]

### *III. Drucksachen Nr. 709 und 724*

Im März 1955 berichtete die deutsche Presse von einem „neuen“ Antrag von 36 Bundestagsabgeordneten aus Niedersachsen, Hessen und Bayern, die Todesstrafe durch den Bundestag wieder einzuführen. Genau genommen handelte es sich hierbei aber um die am 4. November 1954 zurückgestellten Drucksachen Nr. 709 und 724, die in der Bundestagssitzung am 24. März 1955 doch noch beraten werden sollten.[49]

Der Bundestagsabgeordnete der Deutschen Partei, Heinz Matthes,[50] begründete als Initiator des Wiedereinführungsantrags seinen Vorstoß erneut mit der Grausamkeit und Scheußlichkeit der Gewaltverbrechen der letzten Jahre. Jeder Raubmord und Menschenraub habe dazu beigetragen, dass der Meinungsstreit zu diesem Thema nie verstummt sei. Gerade auch weil die Öffentlichkeit mehr und mehr die Einführung der Todesstrafe fordere, werde die Reaktion des Gesetzgebers in dieser Diskussion zukünftig positiver ausfallen als bisher. Zumal durch die zahlreichen Einengungen des Strafrechts, wie zum Beispiel das Ausschalten von Indizienbeweisen, das Einräumen eines stärkeren Ermessensspielraums des Richters oder die Einsetzung von Gnadenausschüssen, Justizirrtümer wirksam ausgeschlossen werden könnten. Damit würden zugleich die Argumente, die die Gegner der Todesstrafe für ihre Ablehnung stets anführten, entkräftet.

Zwei Tage vor ihrer geplanten Behandlung wurden die Drucksachen jedoch erneut durch den Ältestenrat des Bundestags von der Tagesordnung der Ple-

---

48 Sten. Bericht des BT, 53. Sitzung v. 4.11.1954, S. 2603f.

49 Dies ergibt sich aus einem Vermerk des BJM v. 17.3.1955. Zur Vorbereitung auf die geplante Sitzung fertigte das Referat II des BJM einen Sprechzettel für Minister Neumayer. Es handelte sich hierbei um den Entwurf, der bereits für die Plenarsitzung Anfang November 1954 ausgearbeitet wurde. Allerdings wurde er hinsichtlich der Zeitangaben und Statistiken überarbeitet. Des weiteren wurden die Ausführungen auf Wunsch des Oberregierungsrates Maassen und im Einvernehmen mit Ministerialrat Dallinger über die Möglichkeiten, die zur Verfügung stehen, um Justizirrtümer bei Urteilen wirksam auszuschließen, erweitert. Siehe BArch B 141/003827 MicroF S. 14. Näheres zum Inhalt des Sprechzettels siehe Erster Teil, 2. Kapitel A) II.

50 Kasseler Post v. 23.3.1955 „Wieder um die Todesstrafe“ v. *Heinz Matthes*.

narsitzung abgesetzt. Eine erneute Behandlung der Wiedereinführungsanträge nach Ostern wurde nicht ausgeschlossen.[51]

## *B) Pressestimmen*

### *I. Parlamentarische Diskussion*

Die Ereignisse im Bayerischen Landtag waren nur von untergeordnetem Interesse für die deutsche Presse.[52] Stattdessen befasste sie sich mit den Erfolgsaussichten der Anträge auf Wiedereinführung der Todesstrafe auf Bundesebene. Auch wenn die Presse die Absetzung der Anträge nicht erwartet hatte, räumte sie dem Begehren bereits im Vorfeld, trotz prominenter Fürsprecher wie Bundesjustizminister Neumayer und Bundesminister Strauß,[53] keine großen Erfolgschancen ein – nicht zuletzt aufgrund der Tatsache, dass die erforderliche verfassungsändernde Zweidrittelmehrheit nicht zu realisieren sei.[54] Zwar könne die Regierungskoalition rein theoretisch die Wiedereinführung der Todesstrafe durchsetzen, wenn sie sich geschlossen hinter ihren rechten Flügel stelle. Dies sei jedoch, wie die zwei vorhergehenden Bundestagsdebatten bereits gezeigt hatten, weder von der CDU und schon gar nicht von der FDP zu erwarten.[55] Freilich gewännen die Befürworter der Todesstrafe seit dem letzten

51 SPD-Archiv Nr. 11 v. 23.3.1955 „Todesstrafe – Debatte abgesetzt“; FAZ v. 24.3.1955 „Die Debatte über die Todesstrafe abgesetzt“; ppp-Meldung Nr. 11 v. 23.3.1955 „Todesstrafen-Debatte abgesetzt“.

52 Die deutsche Presse beschränkte sich in ihrer Berichterstattung, über die Ereignisse im Bayerischen Landtag, auf eine kurze Wiedergabe der Resultate der Diskussionen. Siehe SZ v. 12.2.1954 „Für und Wider die Todesstrafe“; Süd-Ost-Kurier v. 13.2.1954 „Wiedereinführung der Todesstrafe abgelehnt“; SZ v. 12.3.1954 „Hitzige Debatte über die Todesstrafe“.

53 Kasseler Post v. 13.8.1954 „Todesstrafe – ja oder nein?“ v. *Hanns H. Reinhardt*; *Müller-Meiningen jr.*, SZ v. 14.7.1954; Schwäb. Landeszeitung v. 2.10.1954; *Müller-Meiningen jr.*, SZ v. 29.10.1954.

54 Süd-Ost-Kurier v. 31.7.1954 „BP will Volksbefragung über Todesstrafe“; SZ v. 4.11.1954 „Keine Barbarisierung des Strafrechts“; Norddt. Zeitung v. 4.8.954 „Todesstrafe“; Welt v. 8.7.1954.

55 So ständen sich gestern wie heute alte politische Waffengefährten in diesem Punkte als Meinungsgegner gegenüber. Während der damalige BMJ *Dehler* leidenschaftlich gegen die Todesstrafe eintrat, fordere sein Parteifreund und amtierender BMJ *Neumayer* ihre Wiedereinführung. Ebenso stünden sich die DP-Abgeordneten, der Fraktionsvorsitzende *von Merkatz* als Verteidiger des Verbots der Todesstrafe und der Parteivorsitzende *Hellwege* als Befürworter des Änderungsantrags gegenüber. Siehe *Reinhardt*, Kasseler Post v. 13.8.1954. Vgl. auch Mannheimer Morgen v. 3.11.1954 „Neue Debatte über die Todesstrafe“ v. *Erhard Becker*; SZ v. 29.10.1954.

Vorstoß beträchtlich an Boden.[56] Politische Kreise bestätigten aber, dass der Versuch der Verfassungsänderung auch diesmal scheitern würde.[57] Dementsprechend sei aus Bonner politischen Kreisen zu vernehmen, es sei „außerordentlich unerfreulich, dass diese Frage nun schon zum wiederholten Male im Bundestag aufgeworfen“[58] werde.

## *II. Forderung der Öffentlichkeit*

Grundlage für die Wiedereinführungsanträge, das erkannten auch die Zeitungen, bildeten Mordfälle, die wegen ihrer Abscheulichkeit äußerste Empörung hervorriefen, sowie andere aufsehenerregende Gewaltverbrechen, die die Öffentlichkeit schockierten.[59] Brutale Taxifahrermorde[60] sowie Verbrecher wie der Raubmörder Kotschenreuther, oder die mehrfache Giftmörderin Lehmann[61] ließen die ohnehin schon bestehende Abneigung des überwiegenden

---

56 Selbst der sozialdemokratische *Vorwärts* räumte in seiner Ausgabe vom 24.2.1956 ein, man soll sich „keiner Täuschung darüber hingeben, dass auch eine bestimmte Zahl sozialdemokratischer Wähler für die Beseitigung des Abschaffungsartikels eintreten würden.“ Siehe Vorwärts v. 24.2.1956 „Fest bleiben gegen eine „neue Welle“.

57 Eine Umfrage bei einer größeren Anzahl von Parlamentsmitgliedern aller Fraktionen habe eine Mehrheit gegen die Todesstrafe ergeben. Vgl. AZ v. 9.10.1954 „Keine Chance für Todesstrafe“; Welt v. 20.10.1954; SZ v. 20.10.1954.

58 ppp-Meldung Nr. 2 v. 3.11.1954 „Erneut Debatte über Todesstrafe“.

59 WNPr v. 29.5.1953 „Heiß umstrittenes Thema: Todesstrafe – Ein neuer Beitrag zur Diskussion eines alten Problems“ v. *Curt Becker*; Dt. Echo v. 28.11.1953 „Für oder wider die Todesstrafe: Stimme der Vernunft“; Mittag v. 18.12.1953 „Todesstrafe“; Dt. Zeitung v. 13.1.1954 „Die Todesstrafe“; Hannov. Allgemeine v. 26.11.1953 „Problem Todesstrafe“; Rh. Merkur v. 30.7.1954 „Privilegierte Mörder“; AZ v. 9.12.1953 „Für Mörder die Todesstrafe“; AZ v. 16.12.1953 „Leser-Debatte um die Todesstrafe“; AZ v. 21.12.1953 „Todesstrafe“; AZ v. 28.12.1953 „Drei Leser für und wider die Todesstrafe“; Norddt. Zeitung v. 4.8.1954; FR v. 29.7.1954 „Todesstrafe – kein Schutz vor Gewaltverbrechen“; SZ v. 8.2.1956 „Ein schauderhafter Mord“ v. *Ernst Müller-Meiningen jr.*

60 Anlässlich zahlreicher Raubüberfälle und Ermordungen von Taxifahrern in Hannover, Kaufbeuren und Lippstadt im Jahr 1953 und der damit verbundenen öffentlichen Empörung stellte die *Norddeutsche Zeitung* die Frage nach der Bestrafung der Täter. Die Hannoverschen Taxifahrer kennten auf diese Frage nur eine Antwort: „Die Todesstrafe muss wieder eingeführt werden! [...] Mit unseren Steuergeldern müssen wir diese Verbrecher ernähren!“. Zwar müsse man als Taxifahrer ein gewisses Berufsrisiko miteinkalkulieren; die Taxifahrer hätten jedoch dennoch den Wunsch, die Gerichte möchten mit aller Schärfe vorgehen, und forderten vor allem den Gesetzgeber auf, ihre Forderung nach der Todesstrafe nicht zu überhören. Siehe Norddt. Zeitung v. 25.11.1953 „Taxifahrer H. sprach für viele: Hier hilft nur die Todesstrafe!“.

61 Christa Lehmann vergiftete Anfang der 50er Jahre drei Menschen mit dem schnell wirkenden Pflanzenschutzmittel E 605, welches sie ins Essen mischte. Neben ihrem alkoholkranken Ehemann und ihrem Schwiegervater versuchte Lehmann im Februar

Teils der Bevölkerung gegen die Abschaffung der Todesstrafe zur unüberhörbaren Forderung werden.[62] Noch immer sprachen sich im Bundesgebiet 72% für die Wiedereinführung der Todesstrafe aus, während sie nur 6% grundsätzlich ablehnten. Für die Wiedereinführung nur bei bestimmten Kapitalverbrechen plädierten 9%. Die restlichen 13% der Befragten waren hinsichtlich der Beantwortung der Frage unentschlossen.[63] Weiterhin getrieben von der Über-

---

1954 noch die Mutter ihrer Freundin zu vergiften. Nachdem sie an einige Nachbarn vergiftete Pralinen verteilt hatte, starb Annie Hamann unter extremen Magenkrämpfen. Nur weil eine Freundin Lehmanns eine der Pralinen lediglich zur Hälfte aß und deren Hund an dem Rest der Praline, die zu Boden fiel, starb, wurden die Verbrechen aufgedeckt. Christa Lehmann wurde 1954 zu lebenslanger Zuchthausstrafe verurteilt. Als Motiv hatte sie vor dem Richter angegeben „Ich hatte einen Trieb in mir, der war stärker als ich [...]" Ihre letzten Worte an Journalisten sollen gewesen sein: „Ich mag Beerdigungen".

62 Neben dem öffentlichen Willen berief sich der CSU-Abgeordnete *Rincke* auf „berufene und sachkundige Menschen, wie zum Beispiel Anwälte oder Seelsorger", die ebenfalls die Wiedereinführung der Todesstrafe fordern würden. Eine kürzlich stattgefundene Umfrage einer Anwaltszeitschrift unter 17.000 Rechtsanwälten und Notaren habe eine 83%-ige Zustimmung für die Todesstrafe ergeben. 59% der Befragten hätten sich sogar für eine uneingeschränkte Anwendung der höchsten Strafe ausgesprochen. Siehe *Müller-Meiningen jr.*, SZ v. 29.10.1954.

63 So eine repräsentative Umfrage des Deutschen Instituts für Volksumfragen (DIVO) im März 1955, bei der 1.600 Bürger zu dem Thema Todesstrafe befragt wurden. Bei den grundsätzlichen Gegnern der Todesstrafe überwogen zu 41% religiöse Gründe. Ihnen folgten mit 29% mit dem Argument, das Zuchthaus sei eine härtere Strafe und gebe Gelegenheit zur tätigen Sühne, und die Gefahr eines irreparablen Justizirrtums sei nicht auszuschließen. 2% erklärten, die Todesstrafe wirke nicht abschreckend. Diejenigen, die die Todesstrafe auf bestimmte Kapitalverbrechen beschränkt wissen wollten, nannten mehrheitlich den Tatbestand des Mordes. Jedoch forderten auch 12% die Todesstrafe für besonders an Kindern begangene Sittlichkeitsverbrechen, was das DIVO auf den jüngsten Eindruck bestimmter Untaten zurückführte. Dagegen befürworteten nur 5% die Todesstrafe für politische Verbrechen wie Landesverrat oder Spionage. Laut DIVO war dies eine „deutliche Reaktion auf den Missbrauch, den politischer Radikalismus mit der Todesstrafe getrieben hat". Eine Aufgliederung der Umfrageergebnisse nach Bundesländern ergab nach Angaben des Meinungsinstituts, dass Hessen, Nordrhein-Westfalen, Schleswig-Holstein und Hamburg eine etwas überdurchschnittliche Tendenz zugunsten der Todesstrafe zeigten. Die grundsätzlichen Gegner verteilten sich dagegen gleichmäßig auf das gesamte westdeutsche Bundesgebiet. Drei Viertel der Befragten wussten, dass zu dieser Zeit die Wiedereinführung der Todesstrafe erneut diskutiert wurde. Allerdings wusste jeder zehnte Befragte nicht, ob in Westdeutschland aktuell die Todesstrafe galt. Zwei Prozent waren sogar überzeugt, dass die Todesstrafe gegenwärtig praktiziert werde. Aus der Untersuchung zog das Meinungsforschungsinstitut das Fazit, dass zweifellos der überwiegende Teil der Bevölkerung die Wiedereinführung der Todesstrafe befürworte. Siehe BArch B 141/003826 MicroF S. 162ff. Vgl. auch FrNPr v. 22.3.1955 „72 Prozent sprachen sich für Todesstrafe aus"; NRhZ v. 9.3.1955 „72 v. Hundert sind für den Henker".

zeugung die Kriminalitätsrate in Deutschland steige ins Unermessliche,[64] hielt die deutsche Öffentlichkeit die Todesstrafe für das einzige wirklich effektive Mittel, um, da das „Verbrecherunwesen in Deutschland zur Zeit eine nie erreichte Blüte erlebt“[65], die Gesellschaft vor unbelehrbaren, triebhaft gesteuerten und von Erbanlagen bestimmten Verbrechern zu schützen. Die Bevölkerung fühle sich nun mal sicherer wenn sie wisse, dass der Mörder mit der Verwirkung seines Lebens rechnen müsse.[66] Auch wenn die Entscheidungen des Bundestages und des Parlamentarischen Rates angesichts der grauenvollen Erinnerungen an die „Hitler Fleischerhaken-Justiz“[67] zumindest nachvollziehbar seien,[68] fühle sich die Öffentlichkeit, ebenso wie der Bayerische Landtag, nicht an die Entscheidungen des Bundesparlamentes gebunden. Die Bevölkerung sehe die Vorstellungen und Ziele des Parlamentarischen Rates als widerlegt an, und fordere daher die Rückgängigmachung dieser Entscheidung.[69] Sicher diskutiere das deutsche Volk nicht mit juristisch-philosophischer Beweisführung, sondern „mit dem ganzen erfreulichen Aufwand der guten Gefühlswerte des Volkes“, die leider nicht immer einer sachlichen Argumentation standhielten. Dennoch lasse sich das „volkserhaltende sittliche Element“ erkennen, für dessen Bestand jede Staatsführung dankbar sein müsse.[70] Wenigstens in solchen Fällen von Mordverbrechen, in denen die Täterschaft zweifelsfrei feststehe und bei deren Gesinnung und bestialischen Handlungen das Mitleid mit dem Täter in einen Hohn auf die Opfer und ihren Hinterbliebenen – und damit letztlich auch auf die deutsche Gesellschaft – verwandelt werde,

64 Man brauche nur irgendwo in der BRD eine Tageszeitung aufschlagen, um von scheußlichen Gewaltverbrechen zu lesen: Bandenraub, Mord, Raubüberfälle, schwere Einbruchsdiebstähle sowie Kinderschändungen seien dort an der Tagesordnung. Siehe NRZ v. 12.11.1954 „So geht es nicht weiter“; Hannov. Allgemeine v. 26.11.1953; Dt. Echo v. 28.11.1953; Mittag v. 18.12.1953; Dt. Zeitung v. 13.1.1954; Rh. Merkur v. 30.7.1954; AZ v. 9.12.1953; AZ v. 16.12.1953; AZ v. 21.12.1953; AZ v. 28.12.1953.

65 Hannov. Allgemeine v. 26.11.1953.

66 So der Vorsitzende der DP, Bundesminister *Heinrich Hellwege*. Siehe NRZ v. 15.3.1955 „Ein notwendiges Übel“.

67 Mittag v. 18.12.1953.

68 Bayerischer Rundfunk im Rahmen „Kirchliche Sendungen“ am 6.8. bzw. 17.10.1955 „Der Christ und die Todesstrafe“.

69 Norddt. Zeitung v. 25.11.1953; Dt. Echo v. 28.11.1953; Mittag v. 18.12.1953; AZ v. 9.12.1953; AZ v. 16.12.1953; AZ v. 21.12.1953; AZ v. 28.12.1953; Rh. Merkur v. 30.7.1954. Mit dem Festhalten an Art. 102 missachte der Gesetzgeber, „päpstlicher als der Papst“, den mehrheitlichen Willen der deutschen Bevölkerung, die besonders nach schrecklichen Untaten meist spontan Vergeltung fordere. (Industriekurier v. 2.2.1956 „Die Todesstrafe ist heilsam“ v. *Manfred Mielke*; *Dirks*, FrNPr v. 20.2.1956).

70 Norddt. Zeitung v. 25.2.1956 „Sind unsere Strafen hart genug?“ v. *Georg Alt*.

sollte die Todesstrafe verhängt werden.[71] Nicht die Unversehrtheit des Mörders, sondern der anständige und hart arbeitende Bürger müsse vor den „Klauen triebhafter tierischer Kreaturen" und „wertloser Glieder der menschlichen Gesellschaft" geschützt werden.[72] Alles andere sei falsche Humanität, die den Tätern – auf Kosten des „kleinen Steuerzahlers"[73] – lebenslang freie Kost und Wohnung biete.[74] Es werde „25 mal so viel ausgegeben, wie für einen bei braver Arbeit verdienstunfähig gewordenen Rentner, oder ein altes Mütterchen"[75], um sie dann als „gebessert" auf die Menschheit erneut loszulassen.[76] „In einer Zeit, in der Tausende ihre Haut auf den Schlachtfeldern zu Markte tragen und rechtschaffene Menschen sich von ihrer kärglichen Rente kaum einmal richtig sattessen können, verdient ein Mörder kein Essen, sondern, dass man ihm den Kopf abschlägt".[77] Aus dieser „wie immer gearteten Freundlichkeit mit Gewaltverbrechern" resultiere kein erzieherischer Erfolg.[78] Die humane Behandlung eines „Unmenschen" sei eine Kulturschande und ein Kulturrückschritt „als Ausfluss des Humanitätsdusels", die die sittlichen Grundlagen einer Rechtsordnung, auf weite Sicht gesehen, erschüttere,[79] und wodurch der

71 Mittag v. 18.12.1953. Vgl. auch *Hellwege*, NRZ v. 15.3.1955.

72 Mittag v. 18.12.1953; Schwäb. Landeszeitung v. 17.4.1954 „Um die Todesstrafe"; Rh. Merkur v. 30.7.1954; Westfl. Zeitung v. 21.7.1953 „Todesstrafe – Gerechte Sühne oder Sünde?"; AZ v. 9.12.1953; AZ v. 16.12.1953; AZ v. 21.12.1953; AZ v. 28.12.1953; Münchener Merkur v. 29.12.1955 „Alles verlangt Schutz vor Gewaltverbrechen".

73 Auch in einer Eingabe an das BJM kritisierte ein Bürger, dass lebenslänglich Inhaftierte bessere gesundheitliche Lebensbedingungen vorfänden als normale Bürger. Als Beispiel führte er einen schwer an Asthma erkrankten Mann an, der in den Selbstmord getrieben worden sei, weil die Beschwerden durch den Luftmangel in dem Bunker, in dem er untergebracht war, zu stark wurden. Das BJM erwiderte auf diese Vorwürfe, dass das Beispiel insoweit hinke, als eine Zuchthausstrafe wegen Mordes die lebenslängliche zwangsweise Entziehung der Freiheit bedeute. Was das bedeute, könne man nur ermessen, wer selbst einmal der Freiheit beraubt war. (Siehe BArch B 141/003799 MicroF S. 68ff.).

74 AZ v. 9.12.1953; AZ v. 16.12.1953; AZ v. 21.12.1953; Westfl. Zeitung v. 21.7.1953; Rh. Merkur v. 30.7.1954 „Alles verlangt Schutz vor Gewaltverbrechen".

75 FrNPr v. 30.7.1954. Vgl. auch *Liebmann*, FR v. 4.8.1954; FR v. 6.8.1954 „Freie Aussprache um die Todesstrafe"; AZ v. 12.10.1954 „Die Todesstrafe" v. *Michael Fröhlich*.

76 *Liebmann*, FR v. 4.8.1954.

77 FR v. 6.8.1954.

78 Schwäb. Landeszeitung v. 17.4.1954; Dt. Echo v. 28.11.1953; Westfl. Zeitung v. 21.7.1953; AZ v. 9.12.1953; AZ v. 16.12.1953; AZ v. 21.12.1953; AZ v. 28.12.1953; Rh. Merkur v. 30.7.1954. Der Rechtsstaat sei nur zur Anwendung der Freiheitsentziehung berechtigt, wenn die Möglichkeit zur Besserung des Delinquenten und die Möglichkeit der Rückführung in die menschliche Gesellschaft bestehe. Dies sei aber bei Mördern gerade ausgeschlossen. Siehe *Mielke*, Industriekurier v. 2.2.1956.

79 Siehe Westfl. Zeitung v. 21.7.1953. Vgl. auch Münchener Merkur v. 29.12.1955. Die *Abendzeitung* bezweifelte zudem, dass die Gegner ihre „Humanitätsduselei" auch wei-

deutsche Strafvollzug im Ausland zu einem „bespöttelten deutschen Justizwunder“ avanciere.[80] Nach Ansicht aller westlichen Kulturstaaten komme die Verhängung einer Strafe nur in Betracht, wenn sie eine gerechte Sühne für begangene Untaten darstelle. Zur Sühne gehöre aber auch, dass die Strafe angemessen sei, also so hart ausfalle, wie das begangene Verbrechen überhaupt mit menschlichen Mitteln geahndet werden könne.[81]

Gegen derartig plakative Äußerungen wehrte sich die deutsche Presse zunehmend. Hans Zehrer warnte in der *Welt* davor, das „gesunde Volksempfinden“[82] zur Begründung der Wiedereinführung der Todesstrafe anzuführen. „Eine revolutionäre aufgewühlte Gesellschaft ist kein gültiger Maßstab“.[83] Die Forderung der Öffentlichkeit spiegle allzu oft nur „das Bedürfnis nach der rächenden Hand“ wieder und ende zwangsläufig in der Lynchjustiz, wenn der Staat nicht wieder eine härtere Strafe als den Freiheitsentzug einführe. Sie beruhe allein auf gefühlsmäßigen Reaktionen und erwachse aus aktuellen Impulsen heraus. Dies sei angesichts mancher Scheußlichkeit verständlich, aber nicht ausreichend.[84] Selbst Politiker wie der bayerische Landtagspräsident Hundhammer wüssten über das Problem nur „Plattitüden“ zu verbreiten, und einige Bundestagsabgeordnete benützten die Forderung sogar zur „Popularitätshascherei“. Daher sei es, „nach all den befohlenen Morden und Tötungen des Staates vor 1945 [...] zumindest ein ehren- und achtenswerter Versuch der Bonner Republik, auf das gewaltsame Auslöschen des Menschenlebens [...] zu verzichten“.[85] Inzwischen müsste sich die Erkenntnis durchgesetzt haben, dass viele Verbrechen nicht in völliger Freiheit begangen würden, sondern unter dem Einfluss teils krankhafter, teils korrumpierender Einflüsse der Gesell-

---

terhin ernsthaft vertreten würden, wenn eines ihrer engsten Familienmitglieder Opfer eines bestialischen Mordes würde. Siehe AZ v. 9.12.1953.

80 FrNPr v. 30.7.1954 „Die Morde schreien zum Himmel – Stimmen für die Todesstrafe“.

81 *Mielke*, Industriekurier v. 2.2.1956.

82 Ähnlich äußerte sich die *Frankfurter Rundschau*, die erklärte, das von den Befürwortern gerne ins Feld geführte Volksempfinden sei ein schlechter Ratgeber – denn dieses sei so wechselhaft wie das Wetter. Siehe FR v. 7.8.1954 „Freie Aussprache – Volksempfinden schlechter Ratgeber“ v. *Karl Ortloff*; FR v. 4.8.1954 „[...] ohne Erbarmen“ v. *Karl Liebmann*.

83 Zudem kritisierte er die schnelle, technisierte Methode der Gesellschaft, schadhafte Stellen kurzerhand „radikal auszumerzen“, selbst wenn es sich um Menschen handele. Siehe Welt v. 14.7.1954 „Um Kopf und Kragen“ v. *Hans Zehrer*.

84 Münchener Merkur v. 29.12.1955; Vorwärts v. 24.2.1956; *Alt*, Norddt. Zeitung v. 25.2.1956; Dt. Zeitung v. 13.1.1954. Siehe auch *Becker*, WNPr v. 29.5.1953; *Reinhardt*, Kasseler Post v. 13.8.1954; *Müller-Meiningen jr.*, SZ v. 8.2.1956.

85 Dt. Zeitung v. 13.1.1954.

schaft.[86] Dies gelte insbesondere für die von Kriegszeiten stark geprägte heutige Jugend. Sie „erfuhren Bombennächte, sahen Tote, verspürten den Hunger, vermissten den Vater, ja sogar die Mutter, wenn diese die Familie durchbringen wollte. Sie erlebten den Rückzug der eigenen Soldaten und den Vormarsch unserer heutigen Verbündeten. Vielleicht haben sie sogar Gehängte gesehen, die als 'Deserteure' an den Landstraßen aufgeknüpft wurden".[87] Zudem würden Menschen heute in Wildwestfilmen reihenweise „abgeknallt" und Zeitungen berichteten „schwarz auf weiß jede scheußliche Einzelheit eines grauenvollen Mordes".[88] Ohnehin lasse sich eine Grenze zwischen „normal und nicht normal" schwer ziehen, wie das Beispiel eines Verurteilten zeige. Dieser sei von einem Polizeiarzt zunächst als verantwortlich, dann vom Frankfurter Gerichtsmedizinischen Institut für nicht voll zurechnungsfähig und schließlich von einem Marburger Professor als normal im Sinne strafrechtlicher Verantwortlichkeit erklärt worden.[89] Deutschland sei, so lobte die *Westfälische Zeitung*, nach schwersten Prüfungen Vorbild sittlichen Denkens geworden.[90] Nicht die Menge der Befürworter sei maßgebend, sondern allein die Kulturstufe eines Landes.

### *III. Abschreckungswirkung*

Die Zeitungen kritisierten die grundsätzliche Vereinfachung und Verallgemeinerung des Problems und forderten statt oberflächlicher, tiefergehende und von der Vernunft getragene Betrachtungen.[91] Wesen und Zweck der Strafe müsse es sein, erklärte die *Schwäbische Landeszeitung,*[92] Rechtsbrecher für begangene Rechtsbrüche zu bestrafen und die Gemeinschaft vor weiteren Bedrohungen durch Rechtsbrecher zu schützen. Hierbei dürften die Ausführungen über Kriege, Sexualmorde, Judenverfolgung, Raubmorde und die Anwendung der Todesstrafe jedoch nicht in „einen Topf" geworfen werden, da sich das Maß der Strafe unabhängig von anderen Faktoren immer nur nach der Schwere der vom Rechtsbrecher begangenen Delikte zu richten habe. Morde seien immer

86 *Dirks*, FrNPr v. 20.2.1956.

87 Fränkische Tagespost v. 7.2.1956 „Ein 17-jähriger Mörder" v. *Wilhelm Riepekohl.*

88 Ebd.

89 FAZ v. 28.7.1956 „Grenzen".

90 Westfl. Zeitung v. 21.7.1953.

91 *Becker*, WNPr v. 29.5.1953; Hannov. Allgemeine v. 26.11.1953; Schwäb. Landeszeitung v. 17.4.1954; Dt. Echo v. 28.11.1953.

92 Schwäb. Landeszeitung v. 17.4.1954.

wieder vorgekommen, unabhängig von der Anwendung der Todesstrafe.[93] Schließlich hätten die Deutschen zu Kriegszeiten sich trotz Androhung der Todesstrafe auch nicht davon abhalten lassen, ausländische Sender zu hören. Wenn der normale Bürger schon nicht, bei einer solch vergleichsweise harmlosen Tat, durch die Androhung der Todesstrafe wirksam abgeschreckt werden könne, könne dies erst recht nicht bei aus krankhaften oder tierischen Motiven begangen Taten erreicht werden.[94] Derjenige, der nicht nur so daherrede, sondern sich ernsthaft mit dem Thema beschäftigt habe, wisse um die fehlende Abschreckungswirkung der Todesstrafe. Ernsthafte Wissenschaftler hätten bewiesen, dass die Todesstrafe im Gegenteil noch zu Verbrechen anreize – je brutaler und je blutiger das Strafmaß eines Staates sei, umso brutaler würden auch die Verbrechen.[95] Nach den Beobachtungen des berühmten englischen Psychiaters J.A. Hobson habe kein einziger der fünfzig Mörder, die er im Laufe seiner Praxis betreute, dem Tag seiner Hinrichtung mit Furcht oder Schrekken entgegen geblickt. Sie hätten einzig die Befürchtung gehegt, evtl. nicht zum Tode verurteilt zu werden. Alle hätten die Hinrichtung durch den Strang einer lebenslänglichen Strafe vorgezogen.[96] Auch der leitende Oberstaatsanwalt am Hamburger Landgericht Kramer,[97] glaubte nicht an die abschreckende Wirkung der Todesstrafe. Das Erschreckende der Kapitalverbrechen von heute sei nicht die Rohheit ihrer Ausübung, sondern vielmehr die unverständliche Gleichgültigkeit der „seelisch so wenig beteiligten, aus allen Schichten kommenden, häufig ohne Not handelnden Zufallsmörder" gegenüber ihren Opfern, aber auch gegenüber den Strafen.

Überdies ergebe sich, so die Presse, auch wenn die Öffentlichkeit ihre Forderung nach Einführung der Todesstrafe regelmäßig mit dem Anstieg der Kapitalverbrechen in jüngster Zeit begründe, bei Überprüfung der Kriminalstatistik

93 AZ v. 16.12.1953; Dt. Echo v. 28.11.1953. Das *Deutsche Echo* ordnete Mörder in vier große Kategorien ein: den Raubmörder, den Mörder aus Rachsucht, den Lustmörder und den Mörder aus politischen Überzeugungen. Der Autor des Artikels kommt letztlich zu dem Ergebnis, dass kein Mörder aus diesen Kategorien durch die Androhung der Todesstrafe wirksam abgeschreckt werden könne. So handle der Raubmörder aus Überzeugung gar nicht erst identifiziert zu werden. Der Mörder aus Rachsucht nehme die Strafe als notwendige Konsequenz in Kauf. Der Lustmörder dagegen blende in einem Rauschzustand die Furcht vor der Strafe völlig aus, und der politische Mörder kalkuliere den Tod als Teil seines Martyriums bewusst mit ein. Diesem Ergebnis der Vernunft dürfe sich zukünftig kein Politiker verschließen.

94 AZ v. 4.12.1953.

95 NRZ v. 16.3.1955 „Schrecken ohne Wirkung" v. *Adolf Arndt*.

96 H.P. v. 18.10.1955 „Mörder fürchten sich nicht vor dem Henker".

97 Hamburger Abendblatt v. 2.2.1956 „Die Todesstrafe schreckt nicht ab" v. *Hildegard Damrow*.

der letzten Jahre das verblüffende Bild, dass die Zahl der Morde in der Bundesrepublik Deutschland seit 1949 zumindest nicht gestiegen sei. Lediglich im Jahr 1952 sei die Tendenz leicht nach oben gegangen.[98] Zum Beweis veröffentlichten einige Zeitungen das vom Bundesjustizministerium anlässlich der erneuten Wiedereinführungsanträge zusammengestellte statistische Material über die Mordkriminalität in der Bundesrepublik Deutschland. Grundsätzlich warnte die Presse jedoch davor, die Statistiken als absolute Wahrheit zu behandeln. In Nachkriegszeiten, insbesondere in den Zeiten nach verlorenen Kriegen, steige die Zahl der Verbrechen etwa drei bis fünf Jahre lang auf einen in normalen Zeiten nicht gekannten Höchststand. Erst danach sinke die Kriminalitätsrate – selbstständig und ohne weitere Einflüsse.[99] Dieses Phänomen könne auch nicht durch Strafverschärfungen oder -milderungen beeinflusst werden. Nur Statistiken „normaler Zeiten“, ohne politische oder wirtschaftliche Schwankungen, könnten Aufschluss über die Wirkung der Todesstrafe geben. Da diese für Deutschland jedoch nicht existierten, könne die Frage nach der Anwendung der Todesstrafe nicht mit Hilfe von Kriminalitätsstatistiken entschieden werden.[100] Die Statistiken belegten lediglich, dass es stets auch in Friedenszeiten einen bestimmten Prozentsatz an Mördern gebe.[101]

Trotz dieser Bedenken erklärten zahlreiche Todesstrafengegner, bestärkt durch die vorgelegten Statistiken des Bundesjustizministeriums, die Abschreckungswirkung der Todesstrafe für widerlegt. Die Kriminalstatistik beweise die Unwirksamkeit der Todesstrafe; die Abschreckungstheorie könne den tatsächlichen Verhältnissen nicht mehr standhalten. Vergleichbare Demokratien hätten längst bewiesen, dass die Kapitalverbrechen durch die Einführung der Todesstrafe weder abgenommen, noch durch ihre Aufhebung zugenommen hätten.[102]

---

98 FrNPr v. 12.10.1954 „Todesstrafe und Kriminalität“ v. *Günther Menthen*; Telegraf v. 9.7.1954 „Kein Argument für die Todesstrafe“; *Bauer*, FR v. 3.11.1954; Süd-Ost-Kurier v. 4.11.1954 „Schranke gegen die Barbarei“ v. *Fritz Bauer*; *Arndt*, NRZ v. 16.3.1955. Sowohl der *Mannheimer Morgen* als auch *Die Freiheit* erklärten, die Statistiken des BJM zeigten einen Rückgang der Zahl der Morde in den letzten Jahren. Siehe *Stengel*, Mannheimer Morgen v. 7.8.1954; Freiheit v. 27.10.1954 „Und fünf Jahre später?“.

99 *Menthen*, FrNPr v. 12.10.1954; Telegraf v. 9.7.1954.

100 *Menthen*, FrNPr v. 12.10.1954; Zeit v. 4.11.1954 „Die Todesstrafe“.

101 NRhZ v. 13.11.1954 „Der Staat will das Recht haben zu töten!“ v. *Heinrich Dittmar*.

102 *Zehrer*, Welt v. 14.7.1954; Norddt. Zeitung v. 4.8.1954; NRhZ v. 11.8.1954 „Amelunxen gegen die Todesstrafe“; SZ v. 4.11.1954; ppp-Meldung Nr. 4 v. 3.11.11954; LFP v. 4.11.1954 „Todesstrafe ohne abschreckende Wirkung“; WAZ v. 4.11.1954 „Die Todesstrafe beruht auf der Blutrache“ v. *Thomas Dehler*; FrNPr v. 4.11.1954 „Wer die Todesstrafe will, muss auch den Henker wollen!“. Im Gegenteil, so die *BZ*, zeigten Kriminalgeschichten anderer Demokratien, die die Todesstrafe anwendeten, eine er-

Das wirksamste Abschreckungsmittel sei eine zuverlässig arbeitende Kriminalpolizei sowie eine Verschärfung des Strafvollzugs, was für den Delinquenten meist schlimmer als der schnelle Tod sei.[103] Die *Welt* verlieh ihrer Hoffnung Ausdruck, dass auch im kommenden neuen – durch die Große Strafrechtskommission entwickelten – Strafrecht die im Jugendgerichtsgesetz von 1953 festgelegten Grundsätze der Erziehung und Wiedergutmachung ihren Niederschlag finden würden. Danach werde eine Strafe nur noch verhängt, wo sie unumgänglich, Gefängnis nur noch ausgesprochen, wo es, um den Täter zur Einsicht zu bringen, unvermeidlich sei. Nur so könne der Richter auf die Individualität des einzelnen Täters eingehen.[104] Als Zeichen des bereits begonnen Wandels stehe die 1954 in Nordrhein-Westfalen geschaffene Möglichkeit, kurzfristige Gefängnisstrafen zur Bewährung auszusetzen.[105] Der Justizminister des Landes Nordrhein-Westfalen *Amelunxen*, wiederum forderte eine Reform der juristischen Ausbildung, da mit „juristischen Gartenzwergen, deren geistige Beweglichkeit vor lauter theoretischer Vielwisserei gelähmt werde, [...] niemand gedient" sei.[106]

Gleichwohl hielten die Befürworter der Todesstrafe an dem Gedanken der Abschreckung der Todesstrafe fest. Die Behauptung der fehlenden Abschrekkungswirkung der Todesstrafe sei unrealistisch und unbewiesen. Wer dies behaupte, verkenne, dass es sich bei den Mördern nicht um normale Menschen handele, sondern um „entmenschte Personen, die mit zynischem Lächeln die lebenslängliche Zuchtshausstrafe entgegennehmen".[107] Gerade im Zeitalter der Kriege und Unruhen beeindrucke die Verhängung der lebenslänglichen Zuchthausstrafe die verdorbene Menschheit nicht mehr. Zwar wirke die Androhung der Todesstrafe bei Sexualstraftätern wohl nicht abschreckend, aber zumindest auf psychisch labile Verbrecher wie zum Beispiel den Frankfurter Bankräuber verfehle diese Art der Bestrafung ihre abschreckende Wirkung nicht.[108] Zum Beweis führten einige Zeitungen Fälle an, die ihrer Meinung nach die Abschreckungswirkung bewiesen. Zitiert wurde zum Beispiel ein zweifacher Giftmörder, der im Rahmen der staatsanwaltlichen Ermittlungen erklärt hatte: „Wenn die Todesstrafe bestanden hätte, hätte ich meinen Vater und Bruder

---

schreckend hohe Zahl wahrscheinlicher Justizirrtümer und an Unschuldigen vollzogener Todesurteile. Siehe BZ v. 30.9.1954.

103 *Becker*, Mannheimer Morgen v. 3.11.1954; *Zehrer*, Welt v. 14.7.1954.

104 Welt v. 22.4.1954 „Strafurteile nach Maß" v. *Claus Bauhage*.

105 Westfl. Rundschau v. 23.4.1954 „Bewährungshilfe statt Gefängnis".

106 NRhZ v. 11.8.1954.

107 *Hellwege*, NRZ v. 15.3.1955.

108 Abendpost v. 4.8.1954 „Todesstrafe kann doch abschrecken".

nicht vergiftet."[109] Die *Rheinische Zeitung* berichtete von Ereignissen, die über 20 Jahre zurücklagen.[110] Die *Süddeutsche Zeitung* meinte sogar, aus einer Analyse der Bundestagsdebatte von 1952 ableiten zu können, dass Dehler dem Vollzug der Todesstrafe weit mehr Abschreckungswirkung zuspreche als dem Vollzug der lebenslänglichen Zuchthausstrafe.[111]

## *IV. Justizirrtümer*

Der Gerichtsberichterstatter Curt Becker kritisierte in einem Artikel für die *Westfälische Neue Presse*[112] zum Thema Todesstrafe, dass die Befürworter der schwersten Strafe die Möglichkeit des „Justizmordes" generell ignorierten. Der Justizmord aber sei ein Schreckgespenst eines jeden verantwortungsvollen Richters. Dies habe eine Umfrage unter Juristen der „jüngeren Generation" ergeben, in der die bedingungslose Einführung der Todesstrafe mehrheitlich abgelehnt worden sei.[113] Selbst wenn nur ein einziger Mensch unschuldig verurteilt werde, müsse die Anwendung der Todesstrafe ausgeschlossen bleiben.[114] Dies müsse umso mehr gelten, als die Rechtsprechung voll von Justiz-

109 NRhZ v. 7.8.1954 „Bestände die Todesstrafe, hätte ich es nicht getan".

110 Eine Bande Wegelagerer hatte in der Umgebung von Berlin Autofallen gelegt, in dem sie in der Nacht Drahtseile über die Straßen spannten, um die zum Halten gezwungenen oder an dem Hindernis verunglückten Kraftfahrer auszurauben. Daraufhin sei ein Gesetz erlassen worden, das ein solches Verbrechen mit dem Tode bedrohte. Von diesem Tag an, sei es zu keinen derartigen Raubüberfällen mehr gekommen. Siehe NRZ v. 12.11.1954.

111 Im Rahmen seiner Ausführungen 1952 sei Dehler ein „höchst aufschlussreicher Widerspruch" unterlaufen: „Der Schuldig gewordene wird, wenn ihm der Tod droht, alles aufwenden, um sein Leben zu retten. Er wird also diejenigen, die ihn verfolgen, vielmehr gefährden, als wenn die Drohung mit lebenslänglichen Zuchthaus vor ihm steht." Siehe SZ v. 4.11.1954.

112 *Becker*, WNPr v. 29.5.1953.

113 Zum Beweis der immerwährenden Gefahr des Justizirrtums führte *Becker* zudem ein Strafverfahren aus dem Jahr 1914 an. Damals sei ein Metzger aus Köln-Mühlheim der Ermordung seiner zehnjährigen Nichte beschuldigt worden. Der Staatsanwalt in diesem Verfahren habe die Todesstrafe gefordert, während die damals eingesetzten Geschworenen sich für „nicht schuldig" entschieden hätten. Viele Jahre nach der Verhandlung, in denen der Metzger mit dem Makel eines vermeintlichen Mörders in gesellschaftlicher Isolation gelebt habe, sei in Düsseldorf der wahre Mörder, der Massenmörder Kürten, festgenommen worden. Der Leser, so forderte *Becker*, solle sich in die Lage des Richters und der Geschworenen versetzen, wären diese dem Antrag des Anklägers gefolgt und hätten den Unschuldigen dem Fallbeil überantwortet. Siehe *Becker*, WNPr v. 29.5.1953.

114 Schwäb. Landeszeitung v. 2.10.1954.

irrtümern gerade bei Kapitalverbrechen sei.[115,116] Niemals dürfe es dem Menschen erlaubt sein, eine Strafe zu verhängen, die nicht widerrufbar sei, wenn sich die Unschuld des angeblichen Täters herausstelle.[117] Zudem gewähre die Verhängung der lebenslangen Zuchthausstrafe dem Täter die Möglichkeit, sich mit seiner Tat auseinander zusetzen, um so zur Erkenntnis seiner Schuld zu gelangen. Durch die Todesstrafe dagegen bleibe dem Täter jede Chance der Sühne versagt und der Prozess der Buße werde unterbunden.[118] Sobald der Staat damit beginne, Wert und Unwert eines Menschen in Geld auszurechnen – so wie es einige Befürworter der Todesstrafe offensichtlich täten – gerieten Millionen in Gefahr, ebenfalls als „lebensunwert" eingestuft und ermordet zu werden. Diese bittere Erfahrung sei bereits zu Zeiten des „Dritten Reichs" gesammelt worden.[119]

Die Befürworter der Todesstrafe räumten zwar ein, dass es sich bei dieser schwersten Strafe um eine endgültige Sanktion handele, die nicht mehr rückgängig zu machen sei. Allerdings nahmen sie dieses Risiko in Kauf, wenn nur ein einziges scheußliches Kapitalverbrechen durch die Androhung der Todesstrafe verhindert werden könnte.[120] Ohnehin kämen Hinrichtungen von nachträglich als unschuldig erkannten Verurteilten sehr selten vor, und auch diese könnten durch die Anwendungen von Begnadigungen verhindert werden.[121] Ohnedies dürfe der Gewaltverbrecher keinerlei gesellschaftlichen Schutz for-

---

115 *Arndt*, NRZ v. 16.3.1955; BZ v. 4.11.1954 „Der Tod ist unwiderruflich"; NRhZ v. 11.8.1954.

116 Zur gleichen Zeit diskutierte England ernstlich über die Abschaffung der Todesstrafe, nachdem festgestellt worden war, dass in jüngster Zeit mehrere Menschen hingerichtet worden waren, deren Unschuld kurze Zeit danach einwandfrei bewiesen wurde. So z.B. der Fall Evans, der wegen Mordes an seiner Frau hingerichtet wurde. Der Mord konnte jedoch später eindeutig dem Massenmörder Christie zugeordnet werden. Wie in der Bundesrepublik bemühte sich ebenfalls nicht das Volk, sondern der englische Gesetzgeber um die Abschaffung der Todesstrafe. Parlamentarischer Fürsprecher für das Änderungsbegehren in England war der damalige Innenminister Chuter Ede, der in seiner Amtszeit dem zu Tode verurteilten Evans die Begnadigung verweigert hatte. Die nachträglich bewiesene Unschuld lastete schwer auf Edes Gewissen. Siehe Fränkische Tagespost v. 7.2.1956; *Damrow*, Hamburger Abendblatt v. 2.2.1956; *Alt*, Norddt. Zeitung v. 25.2.1956.

117 Zeit v. 4.11.1954.

118 *Zehrer*, Welt v. 14.7.1954.

119 *Bauer*, FR v. 3.11.1954; *Bauer*, Süd-Ost-Kurier 4.11.1954.

120 *Menthen*, FrNPr v. 12.10.1954.

121 *Hellwege*, NRZ v. 15.3.1955.

dern, da er sich durch seine Verbrechen über alle Gesetze der menschlichen Gesellschaft hinweg setze und sich selbst außerhalb jeder Ordnung begebe.[122]

### *V. Vergangenheit und Zukunft*

Weitgehend waren sich die Stimmen in der Presse darüber einig, dass eine Forderung wie die Wiedereinführung der Todesstrafe nicht dem Wechsel der politischen Mehrheit anzuvertrauen sei, „die die Sache innerhalb weniger Jahre einmal so oder so regeln"[123] könne. Die Todesstrafe sei kein Allheilmittel gegen Verbrechen, könne aber zu einem furchtbaren Schreckgespenst werden, wenn totalitäre Staatssysteme sich ihrer bedienten.[124] Insbesondere, da der Antrag der DP[125] es in Zukunft ermöglichen würde, den Kreis der für todeswürdig erklärten Verbrechen mit einfacher Mehrheit auszuweiten.[126] Adolf Arndt,[127] stellvertretender Vorsitzende des Bundestagsausschusses für Rechtsfragen und juristischer Sekretär der SPD-Fraktion, warnte insbesondere vor der Wiedereinführung der Todesstrafe für Landesverrat, da nicht ausgeschlossen werden könne, dass bei einer „Kriegspsychose" wieder Hinrichtungen aus politischen Gründen stattfänden, sobald die verfassungsrechtlichen Schranken beseitigt seien.[128] Möglicherweise sei eine Anwendung der Todesstrafe in gefestigten politischen Verhältnissen möglich. Nicht jedoch in den momentanen Zeiten der modernen „Massendemokratie", die sich ihrem Wesen nach in weit größerer Versuchung befinde, mit der Todesstrafe Missbrauch zu betreiben als je zuvor – mit Ausnahme der totalitären Diktaturen.[129] Die nationalso-

---

122 NRZ v. 12.11.1954.

123 Ebd. Der hessische Generalstaatsanwalt *Fritz Bauer* bedauerte zutiefst, dass „mancher glaube, mit dem Grundgesetz umspringen zu können", als sei die Verfassung die „Geschäftsordnung eines Kegelclubs". Die Verfassungsregelungen dürften nicht gewechselt werden wie ein Hemd. *Bauer* erreichte 1959 zusammen mit dem Präsidenten des Internationalen Ausschwitzkomitees Hermann Langbein die Entscheidung des BGH, wonach die Anklagen gegen Einzelpersonen in Frankfurt in einem Prozess, die sog. „Ausschwitzprozesse" zusammen geführt wurden. Siehe *Bauer*, FR v. 3.11.1954.

124 *Stengel*, Mannheimer Morgen v. 7.8.1954.

125 Näheres zum Antrag der DP siehe oben Zweiter Teil, 2. Kapitel, A) III.

126 *Reinhardt*, Kasseler Post v. 13.8.1954.

127 *Arndt*, NRZ v.16.3.1955.

128 Dagegen vertrat *Hellwege* die Position, ein Missbrauch der Todesstrafe für politische Zwecke sei in einem „demokratischen Staat" nicht zu befürchten. Sollte sich wirklich einmal eine Mehrheit für die Anwendung der Todesstrafe auch für politische Delikte ergeben, so sei diese Mehrheit ohnehin in der Lage, das Verbot der Todesstrafe zu beseitigen. Siehe *Hellwege*, NRZ v. 15.3.1955.

129 SZ v. 4.11.1954; ppp-Meldung Nr. 4 v. 3.11.11954; LFP v. 4.11.1954; FrNPr v. 4.11.1954; *Ortloff*, FR v. 7.8.1954; SZ v. 29.10.1954.

zialistische Vergangenheit habe gezeigt, mit welcher Leichtfertigkeit und Bosheit die Todesstrafe verhängt worden sei. Es dürfe nie vergessen werden, wie sehr eine solche Strafvollmacht geeignet sei, die menschliche Gesinnung zu korrumpieren.[130] Allein ein Blick in die Sowjetzone[131] – wo die Todesstrafe nach wie vor gelte – entlarve die Todesstrafe als untaugliches staatliches Mittel: „Sie ist dort nicht auf Mord- und Totschlag beschränkt. Das Gesetz zum Schutz des Friedens allein bestimmt beispielsweise, dass auch Kriegshetze mit dem Tode bestraft werden kann. Nach dem Juni-Aufstand von 1953 wurden mehrere Demonstranten zum Tode verurteilt."[132] Ein demokratischer Staat müsse die Alternative zur Unmenschlichkeit der Diktatur sein. Seine Pflicht sei es daher, in seiner Gesetzgebung die Achtung vor der Würde des Menschen vorbildhaft widerzuspiegeln. Zum Anfang müsse er auf das letzte Mittel der Macht verzichten.[133] Die Abschaffung der Todesstrafe durch das Grundgesetz zeuge von einer lobenswerten Gesinnung, die sich bewusst von einer Zeit distanziere, „in der ein Menschenleben weniger wert war als ein Schusternagel"[134]. Die Todesstrafe, so der Bundestagsvizepräsident Carlo Schmid,[135]

---

130 Zeit v. 4.11.1954; *Bauer*, FR v. 3.11.1954; *Bauer*, Süd-Ost-Kurier v. 4.11.1954.

131 In der 69. Kabinettssitzung wies Bundeskanzler *Adenauer* auf ein sowjetzonales Ministerialblatt („Blatt des Justizministers in Sowjetzone fordert Todesstrafe zur Erziehung der Bevölkerung" [Nr. 1178/8d]) hin, in dem Ausführungen über die allgemeine Wirkung der Todesstrafe auf die Bevölkerung enthalten seien. Die Verbreitung dieser Verlautbarung sei geeignet, in der BRD über die wahren Verhältnisse in der Sowjetzone aufklärend zu wirken. Siehe BArch, Protokoll der Kabinettssitzung v. 2.2.1955.

132 *Stengel*, Mannheimer Morgen v. 7.8.1954.

133 Fränkische Tagespost v. 4.11.1954 „Todesstrafe – ja oder nein?"; *Bauer*, FR v. 3.11.1954; *Bauer*, Süd-Ost-Kurier v. 4.11.1954.

134 AZ v. 25.10.1954 „Leben oder Tod?" v. *Georg Kahn-Ackermann*.

135 So *Schmid* in seiner Eigenschaft als Hauptreferent in der Diskussionsrunde des 202. Mittwochsgesprächs im Kölner Bahnhofs-Wartesaal zu dem Thema „Todesstrafe: ja oder nein?", das in Erwartung der erneuten parlamentarischen Bundestagsdebatte von dem Kölner Bahnhofsbuchhändler Gerhard Ludwig am 16.3.1955 veranstaltet wurde. Als Resümee der Diskussionsrunde berichtete die Presse, dass zwar alle Argumente für und gegen die Todesstrafe angeführt worden seien. Neue Gesichtpunkte hätten jedoch sowohl von Seiten der Befürworter als auch der Gegner der Todesstrafe gefehlt. Unter den ca. 700 interessierten Besuchern seien „Junge und Alte, Männer und Frauen, Akademiker und Arbeiter" gewesen. Eingangs erklärte *Schmid* „ein Andrang ist hier, man könnte glauben, der erste wäre schon hingerichtet". Die Stimmung der anwesenden Teilnehmer schätzten die Zeitungen unterschiedlich ein. Die einen meinten – entgegen allen Befragungen der öffentlichen Meinungsinstitute – unter den Teilnehmern eine Mehrheit auf Seiten der Gegner der Todesstrafe feststellen zu können, während die anderen eine Mehrzahl von Befürworter unter den Anwesenden ausgemacht hatten, die Schmid teilweise „wohlpräpariert und [mit] scharfer Zunge", teilweise aber auch „mit unlogischen Argumenten in die Parade" fuhren. Eindruck bei der Presse hinterließen die Aussagen eines politischen Häftlings, der eine 10jährige Zuchthausstra-

werde als Mittel des Selbstschutzes gefordert, obwohl sie ein Mittel sei, das die Demokratie entheilige. „Wenn auch die sog. Volksmeinung für die Wiedereinführung der Todesstrafe ist [...] das Parlament hat die Aufgabe, im Bereich des Moralischen fortschrittlicher zu sein als die Masse.“[136] Diese aus dem Emotionellen urteilende Masse müsse vielmehr aufgeklärt werden; „ich gebrauche dieses altmodische Wort Aufklärung, ohne zu erröten“. Dementsprechend lehnte Schmid Plebiszite zu dieser Frage als zweifelhaftes Unternehmen grundsätzlich ab.[137] Die Abgeordneten des Bundestages, die die Wiedereinführung der Todesstrafe beantragten, entfachten damit eine gefährliche Volksbewegung.[138]

Dessen ungeachtet lasse sich den – in den letzten fünf Jahren regelmäßig wiederkehrenden – Anträgen auf Wiedereinführung der Todesstrafe die Tendenz entnehmen, einige Regelungen des Grundgesetzes, die im Jahre 1949 unter dem Eindruck bitterer Erfahrungen getroffen worden seien, allmählich zu revidieren.[139] „Zeitpunkt und Antragssteller“ ließen den dringenden Verdacht aufsteigen, Grund für den Wiedereinführungsantrag sei nicht die strafrechtliche Diskussion, sondern seien auch Fragen wie Spionage, Wehrkraftzersetzung, Fahnenflucht, Landesverrat und ähnliche Delikte, die sich im Zusammenhang mit dem Neuaufbau einer westdeutschen Armee zwangsläufig einstellten.[140] Es sollte äußerst misstrauisch betrachtet werden, so Arndt, dass der Ruf nach der Todesstrafe regelmäßig in Verbindung mit dem Kriege laut werde.[141] Angesichts der Tatsache, dass das Wiedereinführungsbegehren mit der

fe verbüßt hatte und aufgrund seiner dortigen Erlebnisse „fast schluchzend“ feststellte, dass „jeder Tag im Zuchthaus tausendmal schlimmer als der Tod“ sei. Insgesamt aber, sei die Diskussion „von sehr ungleichen Partnern“ geführt worden, da den Befürwortern die „Wendigkeit im rhetorischen Ausdruck“ gefehlt habe. Im Ergebnis habe jedoch Einigkeit darüber bestanden, dass jeder einzelne die Frage der Todesstrafe für sich selbst entscheiden müsse, da es sich um eine Frage des Gewissens und der eigenen Überzeugung und nicht der Zweckmäßigkeit handele. Vgl. NRhZ v. 18.3.1955; Zeit v. 24.3.1955 „Todesstrafe“; Bremer Nachrichten v. 19.3.1955 „Will das Volk die Todesstrafe?“; GA v. 18.3.1955 „202. Mittwochsgespräch: Todesstrafe: Ja oder nein?“; *Hellwege*, NRZ v. 15.3.1955; *Arndt*, NRZ v.16.3.1955; NRZ v. 18.3.1955; FrNPr v. 22.3.1955 „Für und wider die Todesstrafe“ v. *Ernst L. Freisewinkel*; Illustrierte Woche v. 1.4.1955 „Hitziges Streitgespräch um die Todesstrafe“; SZ v. 18.3.1955 „Hausfrau, Arbeiter, Geistlicher: Über die Todesstrafe?“ v. *Dieter Schröder*.

136 Bremer Nachrichten v. 19.3.1955; GA v. 18.3.1955; *Schröder*, SZ v. 18.3.1955.

137 NRhZ v. 18.3.1955; GA v. 18.3.1955; Bremer Nachrichten v. 19.3.1955; Zeit v. 24.3.1955.

138 *Schröder*, SZ v. 18.3.1955.

139 *Becker*, Mannheimer Morgen v. 3.11.1954.

140 Freiheit v. 27.10.1954.

141 *Arndt*, NRZ v. 16.3.1955

Geburtsstunde einer neuen deutschen Wehrmacht zusammenfalle und den militärischen Zeiten, denen die Bundesrepublik Deutschland nunmehr entgegensehe, sei es wahrscheinlich, dass gewisse Kreise gerade aus diesem Grund für die Todesstrafe plädieren würden.[142,143] Zu diesem Schluss gelangte auch Georg Kahn-Ackermann, wenn er „höchst ehrenwerten" Militär-Experten lausche. Dabei habe er allzu oft das Wort „Menschenmaterial" gehört. Dieser dem Sprachschatz des Dritten Reiches entlehnte Ausdruck sollte – so Kahn-Ackermann – im Wörterbuch des künftigen Heeres fehlen.[144] Die *Neue Rheinische Zeitung* schrieb

> „Sie müssen das Recht haben zu töten. Damit sie andere zwingen können, sich töten zu lassen [...] Wer garantiert uns, dass es bei ihnen üblich sein wird, nur die Deserteure im Kriege zu erschießen? Niemand kann das garantieren. [...] Wer könnte garantieren, dass [bei Fahnenflucht im Krieg] Halt geboten wird? [...] Immer ist ein Missbrauch möglich, denn immer wird man ihm einen Schein des Rechts verleihen können. Man – d.h. der, der die Macht besitzt. Der Staat. Der jeweilige Staat. Und weil er im Besitze der Macht ist, kann er auch die Gesetze durchbringen, die er für nötig hält. Und unter diesen kann eines sein, das Staatsfeinde für todesschuldig hält. Und Staatsfeinde sind immer die, die nicht an der Macht sind. Die anderen."[145]

Spätestens seit der Wiederbewaffnung der Bundesrepublik und der Gründung der neuen Bundeswehr spielte die Frage nach der Einführung der Todesstrafe auf dem Gebiet der Wehrmacht wieder eine Rolle.[146] Alle anderen NATO-Staaten, außer der Bundesrepublik, würden die Todesstrafe kennen. Daher könne auch Deutschland zukünftig nicht auf ihre Anwendung bei militärischen

---

142 SZ v. 4.11.1954. Bereits 1954 war die Entscheidung über eine selbständige Wiederbewaffnung der Bundesrepublik und ihren Eintritt in die NATO getroffen worden. Der bereits am 26.5.1953 in Bonn unterzeichnete Generalvertrag trat erst am 5.5.1955, nun als „Deutschlandvertrag" bezeichnet, in geänderter Fassung in Kraft. Er erklärte das Besatzungsstatut für aufgehoben, die Hohe Kommission aufgelöst und folgerte daraus: „Die Bundesrepublik Deutschland wird demgemäß die volle Macht eines souveränen Staates über ihre inneren und äußeren Angelegenheiten haben" (Art. 1 Abs. 2). Am 9.5.1955 erlangte die Bundesrepublik Deutschland ihre volle Souveränität zurück und trat der NATO bei. Siehe *Kroeschell*, a.a.O., S. 203.

143 Im Zusammenhang mit der Wiedererlangung der allgemeinen Wehrpflicht sei es, so eine Eingabe an das BJM im Oktober 1954, nur eine Frage der Zeit, bis nach Gründung des Wehrgesetzes die Todesstrafe wieder eingeführt werde. Daher bewarb sich der Eingebende bereits jetzt um die Stelle eines Scharfrichters. Siehe BArch B 141/003803 MicroF S. 42. Näheres zu Bewerbungen um eine „Henkerstelle" siehe auch unten Dritter Teil, 2. Kapitel, D) I.

144 *Kahn-Ackermann*, AZ v. 25.10.1954.

145 *Dittmar*, NRhZ v. 13.11.1954.

146 *Damrow*, Hamburger Abendblatt v. 2.2.1956; *Dirks*, FrNPr v. 20.2.1956; SZ v. 6.6.1956 „Soldat und Recht" v. *Ernst Müller-Meiningen jr.*

Verbrechen verzichten, obgleich die Abschaffung der Todesstrafe durch das Grundgesetz gerade in Erinnerung an die nationalsozialistischen, militärischen Justizmorde erfolgt sei. So ergebe ein Dokument des OKW für die Zeit des Zweiten Weltkrieges bis zum 31. Januar 1945 allein 24.559 Todesurteile gegen Wehrmachtsangehörige.[147] Müller-Meiningen jr. dagegen forderte, dass, „wenn man schon dem dafür noch bestens unreifen deutschen Volk neues Militär abverlangt", der Bundesrepublik wenigstens eine neue Militärgerichtsbarkeit erspart bleibe. Der am 6. März 1956 ins Grundgesetz eingebaute Art. 96a, wonach Militärgerichte nur für den „Verteidigungsfall" sowie, in Anpassung an die NATO, für Streitkräfte auf Kriegsschiffen und im Ausland vorgesehen seien, sei nicht im vollen Umfang wirklich notwendig. Vielmehr sollte, nach dem Beispiel Österreichs, die zivile Gerichtsbarkeit auch bei der neuen Bundeswehr wenigstens im Prinzip Vorrang haben.[148]

## *C) Eingaben an das Bundesjustizministerium*

### *I. Befürworter der Todesstrafe*

Entsprechend der starken öffentlichen Forderung erreichte auch das Bundesjustizministerium zu jener Zeit zahlreiche Eingaben von Bürgern aus dem gesamten Bundesgebiet, die die Wiedereinführung der Todesstrafe verlangten.[149] In Zeiten, da sich Sexualmorde häuften, „pflichttreue Beamte durch Bankräuber niedergeschossen werden, Taxifahrer erdrosselt werden, Kaufleute und Handelsvertreter auf offener Straße erschlagen werden"[150], müsse den Verbrechern das Handwerk gelegt werden. Insbesondere wehrlose und schutzlose Kinder seien vor Tätern, denen der Name „Mensch" nicht gebühre, zu schützen.[151] Solche Objekte, wie der Mörder Bergers[152] oder der Mörder des Post-

147 Im Vergleich dazu waren es im ersten Weltkrieg 150 Todesurteile der deutschen Militärgerichtsbarkeit. Vgl. *Dirks*, FrNPr v. 20.2.1956; *Müller-Meiningen jr.*, SZ v. 6.6.1956.

148 *Müller-Meiningen jr.*, SZ v. 6.6.1956 „Soldat und Recht".

149 BArch B 141/003798, B 141/003799, B 141/003802, B 141/003803, B 141/003902.

150 BArch B 141/003902 MicroF S. 28.

151 BArch B 141/003798, B 141/003799, B 141/003802, B 141/003803, B 141/003902.

152 Anlässlich des Sexualmordes an dem 5-jährigen Mädchen Gisela Berger aus Bad Homburg forderte die Mutter zweier Mädchen im Alter des ermordeten Mädchens die Todesstrafe. Neben der Verfasserin des Briefes unterschrieben 34 weitere Personen den Brief an den BMJ. (Wie einem handschriftlichen Vermerk zu entnehmen ist, war zunächst beabsichtigt, vorbehaltlich der Zustimmung Drehers, die Eingabe zusammen mit der Antwort des BJM zu veröffentlichen. Von der Veröffentlichung riet Ministerialrat Dreher jedoch letztlich ab. [Siehe BArch B 141/003802 MicroF S. 11, 13ff.]) Der Delegiertentag der katholischen Arbeiterbewegung des Bezirksverbands Duisburg forderte aufgrund der tiefen Erregung der Duisburger Bevölkerung über den bestialischen Mord

beamten Schäfers, der mit zynischer Ruhe und Gelassenheit der Bergung seines Opfers beiwohnte,[153] hätten jegliche Lebensberechtigung verloren.

In einem nicht vollständig vorliegenden Brief an den Bayerischen Landtag erklärte ein 12-jähriges Mädchen, die „vielen Verbrechen die im Laufe kurzer Zeit vorkommen",[154] versetzten sie in Angst, insbesondere wenn im Winter die Tage kürzer würden und sie gezwungen sei, in der Dunkelheit von der Schule heimzufahren.[155]

Der Staat könne – quasi als Notwehrhandlung der Gemeinschaft – nicht darauf verzichten, „insbesondere in krassen Fällen als gerechte Sühne, die auch dem Volksempfinden entspricht" [156], solche Subjekte aus der Gesellschaft auszustoßen und dem Henker zu übergeben.[157] Nur durch derart exemplarisch harte Strafen sei eine adäquate Verhinderung weiterer Verbrechen möglich.[158] Der

---

an dem 5-jährigen Kind für zweifelsfrei bewiesene Grausamkeitsverbrechen die Wiedereinführung der Todesstrafe. (Siehe BArch B 141/003802 MicroF S. 222). An anderer Stelle forderten Ratinger Bürger in einem offenen Brief an den Bundesinnenminister Gerhard Schröder u.a. die Wiedereinführung der Todesstrafe bei vorsätzlicher Tötung und Mord sowie bei Wiederholungen schwerer Sittlichkeitsverbrechen nach Verbüßung einer oder mehrer einschlägiger Vorstrafen. (Siehe BArch B 141/003799 MicroF S. 89).

153 Das Postamt Eschwege verabschiedete infolge der Ermordung des Postschaffners Georg Schäfer in seiner Betriebsversammlung am 26.11.1953 eine Resolution, in der die Postbeamten einstimmig der Forderung nach der Wiedereinführung der Todesstrafe Ausdruck verliehen, die der Hauptvorstand der deutschen Postgewerkschaft an das BJM mit dem Hinweis weiterleitete, inhaltlich übereinstimmende Entschließungen seien von den Beschäftigten einer Reihe weiterer Postämter des Bezirks der Oberpostdirektion Frankfurt/Main angenommen worden. Der Geldbriefträger war am 2.11.1953 in Eschwege während eines Zustellganges in der Werkstatt des Schreiners Anselm Berg ermordet, beraubt und anschließend in einer ausgehobenen Erdgrube unter Beton vergraben worden. Siehe BArch B 141/003798 MicroF S. 204f.

154 BArch B 141/003802 MicroF S. 37.

155 Aus der Antwort des BJM lässt sich auf den fehlenden Teil des Briefes schließen. Danach scheint sich das Mädchen Gedanken darüber gemacht zu haben, ob man anderen Menschen den Kopf abschlagen sollte oder nicht. Und behauptete, „es sei Unfug gewesen, die Todesstrafe abzuschaffen." Siehe BArch B 141/003802 MicroF S. 38. Antwort des BJM siehe unten Zweiter Teil, 2. Kapitel, D).

156 So ein Präsident des österreichischen Kreisgerichts Eger a.D., der glaubte, aufgrund seiner Erfahrungen als Untersuchungsrichter, Staatsanwalt und Vorsitzender der Strafkammer des Schwurgerichts besonders Stellung beziehen zu können. Nach eigenen Angaben wirkte er an 50 Fällen mit, in denen jeweils ein Todesurteil gefällt worden sei – davon seien jedoch lediglich zwei tatsächlich vollstreckt worden. Siehe BArch B 141/003802 MicroF S. 87ff.

157 BArch B 141/003798, B 141/003799, B 141/003902, B 141/003802, B 141/003803.

158 Denn nur mit der Todesstrafe könne „gesellschaftlich wertloses Gesindel ausgemerzt" und der Sicherungsgedanke vollkommen verwirklicht werden. Siehe BArch B 141/003802,

Mord der kleinen Gisela Berger habe bewiesen, wie unangebracht Milde bei der Bestrafung solcher Verbrechen sei. Hätte man bereits bei der „Vorstrafe wegen des gleichen Verbrechens" den Täter unschädlich gemacht, könnte das Mädchen heute noch leben.[159] Ein Polizeirat a.D. aus Sulzbach, erklärte in einer Eingabe an das Bundesjustizministerium, er könne die Abschreckungswirkung der Todesstrafe aufgrund eigener Erfahrungen bestätigen. Während seiner Zeit in einem ostsibirischen Schweigelager sei jedem Totschläger oder Mörder infolge des sog. „Schwerniks-Befehls" eine Strafe durch Erhängen oder Erschießen innerhalb von drei Tagen angedroht worden. Ab Inkrafttreten dieser Regelung sei kein weiterer Mord oder Totschlag mehr vorgekommen.[160]

Gerade weil die Bundesrepublik noch weit von gefestigten moralischen und politischen Zuständen entfernt sei, sei es – bei aller Humanität – nicht nur das Recht des Staates, sondern sogar seine Pflicht, die persönliche Sicherheit jedes einzelnen Staatsbürgers vor Gewalt- und Sittlichkeitsverbrechen zu gewährleisten.[161] Dafür zahle der deutsche Bürger schließlich Steuern.[162] Bisher sei der Staat dieser Verpflichtung mit der Verhängung der lebenslänglichen Zuchthausstrafe jedoch nicht ausreichend nachgekommen.[163] Damit trügen die Volksvertreter die Schuld an der Ausbreitung des „Mordgesindels".[164] Früher, als die Todesstrafe noch verhängt worden sei, habe man längst nicht so viel über Morde lesen können.[165] Es sei unverständlich, dass die Bonner Volksvertreter diese Tatsache bewusst ignorierten und sich über die Meinungen und Interessen ihrer Wähler hinwegsetzten. Das Volk würde die Todesstrafe gleich

B 141/003803. Vergleichbar äußerte sich der Präsident des österreichischen Kreisgerichts Eger a.D.: Der Staat habe die Pflicht, „seine Untertanen vor Gewalttätigkeiten asozialer Elemente energisch zu schützen, gleichwie man ein reißendes Raubtier ausrottet", denn Mörder und Raubmörder gehörten in diese Kategorie von Lebewesen und hätten jedes Anrecht auf eine humane Behandlung infolge des sie beherrschenden Vernichtungstriebes verloren. Siehe BArch B 141/003802 MicroF S. 87ff.

159 BArch B 141/003802 MicroF S. 164f.

160 Zur Unterstützung der Behörden im Kampf gegen das „Großbanditenwesen" beabsichtigte ein ehemaliger Polizeirat a.D. die Gründung einer Arbeitsgemeinschaft zur Wiedereinführung der Todesstrafe, die den Anhängern der Todesstrafe im Bundestag den Rücken stärken sollte. Hierfür erhoffte er sich Unterstützung von Seiten des BJM. Die Idee zur Gründung der Arbeitsgemeinschaft hatte er nach eigenen Angaben aufgrund eines Briefes von einem Kreis an der Wiedereinführung der Todesstrafe interessierten Personen aller Berufsschichten. Siehe BArch B 141/003802 MicroF S. 182f.

161 BArch B 141/003798, B 141/003799, B 141/003902, B 141/003802, B 141/003803.

162 BArch B 141/003803 MicroF S. 90.

163 BArch B 141/003799 MicroF S. 89, BArch B 141/003803 MicroF S. 54f.

164 BArch B 141/003799, BArch B 141/003802.

165 BArch B 141/003798, B 141/003799, B 141/003902, B 141/003802, B 141/003803.

morgen wieder einführen.[166] Sollte der Staat dieser Beschützerpflicht nicht nachkommen, so sei die Bundesrepublik ebenfalls nicht berechtigt, zum Schutz ihrer Bürger selbst, „militärische Formationen aufzustellen, da sie ja nicht einmal imstande ist, das Leben des einzelnen Steuerzahlers zu schützen."[167] Der Verfasser einer Eingabe warnte eindringlich vor einer Verschleppungstaktik in dieser Hinsicht, und erklärte, dass bereits Stimmen gewahr würden, „die mit Recht die Selbstjustiz verlangen, wenn der Staat seine Bürger nicht durch straffe Gesetze schützt".[168] Im übrigen erklärten die Befürworter der Todesstrafe den angeführten Rückgang der Mord- und Totschlagszahlen in den aktuellen Statistiken als nicht beweiskräftig[169] und forderten die sofortige Vollstreckung eines Todesurteils bei direkt bewiesener Schuld, damit nicht erst noch Unsummen für Strafverhandlungen und Unterbringung auf Kosten des deutschen Steuerzahlers aufgebracht werden, um „noch lange nach dem Wie und Was [zu] fragen!"[170] Die Gefahr, dass dabei ein Schuldloser hingerichtet würde, sei, im Gegensatz zum nationalsozialistischen Regime, in der heutigen Zeit so gering, dass in dieser Hinsicht Befürchtungen gegenstandslos seien.[171] Ohnehin komme es nicht bei jedem Todesurteil auch zum Vollzug der Todesstrafe.[172] Denn selbst bei einwandfrei festgestellter Schuldfrage könnten immer noch Umstände vorliegen, welche eine Justifizierung ausschalteten.

Der Herausgeber der Zeitung *Stimmen zur Agrarwirtschaft*, wandte sich an den Bundesjustizminister dagegen mit dem Gedanken, die Frage nach der Bestrafung von Verbrechen an Kindern getrennt von dem übrigen Fragekomplex der

---

166 Ebd.

167 BArch B 141/003803 MicroF S. 90.

168 BArch B 141/003902 MicroF S. 28. Tatsächlich wurde in einem Schreiben an die Bürger von Eging vom 7./8.2.1956 zur Selbstjustiz aufgerufen, wenn der Bundestag der Forderung nach der Todesstrafe nicht nachkomme. Wenn der Staat versage, müsse der nächst und schwerst Betroffene die Strafe selbst vollziehen. „Was nützt hier auch schon dauernde Sicherheitsverwahrung (selbst bei erfolgter Kastration)! Es darf einfach gar keine Möglichkeit gelassen werden, dass solch entmenschte Individuen schließlich doch noch einmal ausbrechen und dann wiederum Menschen überfallen und derart bestialisch hinmorden [...] Nur die Totalsauslöschung und Vernichtung solcher gibt hier völligen Schutz und Sicherheit." Siehe BArch B 141/003803 MicroF S. 97.

169 Da die Nachkriegszeit – als anormale Zeit – zum einen nicht als Vergleichszeitraum geeignet sei. Zum anderen hätte sich bei Beibehaltung der Todesstrafe die Abnahme nach stärker und schneller vollzogen. Siehe BArch B 141/003802, B 141/003803.

170 BArch B 141/003803 MicroF S. 54f.

171 Mögliche Justizirrtümer könnten durch das Verbot von Indizienbeweisen, durch die Zulässigkeit der Berufung mit erneuter Prüfung des Urteils des Schwurgerichts, sowie mit der Einführung einer Begnadigungsinstanz wirksam verhindert werden. Siehe BArch B 141/003802 MicroF S. 87ff. Insgesamt vgl. BArch B 141/003802, B 141/003803.

172 BArch B 141/003802 MicroF S. 87ff.

Wiedereinführung der Todesstrafe zu behandeln. Er forderte eine Novellierung der Strafen dem Beispiel Frankreichs folgend, in der Art, „dass ein Verbrechen, das sonst mit lebenslänglicher Zuchthausstrafe bestraft wird, dann mit dem Tode bestraft wird, wenn es an Kindern begangen ist“. Das Verlangen, Verbrechen an Kindern besonders scharf zu ahnden, und zwar gerade dann, wenn Eltern diese Verbrechen begingen, entspreche einem „gesunden Urtrieb des Volkes“. Vielleicht würde dieser Vorschlag im Bundestag eine Mehrheit finden.[173]

## *II. Gegner der Todesstrafe*

Die erneut in der Minderheit befindlichen Gegner der Todesstrafe urteilten, es werde zwar immer Leute geben, die – besonders nach scheußlichen Verbrechen – nach der Todesstrafe schrieen, die Bundesrepublik dürfe aber nicht so inkonsequent sein und daraufhin gleich die „große Linie der Gesetzgebung“ zerpflücken.[174] Wenigstens auf dem Gebiet der Todesstrafe sollte die deutsche Regierung eine geschlossene gesetzliche Konzeption verfolgen.[175] Neben christlichen Argumenten gegen die Anwendung der Todesstrafe, erklärten die Todesstrafengegner insbesondere das Argument, ein „Toter“ sei billiger als ein „Zuchthäusler“, wegen seiner Verworfenheit für völlig indiskutabel.[176]

Ebenso wie in der Presse, betonten die gegen die Todesstrafe eingestellten Eingaben an das Bundesjustizministerium, die unbewiesene Abschreckungswirkung der Todesstrafe.[177] Vielmehr rutsche ein Verbrecher „allmählich in den Schlamm, und wenn man drin steckt, nutzt der beste Mahngedanke nichts mehr“.[178] Gewaltverbrecher seien einerseits Produkte des mörderischen Naziregimes, andererseits solche der in den USA erfundenen und in der Bundesrepublik importierten Schundlektüre und der nach dem Kriege weithin verbreiteten nihilistischen Auffassung. Letztlich spiele auch die Erziehung eine gewisse Rolle.[179] Daher forderten die Gegner die Berücksichtigung der Gründe eines Verbrechens, da die meisten Mörder in einer vergifteten Atmosphäre

173 BArch B 141/003802 MicroF S. 58.

174 BArch B 141/003816.

175 BArch B 141/003816 MicroF S. 65f.

176 Für solche Überlegungen sei die Grenze zur Beseitigung seelisch Kranker oder Todkranker, die auf Kosten der Gesellschaft am Leben erhalten würden, zu dünn. Siehe BArch B 141/003816.

177 BArch B 141/003816.

178 BArch B 141/003816 MicroF S. 6.

179 BArch B 141/003816 MicroF S. 53f.

aufgewachsen seien, was wesentlich zur Begehung der grausamen Taten beiträge.[180] Erst müsse sich die Umwelt ändern, bevor der Staat das Recht habe, sich gesellschaftlicher Maßnahmen gegen Gewaltverbrecher zu bedienen. Echte Kultur müsse wie tägliches Brot an den jungen Menschen jeder Herkunft herangetragen werden. Dann ersticke man auch künftige Verbrechen.[181]

Zwar sei die Hinrichtung als Sicherungsmittel in ihrer Wirksamkeit und Kostenersparnis nicht zu übertreffen.[182] Die viel gelobte Abschreckungswirkung der Todesstrafe sei aber wenigstens ebenso stark zu erreichen, wenn den Täter die volle Gerechtigkeit der Sicherungsverwahrung treffe. Durch einen „Bruchteil des Aufwandes für überflüssige Landesgrenzen und Kriegsrüstung“[183] könne die heutige Sicherungsverwahrung großzügig ausgebaut werden.

Die menschliche Fehlbarkeit mache die Todesstrafe zu einem gefährlichen und nicht kontrollierbaren Instrument. Daher müssten die Menschen begreifen, wohin es führe, wenn sich der Staat als Richter über Leben und Tod anderer aufspiele. Den Bürgern müsse die Verantwortung jedes einzelnen Staatsbürgers für jeden Justizirrtum – schließlich würden die Gerichtsurteile im Namen des Volkes und damit jedes einzelnen gefällt – eindringlich vor Augen geführt werden. [184] Obwohl den deutschen Zeitungen diesbezüglich eine verstärkte Aufklärungspflicht zukomme, habe die Presse bisher versagt.

> „Solange das Papier nötig ist, um den Lesern mit Untertassen-Unsinn und anderen Albernheiten Angst zu machen, reicht es freilich nicht für die Erörterung so wichtiger Fragen, wie die Todesstrafe in einwandfreier Form.“[185]

Der sozialpolitische Ausschuss der Verfolgten des Naziregimes des Landes Hessen[186] erklärte, die Wiedereinführung der Todesstrafe würde denen, die sich damals bereits lebhaft an der Verhängung der Todesurteile beteiligt haben, erneut die Gelegenheit einräumen, sich wieder in der alten Art zu betätigen.[187] Damals wie heute seien die Angehörigen der Justiz parteiisch. Sowohl die gegenwärtige Juristengeneration als auch potentielle Geschworene, Zeugen und Sachverständige seien zwölf Jahre der nationalsozialistischen Doktrin und

---

180 BArch B 141/00 3816 MicroF S. 63f.

181 BArch B 141/003816 MicroF S. 6.

182 BArch B 141/003816 MicroF S. 34.

183 BArch B 141/003816 MicroF S. 30ff.

184 BArch B 141/003816.

185 BArch B 141/003816 MicroF S. 35.

186 Laut einem Vermerk des BJM handelt es sich hierbei um eine kommunistisch beherrschte Vereinigung. Siehe BArch B 141/003816 MicroF S. 53.

187 BArch B 141/003816 MicroF S. 55.

Propaganda ausgesetzt gewesen.[188] „Was diese zwölf Jahre – und danach – in die Köpfe gehämmert wurde, ist in zehn Jahren nicht herauszubringen".[189] Aufgrund ihrer „gesellschaftlichen Zugehörigkeit" habe sich auch nichts an ihren „Sympathien und Antipathien gegenüber Gewaltverbrechern" geändert.

> „Bei der Wiedereinführung der Todesstrafe jedoch würde dieses aber noch viel mehr in Erscheinung treten – und erst recht dann, wenn die in der Bundesrepublik auf Abruf wartenden Kommissstiefel erst die Militärgesetze anwenden könnten oder die im Hintergrund auf ihren Tag lauernden Fachmänner für politische Verbrechen ihr verbrecherisches Unwesen wieder in Angriff nehmen."[190]

Im Zeichen der Pariser Verträge und der Aufrüstung sei die Wiedereinführung der Todesstrafe lediglich ein „weiteres Mittel [der Bundesregierung][191], die Wiederbewaffnung vorwärts zu treiben".[192]

Ein Eingabeverfasser unterstellte der Bundesregierung, die Todesstrafe nur solange abgeschafft zu lassen, „bis die Volksbeglücker des 1000-jährigen Reiches ihren Allerwertesten endlich in Sicherheit gebracht haben, um nun die kleinen Sünder köpfen zu können, die mit ihren Untaten niemals die Grausamkeit erreichen können".[193] Im Falle der erneuten Wiedereinführung forderte er eine rückwirkende Verurteilung aller Staatsanwälte und Richter, „die durch ihre Urteile Bürger des deutschen Volkes wegen gegengesetzlicher Einstellung zum Faschismus in den Tod geschickt haben, dergleichen in die Konzentrationslager", aller Männer und Frauen, „die entscheidende Stellungen unter der Hitler Regierung innehatten", sowie aller Geistlichen, „die von den Kanzeln für den Krieg eingetreten sind".[194]

In einer Eingabe an den deutschen Bundestag und in nachfolgenden Briefen an den Ministerialrat Dreher erklärte ein Eingabenverfasser, das deutsche Volk

---

188 BArch B 141/003816 MicroF S. 53f., B 141/003816 MicroF S. 57.

189 BArch B 141/003816 MicroF S. 57.

190 BArch B 141/003816 MicroF S. 53f.

191 Dieser Teil wurde handschriftlich im Text gestrichen.

192 BArch B 141/003816 MicroF S. 53f. In einem Vermerk des BJM zu dieser Eingabe heißt es: „Das Schreiben ist durch das bewusste Betonen kommunistischer Auffassungen herausfordernd. Es verunglimpft die heutige deutsche Justiz (Sympathien gegenüber Gewaltverbrechern!), auch die Bundesregierung, der vorgeworfen wird, dass sie in der Todesstrafe 'ein weiteres Mittel' sähe, die Wiederbewaffnung vorwärts zu treiben. Daran ändert auch nichts die Tatsache, dass das Wort der Bundesregierung durchgestrichen wurde. Wenn auch kaum genügend Anlass für ein Strafverfahren besteht, so besteht doch Anlass von einer Antwort auf das Schreiben abzusehen." Siehe BArch B 141/003816 MicroF S. 55.

193 BArch B 141/003816 MicroF S. 10f.

194 Ebd.

habe mit dem Festhalten an der Beseitigung der Todesstrafe die Gelegenheit, sein Ansehen vor der Welt wieder zu heben. Denn freundschaftliche Achtung sei nicht der Grund für das Entgegenkommen, das die Bundesrepublik Deutschland momentan genieße. Vielmehr liege die Hauptursache in der Uneinigkeit der „anderen unter sich“.[195] Gerade erst habe die Menschheit „die Atomkern-Energie entfesselt, aber die Gesinnung der Menschen ist nicht reif dazu geworden.“ Nur durch die Abschaffung der Todesstrafe könne der „Fluchkreis des gegenseitigen Umbringens“ gebrochen werden. Es werde eine Prüfung sein, ob die Menschen Ordnung und Sicherheit ohne Todesstrafe zu wahren bereit seien.[196]

## *D) Bundesjustizministerium*

Zu Beginn seiner Amtszeit, äußerte sich der Bundesminister der Justiz, Fritz Neumayer, zur Frage der Todesstrafe noch äußerst zurückhaltend.[197] In der Öffentlichkeit beanspruchte Neumayer Neutralität und begründete dies damit, dass er in seiner Funktion als Minister der Justiz im Rahmen der großen Strafrechtskommission objektiv über das Für und Wider die Todesstrafe zu referieren habe.[198] Dementsprechend zurückhaltend gestalteten sich die damaligen Antworten des Bundesjustizministeriums auf verschiedene Eingaben.[199] Anfangs vermied es das Ministerium daher, eine persönliche Ansicht Neumayers in dieser Sache zu formulieren. Zwar bedürfe die Frage der Todesstrafe einer erneuten, umfassenden Überprüfung. Es sei aber nicht möglich, sich an dieser Stelle mit allen Argumenten für und gegen die Todesstrafe auseinander zusetzen. Deswegen verwies das Ministerium regelmäßig auf die in nächster Zukunft anstehenden Diskussionen im Bundestag oder im Rahmen der großen Strafrechtskommission.[200]

---

195 BArch B 141/003816 MicroF S. 29.

196 BArch B 141/003816 MicroF S. 30ff.

197 Obwohl er grundsätzlich ihre Anwendung befürwortete. In einem handschriftlichen Vermerk auf dem Entwurf des Antwortschreibens an den Bundesinnenminister Schröder hieß es: „Herr Minister ist persönlich für die Todesstrafe, hat dies aber mit Rücksicht auf die bisherige Linie des Bundesjustizministers bislang nicht offiziell zum Ausdruck gebracht.“ Siehe BArch B 141/003799 MicroF S. 81.

198 Allg. Zeitung v. 29.7.1954.

199 BArch B 141/003798, B 141/003799, B 141/003802, B 141/003816.

200 Z.B. schrieb das BJM in einem Schreiben vom 16.8.1954 zu der Strafrechtskommission: „Schon seit langer Zeit sind Besprechungen um die Reform des geltenden Strafrechts im Gange. Vor wenigen Monaten ist eine Kommission erstmals zusammengetreten, die aus Vertretern der Wissenschaft und der Praxis besteht und die Aufgabe hat,

Die öffentliche Positionierung des Bundesjustizministeriums änderte sich, nachdem sich Neumayer auf dem niedersächsischen Richtertag in Clausthal-Zillerfeld erstmals öffentlich für die Wiedereinführung der Todesstrafe ausgesprochen hatte.[201] Auf dem deutschen Juristentag in Berlin im September 1955, dem Neumayer in amtlicher Funktion beiwohnte, erklärte er dann, bei der Neuordnung des Strafgesetzbuches werde er empfehlen, den Artikel des Grundgesetzes, der die Todesstrafe verbiete, mit verfassungsändernder Mehrheit zu ergänzen, etwa durch die Einführung einer Ausnahme für Mord.[202]

Für diese Äußerungen wurde Neumayer im Rahmen einer Etatdebatte des Bundestages Anfang August 1956 von dem SPD-Abgeordnete Adolf Arndt im Namen seiner Fraktion scharf kritisiert.[203] Arndt erklärte, dem Minister stehe es selbstverständlich frei, als Staatsbürger und Bundestagsabgeordneter seine persönliche Meinung zu diesem Thema kundzutun. In seiner Funktion als Bundesjustizminister habe er jedoch die mehrfachen Beschlüsse des Bundestages und vor allem die im Grundgesetz getroffene Entscheidung der Abschaffung der Todesstrafe zu beachten. Diese Entscheidungen mache es einem Justizminister unmöglich, derartige Erklärungen in seiner amtlichen Eigenschaft abzugeben.[204] Arndts Parteikollege Wagner beanstandete zudem das widersprüchliche Verhalten Neumayers in dieser Angelegenheit: zum einen erkläre der Justizminister die Anwendung der Todesstrafe für unentbehrlich – zum anderen wolle er jedoch erst einmal abwarten, um zu prüfen, wie sich die Abschaffung der Todesstrafe bisher auf die Kriminalität ausgewirkt habe. Die Todesstrafe dürfe nicht von vornherein als höchste Strafe gefordert werden, wenn tatsächlich noch Erfahrungen gesammelt werden müssten. Angesichts

---

die maßgeblichen Gedanken für den Entwurf eines neuen Strafgesetzbuches herauszuarbeiten." Siehe BArch B 141/003816 MicroF S. 7. Insgesamt siehe BArch B 141/003798, B 141/003799, B 141/003802, B 141/003816.

201 Welt v. 21.1.1955 „Wiedereinführung der Todesstrafe im Augenblick nicht aktuell".

202 Die Zeitungen berichteten weiter, es sei nicht bekannt, ob das Bundesverteidigungsministerium Erwägungen über die Einführung der Todesstrafe im militärischen Bereich vor allem hinsichtlich des Tatbestandes der Spionage anstellten. Ohnehin werde wahrscheinlich der aktuelle Bundestag sich nicht mehr mit der Frage befassen können. Vgl. Schwäb. Landeszeitung v. 9.9.1955; NRhZ v. 8.8.1955.

203 Parlament v. 8.8.1956 „Wurde die Todesstrafe gefordert?"

204 Zugleich forderte *Arndt* eine grundsätzliche Justizdebatte, in der „nicht nur das in mancherlei Gerichtsurteilen zutage kommende Gerichtsbild, insbesondere der nachträglichen Anerkennung der nationalsozialistischen Gewaltherrschaft und ihrer angeblichen Rechtswirksamkeit, sondern auch die Problematik der politischen Justiz und darüber hinaus die Erscheinung, die Neuerscheinung einer politisierenden Justiz", erörtert werden müsste. Siehe Parlament v. 8.8.1956.

des verfassungsrechtlichen Verbots des Grundgesetzes dürfe es für den Minister der Justiz hinsichtlich dieser Frage nur eine Antwort geben:

„Das Grundgesetz hat die Frage geregelt. Die Todesstrafe ist abgeschafft.“[205]

Neumayer rechtfertigte sich gegen die Vorwürfe mit dem Argument, er habe – seiner schweren Verantwortung als Bundesjustizminister entsprechend – die Wiedereinführung der Höchststrafe stets nur unter einschränkenden Bemerkungen bejaht. Neben seinen Erklärungen als Bundestagsabgeordneter habe er zwar auch als Justizminister erklärt, dass er persönlich der Auffassung sei, dass die Todesstrafe auf Dauer nicht zu entbehren sei. Durch seine Position als Bundesjustizminister fühle er sich verpflichtet, vor der tatsächlichen Wiedereinführung der Todesstrafe zunächst die Auswirkungen ihrer Abschaffung abzuwarten, was er auch zu jederzeit betont habe. Die Zeit seit 1949 sei noch zu kurz, um sich ein genaues und zuverlässiges Bild zu verschaffen. In seiner Funktion als Bundesjustizminister habe er des weiteren immer erklärt, dass die Entscheidung der Verfassung zurzeit zu respektieren und nur mit einer verfassungsändernden Mehrheit des Bundestages und Bundesrates zu ändern sei. Auch habe er darauf hingewiesen, dass die große Strafrechtskommission dem Bundestag zu diesem Thema ein Lösungsvorschlag vorlegen werde. Denn, so habe er stets betont, allein dem Bundestag stehe die Aufgabe der Entscheidung über diese Frage zu. Wenn die Presse seine persönliche Meinung jedoch ohne diese Einschränkungen wiedergebe, liege dies nicht in seiner Verantwortung.[206]

Ab diesem Zeitpunkt änderten sich die Antworten des Bundesjustizministeriums auf die eingereichten Eingaben.[207] Nahezu jedes Schreiben des Bundesjustizministeriums begann mit der Feststellung, dass der gegenwärtige Bundesjustizminister den Standpunkt vertrete, dass die Todesstrafe bei den schwersten

205 Parlament v. 8.8.1956.

206 Ebd.

207 Aber auch die Eingaben an das BJM änderten sich. Mit großem Interesse verfolgte die deutsche Öffentlichkeit nunmehr die Ausführungen des BMJ, wobei die rein juristischen Erläuterungen über die Strafrechtsreform eher zweitrangig waren. Vielmehr wurde mit großer Freude, Genugtuung und Befriedigung die persönliche Einstellung Neumayers zur Wiedereinführung der Todesstrafe wahrgenommen. (Einem Eingabeverfasser aus Travemünde ging diese Zustimmung jedoch noch nicht weit genug. Es sei nicht verständlich, dass der BMJ bisher noch keinen eigenen Antrag auf Wiedereinführung der Todesstrafe im Bundestag vorgelegt habe. Da stelle sich die Frage, wie lange der Bundestag weiterhin die Verbrecher schütze und fördere. Siehe BArch B 141/003802 MicroF S. 115). Gegner der Todesstrafe dagegen hielten die Befürwortung der Todesstrafe durch Neumayer für absolut unangebracht und zeigten sich enttäuscht. Siehe BArch B 141/003802, B 141/003816.

Verbrechen nicht entbehrt werden könne. Selbstverständlich trete Neumayer nicht nur privat für die Todesstrafe ein, sondern auch in seiner Eigenschaft als Minister der Justiz. Diesen Standpunkt werde er daher in der kommenden Debatte im Bundestag, dem bereits Anträge auf Wiedereinführung der Todesstrafe seitens verschiedener Parteien vorlägen, zum Ausdruck bringen. Aber mit Rücksicht auf die ernsten Bedenken, die von den Gegnern der Todesstrafe geltend gemacht würden, dürfe die im Grundgesetz getroffene Entscheidung nicht ohne sorgfältige Prüfung und ohne Sammlung weiterer Erfahrungen rückgängig gemacht werden. Daher sollte das Problem erst im Zusammenhang mit der großen Strafrechtskommission in Angriff genommen werden.[208]

Im Gegensatz zu seinem Vorgänger, beantwortete der amtierende Bundesjustizminister lediglich die Eingaben von Politikern persönlich. Die anderen Eingaben beantwortete zumeist Ministerialrat Eduard Dreher.[209] Teilweise sah das Ministerium sogar gänzlich von einer Beantwortung der Eingaben ab, da es aufgrund der großen Arbeitsbelastung „wichtigere Aufgaben" habe. Die

208 BArch B 141/003800, B 141/003802, B 141/003803, B 141/003816.

209 BArch B 141/003798, B 141/003799, B 141/003800, B 141/003802, B 141/003816. *Dreher* beantwortete nicht nur die Eingaben, teilweise bewertete er sie auch. In einem Vermerk über eine durch den Petitions-Ausschuss weitergeleitete Eingabe schrieb *Dreher* zum Beispiel: „Der Einsender ereifert sich in starken Ausdrücken gegen Missstände, die in der Bundesrepublik Deutschland bestünden. Die Form der Eingabe, die sich in einer Unzahl von Wiederholungen ergeht, lässt erkennen, dass es sich bei dem Einsender um einen typischen Querulanten handelt, der – was seinen einleitenden Ausführungen wohl entnommen werden kann – z.B. auch die Währungsneuordnung auf seine zahlreichen Eingaben bei vielen Stellen zurückführt, da er im Gegensatz zu manchen verantwortlichen Persönlichkeiten als einer von wenigen erkannt habe, dass den damaligen Missständen habe Einhalt geboten werden müssen." (BArch B 141/003799 MicroF S. 38). In dem Entwurf des Antwortschreibens an den Petitions-Ausschuss schrieb *Dreher* in dieser Sache weiter: „Leider lässt die in Ausdehnung, Form und Inhalt der Eingabe zutage getretene Maßlosigkeit befürchten, dass der Einsender nicht ernstlich gewillt und in der Lage ist, die entscheidenden Gesichtpunkte mit der gebotenen Sachlichkeit zu würdigen." (In dem endgültigen Antwortschreiben wurde dieser Absatz jedoch gestrichen. Siehe BArch B 141/003799 MicroF S. 39ff.). In dem Antwortschreiben an den Eingabenverfasser erklärte *Dreher*: „Aus der Art und dem Ton ihrer Vorschläge habe ich allerdings den Eindruck gewonnen, dass Sie es aus einer Haltung der Verbitterung tun, die angesichts ihrer bedauernswerten persönlichen Lage verständlich ist [Der Einsender war Invalide des ersten Weltkrieges, hatte im zweiten Weltkrieg seinen einzigen Sohn verloren und nach dem Krieg seinen gesamten Besitz im Osten verloren, sodass er nunmehr von 139,20 DM sich und seine Frau ernähren musste], aber nicht geeignet ist, zur Lösung von Fragen zu führen". (BArch B 141/003816 MicroF S. 12). Auf ein erneutes Schreiben des Einsenders betonte das BJM erneut, die dem Schreiben zu entnehmende Verbitterung und riet ihm, sich mit seinen Sorgen an eine kostenlose Rechtsberatungsstelle zu wenden. (BArch B 141/003816 MicroF S. 16). In einem Vermerk wurde von der Fortsetzung des Schriftverkehrs abgeraten. (BArch B 141/003816 MicroF S. 18).

Eingaben sollten allerdings zu den Materialien für die künftige Gesetzgebung genommen werden.[210]

Grundsätzlich zeigte das Bundesjustizministerium zwar Verständnis für die Sorgen und Ängste der Eingebenden; lehnte eine Entscheidung eines so grundsätzlichen und schwerwiegenden Problems unter dem frischen Eindruck der Empörung und Erschütterung über besonders scheußliche Verbrechen jedoch entschieden ab.[211] Die Todesstrafe sei kein Allheilmittel, um Gewaltverbrechen einzudämmen. Mit großer Sorgfalt durchgeführte Untersuchungen hätten eine abschreckende Wirkung der Todesstrafe nicht beweisen können.[212] Vielmehr seien seit der Abschaffung der Todesstrafe 1949 die Totschlags- und Morddelikte stetig zurückgegangen, sodass das Jahr 1953 die niedrigste Zahl aufweise – weit unter der Hälfte der Zahl für 1947.[213] Dass sich das Volk trotz fehlender Zunahme der Kapitalverbrechen dennoch unsicher fühle, sei die Schuld der deutschen Presse. Denn die heutige, sensationslüsterne Berichterstattung führe zu einem verzerrten Bild der Bevölkerung über den Stand der schwersten Kriminalität.[214] Ohnehin sei es äußerst problematisch, den allgemeinen Abschreckungszweck bei der konkreten Strafzumessung zu berücksichtigen.

Die Frage nach der Wiedereinführung der Todesstrafe erfordere ein sorgfältiges Nachdenken sowie ein hohes Maß an Verantwortung.[215] Um den Eingabeverfassern die Bildung einer fundierten Meinung zu ermöglichen, legte das Bundesjustizministerium zunächst vielen Antwortschreiben eine Kopie der

---

210 BArch B 141/003800, B 141/003802, B 141/003803, B 141/003816.

211 BArch B 141/003798, B 141/003799, B 141/003802, B 141/003803.

212 BArch B 141/003798, B 141/003799, B 141/003802, B 141/003803, B 141/003816.

213 Die Durchschnittszahlen der Jahre 1950 bis 1952 hinsichtlich Mord und Totschlag lägen aber auch günstiger als die entsprechenden Zahlen für die Zeitabschnitte von 1919 bis 1932 und 1933 bis 1938. Siehe BArch B 141/003799, B 141/003798, B 141/003802, B 141/003803.

214 BArch B 141/003798, B 141/003799 B 141/003802, B 141/003803.

215 BArch B 141/003798, B 141/003799, B 141/003802, B 141/003803. Häufig bezweifelte das Ministerium, dass sich die eingebenden Personen überhaupt eingehend mit dem Thema beschäftigt hätten. Entsprechende Eingaben gingen laufend ein, seien aber selten genügend durchdacht und unterschätzten die dem Problem der Todesstrafe innewohnenden Schwierigkeiten. In einem Antwortschreiben an einen Oberschüler schrieb das Ministerium: „Sie haben sich sehr temperamentvoll und mit jugendlichem Überschwang gegen die Todesstrafe ausgesprochen. Es ist das Vorrecht der Jugend, extreme Ansichten vertreten zu dürfen. Der Gesetzgeber muss aber mit äußerster Vorsicht und Nüchternheit an eine derartige Frage herantreten, die sich bei näherer Betrachtung als äußerst vielschichtig und schwierig erweist." Siehe BArch B 141/003816 MicroF S. 69f.

gedruckten Stellungnahme des früheren Bundesjustizministers Dehler von 1953 bei,[216] die, „auch wenn man anderer Meinung sein sollte, einen instruktiven Überblick über die gesamte Problematik bietet."[217] Später dann, verwies das Ministerium stattdessen auf das Werk Bernhard Düsings über die Abschaffung der Todesstrafe. Zwar gelange Düsing in seinem Buch im Ergebnis zur Ablehnung der Todesstrafe. Dennoch befasse sich das Werk ausführlich mit allen Argumenten Für und Wider die Todesstrafe.[218] Abschließend verwies das Ministerium in nahezu jeder Eingabe auf die große Strafrechtskommission, die eine geeignete Diskussionsplattform für die Einführung neuer Strafen sowie Maßregeln der Besserung im neuen Strafgesetzbuch darstelle.[219,220]

Überhaupt lasse sich schwer nachweisen, in welchem Maße die Zahlenbewegung der begangenen Verbrechen von den darauf angedrohten Strafen abhänge. Daher bereite das Bundesjustizministerium zurzeit eine Statistik vor, die eine Einzeldarstellung der Mordfälle, aufgegliedert nach Merkmalen des Täters, des Opfers und der Tat – darunter auch der Ausführungsweise – enthalten solle.[221] Die frühzeitige und wirksame Erfassung von Menschen, die aus einem

216 BArch B 141/003798, B 141/003799, B 141/003800, B 141/003802.

217 BArch B 141/003798 MicroF S. 174f.

218 BArch B 141/003800, B 141/003802, B 141/003803. Ein Bürger urteilte über das vom BJM empfohlenen Buch: „Es wird viel Material von diesem Gegner der Todesstrafe zusammengetragen, aber es ist zu fragen, ob sein Kampf gegen die Todesstrafe genügend rechtsphilosophisch fundiert ist. Das Buch erbringt im Nachwort zwar statistische Vergleiche, bei denen aber überall zum Vergleich mit heute die letzten Jahre wie 1949 angeführt sind, die begreiflicher Weise eine Verminderung der Morde zeigen. Der richtige Vergleichszeitraum müsse vielmehr in einer früheren normalen Zeit gesucht werden." Siehe BArch B 141/003802 MicroF S. 164f.

219 BArch B 141/003798, B 141/003799, B 141/003800, B 141/003802, B 141/003803 B 141/003816.

220 Ob die Entmannung von Sittlichkeitsverbrechern, wenigstens im Fall ihrer Zustimmung, vorgesehen werden könnte – so *Neumayer* – sollte der deutsche Bundestag im Rahmen der großen Strafrechtsreform entscheiden. Die Maßregel werde u.a. in den skandinavischen Ländern seit langer Zeit angewandt und könne daher nicht von vornherein als nationalsozialistisch bezeichnet werden. Zurzeit seien Untersuchungen von medizinischer Seite darüber im Gange, welche Wirkungen die in der nationalsozialistischen Zeit durchgeführten Entmannungen gehabt haben. Die Prügelstrafe dagegen verstoße bereits gegen die Würde des Menschen und komme wegen des Verstoßes gegen Art. 1 GG nicht in Betracht. Siehe BArch B 141/003803 MicroF S. 118f.

221 BArch B 141/003902, B 141/003803. Am 16.8.1954 teilte der BMJ den Landesjustizverwaltungen mit, dass er für die Jahre nach 1945 eine besondere Mordstatistik plane, die nicht auf Angaben in Zählkarten, sondern auf einer unmittelbaren Auswertung der Strafakten basiere – ähnlich einer Reichskriminalstatistik für die Jahre 1928/1929. Mit einer solchen Statistik könnten die näheren Umstände der Tat und die persönlichen Verhältnisse des Täters sowie des Opfers eingehend erfasst und dargestellt werden. Zudem sei eine solche Sonderuntersuchung für die Frage der Wiedereinführung der To-

Hang heraus zur Begehung von Straftaten neigten, sei eines der wichtigsten Probleme der Strafrechtsreform. Insbesondere Gewohnheits- und Neigungsverbrecher sollten, soweit erforderlich, unter Sicherungsaufsicht oder in Sicherungsverwahrung gebracht werden können.[222] Die Verwahrung gefährlicher Gewohnheitsverbrecher sei schon jetzt durch die Einrichtung der Sicherheitsverwahrung in § 42e StGB gesetzlich gewährleistet.[223] Andererseits dürfe ein gewisses Maßprinzip in der Strafrechtspflege nicht außer Acht gelassen werden. Man dürfe nicht schon wegen verhältnismäßig geringfügiger Rechtsverletzungen die schwersten Strafen und Maßregeln verhängen, sondern lediglich unter dem Gesichtspunkt, wie stark der Täter sich gegen die Gesellschaftsordnung vergangen hat. Häufig handele es sich hier um Menschen, die durch widrige Verhältnisse zu ihrer Tat gelangt seien und unter straffer Aufsicht und Lenkung durchaus fähig sein können, wieder in die Gesellschaft eingegliedert zu werden. Menschen dürften nicht nach dem Wert beurteilt werden, den sie für die Allgemeinheit haben könnten. Ein derartiger Beurteilungsmaßstab scheitere bereits an der Unzulänglichkeit menschlicher Erkenntnismittel und berge eine gefährliche Nähe zu einer Weltanschauung, „in deren Zusammenhang erst vor zwei Jahrzehnten schweres Unheil" heraufbeschworen worden sei. Die Strafjustiz müsse sich vielmehr darauf beschränken, die Täter aufgrund einzelner Taten zu beurteilen und Strafen nach der festgestellten Schuld zu verhängen.[224] Dabei gehöre es zu den Grundprinzipien eines Rechtsstaates, niemals ohne gerichtliches Verfahren und ohne Verteidigungsmöglichkeit für den Angeklagten ein Urteil zu verhängen.[225] Insbesondere die Gefahr eines Justizirrtums aufgrund menschlicher Unzulänglichkeit sei sehr ernst zu nehmen.[226] Inwiefern die Frage nach der Wiedereinführung der Todesstrafe mit der Aufstellung von Streitkräften in der Bundesrepublik und den dazu erfor-

desstrafe von besonderem Wert. Er bat um Mitteilung, ob die Absicht einer solchen Statistik von den Landesjustizverwaltungen geteilt werde. Im April 1955 bat der Minister zudem um Übersendung statistischen Materials über Begnadigungen von den zu lebenslänglichen Freiheitsstrafen verurteilten oder begnadigten Verbrechern sowie von Angaben über die durchschnittliche Strafdauer. Siehe BArch B 141/003826, MicroF S. 121f. Siehe auch BArch B 141/003826, B 141/003827.

222 BArch B 141/003803 MicroF S. 16f.

223 BArch B 141/003802 MicroF S. 223.

224 BArch B 141/003803 MicroF S. 16f.

225 BArch B 141/003803 MicroF S. 56f.

226 BArch B 141/003802 MicroF S. 123f., B 141/003803 MicroF S. 56f., B 141/003803 MicroF S. 118f.

derlichen Ausgaben zusammenhänge, vermochte Neumayer dagegen nicht nachzuvollziehen.[227]

In Ausnahmefällen befasste sich das Bundesjustizministerium notgedrungen mit besonders provokanten Forderungen, die nicht unkommentiert stehen bleiben sollten. Regelmäßig auftauchende Forderungen, die Regierung solle eine Volksbefragung über die Frage der Todesstrafe durchführen und im Falle ihrer Wiedereinführung bestimmte Mörder nachträglich mit in dieses Gesetz einbeziehen, lehnte das Bundesjustizministerium grundsätzlich ab. Das Grundgesetz sehe die Möglichkeit einer Volksbefragung „mit Rücksicht auf Erfahrungen zur Zeit der Weimarer Republik nur noch in ganz wenigen Ausnahmefällen vor".[228] Zudem sei es einer der wichtigsten Grundsätze eines demokratischen Rechtsstaates, dass eine Strafe nur dann verhängt werden dürfe, wenn sie schon zur Zeit der Tat für ein derartiges Verbrechen angedroht gewesen sei. Daher sei eine rückwirkende Einbeziehung eines bereits verurteilten Mörders in ein Gesetz, das die Todesstrafe wieder einführe, ohnehin ausgeschlossen. Mit rückwirkenden Strafgesetzen öffne man der Willkür Tür und Hof.[229] Auch das Argument der Kosten wies das Bundesjustizministerium regelmäßig zurück, da dies auch die Tötung gemeingefährlicher Geisteskranker, die in Anstalten verwahrt werden müssten, ermögliche. Ein derartiges Vorgehen widerspräche den Grundanschauungen des deutschen Staates.[230] Ebenso verwahrte sich Dreher gegen den Vorwurf, die Todesstrafe sei von Leuten abgeschafft worden, die damit ehemalige Nationalsozialisten begünstigen wollten.[231]

Im Hinblick auf das Schreiben eines 12-jährigen Mädchens bezweifelte Dreher, dass das Kind aus eigenem Antrieb an den Bundesjustizminister geschrieben habe. Vielmehr forderte er die hinter dem Mädchen stehenden Erwachsenen auf, sich nicht hinter einem Kind zu verstecken. Dem Mädchen selbst gegenüber erklärte er, kleine Kinder sollten sich keine Gedanken darüber machen, ob „man anderen Menschen den Kopf abschlägt oder nicht". Das Mädchen sollte lieber daran denken, dass sie selbst zu einem ordentlichen Menschen heranwachse und in der Schule richtig lerne. Die Frage sei viel zu schwierig und zu ernst, um von Kindern beurteilt zu werden. „Es ist naseweis", wenn sie als 12-jähriges Mädchen behaupte, es sei Unfug gewesen, die Todes-

227 BArch B 141/003803 MicroF S. 91f.

228 BArch B 141/003802.

229 BArch B 141/003799, B 141/003802.

230 BArch B 141/003802, B 141/003803.

231 BArch B 141/003816 MicroF S. 12.

strafe abzuschaffen. Wenn sie Angst habe, solle sie sich an einen Polizisten in ihrer Gegend wenden.[232]

Der Elternschaft einer Volksschule in Poggenhagen erklärte Dreher auf die Forderung, die Todesstrafe zur Beseitigung der öffentlichen Missstände anzuwenden, dass es weniger auf die Strafen als auf eine gute Erziehung ankomme, um Verbrechen zu verhüten.[233] Viele Straftaten seien heute darauf zurückzuführen, dass den Menschen, in erster Linie der Jugend, die Ehrfurcht vor dem Leben der Mitmenschen fehle. Es sei die schönste Aufgabe der Elternschaft und der Lehrer, hier einen Wandel zu schaffen und die Jugend zur Ehrfurcht zu erziehen, die der Grundstein alles menschlichen Lebens sei.[234]

Den Vorschlag, Verbrechen, die sonst mit lebenslänglichem Zuchthaus bestraft werden, mit dem Tode zu bestrafen, wenn sie an Kindern begangen wurden, wies das Bundesjustizministerium zurück, da ein Mord an einem Kinde nicht schwerer wiege als jeder denkbare Mord an Erwachsenen. Zudem sei der Vorschlag gleichbedeutend mit der Ausweitung der Todesstrafe auf insgesamt zwölf Straftaten, bei denen zurzeit die Verhängung der lebenslänglichen Zuchthausstrafe möglich sei. Dabei forderten selbst die Verfechter der Todesstrafe die höchste Strafe nur noch für Mord und Menschenraub. Dennoch sei die Anregung wertvoll, „als man dem Umstand, dass die Tat gegen ein Kind begangen worden ist, allgemein als Strafverschärfungsgrund behandeln könnte“.[235]

---

232 BArch B 141/003802 MicroF S. 38f.

233 BArch B 141/003798 MicroF S. 199f. Ähnlich äußerte sich *Dreher* in einem anderen Antwortschreiben: „Mit Recht weisen Sie auch darauf hin, dass die Bekämpfung des Unrechts schon bei der Erziehung der Jugend beginnen muss. [...] Ein sehr wichtiger Faktor bei der Erreichung dieses Zieles bleibt aber stets, wie Sie ja auch andeuten, die Bemühungen eines jeden verständigen Menschen durch sein eigenes Vorbild günstig auf seine Umgebung einzuwirken.“ Siehe BArch B 141/003816 MicroF S. 7f.

234 BArch B 141/003798 MicroF S. 199f.

235 BArch B 141/003802 MicroF S. 59f.

# 6. Kapitel: Die Diskussion unter Bundesjustizminister von Merkatz

## *A) Die Diskussion im Westdeutschen Rundfunk Köln im November 1956*

Im November 1956 wollte der Westdeutsche Rundfunk der Tatsache, dass die Diskussion um die Todesstrafe in der Öffentlichkeit nie zur Ruhe zu kommen schien, durch eine Sendung zu diesem Thema Rechnung tragen. Hierzu lud er zwei führende Juristen der Bundesrepublik ein, den Präsidenten des Oberverwaltungsgerichts Rheinland-Pfalz, Professor Adolf Süsterhenn sowie den sozialdemokratischen Bundestagsabgeordneten Adolf Arndt.[1] In der Einleitung zur Sendung erklärte der Diskussionsleiter Fritz Brühl, dass nicht nur jeder Mordfall, sondern schon jedes die normalen Umstände hinter sich lassende Verbrechen die Gemüter der Bevölkerung errege. Dabei zeichneten sich die in der Bevölkerung von beiden Seiten vorgebrachten Argumente im Allgemeinen weder durch Schlüssigkeit noch durch Überzeugungskraft aus. Vielmehr loderten gerne Leidenschaften, während die Vernunft ungefragt bleibe. Dabei sprächen alle Anzeichen dafür, dass die notwendige verfassungsändernde Zweidrittelmehrheit im Bundestag und Bundesrat in absehbarer Zeit nicht erreicht werden könne, da immerhin in den vergangenen acht Jahren dreimal erfolglos Anläufe in diese Richtung unternommen worden seien. Dennoch diskutiere die Bevölkerung immer wieder das Für und Wider die Todesstrafe.

### *I. Der Befürworter: Adolf Süsterhenn*

Nach der Ansicht Süsterhenns,[2] der sich bereits 1949 im Parlamentarischen Rat gegen die Einführung des Art. 102 ausgesprochen hatte,[3] hing die Frage nach der Berechtigung der Verhängung der Todesstrafe primär davon ab, welche Funktion man dem Staat zuerkenne und wie der Staat sich selbst begreife. Das Recht zur Verhängung der Todesstrafe dürfe nur einem Staat zugebilligt

---

1 Die Sendung fand ein so großes öffentliches Echo, dass sich der Westdeutsche Rundfunk zur Drucklegung der Sendung entschloss: Siehe Reihe des WDR, Umstrittene Sachen: Wieder Todesstrafe? – Eine Diskussion.

2 Ebd., a.a.O., S. 15ff. *Süsterhenn* wiederholte seine Thesen in den nachfolgenden Jahren, z.B. in: Die rationalen Gründe für die Todesstrafe oder Zur Diskussion über die Todesstrafe.

3 Siehe oben Erster Teil, 2. Kapitel.

werden, der im Staatsgefüge einen sittlichen Ordnungszusammenhang sehe und ein dementsprechendes Selbstverständnis besitze. Nur in diesem Fall gewährleiste der Staat durch die Erfüllung seiner Gemeinwohlfunktion einen Mindestbestand sittlich fundierter Ordnung im Zusammenleben der Menschen.[4] Durch das Grundgesetz und die Landesverfassungen, die mehr seien „als papierene Deklamationen oder formale Normen"[5], habe sich die Bundesrepublik dem Sittengesetz unterworfen. Der staatlich organisierte Teil des deutschen Volkes habe die Existenz einer sittlichen Werteordnung für das Zusammenleben der Menschen im Staat bejaht und sich einen Staatstyp geschaffen, indem er die sich aus dieser Werteordnung ergebenden Normen verfassungsrechtlich anerkenne und durch ein umfassendes Rechtssystem wirksam garantiere. Da elementarste Aufgabe dieses Staates der Schutz der Bürger gegen Angriffe von innen und außen sei, sei dieser berechtigt, mit allen Mitteln gegen die das Leben seiner Bürger antastenden Rechtsbrecher vorzugehen. Werde dem Staat das Recht abgesprochen, zur Abwehr von schwersten Angriffen auf die inneren Grundlagen des staatlichen Gemeinschaftslebens auch die Todesstrafe zu verhängen, nehme man ihm einen wesentlichen Teil seiner Hoheitsbefugnisse und damit die Fähigkeit, seine ihm zustehende Aufgaben zu erfüllen – insbesondere für den existentiellen Notfall. Selbst zahlreiche Gegner der Todesstrafe seien, auch wenn sie prinzipiell gegen die Todesstrafe sind, dennoch zum Schutz der staatlichen Existenz bereit, auf die höchste Strafe zurückzugreifen. Eindruckvollstes Beispiel hierfür, sei das Gesetz zum Schutz der Republik vom Juli 1922, das die Unterschriften des Reichspräsidenten Ebert und des Reichsministers der Justiz Radbruch, trage. Beide seien aufgrund persönlicher Überzeugung Gegner der Todesstrafe gewesen, hätten aber als Träger der staatspolitischen Verantwortung das Recht des Staates zur Verhängung der Todesstrafe anerkannt und es sogar noch erheblich ausgeweitet.[6]

---

4 Dass die Todesstrafe in der Hand eines „totalitären Staates nationalsozialistisch-faschistischer oder kommunistisch-marxistischer Prägung" eine permanente und institutionelle Bedrohung darstellte, offenbarten, seiner Ansicht nach, nicht nur die geschichtlichen und zeitgenössischen Erfahrungen, sondern auch das ideologische Selbstverständnis dieser politischen Systeme. Eine Staatsform, die jede formal ordnungsgemäß zustande gekommene Mehrheitsentscheidung ohne Rücksicht auf ihren Inhalt als legitime Rechtsform betrachte, dürfe das Instrument der Todesstrafe nicht in die Hände gegeben werden. Siehe Reihe des WDR, a.a.O., S. 15ff.

5 Reihe des WDR, a.a.O., S. 15ff.

6 Als weiteres Beispiel nannte *Süsterhenn* den italienischen Juristen Beccaria, der zwar dem Staat das Recht zur Verhängung der Todesstrafe abgesprochen, aber dem Staat gleichzeitig das Recht konzediert hatte, gegen politische Verbrechen, die die Existenz des Staates bedrohten, die Todesstrafe zu verhängen. Des weiteren führte er Ernst Mo-

Grundsätzlich existiere für Rechtsbrecher kein absolutes Recht auf Leben, da Art. 2 die Rechte und Pflichten des einzelnen gegenüber der Gemeinschaft wirksam begrenze. Diese Rechtsüberzeugung habe ihren Ausdruck zuletzt in der am 4. November 1950 in Rom abgeschlossenen europäischen Konvention zum Schutz der Menschenrechte und Grundfreiheiten[7] gefunden und dürfe nicht einfach „als Drang zum Vernichten" abgetan werden – wie es Dehler im Rahmen der Bundestagsdebatte 1952 getan habe, als er die Todesstrafe „als latenten Trieb nach Vergeltung" bezeichnete oder Wagner, der die Todesstrafe als „ein Relikt der Barbarei" hingestellt habe. Besonders auch angesichts der uneingeschränkten Anerkennung der Todesstrafe durch christliche Institutionen sei der Versuch, die Bejahung der Todesstrafe aus irgendwelchen „atavistischen Instinkten des Untermenschtums" zu erklären, absurd.[8]

Um die zum Wesen des Staates gehörende Befugnis zur Verhängung der Todesstrafe auch praktikabel zu machen, müsse die Todesstrafe als eine zulässige Strafform auch in das Strafgesetzbuch aufgenommen werden. Die bloße Existenz der Todesstrafe übe eine vorteilhafte Abschreckungswirkung für die Aufrechterhaltung der allgemeinen Ordnung aus – auch wenn die Kriminalstatistik weder einen Beweis für noch gegen die Todesstrafe erbringen könne. Allerdings dürfe die Todesstrafe unter dem Gesichtspunkt der Irreparabilität – auch wenn die Möglichkeit einer irrtümlichen Anwendung noch nichts über die Rechtmäßigkeit der Todesstrafe als solche aussage – nur wahlweise neben der Freiheitsstrafe für besonders qualifizierte Mord-Straftatbestände angedroht werden. Ergänzend befürwortete Süsterhenn eine großzügige Handhabung der Gnadenpraxis, nach dem Vorbild der Weimarer Republik. Grundsätzlich müsse der Staat bei seiner Strafgesetzgebung von der Möglichkeit einer echten Verantwortung und Schuld des Täters ausgehen. Infolgedessen müsse sich die Gesetzgebung an objektiven und allgemein gültigen Maßstäben orientieren – unbeschadet der subjektiven Einstellung des Einzelnen. Ausdrücklich warnte Süsterhenn – ohne die Bedeutung der psychischen Veranlagung und der so-

---

ritz Arndt an, der als eigentlicher Gegner der Todesstrafe in der Frankfurter Nationalversammlung ausnahmsweise die Todesstrafe für Fälle von Elternmord oder politischen Verbrechen zulassen wollte. Siehe Reihe des WDR, a.a.O., S. 15ff.

7 Siehe Reihe des WDR, a.a.O., S. 15ff. Die von vierzehn europäischen Staaten, einschließlich der Bundesrepublik, ratifizierte europäische Menschenrechtskonvention von 1950 garantierte zwar in Art. 2 das Recht auf Leben und verbot grundsätzlich die absichtliche Tötung eines Menschen. Die „Vollstreckung eines Todesurteils, das von einem Gericht im Falle eines durch Gesetz mit der Todesstrafe bedrohten Verbrechens ausgesprochen ist", war jedoch ausdrücklich ausgenommen. Siehe *Jochen A. Frowein/ Wolfgang Peukert*, EMRK-Kommentar, Art. 2 Rn. 8; *Dreier*, a.a.O., Art. 102 Rn. 27. Einzelheiten zur Entwicklung in der EU siehe auch unten Dritter Teil, 4. Kapitel.

8 Siehe Reihe des WDR, a.a.O., S. 15ff.

ziologischen Momente verkennen zu wollen, die im Einzelfall zweifellos von Bedeutung sein könnten – davor, die menschliche Entscheidungsfreiheit und damit den Begriff der sittlichen und juristischen Schuld in bloße Psychologie und Soziologie aufzulösen.[9]

## *II. Der Gegner: Adolf Arndt*

Adolf Arndt[10] mahnte, die Entscheidung über die Todesstrafe „nicht aus ungeklärten Gefühlen oder der erzürnten Aufwallung des Augenblicks" zu treffen. Ungeachtet der Verbrechen von so unausdenkbarer Fürchterlichkeit, das die Leidenschaft einen zu überwältigen drohe und das Volk versucht sei, das Äußerste und das Maßlose zu fordern, sei es die Pflicht eines jeden, sich nicht blind hinreißen zu lassen. Nur wer gründlich und verantwortungsvoll über die Frage nachgedacht habe, könne eine abschließende Entscheidung in dieser Sache treffen.

Zunächst einmal fehle jeglicher Beweis für die angeblich abschreckende Wirkung der Todesstrafe – im Gegenteil, jahrzehntelange Forschungsarbeiten im In- und Ausland belegten, dass die Todesstrafe sogar eine Vermehrung der Tötungsdelikte verschulden könne.[11] Selbst wenn aber eine abschreckende Wirkung festgestellt werden könnte, so sei bereits der Umstand, dass ein Mensch durch seine Hinrichtung zum Mittel erniedrigt werde, um durch sein Sterben einen Einfluss auf andere zu nehmen, äußerst fragwürdig.[12]

Es sei gefährlich, den Staat als Treuhänder des Sittengesetzes zu bezeichnen, da dies den Staat dazu verleite, sich anzumaßen, „selber im Sinne des Sittengesetzes Jüngstes Gericht zu spielen". Selbstverständlich sei der Staat dem Sittengesetz unterworfen. Dabei sollte der Staat aber als Vorbild agieren und dem Grundsatz der Achtung vor dem Leben ausnahmslos Geltung verschaffen, um dadurch ein Beispiel für andere zu geben. Dagegen spreche auch nicht, dass es

---

9 Ebd.

10 Reihe des WDR, a.a.O., S. 33ff. Vgl. auch *Adolf Arndt*, Rechtsprechende Gewalt und Strafkompetenz.

11 Der Bericht der britischen Kronkommission für die Jahre 1951/1952 beweise, dass in den Staaten, welche die Todesstrafe abschafften, mindestens keine Zunahme der Gewaltverbrechen zu verzeichnen war. Zudem habe *Düsing* in seiner Abhandlung über die Todesstrafe bewiesen, dass mit der Zahl der Hinrichtungen auch die Zahl der Kapitalverbrechen anstieg – die Kriminalitätsrate sich nach Abschaffung der Todesstrafe dagegen verringerte. Siehe Reihe des WDR, a.a.O., S. 33ff.

12 Ohnehin, so *Arndt*, bestehe ein statistisch feststehender Drang des Mörders zum Selbstmord, sodass ein Mörder hinsichtlich der ihm drohenden Todesstrafe unempfindlich sei. Siehe Reihe des WDR, a.a.O., S. 33ff.

Gegner der Todesstrafe gegeben habe, die ihren eigenen Prinzipien zuwiderhandelten. Dies zeuge nur von der menschlichen Schwäche, dass selbst die edelsten Geister manchmal erlahmten und sich von Aufwallungen des Gefühls oder des Gemütes überwältigen ließen. Auch könne die Todesstrafe nicht als Akt der Notwehr bezeichnet werden, wenn die Hinrichtung erst Monate, meist Jahre nach der Tat stattfinde, da in diesem Fall der Staat keinem gegenwärtigen Angriff mehr begegne.[13]

Welchen Strafzweck, gesetzt den Fall, der Tod sei überhaupt eine Strafe, man auch immer für richtig halte – der menschenmögliche Höchstzweck der Strafe, die Gemeinschaft vor Verbechern zu schützen und diese aus der Gemeinschaft auszuschließen, könne ebenfalls mit anderen Mitteln, insbesondere mit der lebenslänglichen Freiheitsstrafe, erreicht werden.[14] Zumal auch in einem modernen Massenstaat die Versuchung zum Missbrauch der Todesstrafe existiere, vor allem aus politischen Gründen. Besonders gegen angebliche Verräter oder Staatsverbrecher sei zu allen Zeiten – und insbesondere in der nationalsozialistischen Zeit – nach der Todesstrafe geschrieen worden. Insgesamt wögen die Nachteile der Todesstrafe unter allen Umständen schwerer als ihre vermeintlichen Vorteile. Kein Abgeordneter sollte ein Strafgesetz beschließen, kein Richter ein Strafurteil aussprechen müssen, das er nicht eigenhängig zu vollziehen bereit sei. Daneben sei die Entwürdigung des Henkers[15] zu berücksichtigen. Ferner sei die Endgültigkeit der Todesstrafe mit der Unzulänglichkeit der menschlichen Wahrheitsfindung, die dem Irrtum unterworfen sei, unver-

---

13 Ebd.

14 Wer niemals selbst die unbefristete Zuchthausstrafe erfahren habe, wisse nicht, was das tatsächlich bedeute. Es sei „Geschwätz", wenn Befürworter der Todesstrafe beklagten, der Verbrecher werde auf Staatskosten ernährt. Siehe Reihe des WDR, a.a.O., S. 33ff.

15 *Der Tagesspiegel* berichtete im April 1957 von einer Studie des Bonner Kriminologen *Hans v. Hentig*, die unter dem Titel „Der gehängte Henker" in der schweizerischen Zeitschrift für Strafrecht erschien. Aus dem veröffentlichten, durch die Jahrzehnte gehende, Material Hentigs über die Krankhaftigkeit und Kriminalität, gehe nach Ansicht des Tagesspiegels hervor, dass „fast durchweg nur kranke oder kriminelle Typen für dieses Gewerbe genommen werden können." Der Drang zu diesem fragwürdigen Gewerbe sei immer gleichgeblieben, da das Amt auch das Bewusstsein höchster Macht umwittere. Dabei liege der Schluss nahe, dass eine Institution, die der Staat nur durch Heranziehung von Psychopathen im Gang halten könne, auch ihrerseits im Innersten krankhaft und moralwidrig sein müsse. Letztlich komme Hentig zu dem Ergebnis, es gehöre zum Berufsrisiko des Henkers, bei plötzlichen politischen Veränderungen zur Verantwortung gezogen zu werden. Siehe *Hans v. Hentig*, Der gehängte Henker, in: ZStR 71 (1956), S. 32ff.; Tagesspiegel v. 6.4.1957 „Gehängte Henker" von *Walter Fredericia*.

einbar. Justizirrtümer seien unabwendbare Tatsachen, selbst wo nach menschlichem Ermessen jeder Zweifel ausgeschlossen scheine.[16]

## *B) Öffentlichkeit*

### *I. Anhänger der Todesstrafe*

Sowohl in der Presse als auch in den Eingaben an das Bundesjustizministerium zeigte sich die Öffentlichkeit weiterhin besorgt, angesichts der großen Anzahl schwerer Gewaltverbrechen der letzten Zeit.[17] Sie beklagte die „räuberischen Wildwestzustände“ [18] und die im Vergleich dazu milde Gerichtsbarkeit. Es werde „gestohlen, geraubt, gemordet, dass der Landfriede ernstlich in Gefahr“ sei.[19] Insbesondere die Zahl der jugendlichen Verbrecher sei bedenklich angestiegen, zum einen bedingt durch falsche Erziehungsmethoden, zum anderen durch das Versagen des Elternhauses. Auch schlechte Bücher und Filme lehrten den Jugendlichen geradezu die „Großmannssucht und den Terror“.[20] Durch das „Nachäffen falscher Werte“ werde der spätere Verbrecher herangezüchtet.[21]

Viele Bürger konnten nicht verstehen, warum der Staat „solche unglaublichen Verbrechen“ nicht eindämme.[22] Die Bundesrepublik falle in politischer und staatlicher Hinsicht dauernd von einem Extrem ins andere und finde „doch das rechte Mittelmaß nie. Einmal haben wir einen übertriebenen Obrigkeitsstaat, dann wieder werfen wir alles was irgendwie nach Respekt und Ordnung oder

---

16 Dies habe die Hinrichtung des schuldlosen Evans in London bewiesen. Reihe des WDR, a.a.O., S. 33ff.

17 BArch B 141/003804, B 141/003805.

18 BArch B 141/003804 MicroF S. 84.

19 BArch B 141/003804, B 141/003805.

20 Daher wurde ebenfalls das Verbot der „Gangsterfilme und Schundliteratur“, als Verbrecherursache, gefordert. Siehe BArch B 141/003804 MicroF S. 148f.

21 BArch B 141/003804. In einer Pressemitteilung vom 1.8.1959 trat das *Statistische Bundesamt* den Behauptungen von einer zunehmenden Verrohung der Jugend entgegen. Zwischen den beiden Weltkriegen seien doppelt so viele junge Menschen unter 25 Jahren wegen Mordes oder Totschlags und gefährlicher oder schwerer Körperverletzung verurteilt worden wie in den letzten Jahren im Bundesgebiet. In der „guten alten Zeit“, um die Jahrhundertwende waren es nach den Berechnungen des Bundesamtes sogar sechsmal so viel. Lediglich Raub- und Vermögensdelikte häuften sich in jüngster Zeit insbesondere bei den Jugendlichen. Dessen ungeachtet sei die gesamte Kriminalität der Gewaltverbrechen bei der heutigen Jugend weit geringer als früher. Siehe Mitteilung an die Presse Nr. 693/59 „Keine zunehmende Verrohung der Jugend“; dpa-Meldung Nr. 94 v. 1.8.1959 „Statistiker: Weniger Mord und Totschlag als früher“.

22 BArch B 141/003804, B 141/003805.

Disziplin aussieht, über Bord".[23] Der aus der viel zu weichen Demokratie resultierende „Verbrecherterror" trage letztlich zum Ruf nach der Diktatur bei, da Hitler wenigstens „die Verbrecher zur Raison gebracht"[24] habe. Ausdrücklich gerügt wurde die übertriebene „Humanitätsduselei" im modernen Strafvollzug mit Sport, Rundfunk in den Zellen und anderen Vergünstigungen. Bewiesenermaßen habe die sogenannte Besserungstheorie des Strafvollzugs jämmerlich versagt, da die Verbrecher in den Haftanstalten das lernten, was sie noch nicht wüssten. Diese milde Strafjustiz mache die „Besten der Besten" zu Mördern und führe mit aller Bestimmtheit zu einer Häufung schwerster Verbrechen.[25] In diesem Zusammenhang tauchte auch erneut die Kritik an den mit der Inhaftierung verbundenen Kosten auf,[26] sowie die Befürchtung, der Verbrecher könne wieder in Freiheit kommen und erneut auf die „anständigen Bürger" losgelassen werden.

Das deutsche Volk verlange die Wiedereinführung der Todesstrafe,[27] aber „weder Minister, Parteien, Dienststellen usw." hätten den Mut zur Durchführung.[28] Dabei habe der Staat die Pflicht, sich dem Willen des „anständigen Bürgers" zu fügen.[29] Sollte der deutsche Staat nicht endlich wieder geordnete Verhältnisse und Sicherheit für den einzelnen Bürger schaffen, „werden die Wähler bei der nächsten Bundestagswahl dem Parlament die Quittung für dieses Versagen präsentieren"[30] oder das Volk müsse „über diese Frage hundertprozentig selbst entscheiden".[31] Dann könnte jede Partei die Verantwortung für die Wiedereinführung der Todesstrafe zurückweisen.[32]

23 BArch B 141/003804 MicroF S. 10ff.

24 BArch B 141/003804 MicroF S. 148.

25 BArch B 141/003804, B 141/003805.

26 Dem inhaftierten Verbrechern gehe es besser als den deutschen Rentnern und sonstigen Hilfebedürftigen. Es sei nicht einzusehen, dass ein gemeiner Mörder auf Kosten des Steuerzahlers bis zu seinem natürlichen Tode versorgt werden müsse. Siehe BArch B 141/003804, B 141/003805, B 141/003816.

27 BArch B 141/003804. Vgl. auch *Fredericia*, Tagesspiegel v. 6.4.1957.

28 BArch B 141/003804 MicroF S. 84.

29 BArch B 141/003816 MicroF S. 73.

30 BArch B 141/003804 MicroF S. 10ff.

31 Zum Beispiel forderte der Bürgermeister der Stadt Massenbach die Durchführung einer Volksbefragung. (BArch B 141/003804 MicroF S. 10ff.) Von anderer Seite wurde dagegen vorgeschlagen, den Abstimmungszettel bei der kommenden Bundestagswahl im Oktober 1957 um zwei Felder – Todesstrafe ja oder nein – zu erweitern. (BArch B 141/003804 MicroF S. 84).

32 BArch B 141/003804 MicroF S. 84.

Nachdem sich der neue Bundesjustizminister von Merkatz in der Presse gegen die Wiedereinführung der Todesstrafe ausgesprochen hatte, äußerten viele Bürger ihre Enttäuschung über seine Einstellung zu diesem Thema.[33] Ein Bürger erklärte, es sei bedenklich, wenn sich ein Justizminister als Akademiker gegen die Todesstrafe ausspreche, wo Verneiner der Todesstrafe doch meist „Edelmarxisten, Luxuskommunisten, Intellektuelle und sonstige geistige Armenhäusler“[34] seien. Zwar müsse die persönliche Meinung von Merkatz respektiert werden. Wenn aber in der gleichen Zeit die Bundestagsfraktion der Deutschen Partei, der von Merkatz angehöre, sich für die Todesstrafe ausspreche, so sei sicher zu erwarten, dass der Justizminister diese Mehrheit achte. Leider habe der Bundesjustizminister bisher aus diesen Beschlüssen noch keine Konsequenzen gezogen.[35] Vielfach wurde von Merkatz darum gebeten, auf die zuständigen Stellen des Bundes einzuwirken, damit eine entsprechende Debatte im Bundestag erneut stattfinde[36] – aber, „bitte nicht erst wieder über Ausschüsse und Unterausschüsse, denn sonst dauert es Jahre“.[37] Wenn die maßgebenden Stellen „eine bessere Vorstellung über die Meinung des Wählers und des Steuerzahlers“ hätten, wäre vieles in Deutschland anders.[38]

## *II. Gegner der Todesstrafe*

Vereinzelt wurde von Merkatz jedoch in seiner ablehnenden Haltung gegenüber der Todesstrafe auch unterstützt. Zum Beispiel erklärte ein Pastor in einer Eingabe an den Bundesjustizminister, nur die ablehnende Haltung von Merkatz gegenüber der Todesstrafe habe ihn zurück zur Politik der Deutschen Partei gebracht.[39] Auch die Deutsche Liga für Menschenrechte Nordrhein-

---

33 BArch B 141/003805, B 141/003816. Vgl. auch FR v. 10.9.1957 „Knieharte Eiferer“.

34 In einem Schreiben an den BMJ fragte der Bürger weiter: „Fürchtet ihr euch denn so vor den Gangstern oder wollt ihr die Gerichte auch leben lassen? [...] Vom 16. Jahr an rigoros den Kopf ab und die Schweinerei hört auf.“ (BArch B 141/003805 MicroF S. 14). In seiner Antwort schrieb das BJM: „Auf derartig ungehörige Eingaben haben Sie künftig keinen Bescheid zu erwarten. [...] Sie hätten sich selbst sagen sollen, dass auf eine so primitive Weise das Problem der Schwerkriminalität nicht zu lösen ist.“ (BArch B 141/003805 MicroF S. 15f.).

35 BArch B 141/003805.

36 BArch B 141/003804, B 141/003805.

37 BArch B 141/003804 MicroF S. 113, B 141/003805 MicroF S. 83.

38 BArch B 141/003804 MicroF S. 147.

39 Denn nachdem Hellwege seiner Befürwortung für die Todesstrafe Ausdruck verliehen habe, habe der Pastor der DP seine Unterstützung versagt, und das, obwohl er seit seiner Kindheit der deutsch-hannoverschen Partei und nach 1945 – nachdem die alte Partei nicht mehr reaktiviert werden konnte – der NLP bzw. der späteren DP angehörte.

Westfalens[40] unterstützte die Einstellung des neuen Bundesjustizministers. Da der Verband die Wiedereinführung der Todesstrafe traditionsgemäß ablehne,[41] werde er sich, im Falle eines sicherlich zu erwartenden neuen Antrags auf Wiedereinführung der Todesstrafe im Bundestag, leidenschaftlich und kämpferisch gegen die Todesstrafe aussprechen.

Grundsätzlich waren sich die Gegner der Todesstrafe einig, dass sowohl „Statistiken der ganzen Welt" als auch die Kriminalstatistiken für Mord und Totschlag in Deutschland für die Jahre 1947 bis 1952 zeigten, dass die Vorstellung der größeren abschreckenden Wirkung der Todesstrafe lediglich eine Illusion sei. Im übrigen habe die moderne Kriminalwissenschaft die sachliche Erkenntnis gewonnen, dass weder bei Berufsverbrechern noch bei Menschen mit verhaltenen verbrecherischen Veranlagungen oder Gelegenheitsverbrechern durch die Androhung hoher Zuchthausstrafen oder gar der Todesstrafe eine abschreckende Wirkung feststellbar sei.[42] Zudem lehnten die Gegner finanzielle Betrachtungen jeglicher Art ab[43] und gaben weiterhin zu bedenken,

---

Nach Ansicht des Pastors stand von Merkatz weit über dem Niveau des Bundestages. Siehe BArch B 141/003816 MicroF S. 78f.

40 Laut eigener Satzung war die *Deutsche Liga für Menschenrechte* ideell und materiell unabhängig von in- und ausländischen Staatsorganen, von politischen Parteien und Einrichtungen kirchlicher und weltanschaulicher Art. Der Landesverband verfolgte nach eigenen Angaben die Verteidigung, Wahrung und Verwirklichung der Menschenrechte, wie sie in der Allgemeinen Erklärung der Vereinten Nationen von 10. Dezember 1948 niedergelegt wurden. Der Verband erfülle diese Aufgabe nach den Grundsätzen der Charta der Fédération Internationale des Droits de l'Homme vom 12.11.1952, der die Deutsche Liga für Menschenrechte e.V. angehörte. Siehe BArch B 141/003816 MicroF S. 91ff.

41 Trotzdem hielt es der Verband, bevor er sich an das BJM wandte, für erforderlich, seine Mitglieder hinsichtlich des Punktes zu befragen, „ob und wie weit wir unseren traditionellen Standpunkt gegebenenfalls kämpferisch zu verteidigen und durchzusetzen haben, oder ob das derzeitige Anwachsen oft geradezu bestialischer Kapitalverbrechen zu einer Revision des bisherigen Standpunktes verpflichtet". Im Fall der Befürwortung der Todesstrafe durch seine Mitglieder fragte der Verband nach den Maßstäben der Einstufung besonders schwerwiegender Verbrechen und wer den Grad der Verwerflichkeit beurteilen könne, insbesondere vor dem Hintergrund, dass eine Grenze zwischen Affekthandlungen und Zielstrebigkeit nicht rechtssicher feststellbar sei. Siehe BArch B 141/003816 MicroF S. 84ff.

42 BArch B 141/003816. Vgl. auch Welt der Arbeit v. 30.8.1957 „Der große Irrtum".

43 „Wer sich auf solches Rechnen einlässt, erinnere sich, dass vor nicht allzu langer Zeit aus gleichen Erwägungen die Geisteskranken ermordet wurden, und dass eine kaufmännische Kalkulation, wenn sie einmal Raum findet, vor unheilbar Kranken, Invaliden, Krüppeln und Alten nicht halt zu machen braucht." Siehe Welt der Arbeit v. 30.8.1957.

dass der Mensch als beschränktes Wesen urteile, aber strafe, als wenn er unfehlbar wäre.[44]

## *C) Bundesjustizministerium*

Obwohl, oder vielleicht gerade weil, der amtierende Bundesjustizminister von Merkatz – entgegen der politischen Linie seiner Partei – gegen die Wiedereinführung der Todesstrafe eintrat, vermied das Ministerium weitestgehend eine Positionierung zu diesem Thema.

Meist erklärte das Bundesjustizministerium nur, die Frage nach der Todesstrafe sei ein äußerst schwieriges Problem, das von Merkatz mit aller Sorgfalt und Ernsthaftigkeit beachte. Auch wenn durch Befragungen von Meinungsforschungsinstituten bekannt sei, dass weite Kreise des deutschen Volkes die Wiedereinführung der Todesstrafe forderten – „es wäre auch überraschend, wenn sich die Mehrheit der Bevölkerung einmal gegen die Todesstrafe ausspräche“[45] – dürfe die Frage nicht unter dem Eindruck abscheulicher Taten und in der darüber bestehenden begreiflichen Erregung und Erbitterung beantwortet werden.[46] Die in der Öffentlichkeit weit verbreitete Meinung der Abschreckungswirkung der Todesstrafe lasse sich kriminalistisch nicht beweisen.[47] Ohnehin liege die letzte Entscheidung in dieser Sache richtigerweise beim deutschen Parlament, dem bereits Anträge auf Wiedereinführung der Todesstrafe vorlägen und das sich daher nach seinem Wiederzusammentritt sicher mit dem Thema erneut befassen werde. Außerdem beschäftige sich die Große Strafrechtskommission im Rahmen ihrer laufenden Beratungen mit der Frage nach der Todesstrafe.[48]

---

44 Welt der Arbeit v. 30.8.1957.

45 BArch B 141/003804 MicroF S. 88f.

46 BArch B 141/003804, B 141/003805.

47 BArch B 141/003805, B 141/003804. Zwar zeigte sich auch *v. Merkatz* besorgt über die allgemeine Entwicklung der Kriminalitätsstatistik, speziell über das Anwachsen von Raub, schweren Diebstahls, Notzucht und ähnlichen Delikten. Dennoch sei die Zahl der Fälle von Mord und Totschlag in den letzten Jahren in Deutschland nicht angestiegen, sondern im Gegenteil wesentlich zurückgegangen. So seien – im Vergleich zu 1949 mit 427 Fällen – im Jahr 1956 nur noch 314 Fälle von Mord und Totschlag zu verzeichnen gewesen.(In einzelnen Schreiben spricht das BJM abweichend von 316 Fällen im Jahr 1956. Siehe BArch B 141/003804 MicroF S. 114, B 141/003804 MicroF S. 85f.) Sofern in der Bevölkerung der gegenteilige Eindruck hervorgerufen werde, liege dies allein an der heutigen Zeitungsberichterstattung.

48 BArch B 141/003816, B 141/003804.

Wie auch unter Bundesjustizminister Neumayer, antwortete das Ministerium nur in Ausnahmefällen ausführlich auf die Eingaben.[49] So lehnte das Bundesjustizministerium einen Volksentscheid über die Frage der Todesstrafe angesichts der oft falschen oder nur unzureichend fundierten öffentlichen Meinung ab.[50] Zudem verwies das Ministerium auf die der Todesstrafe innewohnende Gefahr eines Justizirrtums und wies Vorschläge, wie die Todesstrafe in Fällen von Indizienbeweisen nicht zuzulassen, zurück.[51] Grundsätzlich, so das Ministerium, stehe den Gerichten bereits heute hinreichende Mittel zur Verfügung, um die Kriminalität wirkungsvoll zu bekämpfen. Dennoch sei über eine verstärkte Anwendung der Sicherungsverwahrung nachzudenken, um der Gefährdung der Allgemeinheit durch Gewohnheitsverbrecher wirksam zu begegnen.[52] Zudem sei, so der Justizminister persönlich, im Rahmen der Großen Strafrechtsreform geplant, gefährliche Täter auch nach ihrer Entlassung aus der Strafhaft unter Überwachung, die sog. Sicherungsaufsicht, zu stellen. Des weiteren plane die Große Strafrechtskommission die Erhöhung der Zuchthausstrafe auf bis zu zwanzig Jahre.[53]

49 BArch B 141/003804, B 141/003805, B 141/003816.

50 BArch B 141/003804, B 141/003805.

51 BArch B 141/003804, B 141/003805.

52 BArch B 141/003804, B 141/003805.

53 BArch B 141/003804 MicroF S. 152f.

# 7. Kapitel: Die Diskussion unter Bundesjustizminister Fritz Schäffer

## *A) Diskussion im Bundestag*

Bereits kurz nach der Bundestagswahl im September 1957 berichteten die deutschen Zeitungen von Plänen bayerischer Abgeordneter, die Wiedereinführung der Todesstrafe nunmehr doch noch erfolgreich voranzutreiben. So kündigte die Bonner Landesgruppe der bayerischen Union den dritten Anlauf gegen den Art. 102 an.[1] Und die Mehrheit der Landesgruppe der CSU beschloss, in dem Glauben, die Front der Gegner der Todesstrafe sei längst nicht mehr so breit wie in den Jahren zuvor,[2] dem Bundestag einen Gesetzesentwurf zur Änderung des Art. 102 vorzulegen.[3] Tatsächlich konnte die SPD nach wie vor mit ihren 169 Stimmen im Bundestag jede Verfassungsänderung blockieren.[4] Um die notwendige Zwei-Drittelmehrheit im Bundestag dennoch zu erreichen, setzte die CSU-Landesgruppe ihre Hoffnung auf einen besonderen Vorschlag. Neben der Beschränkung der Todesstrafe auf bestimmte Gewaltverbrechen schlug sie die Errichtung einer zusätzlichen Gnadenkommission vor, die jedes Todesurteil erneut überprüfen sollte.[5]

Die Erfolgsaussichten für die bayerischen Pläne wurden von der Presse als nicht sehr hoch eingeschätzt. Die Lösung des Problems sei vielmehr untrennbar mit der großen Strafrechtsreform verbunden, „für deren Vollendung die

---

1 Sonntagsblatt v. 15.12.1957 „Lebenslänglich oder Schafott?“.

2 Dabei fanden sich, wie das *Sonntagsblatt* berichtete, auch in den eigenen Reihen zahlreiche Gegner der Todesstrafe. So lehnte der bayerische CSU-Justizminister Ankermüller die Todesstrafe ab, weil er die Möglichkeit ihrer Erstreckung auch auf politische Taten fürchtete. Nach Presseinformationen befanden sich die Befürworter der Todesstrafe in der ersten Beratung sogar in der Minderheit. Siehe Sonntagsblatt v. 15.12.1957. Vgl. auch SZ v. 15.11.1957 „Der Ruf nach der Todesstrafe“ v. *Müller-Meiningen jr.*; FAZ v. 12.7.1958 „Die Todesstrafe ist abgeschafft“ v. *Jürgen Tern.*

3 SZ v. 9.11.1957 „CSU will die Todesstrafe einführen“; *Müller-Meiningen jr.*, SZ v. 15.11.1957; Sonntagsblatt v. 15.12.1957.

4 Welt v. 13.1.1958 „Debatte über Todesstrafe möglich“ und v. 22.4.1959 „Debatte über die Einführung der Todesstrafe für Mörder“; FAZ v. 22.4.1959 „Vor einer neuen Debatte über die Todesstrafe“; *Tern*, FAZ v. 12.7.1958; FAZ v. 14.1.1959 „Debatte über die Todesstrafe“; Stuttg. Zeitung v. 24.4.1959 „Die Todesstrafe“; Allg. Zeitung v. 18.7.1958 „Schreckt die Todesstrafe ab?“; FrNPr v. 10.9.1959 „[...]wird zum Tode verurteilt“.

5 SZ v. 9.11.1957; *Müller-Meiningen jr.*, SZ v. 15.11.1957; Sonntagsblatt v. 15.12.1957.

Frist von weiteren 6 Jahren beansprucht wird".[6] Zudem kritisierten die Zeitungen die den Plänen innewohnende Suche nach einem Popularitätserfolg. Die Forderung der Bonner Landesgruppe der CSU nach der Todesstrafe sei erst aufgrund zahlreicher Zuschriften aus allen Bevölkerungskreisen, als rein gefühlsmäßige Reaktion auf besonders abscheuliche Untaten der jüngsten Zeit, erhoben worden. Hiervon müssten sich die Mitglieder des Parlaments aber frei machen und aus einer übergeordneten Weltanschauung heraus eine grundsätzliche Antwort auf die Frage der Todesstrafe finden. Ansonsten sei die praktische Regelung den ständig wechselnden Parlamentsmehrheiten ausgeliefert.[7]

## *I. Bundestagssitzung vom 22. Januar 1958*

In der 8. Sitzung des Bundestages vom 22. Januar 1958 beantwortete Bundesjustizminister Schäffer persönlich folgende mündliche Frage seines Parteikollegen, des CSU-Abgeordneten Werber, betr. die Einführung der Todesstrafe bei Mord:

> „Hält die Bundesregierung die Einführung der Todesstrafe bei Mord in besonders schweren Fällen für notwendig, und ist sie gegebenenfalls bereit, alsbald dem Bundestag eine entsprechende Vorlage mit vorzusehender Änderung des Grundgesetzes zu unterbreiten?"[8]

In dem Wissen, dass gewichtige Gründe sowohl für als auch gegen die Todesstrafe geltend gemacht werden könnten, gab Schäffer zunächst einen Überblick über den bisherigen Stand der Diskussion der Todesstrafe im deutschen Bundestag – angefangen von der Entscheidung des Parlamentarischen Rates 1949 bis hin zu den Wiedereinführungsanträgen der 2. Legislaturperiode, „die nicht einmal in erster Lesung beraten wurden".[9] Aus diesem Grund und aufgrund der durch das Bundesjustizministerium veröffentlichten Kriminalitätsstatisti-

---

6 Sonntagsblatt v. 15.12.1957; Welt v. 9.11.1957 „Vergeblich"; *Müller-Meiningen jr.*, SZ v. 15.11.1957.

7 Sonntagsblatt v. 15.12.1957; Welt v. 9.11.1957; *Müller-Meiningen jr.*, SZ v. 15.11.1957; Stuttg. Zeitung v. 7.12.1957 „Nachtrag in Sachen Todesstrafe"; Welt v. 13.12.1957 „Kriminalität".

8 Sten. Bericht des BT, 8. Sitzung v. 22.1.1958, S. 245f. Ebenso BArch B 141/17317, B 141/003827. Bereits in der Kabinettssitzung am 22.01.1958 teilte *Schäffer* außerhalb der Tagesordnung mit, dass er in der Fragestunde des Bundestages diese Frage zu beantworten habe. Das Kabinett befürwortete die Absicht Schäffers, zu erklären, dass die Bundesregierung zu diesem Problem noch nicht Stellung genommen habe. (BArch B 141/36120).

9 Sten. Bericht des BT, 8. Sitzung v. 22.1.1958, S. 245.

ken und Kriminalitätsziffern,[10] behalte sich die Bundesregierung vor, dem Bundestag eine Überprüfung des Art. 102 erst in einem größeren Zusammenhang vorzuschlagen, in dem die Erörterung der Frage ohnehin notwendig werde – im Zusammenhang mit der großen Strafrechtsreform. Da der besondere Teil des neuen Strafgesetzbuches zurzeit in der Vollkommission der Großen Strafrechtskommission beraten werde, hoffe die Bundesregierung den Gesamtentwurf im nächsten Jahr verabschieden zu können. Im Rahmen der sich anschließenden Beratungen im Bundestag sei dann das Strafsystem des neuen Strafgesetzbuches und damit auch die Frage nach der Wiedereinführung der Todesstrafe zu erörtern. Nur so könne eine Überprüfung des Verbots der Todesstrafe eine sichere Grundlage finden. Denn für eine etwaige Androhung der Todesstrafe spiele es eine wesentliche Rolle, welche Taten als Mord anzusehen seien und ob es gelingen werde, in dem neuen Gesetz eine klare und gerechte Abgrenzung zwischen Mord und Totschlag zu finden.[11]

## *II. Bundestagssitzung vom 4. Juli 1958*

Beunruhigt von einigen Zeitungsmeldungen[12], wonach Bundesjustizminister Schäffer die Todesstrafe nicht nur für Mörder, sondern auch für Landesverräter forderte, griff der Sozialdemokrat Gustav Heinemann das Thema der Todesstrafe im Rahmen der Haushaltdebatte des Bundestages erneut auf.[13], Er erklärte, er werde „den Sperrriegel unseres Grundgesetzes, der vor dem Schafott steht", verteidigen, insbesondere da zu hören sei, „dass an die Todesstrafe auch in Bezug auf politische Vergehen oder Verbrechen gedacht wird".[14] Seine

---

10 Während der Darstellung der statistischen Zahlen für die Zeit von 1947 bis 1956 erklärte *Schäffer*, die Zahlen für das Jahr 1957 lägen zwar noch nicht vollständig vor. Bis Oktober seien jedoch lediglich 255 Fälle von Mord und Totschlag zu verzeichnen gewesen, sodass für 1957 mit einer Gesamtzahl von nur wenig über 300 zu rechnen sein dürfte. Siehe Sten. Bericht des BT, 8. Sitzung v. 22.1.1958, S. 245.

11 Sten. Bericht des BT, 8. Sitzung v. 22.1.1958, S. 245f. Vgl. auch BArch B 141/003827.

12 Zum Beispiel hatte die *Frankfurter Rundschau* berichtet, dass Schäffer die Todesstrafe auch für Landesverräter anstrebe. Nach Agenturberichten habe der Justizminister in einer CDU-Wahlversammlung in Düren erklärt, das Schicksal der Nation könne in Zeiten der Not einmal davon abhängen, dass man auch an das Leben eines Landesverräters herangehe. Einzelheiten siehe unten Zweiter Teil, 4. Kapitel, D). Vgl. ebenso BArch B 141/003827 MicroF S. 171ff.; Allg. Zeitung v. 18.7.1958; Welt v. 17.5.1958 „Töten?"; SZ v. 19.5.1958 „Todesstrafe wieder im Gespräch".

13 Abschrift aus dem Protokoll der 40. Sitzung des BT v. 4.7.1958 in BArch B 141/003827, MicroF S. 171ff. *Heinemann* hatte aus Protest gegen Adenauers Aufrüstungspolitik die CDU verlassen und war 1957 zur SPD übergewechselt. Siehe *Peter Borowsky*, Große Koalition und außerparlamentarische Opposition.

14 BArch B 141/003827, MicroF S. 171ff.

Äußerungen sorgten für anhaltende Unruhe bei der CDU/CSU. Zwischenrufe, wie zahlreiche Pfui-Rufe, „Sie diffamieren“, „Scheinheiligkeit“ oder „Sie sind ein Brunnenvergifter“,[15] schnitten Heinemann regelmäßig das Wort ab und zeigten, wie gefühlsmäßig auch die Parlamentarier reagierten, sobald das Stichwort Todesstrafe fiel.

Anstelle des abwesenden Bundesjustizministers[16] ergriff Bundesinnenminister Gerhard Schröder das Wort. Anders als Schäffer, der sich im Plenum bisher eher zurückhaltend geäußert hatte, bezeichnete Schröder die Wiedereinführung der Todesstrafe als „richtig“ und sprach sich darüber hinaus auch für die Todesstrafe „für Landesverräter“ aus:

> „– nun, das Volk möchte ich sehen, das sich in schwerer Krise und Auseinandersetzungen befangen, auf diesem Gebiet anders verhalten dürfte, ob das nun die Engländer oder die Amerikaner sind. Diese denken, wie sie selbst wissen, darüber so, wie es meinem Standpunkt entspricht.“[17]

---

15 BArch B 141/003827 MicroF S. 171ff.

16 *Schäffer* wäre auf die parlamentarische Auseinandersetzung vorbereitet gewesen. Denn bereits am 28.6.1958 hatte ein Referent des BJM, Landgerichtsrat *Tröndle*, dem Justizminister einen internen Sprechzettel zusammen mit einer Übersicht über die parlamentarische Behandlung des Problems der Todesstrafe im Bundestag sowie statistischen Angaben zur Mord- und Totschlagskriminalität vorgelegt, für den Fall, dass im Bundestag das Problem erneut zur Erörterung kommen sollte. In den Ausführungen des Sprechzettels wurde der „verständlichen Forderung eines großen Teils der Bevölkerung“ nach besserem und wirksamem Schutz des friedlichen Staatsbürgers durch Wiedereinführung der Todesstrafe, ein hoher Stellenwert in der Diskussion um die Todesstrafe eingeräumt. Die Forderung des Volkes dürfe nicht nur als das triebhafte Bedürfnis nach Vergeltung und Rache in einer ersten Gefühlsaufwallung abgetan werden. Vielmehr stecke hinter diesen Äußerungen das elementare Gefühl eines in der Volksüberzeugung verwurzelten, unbefriedigten Sühnebedürfnisses, das vom Bundestag nicht ignoriert werden dürfe. Gerade die Folgen der Spannung zwischen Rechtsnorm und Rechtsüberzeugung für die Rechtsgesinnung des Volkes müssten überprüft werden. Dennoch sollte aufgrund der zurzeit relativ stabilen, eher im Absinken begriffenen Mord- und Totschlagskriminalität die Frage um die Todesstrafe erst im Zusammenhang mit den Erörterungen des neuen Strafgesetzbuches diskutiert und überprüft werden. Dabei müsse ebenfalls die Frage nach der Todesstrafe „in schweren Krisen oder Zeiten des nationalen Notstandes“ entschieden werden. Zudem könne der Bundestag in diesem Rahmen entscheiden, „ob bei der Entscheidung des Parlamentarischen Rates das Bedürfnis übermächtig geworden ist, sich von einem maßlosen Missbrauch abzuwenden, den die vergangene Epoche mit der Todesstrafe getrieben hat, oder ob der Auffassung des Parlamentarischen Rates auch von unserem heutigen Standpunkt aus bei nüchterner Abwägung alles dessen, was für und gegen die Todesstrafe spricht, beizutreten ist.“ Siehe BArch B 141/003827 MicroF S. 159ff.

17 BArch B 141/003827 MicroF S. 174.

> „Wir sprechen hier von unseren gemeinsamen Gegnern, den Staatsfeinden, wo immer sie sein mögen, nicht von der Opposition."[18]

Da die Meinungen in dieser Frage quer durch alle Parteien gingen, könnten die Erfolgsaussichten eines entsprechenden Antrags derzeit noch nicht bewertet werden. Dennoch sei das Problem nach Vorlage des Berichts der Großen Strafrechtskommission in seiner vollen Schwere noch einmal gründlich zu diskutieren.

## *III. Weitere Anträge auf Wiedereinführung der Todesstrafe*

Am 14. Januar 1958 legten die Abgeordneten Memmel, Jaeger, Schlee, Unertl, Bauereisen und Genossen dem Bundestag einen Entwurf eines Gesetzes zur Ergänzung des Art. 102 vor, der in § 1 folgende Regelung vorsah:

> „Dem Artikel 102 des Grundgesetzes für die Bundesrepublik vom 23. Mai 1949 (Bundesgesetzblatt S. 1) wird folgende Vorschrift als Absatz 2 angefügt:
>
> (2) Dies gilt nicht für das Verbrechen des Mordes."[19]

Auch die DP-Fraktion forderte die Wiedereinführung der Todesstrafe[20] mittels eines Gesetzes zur Änderung und Ergänzung der Art. 60 und 102 des Grund-

---

18 *Tern*, FAZ v. 12.7.1958.

19 BT-Drs. Nr. 133, BArch B 141/003827 MicroF S. 95.

20 Insgesamt brachte die DP-Fraktion drei Gesetzesentwürfe in den Bundestag ein. Der zweite Gesetzesentwurf der Deutschen Partei sah die Bildung eines Begnadigungsausschusses vor, der zur Beratung des Bundespräsidenten bei der Ausübung des Begnadigungsrechts eingesetzt werden sollte. Seine Beschlüsse sollten mit Stimmenmehrheit gefasst werden. Die Minister der Länder sollten verpflichtet werden, rechtskräftige Todesurteile unverzüglich vorzulegen. Der Begnadigungsausschuss sollte sich aus je einem Mitglied der Hochschulen im Geltungsbereich des Grundgesetzes und den Oberlandesgerichtspräsidenten der Länder zusammensetzen. Die ersteren sollten für die Dauer von drei Jahren von den ordentlichen Professoren der Hochschulen gewählt werden. Die Einberufung des Begnadigungsausschusses sollte durch den Bundespräsidenten erfolgen, wobei jeweils 11 durch das Los zu bestimmende Mitglieder teilnehmen sollten. Der BMJ sollte im Begnadigungsausschuss den Vorsitz ohne Stimmrecht führen sowie die Mitglieder über die zu behandelnden Einzelfälle unterrichten. Die Tätigkeit im Ausschuss sollte ehrenamtlich sein, wobei für jeden Tag Tagegeld und außerdem Reisekostenvergütung gewährt werden sollte. (BT-Drs. Nr. 390, BArch B 141/003827 MicroF S. 130ff.). Diesen vorgesehenen Änderungen des Grundgesetzes entsprechend, legte die DP einen dritten Gesetzesentwurf zur Änderung des Strafgesetzbuches vor. Unter anderem sollte als neuer § 13 eingefügt werden, dass die Todesstrafe durch Enthauptung zu vollstrecken sei. Weiter sollte zum Ausdruck gebracht werden, dass neben der Todesstrafe und dem Zuchthaus, auf Verlust der bürgerlichen Ehrenrechte erkannt werden kann, neben der Gefängnisstrafe aber nur dann, wenn sie drei Monate erreicht oder überschreitet und das Absprechen im Gesetz entweder ausdrücklich vorgesehen war oder wenn die Gefängnisstrafe wegen mildernder Umstände an Stelle von Zuchthausstrafe ausgesprochen werde. War das vollendete Verbrechen

gesetzes.[21] Der Entwurf sah eine Änderung des Grundgesetzes dergestalt vor, dass die Todesstrafe abgeschafft bleibe, mit Ausnahme des Mordtatbestandes. Das Nähere sollte das neue Strafgesetzbuch regeln. Ein zweiter Absatz regelte das Begnadigungsrecht bei Verurteilungen zum Tode, das der Bundespräsident auf Empfehlungen des – durch ein Bundesgesetz einzurichtenden – Begnadigungsausschusses ausüben sollte. Dementsprechend sollte Art. 60 Abs. 2 und 3 neu gefasst werden. Danach sollte der Bundespräsident im Einzelfall das Begnadigungsrecht für den Bund und in Fällen der Verurteilung zum Tode auch für die Länder ausüben. Eine Übertragung auf andere Behörden war bei Verurteilungen zum Tode ausgeschlossen.[22]

Auf Anfrage des Bundesjustizministeriums nach dem Stand der dem Bundestag noch vorliegenden unerledigten Wiedereinführungsanträge, erklärte die Sekretärin des Ältestenrates, dass der Ältestenrat am 4. Februar 1959 auf Vorschlag des Bundestagspräsidenten beschlossen habe, am 29. April 1959 oder in der Tagungswoche vom 27. bis zum 30. April die Anträge zur Todesstrafe im Plenum des Bundestages zu behandeln.[23]

Ursprünglich hatten die Fraktionen die Absicht, die vorliegenden Anträge ohne vorangehende Debatte im Plenum an den Rechtsausschuss zu überweisen. Dort sollten – nach dem Vorbild des amerikanischen Parlaments – öffentliche Ausschusssitzungen, sog. „Hearings“, durchgeführt werden, in denen Sachverständige, Rechtslehrer und Psychologen zu dem Thema der Todesstrafe angehört werden sollten. Die führenden CDU- und SPD-Parlamentarier versprachen sich davon, die emotional belastete Diskussion um die Todesstrafe aus der Tagesdebatte herauszunehmen, insb. aus dem Komplex der großen Strafrechts-

---

mit dem Tode oder lebenslänglicher Zuchthausstrafe bedroht, so sollte auf Zuchthaus nicht unter drei Jahren erkannt werden. Verjährungsfristen wurden in § 67 Abs. 1 mit zwanzig, fünfzehn oder zehn Jahren vorgeschlagen. Der Mörder sollte grundsätzlich mit dem Tode oder mit lebenslänglicher Zuchthausstrafe bestraft werden. (BT-Drs. Nr. 391, BArch B 141/003827 MicroF S. 130ff.).

21 BT-Drs. Nr. 389, BArch B 141/003827 MicroF S. 129.

22 BT-Drs. Nr. 389, BArch B 141/003827 MicroF S. 129, B 141/003827 MicroF S. 132. Ein handschriftlicher, interner Vermerk des BJM bewertete den Schwerpunkt des Antrags auf dem strafrechtlichen Gebiet. Die angesprochenen verfassungsrechtlichen Fragen könnten erst aktuell werden, wenn die Grundsatzentscheidung zur Todesstrafe gefallen sei. (BArch B 141/003827 MicroF S. 129).

23 BArch B 141/003827 MicroF S. 191.

reform, und die Diskussion sachlich zu Ende führen zu können. Die DP-Fraktion beharrte jedoch auf eine Diskussion ihres Antrags im Plenum.[24]

In Vorbereitung auf die Aussprache im Bundestag unterstrich der Bundesjustizminister in der Kabinettssitzung am 23. April 1959, dass die Bundesregierung darauf verzichten sollte, den Entwurf eines verfassungsändernden Gesetzes einzubringen, dessen Durchsetzung von vornherein aussichtslos erscheine. Sonst sei die Gefahr gegeben, dass die Opposition die Verabschiedung des neuen Strafgesetzes unter diesem Aspekt verhindere. Beabsichtigt war daher lediglich eine Erklärung vor dem Bundestag, dass der Entwurf eines neuen Strafgesetzbuches keine Bestimmungen über die Todesstrafe enthalte[25] und die Bundesregierung aus diesem Anlass die Wiedereinführung der Todesstrafe auch nicht aufzugreifen gedenke. Ziel dieser Erklärung war es, eine Entscheidung über die Einführung der Todesstrafe in Zeiten des Staatsnotstandes offen zu lassen.[26]

Zu einer Behandlung der Anträge im Bundestag kam es jedoch nicht, da der Rechtsausschuss sie nicht zu Ende beriet. Es stand für ihn fest, dass es weder im Bundestag noch im Bundesrat die erforderliche Mehrheit für die Wiedereinführung der Todesstrafe geben würde. Justizexperten hatten unter anderem festgestellt, dass zum Beispiel in einigen Staaten der USA Verbrechen, für die es die Todesstrafe nicht gegeben hatte, häufiger wurden, nachdem die Strafe dafür wieder eingeführt worden war.[27]

## *B) Diskussion der Großen Strafrechtskommission*

Nach der Errichtung der Bundesrepublik stellte sich erneut die alte Aufgabe der Strafrechtsreform. Nationalsozialistische Eingriffe in das Strafgesetzbuch,

---

24 Welt v. 13.1.1958; Welt v. 22.4.1959; FAZ v. 22.4.1959; FAZ v. 14.1.1959; Stuttg. Zeitung v. 24.4.1959; dpa-Meldung Nr. 112 v. 15.1.1959; ppp-Meldung Nr. 4 v. 13.1.1959; SZ v. 14.1.1959 „Für und wider die Todesstrafe".

25 Siehe unten B).

26 Siehe Kabinettsprotokoll der 63. Sitzung am 23.4.1959, TOP 3, BArch B 136/36120. Bereits am 20.4.1959 wies *Schäffer* gegenüber dem Staatssekretär des Bundeskanzleramts darauf hin, dass mit „einer zur Wiedereinführung der Todesstrafe erforderlichen verfassungsändernden Mehrheit weder jetzt noch bei späterer Behandlung der Großen Strafrechtsreform gerechnet werden könne." Da die Frage in engem Zusammenhang mit der Frage des materiellen Inhalts eines neuen Mordtatbestandes stehe, schlug der BMJ vor, dass die Bundesregierung sich in der Debatte einer Stellungnahme zur Frage der Todesstrafe enthalte. Dieser Vorschlag wurde von Seiten des Kanzleramtes gebilligt. Siehe BArch B 136/7052, B 141/17317 Bl. 100ff.

27 BArch B 141/36120; dpa-Meldung Nr. 28 v. 2.10.1964 „Wenig Chancen für Wiedereinführung der Todesstrafe".

ihre teilweise Rücknahme nach dem Kriege, und die beginnende Gesetzgebung der Bundesrepublik hatten das Strafgesetzbuch mehr und mehr zu einem Flikkenteppich werden lassen. Nachdem das Bundesjustizministerium 1952 zunächst Aufträge zu rechtsvergleichenden Untersuchungen und wissenschaftlichen Gutachten erteilt hatte, die 1954 publiziert wurden, berief Neumayer im April 1954 die Große Strafrechtskommission ein.[28]

Bevor die unter dem Vorsitz Neumayers arbeitende Große Strafrechtskommission, deren Mitglieder[29] u.a. aus Professoren, Richtern und Bundestagsabgeordneten bestand, sich mit der Rolle der Todesstrafe im zukünftigen Strafgesetzbuch befassen konnte, verständigten sich Neumayer und der amtierende Bundesjustizminister Schäffer im Vorfeld darauf, den Fragenkreis „Tötungsdelikte und Todesstrafe" bis zur letzten Sitzung über den Besonderen Teil zurückzustellen.[30] In der Zwischenzeit waren die Mitglieder der Kommission aufgerufen, zur Vorbereitung der Behandlung des Problems eine kurze Stellungnahme nebst Begründung abzugeben. Die eingereichten Stellungnahmen eventuell abwesender Mitglieder sollten im Rahmen der Abstimmung ebenfalls berücksichtigt werden, um so möglichst viele Mitglieder an der Entscheidung zu beteiligen.[31] Zudem kam man zu dem Ergebnis, dass bei der Beratung der Todesstrafe jeweils ein Referat für und ein Referat gegen ihre Wiederein-

---

28 Siehe *Kroeschell*, a.a.O., S. 245f.

29 In der 108. Sitzung am 17.10.1958 anwesende Mitglieder der Großen Strafrechtskommission waren: Bundesminister *Neumayer*, die Bundestagsabgeordneten Rechtsanwältin *Diemer-Nicolaus* (FDP), Rechtsanwalt *Rehs* (SPD), Oberkirchenrätin *Schwarzhaupt* (CDU/CSU), die Professoren *Bockelmann*, *Gallas*, *Jescheck*, *Lange*, *Sieverts*, *Welzel*, Ministerialdirigent *Rösch*, Generalstaatsanwalt *Dünnebier*, Oberstaatsanwalt *Fritz*, Ministerialrat *Simon*, Landgerichtspräsident *Voll* (für den Strafrechtsausschuss des Dt. Richterbundes), Oberstaatsanwalt *Bader* (für den Strafrechtsausschuss des Dt. Richterbundes), Rechtsanwalt *Prof. Dahs* (Strafrechtsausschuss der Dt. Rechtsanwaltskammern), Senatspräsident *Baldus* (BGH), Generalbundesanwalt *Güde*, Bundesanwalt *Fränkel*, Bundesrichterin *Koffka*, Senatspräsident *Schäfer*, Kammergerichtspräsident i.R. *Skott*. Des weiteren waren anwesend für das Bundesamt für Verfassungsschutz Präsident *Schrübbers*, für das Bundesverteidigungsministerium Ministerialrat *Neudeck*, für den Bundesgerichtshof die Bundesrichter *Jagusch* und *Willms* und für das BJM Bundesminister *Schäffer*, Staatssekretär *Strauß*, Ministerialdirektor *Schafheutler*, die Ministerialräte *Dreher*, *Kleinknecht*, *Schölz*, *Schwalm*, Oberlandesgerichtsrat *Sturm* und *Tröndle*, Landgerichtsrat *Hamborg*, Regierungsrat *Messerer*, Landgerichtsrat *Meyer* und die Gerichtsassessoren *Krauth* und *Ronsdorf*. Siehe Niederschrift über die 108. Sitzung der Großen Strafrechtskommission v. 17.10.1958, Bd. 11, S. 3f.

30 Niederschrift über die 67. Sitzung der Großen Strafrechtskommission v. 3.3.1958, BArch B 141/017317 Bl. 4f.

31 Niederschrift über die 108. Sitzung der Großen Strafrechtskommission v. 17.10.1958, Bd. 11, S. 7.

führung gehalten werden sollte, um danach unmittelbar die Abstimmung über die Frage ihrer Wiedereinführung folgen zu lassen.[32]

Diese Vorgehensweise führte zu dem Ergebnis, dass in der Sitzung, in der das Thema der Todesstrafe endlich auf der Tagesordnung stand, keine große sachliche Auseinandersetzung unter den Mitgliedern der Strafrechtskommission stattfand, obwohl vorangegangene Diskussionen im Bundestag immer mit der Begründung zurückgestellt worden waren, eine eingehende Erörterung und abschließende Entscheidung in dieser Sache erfolge im Rahmen der Beratungen der Großen Strafrechtskommission über das neue Strafgesetzbuch.[33] Neben den zwei Referenten[34], Prof. Bockelmann und Kammergerichtspräsident i.R. Skott, ergriffen nur solche Mitglieder in der 108. Sitzung das Wort, die zuvor keine Gelegenheit hatten, schriftlich zu dem Thema Stellung zu bezie-

32 Niederschrift über die 108. Sitzung der Großen Strafrechtskommission v. 17.10.1958, Bd. 11, S. 7. Aus einem Schriftverkehr zwischen dem BJM und einem der Referenten, Prof. Bockelmann, im August 1958 geht hervor, dass die Idee, zwei Referate, je eines pro und contra, halten zu lassen, aus der Erwägung stammte, dass man auf diese Weise am besten Ersatz für eine Diskussion schaffen könnte, „die wir uns doch ersparen müssen". Siehe BArch B 141/017317 Bl. 18f.

33 Die ständige „Vertröstung" derjenigen, die im Hause in Richtung der Todesstrafe vorstießen, wurde auch im Jahr 1963 von dem CDU/CSU-Abgeordneten *Winter* im Parlament kritisiert. Im Zusammenhang mit dem Entwurf eines neuen StGB bemerkte er, er habe zwar nicht erwartet, dass die Regierung einen Entwurf vorlege, der das Grundgesetz ändere. Aber gerade auch wegen der in der Öffentlichkeit vertretenen Meinung und der zahlreichen parlamentarischen Vorstöße in diese Richtung, müsste diese Frage im Rahmen der Beratung dieses Entwurfs irgendwie zur Entscheidung gebracht werden. Siehe Sten. Bericht des BT, 70. Sitzung v. 28.3.1963, S. 3217.

34 Ursprünglich wurde befürchtet, dass *Skott* aufgrund seines schlechten Gesundheitszustandes sein Referat nicht halten könne. Da sich kein weiterer Referent fand, der im Falle der Verhinderung Skotts das Referat zugunsten der Todesstrafe halten wollte, sollte Ministerialrat Dreher für Skott einspringen. In einem Brief an Bockelmann erklärte *Dreher*: „Nun kann man mir natürlich nicht ein Referat pro Todesstrafe zumuten. Ich müsste vielmehr ein allgemein gehaltenes Referat erstatten, das möglichst objektiv die Gesichtspunkte pro und contra gegenüber stellt. Ich tue das an sich ganz gern, sehe aber eine gewisse Spannung zu Ihrem Referat. Ich möchte meinen, dass ein so allgemein gehaltenes neutrales Referat vor dem Ihren gehalten werden müsste, das sich ja eindeutig contra aussprechen soll. Dann besteht aber natürlich eine gewisse Gefahr, dass ich Ihnen die Rosinen wegnehme." (BArch B 141/17317 Bl. 6f.) Daraufhin antwortete *Bockelmann*: „Fällt das Referat pro weg, so sollte man, meine ich, auch das Referat contra wegfallen lassen und sich mit einer sämtliche Gesichtspunkte objektiv wiedergebenden Darstellung begnügen. Setzt man einer solchen Darstellung, wie wir sie von Ihnen erwarten dürfen, mein Referat entgegen, dann werden die Anhänger der Todesstrafe das Gefühl haben, dass ihre Ansicht nicht richtig zu Wort gekommen sei. Ich befürchte sogar, dass solch eine Kritik nicht auf die Mitglieder der Kommission beschränkt bleiben, sondern auch in der Öffentlichkeit geäußert werden würde. Darum meine ich, dass wir, falls das Referat von Herrn Skott ausfallen muss, auch meines weglassen sollten." (BArch B 141/017317 Bl. 18f.)

hen, und vereinzelt solche, die ihre schriftlichen Ausführungen eingehender erläutern wollten. Ansonsten ersetzten die insgesamt 16 eingereichten Stellungnahmen die persönliche Auseinandersetzung.[35]

## *I. Befürworter der Todesstrafe*

Zu Beginn der Diskussion schien es für den bekennenden Anhänger der Todesstrafe, Bundesjustizminister Schäffer, zweifelsfrei festzustehen, dass der Beschluss über die Wiedereinführung der Todesstrafe reine Formsache sei. Offen schien in seinen Augen lediglich die Frage, für welchen Tatbestand sie wieder angedroht werden sollte. Einleitend erklärte er daher:

> „Meine Damen und Herren! Nach meiner Ansicht kann ich, wenn das Beratungsergebnis der Großen Strafrechtskommission zum Thema Todesstrafe vorliegt, nicht als einzelner Ressortminister zu diesem Problem Stellung nehmen, sondern muss erst einmal die Meinung des Gesamtkabinetts feststellen, d.h. klären, ob dieses sich für die Zulassung der Todesstrafe im Strafgesetzbuch ausspricht oder ob es mit Rücksicht auf die verfassungsrechtliche Situation die Todesstrafe zwar nicht für den Mordfall, wohl aber für den eventuellen Falle eines Staatsnotstandes wieder einführen will."[36]

Für den Fall des Notstandes forderten sowohl Schäffer als auch Neumayer gesetzgeberische Maßnahmen in Vorbereitung auf mögliche Kriege.[37] Allerdings sollte die spezielle Frage der Todesstrafe in Fällen des Staatsnotstandes nicht durch die Kommission, sondern zum Beispiel im Rahmen der Ergänzungen des Wehrstrafgesetzes im Bundestag entschieden werden.[38] Ihrer Ansicht nach sollte sich die Entscheidung der Kommission auf die Frage beschränken, ob die Todesstrafe wieder in das Strafgesetzbuch aufgenommen werden solle.[39]

---

35 Die 16 schriftlichen Stellungnahmen der Mitglieder *Schmidt* (Umdruck R 152), *Fränkel* (Umdruck R 153), *Jescheck* (Umdruck R 154), *Koffka* (Umdruck R 155), *Skott* (Umdruck R 156), *Voll* (Umdruck R 158), *Dahs* (Umdruck R 159), *Fritz* (Umdruck R 160), *Dünnebier* (Umdruck R 161), *Mezger* (Umdruck R 162), *Lange* (Umdruck R 163), *Welzel* (Umdruck R 164), *Rösch* (Umdruck R 165), *Schäfer* (Umdruck R 166), *Sieverts* (Umdruck R 167) und *Güde* (Umdruck R 168) waren der Niederschrift über die 108. Sitzung der Großen Strafrechtskommission v. 17.10.1958, Bd. 11 angehängt, S 29ff. Im Anhang befanden sich zudem statistische Unterlagen zum Thema Todesstrafe S. 55ff.

36 Niederschrift über die 108. Sitzung der Großen Strafrechtskommission v. 17.10.1958, Bd. 11, S. 7.

37 Ebd., S. 7, 27f.

38 Ebd., S. 7, 27f.

39 Für *Schäffer* war es wichtig die Frage nach der Entscheidung über die Einführung der Todesstrafe in Zeiten des Staatsnotstandes offen zu lassen. (s. o. Zweiter Teil, 4. Kapi-

Die eindeutig in der Minderheit[40] vertretenen Befürworter der Todesstrafe kritisierten auch fast 10 Jahre nach Inkrafttreten des Grundgesetzes die Entscheidung des Parlamentarischen Rates noch als überstürzt und kriminalpolitisch verfehlt, da die Frage damals allein unter politischen Gesichtspunkten behandelt worden sei.[41] Der Abschaffungsartikel sei keinesfalls das Resultat der modernen Entwicklung im konstanten Fortschreiten hin zur allgemeinen Abschaffung,[42] sondern resultiere aus einem „immerhin episodische[n] Erlebnis", welches durch den zeitlichen und inneren Abstand längst sowohl politisch, rechtlich und psychologisch überwunden sei.[43] Solange andere große Kulturstaaten wie England, Frankreich oder die USA an dem Instrument Todesstrafe festhielten und die Europäische Konvention sowie die UNO-Deklaration ihre Anwendung anerkannten, existiere kein rechtliches oder rechtsethisches Argument gegen die erneute Anwendung der Todesstrafe auch in der Bundesrepublik.[44] Wie Meinungsumfragen immer wieder belegten, sei auch fast 10 Jahre nach ihrer Abschaffung die Todesstrafe in der Rechtsüberzeugung des deutschen Volkes immer noch fest verwurzelt. Der Gesetzgeber dürfe diese Rechtsüberzeugung nicht leichtfertig mit „Protuberanzen" gleichsetzen oder als „dumpfes Verlangen" verwerfen, da er es sich auf Dauer nicht leisten könne, die Meinung des Volkes in einer so kapitalen Frage zu ignorieren. Das künftige Strafgesetzbuch entfalte nur dann sittenbildende Kraft, wenn es im Einklang mit den legitimen Rechtsüberzeugungen, die im Volke lebendig seien, stehe und damit das allgemeine Rechtsgefühl befriedige und bestärke.[45]

---

tel A) III.) Die Einführung der Todesstrafe für den Fall eines Staatsnotstandes befürwortete gleichfalls *Skott* im Rahmen seines Referats. Es sei über die generelle Einführung der Todesstrafe nachzudenken, da man so auch für den Fall des Staatsnotstandes gewappnet sei. Kein Staat könne im Kriegsstrafrecht auf die Todesstrafe verzichten. Aber auch außerhalb von kriegerischen Verwicklungen sei ein Staatsnotstand möglich, zum Beispiel im Hinblick auf mögliche politische Terrorakte oder Autofallenbanden, die vor zwei Jahren ihr Unwesen getrieben hätten. Siehe Niederschrift über die 108. Sitzung der Großen Strafrechtskommission v. 17.10.1958, Bd. 11, S. 7ff.

40 Neben *Skott* sprachen sich lediglich drei weitere Kommissionsmitglieder für die Todesstrafe aus. Siehe Niederschrift über die 108. Sitzung der Großen Strafrechtskommission v. 17.10.1958, Bd. 11.

41 Ebd., *Lange* (R 163, S. 43ff.).

42 Ebd., *Skott* (S. 7ff., R 156, S. 37ff.).

43 Ebd., *Skott* (S. 7ff., R 156, S. 37ff.) und *Lange* (R 163, S. 43ff.).

44 Niederschrift über die 108. Sitzung der Großen Strafrechtskommission v. 17.10.1958, Bd. 11, *Skott* (S. 7ff., R 156, S. 37ff.), *Lange* (R 163, S. 43ff.).

45 Ebd., *Lange* (R 163, S. 43ff.).

Speziell für die Fälle der Hochkriminalität sei die Todesstrafe, sowohl aus Gründen der Sühne als auch unter dem Gesichtspunkt der Staatsnotwendigkeit, nicht zu entbehren.[46] Der Bestand des Staates dürfe durch eine Überbewertung theoretischer und ethischer Momente gegenüber den Forderungen der Wirklichkeit nicht in Gefahr geraten.[47]

Die Anhänger der Todesstrafe verzichteten weitgehend auf die Behandlung von weltanschaulichen oder religiösen Gesichtspunkten, auch wenn diese in der persönlichen Meinung eine große Rolle spielten. Von dieser Seite könnte ebensoviel für, wie gegen die Todesstrafe vorgebracht werden; dies führe nur in einen endlosen Streit. Vielmehr sei der Sinn und Zweck der Strafe zu analysieren. In ihren Zielen und Zwecken vereinige die Strafe eine Reihe gewichtiger Komponenten, von denen keine außer Betracht gelassen werden dürfe. Zuallererst könne es sich kein Strafsystem leisten, kriminalpolitisch auf das Moment der Abschreckung zu verzichten.[48] Entgegen der gegnerischen Meinung lasse sich auch aus den mittlerweile vorgelegten Statistiken kein Versagen der Todesstrafe als wirksames Abreckungsmittel ableiten, weil zu viele andere zeitbedingte und unmessbare Momente bei dem Anwachsen bzw. Abnehmen der Mordziffern mitwirkten, über die die Statistiken keine Aussage träfen.[49]

---

46 Ebd., *Skott* (S. 7ff.), *Welzel* (R 164, S. 47ff.)

47 Ebd., *Skott* (S. 7ff., R 156, S. 37ff.), *Welzel* (R 164, S. 47ff.).

48 Ebd., *Skott* (S. 7ff., R 156, S. 37ff.).

49 Niederschrift über die 108. Sitzung der Großen Strafrechtskommission v. 17.10.1958, Bd. 11, *Skott* (S. 7ff., R 156, S. S. 37ff.), *Neumayer* (S. 27f.). *Lange* vertrat zudem die Ansicht, dass die „radikale und rapide fortschreitende Bindungslosigkeit der Menschen" zwei neue Gruppen von Tätern hervorgebracht habe, die allein durch die Androhung der Todesstrafe wirksam abgeschreckt werden könnten: den Mörder ohne Motiv, der aus Sport, aus purer Neugier bzw. Langeweile töte, sowie den das Risiko einplanenden Mörder, für den sich die Tat auch nach Verbüßung einer Strafe noch lohne. Ohnehin sei, so *Lange*, die Frage nach der Todesstrafe grundsätzlich unter neue Voraussetzungen gestellt. Die „selbstgewisse Fortschrittsgläubigkeit, aus der heraus in den zwanziger Jahren Liepmann und Radbruch die Meinung des Volkes außer acht ließen", sei – abgesehen von „ihrer Skepsis gegen die Idee des Strafens überhaupt" – mit dem damaligen Bilde vom Menschen geschwunden. Die These, ein Mensch sei grundsätzlich gut und erstarke erst durch gesellschaftliche Einflüsse zum Verbrecher, sei überholt. Insbesondere sei die von Radbruch vertretene These, in der Klassenlage liege der maßgebliche Kriminalitätsfaktor, der durch gute Sozialpolitik bekämpft werden könne, in ihren sozialen, anthropologischen und geschichtsphilosophischen Grundlagen erschüttert. Das „existentiell Böse im Menschen" lasse sich nach den aktuellen Ergebnissen nicht mehr übersehen. Die Notstandskriminalität sei – besonders bei Jugendlichen und Heranwachsenden in reichen Ländern und Wohlfahrtsstaaten – durch eine „Wohlfahrtskriminalität" abgelöst. (R 163, S. 43ff.).

Mit Wegfall der Todesstrafe als bisher schwerste Strafe sei an deren Stelle einfach die „nächsthöhere“ Strafe, die lebenslängliche Zuchthausstrafe, getreten. Während sie bis dahin mit Recht nur als eine das feste Höchstmaß der zeitigen Zuchthausstrafe übersteigende unbestimmte Freiheitsstrafe gelten konnte, habe die lebenslange Zuchthausstrafe nunmehr den Charakter der Endgültigkeit der Todesstrafe übernommen und sei somit so ernst zu nehmen wie die Todesstrafe selbst.[50] Wenn aber die lebenslängliche Zuchthausstrafe der Todesstrafe an Schwere in nichts nachstehe, so verblassten alle Argumente aus der Sphäre der Abolitionisten, da sich das Problem der Rechtfertigung der lebenslänglichen Freiheitsstrafe kaum anders als das der Todesstrafe darstelle.[51] Auch die lebenslängliche Zuchthausstrafe könne weder unter dem Gesichtspunkt der Resozialisierung noch zum Zwecke der „generalpräventiven oder spezialpräventiven Ausmerzung“[52] gerechtfertigt werden. Ungeachtet dessen sei lebenslängliche Zuchthausstrafe aber eben kein akzeptables Äquivalent zum Fehlen der Todesstrafe. Die Todesstrafengegner zögen – aus Gründen der Resozialisierung – ja noch nicht einmal in Betracht, einen Täter auch tatsächlich lebenslang in Verwahrung zu bringen. Damit stehe die Strafandrohung der lebenslänglichen Zuchthausstrafe von vornherein unter einer Art „Mentalreservation“.[53]

Skott räumte ein, dass sich zwar eine absolute Grenze zwischen den schwersten mit der Todesstrafe zu belegenden Tötungsdelikten und den weniger schweren nicht leicht ziehen lasse. Dadurch entstehe aber gleichzeitig ein gewisser Spielraum für die Auslegung, mit dem das Gericht den Besonderheiten des Einzelfalls Rechnung tragen könne.[54] Der in diesem Zusammenhang regelmäßig von den Gegnern der Todesstrafe angeführte Aspekt der Irreparabilität von vollstreckten Fehlurteilen wiesen die Anhänger der Todesstrafe dagegen zurück. Es handele sich hier um ein ganz allgemeines – auch bei der Verhängung der lebenslänglichen Zuchthausstrafe auftretendes – Problem.[55] Zur Absicherung gegen Justizirrtümer schlug Skott eine obligatorische Nachprüfung jedes Todesurteils durch den Bundesgerichtshof vor. Zudem könnten Fälle mit pathologischen oder ähnlichen Modifikationen mit Hilfe des § 51

50 Niederschrift über die 108. Sitzung der Großen Strafrechtskommission v. 17.10.1958, Bd. 11, *Welzel* (R 164, S. 47ff.).

51 Niederschrift über die 108. Sitzung der Großen Strafrechtskommission v. 17.10.1958, Bd. 11, *Welzel* (R 164, S. 47ff.).

52 Ebd., *Welzel* (R 164, S. 47ff.).

53 Ebd., *Skott* (S. 7ff., R 156, S. 37ff.).

54 Ebd., *Skott* (S. 7ff., R 156, S. 37ff.).

55 Ebd., *Skott* (S. 7ff., R 156, S. 37ff.), *Rösch* (R 165, S. 49f.).

Abs. 2 StGB aus dem Anwendungsbereich herausgehalten werden. Erwägenswert hielt Skott ebenfalls den Vorschlag, bei Todesurteilen die Anonymität der Kollektiventscheidung eines Gerichtes aufzuheben, um jedem Richter das Bewusstsein seiner Verantwortung besonders fühlbar zu machen. Nicht gangbar sei dagegen der Weg, die Todesstrafe nur gegen geständige Täter zu verhängen oder Indizienbeweise auszuschließen.[56]

## *II. Gegner der Todesstrafe*

Die Stellungnahmen der Gegner waren abgestuft. Einige Kommissionsmitglieder sprachen sich zwar nicht generell gegen die Todesstrafe als solche, jedoch gegen die Einführung dieser Strafe zum jetzigen Zeitpunkt aus. Sie bedauerten die Überlegungen, den Art. 102 unter Missachtung der Kontinuität des Verfassungsrechts aufzuheben. Eine Strafrechtsreform, die mit der Wiedereinführung der durch Verfassungssatz abgeschafften Todesstrafe beginne, verlasse den kriminalpolitischen Ausgangspunkt der Kommission und diskreditiere die bisherige Arbeit, auch im Ausland. Sie erinnerten an den nationalsozialistischen Missbrauch, der die Beibehaltung des Abschaffungsartikels solange rechtfertige, bis zwingende kriminalpolitische Gründe das Gegenteil bewiesen.[57] Auch zur Todesstrafe im Falle des staatlichen Notstandes waren die Ansichten der Gegner geteilt. Einige Gegner lehnten die Todesstrafe im Falle des Krieges und des Staatsnotstandes kategorisch ab, da sich das Instrument der Todesstrafe in diesen Zeiten bisher nie als brauchbares Rettungsmittel erwiesen habe.[58] Daher sei es eine höchst bedauerliche Entwicklung, wenn aus Rücksicht auf vorgebliche Bedürfnisse des Staatsnotstandes die Todesstrafe zwar grundsätzlich verworfen, ihre Anwendung für den Fall des Notstandes jedoch für erwägenswert gehalten werde.[59] Schon der Tatbestand des Notstandes sei höchst problematisch, da zumeist die Todesstrafe in diesem Zusammenhang nicht nur für Fälle der Feigheit vor dem Feind und Fahnenflucht gefordert werde, sondern ebenfalls für Fälle schwerster Sabotage, Landesverrat, Freischärlerei oder Spionage.[60] Andere Kommissionsmitglieder dagegen

56 Ebd., *Skott* (S. 7ff., R 156, S. 37ff.).

57 Ebd., *Sieverts* (R 167, S. 52f.), *Jescheck* (R154, S. 35f.), *Bockelmann* (S. 14ff.).

58 Ebd., *Sieverts* (R 167, S. 52f.). Das reiche Erfahrungsmaterial „über übereilte Hinrichtungen durch offizielle und andere Machthaber“ in den allerletzten Phasen des zweiten Weltkrieges, erklärte *Sieverts* weiter, sollte jede Illusion über die Tauglichkeit der Todesstrafe in Lagen des Staatsnotstandes beseitigt haben. Vergleichbar äußerte sich *Güde* (S. 26f.).

59 Niederschrift über die 108. Sitzung der Großen Strafrechtskommission v. 17.10.1958, Bd. 11, *Bockelmann* (S. 14ff.).

60 Ebd., *Jescheck* (S. 27, R 154, S. 35f.).

wollten die Möglichkeit der Todesstrafe im Falle des Staatsnotstandes nicht generell ausschließen, da in Fällen akuter Bedrohungen der Existenz des Staates zum Schutz für sich selbst und seine Bürger ausnahmsweise keine Bedenken gegen die Anwendung der Todesstrafe als letztes Mittel beständen. Notgedrungene Mängel und Fehlerquellen habe der Staat in diesem besonderen Fall als geringeres Übel in Kauf zu nehmen.[61] Allerdings sei die Frage des Staatsnotstandes nicht Teil der kriminalpolitischen Beratungen der Großen Strafrechtskommission. Vielmehr müsse das Problem im Rahmen des Staatsrechts diskutiert werden.[62,63]

Einigkeit unter den Gegnern bestand jedoch dahingehend, dass der Gesetzgeber bei seiner Entscheidungsfindung die Meinung des deutschen Volkes außer Betracht lassen müsse.[64] Wie die vielfachen Zeitungsartikel und Leserbriefe der letzten Zeit belegten, entspringe die öffentliche Forderung nach der Wiedereinführung der Todesstrafe keiner fundierten Meinung, sondern resultiere allein aus emotionalen Gefühlsentladungen. Ohnehin, so Bockelmann, liege es in der Natur des Menschen, sich gegen bestehende Zustände zu wehren. Umgekehrt würde das Volk, sobald die Todesstrafe wieder eingeführt wäre, entgegengesetzte Bestrebungen ergreifen und bei jeder Exekution wütend und energisch gegen ihre Anwendung kämpfen.[65] Schließlich wurde auch auf den „deutschen Volkscharakter" hingewiesen, der die unverkennbare Neigung habe, „den Inhabern der jeweiligen Staatsmacht kritiklos auf ihren Wegen zu folgen".[66] Um künftigen Missbrauch zu vermeiden, sei es – insbesondere nach

---

61 Ebd., *Fränkel* (R 153, S. 33ff), *Schäfer* (R 166, S. 50f.), *Rösch* (R 165, S. 49f.), *Dünnebier* (R 161, S. 42f.), *Sieverts* (R 167, S. 52f.).

62 Ebd., *Rösch* (R165 Nr. 13, S. 49f.), *Dünnebier* (R 161 Nr. 9, S. 42f.), *Sieverts* (R 167 Nr. 15, S. 52f.).

63 *Professor Welzel* dagegen forderte von der Großen Strafrechtskommission auch eine Abstimmung über die Notwendigkeit der Todesstrafe in außergewöhnlichen Zeiten, wie den Staatsnotstand. Da am Ende der Abstimmung nur darüber abgestimmt wurde, ob die Todesstrafe für Mord durch das neue Strafgesetzbuch wieder eingeführt werden sollte, verweigerte er seine Stimmabgabe, weil er sich in einer „so beschränkten Abstimmung" außerstande sah, seiner grundsätzlichen Meinung zur Todesstrafe zum Ausdruck zu bringen. (S. 28).

64 Niederschrift über die 108. Sitzung der Großen Strafrechtskommission v. 17.10.1958, Bd. 11, *Sieverts* (R 167, S. 52f.), *Bockelmann* (S. 14ff.), *Schmidt* (R 152, S. 31ff.).

65 Ebd., *Bockelmann* (S. 14ff.). Vgl. auch *Schmidt* (R 152 Nr. 1. S. 31ff.), *Güde* (R 168 Nr. 16, S. 53f.).

66 Ebd., *Fränkel* (R 153, S. 33ff.). Ende Juni 1962 behauptete eine in der DDR kompilierte Dokumentation, Fränkel habe seinerzeit als Sachbearbeiter für Nichtigkeitsbeschwerden in der Reichsanwaltschaft beim Reichsgericht in Leipzig die „menschenverachtende Rechtsprechung des NS-Unrechtsstaates [...] aktiv und verschärfend mitgestaltet". „Zahlreiche Quellen vermittelten das Bild eines kompromisslosen Befürwor-

den Erfahrungen der letzten Jahrzehnte – nicht zu verantworten, staatlichen Institutionen die Entscheidung über Leben und Tod von Menschen anzuvertrauen. Gerade der lebenden Generation von Richtern und Staatsanwälten, die den schweren Missbrauch durch ihr Handeln oder Dulden mitzuverantworten hätten, müssten sich der Anwendung der Todesstrafe enthalten.[67] Besonders dürfe diese Entscheidung niemals mehr in die Hand von Militärs oder militärischen Gerichten gelegt werden.[68]

Der Staat dürfe seinem Volk, vor allem in einer Zeit, deren Atmosphäre allenthalb mit offener und latenter Gewaltsamkeit geladen sei,[69] die Anwendung der Todesstrafe nicht zumuten, da die bloße Existenz der Todesstrafe in einem Rechtssystem gefährliche Instinkte wecke und zudem kriminogene Wirkung habe.[70] Insbesondere dürfe sich der Staat bei der Vollziehung der Strafe nicht einer so unwürdigen Institution wie der des Henkers bedienen.[71] Zwar sei es

---

ters und Anwenders der Todesstrafe, selbst wenn von unteren Instanzen eine Freiheitsstrafe verhängt worden war." Unter den Urteilen, gab es auch Entscheidungen der für besondere Straftatbestände, zum Beispiel aufgrund des Heimtückegesetzes gegen politische Gegner und das Blutschutzgesetz gegen Juden, eingerichteten Sondergerichte, die wie der Volksgerichtshof im besonderen Maße kennzeichnend für die Justiz im NS-Staat waren. Am 19.7.1962 wurde Fränkel vorzeitig in den einstweiligen Ruhestand versetzt. Am gleichen Tag gab der BMJ zudem bekannt, dass ein Disziplinarverfahren gegen Fränkel eingeleitet wurde. Am 16.7.1965 wurde Fränkel vom zuständigen Dienstgericht des Bundes beim BGH von der Anschuldigung freigesprochen, seine Dienstpflichten fahrlässig verletzt zu haben. Die ihm zur Last gelegten Vorwürfe, insbesondere seine rigorose Befürwortung der Todesstrafe, seien als nicht nachgewiesen anzusehen. Im Gegenteil, das Gericht bescheinigte ihm, ein überzeugter Gegner des NS-Regimes gewesen zu sein. Siehe BArch, Protokoll der Kabinettssitzung v. 4.7.1962, v. 20.7.1962 und v. 4.7.1963. Vgl. ebenfalls BArch B 136/36126, Anschuldigungsschrift des Generalbundesanwalts als Bundesdisziplinaranwalt v. 17.7.1964 sowie Urteil vom 16.7.1965 in BArch B 122/4997.

67 Niederschrift über die 108. Sitzung der Großen Strafrechtskommission v. 17.10.1958, Bd. 11, *Fränkel* (R 153, S. 33ff.), *Sieverts* (R 167, S. 52f.), *Güde* (R 168, S. 53f.), *Jescheck* (S. 27f.).

68 Ebd., *Fritz* (R 160, S. 41f.), *Fränkel* (R 153, S. 33ff.), *Voll* (R 158, S. 39f.).

69 Als Beispiel führte *Sieverts* aktuelle Atom-Bedrohungen, brutale Filme, Presseproduktionen im Massenangebot sowie Brutalitäten im Kfz-Verkehr an. (R 167, S. 52f.).

70 Niederschrift über die 108. Sitzung der Großen Strafrechtskommission v. 17.10.1958, Bd. 11, *Fränkel* (R 153, S. 33ff.), *Koffka* (R 155, S. 36), *Sieverts* (R 167, S. 52f.).

71 Ebd., *Schmidt* (R 152, S. 31ff.), *Dahs* (R 159, S. 40f.), *Koffka* (R 155, S. 36), *Jescheck* (R 154, S. 35f.), *Güde* (R168, S. 53f.). Die meist durch Theologen vertretene Auffassung, das Amt des Henkers stehe im Dienst der Nächstenliebe gegenüber der menschlichen Gesellschaft, könne nicht überzeugen, führte *Schmidt* aus. Vielmehr trete in dieser Ansicht das schlechte Gewissen in Erscheinung, das der Staat zu Recht gegenüber diesen Tötungsdelikten habe, weil er die Vollziehung dieses in den Augen der Kirche großartigsten Gerechtigkeitsaktes einem moralisch minderwertigen Individuum übertrage.

grundsätzlich ein Leichtes für den Staat, im deutschen Volk eine Menge williger Kreaturen für diese Arbeit zu finden,

> „aber gerade die Tatsache, dass die Tötungslust gegen Entgelt im deutschen Volke auf Grund der 12jährigen Erziehung einer autoritären verbrecherischen Staatsführung oder vielleicht infolge angeborener Neigung womöglich noch weit verbreitet ist, muss eine untrügliche Warnung davor sein, Menschen in die Lage zu bringen, dieser Lust, sanktioniert durch einen richterlichen Spruch, frönen zu können."[72]

Schon alleine die Möglichkeit eines Fehlurteils stelle ein entscheidendes Argument gegen die Todesstrafe dar.[73] Werde die Todesstrafe wieder angedroht, so würden viele Richter sich durch die Fragwürdigkeit menschlicher Erkenntnis und der Scheu vor der Unwiderruflichkeit der Todesstrafe nicht zum Schuldspruch drängen, um der Verantwortung für die irreparablen Folgen des Urteils auszuweichen. Dadurch würde mancher Schuldige der Strafe entgehen.[74] Ohnehin sei es für die entscheidenden Richter ein unerträglicher Gedanke, dass derjenige, der die Todesstrafe verhänge, nicht auch die alleinige Verantwortung für ihre tatsächliche Durchführung trage.[75] Stattdessen sei die Entscheidung verschiedenen Gnadeninstanzen anvertraut, die als nicht justizielle Stellen ohne richterliche Unabhängigkeit eine durch alle möglichen Umstände und Einflüsse mitbestimmte Ermessensentscheidung träfen.[76] Zudem bestehe, da die Zuständigkeit des Gnadenrechts bei den Ländern liege, keine

---

72 Niederschrift über die 108. Sitzung der Großen Strafrechtskommission v. 17.10.1958, Bd. 11, *Fränkel* (R 153, S. 33ff.).

73 Ebd., *Sieverts* (R 165, S. 52f.), *Baldus* (S. 24f.), *Schmidt* (R 152, S. 31ff.), *Dahs* (R 159, S. 40f.), *Fritz* (R 160, S. 41f.), *Fränkel* (R 153, S. 33ff.), *Bockelmann* (S. 14ff.), *Jescheck* (R 154, S. 35f.).

74 Anwesende Richter kritisierten in diesem Zusammenhang, dass im Fokus der Diskussion immer nur die „schmutzige und entehrende Aufgabe des Henkers" stehe. Dabei werde der Umstand ignoriert oder zumindest bagatellisiert, was es für einen Richter im Einzelfall bedeute, die Todesstrafe verhängen zu müssen. Der Gesetzgeber könne nicht von einem blind gehorsamen Richter ausgehen und erwarten, dass ein Richter seine Tätigkeit gegen die eigene Überzeugung ausübe. Dies führe zu zwei Arten von Richtern: solchen, die es ablehnen, an Strafverfahren teilzunehmen, in denen mit der Verhängung der Todesstrafe gerechnet werden könne und solcher, die bereit zur Mitwirkung an solchen Verfahren seien. Siehe Niederschrift über die 108. Sitzung der Großen Strafrechtskommission v. 17.10.1958, Bd. 11, *Baldus* (S. 24f.), *Koffka* (R 155 Nr. 4, S. 36), *Dahs* (R 159 Nr. 7, S. 40f.).

75 Ebd., *Baldus* (S. 24f.), *Bockelmann* (S. 14ff.), *Fränkel* (R 153, S. 33ff.).

76 Ebd., *Dahs* (R 159, S.40f.), *Güde* (R 168, S. 39f.), *Bockelmann* (S. 14ff.), *Rösch* (R 154, S. 49f.).

ausreichende Gewähr dafür, dass vom Gnadenrecht in jedem Fall nach genau den gleichen Grundsätzen Gebrauch gemacht werde.[77]

Insgesamt habe der stetige Rückgang der Hochkriminalität in der Bundesrepublik mittlerweile die Annahme der generalpräventiven Wirkungen der Todesstrafe widerlegt.[78] Erklärungen von Delinquenten gegenüber der Polizei, sie hätten das Verbrechen nicht begangen, wenn darauf die Todesstrafe stünde, seien für die Klärung der Frage völlig wertlos.[79] Zwar sei die Todesstrafe unbestreitbar geeignet, die Gesellschaft vor einem Rückfall eines Verbrechers zu sichern. Die Eignung allein rechtfertige aber nicht ihre Anwendung. Der Schutz der Gesellschaft könne ebenfalls durch eine sachgerechte und dauerhafte Verwahrung erreicht werden.[80] Etwas anderes gelte nur, wenn in jedem Fall eines todeswürdigen Verbrechens auch wirklich der Vollzug der Strafe folge. Da diese häufig letztendlich aber gar nicht vollstreckt werde, sei eine erneute Straffälligkeit eines Täters theoretisch nicht nur bei Entlassungen nach Verbüßung einer Freiheitsstrafe, sondern auch im Falle der Verhängung der Todesstrafe möglich, wenn der Verurteilte infolge Begnadigung doch wieder frei komme.[81]

Ohnedies begegne die Festlegung einer allgemein gültigen und anerkannten Begriffsbestimmung für Mord erheblichen Schwierigkeiten, insbesondere in der Abgrenzung zu Totschlagsdelikten und zur Körperverletzung mit Todesfolge.[82] Die Diskussion um die Tötungsdelikte in der Großen Strafrechtskom-

---

77 Siehe Niederschrift über die 108. Sitzung der Großen Strafrechtskommission v. 17.10.1958, Bd. 11, *Bockelmann* (S. 14ff.), *Fränkel* (R 153, S. 33ff.). Im Grunde genommen, erklärte *Fränkel*, hänge das Leben des Verurteilten letztendlich von der unkontrollierten Stimmung ab, die den Träger des Gnadenrechts in dem kurzen Augenblick der Bestätigung eines Todesurteils erfüllt.

78 Ebd., *Bockelmann* (S. 14ff.), *Jescheck* (R 154, S. 35f.), *Sieverts* (R 165, S. 52f.), *Dahs* (R 159, S. 40f.), *Koffka* (R 155, S. 36), *Fritz* (R 160, S. 41f.), *Rösch* (R 154, S. 49f.), *Güde* (R 168, S. 39f.)

79 Ebd., *Schmidt* (R 152, S. 31ff.), *Rösch* (R 154, S. 49f), *Bockelmann* (S. 14ff.).

80 Ebd., *Fränkel* (R 153, S. 33ff.), *Dahs* (R 159, S. 40f.), *Fritz* (R 160, S. 41f.), *Dünnebier* (R 161, S. 42f.), *Rösch* ( 154, S. 49f.). Weder, so *Dünnebier* und *Rösch*, neigten entsprechende Täter nach der Wiedererlangung ihrer Freiheit zur erneuten Begehung schwerer Taten, noch bestehe die Gefahr, dass ein Täter auf seiner Flucht weitere Verbrechen z.B. an seinen Wärtern, begehe (dies bewiesen Akten der Strafanstalten bis 1852 zurück, in denen kein einziger, derartiger Fall verzeichnet gewesen sei).

81 Niederschrift über die 108. Sitzung der Großen Strafrechtskommission v. 17.10.1958, Bd. 11, *Koffka* (R 155, S. 36), *Bockelmann* (S. 14ff.).

82 Ungeachtet dessen bereite der fließende Übergang zwischen Zurechnungsfähigkeit und verminderter Zurechnungsfähigkeit erhebliche Schwierigkeiten, da die Todesstrafe grundsätzlich keine Strafzumessung zulasse. Voraussetzungen des § 51 StGB ließen sich nur schwer bis gar nicht aufdecken. Art und Maß der Strafe müsse sich immer an

mission habe bereits gezeigt, dass eine allgemein befriedigende Definition des Mordes, wie sie zur Rechtfertigung der Todesstrafe allerdings erforderlich sei, gar nicht gebe.[83] Solange der Ausspruch der Todesstrafe von der möglicherweise auf einer Zufallsentscheidung beruhenden Fassung des Mordparagraphen – als Hauptanwendungsbereich der Todesstrafe – abhänge, dürfe die Entscheidung über die Todesstrafe nicht dem Spiel der wechselnden Auffassungen des Volkes und den wechselnden politischen Mehrheiten überlassen werden.[84]

Auch die in letzter Zeit immer mehr von theologischer Seite vorgebrachten Argumente führten nicht zur Rechtfertigung der Todesstrafe.[85] Die Strafrechtsgeschichte habe eindrucksvoll bewiesen, wie gefährlich es sei, wenn die Strafjustiz unter „transzendentalen Gesichtspunkten als ein von Gott verordnetes Amt und als eine Vorwegnahme göttlicher Gerechtigkeit geübt wird".[86] Eine Betrachtung der christlichen Lehre führe zu der beklemmenden Feststellung, dass die Todesstrafe zu fast allen Zeiten von bedeutenden Persönlichkeiten christlicher Prägung – ungeachtet ihrer Konfessionszugehörigkeit – teils für widerrechtlich, teils für legal erachtet wurde. Dieser wahrscheinlich unlösbare Zwiespalt im Verständnis der christlichen Lehre führe zu der Einsicht, dass von dort keine klare Antwort auf die Frage nach der Berechtigung der Todesstrafe im Bereich des staatlichen Lebens erwartet werden könne.[87]

---

Art und Grad der Schuld orientieren. Damit setze die Verhängung der Todesstrafe die volle und ungeteilte Schuld des Täters voraus. Diese Voraussetzung werde jedoch in kaum einem Fall verwirklicht sein, da bei jeder Tat auch Tatfaktoren festzustellen seien, die nicht zu Last des Delinquenten gehen dürften. Siehe Niederschrift über die 108. Sitzung der Großen Strafrechtskommission v. 17.10.1958, Bd. 11, *Bockelmann* (S. 14ff.), *Güde* (S. 26f., R 168, S. 39f.), *Sieverts* (R 165, S. 52f.), *Dünnebier* (R 161, S. 42f.), *Fritz* (R 160, S. 41f.), *Baldus* (S. 24f.), *Rösch* (R 154, S. 49f.).

83 Ebd., *Fränkel* (R 153, S. 33ff.), *Fritz* (R 160, S. 41f.).

84 Ebd., *Rösch* (R 154, S. 49f.), *Güde* (S. 26f.), *Schmidt* (R 152, S. 31f.).

85 Ebd., *Baldus* (S. 24f.), *Sieverts* (R 165, S. 52f.), *Jescheck* (R 154, S. 35f.), *Schmidt* (R 152, S. 31ff.), *Dahs* (R 159, S. 40f.).

86 Ebd., *Baldus* (S. 24f.), *Schmidt* (R 152 Nr. 1, S. 31ff.). Zu erinnern sei, erklärte *Schmidt*, nur an das Elend, das diese theokratische Staatsauffassung bis tief ins 18. Jahrhundert verschuldet habe. Erst die Aufklärungszeit habe zu einer Ernüchterung des Gesetzgebers und der staatlichen Justizorgane geführt und den Kampf gegen die Todesstrafe eingeläutet.

87 Niederschrift über die 108. Sitzung der Großen Strafrechtskommission v. 17.10.1958, Bd. 11, *Fränkel* (R 153 Nr. 2, S. 33ff.).

### III. Abstimmung

Am Ende der Beratungen stimmten die Mitglieder der Großen Strafrechtskommission über folgende Frage ab:

> „Wird die Aufnahme der Todesstrafe für Mord in den Entwurf des Strafgesetzbuches für notwendig gehalten?“[88]

Neunzehn Mitglieder der Kommission[89] verneinten die Frage, vier Mitglieder[90] sprachen sich für die Wiedereinführung der Todesstrafe für Mord im neuen Strafgesetzbuch aus.[91] Zur Frage der Todesstrafe für den Fall des inneren und/oder äußeren Notstandes nahm die Kommission, da dies außerhalb ihrer Aufgabe lag, nicht Stellung.

Bemerkenswert bei dem Abstimmungsergebnis war, so *Die Zeit* später, dass es vor allem die „Praktiker“ waren, die sich gegen die Todesstrafe aussprachen.

> „Alle, die als Richter und Staatsanwälte im Gerichtssaal die Todesstrafe beantragen oder Todesurteile aussprechen müssten, haben die Wiedereinführung der Todesstrafe abgelehnt, mehr noch: sich mit Leidenschaft dagegen zur Wehr gesetzt.“[92]

---

88 Ursprünglich hatte *Neumayer* die Abstimmung über eine weitere Frage gefordert, namentlich ob die Todesstrafe schlechthin für unvertretbar gehalten werde. Nach einigen Protesten aus den Reihen der Kommissionsmitglieder, verzichtete Neumayer im Namen des BJM jedoch auf die Abstimmung über diese Frage. Stattdessen bat er die anwesenden Mitglieder im Rahmen der Abstimmung zu berücksichtigen, dass die Formulierung über die Aufnahme der Todesstrafe ins Strafgesetzbuch nicht an die Androhung der Todesstrafe für alle in § 315 des Entwurfs erfassten Mordfälle, sondern nur für einzelne später besonders festzulegende Fälle gedacht sei. Siehe Niederschrift über die 108. Sitzung der Großen Strafrechtskommission v. 17.10.1958, Bd. 11, S. 28.

89 Namentlich *Baldus*, *Bockelmann*, *Dahs*, *Diemer-Nicolaus*, *Dünnebier*, *Fränkel*, *Fritz*, *Gallas*, *Güde*, *Jescheck*, *Koffka*, *Rehs*, *Rösch*, *Schäfer*, *Schwarzhaupt*, *Sieverts* und *Voll*. Die bei der Abstimmung nicht anwesenden Mitglieder *Mezger* und *Schmidt* hatten die Frage in ihren schriftlichen Stellungnahmen verneint. Siehe Niederschrift über die 108. Sitzung der Großen Strafrechtskommission v. 17.10.1958, Bd. 11, S. 28.

90 Namentlich *Lange*, *Neumayer*, *Simon* (für *Kille*) und *Skott*. Da Ministerialdirigent *Wilkerling* an der Abstimmung nicht teilnehmen konnte, gab er auf Nachfrage des BJM nachträglich seine Stimme in dieser Angelegenheit ab. *Wilkerling* befürwortete die Wiedereinführung der Todesstrafe für mit Überlegung ausgeführte Morde. Diese Beschränkung sollte, wie bisher die Abschaffung der Todesstrafe, im Grundgesetz ausdrücklich festgelegt werden und sollte auch im Kriegsfalle gelten. Allerdings wurde die nachträgliche Stimmabgabe nicht mit ins amtliche Endergebnis aufgenommen, sondern lediglich in einer Fußnote erwähnt. Siehe Niederschrift über die 108. Sitzung der Großen Strafrechtskommission v. 17.10.1958, Bd. 11, S. 28. Vgl. auch Schriftverkehr zwischen Dreher und Wilkerling in BArch B 141/17317 Bl. 92ff.

91 Entsprechend dieser Entscheidung wurden die beiden ersten Strafreformgesetze vom 25.6. und 4.7.1969 ohne die Todesstrafe als zulässiges Strafmittel verabschiedet. Siehe *Kroeschell*, a.a.O., S. 245ff.

92 Zeit v. 12.6.1959 „19 zu 4 gegen die Todesstrafe“.

## C) Öffentlichkeit

Auch außerhalb des politischen Geschehens beschäftigte die Wiedereinführung der Todesstrafe die Gemüter.[93] Während sich die Gegner der Todesstrafe zum Beispiel im Rahmen von Podiumsdiskussionen immer häufiger öffentlich zu Wort meldeten,[94] wurde in den Eingaben an das Bundesjustizministerium weiterhin mehrheitlich die Einführung der Todesstrafe gefordert. Meist wandten sich Betroffene von Gewaltverbrechen, sei es selbst als Opfer oder als „Angehörige der Verletzten und Toten“[95], an das Bundesjustizministerium.[96] Vereinzelt finden sich aber auch Eingaben von Bürgern, die aufgrund der Presseberichterstattung über bestialische Morde im besonderen Maße erschüttert

93 Zum Beispiel kündigte der *Deutsche Richterbund* eine Umfrage zu diesem Fragenkomplex unter allen Richtern und Staatsanwälten im Bundesgebiet an. Auf einem Fragebogen sollte jeder Richter und Staatsanwalt im Bundesgebiet seine Gründe angeben. Wer von den Befragten sich für die Todesstrafe aussprach, war aufgefordert, die Verbrechen zu nennen die mit dem Tode bestraft werden sollten. Außerdem sollten sie sich dazu äußern, ob die Todesstrafe jederzeit oder nur in Notzeiten ausgesprochen werden sollte. Siehe BArch B 141/003807 MicroF S. 68ff. Vgl. auch SZ v. 19.5.1958; FAZ v. 23.4.1958 „Überwiegend für die Todesstrafe“.

94 Beispielsweise das *Philosophisch-naturwissenschaftliche Kolloquium* der Universität Darmstadt (Allg. Zeitung v. 18.7.1958), eine Veranstaltung der *Katholischen Volksarbeit* (FAZ v. 14.6.1958 „Sind die Strafen für Verbrecher zu milde?“) oder eine Diskussion des *INTERFORUMS*. Das *INTERFORUM* war ein Zusammenschluss aus sechs ausländischen Kulturinstituten in Köln sowie der Europaunion. Internationale Teilnehmer der Diskussion im April 1958 waren Prof. Peters (Münster), Prof. Achter (Mönchengladbach), Prof. Beck (USA), Abbé Prof. van Craenenbroek (Belgien), Pollard (England), Prof. Marianelli (Italien), Prof. Lacant (Frankreich) und Prof. Ellscheid von der Europaunion. Die Teilnehmer der INTERFORUM-Veranstaltung z.B. stimmten mit 5 zu 1 Stimmen gegen eine erneute Anwendung der Todesstrafe. (BArch B 141/003827 MicroF S. 136ff.; KStA v. 21.4.1958 „Internationale Diskussion für und gegen die Todesstrafe“.)

95 BArch B 141/003805 MicroF S. 50f.

96 So zum Beispiel der *Verband für das Personen- und Verkehrsgewerbe Hamburg e.V.*, der im Namen seiner ca. 1.500 Mitglieder für die Wiedereinführung der Todesstrafe plädierte. Aufgrund von ca. 1.000 Überfällen auf Kraftdroschken- und Mietwagenfahrern mit 150 Toten im gesamten Bundesgebiet und aktuell, aufgrund der Ermordung eines Taxifahrers in Hamburg, forderte der Verband daneben wirksame staatliche Sicherungsmaßnahmen zum Schutz seiner Mitglieder, da alle selbst ergriffenen Maßnahmen, wie Alarmeinrichtungen, Schreckschuss- und andere Pistolen sowie Zwischenwände in den Wagen, sich als nicht ausreichend erwiesen hätten. Siehe BArch B 141/003805 MicroF S. 88f. Vgl. auch BArch B 141/003805, B 141/003806, B 141/003807, B 141/003816.

waren,[97] oder einfach nur auf die öffentlichen Äußerungen des Bundesjustizministers reagierten.[98]

Die Entscheidung der Großen Strafrechtskommission dagegen ging zunächst an der Öffentlichkeit vorbei. Die *Rhein-Neckar-Zeitung* mutmaßte noch einen Tag, nachdem die Kommission die Aufnahme der Todesstrafe ins neue Strafgesetzbuch bereits eindeutig abgelehnt hatte:

> „Aus unterrichteten Kreisen verlautet, dass die Große Strafrechtskommission tatsächlich sich bereits in dieser Woche mit der Frage befasst hat, ob und für welche Verbrechen die Todesstrafe eingeführt werden soll. Es gilt als sicher, dass die Sachverständigen in dieser Kommission sich keinesfalls auf einen gemeinsamen Vorschlag zum Problem der Todesstrafe werden verständigen können, sondern die Meinungen, die für und die gegen die Todesstrafe stehen, sachlich einander gegenüberstellen und dem Gesetzgeber die politische Entscheidung überlassen werden."[99]

Ohnedies zeigte der „Durchschnittsbürger" keinerlei Interesse an der Arbeit der Großen Strafrechtskommission. Die Bürger, die sich mit Eingaben an das Bundesjustizministerium wandten oder Leserbriefe an Zeitungen schickten, bezogen sich selten bzw. gar nicht auf die Arbeit und Entscheidung der Großen Strafrechtskommission.[100]

---

97 Insbesondere Verbrechen an Kindern bewegten die Einsender. Ein Einsender forderte anlässlich der Entführung und Ermordung eines 7-jährigen Jungen aus Stuttgart, Joachim Göhner, die Wiedereinführung der Todesstrafe in den Fällen von Kidnapping und Kindesmord sowie für Sexualverbrechen an Kindern. Hierfür sollte ein gesondertes Gesetz nach amerikanischem Vorbild geschaffen werden, das „Lex Göhner". (BArch B 141/003807 MicroF S. 15ff.) Ein 14-jähriger Realschüler, der das Thema während des Unterrichts behandelt hatte, zeigte sich besonders über die Grausamkeit der „Bonner Automörderfallen und der Kindesmörderfälle" erschüttert. Siehe BArch B 141/003807 MicroF S. 7ff. Insgesamt siehe BArch B 141/003806, B 141/003807.

98 Der Herausgeber und Redakteur der *Morgenrøden*, Zeitschrift für Sozialethik in Dänemark, beispielsweise äußerte gegenüber dem BMJ den Wunsch, Herr Schäffer möge seine Position zur Todesstrafe erneut überdenken (BArch B 141/003816 MicroF S. 132). Dagegen begrüßte eine Amerikanerin aus Connecticut den Standpunkt des BMJ, die „normale Strafe für schwere Verbrechen wieder einzuführen" (BArch B 141/003816, MicroF S. 137). Vgl. insgesamt BArch B 141/003806, B 141/003807, B 141/003816.

99 Rhein-Neckar-Zeitung v. 18.10.1958 „Todesstrafe keine Sache der Parteipolitik".

100 Anders als Juristen und Wissenschaftler, die während der ganzen Strafrechtsreform konkret Materialen zu dem Thema beim BJM anforderten, auch zu den Sitzungen der Strafrechtskommission. Zudem stellten sie teilweise eigene Ausführungen für die Diskussion zur Verfügung. Leider befinden sich die eigenen Ausführungen nicht in den Unterlagen des BJM. In den Akten des BJM finden sich lediglich die jeweiligen Anschreiben an die unterschiedlichen Stellen. Siehe BArch B 141/003800, B 141/003801, B 141/003802, B 141/003805, B 141/003806, B 141/003807.

Über die Entscheidung der Großen Strafrechtskommission zur Todesstrafe berichtete die Presse erst, als die Niederschrift der 108. Sitzung im Juni 1959 veröffentlicht wurde. Während die *Frankfurter Rundschau* die Diskussion und das Ergebnis der 108. Sitzung als „historisches Dokument" zum derzeitigen Stand der Auseinandersetzungen über dieses Problem bewertete,[101] zeigte sich die *Stuttgarter Zeitung* besorgt darüber, dass „man nur 14 Jahre nach dem Untergang des Dritten Reiches überlegen muss, ob in jedem Fall genügend Gegner im Parlament sitzen, um deren Wiedereinführung zu verhindern." Dies lasse befürchten, dass die Strafrechtsreform auch im übrigen nicht gerade von den fortschrittlichsten Erwägungen beeinflusst werde.[102] Schließlich behauptete der Sozialdemokrat Arndt,[103] die Große Strafrechtskommission sei vom Bundesjustizminister „aus persönlichem Ehrgeiz" unter Druck gesetzt worden. Dazu habe sie sich verleiten lassen, die Frage der Todesstrafe im Zusammenhang mit politischen Problemen, wie dem Hochverrat, zu behandeln. Arndt vertrat weiterhin die Auffassung, die Große Strafrechtskommission habe überhaupt nicht sachgerecht beraten können, wenn dazu „ein Richter und ein Strafrichter referieren, aber Rechtsanwälte, Geistliche, Ärzte und Kriminalwissenschaftler nicht gehört werden". Er warnte ausdrücklich davor, diese ernste Frage zukünftig zum Gegenstand von Schlagworten und Wahlkampfparolen zu machen.[104]

## *I. Gegner der Todesstrafe*

Die, meist akademischen, Gegner der Todesstrafe räumten ein, das eine Rechtfertigung der Todesstrafe zwar aus sittlich-ethischer Sicht möglich und aus dem Gedanken der Vergeltung und Sühne trotz ihrer Unvollkommenheit vertretbar sei. Dennoch sei sie in ihrer Notwendigkeit und Zweckmäßigkeit nicht bewiesen.[105] Zunächst einmal sei die Todesstrafe durch die Verfassung abgeschafft und damit die Frage im Ergebnis entschieden.[106] Die noch junge Bun-

101 FR v. 12.6.1959 „Wichtigstes Argument: Möglichkeit eines Fehlurteils" v. *Arno Füssel.*

102 Stuttg. Zeitung v. 24.4.1959.

103 Er selbst konnte aufgrund der Arbeitsbelastung eines Bundestagsabgeordneten und Geschäftsführer der Fraktion „nicht wochenlang verreisen, um an den Arbeiten der Großen Strafrechtskommission teilzunehmen – so gewiss auch deren Tagungen von großer Bedeutung sind". (BArch B 141/17317 Bl. 89).

104 Pressemitteilung der Sozialdemokratischen Bundestagsfraktion am 17.10.1958 (Nr. 342/58); BArch B 141/17317 Bl. 90f.; Rhein-Neckar-Zeitung v. 18.10.1958.

105 BArch B 141/003827 MicroF S. 136ff. Vgl. auch Allg. Zeitung v. 18.7.1958; KStA v. 21.4.1958; FAZ v. 9.7.1958 „Gegen Wiedereinführung der Todesstrafe".

106 BArch B 141/003816. Vgl. auch FAZ v. 14.6.1958; Allg. Zeitung v. 18.7.1958; KStA v. 21.4.1958; FAZ v. 9.7.1958.

desrepublik müsse das Grundgesetz achten und dürfe die Verfassung nur ändern, wenn es dringend notwendig sei.[107] Dabei dürfe dieses heikle Thema nicht von Laien erörtert werden, da diese es sich zu leicht machten, indem sie als zu mild empfundene Urteile kritisierten, ohne von den Zusammenhängen ausreichend Kenntnis zu haben.[108] Gerade im Hinblick auf die sinkende Mord- und Totschlagskriminalität im Bundesgebiet irrten die Befürworter der Todesstrafe, wenn sie die Todesstrafe aufgrund ihrer abschreckenden Wirkung forderten.[109] Entsprechende Aussagen von Verurteilten, sie hätten bei Bestehen der Todesstrafe nicht getötet, zielten allein darauf ab, einen guten Eindruck bei den Strafverfolgungsbehörden zu hinterlassen und seien daher zu relativieren.[110]

Den Gedanken der Notwehr lehnten die Gegner aufgrund des zeitlich großen Abstandes zwischen Tat und Urteil ebenso ab wie den Gedanken der Sicherung, da der Sicherungszweck den Täter zum Objekt mache.[111] Daneben fürchteten die Gegner die große Gefahr von Justizirrtümern[112] sowie die Gefahr eines politischen Missbrauchs der Todesstrafe.[113] In Revolutionszeiten biete sie sich als staatliches Mittel einfach allzu schnell an. Ebenso sei der Weg von der „normalen Gesundheitspflege bis zur Euthanasie durch Vergasung“ dann nicht mehr weit entfernt. Angesichts der uneinheitlichen Regelungen in den europäischen Kulturstaaten in dieser Frage forderte Prof. Ellscheid eine einheitliche Abschaffung der Todesstrafe in allen europäischen Ländern.[114]

Statt die Todesstrafe zu befürworten,[115] sollte Schäffer lieber eine schärfere Handhabung der bereits bestehenden Strafgesetze, insbesondere auf dem Ge-

---

107 BArch B 141/003827 MicroF S. 136ff. Siehe auch B 141/003816; KStA v. 21.4.1958.

108 FAZ v. 14.6.1958.

109 Dies bewiesen – so der Engländer *Pollard* – auch statistische Untersuchungen der letzten 50 Jahre in der englischen Kriminalgeschichte. So hätten von 168 in England zum Tode Verurteilten, die nicht hingerichtet worden seien, 164 vorher einer öffentlichen Hinrichtung beigewohnt. Siehe BArch B 141/003827 MicroF S. 140ff. Vgl. auch KStA v. 21.4.1958.

110 BArch B 141/003827 MicroF S. 136ff., B 141/003816. Vgl. auch KStA v. 21.4.1958; Allg. Zeitung v. 18.7.1958; FAZ v. 9.7.1958; FAZ v. 14.6.1958.

111 BArch B 141/003827. Vgl. auch KStA v. 21.4.1958.

112 BArch B 141/003827. Vgl. auch FrNPr v. 10.9.1958; FAZ v. 14.6.1958; Allg. Zeitung v. 18.7.1958.

113 BArch B 141/003827. Vgl. auch FrNPr v. 10.9.1958; FAZ v. 14.6.1958; KStA v. 21.4.1958.

114 BArch B 141/003827 MicroF S. 142f. Vgl. auch KStA v. 21.4.1958.

115 BArch B 141/003816, B 141/003827.

biet des Jugendstrafrechts, anstreben.[116] Es habe bereits abschreckende Wirkung, wenn potentielle Verbrecher von vornherein wüssten, dass „lebenslänglich auch wirklich lebenslänglich" bedeute.[117] Des weiteren müsse die Kriminalpolizei mit besseren kriminaltechnischen Mitteln ausgestattet werden, da eine rasche Ergreifung des Täters ebenfalls abschreckende Wirkung entfalte.[118]

## *II. Befürworter der Todesstrafe*

Dagegen begrüßten die Befürworter der Todesstrafe die Position des Bundesjustizministers. Aufgewühlt durch aufsehenerregende Verbrechen an Taxifahrern oder Kindern sowie Taten, wie die der Mörder Stein[119] oder Pommerenke[120], forderten sie die Wiedereinführung der Todesstrafe für Raub-, Lust- und Sexualmörder[121] und wiederholten die Forderung nach einer Volksbefragung, für den Fall, das die Bundesregierung und der Bundestag weiterhin von der Wiedereinführung der Todesstrafe absehen sollten.[122] Wichtigstes Argument

---

116 BArch B 141/003827 MicroF S. 139f. Der italienische *Prof. Marianelli* erklärte dagegen, das Italien sogar darüber nachdenke, neben der Todesstrafe auch die lebenslange Freiheitsstrafe abzuschaffen. Siehe FrNPr v. 10.9.1958; FAZ v. 14.6.1958.

117 SZ v. 19.5.1958.

118 FrNPr v. 10.9.1958; FAZ v. 14.6.1958.

119 Der 21-jährige Manfred Stein hatte 1954 seine Mutter mit dem Bügeleisen erschlagen. Als damals Jugendlicher wurde er lediglich zu einer Jugendstrafe verurteilt. Kurz nach seiner vorzeitigen Entlassung auf Bewährung, mordete er erneut, in dem er eine ehemalige Mitschülerin mit einem Beil erschlug. Nach seiner Verhaftung gestand er, bereits den dritten Mord geplant zu haben. Siehe Rhein. Merkur v. 3.4.1959 „Der Muttermörder" v. *Günther Krauss*.

120 Heinrich Pommerenke beging zwischen dem 15.9.1958 und dem 19.6.1959 insgesamt 27 besonders schwere Straftaten. Vier Frauen wurden von ihm auf brutale Weise ermordet und zahlreiche weitere überfallen. Eine besondere Vorliebe hatte er für Züge, Bahndämme und Bahnhöfe. Besonders kaltblütig war sein vierter Mord an der 21-jährigen Dagmar Klimek am 1.6.1959. Auf der Rheintalbahn Heidelberg-Basel bei Ebringen stieß Pommerenke die Frau, als sie aus der Toilette kam, aus dem Zug, zog die Notbremse, stieg aus, erstach die Schwerverletzte und verging sich an der Leiche. Siehe Stern v. 29.9.2004 „Vor Ihnen sitzt der Teufel" v. *Johannes Weiß*.

121 Darüber hinaus wurde verstärkt die Wiedereinführung der Prügelstrafe gefordert. So sollte zum Beispiel die Prügelstrafe der Enthauptung mehrere Wochen voraus gehen, damit dem Verbrecher der gerechte Ausgleich ins Bewusstsein komme. Und auch der Ortsverein des deutschen Kinderschutzbundes, Bad Godesberg, bevorzugte die Wiedereinführung der Prügelstrafe für Verbrecher, die sich an Kindern vergingen. Siehe BArch B 141/003801, B 141/003807, B 141/003808.

122 BArch B 141/003801, B 141/003808. In einem Schreiben an das BJM findet sich folgender Zusatz an den SPD-Fraktionsvorsitzenden des Bundestages: „ [...] dass die Mehrheit sehr enttäuscht wäre, wenn die SPD-Fraktion im Bundestag nicht für die Todesstrafe stimmen würde und dadurch sogar ein Stimmverlust bei den Bundestagswahlen entstehen könnte." Siehe BArch B 141/003808 MicroF S. 15.

war nach wie vor die von ihnen gefühlte Unsicherheit und die Überzeugung, dass die Kriminalität in Deutschland seit der Abschaffung der Todesstrafe erheblich angestiegen sei.[123] Insbesondere zum Schutz von Kindern,[124] als Gut von überragendem Wert, stehe dem Staat die Befugnis und Verpflichtung zu, die höchste Strafe im Rahmen seines Notwehrrechts und zum Zwecke der Generalprävention anzuwenden, da er anders die Sicherheit seiner „rechtschaffenen und bedürftigen Bürger" vor „vertierten Subjekten, die sich im Innersten über diese Fürsorge lustig machen"[125] nicht mehr gewährleisten könne.[126] Durch die milden Strafen[127] für Verbrecher stehe die lebenslängliche Zuchthausstrafe nur auf dem Papier. Entweder bejahten die Gnadeninstanzen leichtfertig die Gnadengesuche, da sie den Fall nur aus den Akten kennten und ihnen die jeweiligen Scheußlichkeiten nicht gegenwärtig seien.[128] Oder die Verbrecher würden längstens nach 15–20 Jahren – bei Jugendlichen sogar noch früher – freigelassen. Nur die Angst um das eigene Leben könne Verbrecher wirksam von Ihren Taten abhalten.[129] Der französische Prof. Lacant wies das Argument des Missbrauches der Todesstrafe zurück; die Gefahr eines Missbrauchs bestehe ohnehin zu jeder Zeit, da ein autoritäres Regime immer einen Weg finden werde, um die Todesstrafe wieder einzuführen – sei es offiziell oder inoffiziell.[130] Zudem müsse, so Prof. Achter von der Universität Köln, das Argument

---

123 BArch B 141/003800, B 141/003801, B 141/003802, B 141/003805, B 141/003806, B 141/003807. Siehe auch SZ v. 22.4.1959 „Für und wider die Todesstrafe"; *Krauss*, Rhein. Merkur v. 3.4.1959.

124 An einer Stelle wurde befürchtet, dass das Verbrechen an dem 7-jährigen Göhner eine Art von Epidemie gleicher Verbrechen in der BRD auslösen könnte. Siehe BArch B 141/003806 MicroF S. 57ff.

125 BArch B 141/003807 MicroF S. 64f. Ähnliche Forderungen fanden sich auch in anderen Eingaben, in denen der Schutz vor den „asozialen Elementen", „Bestien in Menschgestalt" usw. gefordert wurden. Siehe BArch B 141/003800, B 141/003805, B 141/003807.

126 BArch B 141/003800, B 141/003805, B 141/003806, B 141/003807, B 141/003827. Vgl. auch KStA v. 21.4.1958.

127 BArch B 141/003806, B 141/003807. Auf den Vorwurf der milden Strafen hin, beanstandete das BJM in einem Antwortschreiben, dass die Öffentlichkeit leichtfertig Urteile als zu mild kritisiere, ohne die tatsächlichen Gesamtumstände zu kennen. Des weiteren kündigte das Ministerium an, sorgfältig zu prüfen, inwieweit der gesetzliche Strafrahmen der einzelnen Strafvorschriften, innerhalb derer sich die richterliche Strafzumessung vollziehe, eine Änderung bedürfe. (BArch B 141/003807 MicroF S. 68).

128 Das die allg. Zuständigkeit für die Gnadengesuche eigentlich bei den Ländern lag, hielt der Einsender für reine Formsache, die im Rahmen der Großen Strafrechtsreform überwunden werden konnte, indem der Bund die Begnadigungen zur Sache des Bundes erklärte. (BArch B 141/003806 MicroF S. 57f.).

129 BArch B 141/003800, B 141/003805, B 141/003806, B 141/003807.

130 BArch B 141/003827 MicroF S. 142. Vgl. auch KStA v. 21.4.1958.

möglicher Fehlurteile unberücksichtigt bleiben, da dieser Gesichtspunkt gleichermaßen gegen die Zuchthausstrafe vorgebracht werden könnte.[131]

## *III. Außergewöhnliche Eingaben an das Bundesjustizministerium*

Gerade in dieser Zeit finden sich außergewöhnliche Eingaben an das Bundesjustizministerium, sowohl unter den Gegnern als auch den Befürwortern der Todesstrafe:

Ein Schöffe aus München[132] vertrat die Ansicht, die meisten Morde seien nichts anderes als „Besessenheitsfälle", deren Täter eigentlich ein verstorbener Mensch sei, der den Körper eines irdischen Menschen zur Begehung eines Mordes missbrauche, indem er denselben als „medialen Menschen" zu Mordgedanken verführe. Somit sei der tatsächliche Mörder ein „schlechtes Geistwesen" und niemals der irdische Mensch. Daher dürften solche Menschen nicht nach irdischen Erkenntnissen und Maßstäben verurteilt werden, sondern müssten in eine Heilanstalt auf Lebenszeit, um die Menschheit zu schützen.

Sog. Volksritter[133], „Zentrale für internationale Völkerverständigung, fortschrittlichen Denkens und menschlichen Handels – Geistige Heimat aller Rassen und Religionen – erste freie, moderne, private Weltbewegung gegen Unmenschlichkeit, Ausbeutung und Lüge" glaubten, „die Diktatoren hinter dem Nebel zu kennen, die den einzelnen Regierungen zur wiederholten Ausbeutung eines jeglichen Volkskörpers, ihren Willen auferlegen". Selbstherrliche Maßnahmen in der Gesetzgebung müssten eigentlich unter Erpressung und Betrug laufen. Durch die Anwendung der Todesstrafe seien meist Unschuldige zu Tode gekommen, vielfach „politische Verbrecher, besser gesagt, rechtschaffene, treue Idealisten".

Ein Oberamtsrichter i.R. aus Wolfenbüttel[134] machte den Vorschlag, als „Akt der gesunden Staatsnotwehr" Lust-, Sexual- und Raubmörder sowie Mörder eines zum Zwecke einer Erpressung entführten Menschen (insb. eines Kindes) aus dem Bereich der strafbaren Handlung herauszunehmen und ohne Bestra-

---

131 BArch B 141/003827 MicroF S. 139f. Vgl. auch KStA v. 21.4.1958.

132 BArch B 141/003816 MicroF S. 110.

133 BArch B 141/003816 MicroF S. 140ff. Die Volksritter beschrieben sich selbst als humaner, geistiger Kampfverband und Sammelbecken für alle gut- und frohgesinnten Menschen der Erde, „in dem sich Hakenkreuz und Davidstern vereinigen". Richtschnur ihres Handels sei die Lehre Silvio Gesell, der „größte Wirtschaftreformator des 20. Jahrhunderts". Ihrer Ansicht nach, lag das wahre Übel der Welt in den Partei- und Wirtschaftspolitiken. Einzige Rettung sei die Einführung der Freiwirtschaft.

134 BArch B 141/003800 MicroF S. 185ff.

fung aus der menschlichen und staatlichen Gemeinschaft „auszumerzen“. Unter Ausmerzung verstand der Einsender die „Auslöschung des Lebens der Mordbestie“, da ein Verbrecher durch seine Mordtaten das Recht zu Leben verloren habe. Grundlage der Ausmerzung sollte ein allein für die Mörder geltendes Ausmerzungsgesetz bilden, welches in Abweichung vom Strafgesetzbuch den Begriff „Strafe“ nicht mehr kenne. Das Ausmerzungsverfahren sollte ohne Erörterung der Schuldfrage stattfinden. Die Feststellung, dass der Angeklagte die bestialische Tat begangen habe, sollte ausreichen, womit sich alle anderen in einem Strafverfahren notwendigen Ermittlungen und Feststellungen erübrigten. Das Verbot des Art. 102 greife in diesen Fällen nicht, da an die Stelle der Bestrafung die Ausmerzung trete. Die Zahl der Morde würde sich innerhalb kürzester Zeit reduzieren.[135]

An anderer Stelle wurde die sog. „Sicherungstötung“ als Pendant zur Sicherungsverwahrung gefordert.[136] Die Sicherungstötung sollte, ebenso wie die zuvor vorgeschlagene „Ausmerzung“ keine Strafe,[137] sondern eine Maßnahme

135 Das BJM befragte, veranlasst durch den befremdenden Inhalt der Eingabe das Niedersächsische Justizministerium, was dort über den Einsender bekannt sei. Allerdings fanden sich dort keine Akten über den Einsender, sodass davon auszugehen war, dass der Einsender bereits vor Einrichtung des Niedersächsischen Justizministeriums pensioniert wurde. OStA *Lüttger* beabsichtigte ein ausführliches Schreiben an den Einsender, in dem das „Unverschämte des nationalsozialistischen Ansinnens deutlich ins Licht“ gerückt werde. Er beabsichtigte zu erklären, dass die Große Strafrechtskommission aufgrund neuerster wissenschaftlicher Erkenntnisse und rechtspolitischer Bedürfnisse entsprechend entscheide. Zudem sei der Grundsatz „Keine Strafe ohne Schuld“ eine gesicherte Grundlage des modernen Strafrechts, sodass vor diesem Hintergrund der Vorschlag der Ausmerzung nicht verständlich sei. Die Todesstrafe verlöre nicht dadurch den Charakter einer Strafe, nur weil sie ohne Prüfung der Schuldfrage verhängt werde. Das hier vorgeschlagene Ausmerzungsverfahren führe zu einem unerträglichen Unrecht, das in einem Rechtsstaat nicht einmal vorgeschlagen werden sollte. Entgegen der Ansicht Lüttgers regte *Dallinger* an, nicht sachlich auf die Eingabe einzugehen, da dies u.U. zu einem umfassenden Schriftwechsel mit dem Einsender führen könnte. „Offenbar handelt es sich um einen in seinen Geisteskräften herabgesetzten Arteriosklerotiker.“ *Dallinger* schlug daher eine kurze Antwort dergestalt vor, dass dem BMJ die Eingabe persönlich vorgelegen habe. Aufgrund des befremdlichen Inhalts der Ausführungen das BJM jedoch von einer Beantwortung in allen Einzelheiten absehe. Dem Vorschlag Dallingers folgte Dreher letztlich. Siehe BArch B 141/003800 MicroF S. 194ff.

136 In einem zweiten Schreiben schlug der Einsender eine alternative Bezeichnung vor, die „Tötung aus Staatsnotwehr“ oder kürzer die „Notwehrtötung“. Siehe BArch B 141/003801 MicroF S. 6f. und 9f.

137 Nach Ansicht des Einsenders, war die Todesstrafe keine eigentliche Strafe. Denn Teil der Strafe sei, die Höhe der Strafe an die Schwere der Straftat anzupassen. Da aber unbekannt sei, „welche Bedeutung der Tod für den Menschen hat und niemand weiß auch, ob in dieser Hinsicht nicht wesentliche Unterschiede zwischen den einzelnen Menschen bestehen“, könne die Todesstrafe auch nicht bemessen werden. Siehe BArch B 141/003801 MicroF S. 6f.

zum Schutz der menschlichen Gesellschaft im äußersten Notfall, wenn alle anderen Mittel versagen, darstellen. Da dem einzelnen Privatmann wie auch Organen des Staates von jeher das Recht zustehe, in gewissen Fällen andere zu töten, sei diese Art der Sicherungstötung auch nichts Neues. Dem Staat müsse das Recht zustehen, aus Notwehr Leben zu opfern, um Leben zu erhalten.[138] Allerdings bedürfte die Sicherungstötung einer näheren Beschreibung und „Ausdehnung auf die Fälle, bei denen die Gefahr für das Leben anderer nicht akut ist, sondern sich erst in Zukunft auswirken kann".[139]

Unter den Eingaben findet sich sogar der Vorschlag, das Bundesjustizministerium solle ein Preisausschreiben durchführen, um das abschreckenste und brauchbarste Verfahren zur Verhinderung von Gewaltverfahren zu ermitteln.[140] Dem Einsender selbst schwebten auch bereits ein oder zwei Verfahren vor, die er jedoch nur gegen eine entsprechende Bezahlung preisgeben wollte. Schließlich könnte „ein einziger Verlust durch Mord eines Staatsmannes, wie Herrn Bundespräsident, Herrn Reichskanzler oder auch sonst sehr wertvoller Persönlichkeiten, [...] mit 100.000senden von DM nicht ersetzt werden." Sollte ihm das Bundesjustizministerium kein Angebot unterbreiten, werde er für seine Verfahren ein Patent anmelden, da er dann seine finanziellen Forderungen selbst stellen könne.[141]

## *IV. Demoskopen*

In einer Umfrage des DIVO-Instituts im Februar 1958 befürworteten auf die Frage

138 Das BJM äußerte in seinem Antwortschreiben Bedenken dahingehend, die Tötung eines Menschen allein unter dem Aspekt der Sicherung zu rechtfertigen. Selbst die Befürworter der Todesstrafe würden die Todesstrafe nicht allein unter dem Zweckmäßigkeitsgesichtspunkt der Sicherung rechtfertigten. Die Analogie zum Gedanken der Notwehr hielt das Ministerium für trügerisch, da der Grundsatz der Notwehr darauf beruhe, dass man sich eines gegenwärtigen Angriffes mit den erforderlichen Mitteln erwehren dürfe. Der Angriff sei jedoch bereits vorüber, sobald der Mörder sein Opfer getötet habe. Höchstens Kriegs- oder Notzeiten könnten den Gedanken der Notwehr rechtfertigen. Siehe BArch B 141/003801 MicroF S. 8, 11ff.

139 BArch B 141/003801 MicroF S. 9f.

140 BArch B 141/003805 MicroF S. 69.

141 BArch B 141/003805 MicroF S. 73. Obwohl offensichtlich überzeugt von seiner Idee, bat er von der Veröffentlichung seines Namens abzusehen. Das BJM beschränkte sich in einem Antwortschreiben an den Einsender auf die Feststellung, dass die Durchführung eines Preisausschreibens wohl kaum ein geeignetes Mittel sei, um über ein so äußerst schweres Problem wie die Todesstrafe zu klären. (BArch B 141/003805 MicroF S. 71f.).

> „Sind Sie unter allen Umständen gegen die Wiedereinführung der Todesstrafe oder sollte sie für bestimmte Verbrechen wieder eingeführt werden?“[142]

75% der Befragten vorbehaltlos die Wiedereinführung der Todesstrafe. Zählte man zu den Befragten noch die Befragten hinzu, die die Todesstrafe lediglich bei bestimmten schweren Verbrechen angewendet haben wollten, so ergab sich sogar eine Befürwortung von 85%. Lediglich 5% der Befragten sprachen sich grundsätzlich gegen die Anwendung der Todesstrafe aus. Diejenigen, die die Todesstrafe auf bestimmte Kapitalverbrechen beschränkt wissen wollten, nannten als Anwendungsfälle hauptsächlich Mord (72%), Raubmord (22%) und Sittlichkeitsverbrechen (23%). Dagegen wurden Landesverrat und Spionage, entgegen der Forderung des Bundesjustizministers, nicht als todeswürdige Delikte angesehen (0%).[143]

Zu ähnlichen Ergebnissen gelangte das Institut für Meinungsforschung EMNID am 12. April 1958. Die Frage

> „Sind Sie dafür oder dagegen, das ein Mörder, für den keine mildernden Umstände sprechen, mit dem Tode bestraft wird?“[144]

bejahten 80% der Befragten, während sie von 17% verneint wurde. 3% äußerten keine Meinung.

Den Anteil der grundsätzlichen Gegner der Todesstrafe gab die EMNID für die Männer mit 15% und bei den Frauen mit 19% an. Dabei lag der Anteil bei der jüngsten Altersschicht, der unter 25-jährigen (25%), bei der Berufsgruppe der Beamten (24%) und bei dem weder der evangelischen noch der katholischen Konfession angehörenden Teil der Bevölkerung (27%) merklich über dem Durchschnitt. Dagegen ermittelte die EMNID bei den Anhängern der Konfessionen unter den evangelischen Befragten 15% und unter den Katholiken 19%, die sich gegen die Todesstrafe aussprachen. Bei den Anhängern der politischen Parteien ergab sich ein ähnliches Bild: von den Anhängern der SPD sprachen sich 20% gegen die Todesstrafe aus, von den Anhängern der CDU/CSU 19%, der FDP 15% und von den Anhängern des BHE 12%.

## *D) Bundesjustizministerium*

Viele Eingaben an das Bundesjustizministerium blieben zu dieser Zeit unbeantwortet.[145] In den Fällen, in denen das Bundesjustizministerium doch ant-

---

142 BArch B 141/30603. Siehe auch DIVO-Pressedienst Feb. I/II 1965.

143 BArch B 141/30603. Siehe auch DIVO-Pressedienst Feb. I/II 1965.

144 EMNID-Informationen Nr. 15/1958; BArch B 141/003827 MicroF S. 147ff.; FAZ v. 23.4.1958.

wortete, beschränkten sich die Antwortschreiben meist auf die Feststellung, dass der Justizminister, nicht zuletzt aufgrund der stetig sinkenden Mord- und Totschlagsrate,[146] keine eigene Vorlage eines Gesetzesentwurfs zur Einführung der Todesstrafe beabsichtige.[147] Die Entscheidung über diese Frage stehe allein den gesetzgebenden Körperschaften des Bundes zu und sei noch im Laufe dieser Gesetzgebungsperiode anlässlich der Strafrechtsreform zu erwarten. Wie sie letztlich ausfalle, lasse sich derzeit noch nicht überblicken.[148,149]

Gleichwohl betonte Schäffer in der Öffentlichkeit,[150] dass die Todesstrafe für Mord schon im Hinblick auf die momentane öffentliche Stimmung wiedereingeführt werden müsse, da sich der Staat nicht bewusst über die Rechtsüberzeugung des Volkes hinwegsetzen dürfe. Ihn interessierten keine theoretischen

---

145 BArch B 141/003800, B 141/003801, B 141/003805, B 141/003806, B 141/003807, B 141/003808, B 141/003816, B 141/30602.

146 1957 waren zuletzt 326 Fälle von Mord und Totschlag zu verzeichnen. Das sei der niedrigste Stand seit Kriegsende (mit Ausnahme 1953 mit 325 Fällen). Siehe Welt der Arbeit v. 17.10.1958 „Todesstrafe aus Angst vor der Spionage?" v. *Rolf E. Palm*.

147 Sten. Bericht des BT, 8. Sitzung v. 22.1.1958, S. 245. Vgl. auch BArch B 141/003816, B 141/003807, SZ v. 9.11.1957.

148 Zur weiteren Information wurde einigen Schreiben die Niederschrift der 8. Sitzung v. 22.1.1958 beigelegt und/oder auf das Buch *Düsings* verwiesen. An die Befürworter der Todesstrafe findet sich zudem der Zusatz, dass wesentlicher Aspekt der Entscheidung um die Todesstrafe die Prüfung sei, ob die abschreckende Wirkung bei der Androhung der Todesstrafe tatsächlich größer sei, als bei der Androhung der lebenslänglichen Zuchthausstrafe. Gegenüber den Gegnern der Todesstrafe dagegen, erklärte das BJM, dass die Todesstrafe durch das Grundgesetz abgeschafft sei und das die Änderung des Grundgesetzes eine Zweidrittel-Mehrheit sowohl des Bundestages als auch des Bundesrates erfordere, deren Erreichung bei den derzeit vorherrschenden Stimmverhältnissen höchst zweifelhaft sei. Siehe BArch B 141/003801, B 141/003805, B 141/003806, B 141/003807, B 141/003808, B 141/003816, B 141/30602.

149 Der Entwurf der Großen Strafrechtskommission wurde 1960 das erste Mal in den Bundestag eingebracht, dort wegen des Endes der Legislaturperiode allerdings nicht mehr behandelt. 1962 wurde der Entwurf dann erneut eingebracht und nach der ersten Lesung im Plenum 1963 an den Rechtsausschuss bzw. dessen Sonderausschuss für die Strafrechtsreform überwiesen. Da dieser seine Arbeit in der laufenden Legislaturperiode nicht abschließen konnte, musste der „Entwurf 1962", wie man ihn nun nannte, 1965 erneut in den Bundestag eingebracht werden. Zudem brachte die FDP einen, von einer Gruppe meist jüngerer Strafrechtsprofessoren ausgearbeiteten, Alternativentwurf bzgl. des Allgemeinen Teils ein, sodass beide im Sonderausschuss gemeinsam beraten werden konnten. 1969 verabschiedete der Bundestag den von der Kommission vorgelegten Entwurf eines neuen Strafgesetzbuches ohne die Möglichkeit der Anwendung der Todesstrafe. Siehe *Kroeschell*, a.a.O., S. 245ff.

150 Z.B. im Rahmen der CDU-Wahlversammlung in Düren (s.o. Zweiter Teil, 4. Kapitel A) II.) oder in zwei großen Zeitungsinterviews im Oktober 1958 mit den Zeitungen *Die Zeit* bzw. *Kurier* (Kurier v. 3.10.1958 „Wiedereinführung der Todesstrafe – ja oder nein?"; Zeit v. 10.10.1958 „Des Nächsten Ehre" v. *Josef Müller-Marein*).

Erwägungen, wie psychologische Aspekte oder die abschreckende Wirkung der Todesstrafe. Allein wichtig sei folgende praktische Überlegung

> „Wie kann ich den Müttern [...] das Gefühl geben, dass der Staat alles einsetzt, um das Leben der Kinder zu schützen?“[151]

Seiner Ansicht nach waren die Gegner der Todesstrafe „eine Schicht von Gebildeten, oder besser: eine Schicht, die durch ihre mehr oder minder radikale Ablehnung der Todesstrafe erkennen lassen möchte, für wie gebildet sie gehalten werden will [...]“.[152]

Daneben lag Schäffer die Frage der Todesstrafe in schweren Krisen sowie Zeiten des nationalen Notstandes am Herzen.[153,154] In Zeiten der äußeren Gefahr sowie in Zeiten einer inneren Bedrohung des Staates, d.h. zu Notstandszeiten, sei es erforderlich, diese Gefahren vom Staat abzuwenden – notfalls auch mit außerordentlichen Mitteln. Das Grundgesetz sei lediglich als temporäre Regelung bis zur in Kürze zu erwarteten Wiedervereinigung und nicht als dauerhafte Basis staatlichen Zusammenlebens gedacht gewesen. Beherrscht von „der Ideologie des ewigen Friedens“ hätten die Väter des Grundgesetzes die Möglichkeit eines innerstaatlichen Notstandes gar nicht erst in Betracht gezogen. Daher werde der Staatsnotstand nicht von dem Verbot des Art. 102

---

151 Hintergrund dieser Äußerung war der Mord an dem 7-jährigen Göhner. Auch nach dem Tod des Jungen hatte der Entführer weitere Lösegeldforderungen gestellt. Der Fall erregte großes Aufsehen – insbesondere die Forderung des ehemaligen Justizministers Baden-Württembergs *Beyerle*, die Todesstrafe zum Schutz der Kinder vor Erpressern wie der im Fall Göhner, wieder einzuführen. Siehe Kurier v. 3.10.1958; *Müller-Marein*, Zeit v. 10.10.1958; Spiegel v. 28.10.1964 „Irrtum inklusive“.

152 *Müller-Marein*, Zeit v. 10.10.1958. Aufgrund dieser Äußerung erklärte kurze Zeit später *Adolf Arndt* in einer Pressemitteilung seiner Bundestagsfraktion am 17.10.1958 (Nr. 342/58): „Der Bundesminister der Justiz [...] untergräbt die Achtung vor dem Grundgesetz, indem er neuerdings die Mitglieder des Parlamentarischen Rates als weltfremde Spinner lächerlich zu machen sucht und die Gegner der Todesstrafe als Leute herabsetzt, die für gebildet gehalten werden wollen. Die Frage der Todesstrafe ist zu schwer und zu ernst für solche Demagogie, die mit billigsten Mittel hemmungslos nach Popularität hascht. Besonders zu bedauern ist, dass Schäffer die Frage der Todesstrafe ausweitet und immer mehr in ihr ein Kampfmittel gegen politische Vergehen sieht.“ Siehe BArch B 141/17317 Bl. 90.

153 Vgl. oben Zweiter Teil, 4. Kapitel A) II. Vgl. auch Kurier v. 3.10.1958; *Müller-Marein*, Zeit v. 10.10.1958; FrNPr v. 11./12.10.1958 „Schäffer plädiert erneut für die Todesstrafe“.

154 Auch der neue nordrhein-westfälische Justizminister *Otto Flehinghaus* (CDU) forderte im Rahmen seiner Vorstellung vor der Landespressekonferenz die Todesstrafe sowohl für Mörder als auch für schwere Fälle des Landesverrates. Dabei sollte die Art der Hinrichtung in seinen Augen an „landsmannschaftliche Traditionen“ angepasst werden. Siehe FAZ v. 7.8.1958 „Flehinghaus wünscht die Todesstrafe“; SZ v. 8.8.1958 „Traum eines Ministers“; FrNPr v. 10.9.1959.

mitumfasst.[155] Insbesondere für Spionage und Landesverrat sei die Todesstrafe wieder einzuführen, da sie in Zeiten des Staatsnotstandes notwendig sei,

> „wenn ein Mann, ein Verräter, unter Umständen deutsche Divisionen opfert mit Tausenden von Menschenleben, in der Hoffnung, dass er nur eingesperrt wird und beim siegreichen Einmarsch eines Feindes dann als neuer Ministerpräsident in dem von ihm verratenen Land erscheint [...].“[156]

In diesem Fall müsse er annehmen, dass es „Umstände gibt, in denen die Androhung der Todesstrafe einfach um des Staatsganzen willen unvermeidlich ist“.[157]

Mögliche Gefahren und Unsicherheiten der Todesstrafe sah Schäffer durch die Möglichkeit der Begnadigung des Täters beseitigt.[158] Auf Nachfrage, ob die Todesstrafe nicht lediglich ein Mittel „für den krank gewordenen Staatskörper, nicht aber für den gesunden“ sei, antwortete Schäffer

> „[...] wir wollen nicht abseits des Themas diskutieren. Die Frage ist, wollen Sie es leugnen, dass unter Umständen und gerade in den heutigen Zeitverhältnissen – denken Sie an die Propaganda des Ostens – es das Lebensgefühl des Staates verlangt, in solchen Zeiten an alle Abwehrmittel zu denken?“[159]

Letztlich bedauerte der Bundesjustizminister öffentlich die Entscheidung der Großen Strafrechtskommission:

> „Ich bin vernünftig genug, den Entwurf zur Strafrechtsreform, wenn auch mit dem Ausdruck höchsten Bedauerns ohne Todesstrafe einzubringen, weil ich die Stimmung im Bundestag kenne.“[160]

Obgleich die Große Strafrechtskommission sich mit großer Mehrheit gegen die Wiederaufnahme der Todesstrafe ins Strafgesetzbuch für Mord ausgesprochen

155 Kurier v. 3.10.1958; *Müller-Marein*, Zeit v. 10.10.1958; FrNPr v. 11./12.10.1958.

156 Die gleiche Äußerung wiederholt *Schäffer* in dem Interview auf die Frage, ob von der Todesstrafe nicht eine krankhaft anziehende, eine pervertiert verführerische Wirkung ausgehe. Siehe Kurier v. 3.10.1958. Auch in dem Interview mit der Zeitung *Die Zeit* ist dieses Argument zu finden. Siehe *Müller-Marein*, Zeit v. 10.10.1958. Vgl. auch FrNPr v. 11./12.10.1958.

157 Kurier v. 3.10.1958.

158 Schließlich könne von einem Staatsoberhaupt erwartet werden, in allen Fällen, in denen der leiseste Zweifel möglich sei, vorerst von der Hinrichtung abzusehen, insbesondere in Fällen, in denen noch kein Geständnis des Täters vorliege und daher ein Justizirrtum theoretisch möglich sei. Auf die Frage, ob nicht ein Geständnis des Täters mitunter fragwürdig sei, erklärte *Schäffer*: „Ja, mein Gott, dann müssen Sie an der menschlichen Justiz überhaupt zweifeln, noch dazu solange wir eine Justiz in unserem Sinne haben, die keine Zwangsmittel anwendet.“ Siehe Kurier v. 3.10.1958.

159 Kurier v. 3.10.1958.

160 Welt v. 21.2.1959 „Schäffer bedauert: Neues Strafrecht ohne Todesstrafe“.

hatte, und es so gut wie aussichtslos war, im Bundestag und Bundesrat die verfassungsändernde Zweidrittel-Mehrheit zu erreichen, plante Schäffer weiterhin die Behandlung des Problems der Todesstrafe im Parlament. Zwar schlug er dem Kanzleramt vor, sich zunächst für eine entsprechende Verfassungsänderung nicht einzusetzen. Allerdings

> „bei der Beratung des Entwurfs zu einem künftigen Strafgesetzbuch werden die gesetzgebenden Körperschaften zu entscheiden haben, ob die Todesstrafe für Mord und etwaige sonstige Tatbestände des Strafgesetzbuches wie vor allem dem Völkermord eingeführt werden soll. Diese Beratung des Entwurfs scheint [...] nach wie vor den angemessenen Rahmen und den richtigen Zeitpunkt für eine derartige Entscheidung zu geben. Denn die Frage der Androhung der Todesstrafe für Mord kann, wie die Beratungen der Großen Strafrechtskommission über die Abgrenzung zwischen Mord und Totschlag erneut mit aller Klarheit gezeigt haben, nicht von der Frage getrennt werden, wie der Tatbestand des Mordes ausgestaltet werden soll.“[161]

Mit der Forderung der Todesstrafe nicht nur für Mord – „worüber sich immerhin ernsthaft hätte diskutieren lassen“[162] –, sondern auch für den Fall des Staatsnotstandes, speziell gegen Hoch- und Landesverrat,[163] erregte der Bundesjustizminister starke öffentliche Aufmerksamkeit. Es sei bedauerlich, erklärte Adolf Arndt in einer Pressemitteilung, dass Schäffer die Frage der Todesstrafe ausweite und immer mehr in ihr ein Kampfmittel gegen politische Verbrecher sehe.[164] Die Presse titelte, Schäffer sei offensichtlich nicht „dieser kleinen Schicht von Gebildeten“ zuzurechnen, da er in letzter Zeit recht forsch aus und an dem „gesunden Volksempfinden oder dem, was er daran für gesund hält“, schöpfe. Das erschreckende Ansteigen der Anhängerschaft der Todesstrafe in der Öffentlichkeit enthalte für die Parteien die Versuchung, sich diese Stimmung zunutze zu machen.[165]

---

161 Siehe Schreiben des BMJ an den Staatssekretär des Bundeskanzleramtes in BArch B 141/17317 Bl. 100ff. Vgl. ebenso Interner Vermerk des Bundeskanzleramtes für die Kabinettssitzung am 2.4.1959 in BArch B 141/7052.

162 So *Müller-Meiningen jr.*, SZ v. 4.11.1958.

163 *Müller-Meiningen jr.*, SZ v. 4.11.1958; SZ v. 20.3.1959 „Ein großes Plädoyer gegen die Todesstrafe“ v. *Ernst Müller-Meiningen jr.; Palm*, Welt der Arbeit v. 17.10.1958; dpa-Meldung Nr. 94 v. 1.8.1959; FrNPr v. 11./12.10.1958.

164 Pressemitteilung der Sozialdemokratischen Bundestagsfraktion am 17.10.1958 (Nr. 342/58) in BArch B 141/17317 Bl. 90f. Siehe auch Rhein-Neckar-Zeitung v. 18.10.1958.

165 Sicher würde sich des „Volkes Seele, brächte man sie nur unter der rechten (wenn auch nicht rechtlichen) Regie in Wallung, sogleich tatkräftig und unangekränkelt von des Gedankens Blässe für die radikale Ausrottung von Volksschädlingen in Marsch“ setzen lassen. Siehe Tagesspiegel v. 12.12.1958 „Für und Wider die Todesstrafe“ v. *Karena*

Schäffer wurde insbesondere vorgeworfen, er missbrauche die beklagenswerten Opfer gemeiner Morde, um so eine tödliche Waffe gegen politische Gegner schmieden zu können, ohne dabei zu bedenken, wie fragwürdig diese Überlegungen in einem zweigeteilten Deutschland seien.[166] Hinter derartigen Äußerungen des Bundesjustizministers und neuerdings auch anderer Politiker[167] vermutete die Presse militärische Gründe. Die Generalität in Deutschland sei besorgt, auch im Bezug auf die NATO, ob denn in Deutschland ein Kriegsstrafrecht überhaupt denkbar sei, das keine Todesstrafe kenne.[168] Daher befürworte sie die Aufhebung des Art. 102, um in einem zukünftigen Kriegsstrafrecht auch die Todesstrafe, speziell für Fahnenflucht, zu ermöglichen.[169]

---

*Niehoff.* Vgl. auch dpa-Meldung Nr. 82 v. 19.3.1959 „Todesstrafe aus militärischen Gründen gefordert“; *Müller-Meiningen jr.*, SZ v. 20.3.1959

166 *Müller-Meiningen, jr.*, SZ v. 4.11.1958; *Müller-Meiningen jr.*, SZ v. 20.3.1959; *Palm*, Welt der Arbeit v. 17.10.1958; Welt der Arbeit v. 30.10.1959.

167 Oberregierungsrat *Thier* aus dem BJM beispielsweise hatte auf eine Nachfrage der Presse erklärt, dass das Problem der Todesstrafe keine Frage von Zahlen und Statistiken sei. Wichtig sei allein, dass man im Kriegsfall immer mit Landesverrat rechnen müsse. Daher ist zu entschieden, was im Kriegsfall mit einem Spion geschehe. „Ohne Todesstrafe stehen wir im Kriegsfall vor einer unangenehmen Situation.“ (Siehe *Palm*, Welt der Arbeit v. 17.10.1958) Auch Innenminister *Schröder* bevorzugte öffentlich die Todesstrafe für eine „nationale Gefahr“ oder Fälle des „Staatsnotstandes“, speziell gegen den Hoch- und Landesverrat. (*Müller-Meiningen jr.*, SZ v. 4.11.1958; *Müller-Meiningen jr.*, SZ v. 20.3.1959).

168 dpa-Meldung Nr. 82 v. 19.3.1959; *Müller-Meiningen jr.*, SZ v. 20.3.1959.

169 So *Fritz Bauer* auf der Veranstaltung des Arbeitskreises sozialdemokratischer Juristen in München. Siehe dpa-Meldung Nr. 82 v. 19.3.1959; *Müller-Meiningen jr.*, SZ v. 20.3.1959.

# DRITTER TEIL: DER ALLMÄHLICHE WANDEL IN DER ÖFFENTLICHEN MEINUNG

# 8. Kapitel: Erste kritische Stimmen gegen die Todesstrafe

## *A) Alte und neue Befürworter*

Wie die demoskopischen Umfragen aus dieser Zeit belegen, sprach sich die Bevölkerung auch noch nach der Entscheidung der Großen Strafrechtskommission mehrheitlich für die Wiedereinführung der Todesstrafe aus. In einer Umfrage des Frankfurter DIVO-Instituts für Markt- und Meinungsforschung im Februar 1961 traten 63% der Befragten vorbehaltlos für die erneute Anwendung der Todesstrafe ein, weitere 14% befürworteten die Todesstrafe bedingt bei bestimmten schweren Verbrechen.[1] Zu ähnlichen Ergebnissen gelangten die Allensbacher Demoskopen. Hier hatten sich im April 1960 54% und ein Jahr später, im April 1961, 51% für die Todesstrafe ausgesprochen.[2,3]

Neben Schäffer befürworteten einige Politiker – pünktlich zum Wahljahr – öffentlich die Wiedereinführung der Todesstrafe.[4] Besondere Aufmerksamkeit

1 BArch B 141/30603, Vgl. auch Welt v. 9.6.1961 „Umfrage ergab Mehrheit für die Todesstrafe"; dpa-Meldung Nr. 38 v. 9.6.1961 „Widerstand gegen Wiedereinführung der Todesstrafe wächst"; Trierische Landeszeitung v. 13.6.1961 „Die Todesstrafe".

2 Dies geht aus einem Schreiben des Presse- und Informationsamtes der Bundesregierung im Juni 1961 hervor, das dem BJM für den Dienstgebrauch übersandt wurde (Nr. 17/61 VS) Siehe BArch B 141/48399 Bl. 58ff. Vgl. auch Allensbacher Berichte des Instituts für Demoskopie, August 1967.

3 Anlässlich der Ermordung eines 7-jährigen Jungen durch einen erst 18-jährigen forderten Bürger in Eingaben an das BJM die Todesstrafe für Sittlichkeits- und Tötungsverbrechen speziell an Kindern. In diesem Zusammenhang betonten sie ebenfalls die bevorstehende Wahl und forderten wenigstens die Durchführung einer Volksbefragung in dieser Sache. (BArch B 141/003809, B 141/003810). Auch im Rahmen der o.g. DIVO-Umfrage, sprach sich eine beträchtliche Anzahl von Befragten (27%) für die Todesstrafe als adäquate Bestrafung für Lust-, Sexualmord sowie Sittlichkeitsverbrechen aus. Siehe BArch B 141/030603.

4 Der *CSU-Kreisverband Rothenburg o.T.* beschloss einstimmig, vom Bundestag die Wiedereinführung der Todesstrafe für einwandfrei festgestellten Mord, Hochverrat und Kindsentführung zu fordern. (BArch B 141/003810 MicroF S. 58). Der *Vorstand der südbadischen Jungdemokraten* sprach sich ebenfalls für die Wiedereinführung der Todesstrafe bei Mord und Gewaltverbrechen, unter Ausschluss politischer Vergehen, aus. (dpa-Meldung Nr. 88 v. 16.6.1959 „Südbadische Jungdemokraten bejahen die Todesstrafe"). Im Zusammenhang mit der Ermordung eines Neußer Polizeibeamten forderte der nordrhein-westfälische Innenminister *Josef Hermann Dufhues* die Einführung der Todesstrafe für eindeutige Fälle des Polizistenmordes. Dagegen hielten der sozialdemokratische Kanzlerkandidat *Brandt* sowie die *Polizeigewerkschaft* an dem Verbot des

erregten insbesondere die Äußerungen des Bundestagsvizepräsidenten und späteren Bundesjustizministers Richard Jaeger (CSU), der bei zahlreichen öffentlichen Auftritten die Wiedereinführung der Todesstrafe forderte, und das, obwohl die demoskopischen Umfragen aus dem Jahr 1961 belegten, dass innerhalb der CDU/CSU-Wählerschaft eine stärkere Abneigung gegen die Todesstrafe bestand als beispielweise bei den SPD-Wählern.[5]

In der Sendung des bayerischen Rundfunks „Politik aus erster Hand", forderte Jaeger, was Heinemann bereits in der 40. Sitzung des Bundestages am 4. Juli 1958 befürchtet hatte und christlich-demokratische Zwischenrufer mit „Pfui-Rufen" als Verleumdung und Unterstellung zurückgewiesen hatten: die Todesstrafe auch für politische Vergehen und Verbrechen in Friedenszeiten.[6] Insbesondere der ehemalige sozialdemokratische Bundestagsabgeordnete Alfred Frenzel,[7] der wie 1960 bekannt wurde, Informationen, die ihm im Rahmen seiner Parlamentstätigkeit bekannt wurden, gegen Bezahlung an den tschechischen Nachrichtendienst weitergab, habe die Todesstrafe verdient.[8] Das im

---

Art. 102 fest. Nach der Ansicht *Brandts* stellte die Todesstrafe kein geeignetes Mittel dar, um Gewaltverbrechen einzuschränken. Die *Polizeigewerkschaft* erklärte zudem, es sei gefährlich, das Grundgesetz nur zum Schutz einzelner Berufsstände zu ändern. (FAZ v. 8.8.1961 „Tod für Polizistenmörder gefordert" und „Zybell war an Raubüberfall beteiligt"; dpa-Meldung Nr. 137 v. 7.8.1961 „Dufhues will Todesstrafe für Polizistenmörder"; Welt v. 9.8.1961 „Es gibt besseren Schutz für Polizisten als Todesstrafe").

5 Nach der Allensbacher Umfrage sprachen sich 51% der CDU/CSU-Wählerschaft für und 30% gegen die Todesstrafe aus, während sich bei den SPD-Wählern 58% für und 24% gegen die Todesstrafe aussprachen. Im Rahmen der DIVO-Umfrage sprachen sich 63% der CDU/CSU-Anhänger für und 25% gegen die Todesstrafe aus. (SPD: 65% für und 25% gegen die Todesstrafe) Siehe BArch B 141/30603 und B 141/48309 Bl. 58ff.

6 Am 7.1.1951 hatte *Jaeger* in Landsberg noch gegen die Todesstrafe für Kriegsverbrecher plädiert. (vgl. oben Zweiter Teil, 1. Kapitel B), II.). Nach Ansicht der Presse, war es kein Wunder, das ausgerechnet Jaeger als „erster Politiker der Nachkriegszeit" die Todesstrafe auch für politische Taten befürwortete. Schließlich sei er „ein Freund des spanischen Diktators Franco" und zeige „unverhohlen seine Bewunderung für dessen Unterdrückungssystem". (dpa-Meldung Nr. 245 v. 8.2.1961 „Dr. Jaeger: Frenzel hat die Todesstrafe verdient"; FR v. 10.2.1961 „Politische Todesstrafe?"; Hamburger Echo v. 11./12.2.1961 „Politik aus letzter Hand" v. *Hans Henrich*).

7 Seit 1953 gehörte *Alfred Frenzel* dem Deutschen Bundestag an. Von 1957 an, war er stellvertretender Vorsitzender des Bundestagsausschusses für Wiedergutmachung und zudem Mitglied des Verteidigungsausschusses. Nach seiner Festnahme im Oktober 1960 wurde er am 28.4.1961 durch den Bundesgerichtshof zu einer Freiheitsstrafe von 15 Jahren wegen Landesverrates verurteilt. Siehe Zeit v. 28.4.1961 „Frenzel war williges Werkzeug" v. *Gerhard Ziegler*.

8 Die Presse warf Jaeger vor, seine Forderung erfolgte allein aus wahltaktischen Gründen in Vorbereitung auf die Bundestagswahl im Herbst 1961. Der Zeitpunkt der Debatte, insbesondere die nachfolgend dargelegte Forderung nach der Todesstrafe auch für Lan-

Grundgesetz ausgesprochene Verbot der Todesstrafe bezeichnete der CSU-Abgeordnete als den „größten Mangel des deutschen Strafrechts“ und führte den Widerstand in weiten Kreisen des Bundesparlaments gegen die Wiedereinführung der Todesstrafe auf „veraltete und philosophische Vorurteile aus der marxistischen und liberalen Mottenkiste der vorigen Jahrhunderte“[9] zurück. Mit dieser Regelung hätten die Väter des Grundgesetzes[10] ein „Grundrecht für Mörder“ begründet.[11]

In einem großen Interview mit dem *Spiegel*[12] wiederholte Jaeger seine Forderung der Todesstrafe auch für politische Gesinnungstäter, die planmäßig und über Jahre hinweg Sicherheitsmaßnahmen ihres Landes an den potentiellen Feind verrieten.[13] Wenigstens für den Verteidigungsfall sei die Todesstrafe wieder einzuführen. Aber auch in Zeiten, in denen kein Krieg herrsche, müssten – zum Schutz des Staates – gerade auch gegenüber dem „subversiven und ungeheuer gefährlichen Feind des Bolschewismus“ schärfere Strafen ergriffen werden. Um mögliche zukünftige Kriege zu verhindern und um den Schutz der Gesellschaft zu gewährleisten, bedürfe es nach dem Vorbild der USA und Englands der Todesstrafe für die Preisgabe von Einzelheiten oder Grundzügen der Verteidigungsplanung an den Gegner auch in Friedenszeiten.[14] Andernfalls

---

desverräter, sei bewusst gewählt, nachdem gerade ein sozialdemokratischer Bundestagsabgeordneter des Landesverrates überführt worden war. Ansonsten hätte er auch seinen „alten CDU-Freund Schmidt-Wittmack als Beispiel für Landesverrat angeführt.“ Mit dem Vorstoß unternehme Jaeger den Versuch, den Bundestagskampf schon im Vorfeld in eine Bahn zu zwingen, die zu einer „tatsächlich unheilbaren Verfeindung zwischen innenpolitischen Kräften der Nachkriegszeit in Westdeutschland“ führe. Vgl. ppp-Meldung v. 10.2.1961 „CSU-Jaeger verketzert die Sozialdemokraten“; FR v. 10.2.1961; FR v. 24.8.1961 „Todesstrafe ohne Chance“; *Henrich*, Hamburger Echo v. 11./12.2.1961; FAZ v. 24.8.1961 „Gespräch über die Todesstrafe“.

9 In einem späteren Interview mit dem Spiegel erklärte *Jaeger* auf Vorhalt dieses Zitates. „Wenn ich früher vom Marxismus sprach, dann dachte ich an die SPD. Und wenn ich vom Liberalismus spreche, denke ich an die FDP. Für mich sind das in erster Linie Begriffe, die parteipolitisch zugespitzt sind.“ Siehe Spiegel v. 17.11.1965 „Ich bin für eine scharfe Klinge“.

10 Jaeger selbst war kein Mitglied des Parlamentarischen Rates. Siehe oben Erster Teil, 2. Kapitel.

11 dpa-Meldung Nr. 245 v. 8.2.1961; FR v. 10.2.1961.

12 Spiegel v. 19.4.1961 „Soll wieder gehenkt werden?“.

13 Allerdings machte er diese Forderung nicht mehr an dem Fall Frenzel fest, da dieser kein Gesinnungstäter gewesen sei, sondern lediglich ein „ganz primitiver, wenn Sie so wollen, durchschnittlicher oder alltäglicher Lump“. Ohnehin sei die Todesstrafe selbst im Falle ihrer Wiedereinführung nicht mehr rückwirkend auf Frenzel anzuwenden. Siehe Spiegel v. 19.4.1961.

14 Auf die Nachfrage, ob Jaeger glauben würde, „dass es im Verteidigungsausschuss des Bundestages Dinge gibt, von denen der sowjetische Nachrichtendienst soviel Gewinn

würde der Abschreckungseffekt, auf dem die ganzen Bemühungen, einen Krieg zu verhindern, beruhten, erheblich gefährdet werden und die allgemeine Kriegsgefahr vermehrt. Wichtige, zu berücksichtigende Kriterien für eine Abgrenzung zwischen einem besonders schweren Fall, schwersten Fall, mittleren Fall oder leichteren Fall von Landesverrat waren nach Meinung Jaegers der militärische Wert des preisgegebenen Geheimnisses, die Stellung des Preisgebenden und die Dauer der Preisgabe.

Selbstverständlich forderte Jaeger, entsprechend der öffentlichen Meinung, neben der Todesstrafe für Landesverrat auch ihre Anwendung für Mord unter Berufung auf eigene Erfahrungen in den letzten zwölf Jahre sowie der großen Anzahl scheußlicher Verbrechen verschiedenster Art in der jüngsten Vergangenheit. Die lebenslängliche Zuchthausstrafe in ihrer Sicherungsfunktion könne eben nicht mit der Todesstrafe gleichgesetzt werden. Unbeachtlich sei die Entwicklung der amtlichen Verbrechensstatistik, wonach im Jahre 1956 nur noch 316 Fälle (gegenüber 757 im Jahr 1947) zu verzeichnen gewesen seien, da er hier allein von den letzten zwölf Monaten rede, für die „sicherlich noch gar keine Kriminalstatistik vorliegt“.[15] Er stimmte dem *Spiegel* zu, dass das Parlament, als Verfassungsorgan, seine Entscheidungen nicht aufgrund demoskopischer Umfragen treffen dürfe. Gleichwohl dürfe ein vom Volk gewählter Bundestagsabgeordneter die öffentliche Stimmung in der Bevölkerung als Erkenntnisquelle nicht völlig außer Acht lassen, da sich in ihr die Rechtsüberzeugung des Volkes manifestiere. Ob die deutsche Bevölkerung jedoch seine Forderung nach der Todesstrafe für Landesverrat teile, könne erst durch Beobachtung der zukünftigen Diskussion geklärt werden.

---

haben könnte, dass bei den Sowjets der Abschreckungseffekt schon in Friedenszeiten reduziert wird, und dass im Kriegsfall die Sowjet-Armee entscheidende Vorteile vor dem Verteidiger im Westen hätte?“, antwortete *Jaeger*: „Ich will nicht annehmen, dass es bereits soweit ist, dass der Abschreckungseffekt durch solchen Verrat beseitigt, vermindert werden könnte [...]“. Siehe Spiegel v. 19.4.1961.

15 Seine Annahme der ansteigenden Kriminalität stützte er auf seinen persönlichen Eindruck des Zeitungslesens und der Stimmung in seinem Wahlkreis Fürstenfeldbruck. Zudem wandte *Jaeger* ein, müsse bei der angesprochenen Verbrechensstatistik berücksichtigt werden, dass hier Mord und Totschlag zusammen gefasst seien. Dabei habe aber niemand die Absicht, die Todesstrafe auch für Totschlag einzuführen. (Spiegel v. 19.4.1961) Dagegen hatte das Statistische Bundesamt nachgewiesen, dass Mord und Totschlag derzeit seltener vorkam, als zu den Zeiten, als Mord noch mit dem Tode bestraft wurde. Tatsächlich wies die Kriminalstatistik für das Jahr 1960 gegenüber dem Vorjahr einen Rückgang der Tötungsdelikte um 4,5% aus. Die erneute festgestellte Zunahme der Kriminalität war in erster Linie durch das deutliche Ansteigen der Diebstahlsdelikte bedingt, siehe Parlamentsbericht SPD-Bundestagsfraktion Oktober 1964 „Zum Problem der Todesstrafe“; BArch, Protokoll der Kabinettssitzung v. 23.11.1960; Bundeskriminalamt, Polizeiliche Kriminalstatistik 1960, Bl. 24f.

Nach Ansicht von Jaeger sprachen drei Aspekte für die Wiedereinführung der Todesstrafe: zuallererst die Sühne, sodann der Schutz der Gesellschaft und ihre Abschreckungswirkung. Auf die Frage nach dem Sühnecharakter der Todesstrafe erklärte der CSU-Politiker, dass für den Mord an einem unschuldigen Menschen die „adäquate[16] Strafe der Tod des Mörders" sei – nicht als Ausdruck einer Privatrache, sondern als Strafanspruch des Staates, der seine Hoheitsrechte ausübe. Spreche man dieses Recht dem Staat ab, so müsse man den Strafanspruch der Gesellschaft insgesamt verneinen. Jeder Verbrecher, der gegen ein Gesetz verstoße, müsse auch dafür sühnen. Gewiss, so Jaeger auf Nachfrage, hätten auch Milieu, Erbanlagen oder andere gesellschaftliche Bedingungen Einfluss auf die Entschließung eines Täters. Dessen ungeachtet beruhe das deutsche Strafrecht aber auf der Annahme der Willensfreiheit des Menschen. Daher könne unter Schuld nur das verstanden werden, was auf der freien Willensentscheidung des Täters beruhe. „Alles übrige – 5 Prozent oder 10 Prozent oder 20 Prozent – was Sie als Mitschuld dem Milieu oder der Gesellschaft möglicherweise angelastet haben", erklärte Jaeger in dem Spiegel-Interview weiter, könne nicht als Schuld betrachtet werden, sondern höchstens als Verursachung. In den Fällen, in denen die Schuld, also nicht die sonst verursachenden Momente, zu 100 Prozent beim Täter liege, könne auch die totale Sühne – nämlich der Tod – verlangt werden. Dagegen würde in den Fällen, wo die Schuld nicht total beim Täter liege, ein Gericht ohnehin nicht wegen Mordes erkennen. Zudem lasse sich ein Urteil, das die Schuld eines Täters allein auf Indizienbeweise gründe, durch das heutige Gnadenrecht hinsichtlich der Strafe korrigieren. Im Fall der Wiedereinführung der Todesstrafe forderte er explizit einen weitgehenden Gebrauch des Begnadigungsrechts nach dem Vorbild der Weimarer Republik. Sicher sei ein Irrtum nie auszuschließen. Allerdings schätzte Jaeger, aufgrund der heutigen gründlichen und öffentlichen Art der Urteilsfindung, die Chance eines Justizirrtums mit 1:100.000 ein. Die Gesetzgebung dürfe sich daher nicht auf einzelne extreme Ausnahmefälle des Justizirrtums konzentrieren. Allein die Aufnahme der höchsten Strafe in den Strafenkatalog des neuen Strafgesetzbuchs würde bereits eine abschreckende Wirkung haben, ausdrücklich im Hinblick auf politischen Mord – der „glücklicherweise bei uns jetzt im Vergleich zu früheren Zeiten nicht mehr üblich ist, der aber, da wir von einem totalitären System bedroht werden, jederzeit wieder üblich werden kann".[17] Selbstredend dürfe die Todesstrafe aber nicht auf De-

16 Nach Ansicht *Jaegers*, war „adäquat" gleichbedeutend mit dem Wort „Sühne". Siehe Spiegel v. 19.4.1961.

17 Dem politischen Täter müsse die Aussicht genommen werden, nach zwei bis fünf Jahren durch das System, an das er die Bundesrepublik verraten habe, aus dem Gefängnis befreit und dann als Held gefeiert zu werden. Auf den Einwand der *Spiegel-*

likte ausgedehnt werden, „die ihrer Natur nach nicht mit dem Tode bestraft werden".

## *B) Neue Gegner*

Trotz der noch immer verbreiteten Befürwortung der Todesstrafe durch die Bevölkerung, verzeichneten die Demoskopen einen Rückgang in der Zahl der Anhänger im Vergleich zu den vorangegangenen Jahren. Während im Februar 1958 nach den Umfragen des DIVO-Instituts[18] noch 75% der Befragten vorbehaltlos für eine Wiedereinführung stimmten, befürworteten drei Jahre später nur noch 63% eine solche Regelung. Insgesamt sprachen sich gegen die Wiedereinführung der Todesstrafe 22% der Befragten aus, allerdings stimmten davon 14% für die Wiedereinführung der Todesstrafe, wenn sie nur bei bestimmten schweren Verbrechen Anwendung finden würde. Nur 8% sprachen sich grundsätzlich gegen die Einführung der Todesstrafe aus. In der Auswertung der Ergebnisse der DIVO-Umfrage zeigte sich eine stärkere Neigung zur Ablehnung der Todesstrafe bei den Befragten zwischen 16 und 18 Jahren. Im übrigen plädierten Protestanten häufiger für die Wiedereinführung der Todesstrafe als Katholiken, Befragte mit Volks- und Mittelschulbildung häufiger als Befragte, die über das Abitur oder eine Hochschulausbildung verfügten.

Zu teilweise vergleichbaren Ergebnissen kam auch die Allensbacher Umfrage[19] aus dem Jahr 1961, wo sich die Zahl der Befürworter der Todesstrafe gegenüber 1952 um 4% reduzierte. Auch hier sprach sich die Altersgruppe zwischen 16 und 28 Jahren am stärksten gegen die Wiedereinführung der To-

---

*Redakteure*, dass in der Zeit, in der politische Morde in Deutschland an der Tagesordnung waren, die Todesstrafe gegolten habe, entgegnete *Jaeger*, die Justiz hätte von der Todesstrafe damals keinen Gebrauch gemacht und die Leute damals meistens freigesprochen oder mit ganz milden Strafen bedacht. Die nachfolgende Feststellung der Journalisten, dass neben der Todesstrafe für politische Morde dann aber auch ein bestimmter Satz von Richtern benötigt würde, die bei bestimmten politischen Konstellationen von ihr Gebrauch machten, wies *Jaeger* zurück und erklärte: „ [...] leider hatten wir damals eine großenteils dem demokratischen Staat innerlich nicht verpflichtete Beamtenschaft. Das können Sie nicht leugnen." Siehe Spiegel v. 19.4.1961.

18 BArch B 141/30603.

19 Auch das EMNID-Institut stellte in seinen Umfragen einen Rückgang unter den Befürwortern der Todesstrafe fest. Sprachen sich noch 1958 80% für die Anwendung der Todesstrafe bei Mördern aus, waren es 1961 nur noch 71% der Befragten. Gleichzeitig stieg die Zahl der Gegner von 17% auf 20%. Siehe BArch B 141/48309 MicroF S. 58ff. Vgl. Allensbacher Berichte des Instituts für Demoskopie, August 1967; Welt v. 30.1.1968 „Mehr Befürworter der Todesstrafe".

desstrafe aus.[20] Zudem stellte das Allensbacher Institut fest, dass entsprechend der Abnahme der Befürworter sich die Zahl der Unentschiedenen vergrößerte.

An erster Stelle der Argumente, die gegen die Todesstrafe ins Feld geführt wurden, standen religiöse, moralische und menschliche Gründe. Die Befragten wiesen, im Vergleich zu vorhergegangenen Befragungen, aber auch immer mehr auf die Möglichkeit eines Justizirrtums hin.[21] Ebenso wie jeder einzelne grauenhafte Mord einen Anstieg unter den Befürwortern der Todesstrafe bewirkte, verstärkte jeder Justizirrtum bei Kapitalverbrechen die Ablehnung der Todesstrafe. Bereits Mitte des Jahres 1960 sorgte der Fall des Amerikaners Caryl Chessman in der Öffentlichkeit für Unruhe.[22] Sein erfolgloser Kampf, in dessen Rahmen er auch durch den Vatikan unterstützt wurde, obwohl im Vatikanstaat selbst gleichfalls die Todesstrafe immer noch möglich war,[23] und sein Tod lösten weltweit Proteste gegen die Todesstrafe aus und verstärkten die internationale Forderung nach der Abschaffung der Todesstrafe.[24] Aber auch

---

20 BArch B 141/3060. In einer bayerischen ersten juristischen Staatsprüfung war im schriftlichen Teil folgendes Thema gestellt worden: „Was spricht für und was spricht gegen die Wiedereinführung der Todesstrafe in der Bundesrepublik Deutschland?“. Nach Aussage des Landesjustizprüfungsamtes sprach sich die überwiegende Mehrzahl der Rechtskandidaten gegen die Todesstrafe aus. Siehe Welt v. 14.7.1961 „Juristische Kandidaten gegen die Todesstrafe“.

21 Waren es im November 1954 nur 16%, die einen Justizirrtum nannten, waren es im Februar 1961 unlängst 21% der Befragten. Siehe BArch B 141/30603.

22 *Chessman* kämpfte jahrelang mit allen Mitteln gegen den Vollzug des gegen ihn verhängten Todesurteils. Obwohl er nachdrücklich seine Unschuld beteuerte, wurde er, als sog. Rotlicht-Bandit, in der Gaskammer des St. Quentin Gefängnisses in Kalifornien hingerichtet. In einem Brief, der nach seiner Hinrichtung vom *San Francisco Examiner* veröffentlich wurde, beteuerte er erneut seine Unschuld und erklärte, Kalifornien habe den falschen Mann hingerichtet. In dem Brief schrieb er weiter: „ [...] wenn Sie diese Zeilen lesen, wird der Henker Kaliforniens mich getötet haben. Ich werde das Vergessen eingetauscht haben, für einen 12 Jahre langen bösen Traum ohnegleichen und Sie werden Zeuge des letzten tödlichen, rituellen Aktes gewesen sein“. Siehe dpa-Meldung Nr. 191/180 v. 3.5.1960. Ebenfalls NZZ v. 11.7.1960 „Das Problem der Todesstrafe“; Dt. Tagespost v. 25./26.3.1960 „Die Todesstrafe – Für und Wider“ v. *Walter Sax*.

23 Italien hatte die Todesstrafe bereits 1944 abgeschafft; der Vatikanstaat behielt die höchste Strafe jedoch bei. Auf Nachfragen erklärte der *Vatikan*, dieser Widerspruch sei durchaus bekannt, allerdings halte man das Problem derzeit nicht für so dringlich, das sich die Kurie unter dem unmittelbaren Eindruck von Publikumsreaktionen auf sensationelle Vorgänge, wie der Fall Chessman, zu sofortigen Neuerungen drängen lasse. Die Kurie denke eben in Jahrhunderten, so ein Prälat. Ungeachtet dessen habe für die Kurie bisher noch kein Anlass bestanden, Verbrecher im Vatikan zu exekutieren, daher sei das Problem eher ein akademisches Problem. Siehe dpa-Meldung Nr. 12 „Vatikan erwägt Abschaffung der Todesstrafe“ und Nr. 13 „Kein allzu dringliches Problem“ v. 15.6.1960.

24 dpa-Meldung Nr. 180 v. 3.5.1960 „Weltöffentlichkeit verurteilt Chessmans Hinrichtung“.

die zu diesem Zeitpunkt in Deutschland bekannt gewordenen Justizirrtümer Rättig und Rohrbach gaben einen Hinweis darauf, wie leicht aufgrund menschlichen Versagens ein möglicherweise völlig Unschuldiger sein Leben hätte lassen müssen, wenn die Todesstrafe in Deutschland noch bestünde. Am 29. Juni 1961 hob die Jugendkammer beim Landgericht München im Rahmen eines Wiederaufnahmeverfahrens ein Urteil wegen 2fachen Mordes und 2fachen Totschlags gegen den Angeklagten Max Rättig auf und sprach ihn angesichts der „schweren und sehr ernst zu nehmenden Widersprüche" in den Aussagen der Belastungszeugen von allen Anklagepunkten frei.[25] Nur 24 Stunden nach dem Freispruch Rättigs, hob das Schwurgericht Münster, ebenfalls im Rahmen eines Wiederaufnahmeverfahrens, ein gegen die 31-jährige Maria Rohrbach wegen Gattenmord verhängtes Urteil auf und sprach die Angeklagte vom Tatvorwurf frei.[26]

Durch diese und ähnliche Fehlentscheidungen der Gerichte rückten die Konsequenzen eines Justizirrtums bei Bestehen der Todesstrafe immer mehr in das Licht der Öffentlichkeit und wurden zu einem der wichtigsten Argumente gegen die Wiedereinführung der Todesstrafe.[27] Angesichts der fehlbaren Er-

25 Noch zwölf Jahre zuvor sah es das erkennende Gericht aufgrund der zahlreichen Zeugenaussagen für erwiesen an, das der damals 19-jährige Dolmetscher einer Polizeidienststelle der polnischen Stadt Tomaszow zwischen Herbst 1941 und April 1942 vier Juden, darunter zwei Kinder unter sechs Jahren, erschossen hatte. Ursprünglich wurde *Rättig* deswegen zweimal zum Tode sowie zu 15 Jahren Zuchthausstrafe verurteilt. Nur weil das Grundgesetz drei Tage nach Rättigs Verurteilung in Kraft getreten war, verlor er nicht sein Leben, sondern die Strafen wurden in lebenslängliche Zuchthausstrafen umgewandelt. Siehe FR v. 10.6.1961 „Todesurteil ein Justizirrtum?" v. *Alfred Heueck*; SZ v. 28.6.1961 „Vor 12 Jahren Todesurteil – jetzt neuer Prozess" v. *Erwin Tochtermann*; SZ v. 30.6.1961 „Erst Todesurteil – jetzt Freispruch" v. *Erwin Tochtermann.*

26 *Maria Rohrbach* war 1958 von einer münsterischen Strafkammer aufgrund von Indizien und eines falschen Sachverständigengutachtens zu lebenslanger Zuchthausstrafe verurteilt worden. Das Gericht hatte sie damals schuldig gesprochen, ihren sechzehn Jahre älteren Ehemann in ihrer Wohnung vergiftet und anschließend durch Schläge mit einem harten Gegenstand auf den Kopf getötet sowie die zerstückelte Leiche im Aasee und in der Aa versenkt zu haben. Den Kopf des Ehemanns, das stand zur Überzeugung des Gerichts aufgrund eines kriminaltechnischen Sachverständigengutachtens fest, habe sie im heimischen Ofen verbrannt. Ein Jahr nach dem Urteil fand man jedoch den angeblich verbrannten Kopf in einem ausgetrockneten Bombentrichter – ohne Brandspuren. Siehe SZ v. 4.7.1961 „Maria Rohrbach und die Todesstrafe" v. *Ernst Müller-Meiningen jr.*; SZ v. 23.6.1961 „Das Fiasko des Sachverständigen" v. *Ernst Müller-Meiningen jr.*; Welt v. 17.6.1961 „Der Ruf nach der Todesstrafe" v. *Johann C. Hampe*; FAZ v. 1.7.1961 „Maria Rohrbach frei"; dpa-Meldung Nr. 18 v. 3.7.1961 „Dr. Richard Jaeger und die Todesstrafe"; BamS v. 2.7.1961 „Sie wäre tot!"; NRZ v. 13.6.1961 „Hilfe aus Münster" v. *Peter Frei.*

27 Im November 1965 bat BMJ *Weber* um Unterrichtung über Fälle, in denen nach 1945 Fehlurteile wegen Mordes gefällt worden waren. Daraufhin erstellte sein Ministerium

kenntnisquellen, wie Zeugenaussagen, Sachverständigengutachten, Indizien und auch Geständnisse, begannen immer mehr an der Zulässigkeit der Todesstrafe zu zweifeln.[28,29]

Hinzu kam, dass in den Medien der Vollzug der ansonsten nicht-öffentlichen Hinrichtung immer häufiger in allen Einzelheiten beschrieben und mit entsprechenden Bildern belegt wurde. So zeichnete der amerikanische Film „Lasst mich leben" die letzten Momente der Amerikanerin Barbara Graham nach, die wegen Mordes an einer reichen Witwe in der Gaskammer hingerichtet worden war, obwohl sie „mit an Sicherheit grenzender Wahrscheinlichkeit" unschuldig war. Zum ersten Mal, so der *Tagesspiegel*, werde der Zuschauer gezwungen, dem Henker zu folgen.

---

eine Liste von Fällen, in denen Urteile, die nach dem 8.5.1945 im Gebiet der BRD durch ein ordentliches deutsches Gericht ergangen und nach Wiederaufnahme des Verfahrens unter Freisprechung des Antragsstellers aufgehoben worden waren. Nach einer Überprüfung durch die Forschungsstelle für Strafprozessrecht und Strafvollzug der Universität Freiburg (Prof. Karl Peters) ermittelte das Ministerium insgesamt 6 Fälle, in denen ursprünglich auf Todesstrafe oder lebenslängliches Zuchthaus wegen Mordes befunden worden war. Die Gesamtzahl der Verurteilungen wegen Mordes zu einer zeitigen Zuchthausstrafe lag bei 3 Fällen und zu Zuchthaus wegen vollendeten Totschlags bei 4 Fällen. Allerdings gab das zuständige Referat zu bedenken, dass die Liste nicht vollständig sei, da weder Landesjustizverwaltungen, noch Gerichte oder Staatsanwaltschaften der Länder verpflichtet seien, das BJM über derartige Wideraufnahmeverfahren zu unterrichten. Zudem seien nicht in allen Fällen eines Justizirrtums die Wiederaufnahmeverfahren erfolgreich. Schließlich müsse bedacht werden, dass nicht alle Freisprüche nach Wiederaufnahme des Verfahrens ein sicherer Anhaltspunkt für die Unschuld des zunächst Verurteilten seien. Ein solcher Freispruch könne u.U. auf der mit dem Zeitablauf verbundenen Verschlechterung der Beweismittel beruhen. Siehe BArch B 141/400891.

28 *Müller-Meiningen jr.*, SZ v. 4.7.1961; *Müller-Meiningen jr.*, SZ v. 23.6.1961; *Hampe*, Welt v. 17.6.1961; FAZ v. 1.7.1961; dpa-Meldung Nr. 18 v. 3.7.1961; BamS v. 2.7.1961; *Frei*, NRZ v. 13.6.1961; Kultur v. 25.5.1960 „Die Todesstrafe" v. *Hermann Kesten.*

29 Nahezu zeitgleich erschien das Buch, Die Rache ist mein – Theorie und Praxis der Todesstrafe. Das Buch enthält den Essay *Albert Camus*, Die Guillotine; Auszüge aus dem Werk *Arthur Koestlers* Death by hanging, durch das Koestler bedeutenden Einfluss auf die Zurückdrängung der Todesstrafe in England erlangte; einen Beitrag des österreichischen Prof. *Friedrich Nowakowski* über die Situation der Todesstrafe in Österreich sowie einen Beitrag des SZ-Korrespondenten *Ernst Müller-Meiningen jr.* über die Entwicklung der Todesstrafe in der BRD. Alle Autoren befassten sich mit dem Aspekt von vollstreckten Fehlurteilen und erklärten, die Geschichte sei reich an entsprechenden Beispielen. *Koestler* erklärte, die Reihe der unschuldig Hingerichteten sei lang und reichten bis in die neuere Zeit hinein, wie der Fall Evans/Christie beweise. *Müller-Meiningen jr.* berichtete anhand aktueller Fehlurteile in der deutschen Strafprozessgeschichte von der Fehlbarkeit menschlichen Handelns. Allein der Fall Rohrbach zeige, wie fatal sich Expertenurteile auf die Urteilsfindung eines Gerichts auswirken könnten. Auch *Camus* lehnte die Todesstrafe als absolute Strafe ab, da es auch niemals eine absolute Erkenntnis der Schuld geben könnte.

> „Die Kamera begleitet mit einer sachlichen Kälte, die, so kommentarlos, so enthaltsam in der Emotion, ein riesiges Auge schweigenden Zorns ist, jede der gleichmütigen, endlosen Hinrichtungen, mit denen das Auslöschen eines Menschen im Namen des Volkes auf das Sorgfältigste präpariert wird. [...] Das ist in dem bleichen Realismus, der fahlen Rücksichtslosigkeit unsagbar grausig anzusehen – und sehr mutig, es sichtbar zu machen. Ein Schock zweifellos – aber ein nützlicher, einer der unser Gewissen provoziert.“[30]

Sowohl in einem Interview mit der *British Broadcasting Corporation (BBC)*, als auch in einem Beitrag des *Stern* schilderte der seit 25 Jahren den Beruf des Scharfrichters ausübende Albert Pierrepoint in allen Einzelheiten den Ablauf einer durch ihn durchgeführten Hinrichtung.[31] Zudem beschrieb er akribisch, welche umsichtigen Vorbereitungen er für eine klassische Hinrichtung durch den Strang ergreifen musste, wie wichtig zum Beispiel der Knoten einer Schlinge sei, damit er beim Sturz durch die Falltür auch das Kinn des Delinquenten scharf nach hinten durchbiege, und auf diese Weise das Genick breche.[32] Der französische Literatur-Nobelpreisträger Albert Camus wagte noch mehr. Er veröffentlichte einen internen Bericht, den die französischen Gerichtsmediziner Piedelièvre und Fournier für die Académie de Médicine über die Guillotinierung gefertigt hatten:

> „Das Blut entströmt den Gefäßen mit dem Pulsschlag der durchschnittenen Arterien, dann gerinnt es. Die Muskeln verkrampfen sich in grässlichen Zuckungen; die Eingeweide werden von wellenförmigen Bewegungen durchlaufen und das Herz zieht sich in unregelmäßigen, faszinierenden Bewegungen zusammen. [...]. Dies kann alles Minuten dauern, bei völlig gesunden Personen sogar Stunden: Der Tod tritt nicht augenblicklich ein [...]. So überleben alle vitalen Teile die Enthauptung.“[33]

Letztlich wurde die Todesstrafe auch immer öfter von christlicher Seite abgelehnt, zum Beispiel durch die Evangelische Kirche im Rheinland. Diese hatte in ihrem Sozialethischen Ausschuss ein Gutachten zur theologisch-ethischen Seite des Problems in Auftrag gegeben und sich dessen Ergebnis – ausweislich

---

30 *Niehoff*, Tagesspiegel v. 12.12.1958.

31 Welt v. 26.10.1961 „Mörder: Wer tötet, denkt nicht an die Folgen seiner Tat“ v. *Fritz von Globig*; Stern November 1964.

32 *v. Globig*, Welt v. 26.10.1961.

33 *Camus* verurteilte die Anwendung der Todesstrafe, als vorsätzliche organisierte Tötung, die allein eine Quelle seelischen, den Tod an Schrecken weit übertreffenden Leidens darstelle. Siehe *Camus*, a.a.O. Vgl. auch Zeit v. 16.10.194 „Der Ruf nach dem Henker“.

eines Schreibens an das Bundesjustizministerium – ausdrücklich zu eigen gemacht.[34]

Während die evangelische Kirche in ihrer überwiegenden Mehrheit die Todesstrafe bis dahin bejaht hatte,[35] kam das Gutachten nunmehr zu dem Ergebnis, dass theologische Gründe und die Prüfung der Rechtsproblematik keinen Anlass erbrächten, die Wiedereinführung der Todesstrafe weiterhin zu empfehlen. Die rechtsgeschichtliche Entwicklung habe die Evangelische Kirche Rheinland vor die Notwendigkeit gestellt, ihre Haltung zur Todesstrafe neu zu bestimmen, denn während die Kirche weiter an dem Grundsatz der Todesstrafe festgehalten habe, habe sich im Rechtsdenken eine Entwicklung vollzogen, in deren Gefolge seit der Mitte des 18. Jahrhunderts eine starke Bewegung für die Abschaffung der Todesstrafe entstanden sei.

> „Es gibt keinen Satz der theologischen Ethik, der sich als zeitloses Axiom feststellen lässt."[36]

Die Gutachter äußerten zahlreiche rechtliche und ethische Einwände gegen die Todesstrafe. Sie hoben hervor, dass persönliche Schuld und gesellschaftliche Mitverantwortung immer ineinander verflochten seien, und stellten die Frage, ob nicht die Todesstrafe eine wirkliche Sühne des Täters ausschließe.[37] Die hier vorliegende Frage werde sich niemals generell lösen lassen, da sie die ganze Spannung zwischen Staatsnotwendigkeit und den Grenzen staatlicher Macht enthalte. Die Entscheidung hierüber falle eigenverantwortlich dem Staat zu, wobei die Aufgabe der Kirche sei, darauf aufmerksam zu machen,

> „dass man sich für die Einführung der Todesstrafe nicht auf ein irgendwie geartetes Gottesrecht berufen kann. Es wäre ein Widerspruch in sich selbst, wenn man, nachdem das Strafrecht säkularisiert worden ist, nur die Todesstrafe von dieser Säkularisierung ausnehmen wollte, um dann bei der Frage der Wiedereinführung für ihre Legitimität Gott verantwortlich zu machen."[38]

---

34 Das Schreiben ging ebenfalls an den Präsidenten und die Mitglieder des Bundestages, die Mitglieder der Strafrechtskommission, den Fraktionen des Bundestages, den Präsidenten des Bundesrates und die Justizministerien der Länder im Einzugsbereich der Evangelischen Kirche Rheinland. Siehe BArch B 141/3816 MicroF S. 163ff.

35 Wie oben bereits festgestellt, kam die Umfrage des DIVO-Instituts im Februar 1961 zu dem Ergebnis, dass die befragten Protestanten stärker nach der Todesstrafe verlangten als die Katholiken.

36 BArch B 141/3816 MicroF S. 163ff.

37 *v. Globig*, Welt v. 26.10.1961.

38 BArch B 141/3816 MicroF S. 163ff. Ähnlich äußerte sich der Hamburger evangelische Theologe *Helmut Thielicke*, der erklärte, die christliche Ordnung könne nicht ungebrochen in die heutige Zeit übertragen werden, da der Staat säkularisiert sei und sich mehr oder weniger als eine wertneutrale Ordnung verstehe. Siehe KNA-Meldung v. 7.10.1964

Parallel kam eine theologische Dissertation der Universität Erlangen ebenfalls zu dem Ergebnis, dass die Todesstrafe in Deutschland aus christlich-ethischen Standpunkten nicht geboten erscheine. Die Todesstrafe könne nicht nur deshalb beibehalten werden, weil sie „biblisch“ sei. Vielmehr müsse die Frage insgesamt im Rahmen einer christlichen Ethik betrachtet werden. Hier existierten jedoch zwei verschiedene Positionen, die das Verhältnis des Evangeliums zum Gesetz unterschiedlich bewerteten: Die im wesentlichen von Karl Barth beeinflusste Gruppe der Ethiker ordne das Evangelium dem Gesetz über und begreife das weltliche Reich von der Gnade Gottes aus und stelle daher – auch bei einem Mörder – die Vergebung über die Vergeltung.[39] Die Erlanger Theologen Althaus und Künneth hingegen interpretierten das weltliche Reich vom 1. Glaubensartikel aus und sahen Staat und Staatsrecht unter dem Aspekt des Gesetzes Gottes, das den Sünder straft. In diesem Rahmen könne die Todesstrafe als Sühne begründet werden oder aber von der Würde des Staates aus, der als Werk Gottes in der Welt das Recht besitze, dagegen sich auflehnende Aufrührer gegen Gott zu betrachten.[40] Ohne sich einer dieser Meinungen anzuschließen, untersuchte der Verfasser Hans-Peter Alt, Sohn eines evangelischen Gefängnisseelsorgers von München-Stadelheim in der nationalsozialistischen Zeit, der bei Massenhinrichtungen die Todeskandidaten auf ihrem letzten Gang begleitet hatte, auf der Grundlage von Aufzeichnungen seines Vaters das Problem selbständig und behandelte alle rechtspolitischen, ethisch-philosophischen und theologischen Gesichtspunkte, die die Diskussion zwischen Anhängern und Gegnern der Todesstrafe beherrschte. Der christliche Staatsbegriff verwerfe sowohl die objektivistische Staatsvergötterung als auch die subjektivistische Staatsentleerung. Vielmehr begreife er den säkularen Staat dynamisch als eine Aufgabe, mit welcher Gott die Menschen betraut habe: dem Chaos unter den Menschen entgegen zu treten. Dabei habe der Staat aber nicht die Sünde als solche zu bestrafen, sondern nur den Einbruch in die öffentliche Ordnung zu ahnden. Die Ausgestaltung dieser Ordnung müsse weltlichen, politischen Regeln folgen. Die einzige Bindung der staatlichen Macht an die christliche Ethik sei die Bindung des Gewissens der Gesetzgeber an den göttlichen Auftrag. Grundsätzlich stehe dem Staat bei der Bekämpfung des menschlichen Chaos auch die Todesstrafe als Notwehrmittel zur Verfügung. Der Staat dürfe diese jedoch nur in äußerster Not, in sog. Grenzsituatio-

„Staat hat die Vollmacht zum richterlichen Töten verloren“; *Koch*, SZ v. 14.12.1964; FR v. 10.10.1964 „Du sollst nicht töten“ v. *Karl-Hermann Flach.*

39 Im einzelnen siehe *Karl Barth*, Die kirchliche Dogmatik III/4.

40 Im einzelnen siehe *Paul Althaus*, Die Todesstrafe als Problem der christlichen Ethik; *Walter Künneth*, Politik zwischen Dämonen und Gott sowie Die theologischen Argumente für und wider die Todesstrafe.

nen anwenden. Derartige Ausnahmen dürften in den heutigen westlichen Staaten jedoch äußerst fragwürdig sein, da sie meist nur vorübergehender Natur seien. Gerade der in diesem Zusammenhang häufig angesprochene Krieg und die Hinrichtung von Landesverrätern und Spionen sei nicht notwendig, da in diesen Fällen die Unschädlichmachung durch Inhaftierung für die Sicherheit des Staates genüge. Auch in Fällen des inneren Notstandes – in denen schon problematisch sei, welche der sich bekämpfenden Parteien die legitime Obrigkeit mit dem Recht auf Strafe besitze – rechtfertige nicht die Anwendung der schwersten Strafe. Letztlich kommt Alt zu dem Ergebnis, dass die Nichtanwendung der Todesstrafe vom christlich-ethischen Standpunkt aus geboten sei. Die Abschaffung der Todesstrafe sei in erster Linie eine existentielle Frage, die dem Abschaffenden die Forderung der Selbstüberwindung stelle. Die Abschaffung bedeute die Überwindung der Todesangst und damit negativ die Frage nach dem Sterbenkönnen, positiv die Frage nach dem Lebenkönnen angesichts der Bedrohtheit des Lebens. Nur wenn man in der Geborgenheit bei Gott den Raum zum Leben finde, könne man bereit sein, dem Nächsten Lebensraum zu gewähren, obschon er andere Menschen bedroht.[41]

## *C) Bundesjustizministerium*

Schäffer hielt auch in der folgenden Zeit an seiner Position zur Frage der Todesstrafe fest, insbesondere für den Fall des Notstandes. Die Antworten des Bundesjustizministeriums auf Eingaben setzten die Einstellung Schäffers zu diesem Thema als bekannt voraus.[42] Auf die Forderungen, die Todesstrafe in Deutschland wieder einzuführen, erklärte das Ministerium regelmäßig, dass ihrer Einführung das Verbot des Art. 102 – der seinem Inhalt nach immer noch von der Mehrheit des Bundestags getragen werde – entgegenstehe. Anders als in früheren Schreiben erklärte das Ministerium jetzt, dass eine Entscheidung des Bundestages und des Bundesrates in der gegenwärtigen Legislaturperiode nicht mehr zu erwarten sei. Die Problematik werde aber spätestens im Zusammenhang mit der Verabschiedung des dem Bundestag vorliegenden Entwurfs eines neuen Strafgesetzbuches entschieden werden. Zwar sehe der Entwurf die erneute Anwendung der Todesstrafe nicht vor. Doch lasse sich nicht vorausse-

---

41 *Hans-Peter Alt*, Das Problem der Todesstrafe. Siehe auch FAZ v. 23.3.1960 „Über die Todesstrafe"; NZZ v. 11.7.1960 „Das Problem der Todesstrafe"; FrNPr v. 19.11.1960; Welt der Arbeit v. 30.10.1959.

42 BArch B 141/003809, B 141/003810.

hen, wie die endgültige Entscheidung des Bundestages im Hinblick auf das neue Strafgesetzbuch aussehen werde.[43]

Zur Forderung nach Wiedereinführung der Todesstrafe auch für Landesverräter erklärte das Ministerium, eine derartige Bestrafung politischer Verbrechen sei, zumindest in Friedenszeiten, nicht erforderlich. Der Tatbestand des Landesverrates werde in Deutschland bereits als Kapitalverbrechen angesehen. Zudem sehe der neue Entwurf des Strafgesetzbuches ausdrücklich eine wesentliche Verschärfung des Strafrahmens für vorsätzlichen Landesverrat vor.[44]

Den nicht selten geäußerten Vorschlag der Durchführung einer Volksbefragung zu diesem Thema lehnte das Ministerium rigoros ab. Zum einen könne nicht jeder Wähler über alle Tatsachen unterrichtet werden, deren Kenntnis für eine fundierte Entscheidung dieser Frage unerlässlich erscheine. Zum anderen sei das Volk gefühlsmäßig zu sehr belastet und in seiner Meinung schwankend. Das bewiesen die aktuellen Zeitungsberichte. Einerseits fordere das Volk die Todesstrafe für Mörder. Andererseits zeige es sich entsetzt, wenn Fehlurteile, wie der Fall Rohrbach, in der Presse bekannt würden.[45]

43 BArch B 141/003809, B 141/003810.

44 BArch B 141/003809, B 141/003810.

45 BArch B 141/003809, B 141/003810.

# 9. Kapitel: Neue Forderungen nach der Todesstrafe

## *A) Ein Verein und eine „Dokumentation über die Todesstrafe"*

Obwohl in den darauffolgenden drei Jahren die Diskussion um die Todesstrafe in der Öffentlichkeit erheblich abebbte, gründete der Kölner Rechtsanwalt Günther Krauß zusammen mit drei weiteren Juristen, einem Oberstleutnant sowie zwei Ehepaaren, deren Kinder ermordet worden waren,[1] im Jahr 1963 den „Verein zur Wiedereinführung der Todesstrafe e.V.". Ausweislich seiner Satzung kämpfte der Verein für die Wiedereinführung der Todesstrafe bei schweren Gewalt- und Sittlichkeitsverbrechen, insb. Mord und Notzucht. Hauptsächlich begründete er seine Tätigkeit mit dem Willen des größten Teils der Öffentlichkeit.[2] Daneben meinte Krauß einen Weg gefunden zu haben, wie die Bundesrepublik im Falle der Wiedereinführung der Todesstrafe auch weiterhin ohne die Institution des Berufshenkers auskommen könnte. Er schlug vor, die Bundeswehr sollte jeweils Peletons zum Erschießen abstellen oder man solle den Angehörigen der Opfer ermöglichen, die Strafe in einer Art „lizenzierter Lynchjustiz" selbst zu vollziehen.[3] In einem Podiumsgespräch über die Todesstrafe erklärte Krauß auf den Einwand, dass bei der Todesstrafe Justizirrtümer nicht mehr zu korrigieren seien, wenn einmal ein Unschuldiger hingerichtet werden sollte, erhalte er seine Wiedergutmachung im Himmel.[4] Zudem belehrte der Vorsitzende die Presse mit einiger Befriedigung, dass in den Verfassungen einiger Bundesländer der Todesstrafenparagraph noch im-

---

1 Sowohl das Ehepaar Hauschild als auch das Ehepaar Schmiesko standen in den vorangegangenen Monaten im Blickpunkt der Öffentlichkeit. Ihre Kinder, die 15-jährige Doris und die vierjährige Marlies, waren grausam ermordet worden. In beiden Prozessen vertrat Krauß die Eltern als Nebenkläger.

2 Nach eigenen Angaben erreichten den Verein Anmeldungen aus dem gesamten Bundesgebiet. Siehe SZ v. 28.5.1963 „Verfechter der Todesstrafe gründen Verein" v. *Eberhard Nitschke*; dpa-Meldung Nr. 253 v. 14.5.1963 „Verein zur Wiedereinführung der Todesstrafe gegründet"; FAZ v. 15.5.1963 „Verein für Todesstrafe gegründet"; FR v. 30.5.1963 „Ein Verein fordert die Todesstrafe" v. *Eberhard Nitschke*.

3 *Nitschke*, SZ v. 28.05.1963; *Nitschke*, FR v. 30.5.1963; Spiegel v. 28.10.1964.

4 FR v. 4.7.1963 „Bei unschuldiger Hinrichtung Wiedergutmachung im Himmel".

mer enthalten war, obwohl er natürlich nach dem Grundsatz „Bundesrecht bricht Landesrecht“ ohne Bedeutung sei.[5]

Für Gesprächsstoff in dieser Angelegenheit sorgte zudem eine erneute Massenuntersuchung des juristischen Fachverlages Stoytscheff aus Darmstadt.[6] Der Verlag versandte nach eigenen Angaben zusammen mit jedem Heft seiner Zeitschrift „Juristische Praxis“ (Auflage 52.000 Exemplare) Antwortkarten an seine Leser, verbunden mit der Bitte sich gegen oder für bzw. bedingt für die Todesstrafe auszusprechen. Auch eine ausführliche Begründung der geäußerten Meinung war möglich.[7,8] Zusätzlich befragte der Verlag nach eigenen An-

5 Eine Reihe von vor Inkrafttreten des Grundgesetzes erlassenen deutschen Landesverfassungen erklärten die Todesstrafe für „besonders schwere Verbrechen“ bzw. „schwerste Verbrechen gegen Leib oder Leben“ ausdrücklich für zulässig, z.B. die hessische Verfassung v. 1.12.1946 in Art. 21 Abs.1 Satz 1, oder die rheinland-pfälzische Verfassung v. 18.5.1947 in Art. 3 Abs. 1 Satz 2. Andere Landesverfassungen wiederum setzten die Todesstrafe in den Bestimmungen über die Ausübung des Gnadenrechts voraus, z.B. die bayerische Verfassung v. 2.12.1946 in Art. 47 Abs. 4 Satz 2, die baadische Verfassung v. 22.5.1947 in Art. 85 Abs. 3 oder die bremerische Verfassung v. 21.10.1947 in Art. 121 Abs. 2. Gemäß Art. 123 Abs. 1 sind diese Bestimmungen jedoch sämtlich wegen Verstoßes gegen Art. 102 ungültig. Diese Bestimmungen werden von der überwiegenden Literatur als nichtig angesehen, da sie durch Art. 31 (i.V.m. Art. 102) gebrochen bzw. durch Art. 123 beseitigt werden. (*Rupert Scholz* in: *Maunz/Dürig*, GG, Art. 102 Rn. 14; *Ekkehardt Stein/Frank Götz*, Staatsrecht III/2, S. 1469; *Philip Kunig*, GG-Kommentar, Bd. 3, Art. 102 Rn. 6; *Wilhelm Karl Geck* in: *Dolzer/Vogel/Graßhof*, Bonner Kommentar, Art. 102 Anm. I.1. Siehe auch BVerfGE 18, 112). *Horst Dreier* vertritt die Ansicht, dass die Länder mit den Regelungen an das Fortbestehen der Todesstrafe auf besatzungsrechtlicher Ebene anknüpften und für den Fall ihrer Vollstreckung restriktive Kautelen vorsahen, d.h. die Länder wollten die Eindämmung der Todesstrafe bezwecken. Zur Bekräftigung führte Dreier an, dass in den Ländern mit entsprechenden Begnadigungsregeln in den Jahren 1946 bis 1949 kein einziges Todesurteil vollstreckt wurde, wohl aber in der Mehrzahl der Länder ohne derartige Regelungen zur Todesstrafe. Eine Sonderrolle nimmt in diesem Zusammenhang die Entwicklung im Saarland ein. Das in Art. 95 Abs. 1 a.F. SaarlVerf. vorgesehene Erfordernis einer einstimmigen Zustimmung der Landesregierung zur Vollstreckung eines Todesurteils wurde in der Verfassungskommission mit der ausdrücklichen Erwägung begründet, dies würde „in 999 von 1.000 Fällen einer Aufhebung der Todesstrafe gleichkommen“. Von der durch die Wiedereingliederung in die Bundesrepublik notwendigen Verfassungsrevision 1956 bis zur vollständigen Neufassung des staatsorganisatorischen Teils 1979 schließlich lautete Art. 95 Abs. 1 a.F. SaarlVerf. wortgleich zu Art. 102 GG. (Näheres siehe *Dreier*, a.a.O., Art. 102 Rn. 35f.). Auch die anderen Länder, zuletzt Bayern und Rheinland-Pfalz, haben mittlerweile die hinfällig gewordenen Bestimmungen gelöscht bzw. durch die Formulierung des Grundgesetzes ersetzt. Hessen dagegen lässt noch heute in Art. 21 Abs. 1 Satz 2 seiner Verfassung die Todesstrafe zu. Siehe BArch B 141/48310 Bl. 70ff., *Scholz*, a.a.O., Art. 102 Rn. 14.

6 Der Verlag hatte bereits 1953 eine Umfrage in dieser Sache unternommen, die in ihrer Ausführung erheblich vom BJM kritisiert worden war.

7 Als Motivation für diese Umfrage gab der Verlag auf den Antwortkarten an: „In den letzten Jahren erhielten wir zahlreiche Anregungen, eine großangelegte Umfrage über

gaben „rund 6.000 führende Persönlichkeiten aus Wirtschaft, Behörden, Wissenschaft und Kultur". An der Umfrage beteiligten sich letztlich insgesamt etwa 7.000 Personen, wovon über 2.000 ihre Position für oder gegen die Todesstrafe schriftlich begründeten.[9] Unter Aufsicht einer Prüfungskommission, bestehend aus Generalstaatsanwalt Bauer, Landgerichtspräsident Schröder und Rechtsanwalt und Notar Reissert, veröffentlichte der Verlag die bei ihr eingegangen Antworten in einer 861-Seiten starken „Dokumentation über die Todesstrafe".[10]

Nach einer Aufstellung, die der Stoytscheff Verlag der Presse zugänglich machte, hielt sich die Zahl der Befürworter und Gegner der Todesstrafe ungefähr die Waage. Trotz dieses Gleichgewichts zeigten sich nach Angaben des Verlages erhebliche Unterschiede innerhalb der befragten Berufsgruppen. Von den 20 Bundes- und Landesministern, die ihre Stimmen abgaben, plädierten 17 gegen die Todesstrafe und 3 dafür. Auch bei den Bundestags- und Landtagsabgeordneten (145 dagegen, 78 dafür), bei den Verlegern, Chefredakteuren und Schriftstellern (192 dagegen, 134 dafür) sowie bei den Intendanten und Künstlern (31 dagegen und 25 dafür) überwogen die Gegner der Todesstrafe.

---

die Todesstrafe durchzuführen. Wir wandten uns an den Bundestag, das Bundesjustizministerium, die Landesjustizministerien, den Bundesgerichtshof, Oberlandesgerichte und Generalstaatsanwaltschaften usw. Über das große Interesse waren wir sehr überrascht. [...] Obwohl selbstverständlich, sei betont, dass die Umfrage aus rein wissenschaftlichen und staatsbürgerlichen Gründen durchgeführt wird. Parteipolitische Gründe spielen keine Rolle. [...] Ihre Meinung ist nicht nur für uns, sondern auch für die Öffentlichkeit außerordentlich wichtig." Siehe BArch B 141/30603.

8 Bereits im September 1960 hatte der Verlag dem BJM seine Absicht zur Durchführung der Umfrage mitgeteilt. Daraufhin erklärte die Pressestelle des BJM – wie aus einem internen Vermerk ersichtlich, ohne Beteiligung des zuständigen Dezernats – dass, wenngleich an eine Einführung der Todesstrafe nicht zu denken sei, das Bundesjustizministerium dankbar wäre, wenn der Verlag das Ergebnis seiner Umfrage zur Vervollständigung der Materialien des Ministeriums mitteilen würde. Unter Berufung auf diese Antwort, schrieb der Verlag in der nachfolgenden Zeit auch die verschiedenen Landesjustizministerien an, und fragte an, ob diese, ebenso wie das BJM, „das großes Interesse [...] an den Untersuchungen gezeigt und um Übersendung der Ergebnisse gebeten hat", an den Umfrageresultaten interessiert seien. Siehe BArch B 141/30603.

9 BArch B 141/30603; Welt v. 28.5.1963 „Die Todesstrafe bleibt umstritten"; FR v. 28.5.1963 „Industrielle für die Todesstrafe"; Tagesspiegel v. 14.3.1964 „Die Todesstrafe im Meinungsstreit"; Welt der Arbeit v. 16.10.1964 „Argumente für die Todesstrafe" v. *Walter Fabian*; FAZ v. 20.11.1964 „Wie sie über die Todesstrafe denken" v. *Johann Georg Reißmüller*; Zeit v. 22.11.1963 „Für und wider die Todesstrafe".

10 Zunächst machte der Verlag die Ergebnisse der Umfrage nur begrenzt, durch 2.000 nummerierte Exemplare, der Öffentlichkeit zugänglich. Im März 1964 veröffentlichte der Verlag jedoch die Umfrage zusammen mit einer rechtsvergleichenden Darstellung des Problems der Todesstrafe in 70 Ländern des Mainzer Kriminologieprofessors *Armand Mergen*, Dokumentation über die Todesstrafe.

Bei den Anhängern der Todesstrafe standen in dem vom Stoytscheff Verlag befragten Kreis die Generaldirektoren, Direktoren und Industrielle an erster Stelle. Von ihnen sprachen sich 262 für und nur 86 gegen die Todesstrafe aus. Auch bei den befragten Rechtsanwälten und Notaren (606 dafür, 398 dagegen), Staatsanwälten (53 dafür, 36 dagegen), Oberbürgermeistern, Polizeipräsidenten und hohen Beamten (218 dafür, 160 dagegen) sowie Professoren (266 dafür, 257 dagegen) überwogen die Befürworter der Todesstrafe.[11]

Die Presse nahm die Dokumentation „als Fundgrube von Meinungen und Argumenten" durchaus interessiert zur Kenntnis, hielt eine Entfachung der Diskussion der Todesstrafe auf Zeitungsebene jedoch für entbehrlich.[12] Ähnlich wie im Jahr 1953 war die Umfrage sowie ihre Durchführung erheblicher Kritik ausgesetzt. Zuallererst sei nicht ersichtlich, nach welchen Kriterien der Verlag den Kreis der Personen des öffentlichen Lebens gezogen habe.[13] Die *Frankfurter Rundschau* bezweifelte vor allem die Repräsentativität der Umfrage, insbesondere am Beispiel der aufgeführten Richter. Denn persönliche Gespräche der Zeitung mit der praktizierenden Richterschaft hätten – entgegen der Umfrage – in Anerkennung der außergewöhnlichen Verantwortung, die ein Gericht mit dem Todesurteil übernehme, eine mehrheitliche Ablehnung der Todesstrafe ergeben. Diesen Widerspruch führte die Zeitung auf die Tatsache zurück, dass in der Umfrage zumeist pensionierte Richter oder Richter solcher Gerichtszweige, die keine Konfrontation mit der Frage hatten, vertreten waren.[14] Von anderer Seite wurde der demoskopische Zug der Sammlung aufgrund ihres Umfangs kritisiert, der ihr nicht zustehe, da sich der Verlag auf das „ihm fremde, schwierige Feld der demoskopischen Arbeit weder begeben wollte, noch begeben konnte".[15] Insbesondere bemängelte die Presse die demoskopische Sortierung der Antworten in die Kategorien „Für" und „Gegen".[16] Durch diese Vereinfachung seien die Stellungnahmen verfälscht wor-

11 Welt v. 28.5.1963; FR v. 28.5.1963; Tagesspiegel v. 11.3.1964 „Die Todesstrafe im Meinungsstreit" v. *Dieter Dietrich*; *Fabian*, Welt der Arbeit v. 16.10.1964; *Reißmüller*, FAZ v. 20.11.1964.

12 *Reißmüller*, FAZ v. 20.11.1964; FR v. 30.11.1964; Zeit v. 22.11.1963; *Dietrich*, Tagesspiegel v. 11.3.1964; Welt v. 04.02.1965 „Und noch immer heißt es 'Blut um Blut'" v. *Gerhard Simson.*

13 *Reißmüller*, FAZ v. 20.11.1964; FR v. 28.5.1963; Zeit v. 22.11.1963.

14 FR v. 28.5.1963.

15 *Reißmüller*, FAZ v. 20.11.1964.

16 Der Verlag hatte jedes Votum mit „Für" oder „Gegen" überschrieben und auf dieser Grundlage am Schluss des Vorwortes die Befürworter und die Gegner der Todesstrafe nach Berufsgruppen zusammengestellt. Siehe *Mergen*, a.a.O.

den, da häufig die Chiffre vom Inhalt der Texte abweiche und keinen Platz für differenzierte Stellungnahmen lasse.[17,18]

## *B) Konrad Adenauer und die Taximorde*

Erst im Herbst 1964 entfachte sich die nie ganz verstummte Diskussion um die Todesstrafe in der Bundesrepublik Deutschland erneut, nachdem sich der CDU-Vorsitzende und ehemalige Bundeskanzler Konrad Adenauer anlässlich der Ermordung des Bonner Taxifahrers Karl-Heinz Koch für die Wiedereinführung der Todesstrafe ausgesprochen hatte.[19,20] Adenauer befürwortete aus

---

17 Als Beispiel führte die *FAZ* unter anderem eine Stellungnahme des Berliner Oppositionsführers *Amrehn* an. Über der Stellungnahme stand als Votum „Für". In dem Text stand allerdings: „Entgegen Ihrer Ansicht halte ich die Frage deshalb nicht für aktuell, weil niemals mit einer Mehrheit von zwei Dritteln zur Änderung des Grundgesetzes zu rechnen ist. Abgesehen davon wird nach meiner Überzeugung die Todesstrafe nicht mehr wiedereingeführt werden, wo sie erst abgeschafft ist – Notstandssituationen ausgenommen. Jede tiefere Erörterung des Problems ist deshalb verlorene Mühe, von der ich absehen möchte, obwohl ich kein prinzipieller Gegner der Todesstrafe bin." Auch die Stellungnahme des evangelischen Bischofs für Holstein, *Halfmann*, war mit dem Votum „Für" überschreiben. In seinen Ausführungen erklärte er: „Ich bin für die Todesstrafe. Grundsätzlich – für. Praktisch – nein. Für: a) wenn der Sühnegedanke bejaht wird, b) wenn ein Staat vorhanden ist, der sich Autorität beimisst aus metaphysischer Verantwortung, c) wenn die Mehrheit glauben würde. Das Leben ist der Güter höchstes nicht, der Übel größtes aber ist die Schuld. Alle drei Bedingungen scheinen mir für die Bundesrepublik nicht zuzutreffen." Siehe *Reißmüller*, FAZ v. 20.11.1964. Einzelheiten siehe *Mergen*, a.a.O.

18 Obwohl auch das BJM der Massenuntersuchung durchaus kritisch gegenüber stand, versandte das Ministerium – quasi als geringeres Übel – das Sammelwerk nach Straßburg. Die Division des Problemes Criminals Straßbourg hatte beim Ministerium nach einem Personenverzeichnis maßgeblicher Persönlichkeiten aus dem kulturellen Leben, die keine Juristen waren, gebeten, um diese nach ihrer Meinung über die Todesstrafe zu befragen. Dieses Ansinnen hielt das Ministerium für bedenklich, da es damit die in den Augen der Allgemeinheit gebotene Zurückhaltung aufgebe. Das BJM müsse auch nur den Schein einer einseitigen Auswahl und die mögliche Verstimmung ebenfalls maßgeblicher Persönlichkeiten in Rechnung stellen, die wegen der Begrenzung der Zahl nicht ausgewählt werden könnten, vermeiden. Als Ersatz übersandte das BJM stattdessen „die von dem Verlag Stoytscheff in Darmstadt auf privater Basis durchgeführten Enquete bei zahlreichen Persönlichkeiten des öffentlichen Lebens über die Todesstrafe." Siehe BArch B 141/48309 Bl. 82f.

19 dpa-Meldung Nr. 110 v. 1.10.1964 „Adenauer für die Wiedereinführung der Todesstrafe"; dpa-Meldung Nr. 213 v. 1.10.1964 „Auseinandersetzung über die Todesstrafe"; FAZ v. 2.10.1964 „Wieder Diskussion über die Todesstrafe"; NZZ v. 3.10.1964 „Um die Wiedereinführung der Todesstrafe"; SZ v. 2.10.1964 „Adenauer ist für die Todesstrafe"; Pressereferat CDU/CSU-Fraktion des dt. Bundestages v. 1.10.1964 „Abgeordneter Kühn fordert Wiedereinführung der Todesstrafe für bestimmte Delikte"; Welt v. 2.10.1964 „Adenauer: Todesstrafe wieder einführen"; KStA v. 3./4.10.1964 „Die Todesstrafe" v. *Reiner Dederichs*; KStA v. 8.10.1964 „Der Henker als Wahlschlager?"

seinem Urlaub in Cadenabbia in einem Telefongespräch mit dem Sprecher der CDU/CSU-Bundestagsfraktion die Wiedereinführung der Todesstrafe für bestimmte Verbrechen, „weil die Entwicklung das notwendig macht. Man sollte daran denken, dass durch Mord ein Menschenleben vernichtet wird." Daher begrüßte der CDU-Vorsitzende es auch, dass die CDU/CSU-Fraktion die Initiative in dieser Sache ergreifen wolle.[21]

Der Äußerung Adenauers war eine Forderung des CDU-Abgeordneten Friedrich Kühn vorausgegangen, der öffentlich angekündigt hatte, auf der nächsten Sitzung der CDU/CSU-Fraktion die Wiedereinführung der Todesstrafe für bestimmte Verbrechen, wie aktuell die Morde an den Taxifahrern oder an unschuldigen Kindern, vorzuschlagen. Politische Morde sollten dabei ausdrücklich von der Todesstrafe ausgenommen werden.[22]

Die CDU/CSU-Bundestagfraktion erhob keine Einwände gegen die Pläne Kühns, einen entsprechenden Initiativantrag in den Bundestag einzubringen, damit sich der Bundestag auf diese Weise an dem Gespräch der Bevölkerung über die Todesstrafe beteilige. Allerdings wollte die CDU/CSU-Fraktion selbst keinen Antrag stellen. Vielmehr sollte Kühn persönlich die notwendigen Un-

---

v. *Heli Ihlefeld*; Welt v. 10.10.1964 „Der Ruf nach der Todesstrafe"; Welt der Arbeit v. 9.10.1964 „Blut in Bonn" v. *Hilde Garde*; FR v. 2.10.1964 „Adenauer plädiert für Todesstrafe".

20 Der Mord an Koch war bereits der sechste Mord an einem Taxifahrer innerhalb der letzten fünf Monate. Schon 1959 hatte der stellvertretende Bundesvorsitzende des Zentralverbandes der Taxifahrer Deutschlands aufgrund der sich seit Kriegsende häufenden Raubüberfälle auf deutsche Taxifahrer, bei denen 31 Fahrer ums Leben kamen, neben der Verbesserung der Schutzmaßnahmen für die Fahrer auch die Wiedereinführung der Todesstrafe verlangt. Kurze Zeit nach dem Überfall auf Koch erinnerten die Bonner Mietwagenunternehmen BMJ Bucher telegrafisch an diese Forderung. Siehe SPD-Pressedienst P/XIX/191 und P/XIX/192; dpa-Meldung Nr. 213 v. 1.10.1964 „Fahndung nach Taximördern geht weiter"; *Dederichs*, KStA v. 3./4.10.1964; Quick „Taximord" v. 18.10.1964 und 25.10.1964.

21 dpa-Meldung Nr. 110 v. 1.10.1964; Welt v. 2.10.1964; FAZ v. 2.10.1964; NZZ v. 3.10.1964; SZ v. 2.10.1964; Tagesspiegel v. 3.10.1964; *Dederichs*, KStA v. 3./4.10.1964; dpa-Meldung Nr. 213 v. 1.10.1964; *Ihlefeld*, KStA v. 8.10.1964; FR v. 2.10.1964.

22 Siehe Pressereferat CDU/CSU-Fraktion des dt. Bundestages v. 1.10.1964. Ebenso FAZ v. 2.10.1964; dpa-Meldung Nr. 110 v. 1.10.1964; Welt v. 2.1.1964; NZZ v. 3.10.1964; SZ v. 2.10.1964; *Dederichs*, KStA v. 3./4.10.1964; dpa-Meldung Nr. 213 v. 1.10.1964; *Ihlefeld*, KStA v. 8.10.1964; Welt v. 10.10.1964. Das *Handelsblatt* berichtete zudem, Kühn habe das Henkerbeil sogar zum Thema einer Büttenrede bei der Karnevalssitzung der CDU/CSU-Bundestagsfraktion in der Godesberger Stadthalle im Frühjahr 1965 gemacht. Siehe Handelsblatt v. 25.11.1966 „Pflichtlektüre für Anhänger der Todesstrafe" v. *Günter Kohlmann* im Rahmen einer Rezension des Buches v. *Kurt Rossa*, Todesstrafe – ihre Wirklichkeit in drei Jahrtausenden.

terschriften für den Initiativantrag sammeln.[23] Zur Einbringung des Antrages in den Bundestag waren lediglich 15 Stimmen notwendig. Insofern stand es zur Überzeugung der Presse bereits fest, dass sich das Parlament schon bald erneut mit dem Problem befassen würde. Allein die Befürwortung Adenauers werde bewirken, dass zahlreiche Abgeordnete der CDU den Antrag Kühns unterstützen werden.[24] Tatsächlich schlossen sich der Forderung nach der Wiedereinführung der Todesstrafe einige CDU-Politiker an: Im Rahmen einer Bundespressekonferenz ließ sich der Regierungssprecher, Staatssekretär Karl-Günther von Hase, zwar nicht auf eine Antwort festlegen, ob die Bundesregierung und Bundeskanzler Erhardt die Wiedereinführung der Todesstrafe befürworteten. Allerdings war es in seinen Augen „nur natürlich", dass sich der Bundestag im Zusammenhang mit der Frage über das Strafmaß für Taxifahrermorde auch mit der Möglichkeit der Anwendung der Todesstrafe beschäftigen werde. Denn leider habe sich gezeigt, dass die gegenwärtigen technischen Schutzvorkehrungen sowie die Strafbestimmungen für Mord und der Strafvollzug nicht ausreichten, um vor Überfällen auf Mietwagenfahrer in dem wünschenswerten Maße abzuschrecken.[25] Dagegen sprach sich der amtierende Fraktionsvorsitzende der CDU/CSU-Bundestagsfraktion, Rainer Barzel, offen für die Todesstrafe aus. In der Sendung *Report* sagte Barzel, er sei bereit, der zur Einführung der Todesstrafe notwendigen Änderung des Grundgesetzes zuzustimmen, sofern diese Strafe für Straftaten angedroht werde, bei denen der Unrechtscharakter besonders groß sei.[26] Der CSU-Vorsitzende Franz-Josef Strauß sprach sich bedingt für die Wiedereinführung der Todesstrafe aus. Al-

23 Der Parlamentarischer Geschäftsführer *Will Rasner* schätzte, dass der Antrag sicher von ca. hundert Abgeordneten der Unionsparteien unterschrieben werden würde. Siehe *Ihlefeld*, KStA v. 8.10.1964; FAZ v. 7.10.1964 „Der Bundestag soll über die Todesstrafe debattieren".

24 Aufgrund der Positionierung Adenauers, hielt die Presse einen Wechsel im Meinungsbild des Parlaments für möglich. Bisher hätten nur Einzelgänger oder Vertreter parlamentarischer Minderheiten die Wiedereinführung der Todesstrafe gefordert. Das Bild habe sich gewandelt, seitdem mit Adenauer der Vorsitzende der größten Partei und früherer Regierungschef zu den Befürwortern der Todesstrafe gestoßen sei. Auch der CDU-Abgeordnete *Kühn* rechnete damit, dass eine „Großzahl meiner politischen Freunde meine Auffassung teilen wird" und vor allem CSU Abgeordnete seiner Forderung beitreten würden. Siehe Welt v. 2.10.1964; FAZ v. 2.10.1964; *Ihlefeld*, KStA v. 8.10.1964.

25 Welt v. 3.10.1964 „Hase für Strafe mit der größten Abschreckung"; FAZ v. 3.10.1964 „Bucher und Hase zur Todesstrafe" und „Hase zur Todesstrafe"; NZZ v. 3.10.1964; Welt v. 3.10.1964 „Bucher gegen die Todesstrafe".

26 dpa-Meldung Nr. 203 v. 5.10.1964 „Auch Barzel für Wiedereinführung der Todesstrafe"; dpa-Meldung Nr. 177 v. 7.10.1964 „Diskussion um die Todesstrafe hält an"; *Ihlefeld*, KStA v. 8.10.1964.

lerdings dürfe sie nicht mehr wie in der Weimarer Republik praktiziert werden. Zwischen Verurteilung des Angeklagten und Vollstreckung der Strafe müssten bestimmte Sicherheiten eingebaut werden.[27] Auch die CDU/CSU-Politiker von Brentano[28], Rasner[29], Dufhues[30] und Jaeger[31] schlossen sich schnell der Forderung nach der Wiedereinführung der Todesstrafe an.

Aber nicht nur CDU-Politiker sprachen sich für die Wiedereinführung der Todesstrafe aus. Die deutschen Taxifahrer machten die Beisetzung ihres getöteten Kollegen zu einer gewaltigen Kundgebung. Rund 5.000 Menschen, darunter zahlreiche Taxifahrer aus dem gesamten Bundesgebiet, und ca. 1.500 Taxen gaben dem Ermordeten das letzte Geleit. An den Autos waren unter anderem Trauerflore angebracht auf denen zu lesen war: „Wir fordern für Taximörder die Todesstrafe".[32] Unter den Kranzspenden fand sich zudem ein Angebinde des kürzlich gegründeten „Vereins zur Wiedereinführung der Todesstrafe". Der Präsident der Arbeitsgemeinschaft Personenverkehr, Josef

27 *Strauß* forderte die Ausschaltung jeglicher Automatik zwischen Verhängung und Vollstreckung. Der Gnadenerweis solle nicht die ganz große Ausnahme sein. Es müsste vielmehr eine Prüfungsinstanz geschaffen werden, etwa ein Ministerausschuss. „Ich selbst", so *Strauß*, „würde nie ein Todesurteil unterschreiben". Siehe Stern, November 1964; dpa-Meldung Nr. 177 v. 7.10.1964 „Diskussion um Todesstrafe hält an"; Welt v. 8.10.1964 „Seebohm kündigt Maßnahmen zum Schutz der Taxifahrer an".

28 *Ihlefeld*, KStA v. 8.10.1964; ÖTV-Magazin Nr. 11, November 1964 „Einladung zum Blutgerüst".

29 *Rasner* sprach sich nur für Mord aus niedrigen Beweggründen und nur unter Einschränkung, für die Todesstrafe aus. So sollte die Todesstrafe bei Fällen von Indizienbeweisen nicht in Betracht kommen. Über die Art der Vollstreckung könne er nichts sagen. Siehe Stern Nr. 45 November 1964; dpa-Meldung Nr. 203 v. 5.10.1964; *Ihlefeld*, KStA v. 8.10.1964; ÖTV-Magazin Nr. 11 November 1964.

30 FAZ v. 5.10.1964 „Dufhues zur Todesstrafe".

31 *Richard Jaeger* überlegte sogar schon, wie die Strafe ausgeführt werden sollte: mit der Guillotine oder doch lieber dem Galgen. Siehe *Ihlefeld*, KStA v. 8.10.1964; Stern, November 1945; Spiegel v. 7.10.1964 „Galgen oder Guillotine".

32 Bereits zur Beerdigung eines Hamburger Taxifahrers einen Monat zuvor, war auf Transparenten die Forderung nach der Todesstrafe zu lesen. Insgesamt warfen Taxifahrer dem Staat eine zu weiche Gesetzgebung vor und klagten die Richter an, Taximörder mit Samthandschuhen anzufassen. Tatsächlich wurden Straftaten gegen Taxifahrer aber durch § 316a StGB stärker bestraft. Danach wurde mit Zuchthaus nicht unter 5 Jahren, in besonders schweren Fällen mit lebenslänglichem Zuchthaus bestraft, „wer zur Begehung von Raub oder räuberischer Erpressung einen Angriff auf Leib, Leben oder Entschlussfreiheit des Fahrers eines Kraftfahrzeugs [...] unter Ausnutzung der besonderen Verhältnisse im Straßenverkehrsrecht unternimmt". Einen Tag nach der Beisetzung Kochs, verurteilte das Schwurgericht Freiburg einen Taxifahrermörder zu lebenslangem Zuchthaus. Er war der dritte „Taximörder" seit 1962 der zu einer lebenslänglichen Haft verurteilt worden war. Siehe Spiegel v. 7.10.1964; Quick v. 28.10.1964; SZ v. 31.8.1963 „Todesstrafe und öffentliche Meinung" v. *Ernst Müller-Meiningen jr.*

Himioben, forderte am offenen Grab Kochs medienwirksam die Wiedereinführung der Todesstrafe sowie eine Volksbefragung zu dem Thema.[33] Besondere Aufmerksamkeit erregte insbesondere die Äußerung eines Vorstandsmitglieds der Stuttgarter Taxizentrale. Dieser hatte am Tag der Beisetzung öffentlich gefordert, der Staat solle dafür sorgen, dass die „asozialen Elemente" von der Straße verschwänden. Im zweiten Weltkrieg habe es keine Taximorde gegeben, weil der Staat damals dafür gesorgt habe, dass die „Asozialen anderweitig untergebracht" worden seien.[34]

Aber auch die Frage, wie viele Taximorde in der BRD seit 1949 tatsächlich stattgefunden hatten, beschäftigte die Zeitungen. Während der Verband der Taxiunternehmer[35] die Öffentlichkeit mit einer Zahl von 182 ermordeten Taxifahrern seit 1945 schockte, erklärte das Bundeskriminalamt Wiesbaden[36], es seien „nur" 48 Taxifahrer in den letzten 15 Jahren bei Überfällen getötet wor-

---

33 Schon bei der Beerdigung zweier süddeutscher Taxifahrer im Januar 1959 hatte ein katholischer Geistlicher am Grab des Münchener Opfers die Wiedereinführung der Todesstrafe gefordert. Siehe Welt v. 8.10.1964; dpa-Meldung Nr. 177 v. 7.10.1964; FAZ v. 8.10.1964 „Der ermordete Taxifahrer zu Grabe getragen"; *Müller-Meiningen jr.*, SZ v. 31.8.1963.

34 Zahlreiche Zeitungen kritisierten diese offene Begeisterung für die nationalsozialistischen Konzentrationslager. Daneben wandten sie sich gegen den Vorwurf, unter der Herrschaft Hitlers habe es weniger Gewaltverbrechen gegeben. Hierbei handele es sich lediglich um eine optische Täuschung. „In Wahrheit schafften die Nationalsozialisten zwar jeden Asozialen ins Konzentrationslager und jeden Verbrecher ins Jenseits: Die Kriminalität beseitigten sie jedoch nicht. Im Gegenteil: Je rücksichtsloser die Justizmaschine wütete, desto zahlreicher wurden auch Morde und Sittlichkeitsverbrechen. Nur, die Öffentlichkeit erfuhr nichts davon." Die Todesstrafe könne nicht aus dem Hitler-System und der Atmosphäre des Terrors gelöst werden. Siehe Spiegel v. 28.10.1964; *Flach*, FR v. 10.10.1964; FAZ v. 8.10.1964 „Das gefährliche Spiel mit der Todesstrafe" v. *Johann Georg Reißmüller*; SZ v. 9.10.1964 „Das Streiflicht"; Welt v. 8.10.1964.

35 Welt v. 8.10.1964; NZZ v. 3.10.1964; dpa-Meldung Nr. 28 v. 2.10.1964 „Wenig Chancen für Wiedereinführung der Todesstrafe"; *Ihlefeld*, KStA v. 8.10.1964; *Reißmüller*, FAZ v. 8.10.1964; *Garde*, Welt der Arbeit v. 9.10.1964; SPD-Pressedienst P/XIX/191 v. 6.10.1964; Quick v. 18.10.1964; Spiegel v. 7.10.1964.

36 Diese Zahl bestätigte der *Regierungskriminaldirektor des Bundeskriminalamt*es gegenüber dem Bundesinnenminister im Oktober 1964 ausdrücklich. Er erklärte, dass von insgesamt 61.185 registrierten Raubüberfällen, einschließlich räuberischer Erpressungen, zwischen 1953 und dem 5.10.1964 lediglich 793 Überfälle auf Taxifahrer darstellten. Die Zahl der Überfälle auf Taxifahrer sei in den letzten 4 Jahren rückläufig. Speziell bei den Tötungsdelikten sei keine besondere Bevorzugung der Taxifahrer als Opfer von Raubmorden festzustellen. Von 1953 bis zum 5.10.1964 seien 4.303 vorsätzliche Tötungen und 7.745 versuchte vorsätzliche Tötungen registriert worden. Darin enthalten seien die 48 seit 1945 begangenen Morde an Taxifahrern. Siehe BArch B 141/48310 Bl. 55f. Ebenso ppp-Meldung Nr. 6 v. 7.10.1964 „Nur 48 Taximorde"; Quick v. 18.10.1964.

den. Aber weder der Taxiunternehmerverband noch das Bundeskriminalamt konnten ihre Zahlen zweifelsfrei belegen.[37]

Ebenso wie sich die Befürworter angesichts der Erklärung Adenauers verstärkt zu Wort meldeten, reagierten auch die Gegner der Todesstrafe auf die Forderung des ehemaligen Bundeskanzlers. Allen voran erinnerte SPD-Präsidiumsmitglied Carlo Schmid unmittelbar nach Bekanntwerden der Äußerung des CDU-Vorsitzenden daran, dass sich die überwiegende Mehrheit der Abgeordneten des Parlamentarischen Rates gegen die Todesstrafe ausgesprochen habe, aus Verantwortung und weil man damals noch gespürt habe, wie sich der Staat moralisch übernehme, wenn er glaube, die Ordnung innerhalb der Gesellschaft mit dem Richtbeil aufrechterhalten zu sollen. Ein Staat, in dem der Henker so gewütet habe wie in Deutschland der Nazizeit, sollte dem Menschengebaren archaischer Zeiten eine entschiedene Absage erteilen.[38] Der stellvertretende SPD-Vorsitzende Fritz Erler bezeichnete die Wiedereinführung der Todesstrafe als ein untaugliches Mittel, die Probleme zu lösen.[39] Der SPD-Vorsitzende Brandt warnte vor „Agitationen mit der Todesstrafe".[40] Auch Bundesjustizminister Bucher (FDP) sprach sich kurze Zeit später in einem Fernsehinterview aus persönlicher Überzeugung entschieden gegen die Todesstrafe aus.[41] Demgegenüber erklärte seine Partei zunächst in erster Reaktion auf die Forderung Adenauers ihre Bereitschaft, einen entsprechenden Antrag in der Sache im

37 Ein *BKA-Sachbearbeiter* räumte ein, dass in der Statistik vielleicht nicht alle Morde erfasst worden seien. Die Zahl sei deshalb schon lückenhaft und unvollständig, weil das BKA erst zu Beginn der 50er Jahre entstanden, die Sammlung von Taximordfällen in den damaligen Westzonen nicht überall gleichmäßig und regelmäßig erfolgt und schließlich, weil das Saarland erst 1957 in den Zuständigkeitsbereich des BKA gekommen sei. Demgegenüber gab ein *Sprecher der Arbeitsgemeinschaft Personenverkehr* zu, dass die Zahlen des Taxigewerbes „vielleicht nicht hundertprozentig" seien. Er erläuterte, die Opfer des Taxifahrerberufes seien seit 1945 bis Ende der vierziger Jahre von einem Mitarbeiter registriert worden, den man heute als Kronzeugen nicht mehr anführen könne. Außerdem sei bei einem Umzug der Dienststelle ein großer Teil der alten Akten abhanden gekommen, so dass ein lückenloser Nachweis nicht mehr erbracht werden könne. Siehe BArch B 141/48310 Bl. 55f.; Welt v. 8.10.1964; FR v. 9.10.1964 „Taxi-Mordzahl nicht beweisbar" v. *Hans Herbert Reichert*.

38 dpa-Meldung Nr. 110 v. 1.10.1964; SPD-Mitteilung an die Presse v. 1.10.1964 Nr. 460/64 betr. „Todesstrafe"; dpa-Meldung Nr. 213 v. 10.10.1964; SZ v. 2.10.1964; Welt v. 2.10.1964; FAZ v. 2.10.1964; Welt v. 2.10.1964; NZZ v. 3.10.1964; *Dederichs*, KStA v. 3./4.10.1964; FR v. 2.10.1964.

39 dpa-Meldung Nr. 177 v. 7.10.1964; *Ihlefeld*, KStA v. 8.10.1964; Welt v. 8.10.1964.

40 *Ihlefeld*, KStA v. 8.10.1964.

41 „Schon bei der Frage, ob ich dafür sei, müsste ich eigentlich Strafantrag wegen Beleidigung stellen", meinte *Bucher*. „Wer die Todesstrafe fordert, sollte selbst Scharfrichter spielen. Mal sehen, ob er sie dann auch noch fordert." (Weitere Einzelheiten siehe unten D)). Siehe *Ihlefeld*, KStA v. 8.10.1964; Sendung des DFS v. 2.10.1964.

Parlament mitzuberaten, auch wenn in Parteikreisen seit langem Bedenken gegen die Wiedereinführung beständen.[42] In einer späteren Stellungnahme lehnte der FDP-Pressedienst die Wiedereinführung der Todesstrafe jedoch eindeutig ab. „Es spricht alles dagegen und nichts dafür [...]“, hieß es in der Stellungnahme. Die Todesstrafe sei weder aus juristischen noch moralischen oder politischen Gründen zu rechtfertigen.[43] Der ehemalige Bundesjustizminister Thomas Dehler erklärte, die Gründe für die Abschaffung der Todesstrafe durch den Parlamentarischen Rat beständen nach wie vor.[44] Letztlich lehnte sogar der amtierende Bundeskanzler Erhard die Einführung der Todesstrafe ab. Auf Drängen der Presse erklärte er, dass niemand in eigener Machtvollkommenheit über das Leben entscheiden dürfe und berief sich auf den Bundestag, der in dieser Sache das letzte Wort habe.[45] Auch der bayerische Justizminister und ehemalige bayerische CSU-Ministerpräsident Hans Ehard wandte sich entschieden gegen die Todesstrafe. Man könne nicht so ohne weiteres wegen eines einzigen Berufsstandes, der in dieser Hinsicht besonders gefährdet sei, die Todesstrafe einführen. „Wir haben in Deutschland genug geköpft und aufgehängt, manchesmal nach dem Gesetz zu Recht, aber doch sehr hart.“[46]

Neben den Politikern äußerten auch Gewerkschaften Kritik an den Plänen der CDU/CSU. Sowohl der geschäftsführende Vorstand der Gewerkschaft der Polizei als auch der Vorsitzende der Industriegewerkschaft Bau, Steine, Erden lehnten die Wiedereinführung der Todesstrafe ab. Ebenso sprach sich der Bei-

---

42 dpa-Meldung Nr. 213 v. 1.10.1964; FAZ v. 2.10.1964; Welt v. 2.10.1964; dpa-Meldung v. 2.10.1964 „Wenig Chancen für Wiedereinführung der Todesstrafe“; FR v. 2.10.1964.

43 FDK v. 2.10.1964 „Wider die Todesstrafe“; Welt v. 3.10.1964; *Dederichs*, KStA v. 3./4.10.1964; Welt v. 3.10.1964.

44 Keine der seit der Abschaffung geäußerten Bedenken hätten sich bisher bestätigt. Die Abschaffung der Todesstrafe sei die Krönung der durch Jahrhunderte hindurch erstrebten Humanisierung des deutschen Rechts. Siehe dpa-Meldung Nr. 184/177 v. 7.10.1964 „DGB-Zeitung kritisiert Adenauer“; Welt v. 10.10.1964.

45 Dennoch befürchtete er, dass die Frage nach der Todesstrafe im Rahmen der nächsten Haushaltsdebatte zur Sprache kommen könnte, und bat daher das BJM um eine kurze Darstellung des Für und Wider der Todesstrafe. Siehe BArch B 136/7052, B 141/48310. Ebenso *Ihlefeld*, KStA v. 8.10.1964; FR v. 21.11.1964 „50 Abgeordnete für Todesstrafe“ v. *Volkmar Hoffmann*; Welt v. 7.10.1964 „Bundestag berät über Todesstrafe“; FR v. 7.10.1964 „Stimmen gegen die Todesstrafe“.

46 *Ehard* betonte seine ablehnende Einstellung auch im Haushaltsausschuss des Bayerischen Landtags. Er antwortete damit den Abgeordneten der CSU, die das Thema unter Hinweis auf die Lustmorde und andere Kapitalverbrechen zur Diskussion gestellt hatten. Siehe dpa-Meldung Nr. 237 v. 14.11.1963 „Diskussion um Todesstrafe im Bayerischen Landtag“; dpa-Meldung Nr. 124 v. 26.10.1964 „Bayerns Justizminister lehnt Todesstrafe ab“.

rat der IG Metall und die ÖTV Stuttgart gegen die Todesstrafe aus.[47] Selbst die Kölner Gewerkschaft Taxifahrer e.V. sprach sich gegen die Todesstrafe aus.[48] Ferner lehnten auch die Kirchen vermehrt die Wiedereinführung der Todesstrafe ab.[49] Vom ethischen und moraltheologischen Standpunkt aus sei die Todesstrafe an sich zwar weiterhin sittlich zulässig. Allerdings könne diese sittliche Erlaubtheit nur schwer aufrecht erhalten werden, wenn der Staat die metaphysische oder religiöse Fundierung seiner Strafgewalt selber nicht mehr bejaht. „Wenn der Staat sich selbst nicht mehr als Organ des Gerichts und der Gnade Gottes versteht – und das darf er ehrlicherweise nicht –, dann hat er die Vollmacht zum richterlichen Töten verloren."[50]

Alles in allem vertraten in der Diskussion sowohl Anhänger als auch Gegner der Todesstrafe die bereits in der Vergangenheit vielfach aufgeführten Argumente. Wichtigster Aspekt auf beiden Seiten war die Frage nach der abschreckenden Wirkung der Todesstrafe.[51,52] Zudem wurden eigene Stellungnahmen

---

47 dpa-Meldung Nr. 181 v. 8.10.1964 „Gewerkschaft der Polizei gegen Todesstrafe" und „Schluss mit dem Streit um Wiedereinführung der Todesstrafe"; FAZ v. 15.10.1964 „IG-Metall-Beirat gegen die Todesstrafe"; dpa-Meldung Nr. 184/177 v. 7.10.1964; FR v. 9.10.1964 „Kühlmann-Stumm für Todesstrafe".

48 *Garde*, Welt der Arbeit v. 9.10.1964; SPD-Pressedienst P/XIX/191 v. 6.10.1964.

49 Selbst die katholische Kirche begann sich gegen die Todesstrafe auszusprechen. Sowohl die amtliche „Kirchenzeitung für das Erzbistum Köln" als Organ Kardinal Frings sowie die „Münchener Katholische Kirchenzeitung" bezogen eindeutig Stellung gegen die Todesstrafe. Siehe ppp-Meldung Nr. 6 v. 16.10.1964 „Frings-Organ gegen Todesstrafe".

50 KNA-Meldung Nr. 195 v. 7.10.1964 „Staat hat die Vollmacht zum richterlichen Töten verloren" und Nr. 64 v. 28. Oktober 1964 „Für und Wider die Todesstrafe"; ppp-Meldung Nr. 6 v. 16.10.1964; FR v. 7.10.1964; *Flach*, FR v. 10.10.1964.

51 Während ihre Befürworter hartnäckig an der Behauptung festhielten, die Todesstrafe verhüte wirksam weitere Gewaltverbrechen, sahen die Gegner der Todesstrafe diese Behauptung durch die vorgelegten Statistiken als widerlegt an. Siehe FDK v. 2.10.1964; Gewerkschafter November 1964 „Die Todesstrafe wieder einführen?"; Parlamentsbericht der SPD-Bundestagsfraktion Oktober 1964 „Zum Problem der Todesstrafe"; Handelsblatt v. 9.10.1964 „Im Zweifel gegen die Todesstrafe" v. *Günter Kohlmann*; Welt v. 10.10.1964; Welt v. 3.10.1964; FAZ v. 3.10.1964; NZZ v. 3.10.1964; Welt v. 3.10.1964; *Dederichs*, KStA v. 3./4.10.1964; *Garde*, Welt der Arbeit v. 9.10.1964; dpa-Meldung Nr. 110 v. 1.10.1964; SPD-Miteilung an die Presse v. 1.10.1964 Nr. 460/64; dpa-Meldung Nr. 213 v. 10.10.1964; SZ v. 2.10.1964; Welt v. 2.10.1964; FAZ v. 2.10.1964; FR v. 2.10.1964.

52 Nach einer Mitteilung des *Statistischen Bundesamtes* im Dezember 1964 waren in der Zeit von 1954 bis 1962 einschließlich der Tötungsversuche, 944 Mord- und Totschlagsdelikte bekannt geworden. 92% konnten aufgeklärt werden. Trotz dieser verhältnismäßig großen Zahl solcher Verbrechen sei die *rechtskräftig* festgestellte Tötungskriminalität niedriger als im Kaiserreich und in der Weimarer Republik, als Mord mit der Todesstrafe bedroht war. Das Statistische Bundesamt wies weiterhin daraufhin,

immer häufiger durch die schlichte Wiedergabe alter parlamentarischer Diskussionen ersetzt.[53]

Daneben tadelten Politiker und Medien die Forderung Kühns und ihre Befürwortung durch Adenauer angesichts der Rückschläge der CDU bei den Landtagswahlen in Nordrhein-Westfalen und Niedersachsen und der bevorstehenden Bundestagswahl im Herbst 1965 als pure Wahlpropaganda,[54] zumal die unter Adenauer geführten Regierungen in der Vergangenheit in parlamentarischen Debatten gegen die Wiedereinführung der Todesstrafe argumentiert hätten.[55,56] Mit dem Bewusstsein, dass man Wahlkämpfe am leichtesten gewinne, wenn man sich auf die Wogen aufgeregter Gefühle schwinge, habe der „alte Wahlkämpfer Adenauer“ mit sicherem Instinkt für das, was wirkt, die Wiedereinführung der Todesstrafe befürwortet.[57] Wohlwissend, das angesichts

---

dass eine in den letzten Jahren zu beobachtende Zunahme der Verurteiltenzahlen zum Teil auf die Intensivierung der Strafverfolgung von Verbrechen aus der NS-Zeit zurückgeführt werden müsse. Die Zunahme könne nicht auf Morde an Taxifahrern zurückgeführt werden. Siehe Tagesspiegel v. 8.12.1964 „Zahl der Tötungsdelikte geringer als zur Zeit der Todesstrafe“.

53 SZ v. 7.10.1964 „Die Todesstrafe im Bundestagprotokoll“; *Müller-Meiningen jr.*, SZ v. 31.8.1963.

54 FAZ v. 2.10.1964; FAZ v. 5.10.1964 „Abgeschafft“; NZZ v. 3.10.1964; Tagesspiegel v. 3.10.1964; SZ v. 3.10.1964 „Todesstrafe und Wahlkampf; Welt v. 2.10.164; SZ v. 2.10.1964; dpa-Meldung Nr. 203 v. 5.10.1964; *Ihlefeld*, KStA v. 8.10.1964; FAZ v. 2.10.1964; *Dederichs*, KStA v. 3./4.10.1964; dpa-Meldung Nr. 28 v. 2.10.1964; Welt v. 3.10.1964; Sendung des HessRF v. 3.10.1964, der Sendung des SDR v. 2.10.1964; FAZ v. 8.10.1964 „Welt der Arbeit zur Todesstrafe“; *Koch*, SZ v. 14.12.1964; SZ v. 9.10.1964; dpa-Meldung Nr. 184/177 v. 7.10.1964; Gewerkschafter November 1964.

55 NZZ v. 3.10.1964; FAZ v. 2.10.1964; Tagesspiegel v. 3.10.1964; epd-Meldung Nr. 112 v. 5.11.1964 „CDU-Rechtsexperte gegen Wiedereinführung der Todesstrafe“.

56 Allerdings hatte *Adenauer* bereits am 23.11.1960 in der 130. Kabinettssitzung erklärt, er habe den Eindruck, dass die Zahl der Morde zugenommen habe. Ihm stelle sich die Frage, ob die Todesstrafe nicht wieder eingeführt werden solle. Der Strafvollzug sei zu mild, nicht zuletzt wegen der stetigen Hoffnung eines Verurteilten auf eine frühzeitige Entlassung wegen guter Führung. Adenauer forderte daher die Erstellung einer Statistik über die aktuellen Kapitalverbrechen. Der *Bundesminister der Verteidigung* unterstützte dies und wies darauf hin, dass doch in der Presse immer zahlreicher von Kapitalverbrechen berichtet werde. Daraufhin fertigte das BJM, entsprechend der Forderung Adenauers, eine Übersicht von Pressemeldungen über Mordfälle aus den Jahren 1959 und 1960. Die Übersicht beinhaltete insgesamt 57 Mord- und Totschlagsdaten unterschiedlicher Art, aufgelistet mit Angaben über Täter, Tathandlung, entscheidendes Gericht sowie Quellenangaben – soweit bekannt. Allerdings finden sich auch Berichte über lediglich Verdachtsmomente, ohne eine entsprechende Anklage. Siehe Kabinettssitzung 130. Sitzung v. 23.11.1960 (BArch B 136/36126) sowie BArch B 141/48309 Bl. 35ff.

57 Der „alte Fuchs“ wisse genau, das seine Forderung gar keinen Erfolg habe könne. „Er redet nur der Masse nach dem Munde und will damit Stimmen gewinnen für die näch-

der derzeitigen Kräfteverteilung im Parlament die notwendige verfassungsändernde Zweidrittel-Mehrheit nicht zustande komme[58], zwinge er damit die Opposition im Wahlkampf zu „im Volke unpopulären Äußerungen"[59], ohne dass er Gefahr laufe, „tatsächlich später einen Henker aus Bundesmitteln zu besolden". Damit erwecke die CDU den Anschein, sie sei die einzige Partei, die in der Sache etwas unternehme.[60] Somit habe der Vorstoß lediglich deklamatorische Bedeutung, auf die verantwortungsvolle Politiker explizit in dieser Streitfrage aber verzichten sollten. Die vom Volk gewählten Politiker – darin waren sich die Medien einig – dürften sich nur von nüchternen Überlegungen leiten lassen.[61] Erst recht dürfe das Thema nicht zum Objekt politischer oder gar parteipolitischer Tagesopportunität gemacht werden.[62] Ohnehin – auch darüber bestand weitgehend Einvernehmen – sei es Aufgabe des Parlaments, die Taxifahrer zu schützen und nicht zu rächen. Es wurde darauf hingewiesen, dass längst nicht alle Schutzmöglichkeiten von Taxiunternehmen ergriffen worden seien. So könnte man den Taxifahrermorden durch den Einbau von

---

ste Wahl. Sobald es keine Regierung Adenauer mehr gab, habe sich Adenauer erfolgreich zum Sprecher der Todesstrafe gemacht. Dieser Meinungsumschwung Adenauers beruhte, nach Ansicht der Presse, sicher nicht auf rechtsphilosophischen Überlegungen, sondern auf der Tatsache, dass sich der neuste Taximord in Adenauers Bonner Wahlkreis ereignet hatte. Siehe BArch B 141/400901. Vgl. auch SZ v. 3.10.1964; Welt v. 2.10.1964; NZZ v. 3.10.1964; Tagesspiegel v. 3.10.1964; SZ v. 14.12.1964; SPD-Pressedienst P/XIX/191 v. 6.10.1964.

58 Die *SPD* lehnte die Todesstrafe weiterhin geschlossenen ab, und auch die *FDP* war mehrheitlich gegen ihre Wiedereinführung. Selbst die Mitglieder der *CDU/CSU* standen keineswegs geschlossen hinter der Forderung. Vgl. FAZ v. 5.10.1964; Welt v. 2.10.1964; NZZ v. 3.10.1964; SZ v. 2.10.1964; Tagesspiegel v. 3.10.1964; dpa-Meldung Nr. 203 v. 5.10.1964; *Ihlefeld*, KStA v. 8.10.1964; FAZ v. 2.10.1964; *Dederichs*, KStA v. 3./4.10.1964; dpa-Meldung Nr. 28 v. 2.10.1964; SZ v. 14.12.1964; Sendung des SWF vom 2.10.1964 und der Sendung des DLF v. 2.10.1964; Welt v. 10.10.1964; Spiegel v. 7.10.1964.

59 Schließlich sollten den Demoskopen zufolge „82 Prozent der Bevölkerung [...] für die Wiedereinführung der Todesstrafe sein". Siehe SZ v. 8.10.1964 „Todesstrafe und Verjährung" v. *Ernst Müller-Meiningen jr.*

60 Auch *Barzel* und *Kühn* befürworteten die Todesstrafe in dem Wissen, dass kaum Aussicht auf Verwirklichung der notwendigen Grundgesetzänderung bestand. Siehe Tagesspiegel v. 3.10.1964; SZ v. 3.10.1964; *Ihlefeld*, KStA v. 8.10.1964; dpa-Meldung Nr. 203 v. 5.10.1964; FAZ v. 5.10.1964.

61 FAZ v. 5.10.1964; Sendung des WDR v. 3.10.1964; *Reißmüller*, FAZ v. 8.10.1964; ÖTV-Magazin Nr. 11 November 1964; *Flach*, FR v. 10.10.1964; Vorwärts v. 14.10.1964 „Sicherheit für Taxifahrer" v. *Gerhard Jahn*; ppp-Meldung Nr. 6 v. 16.10.1964, Gewerkschafter November 1964, Welt v. 10.10.1964.

62 FAZ v. 5.10.1964; SZ v. 3.10.1964; Sendung des DFS v. 2.10.1964 und aus der Sendung des DLF v. 2.10.1964; *Jahn*, Vorwärts v. 14.10.1964.

schusssicheren Trennwänden und Verstärkung anderer Sicherheitsmaßnahmen wirkungsvoll Einhalt gebieten.[63]

Die Medien kritisierten zudem vielfach den Zeitpunkt der Forderung, da am 8. Mai 1965 die Verjährungsfristen für NS-Verbrechen abliefen und somit unter Umständen Mörder ihrer Strafe entgingen.[64] Während man den Ruf nach der Todesstrafe bisher im Zusammenhang mit den nationalsozialistischen Massenmördern, wenn überhaupt, nur sehr zaghaft gehört hatte, riefen führende politische Persönlichkeiten bei der Tötung der Taxifahrer nunmehr lautstark nach der Todesstrafe. Dies erweckte zwangsläufig den Verdacht einer Schonfrist für Massenmörder – als wolle man den Massenmord an Juden milder beurteilen als die Tötung eines Mietwagenfahrers.[65] Gerade im Ausland, so der SPD-Vorsitzende Brandt, entstehe der verheerende Eindruck, als sei die Todesstrafe nur zugunsten der NS-Mörder abgeschafft worden.[66] „Es wäre dem Ansehen unseres Volkes viel dienlicher gewesen", so der ehemalige Bundesjustizminister Stammberger in verschiedenen Interviews, „wenn diese Diskussi-

---

63 Dementsprechend kündigte der Bundesminister für Verkehr, *Hans-Christoph Seebohm*, gesetzliche Maßnahmen zum Schutz der Taxifahrer an. Die *SPD-Fraktion* brachte einen Antrag zur Verstärkung der Schutzmaßnahmen der Taxifahrer in den Bundestag ein, der als Regulation zur Debatte der Todesstrafe in Fällen von Taximorden gedacht war. Neben dem Einbau kugelsicherer Trennwände zwischen Fahrersitz und Fahrgastraum mit Geldwechselschalter, verlangte die SPD ein geeignetes Funkwarnsystem in jedem Taxi. Siehe dpa-Meldung Nr. 184/177 v. 7.10.1964; Welt v. 2.10.1964; FAZ v. 2.10.1964; Sendung des SDR vom 2.10.1964; Welt v. 3.10.1964; SZ v. 3.10.1964; ÖTV Magazin Nr. 11 Nov. 1964; Sendung des HessRF v. 3.10.1964; Sendung des WDR v. 2.10.1964.

64 Für die Strafverfolgung von Mord und Totschlag in besonders schweren Fällen für die nationalsozialistischen Verbrechen war durch amerikanische Verordnungen und Landesgesetze von 1945, 1946 und 1947 der 8.5.1945 in der amerikanischen Zone bzw. der 1.7.1965 als Stichtag für die Beendigung der Verfolgungshemmung festgesetzt worden. Die Bundesregierung erklärte am 12.11.1964, das Kabinett sehe sich außerstande die Verjährungsfrist für nationalsozialistische Mordtaten über den 8. Mai bzw. 1. Juli 1965 hinaus zu verlängern. Nach eigenen Angaben sei die Verjährung ohnehin in praktisch allen Fällen zumindest unterbrochen. Zur Begründung führte die Regierung das Verbot der rückwirkenden Pönalisierung an. Es sei fragwürdig, einen Täter zu bestrafen, dessen Verbrechen mehrere Jahrzehnte zurückliegt. Siehe *Hans Heinrich*, Die Verjährung der NS-Verbrechen unter staats- und völkerrechtlichen Aspekt; Dt. Bundestag, Streifzug durch die Geschichte: 1965 Verjährung der NS-Verbrechen; Welt v. 2.10.1964; *Müller-Meiningen jr.*, SZ v. 8.10.1964.

65 Welt v. 3.10.1964; *Reißmüller*, FAZ v. 8.10.1964; *Dederichs*, KStA v. 3./4.10.1964; Sendung des WDR v. 3.10.1964; *Flach*, FR v. 10.10.1964; Parlamentsbericht der SPD-Bundestagsfraktion Oktober 1964.

66 Die Weigerung, die Verjährungsfristen für Verbrecher des Hitler-Regimes zu verlängern, habe im Ausland große Kritik hervorgerufen. Siehe *Flach*, FR v. 10.10.1964; *Ihlefeld*, KStA v. 8.10.1964; *Reißmüller*, FAZ v. 8.10.1964.

on durch die grauenvollen Schilderungen der hunderttausendfachen Massenmorde im Auschwitz-Prozess ausgelöst worden wäre".[67]

Im November 1964 drängten die Sozialdemokraten auf Klärung des Problems und kündigten einen eigenen Antrag auf Diskussion des Themas im Parlament an, sollte Kühn nicht spätestens zum 1. Dezember 1964 seinen geplanten Antrag in den Bundestag einbringen. Daraufhin teilte Kühn mit, der Fraktionsvorstand der CDU/CSU habe ihm zwar nach dem parlamentarischen Abschluss der Verjährungsfristen „Grünlicht" zur Einbringung des Antrages in den Bundestag gegeben und der Initiativantrag sei auch bisher von 50 Abgeordneten der CDU/CSU unterzeichnet worden. Dennoch sei die Unterschriftensammlung derzeit noch nicht abgeschlossen.[68] Innerhalb seiner Fraktion sei die Diskussion um die Formulierung des Antrages noch voll im Gange. Als Voraussetzung weiterer Unterschriften nannte er die klare Abgrenzung der Straftatbestände die nach dem Antrag mit dem Tode bedroht werden sollten.[69] Ohnehin habe sich die CDU/CSU-Bundestagsfraktion aus Gründen des Taktes gegen eine Bundestagsdebatte in dieser Angelegenheit in der Adventszeit entschieden. Daher werde er den Antrag erst im Januar des folgenden Jahres in den Bundestag einbringen.[70] Aber auch im Januar 1965 verzichtete Kühn auf die Einbringung seines Antrages. Zur Begründung nannte er die Sorge, dass dieser Zeitpunkt, so kurz vor der Bundestagswahl, als politische Demonstration aufgefasst werden könne, die dem Ernst dieser Sache nicht dienlich sei. Die Todesstrafe dürfe nicht zum „billigen Wahlkampfschlager" degradiert werden. Falls er im Herbst erneut in den Bundestag gewählt werde, würde er den Antrag allerdings sofort ins Parlament einbringen.[71]

---

67 ppp-Meldung Nr. 218 v. 12.11.1964 „Der Richter ist kein Rächer"; epd-Meldung Nr. 109 v. 29.10.1964 „Das fünfte Gebot gilt auch für den Staat".

68 dpa-Meldung Nr. 150 v. 3.11.1964 „SPD wünscht Debatte über Todesstrafe"; *Müller-Meiningen jr.*, SZ v. 8.10.1964.

69 In dem Initiativantrag hieß es schlicht: „1. Artikel 102 des Grundgesetzes wird gestrichen. 2. In welchen Fällen auf Todesstrafe erkannt wird, bestimmt das Strafrecht." Die *SZ* berichtete, dass diese Generalklausel vielen Fraktionskollegen trotz grundsätzlichen Einverständnisses zu weitgehend gewesen sei. Sie wollten den Tatbestand bereits im Grundgesetz festlegen. Daher war eine Juristenkommission – gebildet aus den Abgeordneten Güde, Schlee und Zimmer – beauftragt, Kühn Formulierungshilfe zu leisten. Siehe *Koch*, SZ v. 14.12.1964; *Hoffmann*, FR v. 21.11.1964.

70 In Erwartung der Diskussion im Januar stellte der Ältestenrat des Bundestages gleichzeitig den SPD-Antrag auf Verstärkung der Schutzmaßnahmen für Taxifahrer zurück. Siehe *Koch*, SZ v. 14.12.1964.

71 *Kühn* wehrte sich insbesondere gegen den Vorwurf, er beabsichtige die Einbringung des Antrages nur aus wahltaktischen Gründen. Er erklärte nachdrücklich, er habe das Problem der Todesstrafe bereits 14 Tage vor der Ermordung Kochs angesprochen. Sie-

## C) Die Todesstrafe für Triebverbrecher und Kindsmörder

Im Jahr 1966 berichtete die deutsche Presse erneut von mehrfachen Taxifahrermorden innerhalb weniger Tage in Düsseldorf, München und Frankfurt. Im Gegensatz zu den vorangegangenen Jahren riefen diesmal allerdings weder Organisationen noch einzelne Taxifahrer öffentlich nach der Todesstrafe.[72] Indessen sorgten zahlreiche, scheußliche Sittlichkeitsverbrechen an Kindern dafür, dass wieder einmal die Forderung nach ihrer Einführung laut wurde.[73] Insbesondere der Fall des „Kirmesmörders" Jürgen Bartsch[74] bestärkte weite Kreise der Bevölkerung in ihrer Forderung nach der Verschärfung der gegen-

---

he FR v. 2.6.1965 „Todesstrafe-Antrag zurückgestellt" v. *Volkmar Hoffmann*; *Hoffmann*, FR v. 21.11.1964.

72 Den Taxifahrern fehlte in diesen Tagen das Argument, die Bundesregierung unternehme nicht genug, um die Taxifahrer vor brutalen Raubüberfällen zu schützen. Hatte doch das Bundesverkehrsministerium gerade eine Verordnung zum Schutz der deutschen Taxifahrer erlassen. Nach der neuen Verordnung sollte ab dem 1.1.1967 an kein Taxi mehr ohne Trennwände und Trennscheiben zwischen Vorder- und Rücksitzen zugelassen werden. Zudem sollten in die rund 45.000 Taxis im Bundesgebiet bis zum 1.7.1968 kugelsichere Trennwände eingebaut werden. Letztlich waren akustische und optische Warnanlagen und Sicherheitsgurte für die Sitze der Fahrgäste vorgeschrieben. Ausgerechnet die Taxifahrer wehrten sich vehement gegen die Verordnung, da die nunmehr vorgeschriebenen Sicherheitsmaßnahmen finanziell kostspielig waren und einen späteren Verkauf des Fahrzeuges erschwerten. Siehe BArch B 141/30603. Ebenso *Kohlmann*, Handelsblatt v. 25.11.1966; SZ v. 26.11.1966 „Verstummt der Schrei nach der Todesstrafe?" v. *Ernst Müller-Meiningen jr.*; dpa-Brief v. 2.1.1967 „Sicherheit gerichtlich verordnet".

73 Allg. Zeitung v. 20.12.1967 „Für den Henker gibt es keine Mehrheit" v. *Gustav Heinemann*; Vorwärts v. 12.10.1967 „Zur Barbarei zurück?" v. *Gustav Heinemann*; SZ v. 2.12.1967 „Bartsch betet, liest Krimis und weint" v. *Ernst Müller-Meiningen jr.* Vgl. auch BArch B 136/7052.

74 *Jürgen Bartsch* war ein pädophiler Serienmörder, der in Velbert in der Zeit von 1962 bis 1966 insgesamt vier Kinder zwischen 8 und 13 Jahren zunächst sexuell missbrauchte, danach tötete und ihre Leichen zerstückelte. Wie ein psychologisches Gutachten später bestätigte, gehörte Bartsch zu den sadistisch geprägten, zu Gewalttaten neigenden Tätern, die auf Kinder fixiert sind und der seine Taten unter einem „unwiderstehlichen" Drang ausführte. Bereits im Juni 1961 war Bartsch wegen Misshandlungen an einem Kind verhaftet worden. Das Verfahren wegen gefährlicher Körperverletzung wurde jedoch eingestellt. Der im November 1967 stattfindende Bartsch-Prozess fand unter großer Beachtung der Medien und der Öffentlichkeit, national wie international, statt. Das Wuppertaler Landgericht verurteilte den 19-jährigen Metzgergesellen zu lebenslanger Zuchthausstrafe. Im Jahr 1969 ließ der BGH die Revision zu und hob im Revisionsverfahren das erstinstanzliche Urteil auf, da das erkennende Gericht Bartsch irrtümlich als voll zurechnungsfähigen Erwachsenen behandelt hatte. In einer neuen Verhandlung vor dem Landgericht Düsseldorf im Jahr 1971 wurde Bartsch zu zehn Jahren Jugendstrafe und anschließender Unterbringung in einer Heil- und Pfleganstalt verurteilt. Einzelheiten siehe *Paul Moor*, Jürgen Bartsch: Opfer und Täter.

wärtigen Strafandrohungen in Deutschland. Zwar stand auf Kindsmord bereits nach geltendem Recht lebenslängliches Zuchthaus. Diese Strafe schien aber in den Augen der Öffentlichkeit nicht ausreichend.[75] In der Erkenntnis, auch in Zukunft derartige Verbrechen nicht verhindern zu können, rief die Bevölkerung immer lauter nach drakonischen Strafen, die in der Wiedereinführung der Todesstrafe gipfelten – als einzig wirksames Mittel, um Bürger und Gesellschaft vor Rechtsbrechern zu schützen.[76]

Der Vorsitzende der CSU-Landesgruppe im Bundestag Stücklen setzte sich öffentlich für die Prüfung der Frage ein, ob für Mord an einem Kind nicht die Todesstrafe wieder eingeführt werden müsste. Allein seit 1953 seien 243.000 Fälle von Delikten an Kindern aktenkundig geworden.[77] Gleichzeitig

---

75 Diesem Empfinden konnten sich auch der Wiesbadener Staatsanwalt *Klaus Kynast* nicht entziehen. Im sog. Lehnert-Prozess, in dem der Arztsohn Lehnert vom Wiesbadener Schwurgericht im August 1968 wegen heimtückischen Mordes an dem 7-jährigen Timo Rinnelt für schuldig erklärt wurde, bedauerte der Jurist in seinem Antrag auf lebenslängliche Zuchthausstrafe, „dass das Gesetz eine schärfere Strafe verbiete". Das Publikum im Gerichtssaal quittierte diese Anspielung auf die Todesstrafe mit Beifall. Disziplinarische Maßnahmen wegen dieser Äußerung hatte Kynast nicht zu befürchten. Sein Vorgesetzter wertete die Stellungnahme nicht als „programmatische Erklärung zur Todesstrafe". Kynast habe lediglich „der besonderen Verwerflichkeit der Tat und des Verhaltens des Angeklagten" kennzeichnen wollen. Im September 1968 „verlieh" ein sog. Bürgerkomitee, gegründet von einigen jungen Leuten in Wiesbaden, die gegen „kommunale Schäden" in der hessischen Landeshauptstadt angehen wollten, Kynast den „Hackebeilorden Erster Klasse". In dem Anerkennungsschreiben an Kynast hieß es: „Wer so mutig wie Sie und so eindeutig für die leider noch nicht wieder eingeführte 'Rübe-ab-Gerichtsbarkeit'eintritt, dem darf die Anerkennung nicht verweigert werden. Wir haben uns daher entschlossen, auch Ihnen unser Goldenes Hackebeil zu verleihen, und verbleiben in der Hoffnung, dass bald unsere laschen Gesetze entsprechend verschärft werden, damit Sie sich als Krönung ihrer Laufbahn eine Rübe an die Robe heften können." Vgl. FAZ v. 6.8.1968 „Privatauffassung"; SZ v. 6.8.1968 „Staatsanwalt Kynast und die Todesstrafe" v. *Ernst Müller-Meiningen jr.*; Welt v. 8.8.1968 „Keine Maßnahmen gegen Kynast"; FAZ v. 22.8.1968 „Nach oben geschaut"; SZ v. 4.9.1968 „Orden für den Staatsanwalt" v. *Dieter Lau.*

76 *Heinemann*, Allg. Zeitung v. 20.12.1967; *Heinemann*, Vorwärts v. 12.10.1967; *Müller-Meiningen jr.*, SZ v. 2.12.1967.

77 Den statistischen Angaben Stücklens trat der stellvertretende Fraktionsvorsitzende und Vorsitzende des Arbeitskreises in der SPD-Bundestagsfraktion, *Martin Hirsch*, entgegen, indem er erklärte, die angegebene Zahl von 243.000 seit 1953 aktenkundig gewordenen Delikten an Kindern, enthalte nur ganz allgemein alle in der polizeilichen Kriminalstatistik erfassten unzüchtigen Handlungen an Kindern. Also auch Fehlanzeigen, zahlreiche typische pubertierende Handlungen strafunmündiger Kinder unter 14 Jahren und schließlich die zur Anklage oder Verurteilung nicht ausreichenden Fälle. Insgesamt zeige die Statistik in den letzten Jahren eine rückläufige Tendenz bei Sittlichkeitsverbrechen an Kindern. Ein *Sprecher des Dt. Kinderschutzbundes* bezifferte die Zahl der Sexualmorde an Kindern für das Jahr 1967 auf 24. Siehe Stuttg. Zeitung v. 9.9.1967 „Todesstrafe schützt nicht vor Gewaltverbrechen"; *Müller-Meiningen jr.*, SZ v. 2.12.1967.

forderte er die Überprüfung sowohl der Sicherungsverwahrung für Triebverbrecher nach Verbüßung der allgemeinen Strafe als auch die Möglichkeit eines medizinischen Eingriffs.[78] Die Aussagen des CSU-Politikers erlangten insbesondere im Zusammenhang mit einer Aktion des Deutschen Kinderschutzbundes und der Illustrierten *Praline* Bedeutung. Der Kinderschutzbund sammelte zusammen mit der Hamburger Illustrierten Unterschriften mit dem Ziel, eine Verschärfung des Gesetzes gegen Sittlichkeitsverbrechen zu erreichen. Bereits zum Ende September 1967 hatten das Begehren 70.000 Bürger unterschrieben. Obwohl die Aktion nicht für die Wiedereinführung der Todesstrafe eintrat, wurden die Äußerungen Stücklens dennoch regelmäßig im Zusammenhang mit dieser Aktion zitiert.[79] Parallel hierzu verlangte die CSU-Landesgruppe in einer kleinen Anfrage an die Bundesregierung differenziertes Material über Sittlichkeitsverbrechen an Kindern und stellte unter anderem die Frage nach einem Kastrationsgesetz.[80] Unterstützung erhielt Stücklen unter anderem von Seiten des bayerischen Ministerpräsidenten Goppel (CSU)[81] sowie des rheinland-pfälzischen Justizministers Fritz Schneider (FDP), der auf einer Pressekonferenz anlässlich des Verschwindens eines 11-jährigen Mädchens aus Pirmasens die Wiedereinführung der Todesstrafe für Mörder nach dem Beispiel der zwanziger Jahre forderte.[82]

Auch die Nationaldemokratische Partei entschloss sich auf ihrem dritten Parteitag in Hannover, auf Antrag einiger Kreisverbände und gegen den Willen des Parteivorsitzenden, Adolf von Thadden, die Forderung nach der Todesstrafe bei Kapital- und Sexualverbrechen in ihr Programm mit aufzunehmen. Aufgrund der Intervention des Vorsitzenden der Partei fand sich die Forderung jedoch letztendlich – vorerst – nicht im Programm der NPD.[83]

---

78 BArch B 141/30603. Siehe auch FAZ v. 7.9.1966 „Stücklen: Todesstrafe bei Kindsmord erwägen"; Stuttg. Zeitung v. 9.9.1967; *Müller-Meiningen jr.*, SZ v. 2.12.1967.

79 FAZ v. 8.9.1967 „Bonn lehnt Todesstrafe bei Kindesmord ab"; FR v. 8.9.1967 „Kein Gedanke an die Todesstrafe"; FAZ v. 28.9.1967 „Schon 70.000 Unterschriften".

80 Die kleine Anfrage wurde u.a. unterstützt von den Abgeordneten Jaeger, Stücklen, Schlee, Wagner und Memmel. Siehe *Müller-Meiningen jr.*, SZ v. 2.12.1967.

81 *Heinemann*, Vorwärts v. 12.10.1967.

82 Welt v. 22.9.1967 „Minister Schneider für die Todesstrafe".

83 Noch in der Nacht nach der Beschlussfassung unternahm *Thadden* den Versuch, „den grellen Fanfarenton aus der nationaldemokratischen Partitur zu nehmen". Die Annahme der Forderung sei politisch falsch gewesen, meinte er „um 23 Uhr beschwörend". Es sei fraglich, ob der knappe Mehrheitsentschluss am Nachmittag überhaupt rechtens gewesen sei. Dies müsse erst durch eine Kommission von parteiinternen Richtern und Rechtsanwälten geprüft werden. Mittlerweile ist die Forderung der Todesstrafe in besonders schweren Fällen bei wiederholtem Sexual-, Kindes-, Raub- und Massenmord und bei schwersten Fällen des Drogenhandels jedoch fester Bestandteil des politischen

## D) Bundesjustizministerium

### I. Bundesjustizminister Ewald Bucher

Wie oben bereits erwähnt, sprach sich Bundesjustizminister Bucher in der Öffentlichkeit entschieden gegen die Wiedereinführung der Todesstrafe aus.[84] Unter Verweis auf den Rückgang der Kapitalverbrechen in Ländern ohne Todesstrafe, bezweifelte er insbesondere eine abschreckende Wirkung der höchsten Strafe.[85] Im übrigen lehnte er die Todesstrafe aus religiösen und philosophischen Gründen ab.[86] Das Bundesjustizministerium betonte in Antworten auf Eingaben „angesichts zahlloser Verbrechen in der Bundesrepublik",[87] kurz und

Programms der NPD. Siehe FAZ v. 13.11.1967 „Mit Adolf von Thadden wider artfremden Ungeist" v. *Bernd Naumann*; *Müller-Meiningen jr.*, SZ v. 2.12.1967.

84 Auch sein Vorgänger, BMJ *Wolfgang Stammberger* hatte gleich zu Beginn seiner Amtszeit der Forderung nach der Wiedereinführung der Todesstrafe eine klare Absage erteilt. (FAZ v. 25.11.1961 „Stammberger in Berlin", *Müller-Meiningen jr.*, SZ v. 27.11.1961) Erst am Ende von Stammbergers Amtszeit erreichten sein Ministerium verstärkt Eingaben die die Forderung beinhalteten, er möge die Todesstrafe angesichts der zahlreichen Gewaltverbrechen wieder einführen. Beantwortet wurden diese Eingaben unter Verweis auf den Rückgang der Mord- und Totschlagsdelikte und der Aussicht, dass der Bundestag sich bei der Beratung des Entwurfs zum neuen StGB (E 1962) mit der Frage erneut beschäftigen werde. Die Erreichung der notwendigen Zweidrittelmehrheit sei jedoch fraglich. Siehe BArch B 141/003811, B 141/003812, B 141/003813.

85 *Bucher* verschwieg jedoch, dass neuste statistische Untersuchungen im Oktober 1964, seit 1958 einen stetigen, wenn auch nur marginalen Anstieg der Kriminalität verzeichneten. Die Kriminalitätsziffern für Mord gestalteten sich wie folgt: 1958 – 0,2; 1959 – 0,3; 1960 – 0,3; 1961 – 0,32, 1962 – 0,32. Auch die polizeiliche Kriminalstatistik für Mord und Totschlag wies einen leichten Anstieg aus: Vollendete Taten 1958 – 330; 1959 – 354; 1960 – 355; 1961 – 382; 1962 – 397; 1963 – 442. Versuchte Taten 1958 – 618; 1959 – 666; 1960 – 761; 1961 – 708; 1962 – 824; 1963 – 866. In einem Schreiben an die Deutsche Angestellten Gewerkschaft im Dezember 1964 nannte das BJM wiederum andere Zahlen, aber auch hier stieg die Zahl der Verurteilungen wegen Mordes leicht an: 1956 – 95 (0,23); 1957 – 97 (0,24); 1958 – 114 (0,27); 1959 – 124 (0,3); 1960 – 125 (0,3); 1961 – 135 (0,32); 1962 – 138 (0,32); 1963 – 156 (0,34); 1964 – 163 (0,36). Siehe BArch B 141/48310 Bl. 48ff., 61ff., B 141/400901. Ebenso FAZ v. 3.10.1964; Welt v. 03.10.1964; *Dederichs*, KStA v. 3./4.10.1964; *Garde*, Welt der Arbeit v. 9.10.1964.

86 „Man darf einem Menschen, auch wenn er noch so sehr gefehlt hat, nicht die Möglichkeit nehmen, zu sühnen, man darf ihm nicht die ewige Seligkeit absprechen". Siehe Welt v. 3.10.1964.

87 Neben der Todesstrafe forderten einige Einsender die Einführung der „Entmannung" bzw. zwangsweise Kastration bei Sittlichkeitsverbrechen (insbesondere an Kindern) und im Einzelfall sogar für Mörder. Erst die zu erwartende Verspottung des Täters, überhaupt „kein Mann mehr zu sein", ließen, so eine nach eigenen Angaben Frauenrechtlerin, den Täter die Schwere seiner Tat richtig erkennen. Ein Einsender regte die Inkraftsetzung einer Notverordnung bzw. Sonderverordnung nach dem Vorbild Hin-

bündig die Abschaffung der Todesstrafe kraft Verfassung aufgrund des schweren Missbrauchs der Strafe zur Zeit des Nationalsozialismus. Die gesetzgebenden Körperschaften hätten im Zusammenhang mit der Beratung des Entwurfs des neuen Strafgesetzbuchs ausreichend Gelegenheit, die Frage der Todesstrafe zu erörtern. Diese Entscheidung bleibe abzuwarten.[88]

Bucher bekräftigte in einer Fragestunde des Bundestages am 16. Oktober 1964,[89] auf eine Frage des sozialdemokratischen Bundestagsabgeordneten Pohlenz, erneut seine persönliche Ansicht, dass es bei der Abschaffung der Todesstrafe durch das Grundgesetz bleiben sollte. Ob aber die Bundesregierung seine Meinung teile, könne er derzeit nicht beantworten, da sie darüber bisher noch nicht beraten habe.[90] Schon 1963 hatte sich Bucher im Rahmen der

---

denburgs an. Sittlichkeitsverbrechen an Kindern mit Todesfolge müssten auch ohne Polizei gesühnt werden können – gelyncht durch die Bevölkerung. Andere Eingaben wiederum favorisierten zur Umgehung der Todesstrafe eine Art Arbeitslager in Kohlebergwerken oder Steinbrüchen für zweifelsfrei überführte Mörder. Dort sollten die verurteilten Verbrecher – zeitweilig oder lebenslang – bei einfacher Kost und schwerer Arbeit, ggf. unter vollständiger Isolation zur Gemeinschaft, ihre Schuld gegenüber der Gesellschaft abarbeiten. Teilweise wurde das Leben der Opfer in Geld umgerechnet, in dem die monatlichen bzw. jährlichen Einkünfte, das tatsächlich erreichte und das hypothetisch zu erreichende Lebensalter der Opfer in Relation zueinander gesetzt wurden. Damit die Familien der Opfer nicht dem Staat zur Last fielen, sollten die Täter dementsprechend ihre Schuld solange abarbeiten, bis der „Schaden an einem Menschenleben" ausgeglichen war. Von anderer Seite wurde dagegen vorgeschlagen, der Schwere der Tat durch Abstufungen der Arbeitsbedingungen Rechnung zu tragen. Derartige „Alternativen", da waren sich die Einsender einig, seien weitaus abschreckender als die lebenslängliche Zucht- oder Freiheitsstrafe. Siehe BArch B 141/003815, B 141/400901.

88 Insbesondere verwies das BJM auf die Arbeit der Großen Strafrechtsreform, in deren Rahmen ebenfalls die Arbeit von Strafgefangenen zur Wiedergutmachung des durch die Straftat entstandenen Schadens sowie die freiwillige Kastration erörtert werde. Die zwangsweise Kastration jedoch, wies das BJM ebenso wie den Erlass der vorgeschlagenen Notverordnung inkl. Lynchjustiz ausdrücklich als verfassungsrechtlich unzulässig zurück. Siehe BArch B 141/003815, B 141/400901.

89 Sten. Bericht des BT, 138. Sitzung v. 16.10.1964, S. 6871f.

90 Ursprünglich richtete sich die Frage des Sozialdemokraten auf die Möglichkeit der vorzeitigen Begnadigung von Gewaltverbrechern, insbesondere Kinder- und Taxifahrermörder. *Bucher* erklärte, dass die Begnadigung von Mördern – entgegen der weit verbreiteten öffentlichen Meinung – eine absolute Ausnahme darstellte, und dass das Motiv der Tat sowie ihre Ausführung bei einer evtl. Begnadigung eine wesentliche Rolle spielten. Zum Stichtag 31.3.1963 befanden sich in den Strafanstalten der Bundesrepublik insgesamt 902 zu lebenslanger Freiheitsstrafe Verurteilte. Nach Informationen der Länder waren bisher seit Mai 1949 lediglich insgesamt 11 der zu lebenslanger Zuchthausstrafe Verurteilten gnadenweise entlassen worden. Bucher betonte, dass sich unter den elf Entlassenen keine Mörder von Kindern oder Taxifahrern befanden. (Sten. Bericht des BT, 138. Sitzung v. 16.10.1964, S. 6871f.). Ein anderes Bild zeichnete eine Untersuchung in der Zeitschrift *Die Neue Polizei*. Danach befanden sich von 142 Inhaftierten, die vor dem 31.12.1946 zu einer lebenslänglichen Zuchthausstrafe verurteilt

ersten Beratung des von der Bundesregierung eingebrachten Entwurfs eines neuen Strafgesetzbuches eindeutig gegen die Todesstrafe ausgesprochen. „Für den Entwurf eines einfachen Gesetzes wie des neuen Strafgesetzbuches ist allein entscheidend, dass das Grundgesetz die Todesstrafe abgeschafft hat“.[91]

Im November 1964 rückte das Bundesjustizministerium im Zusammenhang mit der Todesstrafe besonders in den Fokus der Öffentlichkeit. Das Deutsche Fernsehen berichtete in der Sendung *Report* am 16. November 1964 von einer „seltsamen“ Akte des Ministeriums, in der Bewerbungen von Menschen gesammelt waren, die sich für den Beruf des Scharfrichters interessierten und ihre Dienste für den Fall der erneuten Wiedereinführung der Todesstrafe vorsorglich anboten. In dieser Sendung wurden Auszüge aus Bewerbungen an das Bundesjustizministerium wiedergegeben und ein Gespräch zwischen einem Reporter und einem Bewerber über die Motive seiner Bewerbung gesendet.[92]

Im Vorfeld zu dieser Sendung hatte sich der Reporter Martin Schulze vom Westdeutschen Rundfunk Köln im Oktober 1964 an das Pressereferat des Bundesjustizministeriums gewandt. Er gab gegenüber dem Ministerium an, ihm sei bekannt, dass dem Bundesjustizministerium verschiedene Bewerbungen um das Amt eines Scharfrichters vorlägen. Er wollte etwas über die Motive für solche Bewerbungen wissen und diese Kenntnisse in einer Fernsehsendung über die Todesstrafe verwenden. Schulze sicherte zu, dass die Anonymität der Bewerber gewährleistet werde. Daraufhin gab ihm der zuständige Referent der Strafrechtsabteilung, Ministerialrat Schwalm, einen Überblick über die Bewerbungen, die zum größten Teil schon vor mehreren Jahren geschrieben worden waren. Schwalm nannte jedoch weder Namen noch Wohnorte der Bewerber. Zudem lehnte er die Einsichtnahme in die Akte ab. Im November trat Schulze erneut deswegen an das Bundesjustizministerium heran. Auf seine Bitte hin wurden seinen Mitarbeitern kurze Auszüge aus sechs Bewerbungen zum Mitschreiben vorgelesen, ohne dass Namen und Wohnorte der Bewerber genannt wurden. Dem Westdeutschen Rundfunk wurde dabei die Auflage gemacht, bei der Gestaltung der Sendung darauf hinzuwirken, dass nicht der

---

worden waren, nur noch 36 im Strafvollzug. 13 waren verstorben, 5 in Heil- oder Pflegeanstalten überstellt, 65 begnadigt und 22 in Ausland abgeschoben worden. (Spiegel v. 10.12.1964).

91 Sten. Bericht des BT, 70. Sitzung v. 28.3.1963, S. 3186.

92 Der Bewerber erklärte in einem Interview mit der *Abendpost*, erst nachdem Adenauer sich für die Wiedereinführung der Todesstrafe eingesetzt hatte, habe er sich zu seiner Bewerbung beim BJM entschieden. Siehe BArch B 141/400903. Vgl. auch AZ v. 28./29.11.1964 „Der Mann will Henker werden“; AZ v. 23.11.1964; Ruhr-Nachrichten v. 25.11.1964 „27 bewarben sich beim Justizminister als Henker“.

Eindruck entstehe, der Westdeutsche Rundfunk habe Akteneinsicht gehabt.[93] Da Schulze auch daran lag, mit einigen Bewerbern unmittelbar in Verbindung zu treten, erklärte sich Schwalm bereit, einige Bewerber über diesen Wunsch zu unterrichten.[94]

Insgesamt befanden sich ca. 30 Bewerbungen für die Position des Scharfrichters in der Akte des Bundesjustizministeriums.[95] Besonders dann, wenn die Todesstrafe wieder einmal diskutiert wurde, erreichten das Bundesjustizministerium, den Bundeskanzler, den Bundesgerichtshof oder den Generalbundesanwalt Bewerbungen von Henker-Aspiranten. Allein die letzte Diskussion im Zusammenhang mit den Taxifahrermorden erbrachte drei „Freiwillige". Fast alle Bewerber ließen sich nicht von finanziellen Erwägungen leiten.[96] Im Gegenteil, sie erklärten meist, dass sie in ihren Berufen z.B. als Handwerker, Angestellte oder Facharbeiter gut verdienten. Die meisten handelten aus der Überzeugung heraus, dass die Morde in der Bundesrepublik zunähmen, und dass die Todesstrafe abschrecke. Sie führten als Motive für ihre Bewerbung ihr „Gerechtigkeitsgefühl",[97] aber auch Rache,[98] Patriotismus oder angebliche Va-

93 Stattdessen erklärte der Sender: „Im Bundesjustizministerium in Bonn gibt es eine Akte, eine seltsame Akte. Man durfte sie uns nicht zeigen, aber man gab uns Auszüge, Auszüge aus Briefen, aus Bewerbungen." Siehe BArch B 141/400903.

94 Der Ministerialrat setzte daher mit einem privatdienstlichen Schreiben mehrere Bewerber über den Sachverhalt in Kenntnis. In diesem Schreiben war ausdrücklich darauf hingewiesen, dass das BJM Schulze weder Namen noch Anschriften von Bewerbern genannt habe, dass sich der Ministerialrat lediglich bereiterklärt habe, sie über den Wunsch Schulzes zu unterrichten, und das es ihnen frei stehe, ob sie sich an der Fernsehsendung beteiligen und ihrerseits an Schulze herantreten oder die Sache als erledigt ansehen wollten. Dieser Mitwirkung des BJM hatte der Leiter der Abteilung Strafrecht und das Pressereferat zugestimmt. Siehe BArch B 141/400903.

95 BArch B 141/400903. Vgl. auch Ruhr-Nachrichten v. 25.11.1964; Abendpost v. 28./29.11.1964; AZ v. 23.11.1964.

96 Nur ein Bewerber versprach sich von der Ausübung des Henkerberufes eine finanzielle Verbesserung seiner Lage, um nicht als „Sozialer-Unterstützungs-Empfänger" zu enden. „Deshalb trage ich meine Bitte mit Dringlichkeit vor, da ich nirgends einen Erwerb finden kann. Bitte helfen sie mir doch, sehr geehrter Herr Minister, endlich zu einer Existenz und lassen Sie mich in die Liste der Anwärter für einen Henkerberuf eintragen." Siehe BArch B 141/400903.

97 Z.B. „Auf Grund der vielen Verbrechen, welche sich zum Entsetzen der Bevölkerung und unseres jungen demokratischen Staates immer mehr anhäufen, bin ich zu dem Entschluss gekommen, aus meinem Gerechtigkeitsgefühl heraus, mich als Scharfrichter berufen zu fühlen." Siehe BArch B 141/400903.

98 Zum Beispiel schrieb ein Bewerber: „Während meiner Haftzeit wegen Wirtschaftsvergehen in der DDR habe ich das Terrorsystem der Zonenjustiz in seltener Art und Weise kennen gelernt und erdulden müssen. Nur der Schwur, den ich mir gab, bei jenen als Scharfrichter zu walten, die später von ordentlichen Gerichten als Verantwortliche der DDR oder als Verantwortliche für den Kommunismus mit dem Tod bestraft werden,

terinstinkte[99] an.[100] Viele betonten ihr öffentliches Ansehen oder ihre zweifelsfreie Reputation, einige Bewerber boten sogar Leumundszeugnisse an. In Anerkenntnis ihres ungewöhnlichen Anliegens baten jedoch fast alle Bewerber um Diskretion bei der Prüfung ihrer Bewerbung.[101]

Die Antworten auf derartige Schreiben lauteten von Seiten des Bundesjustizministeriums immer gleich. Kurz und bündig erklärte das Ministerium, dass die Bewerbung zum Scharfrichter derzeit als gegenstandslos zu betrachten sei, da die Todesstrafe durch das Grundgesetz abgeschafft worden sei. Ohnehin sei es, für den unwahrscheinlichen Fall der Änderung dieses Verfassungsverbotes, Aufgabe der Landesjustizverwaltungen, Scharfrichter einzustellen.[102]

In der Kabinettssitzung am 16. Dezember 1964 untersagte der Bundeskanzler den Bundesbehörden, an sie gerichtete Bewerbungsschreiben ganz oder teilweise bekannt zu geben und zwar auch dann nicht, wenn die Anonymität der Bewerber gewahrt bleibe.[103]

---

hat mir die Kraft zum Durchhalten gegeben. [...] Ich bitte und ersuche sie dringend, mir die Möglichkeit zu geben, diesen Schwur zu erfüllen [...].“ Siehe BArch B 141/400903.

99 So zum Beispiel: „Als fanatischer ehrliebender deutscher Mensch, der die Einführung der Todesstrafe im Sinne Tausender und aber Tausender wünscht, zur Abwehr schwerer Bluttaten, Kindesentführung usw., da ich ja selbst Vater bin und somit mit den betroffenen Eltern mitfühlen kann, wie es ist, wenn ein Kind einem gewissenlosen Schurken in die Hände fällt. Ist es kein Problem für mich als bestätigter Scharfrichter oder Henker zum Wohl des Volkes und Staates tätig zu sein.“ Siehe BArch B 141/400903.

100 Einzelheiten siehe BArch B 141/400903.

101 Die Folgen der öffentlichen Bekanntmachung eines solchen Begehrens spürte der Bewerber, der öffentlich mit der *Report*-Redaktion über seine Motive der Bewerbung als Scharfrichter gesprochen hatte. In der Folge mieden ihn die Einwohner seines Heimatstädtchens und auch seine Familie hatte unter der allgemeinen Ächtung der Stadt zu leiden. Selbst Drohbriefe gingen bei dem „Bewerber“ ein. Vgl. BArch B 141/400903; Abendpost v. 28./29.11.1964.

102 BArch B 141/400903.

103 In der Kabinettssitzung am 24.11.1964 hatte ein Kabinettsmitglied um Auskunft gebeten, ob und in welchem Umfang das BJM an der Report-Sendung mitgewirkt habe. Verschiedene andere Mitglieder äußerten ihr Erstaunen darüber, wie so etwas möglich sei. Auch innerhalb des Ministeriums waren die Ansichten über das Vorgehen geteilt. Während einige das Vorgehen des BJM für unbedenklich betrachteten, äußerten andere Bedenken. Zwar sei die Mitwirkung des Hauses gut abgesichert gewesen, sie wären aber besser überhaupt unterblieben. Insbesondere die Unterrichtung der fünf letzten Bewerber sei höchst fragwürdig. Es wurde vorgeschlagen, derartige Bewerbungen nicht mehr in einer gesonderten Akte zu sammeln, da sie zum einen völlig wertlos seien, und zum anderen Querulanten-Eingaben in nichts nach stünden. Dann wären auch die Akten „sauber“. Siehe BArch B 141/400903.

## *II. Bundesjustizminister Gustav Heinemann*

Während der nur ein Jahr amtierende Bundesjustizminister Richard Jaeger die erneute Anwendung der Todesstrafe für sich persönlich offen befürwortete,[104] lehnte sein Nachfolger, der unter der großen Koalition benannte, erste sozialdemokratische Justizminister der Bundesrepublik Gustav Heinemann, entsprechend der politischen Linie seiner Partei, die Anwendung der Todesstrafe kategorisch ab.[105] Daneben erklärte ein Sprecher des Justizministeriums, man habe Jaegers Forderungen nach der Todesstrafe bisher lediglich als private Meinungsäußerungen wahrgenommen und betonte, dass die Bundesregierung derzeit nicht an die Wiedereinführung der Todesstrafe auch nur denke.[106]

Dass die Bundesregierung nicht beabsichtige, „den Sperrriegel vor dem Schafott zu lockern, der durch Art. 102 des Grundgesetzes gelegt ist", auch nicht in den zweifelsfrei geklärten Fällen von Kindesmord, bestätigte Heinemann ebenfalls in einer Fragestunde des Bundestages.[107] Auf die Frage des Mainzer Abgeordneten Hofmann

> „Ist die Bundesregierung der Auffassung, dass auf Grund der vielen Morde in der Bundesrepublik in den letzten Wochen – insbesondere Morde an Kindern – bei zweifelsfrei geklärten Fällen die Frage der Einführung der Todesstrafe erneut überprüft werden müsste?"[108]

betonte Heinemann, Erfahrungen im Ausland hätten gelehrt, dass von einer Wiedereinführung der Todesstrafe keine Verminderung der Zahl der Morde zu erwarten sei. Wichtiger als Strenge der Strafe sei die Aufdeckung von Gewalt-

---

104 Näheres hierzu siehe unten Dritter Teil, 3. Kapitel. Vgl. auch BArch B 141/400901; Spiegel v. 17.11.1965.

105 *Peter Borowsky*, Große Koalition und außerparlamentarische Opposition; Stuttg. Zeitung v. 9.9.1967; Allg. Zeitung v. 14.9.1967 „Nein zu Henker und Fallbeil".

106 Auf die Frage, ob vor einiger Zeit nicht unter BMJ Jaeger eine Änderung des entsprechenden Artikels des Grundgesetzes überlegt worden sei, erklärte der Sprecher des Ministeriums, damals sei das Problem nicht offiziell diskutiert worden. Zudem sei die Meinung, dass die Todesstrafe für bestimmte Schwerstverbrechen wieder eingeführt werden solle, immer nur von Jaeger als seine persönliche Meinung vertreten worden. Siehe FAZ v. 8.9.1967; FR v. 8.9.1967.

107 Sten. Bericht des BT, 144. Sitzung v. 14.12.1967, S. 7438f. Vgl. auch GA v. 15.12.1967 „Regierung weiter gegen die Todesstrafe".

108 Im folgenden erklärte *Hofmann* weiter: „Bei aller Problematik der Todesstrafe [...] scheint doch die Frage wichtig zu sein, ob man nicht auf die Dauer in einem Volk, in einem demokratischen Staatswesen ein allgemeines Unbehagen in dieser Frage empfindet; denn ein großer Teil der Bürger dieses Staates glaubt, dass der Staat zu schwach sei und dass alle Verbrecher nach kurzer Zeit doch über die berühmte 'reeducation' wieder in die Gesellschaft zurückkämen." Siehe Sten. Bericht des BT, 144. Sitzung v. 14.12.1967, S. 7438f.

verbrechen und forderte demgemäß eine Verstärkung der Strafverfolgung.[109] Der Ruf nach der Todesstrafe sei nur geeignet, von den eigentlichen Aufgaben abzulenken. Den Argumenten der Befürworter müsse vielmehr durch eine nüchterne und rationale Aufklärung der Bevölkerung entgegengewirkt werden.[110] Besonders Politiker dürften nicht der Versuchung erliegen, auf der Welle „volkstümlicher Empörung“ mitzuschwimmen“.[111]

Diese Argumente wiederholte Heinemann auch in einigen Zeitungsinterviews.[112] In diesen führte er weiter aus, der Schutz der Gesellschaft sei am besten durch die Modernisierung und Intensivierung der Arbeit der Kriminalpolizei, die Erweiterung der Maßregeln der Sicherung und Besserung sowie die Wiedereingliederung der Straffälligen in die Gesellschaft zu gewährleisten.[113] „Ein Recht des Staates, sich zum Herrn über Leben und Tod eines Menschen aufzuwerfen – sei er auch ein Mörder –, ist zutiefst problematisch, auch wenn man die Gefahr eines Justizirrtums oder des Missbrauchs der Todesstrafe für politische Zwecke außer Betracht lässt.“[114] „Man darf nicht müde werden, unserem Volk immer wieder zu sagen, dass Henker und Fallbeil keine geeigneten Mittel sind, um die Probleme unserer Gesellschaft in der Mitte des 20. Jahrhunderts zu lösen.“[115] So verständlich die populäre Forderung nach der Todesstrafe, erst recht im Falle der Ermordung unschuldiger Kinder, auch sei. Nach der polizeilichen Kriminalstatistik sei eine Zunahme der Sittlichkeitsverbrechen keineswegs festzustellen.[116] Im Gegenteil, sowohl die Häufigkeitsziffer[117] als auch die Verurteiltenziffer[118] sei mit leichten Schwankungen insge-

109 Denn, so *Heinemann* in einem Interview später, die meisten Verbrecher handelten aus einem seelischen Ausnahmezustand heraus. Gerade bei Triebverbrecher sei der Drang zur Tat so stark gefühlsmäßig bestimmt, dass für eine Abschreckung überhaupt kein Raum bliebe. Siehe *Heinemann*, Allg. Zeitung v. 20.12.1967.

110 Sten. Bericht des BT, 144. Sitzung v. 14.12.1967, S. 7438f. Vgl. auch GA v. 15.12.1967.

111 Allg. Zeitung v. 14.9.1967; AZ v. 15.9.1967 „Henker und Fallbeil lösen kein Problem“.

112 Stuttg. Zeitung v. 9.9.1967; Allg. Zeitung v. 14.9.1967; *Heinemann*, Allg. Zeitung v. 20.12.1967; *Heinemann*, Vorwärts v. 12.10.1967; *Müller-Meiningen jr.*, SZ v. 2.12.1967; SPD-Pressemitteilung v. 6.9.1967. Siehe auch BArch B 136/7052.

113 Stuttg. Zeitung v. 9.9.1967; Allg. Zeitung v. 14.9.1967.

114 Stuttg. Zeitung v. 9.9.1967; SPD-Pressemitteilung v. 6.9.1967.

115 Allg. Zeitung v. 14.9.1967; AZ v. 15.9.1967.

116 *Müller-Meiningen jr.*, SZ v. 2.12.1967; SPD-Pressemitteilung v. 6.9.1967.

117 D.h. Zahl der auf 100.000 Einwohner errechneten Straftaten. Sie ging von 1953 bis 1966 von 33.36 auf 29 zurück. Siehe BArch B 141/30603.

118 D.h. Zahl der Verurteilten auf je 100.000 der strafmündigen Bevölkerung. Sie betrug 1953 noch 11,7, 1964 dagegen nur noch 7,8, wobei die absolute Zahl der Verurteilungen von 4.500 auf rund 3.500 zurückging. 1965 sank die Zahl erneut auf 2.799 (6,6). Siehe BArch B 141/30603.

samt rückläufig. Insbesondere sei die Zahl weitaus geringer als in der Zeit der Weimarer Republik oder der Nationalsozialisten. Aufgabe der Kriminalpolitik sei es, zum Schutz der Gesellschaft Verbrechen mit allen dem Rechtsstaat zur Verfügung stehenden Mitteln zu bekämpfen.[119] Dennoch, so das Bundesjustizministerium, machten die Gerichte im allgemeinen nur zurückhaltend Gebrauch von der bereits bestehenden Möglichkeit der Sicherungsverwahrung.[120] Die Sicherungsverwahrung hatte sich, nach Ansicht des Ministeriums, im geltenden Recht zu einer Maßregel für verhärtete, hoffnungslose Fälle entwikkelt, die namentlich gegen jüngere Täter bis zum Alter von etwa 30 Jahren nur selten angeordnet wurde. Als weiteres Hemmnis habe sich erwiesen, dass nach geltendem Recht für die Erforderlichkeit der Verwahrung der oft ferne Zeitpunkt nach der Strafverbüßung maßgebend sei. Damit seien die Gerichte weitgehend überfordert.[121] Aus diesem Grund befürwortete Heinemann den wesentlichen Ausbau des Systems der Maßregeln der Besserung und Sicherung, in der Form, wie es der Entwurf des neuen Strafgesetzbuches vorschlug, insbesondere die Einführung einer Sicherungsaufsicht sowie die Einrichtung einer Erziehungsbewahrungsanstalt für Täter,[122] die zwar keiner ärztlichen Betreuung in der psychiatrischen Krankenanstalt, wohl aber einer intensiven sozialtherapeutischen Behandlung bedürfen. Auch abartige Triebtäter sollten nach dem Entwurf zur geeigneten Behandlung aufgenommen werden.[123] In den Interviews verwies Heinemann schließlich noch auf die 34. Konferenz der

119 *Heinemann*, Vorwärts v. 12.10.1967.

120 Nach geltendem Recht konnte der § 20a StGB auch gegen Triebverbrecher angeordnet werden.

121 Siehe Vermerk des BJM v. 20.9.1967 bezüglich eines Schreibens des Vorsitzenden der CSU-Landesgruppe der CDU/CSU-Fraktion des Bundestages vom 13.9.1967 in BArch B 141/30603.

122 Auch die FDP, vertreten durch ihre Rechtsexpertin *Diemer-Nicolaus* erteilte der Forderung nach der Todesstrafe eine klare Absage und verwies in diesem Zusammenhang auf die geplante Strafrechtsreform, in der psychiatrische Fürsorgeanstalten vorgesehen seien. Siehe Stuttg. Zeitung v. 12.10.1967 „Auch FDP gegen Todesstrafe bei Triebverbrechen"; Allg. Zeitung v. 14.9.1967.

123 Der Entwurf sah ebenfalls eine Erleichterung der Anordnung der Sicherungsverwahrung vor, indem der Zeitpunkt der Verurteilung maßgeblich sein sollte für die Beurteilung der Erforderlichkeit der Unterbringung. Für junge Täter sah der Entwurf zudem als neue Maßregel die Erziehungsverwahrung vor, die für solche Täter gedacht war, bei denen die Gefahr der Entwicklung zum Hangtäter bestand. Für besonders gefährliche und gefährdete Täter sollte die Sicherungsaufsicht eingeführt werden, umso auch nach Verbüßung der vollen Strafe eine wirksame Aufsicht zu gewährleisten. Siehe BArch B 141/30603.

Justizminister im Oktober 1966, die sich ausführlich mit der Bekämpfung von Triebverbrechern befasst hatte.[124]

Die stringente Linie des Bundesjustizministeriums gegen die Wiedereinführung der Todesstrafe spiegelte sich auch in den Akten des Ministeriums wieder. Während in den Zeiten unmittelbar nach der Abschaffung der Todesstrafe noch alle Eingaben an die Bundesregierung zu dieser Sache akribisch gesammelt und auf nahezu alle individuell geantwortet wurde, beschäftigte sich das Bundesjustizministerium ab Mitte der 60er Jahre nur noch sporadisch mit den Eingaben. In den seltenen Fällen der Beantwortung beschränkten sich die Schreiben zumeist auf die Feststellung, dass die Todesstrafe durch das Grundgesetz abgeschafft worden und eine verfassungsändernde Zweidrittelmehrheit im Bundestag und Bundesrat für eine Wiedereinführung der Todesstrafe derzeit nicht zu finden sei. Statt ausführlicher Stellungnahmen auf vielfältige Anfragen von Privatpersonen, aber auch von wissenschaftlicher Seite, um Übersendung von Material zu diesem Thema, verwies das Ministerium die Einsender auf öffentliche Bibliotheken, in denen sie sicher Literatur zu diesem Thema finden würden. Im Gegensatz zur früheren Praxis lehnte das Ministerium sowohl die Empfehlung konkreter Quellen als auch die Weitergabe von Material zu diesem Thema ab.[125]

Konsequenterweise verfasste das Ministerium der Justiz in Absprache mit dem Bundeskanzleramt im September 1967 drei Vorlagen für Antwortschreiben auf Eingaben, in denen die Wiedereinführung der Todesstrafe gefordert wurde, um so eine einheitliche Begründung durch das Bundeskanzleramt und das Bundesjustizministerium zu gewährleisten. Bei dem ersten Musterschreiben handelte es sich um eine sehr kurz gefasste Antwort, in der lediglich festgestellt wurde, dass die Todesstrafe durch Art. 102 abgeschafft worden und die zu

---

124 Der von ihr beauftragte Referenten-Ausschuss zu diesem Thema befasste sich unter anderem mit der Frage, ob ein Bundesgesetz über eine freiwillige Kastration zu erlassen sei, das die bereits bestehenden Möglichkeiten einer Entmannung von Sittlichkeitsverbrechern erweitert. *Heinemann* vertrat die Ansicht, dass derartige Maßnahmen den Erkenntnissen der modernen Strafrechtspflege entsprächen und die Gesellschaft wirksamer vor Gewaltverbrechern schützten, als die Androhung der Todesstrafe. Der BGH hatte in höchstrichterlicher Rechtsprechung die freiwillige Kastration nach geltendem Recht für zulässig anerkannt, „solange sie das einzige ärztliche Mittel ist, den Betroffenen von einem entarteten Geschlechtstrieb zu befreien und, sofern sie Erfolg verspricht. Voraussetzung ist, dass der Betroffene den Eingriff nach sorgfältiger ärztlicher Belehrung über Art und Folgen freiwillig wünscht. Die Untersuchungshaft schließt die Freiwilligkeit nicht aus.“ Die zwangsweise Kastration verbot sich aus verfassungsrechtlichen Gründen. Siehe BArch B 141/30603 sowie BGHSt 19, 201.

125 Zur Begründung führte es u.a. haushaltsrechtliche Gründe an, die es dem Ministerium unmöglich machten, Materialen unentgeltlich weiterzugeben. Siehe BArch B 141/30603.

ihrer Wiedereinführung erforderliche Zweidrittelmehrheit im Bundestag und Bundesrat nicht zu erreichen sei. Zudem wurde der fehlende Nachweis für eine abschreckende Wirkung sowohl im In- als auch im Ausland hervorgehoben. Das zweite Musterschreiben war speziell auf die zahlreichen Eingaben zugeschnitten, in denen die Todesstrafe für Sexualmorde an Kindern gefordert wurde. In diesem teilten die beiden Regierungsstellen die Sorge über die Sittlichkeitsverbrechen an Kindern und bekräftigten ihre Unterstützung bei der wirksamen Bekämpfung derartiger Delikte. In dem Schreiben wurde auf den zurzeit zur Beratung vorliegenden Entwurf eines neuen Strafgesetzbuches verwiesen, in dem die freiwillige Kastration ausdrücklich auf eine gesetzliche Grundlage gestellt werden sollte. Auch hier erinnerte der Verfasser an das Verfassungsverbot des Art. 102 und bezweifelte die abschreckende Wirkung der Todesstrafe. Letztlich fertigte das Bundesjustizministerium noch einen ausführlichen Entwurf eines Antwortschreibens, der sich mit allen Aspekten des Themas befasste und der bei Bedarf, im Gesamten oder auszugsweise, Anwendung finden konnte. Das Schreiben thematisierte die Gefährlichkeit von Justizirrtümern und die Möglichkeit des Missbrauchs der Strafe zu politischen Zwecken. Daneben befasste es sich mit der dem Verfassungsverbot entgegenstehenden öffentlichen Meinung, deren Annahmen einer wissenschaftlichen Nachprüfung nicht standhielten. Insbesondere die Annahme der abschreckenden Wirkung sei durch die Verurteiltenstatistik der Bundesrepublik zwischen 1950 und 1965 widerlegt worden. Den dort zu verzeichnenden Anstieg ab 1963 führte das Ministerium darauf zurück, dass in jenen Jahren die zunehmenden Verurteilungen wegen Mordes, begangen in der NS-Zeit, enthalten seien und daher nicht ohne weiteres für eine Zunahme der Mordkriminalität in jenen Jahren sprächen. Insgesamt seien die Verurteiltenziffern zwischen 1957 bis 1962 durchweg niedriger als in den Jahren 1885 und 1890 oder 1935. Auch eine Untersuchung des Europarates habe nicht feststellen können, ob die Abschaffung oder Anwendung der Todesstrafe die Mordkriminalität wesentlich beeinflusse. Die Richtigkeit der Entscheidung des Art. 102 würden die internationalen Entwicklungen beweisen, wonach die Länder, die die Todesstrafe weiterhin anwendeten, von Jahr zu Jahr weniger würden.[126]

## *E) Demoskopen*

Während die Zahl der Befürworter bisher stetig rückläufig gewesen war, kehrte sich die Entwicklung im Jahr 1964 wieder um. Angesichts der emotional aufgeladenen öffentlichen Stimmung überrascht es nicht, dass die demo-

126 BArch B 141/30603.

skopischen Institute im Jahr 1964 erneut einen Anstieg unter den Befürwortern registrierten. Während sich in der Allensbacher Umfrage im Jahr 1961 nur noch 51% der Befragten grundsätzlich für die Todesstrafe ausgesprochen hatten, verzeichnete das Institut 1964 einen Anstieg von 6% unter den Befürwortern der Todesstrafe.[127]

Aber nicht nur die Befürworter der Todesstrafe nahmen zu. Auch die Zahl der Gegner der Todesstrafe wuchs. Sprachen sich 1961 in der Allensbacher Umfrage nur 8% grundsätzlich gegen die Todesstrafe aus, lehnten nunmehr bereits 27% der Befragten ihre erneute Anwendung ab.[128] Ebenso registrierte eine Umfrage des DIVO-Instituts eine wachsende Abneigung gegen ein solches Strafmaß. Seit 1954 hatte sich die Zahl der Todesstrafengegner mehr als verdoppelt. Waren es 1954 noch nur 15% der Befragten, die sich gegen die Todesstrafe aussprachen, erklärten im Jahr 1964 bereits 33% ihre Abneigung gegen das höchste Strafmaß.[129]

Auch im Jahr 1967 bestand immer noch eine klare Mehrheit für die Exekution von Schwerverbrechern. Allerdings setzte sich, wie eine Allensbacher Meinungsumfrage im August 1967 belegte,[130] nach dem Ausreißer 1964, der 1961 und 1963 eingeläutete Trend der rückläufigen Befürwortung der Todesstrafe innerhalb der Bevölkerung fort. Nur noch 50% der Befragten unterstützten die

127 Anders gestalteten sich die Ergebnisse einer EMNID-Umfrage im gleichen Jahr. In dieser setzte sich die rückläufige Tendenz unter denjenigen, die für die Todesstrafe eintraten, im Jahr 1964 weiter fort. Erst in einer späteren Umfrage im September 1967 verzeichnete auch die EMNID einen Anstieg unter den Befürwortern der Todesstrafe. Auf die Frage „Sind sie dafür oder dagegen, dass ein Mörder, für den keine mildernden Umstände sprechen, mit dem Tode bestraft wird?" sprachen sich 69% der Befragten für die Todesstrafe aus, während 20% sie ablehnten. 11% waren in ihrer Meinung unentschlossen. Siehe Welt v. 30.1.1968.

128 Allensbacher Berichte des Instituts für Demoskopie, August 1967. Auch im Rahmen der EMNID-Umfrage konnte eine gewachsene Gegnerschaft von 25% ermittelt werden. Siehe Welt v. 30. 1.1968.

129 Besonders auffällig war das Anwachsen des Prozentsatzes derjenigen, die sich nicht nur bedingt, sondern grundsätzlich gegen die Verurteilung zum Tode aussprachen. (1954 waren es nur 6% – zehn Jahre später bereits 16%) Siehe DIVO-Pressedienst Februar I/II 1965. Vgl. auch FAZ v. 19.3.1965 „Die meisten für die Todesstrafe"; *Müller-Meiningen jr.*, SZ v. 26.11.1966; dpa-Meldung Nr. 72 v. 18.3.1965 „Noch immer Mehrheit für Todesstrafe – Zahl der Gegner wächst".

130 Allensbacher Berichte des Instituts für Demoskopie, August 1967. Vgl. auch EMNID-Umfrage im September 1967. In einer Repräsentativumfrage der Wickert-Institute, Tübingen, sprachen sich für die Anwendung der Todesstrafe bei Sittlichkeitsverbrechen 47% aller Erwachsenen der BRD aus. 20% der Befragten befürworteten eine lebenslängliche Inhaftierung, 17% die Sterilisation der Täter. Siehe dpa-Meldung Nr. 65 v. 25.10.1965 „Für harte Bestrafung bei Sittlichkeitsverbrechen".

Wiedereinführung der Todesstrafe. Wenngleich die Anhänger der Todesstrafe in der Bevölkerung nach den Umfrageergebnissen immer noch eine leichte Mehrheit gegenüber denen hatten, die sie ablehnten, stieg die Zahl der Gegner weiter an. Nunmehr sprachen sich 31% der Befragten entschieden gegen die Todesstrafe aus. 19% hatten keine Meinung.[131]

Nach Ermittlung des Allensbacher Instituts bestanden innerhalb der Berufsgruppen deutliche Meinungsverschiedenheiten. Von den Personen mit Volksabschluss sprachen sich 54% für und 27% gegen die Todesstrafe aus. Befragte mit hoher Schulbildung befürworteten hingegen nur zu 38% ihre Einführung, lehnten sie jedoch zu 44% ab. Unter den Berufen traten Arbeiter und Landarbeiter (55%) am entschiedensten und die Angestellten und Beamten (43%) am zögerlichsten für die Todesstrafe ein. Selbständige und freie Berufe waren mit 52% dafür, nur 35% dagegen. In Bayern war man zu 59%, in Norddeutschland und in West-Berlin lediglich zu 46% dafür. In der Altersgruppe zwischen 16 und 29 Jahren fanden sich nach wie vor die meisten Gegner der Todesstrafe, während die Befürworter zumeist unter den 45- bis 59-jährigen zu finden waren.[132]

Diese Entwicklung setzte sich in den darauffolgenden Jahren fort. Im März 1971 stellte das Allensbacher Institut für Demoskopie erstmals eine Überzahl der Gegner der Todesstrafe fest. Nur noch 32% der Befragten sprachen sich zugunsten der Todesstrafe aus. Die Mehrheit der Befragten, insgesamt 51%, lehnte ihre Anwendung dagegen grundsätzlich ab. 17% äußerten keine Meinung.[133]

---

131 Allensbacher Berichte des Instituts für Demoskopie, August 1967; *Müller-Meiningen jr.*, SZ v. 26.11.1967; FAZ v. 23.8.1967 „Jeder zweite für die Todesstrafe“; FAZ v. 15.9.1967 „Einseitig informiert“; Welt v. 30.1.1968.

132 Allensbacher Berichte des Instituts für Demoskopie, August 1967. Im Rahmen der DIVO-Umfrage lehnten 40% der 16–24jährigen und „nur“ 28% der 60–79jährigen die Wiedereinführung der Todesstrafe ab. Bei der Aufgliederung nach Bundesländern zeigte sich, dass Rheinland Pfalz/Saarland mit 67% und Bayern mit 61% am deutlichsten die Wiedereinführung der Todesstrafe befürworteten. Die Stadtstaaten Hamburg und Bremen waren von allen Bundesländern am stärksten gegen die Wiedereinführung der Todesstrafe (50%). Im Gegensatz zur IfD-Umfrage fand sich die deutlichste Ablehnung der Wiedereinführung der Todesstrafe bei den Berufslosen/im Ruhestand und in Ausbildung Befindlichen. Für die Wiedereinführung der Todesstrafe waren am häufigsten diejenigen, die landwirtschaftliche Berufe ausübten (63%) und die Gruppe der Arbeiter ohne Facharbeiter (66%). Die potentiellen Wähler der beiden großen Parteien unterschieden sich nicht wesentlich hinsichtlich ihrer Einstellung zur Wiedereinführung der Todesstrafe. Unter denjenigen Befragten, die mit der FDP sympathisierten, waren mehr Stellungnahmen gegen die Wiedereinführung der Todesstrafe (47%) als für diese (42%). Siehe DIVO-Pressedienst Februar I/II 1965.

133 Allensbacher Berichte des Instituts für Demoskopie, März 1980.

# 10. Kapitel:
# Die Diskussion um die innere Sicherheit

## *A) Die Todesstrafe für Fälle des Staatsnotstandes?*

Nachdem die Große Strafrechtskommission im Rahmen ihrer Beratungen über den Entwurf des neuen Strafgesetzbuches am 17. Oktober 1958 das Problem der Todesstrafe für bestimmte Staatsnotfälle zwar gestreift, in der Abstimmung über die Frage der Aufnahme der Todesstrafe aber bewusst ausgeklammert hatte,[1] war diese Frage gerade im nachfolgenden Jahrzehnt ein zentrales Thema. Denn solange die Bundesrepublik noch keine eigenen Notstandsgesetze eingeführt hatte, konnten die Alliierten gemäß Artikel 5 Absatz 2 des Deutschlandvertrages vom 23. Oktober 1954 in Notsituationen weitgehende Sonderrechte ausüben.[2] Hauptaugenmerk im Rahmen der Beratungen über die Ausgestaltung der deutschen Notstandsgesetzgebung lag auf der Verhinderung eines wiederholten Missbrauchs der Regelungen, wie es in der Weimarer Republik mit den auf Artikel 48 basierenden Notverordnungen geschehen war.[3]

---

1 BArch B 141/48309 Bl. 119ff. Näheres siehe oben Zweiter Teil, 4. Kapitel B).

2 Dieser Artikel bestimmte, dass die von den drei Mächten in bezug auf die Sicherheit ihrer in der Bundesrepublik stationierten Streitkräfte ausgeübten Rechte erst dann erlöschen, wenn die deutschen Behörden Vollmachten erhalten haben, die sie in den Stand versetzen, wirksame Maßnahmen zum Schutz dieser Streitkräfte zu treffen, „einschließlich der Fähigkeit, einer ernstlichen Störung der öffentlichen Sicherheit und Ordnung zu begegnen". Siehe BArch, Justizpolitik und Notstandsgesetzgebung. Ebenso Dt. Bundestag, Streifzug durch die Geschichte – 1968 Demokratie vor dem Notstand; *Borowsky*, Große Koalition und außerparlamentarische Opposition.

3 Bereits 1960 hatte BMI *Schröder* einen im Dezember 1959 erarbeiteten neuen „Entwurf eines Gesetzes zur Ergänzung des Grundgesetzes (Notstandsrecht)" vorgelegt. Der Gesetzesentwurf räumte der Bundesregierung über den im Grundgesetz festgesetzten Rahmen hinausgehende Kompetenzen ein, mit denen sie im Ausnahmezustand das Gesetzgebungsrecht des Parlaments aussetzen und gesetzesvertretende Verordnungen erlassen konnte, die die Einschränkung bestimmter Grundrechte, wie zum Beispiel der Meinungs-, und Pressefreiheit, der Versammlungsfreiheit und des Rechts auf Freizügigkeit zuließen. Darüber hinaus war der Regierung eine Reihe von Befugnissen eingeräumt, die auf die Wiederherstellung von Ruhe und Ordnung abzielten. Der Entwurf scheiterte am Widerstand der SPD und FDP, ohne deren Stimmen die für eine Grundgesetzänderung erforderliche Zweidrittelmehrheit nicht zu erreichen war. Speziell die SPD hielt ein Minimum an parlamentarischer Kontrolle im Notstandsfall für unverzichtbar. Aber auch in den Reihen der CDU/CSU-Parlamentarier stieß der Entwurf nicht auf ungeteilte Zustimmung. Siehe Dt. Bundestag, Streifzug durch die Geschichte – 1968 Notstandsverfassung sowie Streifzug durch die Geschichte – 1968 Demokratie

Im Zusammenhang mit der Diskussion um die Notstandsgesetze tauchte auch immer wieder die Frage nach der Todesstrafe in Notstandszeiten auf, insbesondere auch in Verbindung mit dem Wehrstrafrecht. Anlässlich einer Anfrage der Wehrstrafkommission und des Verteidigungsministeriums zum Problem der Todesstrafe bei Staatsnotstand,[4] beschäftigte sich auch das Bundesjustizministerium intensiver mit der Frage. Als Ergebnis fertigte der zuständige Referent des Ministeriums, Ministerialrat Schwalm,[5] einen Umdruck zu diesem Thema. In diesem skizzierte er zunächst die internationale Entwicklung der Todesstrafe,[6] um zu dem Schluss zu gelangen, dass die Problematik der Todesstrafe bei Staatsnotstand insgesamt bisher vernachlässigt worden sei. Er stellte fest, dass die Länder, die grundsätzlich auf die Anwendung der Todesstrafe verzichteten, wenigstens – von ganz wenigen Ausnahmen abgesehen – die Todesstrafe für den Fall des Staatsnotstandes vorsahen. Gerade für Länder mit einem grundsätzlichen Verzicht auf die Todesstrafe sei die Frage nach einer Ausnahmeregelung für den Staatsnotstand von großer Bedeutung. Daher beschäftigte er sich im folgenden mit der Frage, ob die Todesstrafe im Falle des Staatsnotstandes ausnahmsweise vertretbar sei.[7] Als ausnahmslose Gegner der Todesstrafe führte Schwalm zum Bespiel Jescheck, Kaufmann, Sieverts, Müller-Meiningen jr. sowie Radbruch an. Nach ihrer Auffassung war ein Not-

---

vor dem Notstand?; BArch, Justizpolitik und Notstandsgesetzgebung; *Borowsky*, Große Koalition und außerparlamentarische Opposition.

4 Siehe BArch B 141/48309 Bl. 117.

5 *Schwalm* selbst hatte sich bereits im Rahmen der „Dokumentation über die Todesstrafe“ des Stoytscheff Verlages grundsätzlich gegen die Todesstrafe ausgesprochen. Ausnahmsweise jedoch sollte die Anwendung der Todesstrafe in gewissen Fällen des Staatsnotstandes in den Grenzen der Notwehr möglich sein. Siehe *Mergen*, a.a.O. Ebenso BArch B 141/48310 Bl. 39.

6 Am 9.4.1963 billigte der *Wirtschafts- und Sozialausschuss der Vereinten Nationen* (UN) einen Bericht über die Anwendung der Todesstrafe in 65 Ländern „Capital Punishment“. Gefertigt wurde der Bericht durch *Marc Ancel*, Gerichtsrat am Kassationshof und Direktor der Strafabteilung des Instituts für Rechtsvergleichung in Paris, der bereits 1961 für den Europarat einen Bericht über die Todesstrafe in den Ländern des Europarates erstellt hatte. Der UN-Bericht stellte eine weltweite Tendenz zu einer wesentlichen Verminderung der mit dem Tode bedrohten Straftaten fest. Zudem wies Ancel darauf hin, dass die im 19. Jahrhundert zu beobachtende fortschreitende humanitäre Haltung im 20. Jahrhundert vor allem auf dem Gebiet der politischen Verbrechen einen Rückschlag erfahren habe. Die Untersuchung war auf die Anwendung der Todesstrafe durch die ordentliche Strafgerichtsbarkeit beschränkt. Demgemäß hatte der *Wirtschafts- und Sozialausschuss*, mit Unterstützung der *Generalversammlung*, die UN-Mitgliedstaaten aufgefordert, die Untersuchungen über die Anwendung der Todesstrafe durch Militärgerichte auszuweiten. Siehe BArch B 141/48309 Bl. 117, 119ff., 136; B 141/48310 Bl. 1ff. Vgl. auch SZ v. 23.2.1963 „Die Todesstrafe – immer noch in vielen Gesetzbüchern“ v. *Ernst Hamburger*.

7 BArch B 141/48309 Bl. 119ff.

wehrrecht des Staates mittels der Todesstrafe ausgeschlossen.[8] Hingegen wollten, so führte Schwalm aus, einige grundsätzliche Gegner der Todesstrafe diese für gewisse Staatsnotstandsfälle dennoch zulassen. Allen voran der Italiener Cesare Beccaria, der trotz seiner Ablehnung der Todesstrafe deren Anwendung in Ausnahmefällen dennoch für möglich hielt, z.B. wenn ein Bürger

> „trotz der Beraubung der Freiheit noch solche Beziehungen und Macht unterhält, dass die Sicherheit der Nation dabei interessiert ist, wenn sein Leben eine gefährliche Umwälzung in der festgesetzten Regierungsform nach sich ziehen kann. Der Tod eines solchen Bürgers wird also notwendig, wenn die Nation auf dem Punkte steht, ihre Freiheit wiederzugewinnen oder zu verlieren, oder in Zeiten der Anarchie, wenn Unordnungen an Stelle der Gesetze getreten sind."[9]

Noch deutlicher hielt Ministerialrat Dreher gewisse Ausnahmen vom Todesstrafenverbot für möglich:

> „ [...] In der Tat verändert sich die gesamte Problematik im Kriege ganz grundsätzlich. Zunächst gewinnt der Gesichtspunkt der Notwehr, der in normalen Zeiten nicht anerkannt werden kann, Bedeutung. Ist die Existenz des Staates bedroht, so dauern gewisse Angriffe auf seine Sicherheit noch an und wirken fort, auch wenn der Einzeltäter, der hier nicht mehr isoliert gesehen werden kann, hinter Schloss und Riegel gebracht ist. Die Entziehung der Freiheit kann nicht ausreichen, um den fortwirkenden Angriff abzuwehren. Sicher ist, dass in diesem Falle die lebenslange Zuchthausstrafe kein Ersatz für die Todesstrafe sein kann. [...] vor allem dann, wenn der Verurteilte auf Wiedergewinn seiner Freiheit nach Kriegsschluss rechnen kann oder darüber hinaus sogar auf Belohnung durch einen vielleicht siegreichen Feind."[10]

Da eine Begründung für die ausnahmsweise Anwendung der Todesstrafe bei Staatsnotstand weder in der Literatur noch in Auslandsgesetzen zu finden war bzw. im wesentlichen ganz selbstverständlich auf dem Gedanken des Notwehrrechts basierte, versuchte Schwalm im Anschluss an die Darstellung der ver-

---

8 Radbruch, so führte *Schwalm* aus, sehe in dem Notwehrrecht ein dem Angegriffenen belassenes ursprüngliches Menschenrecht, während das Recht zur Todesstrafe nur als ein erst aufgrund des Staatsvertrages geschaffenes Recht sei. Das Notwehrrecht sei gerichtet auf die Zurückweisung eines Angriffs, ggf. mit der Folge der Vernichtung des Angreifers, nicht aber auf die Tötung selbst. Siehe BArch B 141/48309 Bl. 119ff. Näheres zu den einzelnen Positionen siehe beispielsweise *Hans-Heinrich Jescheck*, Die Todesstrafe im ausländischen Recht; *Hans-Heinrich Jescheck/Thomas Weigend*, Lehrbuch des Strafrechts – Allg. Teil; *Arthur Kaufmann*, Um die Todesstrafe; *Arthur Kaufmann*, Rechtsphilosophie; *Ernst Müller Meiningen jr.*, Soll die Todesstrafe in der Bunderepublik Deutschland wiederkehren?. Vgl. auch oben Zweiter Teil, 4. Kapitel B).

9 BArch B 141/48309 Bl. 119ff. Für Einzelheiten siehe *Cesare Beccaria*, a.a.O.

10 BArch B 141/48309 Bl. 119ff. Siehe auch *Eduard Dreher*, Für und Wider die Todesstrafe, in: ZStW Bd. 70 (1958) S. 564ff.

schiedenen Positionen, das Problem selbstständig näher zu beleuchten.[11] Unter Rückgriff der Begriffe „Staat“[12] und „Notstand“[13] kam Schwalm zu dem Ergebnis, das unter Staatsnotstand eine gegenwärtige Gefahr zu verstehen sei, die den Staat entweder als Ganzheit oder in einem seiner Elemente (Volk, Gebiet, Staatsgewalt) bedrohe. Dabei hielt er die Unterscheidung der verschiedenen Staatsnotstandsfälle, wie sie der Entwurf eines Gesetzes zur Ergänzung des Grundgesetzes[14] zu dieser Zeit vorsah, für empfehlenswert, da die Differenzierung den Blick dafür schärfe, dass auch die rechtlichen Mittel zur Behauptung der Gefahr der Verschiedenheit der Gefahr angepasst werden müssten und daher nicht für alle Staatsnotstandsfälle dieselben sein könnten. Allerdings gab Schwalm zu bedenken, dass praktisch die Staatsnotstandsfälle ineinander übergingen und auch kumulativ auftreten könnten.

Für die Frage, ob für einen der Fälle des Staatsnotstandes eine gesetzliche Androhung der Todesstrafe gerechtfertigt sei, musste nach Ansicht Schwalms untersucht werden, ob schon der rechtliche Gesichtspunkt des Staatsnotstandes als solcher genügen könne, oder ob zum Staatsnotstand ein weiterer rechtlicher Gesichtspunkt, nämlich die Notwehr gegenüber dem hypothetischen Täter, hinzutreten müsse oder ob nicht für einen Staat mit grundsätzlichem Todesstrafenverzicht die Androhung einer Todesstrafe auch bei Staatsnotstand eine

---

11 Im Gegensatz dazu, so *Schwalm*, fehle es jedoch nicht an Stimmen in der Literatur, welche die Möglichkeit einer solchen Begründung wie überhaupt irgendeiner Rechtfertigung der Todesstrafe, selbst wenn sie nur auf Staatsnotstandsfälle beschränkt sei, in Abrede stellten. Siehe BArch B 141/48309 Bl. 119ff.

12 Hierbei stützte er sich auf die Definition von *Georg Jellinek*: „Der Staat ist die mit ursprünglicher Herrschaftsmacht ausgerüstete Verbandseinheit sesshafter Menschen“. Siehe BArch B 141/48309 Bl. 119ff.

13 Für den Begriff des Notstandes zog er die strafrechtliche Definition heran. „Der Notstand ist eine gegenwärtige Gefahr, die entweder von einem Naturgeschehen oder einer Sache oder die zwar von einem Menschen ausgeht, aber nicht in einem für die Gefahr ursächlichen, gegenwärtigen Angriff dieses Menschen besteht.“ Siehe BArch B 141/48309 Bl. 119ff.

14 Hierbei handelte es sich um einen modifizierten „Entwurf eines Gesetzes zur Ergänzung des Grundgesetzes für den Notstandsfall“, den BMI Schröder 1962 vorlegte. Der Entwurf lag zu jener Zeit dem Bundestag zur Beratung vor. Das Gesetz unterschied zwischen der äußeren („wenn das Bundesgebiet mit Waffengewalt angegriffen wird oder ein solcher Angriff droht“) und der inneren Gefahr („wenn der Bestand oder die freiheitliche demokratische Grundordnung des Bundes oder eines Landes durch Einwirkung von außen, durch Gewalt oder Drohung mit Gewalt, durch Nötigung eines Verfassungsorgans oder durch Missbrauch oder Anmaßung von Hoheitsbefugnissen ernstlich und unmittelbar bedroht ist“) sowie des Katastrophenzustandes („wenn Leib oder Leben der Bevölkerung, insb. durch eine Naturkatastrophe ernstlich und unmittelbar gefährdet ist“). Siehe BArch B 141/48309 Bl. 119ff. Vgl. auch BArch, Justizpolitik und Notstandsgesetzgebung.

unvertretbare, unerträgliche Inkonsequenz darstelle. Eine Antwort auf diesen Aspekt gab Schwalm nicht. Stattdessen erklärte er am Ende seiner Ausführungen, dass, wenn eine Rechtfertigung der Todesstrafe in dem einen oder anderen Fall des Staatsnotstandes für möglich gehalten werde, die betreffenden Fundamentalgefahren und Fundamentalangriffe tatbestandlich exakt beschrieben werden müssten. Insbesondere sei zu überlegen, ob die Tatbestände als Verletzungsdelikte oder als konkrete oder abstrakte Gefährdungsdelikte auszugestalten wären.

Während das Bundesjustizministerium eine genaue Positionierung in dieser Sache grundsätzlich vermied,[15] forderte 1965 der neue, wegen seiner politischen Äußerungen höchst umstrittene Bundesjustizminister Jaeger erneut öffentlich die Anwendung der Todesstrafe in Notstandszeiten.[16] Bereits im Frühjahr 1961 hatte Jaeger auf einer Veranstaltung der Jungen Union zum Problem der fehlenden Notstandsgesetzgebung ausgeführt: „Entweder geht dann dieser Staat zugrunde, oder die Regierung wäre gezwungen, außerhalb der Verfassung oder sogar gegen sie tätig zu werden."[17] Er erklärte weiter, er sei persönlich zwar Anhänger der Todesstrafe, und dementsprechend habe er als freier Abgeordneter solche Anträge früher unterstützt. Allerdings habe er nicht die Absicht, sein Amt für die Wiedereinführung der Todesstrafe zu nutzen. Weder im Programm seines Ministeriums noch im Programm der Bundesregierung finde sich eine entsprechende Forderung. Ohnehin sei eine solche Initiative aufgrund der derzeitigen Mehrheitsverhältnisse von vornherein zum Scheitern verurteilt.[18]

---

15 So war zu diesem Zeitpunkt noch unklar, ob der Umdruck im Namen des Ministeriums versandt werden würde oder ob, um jede Festlegung des BJM zu vermeiden, das Material nicht doch als Privatarbeit Schwalms zur Verfügung gestellt werden sollte. Siehe BArch B 141/48309 Bl. 117.

16 Zudem wiederholte er, die, bereits in dem Spiegel-Interview von 1961 vorgebrachten Argumente. Siehe Spiegel v. 17.11.1965. Für Einzelheiten siehe Dritter Teil, 1. Kapitel A).

17 Spiegel v. 17.11.1965.

18 Weiter erklärte er: „Das Notstandsrecht ist typisch für einen demokratischen Staat. Die Diktatur braucht kein Notstandsrecht, weil sie ständig im Ausnahmezustand lebt. Folglich muss in einer demokratischen Verfassung ein Notstandsrecht ausgearbeitet werden. Wenn es ein solches nicht gibt und der Staat kommt in eine Situation der äußersten Bedrohung, dann ist die Regierung in der Zwangssituation, entweder vor dieser Bedrohung aus formaler Verfassungstreue zu kapitulieren oder – um die Staatsfeinde, die Bolschewisten heute, die Nationalsozialisten gestern, nicht an die Macht zu lassen – eben die Verfassung zu brechen. Vor dieser Situation sollte man jeden Minister, jede Regierung und jeden Staat, einschließlich seiner Staatsdiener, die alle in einen Gewissenskonflikt kommen können, bewahren. Und deshalb soll man der legalen Regierung die Möglichkeit geben, auf legale Weise im Notstand handeln zu können." Siehe Spiegel v. 17.11.1965.

Nachdem ein im Sommer 1965 vom Innenminister Hermann Höcherl (CSU) vorgelegter neuer Entwurf für die Notstandsgesetze erneut an dem Widerstand der SPD und dem DGB[19] scheiterte, wurden die Beratungen über die Notstandsgesetze nach den Bundestagswahlen 1965 unter Höcherls Nachfolger Paul Lücke (CDU) fortgeführt und nach Bildung der Großen Koalition beschleunigt.[20] Letztendlich verabschiedete der Bundestag unter Bundeskanzler Kurt Kiesinger[21] am 30. Mai 1968[22] gegen die Stimmen von FDP und 53 SPD-Abgeordneten die Notstandsgesetze, – ohne eine Sonderregelung bezüglich der Todesstrafe in Notstandsfällen.[23]

Die Verhandlungen des Bundestages zur Notstandsgesetzgebung wurden in der Öffentlichkeit von massiven Protesten begleitet. Vor allem Gewerkschaf-

---

19 Die Gewerkschaften wandten sich von Anfang an gegen jede Art der Notstandsgesetzgebung. Sie befürchteten, dass im „Notfall" die Exekutive das Streik- und Koalitionsrecht einschränken und mit polizeilichen oder gar militärischen Mitteln gegen streikende Arbeiter vorgehen könnte. Vor diesen gewerkschaftlichen Protesten sowie vor der Opposition der SPD-Jugendorganisationen wich die SPD-Führung zurück, um die Chancen der Partei bei den bevorstehenden Bundestagswahlen 1965 nicht zu verschlechtern. Siehe *Borowsky*, Große Koalition und außerparlamentarische Opposition.

20 Ebd.

21 *Ludwig Erhard* war am 30.11.1966 zurückgetreten. Nur einen Tag später wählte der Deutsche Bundestag *Kiesinger* mit 356 gegen 112 Stimmen bei 26 Enthaltungen zum Bundeskanzler einer Großen Koalition aus CDU/CSU und SPD. Die Opposition bildeten die 49 Abgeordneten der FDP-Fraktion. Siehe *Borowsky*, Große Koalition und außerparlamentarische Opposition.

22 Nachdem die drei Westmächte am 27.5.1968 ihre Bereitschaft erklärt hatten, nach Inkrafttreten der Notstandsgesetze auf ihr bisheriges Vorbehaltsrecht zum Schutz ihrer Streitkräfte zu verzichten. Siehe *Borowsky*, Große Koalition und außerparlamentarische Opposition.

23 Die Notstandsgesetze, die am 28.6.1968 in Kraft traten, ergänzten das Grundgesetz für den Fall des inneren und äußeren Notstandes sowie für den Fall von Naturkatastrophen und außergewöhnlichen Unfällen. Im Kern beinhalteten die Notstandsgesetze die Errichtung eines gemeinsamen Ausschusses aus Mitgliedern des Bundestages und des Bundesrates, der als eine Art Notparlament im Notstandsfall die parlamentarischen Rechte aufrecht erhält, wenn der Bundestag wegen unüberwindlicher Hindernisse nicht zusammentreten kann. Das Notparlament kann Gesetze, wenn auch keine Verfassungsänderungen, erlassen. Neben der Einschränkung von Grundrechten im Verteidigungsfall kann die Bundesregierung durch die Notstandsgesetzgebung im Krisenfall unter bestimmten Bedingungen den Weg für den Einsatz der Bundeswehr im Inneren öffnen. Um eine Anwendung auf streikende Arbeitskräfte zu vermeiden, wie es die Gewerkschaften befürchteten, wurden in das Grundgesetz spezielle Rechte zum Schutz von Arbeitnehmern in Artikel 9 Absatz 3 Satz 2 und Artikel 20 Absatz 4 aufgenommen. Schließlich durfte auch die Stellung des Bundesverfassungsgerichts im Notstandsfall nicht eingeschränkt werden. Siehe Dt. Bundestag, Streifzug durch die Geschichte – 1968 Notstandsverfassung sowie Streifzug durch die Geschichte – 1968 Demokratie vor dem Notstand?; *Borowsky*, Große Koalition und außerparlamentarische Opposition.

ten und die sogenannte außerparlamentarische Opposition[24] sahen durch die Notstandsgesetze den demokratischen Staat gefährdet. Sie fürchteten die Aushöhlung der Grundrechte und einen bedenklichen Machtzuwachs des Staates. Die innenpolitische Diskussion verband sich vor allem in Kreisen der Intellektuellen und Studenten mit der Kritik am amerikanischen Engagement in Vietnam. In der Folgezeit eskalierten die ehemals friedlichen Studentenproteste zu immer gewalttätiger werdenden Auseinandersetzungen, die die noch junge Republik vor ihre größte innenpolitische Herausforderung stellte und bis an den Rand des Staatsnotstandes trieb.[25]

## *B) Die Todesstrafe als Mittel gegen den Linksterrorismus?*

### *I. Die Entführung Peter Lorenz*

Der sich aus den Studentenunruhen entwickelte Linksterrorismus, insbesondere derjenige der sich nach 1968 gebildeten terroristischen Gruppierung Rote Armee Fraktion (RAF),[26] prägte die in den 70er Jahren stattfindende Diskussi-

---

24 Das Einvernehmen zwischen den beiden großen Volksparteien, die relative Bedeutungslosigkeit der parlamentarischen Opposition und der damit verbundene Funktionsverlust des Parlaments nährten ein bereits vorher gespürtes und artikuliertes Unbehagen am politischen und gesellschaftlichen System der BRD. Es entstand eine Bewegung, die sich selbst als „Außerparlamentarische Opposition" (APO) bezeichnete und Forderungen an das parlamentarische System und die „etablierten" Parteien richtete. Siehe *Borowsky*, Große Koalition und außerparlamentarische Opposition sowie Außerparlamentarische Opposition und Studentenbewegung.

25 Der Krieg der Amerikaner in Vietnam wurde für viele Studenten damals zum „medialen Schlüsselerlebnis", aus dem sie den moralischen Imperativ ableiteten, selbst etwas zu tun. (Siehe Spiegel v. 10.9.2007 „Der letzte Akt der Rebellion" v. *Stefan Aust/Helmar Büchel*) Die harte Reaktion von Polizei und Justiz auf die zunächst friedliche Studentenbewegung offenbarte den „Bürgerkindern aus der Mitte der Gesellschaft", wie schnell man zum Staatsfeind werden konnte und führte zwangsläufig zur Entfremdung und Radikalisierung, erklärte *Dany Cohn-Bendit* in einem Interview mit dem Spiegel v. 24.9.2007 „Immer radikaler". Vgl. auch *Borowsky*, Große Koalition und außerparlamentarische Opposition sowie Außerparlamentarische Opposition und Studentenbewegung; Spiegel v. 1.10.2007 „Wir wollten an die Front" v. *Michael Sontheimer*; Spiegel v. 24.9.2007 „High sein, frei sein".

26 Als bei einer Demonstration in Berlin am 2.6.1967 der Student *Benno Ohnesorg* von einem Polizisten erschossen wurde, veränderte sich die studentische Protestbewegung. In den Folgejahren entwickelte sich ein militanter Teil, aus dem sich dann die RAF, die Bewegung 2. Juni, die Revolutionären Zellen und die Rote Zora entwickelten. Bei der RAF handelte es sich um eine linksextremistische terroristische Vereinigung, die 1968 als „Stadtguerilla" u.a. von Andreas Baader, Gudrun Esslin und Ulrike Meinhof gegründet wurde. Mit Mordanschlägen und Sabotageakten gegen Personen und Einrichtungen, die als repräsentativ galten für eine „kapitalistische und imperialistische" bestimmte Gesellschaft wollte die RAF die Staats- und Gesellschaftsordnung in Deutsch-

on um die innere Sicherheit in der Bundesrepublik. Mit der Entführung des Spitzenkandidaten der Berliner CDU, Peter Lorenz, drei Tage vor der Wahl des Berliner Abgeordnetenhauses, am 27. Februar 1975 durch Mitglieder der „Bewegung 2. Juni“[27], entdeckten – zumeist der CSU angehörende – Politiker auch die Todesstrafe als Instrument zur Terrorismusbekämpfung wieder. Allen voran der ehemalige Bundesjustizminister Richard Jaeger,[28] der anlässlich der Entführung Lorenz' auf einer Pressekonferenz wieder einmal die Todesstrafe – diesmal bei Entführungen mit Todesfolge und bei Mord – forderte.[29] Seiner Meinung nach erforderte das frevelhafte Auslöschen menschlichen Lebens „im Regelfall, dass der Mörder ebenfalls mit seinem Leben bezahlen muss“.[30] Der Forderung Jaegers trat besonders der Vorsitzende der hessischen CDU und Sicherheitsexperte der CDU/CSU-Bundestagsfraktion, Alfred Dregger, im hessischen Landtagswahlkampf bei. Hatte er die Forderung Jaegers noch vor drei Jahren auch im Namen der CDU/CSU-Fraktion als Mittel zur Bekämp-

---

land gewaltsam umstoßen. Siehe Zeit, Sonderdruck aus Nr. 23/67 v. 9.6.1967; *Aust/Büchel*, Spiegel v. 10.9.2007. Einzelheiten über die RAF siehe z.B. *Wolfgang Kraushaar*, Die RAF und der linke Terrorismus; *Stefan Aust*, Der Baader-Meinhof-Komplex.

27 Die Bewegung, die sich nach dem Datum des Todes des Studenten Benno Ohnesorg benannt hatte, forderte im Austausch gegen Lorenz vom deutschen Staat die Freilassung fünf inhaftierter Gesinnungsgenossen. Siehe Zeit v. 9.6.1967; Spiegel v. 24.9.2007. Einzelheiten siehe *Ralf Reinders/Ronald Fritzsch*, Die Bewegung 2. Juni; *Sonkup, Uwe*, Wie starb Benno Ohnesorg? Der 2. Juni 1967.

28 Dem seine wiederholten Bekenntnisse zur Todesstrafe mittlerweile im Bundestag den Spitznamen „Kopf-ab-Jaeger“ eingebracht hatte. Jaeger wurde von Seiten der Presse vorgeworfen, „diese Mischung aus Angst und Rachebegehren – die hinter dem Ruf der Todesstrafe steht – zum Politikum zu machen“. Dementsprechend forderte *Alfons Bayerl* Jaeger sogar zum Rücktritt auf, da er mit seiner Forderung allein darauf abziele, Ängste zu erzeugen. Der *General-Anzeiger* kritisierte, das Jaeger einerseits in der Frage der Abtreibung strikt jede Reform ablehnte und das „Recht auf Leben“ als für den Staat unabdingbare Norm reklamierte, andererseits aber den Staat aufforderte, Art. 102 zu „kassieren“, wenn es um in Schuld gefallene Menschen gehe. Siehe GA v. 5.3.1975 „Todesstrafe?“. Vgl. auch SZ v. 5.3.1975 „Harte Kontroverse um Todesstrafe; SPD-Pressedienst P/XXX/44 v. 5.2.1975 „Die Todesstrafe ist abgeschafft“; dpa-Meldung Nr. 308 v. 3.3.1975 „Richard Jaeger fordert Todesstrafe bei Entführungen mit Todesfolge“; Dt. Zeitung v. 23.7.1976 „Todesstrafe“ v. *Henning Frank*; dpa-Meldung Nr. 239 v. 5.3.1975 „Diskussion um Todesstrafe geht weiter“; ddp-Meldung v. 5.3.1975 „Nürnberger Nachrichten zur Todesstrafe“; Spiegel v. 2.5.1977 „Todesstrafe: Jeder zweite ist dafür“.

29 Bereits vor der letzten Bundestagswahl im Jahr 1972 hatte Jaeger die Einführung der Todesstrafe zur wirksamen Bekämpfung beispielsweise des arabischen Terrorismus gefordert. Siehe Ruhr-Nachrichten v. 14.11.1972 „Jaeger fordert erneut Todesstrafe“; FR v. 15.11.1972 „Dregger lehnt Todesstrafe ab“; FAZ v. 14.11.1972 „Jaeger: Todesstrafe gegen arabische Terroristen“.

30 dpa-Meldung Nr. 270 v. 4.3.1975 „CDU/CSU-Sprecher: Kein Thema“.

fung des Terrorismus zurückgewiesen,[31] erklärte er nunmehr auf der Pressekonferenz einer Wahlveranstaltung in Mainz, „bei Überlegungen, wie Anarchisten zu begegnen sei, [sollte] auch die Todesstrafe nicht ausgeschlossen werden".[32,33] Auch der bayerische Innenminister Bruno Merk[34] sowie der stellvertretende Vorsitzende der CDU/CSU-Bundestagsfraktion Heinrich Windelen, übernahmen im Zusammenhang mit der Entführung Lorenz' die Forderung Jaegers. Merk meinte in einer Rundfunksendung, es spreche einiges dafür, „unter abgegrenzten Gesichtspunkten" über die Todesstrafe als Waffe gegen erpresserische Machenschaften von politischen Gewalttätern nachzudenken.[35] Windelen erklärte, die Bundesrepublik befinde sich in einer bürgerkriegsähnlichen Situation, die außergewöhnliche Maßnahmen erfordere. Der Staat müsse im Falle paramilitärischer Aktionen gegen das Leben seiner Bürger auch die Möglichkeit der angemessenen und glaubhaften Reaktion haben.[36]

---

31 Die künftige, von der CDU/CSU geführte Bundesregierung, so sagte *Dregger* damals, werde Aktivitäten ausländischer Terroristen nicht dulden. Ausländische Parteien und Organisationen, die gegen die öffentliche Ordnung und Sicherheit der BRD verstießen, werde sie verbieten. Siehe FR v. 15.11.1972.

32 SPD-Pressedienst P/XXX/44 v. 5.2.1975; dpa-Meldung Nr. 308 v. 3.3.1975; Allg. Zeitung v. 4.3.1975 „Dregger fordert: Notfalls Todesstrafe"; FR v. 5.3.1975 „Forderung nach Einführung der Todesstrafe zurückgewiesen"; SZ v. 5.3.1975.

33 Bei verschiedenen Gelegenheiten, z.B. in Radiointerviews oder auf dem Bundeskongress des RCDS versuchte *Dregger* später seine Aussagen zu relativieren, indem er erklärte, er lehne die Anwendung der Todesstrafe im Grundsatz ab. Er hoffe, dass das Problem mit dem politischen Terrorismus auch ohne die höchste Strafe gelöst werden könne. Daher wolle er seine endgültige Festlegung in dieser Frage von den weiteren Entwicklungen abhängig machen. Tatsächlich änderte *Dregger* im Verlauf der weiteren Diskussion erneut seine Position. 1977 sprach er sich erneut gegen eine Diskussion über die Todesstrafe aus, weil sie nur von den notwendigen und möglichen Gegenmaßnahmen gegen den Terrorismus ablenke. Siehe Sendung des DLF v. 5.3.1975 „Zur Frage der inneren Sicherheit"; FR v. 10.3.1975 „RCDS gegen Dregger"; dpa-Meldung Nr. 82 v. 13.4.1975 „Dregger ist bedingt für Todesstrafe bei politischen Gangstern"; dpa-Meldung Nr. 96 v. 13.9.1977 „Dregger gegen Diskussion über Todesstrafe"; FAZ v. 10.3.1975 „Dregger überdenkt seine Stellung zur Todesstrafe"; FR v. 14.9.1977 „Nicht direkt für die Todesstrafe".

34 Die *SPD* zeigte sich von der Position Merks überrascht, dem „seine Kollegen aus den anderen Bundesländern doch eigentlich Sachlichkeit und realitätsbezogene Vernunft zubilligen". Die *Sozialdemokraten* mutmaßten, dass hinter dem Todesstrafen-Schrei Jaegers die ganze CSU und auch ihr Vorsitzender Franz Josef Strauß stehe. Denn „wer die Hierarchie-Verhältnisse in der CSU kennt, der weiß, dass dort und in der von ihr beherrschten Münchener Landesregierung nichts von Belang geschehen könne, was nicht zuvor das Plazet von Strauß gefunden hat." Siehe SPD-Pressedienst P/XXX/45 v. 6.3.1975 „Die Todesstrafe und die CSU" v. *Erhardt Eckert*.

35 *Eckert*, SPD-Pressedienst P/XXX/45 v. 6.3.1975; SPK Nr. 17, v. 7.3.1975 „Merk in bedenklicher Nachbarschaft zur Nationalzeitung"; dpa-Meldung Nr. 239 v. 5.3.1975.

36 Eßlinger Zeitung v. 7.3.1975 „Jüngste Aktion nur Generalprobe".

Angesichts des erneuten Rufs nach der Todesstrafe befürchtete die Presse, dass sich das Thema nicht aus der harten politischen Diskussion um die innere Sicherheit im Bundestag, die als Folge des Entführungsfalls erwartet wurde, bannen lassen würde. Bereits in der letzten Beratung des überparteilichen „Großen Krisenstabes" zur Befreiung Peter Lorenz' war es zu einem erregten Wortwechsel zwischen den Parteivorsitzenden der SPD Willy Brandt, und der CDU Helmut Kohl, sowie zwischen dem Bundeskanzler Schmidt und dem CSU-Vorsitzenden Strauß über die Verfahrensweise im Fall Lorenz gekommen. Dabei soll Strauß der Koalition sinngemäß angelastet haben, ihre nachgiebige Art, die Mittel des Staates zur Gewährleistung der inneren Sicherheit einzusetzen, habe die Entführung von Lorenz begünstigt. Von Koalitionsseite sei dieser These entschieden entgegen getreten worden, auch mit dem Hinweis auf die Verpflichtung zur Rechtsstaatlichkeit.[37,38] Letztlich hatte der von Bundeskanzler Schmidt persönlich geleitete Krisenstab beschlossen, zur Rettung Lorenz' rechtsstaatliche Grundsätze auszusetzen und den Terroristen nachzugeben.[39] Die fünf Inhaftierten wurden in den Südjemen ausgeflogen und freigelassen.[40] Im Gegenzug ließen die Entführer Peter Lorenz am 4. März 1975

---

37 FAZ v. 5.3.1975 „Der Ruf nach der Todesstrafe offenbart Hilflosigkeit"; WAZ v. 5.3.1975 „Bonn erwartet Streit um innere Sicherheit", GA v. 5.3.1975; NRZ v. 5.3.1975 „Köppler gegen Todesstrafe", Stuttg. Zeitung v. 5.3.1975 „Jaegers und Dreggers Ruf nach der Todesstrafe wird auch von der CDU/CSU widersprochen"; FAZ v. 5.3.1975 „Das Schicksal von Peter Lorenz treibt die Politiker zu Sicherheitsüberlegungen".

38 Zu einem weiteren Eklat zwischen den zwei Parteien kam es im Februar 1976. In der Januar Ausgabe des Magazins *Sozialdemokrat* fand sich, unter der Überschrift „Sicherheitsrisiko", eine Abbildung einer Guillotine aus der nationalsozialistischen Zeit mit der Bildunterschrift „Billiger als Resozialisierung, gez. CSU/CDU". Als Reaktion auf den Inhalt der Ausgabe erklärte der CDU-Vorsitzende *Helmut Kohl*, das Mitgliederblatt der SPD bediene sich „nazistischer Methoden". *Brandt* erklärte auf einen entsprechenden Vorhalt Kohls in einer Bundestagsdebatte, dass diese völlig unmögliche Darstellung nicht der Vorstand der SPD, sondern ein junger Redakteur zu verantworten habe. Dieser wollte mit der Abbildung darauf aufmerksam machen, dass einige Mitglieder der CSU und CDU für die Todesstrafe eintraten. Siehe FAZ v. 25.2.1976 „Nazimethoden, Telefongespräche und ein junger Redakteur".

39 Dabei war es nicht *Schmidt*, der die Entscheidung traf, den terroristischen Forderungen nachzugeben, sondern vielmehr der Berliner Regierende Bürgermeister *Klaus Schütz*, der CDU-Vorsitzende *Helmut Kohl* sowie weitere Mitglieder des Bonner Krisenstabes. Schmidt, der zu dieser Zeit mit hohem Fieber das Bett hütete, stimmte dem Austausch nur noch formal zu. Siehe Spiegel v. 8.10.2007 „Terrorzelle Stammheim" v. *Michael Sontheimer*.

40 Das war das einzige Mal, dass die Bundesregierung auf einen derartigen Freipressungsversuch einging. Die Tatsache, dass einige der freigelassenen Gefangenen später wieder terroristisch aktiv wurden, bestärkte die Bundesregierungen, sich nicht wieder auf Verhandlungen mit Terroristen einzulassen. Später sollte *Schmidt* bekennen, dass er das

frei und kündigten gleichzeitig an, alles zu tun, um auch ihre anderen, noch inhaftierten politischen Freunde zu befreien.[41]

Mit der Freilassung Lorenz' begann, wie erwartet, die Diskussion über künftige Maßnahmen gegen anarchistische Gewalttäter. Die nachfolgenden Debatten um die innere Sicherheit waren geprägt von gegenseitigen Vorwürfen. Die Opposition warf der SPD und FDP vor, durch ihre übertriebenen Skrupel schuld an der Eskalation des Terrorismus zu sein, indem die Regierung die anarchistischen Gewalttäter durch Verharmlosung und intellektuellen Zuspruch auch noch in ihrem Handeln unterstützten. Demgegenüber kritisierte die Regierungskoalition, die Opposition lanciere unausgegorene Vorschläge, biete vermeintliche Patentrezepte an und tue sich mit besonders kühnen Thesen hervor. Allerdings realisierten sich die Befürchtungen der Presse im Hinblick auf die Frage nach der Wiedereinführung der Todesstrafe nicht. Lediglich Alfred Dregger thematisierte die Frage in der Sitzung des Deutschen Bundestages am 13. März 1975 im Rahmen der parlamentarischen Diskussion um die innere Sicherheit.[42] Auf der Suche nach einem politischen Gesamtkonzept zur offensiven Bekämpfung der Terroristen lehnte Dregger zwar die Anwendung der Todesstrafe im Allgemeinen, ebenso wie seine Fraktion, ab. Solange aber kein wirksames Konzept gegen die neue „Politkriminalität" gefunden und durchgesetzt worden sei, dürfe und müsse man ebenfalls über die Möglichkeit der erneuten Anwendung der Todesstrafe nachdenken.[43]

## *II. Der deutsche Herbst*

Auch in der Folgezeit forderten CSU-Politiker weiterhin die Wiedereinführung der Todesstrafe, ohne jedoch einen entsprechenden Gesetzesentwurf ins Parlament einzubringen. Waren es früher Morde an Kindern, Taxifahrern oder Polizisten, die die Politiker regelmäßig dazu verleiteten nach der höchsten Strafe zu rufen, ließen nunmehr immer neue Terroranschläge den Ruf nach der Todesstrafe wieder laut werden. Beispielsweise stellten der Vorsitzende der CSU-Landesgruppe im Bundestag Richard Stücklen[44] und seine Parteifreunde

Eingehen auf die Forderungen der Terroristen als Fehler betrachtet habe. Siehe *Sontheimer*, Spiegel v. 8.10.2007.

41 FAZ v. 5.3.1975.

42 Sten. Bericht des BT, 155. Sitzung v. 13.3.1975, S. 10 741.

43 Sten. Bericht des BT, 155. Sitzung v. 13.3.1975, S. 10 741. Ebenso FAZ v. 5.3.1975.

44 dpa-Meldung Nr. 96 v. 4.7.1976 „Stücklen stellt Frage nach der Todesstrafe"; ddp-Meldung v. 4.7.1976 „Stücklen für Prüfung der Einführung der Todesstrafe"; Rh. Post v. 5.7.1976 „Todesstrafe nun überdenken"; CSU-Pressemitteilungen Nr. 228 v. 5.7.1976; Welt v. 6.7.1976 „Frage an Stücklen: Kann die Todesstrafe Terroristen ab-

Jaeger,[45] der stellv. Vorsitzende der CSU-Landesgruppe im deutschen Bundestag Friedrich Zimmermann,[46] sowie der rechtspolitische Sprecher der CDU/CSU-Fraktion Carl-Dieter Spranger,[47] in dem Wissen weder im Bundestag noch im Bundesrat eine erforderliche verfassungsändernde Mehrheit zu erlangen, im Zusammenhang mit der Entführung eines französischen Airbus von Athen nach Entebbe im Juni 1976, die Frage, ob nicht für Verbrechen der Geiselnahme sowie für bewaffnete Anschläge auf Menschenleben und wichtige Gemeinschaftseinrichtungen die Todesstrafe wieder eingeführt werden sollte. Zur Bekämpfung des internationalen Terrorismus müssten einfach neue Wege gegangen werden. Die Frage dürfe nur dann in der Sicherheitsdebatte vernachlässigt werden, wenn die Bundesregierung alle rechtsstaatlichen Mittel zu einer wirksamen Bekämpfung der Gewaltkriminalität, insbesondere des Terrorismus, einsetze.[48]

Die CSU-Politiker sahen in der Verschärfung der Strafgesetze, speziell durch die Einführung der Todesstrafe, ein wirksames und vor allem rechtsstaatliches Instrument in der Auseinandersetzung mit dem Terrorismus – hatten sich doch die bisherigen Methoden der Verbrechensbekämpfung als nahezu wirkungslos erwiesen.[49] Denn trotz der Verhaftung der führenden Köpfe der RAF, der sog.

---

schrecken?"; ddp-Meldung v. 8.7.1976 „Stücklen nennt Todesstrafe wirksames Mittel"; Zeit v. 9.7.1976; BamS v. 11.7.1976 „CSU-Stücklen: Mehr Risiko für Terroristen"; *Frank*, Dt. Zeitung v. 23.7.1976; Bayern Kurier v. 17.7.1976 „Todesstrafe für Terroristen?"; CSU-Pressemitteilung Nr. 231/1976 v. 7.7.1976; dpa-Meldung Nr. 114 v. 6.8.1976 „de With: Abschaffung der Todesstrafe überall in Europa"; Dt. Polizei, August 1976 „Todesstrafe in der Diskussion"; FAZ v. 6.7.1976 „Stücklen fragt nach der Todesstrafe".

45 dpa-Meldung Nr. 181 v. 14.7.1976 „Baumann gegen, Jaeger für Todesstrafe"; ddp-Meldung v. 14.7.1976 „Baumann warnt vor Diskussion über die Todesstrafe"; *Frank*, Dt. Zeitung v. 23.7.1976.

46 Dabei, so *Zimmermann*, gehe es nicht darum ein Sonderrecht zu schaffen, wie das beispielsweise die Nationalsozialisten für bestimmte Gruppen der Bevölkerung getan hätten. Es müsse vielmehr das „normale Straf- und Prozessrecht zugeschnitten werden, auf einen neuen Tätertyp". Siehe CSU-Pressemitteilung Nr. 231/1976 v. 7.7.1976; *Frank*, Dt. Zeitung v. 23.7.1976; Welt v. 23.9.1977 „CSU-Politiker Zimmermann: Die Todesstrafe ist nicht tabu".

47 dpa-Meldung Nr. 114 v. 6.8.1976; Dt. Polizei, August 1976; Welt v. 7.7.1976 „Todesstrafe schreckt Terroristen nicht".

48 Später traten der Forderung weitere CSU-Politiker bei, wie zum Beispiel der bayerische Innenminister *Alfred Seidl* oder die CSU-Abgeordneten *Becher* und *Niegel*. Siehe SZ v. 13.9.1977 „Neue Diskussion um Todesstrafe"; GA v. 13.9.1977 „Der Ruf nach dem Henker ein Ausdruck der Hysterie"; FAZ v. 13.9.1977 „Bayerns Innenminister bringt Todesstrafe ins Gespräch".

49 SPD-Pressedienst P/XXX/44 v. 5.2.1975; dpa-Meldung Nr. 308 v. 3.3.1975; Allg. Zeitung v. 4.3.1975; FR v. 5.3.1975; SZ v. 5.3.1975; SPD-Pressedienst P/XXX/45

ersten Generation, im Juni 1972 führten die Inhaftierten ihren Kampf gegen die westdeutsche Gesellschaft fort.[50] Sie verweigerten sich der deutschen Strafjustiz und schafften es, trotz Kontaktsperre, ein engmaschiges Befehls- und Informationsnetz zu ihren in Freiheit befindlichen Gesinnungsgenossen aufrecht zu erhalten.[51] Baader und die anderen Inhaftierten bezeichneten ihre Haftbedingungen selbst als „Isolationsfolter“ und forderten unter anderem deren Aufhebung und den Status von Kriegsgefangenen. Zur Untermauerung ihrer Forderungen traten sie insgesamt zehn Mal in den Hungerstreik. Dagegen übernahmen, die sich in Freiheit befindlichen Anhänger der RAF den Auftrag, die Inhaftierten freizupressen. Dabei machte die sog. zweite RAF-Generation kaum noch einen Versuch, ihre Aktionen ideologisch zu rechtfertigen. Ziel ihres Handels war einzig die Befreiung der Führungsspitze.[52]

Mit jedem neuen Terrorakt[53] entfachte sich die Diskussion um die Todesstrafe erneut und erreichte ihren Höhepunkt im sog. deutschen Herbst,[54] in dem die Gewalttaten der RAF im Jahr 1977 durch eine neue Serie von terroristischen Brand- und Sprengstoffanschlägen einen Gipfelpunkt an Brutalität erreichten.

---

v. 6.3.1975; SPK Nr. 17, v. 7.3.1975; dpa-Meldung Nr. 239 v. 5.3.1975; Eßlinger Zeitung v. 7.3.1975; ddp-Meldung v. 4.7.1976; Rh. Post v. 5.7.1976; CSU-Presse-Mitteilungen Nr. 228 v. 5.7.1976; Welt v. 6.7.1976; dpa-Meldung Nr. 96 v. 4.7.1976; CSU-Pressemitteilung Nr. 231 v. 7.7.1976; *Frank*, Dt. Zeitung v. 23.7.1976; dpa-Meldung Nr. 114 v. 6.8.1976; Dt. Polizei, August 1976; SZ v. 13.9.1977; GA v. 13.9.1977.

50 Anlässlich der Verhaftung von Baader, Ensslin, Meinhof, Raspe und Gerhard Müller erklärte Außenminister und Vizekanzler *Walter Scheel*: „Das Problem Baader-Meinhof ist erledigt“. Tatsächlich wurden die Führer der RAF aber erst durch ihre Verhaftung zu Märtyrern. Zuvor eher als arrogante und militante Truppe von der Mehrheit abgelehnt, erregten sie durch harte Haftbedingungen, „als Opfer des Staates und seiner Justiz“, Mitleid und Solidarität der Linken und lieferten Sympathisanten den willkommenen Anlass, die Nachfolge anzutreten und den fanatischen Feldzug gegen den demokratischen Staat fortzusetzen. Siehe *Sontheimer*, Spiegel v. 1.10.2007 und v. 8.10.2007.

51 Siehe *Aust/Büchel*, Spiegel v. 10.9.2007; Spiegel v. 17.9.2007 „Dann gibt es Tote“ v. *Stefan Aust/Helmar Büchel*. Siehe auch Sten. Bericht des BT, 155. Sitzung v. 13.3.1975, S. 10 740 und FAZ v. 6.3.1975 „Was jetzt getan werden muss“.

52 *Sontheimer*, Spiegel v. 8.10.2007; *Aust/Büchel*, Spiegel v. 10.9.2007.

53 Näheres hierzu siehe *Aust/Büchel*, Spiegel v. 10.9.2007; Spiegel v. 15.10.2007 „Das grausame Feminat“ v. *Michael Sontheimer*; Spiegel v. 15.10.2007 „Der Verrat“ v. *Bruno Schrep*.

54 Der deutsche Herbst bezeichnet die 44-Tages-Spanne von der Entführung des Arbeitgeberpräsidenten Hanns-Martin Schleyer am 5.9.1977 durch ein Terrorkommando der RAF und dem Bekannt werden seiner Ermordung am 19.10.1977, einen Tag nach der Erstürmung der Lufthansamaschine „Landshut“ durch das GSG9-Sonderkommando, bis zum Auffinden der toten, in Stuttgart-Stammheim inhaftierten RAF-Aktivisten Baader, Ensslin und Raspe, die kollektiven Selbstmord begangen hatten. Siehe *Aust/Büchel*, Spiegel v. 10.9.2007; *Aust/Büchel*, Spiegel v. 17.9.2007.

Die Bundesrepublik Deutschland befand sich in einem von Stunde zu Stunde immer härter werdenden und scheinbar ausweglosen Nervenkrieg zwischen Staatsräson und Anarchie. Während im Kanzleramt der große Krisenstab,[55] unter der Leitung des Bundeskanzlers, darüber diskutierte, wie das Leben des am 5. September 1977 entführten Arbeitgeberpräsidenten Hanns Martin Schleyer zu retten sei, ohne die Autorität des Staates aufs Spiel zu setzen, spitzte sich die Diskussion in den Parteien und Fraktionen über die Ursachen und Folgen der Terroranschläge immer mehr zu. Die Diskussion war beherrscht von neuen Vorschlägen und Forderungen zur Bekämpfung des Terrorismus, wie z.B. den terroristischen Gefangenen keine Wahlverteidiger mehr zuzugestehen, die Bildung eines Sonderkommandos oder die verstärkte Bestrafung mit Höchststrafen gegen Sympathisanten. Aber in diesem Rahmen meldeten sich eben auch wieder Politiker, die die Wiedereinführung der Todesstrafe für politische Gewalttäter forderten.

Zusätzlichen Auftrieb erhielt die aufgebrochene Diskussion über die Todesstrafe für Terroristen durch die Tatsache, dass die Vereinigten Staaten von Amerika im Jahr 1976 wieder die Todesstrafe eingeführt hatten, nachdem der Oberste Gerichtshof die Todesstrafe in jenen Bundesländern für verfassungsgemäß erklärt hatte, wo die Gerichte eine Ermessensfreiheit haben, mildernde Umstände festzustellen.[56] In der neuesten Entscheidung erklärten die Richter

---

55 Dem überparteilichen Krisenstab gehörten die Regierungschefs der vier Bundesländer, in denen Terroristen einsaßen, Mitglieder der „kleinen Lage", des engsten Beraterkreises des Bundeskanzlers, BMJ Vogel, Staatsminister Hans-Jürgen Wischnewski, Staatssekretär Schüler, Regierungssprecher Bölling, BKA-Präsident Herold sowie Generalbundesanwalt Rebmann an. Da *Schmidt* einen Austausch Schleyers gegen die inhaftierten RAF-Mitglieder ablehnte, forderte er notfalls auch „exotische Vorschläge", um Zeit zu gewinnen für die Suche nach dem Entführten. Eine Runde Ministerialer und Geheimdienstler um Staatssekretär Siegfried Fröhlich sollte das „Undenkbare denken". Drei Tage nach der Entführung Schleyers präsentierte *Fröhlich* neun „Modelle" wie der Staat mit der größten Herausforderung seit seiner Gründung umgehen könnte. „Modell 6" sah vor, Art. 102 zu ändern und „solche Personen" hinzurichten, „die von Terroristen durch menschenerpresserischer Geiselnahme befreit werden sollen. Durch höchstrichterlichen Spruch wird das Todesurteil gefällt." Dieser Vorschlag wurde abgelehnt. Allerdings, erinnerte sich *Vogel* später, habe es über die Idee der Todesstrafe eine „ziemlich lebhafte Diskussion" gegeben. Nach unbestätigten Zeitungsangaben soll CSU-Chef *Strauß* vorgeschlagen haben, die Terroristen standrechtlich zu erschießen. Siehe Spiegel v. 22.10.2007 „Leben gegen Leben" v. *Georg Bönisch*; *Aust/Büchel*, Spiegel v. 10.9.2007.

56 1972 hatte das gleiche Gericht die Todesstrafe noch als „willkürliche", „grausame" und „ungewöhnliche" Sanktion unterbunden, weil sie nach Auffassung des Gerichts gegen den achten Verfassungszusatz verstieß, der grausame und ungewöhnliche Strafen verbietet. Diese Entscheidung war damals voreilig als Abschaffung der Todesstrafe in den USA gefeiert worden. In Wirklichkeit hatten die höchsten Richter der USA nur die Willkür, mit der viele Richter und Geschworene die Todesstrafe aussprachen, insbe-

des höchsten Gerichtshofs der Vereinigten Staaten die Todesstrafe für Mord mit der Verfassung für vereinbar:

> „Die Todesstrafe ist eine extreme Sanktion, die den höchstextremen Verbrechen angemessen ist"

und interpretierten sie als Ausdruck der moralischen Empörung der Gesellschaft für besonders widerwärtiges Verhalten:

> „Trotz der fortgesetzten ins 19. Jahrhundert zurückgehenden Debatte über Moral und Nützlichkeit der Todesstrafe ist es jetzt offenkundig, dass ein großer Teil der amerikanischen Gesellschaft daran festhält, sie als angemessene und notwendige Sanktion zu betrachten."[57]

Die Handhabung der Todesstrafe in den USA wurde bereits 1974 in einer Fragestunde des deutschen Parlaments angesprochen. Damals stellte der rechtspolitische Sprecher der CDU/CSU-Fraktion Carl-Dieter Spranger die Frage:

> „Können nach Auffassung der Bundesregierung die Argumente, mit denen in einer vom Senat der Vereinigten Staaten von Amerika bereits beschlossenen Gesetzesvorlage die Wiedereinführung der Todesstrafe für bestimmte schwere Verbrechen begründet wird, Anlass geben zu einer Überprüfung der strafrechtlichen und kriminalpolitischen Situation in der Bundesrepublik Deutschland, und beabsichtigt die Bundesregierung angesichts der Entwicklung in den Vereinigten Staaten, die

---

sondere gegen Arme und Schwarze, angeprangert. Zwischenzeitlich waren neue Gesetze über die Verhängung der Todesstrafe für Mord verabschiedet worden, die eine solche „Willkür" ausschließen sollten. Siehe SZ v. 9.8.1976 „Todesstrafe – Rache und Vergeltung"; *Frank*, Dt. Zeitung v. 23.7.1976; Spiegel v. 2.5.1977; FAZ v. 10.9.1986 „Gaskammer, Giftspritze, Elektrischer Stuhl"; Vorwärts v. 5.8.1976 „Bricht Todesstrafe den Terror?" v. *Rudolf Wassermann*.

57 Die vom Supreme Court gebilligte überarbeitete Strafprozessordnung sah nunmehr ein zweiteiliges Verfahren vor: Im ersten Prozessabschnitt wurde nur über die Schuld und Unschuld des Angeklagten befunden. Erst in einem zweiten Prozessabschnitt legten die Geschworenen das Strafmaß fest, wobei sie vom Richter über strafmildernde und strafverschärfende Umstände eingehend belehrt wurden. Nach diesem Muster wurden auch die Strafprozessordnungen der übrigen Bundesstaaten novelliert. Zehn Jahre später entschied der Oberste Gerichtshof der USA zudem, dass Gegner der Todesstrafe nicht mehr als Geschworene in Prozessen zuzulassen seien, bei denen es um Kapitalverbrechen gehe. Zur Begründung führte das Gericht an, eine in bezug auf das Urteil voreingenommene Jury verletze das Recht des Angeklagten auf einen fairen Prozess. Bereits in der Zeit vor 1968 war es gängige Praxis, Gegner der Todesstrafe von Kapitalverbrechensprozessen auszuschließen. Siehe SZ v. 9.8.1976; *Frank*, Dt. Zeitung v. 23.7.1976; Vorwärts v. 10.5.1986 „Bedingung: JA zur Todesstrafe"; Information der sozialdemokratischen Bundestagsfraktion Nr. 464 v. 14.8.1984; Nr. 1708 v. 10.9.1984 und Nr. 2106 v. 25.10.1984; FAZ v. 10.9.1986.

gesamte Problematik vorsorglich unter Beteiligung des Parlaments durch eine Kommission prüfen zu lassen?“ [58]

Daraufhin versicherte der Parlamentarische Staatssekretär im Bundesjustizministerium Bayerl, die Bundesregierung beabsichtige nicht, die Abschaffung der Todesstrafe in Frage zu stellen.[59] Die Todesstrafe sei kraft Verfassung abgeschafft worden. Davon lasse sich die Bundesregierung leiten, auch wenn in Meinungsumfragen eine Neigung der Bevölkerung zur Wiedereinführung der Todesstrafe für besonders schwere Verbrechen festgestellt werde.[60] Die Bundesregierung habe auch nicht die Absicht, die gesamte Problematik durch eine Kommission unter Beteiligung des Parlaments prüfen zu lassen.[61]

## *III. Die Argumentation der Befürworter der Todesstrafe*

In den Augen der befürwortenden CSU-Politiker stellte die Todesstrafe ein wirksames Mittel zur Eindämmung des „ins uferlose sich ausweitende Gewaltverbrechertums“ dar. Daher lohne es sich auch erneut über die Todesstrafe „als Waffe gegen erpresserische Machenschaften“ nachzudenken, auch dann, wenn die Aussicht auf die Erreichung der verfassungsändernden Zweidrittelmehrheit mehr als fraglich sei.[62,63]

---

58 Sten. Bericht des BT, 90. Sitzung v. 27.3.1974, S. 5962, BArch B 141/48319 Bl. 94.

59 In Vorbereitung auf die Aussprache hatte der zuständige Referent im BJM am 26.3.1974 in einem internen Vermerk empfohlen, die Antwort auf das „Wörtchen Nein“ zu beschränken. Da es aber parlamentarischen Brauch entspräche, eine etwas „konziliantere Antwort“ zu geben, hatte er einen Sprechzettel in dieser Sache entworfen. In dem anschließend gestrichenen Text klärte er darüber auf, dass es sich im Falle der Vereinigten Staaten überwiegend nicht um die Wiedereinführung der Todesstrafe handele. Vielmehr gehe es um eine spezielle Problematik des amerikanischen Rechts, die mit den Verhältnissen in der Bundesrepublik nicht vergleichbar sei. Siehe Sten. Bericht des BT, 90. Sitzung v. 27.3.1974, S. 5962, BArch B 141/48319 Bl. 111, Bl. 95ff.

60 Ursprünglich hatte das Ministerium eine Zusatzfrage zu der Zunahme der Tötungskriminalität in Deutschland befürchtet. Dementsprechend befasste sich der vorbereitete Sprechzettel umfangreich mit der statistischen Entwicklung der Tötungskriminalität in der BRD. Während die entsprechende Verurteilungsziffer in den fünfziger und sechziger Jahren konstant zwischen 3 und 3,5 lag, sei sie seit 1966 (4,0) leicht gestiegen (1968 4,7; 1970 4,1 und 1971 4,3). Allerdings liege der für 1971 genannte Wert immer noch leicht unter dem von 1883 und erheblich unter dem von 1934. Daneben habe die Zahl der zu lebenslanger Freiheitsstrafe verurteilten Personen in den letzten Jahren nicht zugenommen. Sie lag in den Jahren 1965, 1966 und 1970 bei 70 und im Jahr 1971 sogar nur bei 58. Neuere Verurteilungszahlen lägen noch nicht vor. Siehe BArch B 141/48310 Bl. 97ff.

61 Sten. Bericht des BT, 90. Sitzung, 27.3.1974, S. 5962, BArch B 141/48310 Bl. 111.

62 Nur der bayerische Innenminister *Seidl* sowie der CSU-Abgeordnete *Lorenz Niegel* gingen davon aus, dass sich im Bundestag und Bundesrat eine Zweidrittelmehrheit für

Einvernehmlich führten die Befürworter der Todesstrafe, wie in den Jahrzehnten zuvor, den Schutz der Bevölkerung, den Sühnegedanken[64] sowie die abschreckende Wirkung der Todesstrafe[65] an. Nur durch die Hinrichtung der verurteilten Terroristen könne der Staat seine Bürger vor Terror und Gewalt schützen, da nur tote Terroristen nicht mehr ausgetauscht werden könnten.[66] Die Erfahrung, dass verurteilte Mörder für die in Freiheit befindlichen Terroristen Anlass seien, „immer wieder den Versuch zu unternehmen, den Staat mit

---

eine entsprechende Änderung der Verfassung finden ließe. Siehe SZ v. 13.9.1977; SPD-Pressedienst P/XXX/44 v. 5.2.1975; dpa-Meldung Nr. 308 v. 3.3.1975; Allg. Zeitung v. 4.3.1975; FR v. 5.3.1975; SZ v. 5.3.1975; SPD-Pressedienst P/XXX/45 v. 6.3.1975 ; SPK Nr. 17, v. 7.3.1975; dpa-Meldung Nr. 239 v. 5.3.1975; dpa-Meldung Nr. 114 v. 6.8.1976; Dt. Polizei, August 1976; GA v. 25.1.1977 „Braucht die Bundesrepublik einen Henker?".

63 Für den stellvertretenden Vorsitzenden der CDU/CSU-Bundestagsfraktion *Heinrich Windelen*, kam die Anwendung der Todesstrafe für politische Gewalttäter allerdings nur dann in Betracht, wenn als Geisel genommene Politiker ermordet würden. Um eine Erpressbarkeit des Staates zu verhindern, dürften prominente Geiseln nicht um jeden Preis freigekauft werden. Vielmehr müssten Politiker, ähnlich wie Soldaten und Polizisten notfalls mit ihrem Leben für die Ordnung des Staates und seiner Autorität einstehen. Im Gegenzug müssten die Geiselnehmer, die ihre Opfer ermorden, dann aber auch mit dem Verlust ihres eigenen Lebens rechnen. Anders, so berichteten die Medien, sah *Windelen* die Situation bei herkömmlichen Geiselnahmen. In diesen Fällen müsste das Leben der Geiseln vor allen anderen Überlegungen rangieren. Daher könne hier auch von der Wiedereinführung der Todesstrafe abgesehen werden. Nach der Ausstrahlung eines Interviews Windelens in der Sendung *Kennzeichen* D, forderte Windelen eine Gegendarstellung. Seine Aussagen seien derart verfälscht worden, dass der Eindruck entstanden sei, er hätte sich für eine härtere Bestrafung bei der Ermordung entführter Politiker als bei einfachen Bürgern ausgesprochen. Diese Darstellung, so betonte Windelen, sei falsch und „wider besseren Wissens" demagogisch verfälscht worden. Siehe Eßlinger Zeitung v. 7.3.1975; Welt v. 29.3.1975 „Windelen für Todesstrafe bei Ermordung politischer Geiseln"; FR v. 29.3.1975 „Windelen für Todesstrafe"; dpa-Meldung Nr. 254 v. 9.4.1975 „Windelen verlangt Gegendarstellung zu 'Kennzeichen D'"; dpa-Meldung Nr. 300 v. 8.4.1975 „Pro und Contra Todesstrafe im Kennzeichen D"; ZDF-Sendung v. 8.4.1975 „Kennzeichen D".

64 Allein die Todesstrafe sei die angemessene Sühne für das frevelhafte Auslöschen eines Menschenlebens. Siehe Bayern Kurier v. 17.7.1976; BamS v. 11.7.197; AZ v. 27.1.1977; Welt v. 7.7.1976.

65 ddp-Meldung v. 8.7.1976; Zeit v. 9.7.1976; BamS v. 11.7.1976; *Frank*, Dt. Zeitung v. 23.7.1976; AZ v. 27.1.1977; CSU-Pressemitteilung Nr. 231/1976 v. 7.7.1976; dpa-Meldung Nr. 181 v. 14.7.1976; ddp-Meldung v. 14.7.1976.

66 SZ v. 26.9.1977 „Abg. Jaeger: „Ich hab´ schon immer gewarnt"; GA v. 13.9.1977; AZ v. 27.1.1977 „CSU-Stein: Volk will die Todesstrafe"; Quick v. 22.9.1977 „Kopf ab für Terroristen?"; Dt. Zeitung v. 30.9.1977 „Mord und Vergeltung" v. *Norbert Hoester*; Spiegel v. 19.9.1977 „Der Bürger ruft nach härteren Strafen"; ddp-Meldung v. 4.7.1976; Rhein. Post v. 5.7.1976; CSU-Presse-Mitteilungen Nr. 228 v. 5.7.1976; Welt v. 6.7.1976; dpa-Meldung Nr. 96 v. 4.7.1976; CSU-Pressemitteilung Nr. 231/1976 v. 7.7.1976; *Frank*, Dt. Zeitung v. 23.7.1976.

neuen Gewaltakten zu erpressen"[67], verpflichte den Staat nicht nur, seine polizeilichen und notfalls auch militärischen Mittel auszuschöpfen, um den politischen Bandenterror das Handwerk zu legen, sondern auch seine strafrechtlichen Mittel gegen den Terrorismus entscheidend zu verschärfen und nicht weiter zu liberalisieren.[68] Es dürfe nicht der Eindruck entstehen, dass Polizei und Kriminalisten überfordert oder Strafen zu lasch seien.[69] Schließlich wüssten die Terroristen längst, das „starke Worte nach Art unserer Bundesregierung leeres Gerede"[70] seien. Je ungenierter gemordet werde, desto härter müsse gegen die Mörder vorgegangen werden. Nicht die Todesstrafe brutalisiere die Gesellschaft, sondern das immer schamloser werdende Auslöschen unschuldigen Lebens und die abstumpfende Gewöhnung daran.[71] Angesichts der Tatsache, dass die Täter jederzeit damit rechnen könnten, von ihren politischen Gesinnungsgenossen freigepresst zu werden, verlöre die zeitliche, lebenslange Freiheitsstrafe ihren abschreckenden Charakter – gerade, wenn tatsächlich eine gerichtliche Aussetzung der lebenslangen Freiheitsstrafe nach 15 Jahren gesetzlich durchgesetzt werden würde.[72,73] Ohne die Todesstrafe werde die Tö-

---

67 Welt v. 6.7.1976.

68 *Stücklen* forderte sogar die flächendeckende internationale Anwendung der Todesstrafe für terroristische Gewaltverbrechen. Angesichts der Dreistigkeit des politischen Gangstertums und des Schutzes, das es an manchen Stellen der Erde bedauerlicherweise genieße, bestünden erhebliche Zweifel, ob die Staaten der Welt allein mit Maßnahmen polizeilicher und militärischer Art ihrer Verantwortung genügten. Siehe ddp-Meldung v. 4.7.1976; Rh. Post v. 5.7.1976; CSU-Presse-Mitteilungen Nr. 228 v. 5.7.1976; Welt v. 6.7.1976; dpa-Meldung Nr. 96 v. 4.7.1976; SZ v. 10./11.9.1977 „Noch überwiegt Besonnenheit" v. *Herbert Riehl-Heyse*; dpa-Meldung Nr. 181 v. 14.7.1976; ddp-Meldung v. 14.7.1976; *Frank*, Dt. Zeitung v. 23.7.1976; AZ v. 27.1.1977; SZ v. 27.1.1977 „Wirkungslose Todesstrafe"; Stuttg. Zeitung v. 28.1.1977.

69 SZ v. 27.1.1977.

70 BamS v. 11.7.1976.

71 Bayern Kurier v. 17.7.1976; Neue Revue v. 7.3.1977 „Todesstrafe".

72 Dem Bundesverfassungsgericht lag zu dieser Zeit eine Vorlage zur Entscheidung vor, zu der Frage, ob die lebenslange Freiheitsstrafe für einen Mörder, der die Tat heimtükkisch oder um eine andere Straftat zu verdecken, begeht, mit dem Grundgesetz vereinbar sei. Am 21.6.1977 entschied das BVerfG, dass die lebenslängliche Freiheitsstrafe mit dem Grundgesetz vereinbar sei, jedoch nie als absolute Strafe. Zu den Voraussetzungen eines menschenwürdigen Strafvollzugs gehöre, „dass dem zu lebenslänglicher Freiheitsstrafe Verurteilten grundsätzlich eine Chance verbleibt, je wieder der Freiheit teilhaftig zu werden". Allein die Möglichkeit der Begnadigung allerdings – wie es das damalige Straferecht vorsah, – sei nicht ausreichend. Vielmehr gebiete das Rechtsstaatsprinzip die Voraussetzung, unter denen die Vollstreckung einer lebenslänglichen Freiheitsstrafe ausgesetzt werden kann und das dabei anzuwendenden Verfahren gesetzlich zu regeln." Aufgrund dieser Entscheidung überlegte die Regierungskoalition daher, ob – nachdem bereits die Zuchthausstrafe durch das Erste Gesetz zur Reform des Strafrechts v. 25. Juni 1969 (BGBl. I S. 645) abgeschafft worden war – das Strafrecht

tung eines Menschen zu einem kalkulierbaren Risiko.[74] Allein die Androhung der Todesstrafe habe eine abschreckende Wirkung auf den „Großteil der Attentäter und ihrer Helfershelfer", auch wenn, so räumten die Befürworter selbst ein, die größten Fanatiker unter den Terroristen – ebenso wie Verrückte – „durch nichts von ihren Untaten" abzuhalten seien.[75]

## *IV. Die Argumentation der Gegner der Todesstrafe*

Entgegen den vereinzelten Stimmen innerhalb der CSU wurde in der öffentlichen Auseinandersetzung mit der Todesstrafe immer deutlicher, dass eine Wiedereinführung der höchsten Strafe in der Bundesrepublik keine Aussicht auf Erfolg hatte. Die Spitzen aller Parteien (gerade auch der CDU) und der

---

durch eine regelmäßige Aussetzung der lebenslänglichen Freiheitsstrafe nach etwa 12 oder 15 Jahren weiter liberalisiert werden sollte. Ziel war es, die bisherige Gnadenpraxis durch eine zwingende Überprüfung aller lebenslänglichen Freiheitsstrafen durch Gesetz abzulösen. Siehe BVerfGE 45, 187ff. Vgl. auch GA v. 25.1.1977; Welt v. 25.1.1977 „Die Todesstrafe ist populär – aber der Henker bleibt arbeitslos"; ddp-Meldung v. 25.1.1977 „Bekannter Kriminologe warnt vor den Nebenwirkungen der Todesstrafe"; SZ v. 26.1.1977; FAZ v. 31.1.1977 „Was der Staat gegen Mörder braucht"; dpa-Meldung Nr. 270 v. 4.3.1975; Bild v. 5.3.1975 „Todesstrafe für Terroristen?"; dpa-Meldung Nr. 308 v. 3.3.1975; Welt v. 24.1.1977 „Todesstrafe – neu gefordert".

73 BMJ *Vogel* befürchtete, dass die ins Gespräch gebrachte Möglichkeit der Aussetzung der lebenslänglichen Freiheitsstrafe in der gegenwärtigen Situation missdeutet und von Emotionen überlagert werden könnte. Er erklärte gegenüber Journalisten, es sei gefährlich, wenn in der Bevölkerung der Eindruck entstehe, die Strafrechtspolitik kümmere sich mehr um die Täter als um die Opfer. Vogel warnte vor einer zu weitgehenden Liberalisierungstendenz im Strafrecht, setzte sich aber gleichzeitig dafür ein, dass Richter über die Möglichkeit einer Entlassung von zu lebenslanger Haft Verurteilten nach 15 Jahren entscheiden können. Dabei wehrte er sich aber gegen die Unterstellung der Opposition, die Überlegungen seines Ministeriums zur Reform der lebenslänglichen Freiheitsstrafe liefen am Ende auf ihre Abschaffung hinaus. Ziel der Überlegungen sei einzig, anstelle der bisherigen Begnadigungen ein rechtsförmiges Verfahren zu setzen. Siehe BArch B 141/400901. Vgl. auch FAZ v. 26.1.1977 „Vogel: Aufgeklärte Verbrechen schrecken ab"; ddp-Meldung v. 25.1.1977 „Justizminister warnt zugleich vor zu weitgehende Liberalisierungstendenzen im Strafrecht"; ddp-Meldung v. 25.1.1977 „Parteien und Wissenschaftler gegen Todesstrafe"; SZ v. 26.1.1977; Quick v. 22.9.1977; Ruhr-Nachrichten v. 5.3.1975 „Todesstrafe".

74 dpa-Meldung Nr. 270 v. 4.3.1975; Bild v. 5.3.1975; dpa-Meldung Nr. 308 v. 3.3.1975; Welt v. 25.7.1977; ddp-Meldung Nr. 8.7.1976; Zeit v. 9.7.1976; BamS v. 11.7.1976; *Frank*, Dt. Zeitung v. 23.7.1976; CSU-Pressemitteilung Nr. 231/1976 v. 7.7.1976; Sendung des DFS v. 16.9.1977 „Aussichtslos – Zur Diskussion zur Wiedereinführung der Todesstrafe".

75 ddp-Meldung Nr. 8.7.1976; Zeit v. 9.7.1976; BamS v. 11.7.1976; *Frank*, Dt. Zeitung v. 23.7.1976; Spiegel v. 19.9.1977.

gesellschaftlich relevanten Gruppen (insbesondere der christlichen Kirchen) lehnten die Todesstrafe als Mittel zur Bekämpfung des Terrorismus ab.[76]

Unbestreitbar biete die Todesstrafe eine legale Möglichkeit, es „diesen Verbrechern mit gleicher Münze heimzuzahlen“[77]. Allerdings lehnten die Politiker einvernehmlich eine emotional aufgeheizte Diskussion vor dem Hintergrund der aktuellen Ereignisse ab.[78] Gewissenhafte Politiker und Amtsträger widerständen der Versuchung, sich die Empörung der Bevölkerung zu nutze zu machen. Eine verantwortungsvolle Kriminalpolitik zeichne sich dadurch aus, dass der Gesetzgeber gerade nicht aktuelle Ereignisse zum Maßstab gesetzgeberischen Handelns mache und Entscheidungen treffe, die er später „wieder bedauern müsste“.[79] Es sei „bestürzend“, so der FDP-Bundestagsabgeordnete Jürgen Möllemann, „dass verantwortliche politische Kräfte nun offenbar die Nerven verlieren und mit der Demontage unverzichtbarer Grundsätze dem Terrorismus auf dem Leim“ kröchen.[80]

Dementsprechend forderten die Regierungsparteien die Opposition auf, nicht mit markigen Sprüchen zu reagieren, sondern jenseits jeder Parteipolemik mit Entschiedenheit und kühler Vernunft sowie mit allen bereits bestehenden Mitteln der staatlichen Rechtsordnung das organisierte Verbrechen zu bekämpfen.[81] Insbesondere die Beschwörung eines Bürgerkrieges sei für den Kampf

---

76 GA v. 25.1.1977; Stuttg. Zeitung v. 26.1.1977; Welt v. 25.1.1977; SZ v. 26.1.1977; ddp-Meldung v. 20.9.1977; FAZ v. 6.7.1976.

77 Stuttg. Zeitung v. 28.1.1977 „Der Henker verhindert keinen Mord“.

78 ddp-Meldung v. 25.1.1977 „Kriminologe warnt vor Emotionalisierung der Todesstrafen-Diskussion“; dpa-Meldung Nr. 80 v. 13.9.1977; SZ v. 14.9.1977; NRZ v. 22.9.1977 „Rebmann gegen Einführung der Todesstrafe“; Quick v. 22.9.1977; Ruhr-Nachrichten v. 5.3.1975.

79 Die Wiedereinführung der Todesstrafe bedeute, gegen sein eigenes Recht zu handeln, wie von den RAF-Terroristen beabsichtigt. Mit diesem Schritt würde nicht nur die Legitimation des Strafrechts bzw. Strafprozessrechts, sondern auch die Legitimation der Bundesrepublik insgesamt erschüttert werden. Siehe dpa-Meldung Nr. 96 v. 25.1.1977 „Vogel und FDP treten Forderung nach der Todesstrafe entgegen“; ddp-Meldung v. 25.1.1977; SZ v. 26.1.1977; SZ v. 13.9.1977; ddp-Meldung v. 13.9.1977; SZ v. 14.9.1977 „Die Taktik der CSU“; Bild v. 16.5.1977 „Wer wünscht schon die Rückkehr des Henkers?“; SZ v. 13.9.1977; SZ v. 6.3.1975 „Der Ruf nach dem Henker“; dpa-Meldung Nr. 239 v. 5.3.1975.

80 SZ v. 13.9.1977.

81 Speziell der *SPD-Fraktionsvorstand* wandte sich gegen „unausgegorene Vorschläge“ und „vermeintliche Patentrezepte“. Ablehnend äußerten sich ebenfalls *Hans-Jochen Vogel*, *Gustav Heinemann*, der SPD-Rechtsexperte *Adolf Müller-Emmert* sowie der Parlamentarische Staatsekretär im BJM *Hans de With*. Ebenso lehnte die *FDP-Fraktion*, vertreten durch *Wolfgang Mischnick* und *Burkhard Hirsch*, die Wiedereinführung der Todesstrafe als Mittel der Terrorismusbekämpfung ab. Siehe Quick v. 19.8.1976 „Da hilft auch die

gegen die Terroristen nicht von Nutzen. Der Ruf nach der Todesstrafe offenbare nur weitgehende Hilflosigkeit im Umgang mit den terroristischen Ereignissen.[82] Sozialdemokaten und Freie Demokraten waren sich einig, dass die Todesstrafe weder für partei- noch wahlpolitische Zwecke missbraucht werden dürfe,[83] und lehnten daher eine „Verfassungsänderung von solch historischer Bedeutung" ab.[84]

Auch die führenden CDU-Politiker[85] distanzierten sich von der Forderung der CSU-Abgeordneten, deren Eifer in dieser Sache auf „Volks-, nicht auf Wirk-

---

Todesstrafe nicht"; Quick v. 22.9.1977; Stuttg. Zeitung v. 28.1.1977; GA v. 13.9.1977; dpa-Meldung Nr. 148 v. 13.9.1977 „Justiz-Staatssekretär gegen Todesstrafe"; SZ v. 14.9.1977 „Bonn erteilt den Entführern Auskünfte"; dpa-Meldung Nr. 80 v. 13.9.1977 „Mischnick: BKA braucht Recht auf vorbeugende Verbrechensbekämpfung".

82 FDK-Tagesdienst v. 4.3.1975 „Hirsch an Dregger: Wir befinden uns nicht im Kriegszustand"; dpa-Meldung Nr. 263 v. 4.3.1975 „Jaeger und Dregger bleiben mit dem Vorschlag Todesstrafe allein"; FR v. 5.3.1975; Stuttg. Nachrichten v. 5.3.1975; FAZ v. 5.3.1975; SPD-Pressedienst v. 5.2.1975; SZ v. 5.3.1975; ddp-Meldung v. 20.9.1977.

83 Die *SPD-Politiker* erklärten, wer der von Emotionen geprägten Forderung folge, gerate schnell in den Verdacht, vordergründig parteipolitische Ziele zu verfolgen. Ähnlich äußerte sich der Fraktionsvorsitzende der FDP im Hessischen Landtag *Hermann Stein*. Er erklärte, die augenblickliche Situation lasse keinen Raum für parteipolitische Kapriolen von „Kopf-ab-Demokraten" und wies die Äußerungen Dreggers als „schamlose Ausnutzung von Gefühlsaufwallungen in breiten Schichten der Bevölkerung" im rheinland-pfälzischen Wahlkampf, zurück. Siehe dpa-Meldung Nr. 239 v. 5.3.1975; FR v. 5.3.1975; Welt v. 7.7.1976.

84 So z.B. *Hans de With* und der Sprecher der SPD-Bundestagsfraktion *Knut Terjung*. Ihrer Ansicht nach stellte die Forderung die gerade in Kraft getretene Reform des Allgemeinen Teils des StGB und die noch in Beratung befindliche Reform des Strafvollzugs in Frage sowie das Grundrechtssystem der Verfassung. Art. 102 stehe in untrennbarem Zusammenhang mit den Sonderrechten auf Menschenwürde, Leben und körperliche Unversehrtheit. Vgl. SPD-Pressedienst P/XXX/44 v. 5.2.1975; Sozialdemokrat März 1975 Information der SPD-Fraktion im Bundestag v. 4.3.1975 „Betr. Todesstrafe"; dpa-Meldung Nr. 263 v. 4.3.1975; FR v. 5.3.1975; Stuttg. Nachrichten v. 5.3.1975.

85 Z.B. der Vorsitzende der CDU *Helmut Kohl*, der in einem Interview erklärte, er selbst sei ein entschiedener Gegner der Todesstrafe. Auch Stücklen und Zimmermann hätten nicht die Einführung der Todesstrafe gefordert, sondern lediglich eine prinzipielle Überprüfung dieser Frage. (CDU-Pressemitteilung v. 17.7.1976; Spiegel v. 19.9.1977). Ablehnend äußerten sich ebenso der rheinland-pfälzische Ministerpräsident *Bernhard Vogel*, der baden-württembergische Ministerpräsident *Hans Filbinger* sowie dessen Justizminister *Traugott Bender*, der nordrhein-westfälische CDU-Vorsitzende und Vizepräsident des Zentralkomitees der deutschen Katholiken *Heinrich Köppler*, der CDU/CSU-Fraktionschef *Carstens*, der stellvertretende Parteivorsitzende der Berliner CDU *Karl-Heinz Schmitz* und der CDU-Rechtsexperte *Friedrich Vogel* sowie der Schatzmeister der CDU *Walther Leisler Kiep*. Auch der *Ring Christlich-Demokratischer Studenten (RCDS)* sowie der innenpolitische Sprecher der Jungen Union missbilligten auf ihrem Bundeskongress eine Änderung des Grundgesetzes. Siehe SZ v. 13.9.1977; GA v. 13.9.1977; ddp-Meldung v. 20.9.1977 „Todesstrafe hat keine Chance"; Quick

lichkeitsnähe gerichtet"[86] sei. Beständig betonten sie, die Wiedereinführung der Todesstrafe sei kein Thema politischer Erörterungen innerhalb der Christdemokraten.[87,88] Dagegen äußerte sich die CSU-Landesgruppe nur auf ausdrückliche Nachfrage und verband Abwehr mit Offensive. Weder die Landesgruppe noch ein anderes Gremium, so hieß es, habe sich „seit der Entführung von Peter Lorenz mit dem Thema Todesstrafe befasst". Dennoch unterstrich ein Sprecher der Bonner CSU-Landesgruppe, dass, wenn die Forderung nach der Wiedereinführung der Todesstrafe jetzt wieder aufflamme, dies nicht der „jähzornige Ausdruck einer vulgären Ethik" mancher Kreise sei, sondern der Ausfluss wachsender Überzeugung, dass es „durch das Versagen des Staates nicht möglich ist, die Bürger vor der erzwungenen Freilassung von Verbrechern, auch wenn es sich um Mörder handelt, zu schützen". Bei Anhängern dieser Ansicht, wie z.B. Jaeger, handele es sich um überzeugte Vertreter des Rechtsstaates. Schuld an der aufkommenden Diskussion hätten diejenigen, die – aus welchen Gründen auch immer – durch „Verharmlosung und Unterlassungen" zur Erschütterung der friedensstiftenden Kraft des Staates beigetragen hätten.[89]

Unter Berufung auf die Motive der Väter des Grundgesetzes, die „aus guten, heute unverändert geltenden Gründen"[90] die Todesstrafe abgeschafft hätten, und unter Betonung der Aussichtslosigkeit der Erreichung der notwendigen

v. 22.9.1977; ddp-Meldung v. 25.1.1977; NRZ v. 5.3.1975; WAZ v. 5.3.1975; Stuttg. Zeitung v. 5.3.1975; ddp-Meldung v. 13.9.1977 „Köppler will weiter gegen Todesstrafe eintreten"; SZ v. 14.9.1977; Bild v. 6.3.1975 „Carstens: Wie man den Terror bekämpfen kann"; Spandauer Volksblatt v. 16.3.1975 „Die Todesstrafe ist kein Rezept gegen Baader-Meinhof"; dpa-Meldung Nr. 270 v. 4.3.1975; FR v. 5.3.1975; SZ v. 5.3.1975; Ruhr-Nachrichten v. 5.3.1975; GA v. 5.3.1975; FR v. 10.3.1975.

86 SZ v. 14.9.1977.

87 Stuttg. Nachrichten v. 5.3.1975; dpa-Meldung Nr. 270 v. 4.3.1975; FR v. 5.3.1975; SZ v. 5.3.1975; Ruhr-Nachrichten v. 5.3.1975; GA v. 5.3.1975.

88 Auch *Peter Lorenz*, dessen Entführung weltweites Aufsehen erregt hatte, lehnte die erneute Anwendung der Todesstrafe ab. Allerdings bedeute die Erkenntnis, dass in einer Demokratie ein Menschenleben immer Vorrang haben müsste – gleich, ob es sich um prominente oder einfache Bürger handelt, mit deren Geiselnahme solche Terroristen die Erfüllung ihrer Forderungen durchzusetzen versuchten –, dass ein Staat es schwer habe sich in solchen Fällen zu wehren. Es werde aber auch, so schränkte *Lorenz* ein, „Fälle geben können, wo eine andere Handlungsweise sinnvoller erscheinen könnte." Siehe Allg. Zeitung v. 12.3.1975 „Die Jugend von Demokratie überzeugen".

89 dpa-Meldung Nr. 270 v. 4.3.1975; FR v. 5.3.1975; Stuttg. Nachrichten v. 5.3.1975; SZ v. 5.3.1975; FAZ v. 5.3.1975.

90 Welt v. 7.7.1976; SZ v. 26.1.1977; SZ v. 27.1.1977; Quick v. 22.9.1977; dpa-Meldung Nr. 129 v. 25.1.1977 „Vogel und FDP treten Forderung nach der Todesstrafe entgegen"; FAZ v. 26.1.1977.

verfassungsändernden Zweidrittel-Mehrheit[91,92] waren sich Vertreter der CDU, SPD und FDP indessen einig, dass die Wiedereinführung der Todesstrafe nicht vor terroristischen Ereignissen schütze. Terroristen seien im Allgemeinen bis zum letzten entschlossen, so dass der höchsten Strafe keinerlei Abschrekkungskraft zukomme. [93,94] Der Punkt der Abschreckung werde maßlos überschätzt, so der Strafrechtler Schmidthäuser, wo es doch ganz eindeutig sei, „dass jeder Verbrecher glaubt, er werde nicht gefasst.“[95] Am Beispiel anderer Länder zeige sich, dass Staatsschutzdelikte mit der Todesstrafe weder schnel-

---

91 Welt v. 25.1.1977; Stuttg. Zeitung v. 28.1.1977; GA v. 13.9.1977; ddp-Meldung v. 13.9.1977 „CDU-Politiker lehnt Todesstrafe ab“; SZ v. 14.9.1977; SZ v. 3.10.1977; Stuttg. Nachrichten v. 5.3.1975; dpa-Meldung Nr. 270 v. 4.3.1975; FR v. 5.3.1975; SZ v. 5.3.1975; Ruhr-Nachrichten v. 5.3.1975; GA v. 5.3.1975; FAZ 14.9.1977 „Der Präsident des Bundesrates warnt vor einer Debatte über die Todesstrafe“.

92 Der Hamburger Spiegel-Redakteur und Rechtsanwalt *Hans-Wolfgang Sternsdorff* erklärte unter Berufung auf das Urteil des BVerfG aus dem Jahr 1975 zur Reform des § 218 StGB, in dem die Fristenregelung verworfen worden war, dass selbst wenn der Bundestag den Abschaffungsartikel 102 mit der erforderlichen Zweidrittelmehrheit ändern wollte, die Todesstrafe dennoch nicht mehr eingeführt werden könnte. In dem Urteil hieß es: „Das menschliche Leben stellt innerhalb der grundgesetzlichen Ordnung einen Höchstwert dar, es ist die vitale Basis der Menschenwürde. [...] Wo menschliches Leben existiert, kommt ihm Menschenwürde zu; es ist nicht entscheidend, ob der Träger sich dieser Würde bewusst ist und sie selbst zu wahren weiß [...] Jedes menschliche Leben [...] ist als solches gleich wertvoll und kann deshalb nicht irgendwie gearteten unterschiedlichen Bewertungen [...] unterworfen werden.“ Zur Begründung stützte sich das BVerfG auf Art. 1 – Die Würde des Menschen ist unantastbar. Da eine Änderung dieses Artikels nach Art. 79 Abs. 3 unzulässig sei, sah Sternsdorff in der Entscheidung der Verfassungsrichter auch eine Festlegung gegen die Anwendung der Todesstrafe. Das BVerfG lehnte diese These jedoch offiziell ab. Ein Sprecher erklärte, die Entscheidung bedeute weder Zustimmung noch Ablehnung. (Vgl. Spiegel v. 19.9.1977, KStA v. 20.9.1977 „Die Todesstrafe unmöglich gemacht?“).

93 dpa-Meldung Nr. 263 v. 4.3.1975; dpa-Meldung Nr. 279 v. 6.3.1975 „Genscher gegen Todesstrafe“; dpa-Meldung Nr. 270 v. 4.3.1975; FR v. 5.3.1975; Stuttg. Nachrichten v. 5.3.1975; Allg. Zeitung v. 12.3.1975; Spandauer Volksblatt v. 16.3.1975; Ruhr-Nachrichten v. 5.3.1975; SPD-Pressedienst P/XXX/44 v. 5.2.1975; Sozialdemokrat, März 1975; ddp-Meldung v. 25.1.1977; SZ v. 26.1.1977; Welt v. 7.7.1976; Welt v. 24.1.1977; FAZ v. 6.7.1976; FAZ v. 26.1.1977.

94 Die *Frankfurter Neue Presse* berichtete am 8.12.1977 von drei Lebenslänglichen, die aus Protest gegen die drastisch verschärften Sicherheitsmaßnahmen und den ihrer Meinung nach auf Vergeltung ausgerichteten Strafvollzug die Umwandlung ihrer lebenslänglichen Freiheitsstrafen in die Todesstrafe forderten. Sie seien zu schwach „selbst Hand anzulegen“, daher könne nur die Todesstrafe ein langsames Dahinsiechen ohne Aussicht auf Erfolg auf eine erträgliche Zukunft beenden. Siehe FrNPr v. 8.12.1977 „Drei Lebenslängliche fordern die Todesstrafe“.

95 ddp-Meldung v. 25.1.1977.

ler aufzuklären noch zu verhüten seien,[96] denn Staaten, in denen es die Todesstrafe noch gebe, seien keineswegs vom Terrorismus verschont geblieben.[97] Insbesondere die Wiedereinführung der Todesstrafe gegen Fanatiker, „die unter Umständen sogar den qualvollen Tod des Verhungerns als Mittel zur Durchsetzung ihrer Ziele“ einkalkulierten, sei wirkungslos und verhindere keine weiteren Geiselnahmen. Politisch motivierte Gewaltverbrecher seien eben zu einem höheren persönlichen Risiko bereit als andere Straftäter und benötigten für die Festigung ihres Zusammenhaltes sogar Märtyrer.[98] Erpressbar bleibe der Staat dennoch. Denn die Entführung und Geiselnahme geschehe, bevor ein Gerichtsurteil gesprochen oder gar vollstreckt wäre, was jedoch in jedem halbwegs intakten Rechtsstaat zwingende Voraussetzung für eine Strafe sei, deren Vollzug nicht mehr rückgängig zu machen sei. Zwischen Festnahme und Verurteilung des Täters würden durch Untersuchungshaft und Prozessdauer so viele Monate verstreichen, dass die in Freiheit lebenden Terroristen in Ruhe die Befreiung durch Erpressung vorbereiten könnten. Inzwischen würde der absolut unerwünschte Effekt eintreten, dass die Terroristen nur um so brutaler morden würden.[99] Wirklich abschreckend wirkten stattdessen eine prompte Strafverfolgung und eine hohe Aufklärungsquote der Strafverfolgungsbehörden.[100] Nichts lähme einen potentiellen Täter so sehr wie die „Aus-

96 FR v. 5.3.1975; Stuttg. Nachrichten v. 5.3.1975; Allg. Zeitung v. 12.3.1975; Spandauer Volksblatt v. 16.3.1975; dpa-Meldung Nr. 263 v. 4.3.1975; Sendung des DFS v. 16.9.1977; Quick v. 22.9.1977.

97 Im Gegenteil, die Geschichte belege, dass die grausamsten Strafen auch die blutigsten und unmenschlichsten Verbrechen gekannt hätten, und somit eher verrohend denn abschreckend wirkten. Eindrucksvollstes Beispiel sei die USA: In den 41 US-Staaten mit der Todesstrafe sei die Kriminalität stärker gestiegen als in den neun Staaten, die den Henker nicht mehr kannten. Ähnliche Erfahrungen hätten früher die Schweizer Kantone gemacht. Vgl. SZ v. 13.9.1977; Quick v. 22.9.1977; Information der SPD-Fraktion im Bundestag v. 4.3.1975; dpa-Meldung Nr. 263 v. 4.3.1975; FR v. 5.3.1975; Stuttg. Nachrichten v. 5.3.1975; FAZ v. 5.3.1975; FR v. 6.3.1975 „Juristen gegen Todesstrafe“; *Wassermann*, Vorwärts v. 5.8.1976; Welt v. 7.7.1977; SZ v. 27.1.1977; Stuttg. Zeitung v. 28.1.1977; dpa-Meldung Nr. 148 v. 13.9.1977; Sendung des DFS v. 16.9.1977; GA v. 25.1.1977; SZ v. 27.1.1977.

98 SZ v. 13.9.1977; GA v. 13.9.1977; dpa-Meldung Nr. 148 v. 13.9.1977; ddp-Meldung v. 13.9.1977; ddp-Meldung v. 12.3.1975 „Tenhumberg gegen Todesstrafe“; Ruhr-Nachrichten v. 5.3.1975; Quick v. 22.9.1977; SZ v. 6.3.1975 „Todesstrafe wäre nutzlos“; ddp-Meldung v. 5.3.1975 „Braunschweiger Zeitung zum Ruf nach Todesstrafe“; Münchener Merkur v. 5.3.1975 „Die Todesstrafe – eine Unmöglichkeit“ v. *Rudolf Dix*.

99 GA v. 13.9.1977; Welt v. 7.7.1976; Sendung des DFS v. 16.9.1977; Quick v. 19.8.1976; Quick v. 22.9.1977; *Wassermann*, Vorwärts v. 5.8.2976; Ruhr-Nachrichten v. 5.3.1975; Spiegel v. 2.5.1977; Spiegel v. 19.9.1977.

100 Dabei, so der Kriminologe *Schmidhäuser*, müssten nicht die Misserfolge bei der Fahndung im Vordergrund der Presseberichterstattung stehen, sondern die Fahndungserfolge herausgestellt werden. Siehe ddp-Meldung v. 25.1.1977. Vgl. auch dpa-Meldung Nr. 96

sichtslosigkeit eines verbrecherischen Tuns".[101] Statt der Todesstrafe wurden daher vornehmlich die Verbesserung der Fahndungs- und Ermittlungsarbeit der Strafverfolgungsbehörden gefordert.[102] Allerdings, so der Kriminologe Günther Kaiser, Direktor des Max-Planck Instituts für ausländisches und internationales Strafrecht, könne man nicht „totale Präventivmaßnahmen gegen das Verbrechen treffen", wenn man „den Rechtsstaat mit seiner Freiheit und Freizügigkeit für den Bürger" wolle.[103]

Vergleichbar äußerten sich zahlreiche deutsche Strafrechtswissenschaftler,[104] die allesamt die Wiedereinführung der Todesstrafe in Fällen der Geiselnahme einmütig ablehnten. Unter Verweis auf das Verfassungsverbot des Art. 102 bezeichneten sie die Wiedereinführungsbegehren als einen Schritt zurück in längst überwundenes Strafrechtsdenken. Im Ergebnis hielten die Strafrechtswissenschaftler diese Strafart zur Bekämpfung von Terroristen für gänzlich ungeeignet, da ein fanatischer Anarchist stets ein Misslingen seiner Aktion mit einem tödlichen Ausgang von vornherein einkalkuliere. Dagegen führe eine solche Strafe nur zur Eskalation der Grausamkeit und diene dem Terror als Legitimation für die Steigerung der Brutalität. Der Bonner Strafrechtler Armin Kaufmann empfahl ein gesetzliches Verbot des Austausches von Gefangenen gegen Geiseln, damit die Wirkung der lebenslänglichen Freiheitsstrafe nicht aufgehoben werden könne.[105]

Gegen eine Wiedereinführung der Todesstrafe unter dem Eindruck anarchistischer Erpressungen sprachen sich auch die christlichen Kirchen aus. Ange-

---

v. 25.1.1977 „Vogel lehnt Todesstrafe ab – Strafandrohung bei Menschenraub ausreichend"; dpa-Meldung Nr. 148 v. 13.9.1977; FAZ v. 26.1.1977.

101 SZ v. 27.1.1977.

102 dpa-Meldung Nr. 80 v. 13.9.1977; SZ v. 14.9.1977; dpa-Meldung Nr. 148 v. 13.9.1977; Quick v. 22.9.1977; dpa-Meldung Nr. 96 v. 25.1.1977; ddp-Meldung v. 25.1.1977.

103 ddp-Meldung v. 25.1.1977.

104 Zum Beispiel *Prof. Armin Kaufmann* (Direktor des strafrechtlichen Instituts der Universität Bonn), *Prof. Gerald Grünwald* (Lehrstuhl für Strafrecht und Strafprozessrecht der Universität Bonn), *Prof. Jürgen Baumann* (Tübinger Strafrechtslehrer), *Prof. Claus Roxin* (Ordinarius für Strafrecht, Strafverfahren und Allg. Strafrechtstheorie und Direktor des Instituts für die gesamte Strafrechtswissenschaft der Universität München), *Prof. Günter Bemmann* (Ordinarius für Strafrecht und Strafprozessrecht der Universität Augsburg), *Prof. Alexander Bohlen* (Prof. für Kriminologie, Strafrecht und Strafvollzug der Universität Mainz), *Prof. Klaus Lüdersen* (Dekan der juristischen Fakultät der Frankfurter Johann-Wolfgang-Goethe-Universität) sowie der Heidelberger Strafrechtsprofessor *Miehe*. Siehe Welt v. 7.7.1976; FR v. 6.3.1975; GA v. 6.3.1975 „Gegen Wiedereinführung der Todesstrafe".

105 Im übrigen sei zu bestimmen, dass dem Austauschverbot auch im Falle der Rechtsgüterabwägung andere Gesetze nicht vorgehen. Siehe Welt v. 7.7.1976.

sichts der emotional aufgeladenen Situation lehnten sie eine Beteiligung an der Diskussion ab und stellten eine Stellungnahme für den Zeitpunkt in Aussicht, wenn diese Frage seitens des Parlaments sachlich erörtert werde.[106] Der stellvertretende Vorsitzende des Rates der Evangelischen Kirche in Deutschland Helmut Hild bezeichnete die Todesstrafe als eine „zutiefst inhumane Angelegenheit“. In einem Interview erklärte er, man könne den „Teufel nicht mit dem Beelzebub austreiben, Inhumanität nicht mit Inhumanität bekämpfen“. Obwohl von den anarchistischen Umtrieben Gefahren für die innere Sicherheit ausgingen, müsse man unterscheiden zwischen Gefahren für die innere Sicherheit und einer Gefährdung der inneren Sicherheit. „Eine Gefährdung in dem Sinne, dass die Sicherheit des Staates derzeit auf dem Spiel stünde, kann ich jedoch nicht sehen.“[107] Die katholische Kirche dagegen verneinte nicht prinzipiell die Legitimität der Todesstrafe. Entgegen ihrer Position zur Reform des § 218 StGB, das menschliche Leben sei in jeder Form heilig, räumte sie ein, das sie die Wiedereinführung der Todesstrafe zu einem späteren Zeitpunkt durchaus wieder billigen könnte. Bisher habe man sich noch nicht mit der Grundsatzfrage beschäftigt, ob der Staat als „letzte Notwehr zu dem Mittel der Todesstrafe“ greifen dürfe. Einerseits stehe keiner menschlichen Institution die Entscheidung über Leben und Tod zu. Andererseits werde die Todesstrafe in den kirchlichen Überlieferungen nie völlig abgelehnt.[108]

Bundesjustizminister Hans-Jochen Vogel fasste in der Sicherheitsdebatte am 13. März 1975 den Meinungsstand wie folgt zusammen:

> „Die Gründe für die Ablehnung sind überzeugend. Die Abschaffung der Todesstrafe ist ein Bestandteil des Grundkonsenses, den die demokratischen Kräfte unseres Landes bei der Schaffung des Grundgesetzes hergestellt haben. Es ist ein Zeichen von Stärke, wenn an einem solchen elementaren Grundsatz unserer staatlichen Ordnung nicht bei jeder ernsteren Herausforderung unseres Staatswesens gerüttelt wird. Erfahrungen und Forschungen im In- und Ausland geben im übrigen nicht den geringsten Hinweis darauf, dass die Todesstrafe zur Verbrechensbekämpfung wirklich taugt. Terroristen würden durch die Todesstrafe eher zu noch größerer Brutalität getrieben. Auch Länder, die unter dem Terrorismus mehr als wir zu leiden haben, verzichten deshalb auf die Todesstrafe. Sie befinden sich damit – wie

---

106 GA v. 25.1.1977 „Braucht die Bundesrepublik einen Henker?“ v. *Josef H. Weber*; ddp-Meldung v. 13.9.1977 „Zur Diskussion über Todesstrafe“; ddp-Meldung v. 13.9.1977 „EKD will sich zur Zeit nicht an Todesstrafe-Diskussion beteiligen“; ddp-Meldung v. 13.9.1977 „Katholische Kirche will Todesstrafe zur Zeit nicht erörtern“; SZ v. 14.9.1977.

107 ppp-Meldung Nr. 47 v. 10.3.1975 „Todesstrafe – eine zutiefst inhumane Angelegenheit“; FR v. 11.3.1975 „Todesstrafe zutiefst inhumane Angelegenheit“.

108 SZ v. 24.9.19977 „Bischöfe lehnen Todesstrafe nicht ab“; Stuttg. Nachrichten v. 5.3.1975; *Weber*, GA v. 25.1.1977; ddp-Meldung v. 13.9.1977; SZ v. 27.9.1977 „Das Streiflicht“.

auch die Bundesrepublik – in Übereinstimmung mit der ganz überwiegenden Mehrzahl der demokratischen Staaten Europas."[109]

## *V. Öffentlichkeit*

So wenig die CSU-Abgeordneten mit ihrer Forderung bei den eigenen Parteifreunden Anklang fanden, so breit war die Zustimmung der Bevölkerung. Nachdem die Gegner der Todesstrafe im März 1971 erstmals in der Überzahl waren, verzeichneten die Allensbacher Demoskopen bereits fünf Monate später wieder einen Anstieg unter den Befürwortern der Todesstrafe.[110] Damit setzte eine Entwicklung ein, die dem Trend der 50er, 60er und frühen 70er Jahren entgegen lief. In dieser Zeit nämlich war der Anteil der Befürworter der Todesstrafe seit 1955 langsam und mit Schwankungen, aber langfristig gesehen durchaus stetig, auf ein Drittel der erwachsenen Bundesbürger zurückgegangen, während andererseits der Anteil der Bundesbürger, die gegen die Todesstrafe waren, proportional angestiegen war.[111]

In den darauffolgenden Jahren gestaltete sich die öffentliche Meinung extrem schwankend. Bis zum Dezember 1973 sank die Zahl der Fürsprecher der Todesstrafe wieder auf 30%,[112] um dann in den nächsten drei Jahren wieder auf 45% anzuschwellen.[113] Im Gegensatz dazu blieb der Anteil der grundsätzlichen Gegner der Todesstrafe relativ konstant. Im Durchschnitt sprach sich regelmä-

---

109 Sten. Bericht des BT, v. 13.3.1975, S. 10 791. Anders sah es dagegen bei den Mitgliedstaaten der Vereinten Nationen aus. Aus dem 3. Bericht an den Wirtschafts- und Sozialrat der UN im März 1975 ergab sich, dass von 135 Mitgliedsstaaten lediglich 11 die Todesstrafe abgeschafft hatten: neben der BRD, nur Österreich, Finnland, Island sowie sechs lateinamerikanische Länder und Schweden. Die anderen 124 Staaten hielten ausdrücklich an der Todesstrafe fest, insbesondere für aufsehenerregende Verbrechen in Ausnahmesituationen, wie beispielsweise Polizistenmord, Hochverrat und Terrorismus. In dem von Generalsekretär *Kurt Waldheim* vorgelegten Bericht konstatierte dieser, dass zwar eine Mehrheit der Mitgliedstaaten einen Meinungswandel zugunsten einer künftigen Abschaffung der Todesstrafe befürworteten – dies habe sich in den nationalen Gesetzen jedoch bisher nicht niedergeschlagen. Siehe Vorwärts v. 13.3.1975 „Die Henker werden arbeitslos".

110 Im August 1971 bekannten sich 43% der befragten Bundesbürger grundsätzlich zur Todesstrafe. Siehe Allensbacher Berichte des Instituts für Demoskopie, März 1980.

111 Vgl. oben Dritter Teil, 2. Kapitel. Ebenso Allensbacher Berichte des Instituts für Demoskopie, April 1977.

112 Im Juni 1972 sprachen sich 37% und im August 1972 33% der Befragten zugunsten der Todesstrafe aus. Siehe Allensbacher Berichte des Instituts für Demoskopie, April 1977, März 1980.

113 März 1974 – 36%, März 1975 – 32%, Oktober 1975 – 35%, Januar 1976 – 34%, August 1976 – 36%, Februar 1976 – 45%. Siehe Allensbacher Berichte des Instituts für Demoskopie April 1977, März 1980.

ßig knapp die Hälfte der Befragten gegen die höchste Strafform aus.[114] Lediglich im Jahr 1977 verzeichnete das Allensbacher Institut einen Einbruch unter den Gegnern der Todesstrafe. Erstmals sank die Zahl der Gegner wieder unter 40%,[115] sodass die Fürsprecher der Todesstrafe erneut eine relative Mehrheit bildeten.[116] Nur die 16–29jährigen Befragten traten mit einem Prozentsatz von 47% noch mit einer relativen Mehrheit gegen die Todesstrafe ein. Bloß ein Drittel (35%) der unter 30jährigen sprach sich für die Todesstrafe aus. Dagegen sprachen sich die ältere Bevölkerung sowie die Befragten ohne höhere Schulbildung verstärkt für ihre erneute Anwendung aus. Nach Angaben des Allensbacher Instituts vollzog sich die Hinwendung zur Befürwortung der Todesstrafe in den verschiedenen Schichten der Bevölkerung gleichmäßig. Männer und Frauen, Junge und Alte, Gebildete und weniger Gebildete, von all diesen Gruppen wandelten sich seit 1975 zwischen 11–14% zu Befürwortern der Todesstrafe.[117]

Eine Umfrage der Wickert-Institute im Jahr 1976 kam zu vergleichbaren Ergebnissen. Die Meinungsforscher ermittelten auch hier erstmals wieder einen Anstieg der Fürsprecher der Todesstrafe seit dem Jahr 1965. Nachdem der Prozentsatz der Befürworter seit 1965 konsequent zurück gegangen war –

114 Juni 1972 – 47%, August 1972 – 53%, Dezember 1973 – 46%, März 1974 – 42%, März 1975 – 50%, Oktober 1975 – 49%, Januar 1976 – 50%, August 1976 – 42%. Siehe Allensbacher Berichte des Instituts für Demoskopie, April 1977, März 1980.

115 Im Februar 1977 lehnten nur noch 37% der Befragten die Anwendung der Todesstrafe ab. Siehe Allensbacher Berichte des Instituts für Demoskopie April 1977, März 1980.

116 Das *IfD* wies im April 1977 in seinem Bericht darauf hin, dass Ende 1973/Anfang 1974 ein verhältnismäßig hoher Anteil von Unentschiedenen zu verzeichnen gewesen sei. Die Meinungsforscher führten dies auf eine Neuorientierung der Befragten zurück. Die Bevölkerung habe, so das Institut, in dieser Zeit das Problem der Todesstrafe neu überdacht, um am Ende womöglich einen neuen Standpunkt einzunehmen. Den „harten Kern" der Anhänger der Todesstrafe zeigte eine andere Allensbacher Ermittlung. Um die Meinung der Bevölkerung über Sinn und Widersinn der lebenslangen Freiheitsstrafe zu erkunden, wurden zwei unterschiedlich formulierte Fragen gestellt, die zur Überraschung der Demoskopen zu einem nahezu deckungsgleichen Ergebnis führten. Zum einen wurde gefragt: „Sind Sie dafür, dass lebenslängliche Haft bei uns als Strafe abgeschafft wird, oder soll lebenslänglich als Höchststrafe bleiben?". Die zweite Frage lautete: „Manche Leute sagen: Es ist unmenschlich, jemanden bis ans Ende seines Lebens ins Gefängnis zu sperren, egal, was er verbrochen hat. Man sollte deshalb die lebenslängliche Haft abschaffen. Sind sie dafür, dass lebenslängliche Haft bei uns als Strafe abgeschafft wird, oder soll lebenslänglich als Höchststrafe bleiben?" Spontan gaben sich der ersten Frage sechs Prozent der Befragten und bei der zweiten Frage vier Prozent als Befürworter der Todesstrafe zu erkennen – obwohl danach gar nicht gefragt worden war. Das IfD schloss daraus, dass jeder zwanzigste Bundesbürger ein ganz kompromissloser Befürworter der Todesstrafe sei. Siehe Allensbacher Berichte des Instituts für Demoskopie, April 1977.

117 Siehe Allensbacher Berichte des Instituts für Demoskopie, April 1977.

zuletzt auf 33% im Jahr 1975 – verzeichnete das Institut im Jahr 1976 nunmehr einen Anstieg von 7%; insgesamt also 40%. Weitere 40% der Befragten lehnten die Todesstrafe weiterhin ab. 20% äußerten keine Meinung.[118]

Zurückzuführen waren die starken Meinungsschwankungen unter anderem auf aktuelle Tagesereignisse. Parallel zu den sich häufenden Terroranschlägen, aber auch im Zusammenhang mit gleichzeitig einhergehenden spektakulären Mordfällen[119] und erpresserischen Menschenraubfällen[120], stieg auch bei den Umfragen der Anteil derjenigen, die sich für die Wiedereinführung der Todesstrafe aussprachen, an. Unter Berufung auf den Anstieg der Schwerst- und Gewaltkriminalität[121] rief die Bevölkerung nach der Todesstrafe – suggerierte

---

118 dpa-Meldung Nr. 117 v. 28.7.1976 „Mehr Bundesbürger für die Todesstrafe"; ddp-Meldung v. 28.7.1976 „Gegner und Befürworter der Todesstrafe halten sich die Waage".

119 Zum Beispiel die Ermordung einer 5-köpfigen Bankiersfamilie aus Braunschweig im Januar 1977. Eine Telefon-Blitz-Umfrage von 870 Personen durch die Tübinger Wikkert-Institute am Wochenende nach der Tat erbrachte eine Zustimmung von 73% zugunsten der Todesstrafe. Oder die bestialische Tötung zweier 6-jähriger Jungen in Stolberg und Aichach. Nach deren Entführung und Ermordung, unterzeichneten 35.000 Bundesbürger eine Petition zur Wiedereinführung der Todesstrafe. Der *Kampfbund deutscher Soldaten (KDS)* gründete eine „Bürgerinitiative für Todesstrafe und gegen Pornographie und Sittenverfall". Ziel war die Einführung der Todesstrafe für Entführungen mit Todesfolge, Sexualmord, Vergewaltigung von Kindern sowie für Mörder von Taxifahrern, Polizistenmörder und Rauschgifthändler. Vgl. FR v. 24.1.1977 „Forderung nach der Todesstrafe"; Dt. Allg. Sonntagsblatt v. 30.1.1977 „Todesstrafe und Bürgersinn" v. *Klaus Reblin*; Quick v. 3.2.1977 „Vom Gesetz verordnet: Das qualvolle Sterben"; Spiegel v. 2.5.1977; dpa-Meldung Nr. 249 v. 31.1.1977 „Bürgerinitiative für Todesstrafe und Verbot der Pornographie"; Welt v. 25.1.1977; *Weber*, GA v. 25.1.1977; Stuttg. Zeitung v. 26.9.1977 „Der Ruf nach dem Henker hat in Bonn keine Chance"; SZ v. 26.1.1977; SZ v. 27.1.1977.

120 Seit 1958 wurden insgesamt 25 Fälle erpresserischen Menschenraubes bekannt, zuletzt die Fälle Snoek und Oetker. Auch im Zusammenhang mit diesen Fällen wurde von einigen wenigen die Todesstrafe gefordert. Diesem Vorschlag trat BMJ *Vogel* entschieden entgegen und machte zugleich seine Skepsis zu Überlegungen von CDU/CSU-Justizpolitikern deutlich, innerhalb des Strafrahmens für erpresserischen Menschenraub bei bestimmten Tatbestandsmerkmalen – etwa der Misshandlung des Opfers – gesonderte Strafverschärfungen vorzusehen. Die Strafandrohung von drei Jahren bis 15 Jahren Freiheitsstrafe und lebenslänglich bei leichtfertig verursachtem Tod des Opfers hätte sich in der Praxis als voll ausreichend erwiesen. Siehe dpa-Meldung Nr. 96 v. 25.1.1977; dpa-Meldung Nr. 129 v. 25.1.1977; SZ v. 26.1.1977.

121 Tatsächlich war die Kriminalität seit Anfang der 60er Jahre zwar langsam, aber stetig wieder angestiegen. BMI *Maihofer* erklärte in der Bundestagsdebatte um die Innere Sicherheit, dass zwar die Gesamtkriminalität insgesamt gestiegen sei. Dies sei aber bedingt durch den überproportionalen Anstieg der Diebstahlsdelikte. Im Bereich der Kapitaldelikte, einschließlich der politisch motivierten Gewaltverbrechen, finde sich eine vergleichsweise geringfügige Steigerungsrate, bei gleichzeitig hoher Aufklärungsrate von weit über 90% bei den Gewaltdelikten. Die Gesamtaufklärungsquote liege bei

diese doch Sicherheit. Aufgrund der Abschaffung der Zuchthausstrafe im Jahr 1968 und der damals gerade aktuellen Diskussion um die zeitliche Begrenzung der lebenslänglichen Freiheitsstrafe hatte die Bevölkerung den Eindruck der immer weitergehenden Liberalisierung des Strafrechts zugunsten des Täters.[122]

Nachdem die Bundesregierung in der Schleyer-Entführung den Erpressungsversuchen gegenüber unnachgiebig geblieben war, flaute der Terrorismus in den nächsten Jahren wieder ab.[123] Gleichzeitig sank die Prozentzahl der Fürsprecher der Todesstrafe schlagartig im Februar/März 1979 wieder auf 30%, im Januar 1980 sogar auf 26% und erreichte damit einen Tiefstand seit der Abschaffung der Todesstrafe im Jahr 1949. Mit einem Prozentsatz von 51% bzw. 55% der Befragten gegen die Todesstrafe hatte sich der durch die Ereignisse der 70er Jahre durchbrochene rückläufige Trend nunmehr fortgesetzt. Vor allem junge Menschen sprachen sich weiterhin entschieden gegen die Todesstrafe aus. Zwei-Drittel der Befragten unter 30 Jahren erklärten ihre Ablehnung gegenüber der Todesstrafe.[124]

Im Vergleich zu den Anfängen der Bundesrepublik hatte sich somit in der Auseinandersetzung um die Bestrafung von Schwerverbrechern ein tiefergehender Wandel vollzogen. Zwar rief die Bevölkerung infolge von furcht- und zornerregenden Tagesereignissen immer noch kurzzeitig nach dem Scharfrichter. Sobald die Leidenschaft jedoch nicht mehr den Blick trübte, überwog die Überzeugung, dass die Todesstrafe nicht in den deutschen Rechtsstaat gehörte.

---

45,6%. Siehe Sten. Bericht des BT v. 13.3.1975, S. 10 746ff. Vgl. auch Spiegel v. 2.5.1977; SZ v. 27.1.1977, SZ v. 13.9.1977.

122 In der *Wickert-Studie* gaben die Befürworter an, dass der Strafvollzug in der Bundesrepublik 'zu lasch' sei und nur harte Strafen wirksam abschrecken könnten. „Der neumodische Kram im Strafvollzug" habe sich nicht bewährt. Siehe dpa-Meldung Nr. 117 v. 28.7.1976.

123 Trotz vielfacher Bemühungen um die Rettung des Lebens Schleyers, hatte der große Krisenstab beschlossen, nicht auf die Forderungen der Terroristen einzugehen. Bundeskanzler *Helmut Schmidt* bezeichnete diese Entscheidung später als eine der schwersten seiner Amtszeit. Der Staat habe jedoch deutlich gemacht, dass er sich nicht erpressen lasse.

124 Von den unter 30jährigen lehnten zwei Drittel die Todesstrafe ab (66%), bei den über 60jährigen nur 42 Prozent. Eine Aufschlüsselung der Ergebnisse nach der politischen Orientierung der Befragten ergab bei den FDP-Anhängern mit 69 % die höchste Zahl von Gegnern, gefolgt von 59% bei der SPD und 45% bei den Unionsparteien. Siehe Allensbacher Berichte des Instituts für Demoskopie, März 1980. Vgl. auch SZ v. 5.3.1980 „Todesstrafe unpopulär"; dpa-Meldung Nr. 219 v. 4.3.1980 „Mehrheit der Bundesbürger gegen die Todesstrafe".

## *VI. Nachwirkungen*

Letztlich entschied sich die Bundesregierung, dem Terror mit rechtsstaatlichen Mitteln zu begegnen, berief sich allerdings in Ausnahmefällen auf den rechtfertigenden Notstand des § 34 StGB, dessen Anwendbarkeit auf staatliches Handeln freilich bis heute umstritten ist.[125] Derart entschlossene, organisierte und intelligente Straftäter waren ein Novum für Deutschland.[126] Der Bundestag verabschiedete im Laufe der 70er Jahre zahlreiche Sondergesetze zur Festigung der inneren Sicherheit, wobei die Wiedereinführung der Todesstrafe zu keiner Zeit Gegenstand der parlamentarischen Erörterung war.[127] Die gesetzli-

---

125 „Die Terroristen sind", so der Berliner Justizsenator *Jürgen Baumann*, „ganz normale Mörder, ganz normale Brandstifter, ganz normale Bankräuber, auch wenn sie sich tausendmal als Überzeugungstäter darstellen. Ihre angeblich politische Motivierung darf uns nicht verleiten, sie anders als alle anderen Straftäter zu behandeln." *Baumann* warnte daher vor einer Überreaktion des Staates. Es sei Aufgabe des Rechtsstaates", erklärte BMJ *Vogel*, „das Spannungsverhältnis zwischen Sicherheit und Freiheit immer von neuem zu lösen." Das Ziel müsse sein, so BMI *Maihofer*, eine Kollision „mit dem Kernbestand unserer Rechtsstaatlichkeit" zu vermeiden. Siehe Spiegel v. 23.5.1977 „Das erinnert mich an Vogelfreiheit"; dpa-Meldung Nr. 181 v. 14.7.1976 „Baumann gegen die Todesstrafe"; dpa-Meldung Nr. 151 v. 1.7.1978; *Aust/Büchel*, Spiegel v. 10.9.2007.

126 *Helmut Schmidt* beurteilte die Terroristen als „spezifisch deutsch, insofern sie bei Planung, Organisation und Ausführung ziemlich intelligent und ziemlich wirkungsvoll" vorgingen. Siehe Spiegel v. 26.9.1977 „Der ramponierte Rechtsstaat"; *Sontheimer*, Spiegel v. 1.10.2007.

127 Stattdessen entschied man sich für ein Geflecht von Normen des materiellen und prozessualen Strafrechts, der Gerichtsverfassung, des Anwaltsrechts und des Strafvollzugs. (z.B. Gesetz zur Ergänzung des 1. StrVRG 1974, 14. StrÄndG v. 18.8.1976 (BGBl. I 2181), Kontaktsperregesetz v. 30.9.1977 (BGBl. I 1877), Strafverfahrensänderungsgesetz 14.4.1978 (BGBl. I 497) oder das zweite Terrorismusgesetz v. 19.12.1986 (BGBl. I 2566). Fortan war beispielsweise die „Bildung einer terroristischen Vereinigung" nach § 129a StGB strafbar. Zudem konnte ein Verteidiger nach § 138a StPO vom Verfahren ausgeschlossen werden, wenn er „dringend oder hinreichend verdächtig" war, an den Straftaten seiner Mandanten beteiligt zu sein. Künftig konnte ein Verfahren auch in Abwesenheit des Angeklagten fortgeführt werden, wenn dieser seine Verhandlungsunfähigkeit vorsätzlich und schuldhaft, z.B. durch einen Hungerstreik, selbst verschuldet hatte. Schließlich verabschiedete der Bundestag das „Kontaktsperregesetz", nachdem eine solche zwischen Verteidiger und Gefangenen bzw. Gefangenen untereinander verhängt werden konnte. (Nach der Entführung Schleyers bestanden Anhaltspunkte, dass die RAF-Inhaftierten in Stammheim aus der Haft heraus die Entführung unterstützten oder sogar leiteten und dass ihre Verteidiger dabei Hilfe leisteten. Daher ordneten die Justizminister der Bundesländer am 23.9.1977 eine auf § 34 StGB gestützte Kontaktsperre an. Der BGH billigte am 23.9.1977 entsprechende richterliche Anordnungen, auch soweit sie gegen § 148 Abs. 1 StPO verstießen (BGH 27, 260). Den Erlass einer einstweiligen Anordnung gegen diese Maßnahmen lehnte das BVerfG ab (BverfGE 46, 1).Von insgesamt 72 Fällen, in denen die Feststellung einer Kontaktsperre getroffen wurde, wurden 68 bestätigt. Um die Kontaktsperre gesetzlich abzusichern, wurde innerhalb

chen Änderungen seien notwendig, so Bundesjustizminister Vogel, um die Berufung auf den § 34 StGB so schnell wie möglich entbehrlich zu machen.[128] Ergänzend erklärte der Berliner Justizsenator Jürgen Baumann, die „strafrechtlichen Novitäten" seien zur Befriedigung bzw. Genugtuung der Rechtsgemeinschaft notwendig. „Trüge man dem nicht Rechnung", befürchtete er, „träte eines Tages wieder die persönliche Rache, das Faustrecht an die Stelle der staatlichen Aburteilung". Die Grenze sei dort zu ziehen, wo die Idee vom freien demokratischen Rechtsstaat verraten wird, wie etwa „die Wiedereinführung der Todesstrafe".[129]

Grund dieser „Anti-Terror-Gesetze" war das Missbrauchsverhalten einer bestimmten Gruppe von Tätern der Terrorszene und ihrer Verteidiger. Hierbei wurde erkannt und in Kauf genommen, dass sie auch zahlreiche Grundrechtseinschränkungen für die Bürger der Bundesrepublik mit sich brachten.[130] Dennoch wurden diese von der deutschen Bevölkerung weitestgehend als für die Bewältigung des Terrorismus notwendig akzeptiert. Mit der Begründung neuer Herausforderungen, etwa durch die organisierte Kriminalität, Korruptionsdelikten oder dem internationalen Terror wurden nahezu alle Gesetze zusammen mit ihren Grundrechtseinschränkungen trotz Überwindung des Linksterroris-

---

von zwei Tagen das Änderungsgesetz vom 30.9.1977 in den Bundestag eingebracht, beraten und verabschiedet. Damit legalisierte der Bundestag einen bereits seit drei Wochen zuvor faktisch bestehenden Zustand.). Im Jahr 1989 trat das letzte vor dem Hintergrund der RAF entstandene Gesetz in Kraft: die kriminalpolitisch stets umstrittene Kronzeugenregelung. Aufgrund der Ereignisse veränderten sich auch die Strukturen der Sicherheits- und Ordnungsbehörden. Bereits 1972 wurde die Grenzschutzgruppe 9 (GSG 9) geschaffen, eine Spezialeinheit des Bundesgrenzschutzes. Das BKA, unter der Leitung von Horst Herold, stand letztlich personell gestärkt, informationell aufgerüstet und deutlich unabhängiger dar als zuvor. Im einzelnen siehe *Hans-Jochen Vogel*, Strafverfahrensrecht und Terrorismus, in: NJW 1978, 1217ff.; *Udo Ebert*, Tendenzwende, in: JR 1978, 136ff.; *Thomas Basten*, Von der Reform des politischen Strafrechts bis zu den Anti-Terror-Gesetzen; *Kristian Kühl*, Neue Gesetze gegen terroristische Straftaten, in: NJW 1987 S. 737ff.; *Armin v. Winterfeld*, Entwicklungslinien des Strafrechts und des Strafprozessrechts in den Jahren 1947 bis 1987, in: NJW 1987, S. 2631ff.; *Theodor Kleinknecht/Lutz Meyer-Goßner*, Strafprozessordnung; *Herbert Tröndle/Thomas Fischer*, Strafgesetzbuch und Nebengesetze. Umfassend siehe auch *Werner Klughardt*, Die Gesetzgebung zur Bekämpfung des Terrorismus aus strafrechtlich-soziologischer Sicht; *Christoph Gusy*, Der Rechtsstaat und die RAF; *Karsten Felske*, Kriminelle und terroristische Vereinigungen – §§ 129, 129a StGB; *Jana Kunath*, Die Rote Armee Fraktion und die Reaktion des Staates. Vgl. auch *Aust/Büchel*, Spiegel v. 10.9.2007; Spiegel v. 26.9.1977 „Seid ihr einverstanden, dass wir schießen?".

128 Spiegel v. 26.9.1977.

129 Spiegel v. 23.5.1977

130 So erfasste zum Beispiel die im Jahr 1972 in die polizeiliche Ermittlungsarbeit eingeführte und bis dahin unbekannte Rasterfahndung auch Daten von Millionen unverdächtiger Personen. Siehe *Gusy*, a.a.O.

mus bis heute nicht wieder aufgehoben.[131] Die Antiterrorgesetze äußerten Signalwirkungen für die Verfolgung der allgemeinen Kriminalität und förderten den Abbau rechtsstaatlicher Errungenschaften, sodass die „Konturen des ursprünglichen Durchbruches zu einem liberalen Strafprozess nur schwer erkennbar sind“.[132,133]

Der Kampf gegen den Terrorismus hat die Bundesrepublik verändert. Am Ende hatte die noch junge Bundesrepublik ihre wichtigste Bewährungsprobe, dem bisher einzigen Angriff auf den Staat aus dem Land heraus auf das moralische und politische Selbstbewusstsein des Landes, bestanden.[134] Der Staat

---

131 Die Aufrechterhaltung der Grundrechtseinschränkungen unter Hinweis auf mögliche zukünftige Risiken, denen gegenüber der Rechtsstaat nicht ein weiteres Mal wehrlos erscheinen dürfe, hält *Gusy* für rechtlich bedenklich. „Eigentlich sollte ein Staat rechtlich begrenzt sein. Dem dient die Bindung der Staatsgewalt an Verfassung und Gesetze. Die Schaffung oder Aufrechterhaltung von Freiheitsbeschränkungen für hypothetische Zukunftsszenarien ohne konkretes Eintrittsrisiko kehrt jenen Primat der Freiheit um.“ (So *Gusy*, a.a.O.). *v. Winterfeld* bemängelte, dass der Gesetzgeber es versäumt habe, „die regelungsbedürftige Gesamtmaterie in einem Zeitgesetz zum Schutz des inneren Friedens zu kodifizieren, aus dem StGB und der StPO auszugrenzen und einer Ausnahmesituation durch ein materiell und prozessual beschränktes Ausnahmegesetz zu begegnen“. Ein Zeitgesetz hätte, nach Ansicht *v. Winterfelds*, der „Einbüßung der ursprünglichen geistigen Konsistenz“ der StPO, ihres in der Reform des Strafrechtsänderungsgesetzes 1964 errungenen freiheitlichen Gehalts entgegengewirkt, die allgemeine Kodifikation von Fremdkörpern befreit, die Kontinuität der Reform 1964 für die Zukunft bewahrt und es ermöglicht, die Abwehr des Terrors flexibel und gezielt an die wechselnden Erscheinungsformen der Terrorszene anzupassen. Siehe *v. Winterfeld*, NJW 1987, S. 2631ff.

132 Siehe *v. Winterfeld*, NJW 1987, S. 2631ff. Ähnlich *Kühl*, NJW 1987 S. 737ff.; *Ebert*, JR 1978, 138ff.; Spiegel v. 26.9.1977.

133 „Was der Seite der Sicherheit hinzugefügt wird,“ erklärte der Braunschweiger Oberlandesgerichtspräsident *Rudolf Wassermann*, „geht der Seite der Freiheit ab“. Der Bonner Rechtsanwalt *Dahs* kritisierte die Antiterrorgesetze als „eine Niederlage des Rechtsstaates“ und warnte vor „weiteren Griffen in die Giftkiste des Gesetzgebers“. „Wenn der Gesetzgeber auf dem eingeschlagenen Weg fortschreitet“, so *Dahs* weiter, „wird er den freiheitlichen Rechtsstaat zu Tode schützen“. BMJ *Vogel* wehrte sich gegen derartige Vorwürfe. Die gesetzlichen Änderungen seien nicht Ausdruck „der Willkür oder Atemlosigkeit irgendwelcher Justizminister“, sondern bedingt durch den Terrorismus. „Generell und abstrakt können viele kleine Veränderungen selbstverständlich zu einer qualitativen Veränderung der Rechtsordnung führen. Konkret ist das aber bei uns nicht der Fall. [...] Die Bundesrepublik ist unverändert der liberalste Rechtsstaat, den wir gehabt haben. Auch international liegen wir in puncto Liberalität und Freiheitsspielraum weit an der Spitze“. Siehe Spiegel v. 26.9.1977. Zusammenstellung eines Rechtsvergleichs zwischen der Bundesrepublik, Frankreich, England und Schweden siehe in Spiegel v. 26.9.1977 „Der Anwalt würde sofort vor die Tür gesetzt“.

134 Auch wenn einige damals ergriffene Maßnahmen nicht den geltenden Gesetzen entsprachen, z.B. die Freilassung von Untersuchungs- und Strafgefangenen im Austausch gegen Geiseln der RAF, die Rasterfahndung, die Kontaktsperre vor Erlass des Kon-

war Rechtsstaat geworden – ein ziviler Staat nach dem Recht, stabil, selbstbewusst und handlungsfähig[135] – der ohne die Todesstrafe zum Schutz vor Terroristen auskam.

---

taktsperregesetzes oder das Abhören der Gespräche zwischen den Inhaftierten in Stammheim und ihren Anwälten (im Frühling 1977 räumten der hessische Innenminister und der hessische Justizminister vor der Presse ein, dass Gespräche zwischen Angeklagten und Anwälten in „zwei Fällen über einen kurzen Zeitraum hinweg abgehört worden waren), blieb in diesen Fällen jedoch die Berufung auf den „rechtfertigenden Notstand". Siehe *Aust/Büchel*, Spiegel v. 10.9.2007.

135 So *Gusy*, a.a.O.

# 11. Kapitel: Die Todesstrafe und die Außenpolitik

Mit dem öffentlichen Meinungsumschwung gegen die Todesstrafe fand die Diskussion um ihre Wiedereinführung in der Bundesrepublik Deutschland ihr Ende.[1] Fortan wurde die Problematik nicht mehr im Zusammenhang mit dem deutschen Strafrecht diskutiert, sondern wurde zu einer „ganz elementaren Frage der Humanität und der Menschenrechte".[2] Damit wandelte sich das

---

1 Lediglich vereinzelt ertönte ab diesem Zeitpunkt noch in der BRD die Forderung nach der Wiedereinführung der Todesstrafe, beispielsweise auf dem CSU-Parteitag im Juni 1978 (SZ v. 14.7.1978 „Auf dem CSU-Kongress: Antrag auf Einführung der Todesstrafe"), anlässlich eines Bombenanschlags auf das Münchener Oktoberfest oder regelmäßig im Zusammenhang mit Kapitalverbrechen an Kindern (Dt. Nationalzeitung v. 3.10.1980 „Todesstrafe für Terroristen" und v. 28.5.1982 „Todesstrafe für Kindermörder"). Auch der Bestsellerautor *Heinz G. Konsalik* erlag der Versuchung, in einer Fernsehsendung die Todesstrafe für Terroristen, für Mord und sexuelle Verbrechen zu fordern. (FrNPr v. 17.10.1986 „Konsalik für die Todesstrafe: Eklat im TV") Ebenso waren Politiker nicht davor gefeit, erneut nach der Todesstrafe zu rufen. Ende der 80er Jahre verlangte der CSU-Bundestagsabgeordnete *Matthias Engelsberger* wie auch der JU-Vorsitzende *Gerd Müller*, in dem Glauben zahlreiche Befürworter innerhalb der CSU zu haben, die Einführung der Todesstrafe bei Geiselnahmen und für Rauschgifthändler. Allerdings distanzierten sich CSU-Mitglieder, z.B. der bayerische Innenminister *Edmund Stoiber*, der CSU-Generalsekretär *Erwin Huber* oder der CSU-Fraktionsvorsitzende *Alois Glück*, öffentlich von der Forderung nach der Todesstrafe. *Huber* erklärte die „persönliche Ansicht" Müllers zudem mit „jugendlichem Leichtsinn". Im Gegensatz zu Engelsberger nahm *Müller* seine Forderung aufgrund der öffentlichen Kritik und der Gefahr, seinen Listenplatz für die Europawahl zu verlieren, zurück und erklärte, er habe nicht grundsätzlich für die Wiedereinführung der Todesstrafe plädiert. Vielmehr habe er nur auf die Dimension des Drogenproblems aufmerksam machen wollen. Vgl. ppp-Meldung Nr. 225 v. 24.11.1988 „Engelsberger: Viele denken wie ich über die Todesstrafe"; Mitteilung des Bundestagsabgeordneten Engelsberger v. 24.11.1988 und 25.11.1988; Quick v. 30.11.1988 „Wie kann dieser Mord gesühnt werden?"; dpa-Meldung Nr. 227 v. 29.3.1989 „Bayerns JU-Chef fordert Todesstrafe für Dealer"; ddp-Meldung v. 29.3.1989 „Bayerns JU-Vorsitzender verlangt die Todesstrafe für Drogen-Dealer"; dpa-Meldung Nr. 354 v. 29.3.1989 „CSU distanziert sich"; Stuttg. Zeitung v. 30.3.1989 „CSU distanziert sich von Europa-Kandidaten"; SZ v. 30.3.1989 „Todesstrafe für Rauschgifthändler verlangt"; AZ München v. 30.3.1989 „Todesstrafe für Dealer: CSU pfeift JU-Chef zurück"; FR v. 31.3.1989 „Bayerns JU-Chef nimmt Ruf nach Todesstrafe zurück"; *Dix*, Münchener Merkur v. 30.3.1989; SZ v. 31.3.1989 „JU-Vorsitzender will doch keine Todesstrafe".

2 So der FDP-Abgeordnete *Bergerowski* (Sten. Bericht des BT, 31. Sitzung v. 9.4.1981, S. 1610ff.). „Die Ächtung der Todesstrafe", erklärte BMJ *Vogel* in einem Schreiben an den Generalsekretär der deutschen Sektion von AI *Helmut Frenz*, „liegt auf der Linie der Entwicklung und Absicherung der Menschenrechte. Die Zeit scheint reif zu sein für weitere Fortschritte." (Recht Nr. 41 v. 9.10.1979). Passend hierzu erläuterte Außenmi-

ehemals heiß umkämpfte innenpolitische Thema zu einer außenpolitischen Angelegenheit.[3] In den folgenden Jahren wurde die Todesstrafe immer häufiger als Synonym für Menschenrechtsverletzungen verwendet, auch wenn die Vollstreckung eines Todesurteils, das von einem Gericht nach innerstaatlichem Recht gesetzeskonform verhängt wurde, streng genommen nicht gegen die von den Vereinten Nationen und der Europäischen Menschenrechtskonvention proklamierten Menschenrechte verstieß. Sowohl der Art. 6 des Internationalen Pakts über bürgerliche und politische Rechte vom 19. Dezember 1966 (IbpR)[4] als auch die Europäische Menschenrechtskonvention vom 4. November 1950 (EMRK)[5] ließen als Ausnahme vom Recht auf Leben die Vollstreckung eines Todesurteils zu, das von einem Gericht nach innerstaatlichem Recht rechtskräftig verhängt worden war.[6] Somit blieb der Bundesrepublik im Grunde nur die Möglichkeit, andere Nationen in Gerichtsverfahren, in denen die Verhängung einer Todesstrafe möglich war, an die Einhaltung der Menschenrechte zu erinnern, sowie ein faires öffentliches Verfahren zu fordern.

Allerdings mehrten sich seit einer Initiative der Gefangenenhilfsorganisation „Amnesty International" (AI) im Dezember 1977[7,8] in Deutschland die Forde-

---

nister *Genscher*: „Man muss nicht ein überzeugter Gegner der Todesstrafe sein, wie ich es bin, um nicht doch zu begreifen, dass diese Art staatlichen Umgangs mit Menschenleben letztlich zu einer Einebnung des Rechtsgefühls der Menschen führt mit der Folge, dass Menschenleben scheinbar beliebig zur Disposition stehen für den Staat, aber auch für Terroristen und andere Verbrecher" (FDK Nr. 228 v. 8.8.1980).

3 Die Bundesregierung bestätigte dies später in ihrem ersten Bericht zur Menschenrechtspolitik. Dort hieß es: „Die weltweite Forderung und Stärkung der Menschenrechte steht im Zentrum unseres außenpolitischen Wirkens." (BT-Drs. Nr. 11/6553 v. 1.3.1990) Bereits in der Regierungserklärung zum „40. Jahrestag der Allgemeinen Erklärung der Menschenrechte der Vereinten Nationen am 10.12.1948", erklärte *Helmut Kohl*: „Wir wollen, dass die Zahl der Länder immer größer wird, in denen – wie bei uns seit 1949 im Grundgesetz geregelt – die Todesstrafe nicht mehr verhängt werden darf." Die Bundesrepublik, so *Kohl* weiter, habe nicht nur das Recht, sondern auch die Pflicht, ihre Stimme zu erheben, wenn die Würde eines Menschen verletzt werde. (Sten. Bericht des BT, 117. Sitzung v. 9.12.1988, S. 8567ff.).

4 In Kraft für die BRD seit dem 23.3.1976. Siehe BGBl. 1973 II, S. 1534.

5 In Kraft für die BRD seit dem 3.9.1953. Siehe BGBl. 1952 II, S. 685, 953.

6 Erst die Anwendung der Todesstrafe als Willkürmaßnahme, insbesondere bei politischen Machtwechseln, verstoße eklatant gegen die oben zitierten Normen der Menschenrechte, erklärte die Staatsministerin *Hamm-Brücher* auf eine entsprechende Anfrage. Siehe Sten. Bericht des BT, 149. Sitzung v. 27.4.1979, S. 11 939f.

7 Im Dezember 1977 veranstaltete *AI* eine internationale „Konferenz zur Abschaffung der Todesstrafe", zu der sich über 200 Delegierte und Teilnehmer aus Asien, Afrika, Europa, dem Nahen Osten, Nord- und Südamerika und der Karibik in Stockholm versammelten. Neben der uneingeschränkten Ablehnung der Todesstrafe und die Erklärung, entschlossen für die weltweite Ächtung der Todesstrafe zu kämpfen, appellierte

rungen,[9] nicht nur national gegen die Todesstrafe einzutreten, sondern nunmehr – quasi als Vorbild für andere Nationen – aktiv über die Grenzen der

die Konferenz in einer Deklaration v. 11.12.1977 an alle Regierungen, unverzüglich und ohne Einschränkung die Todesstrafe abzuschaffen. Des weiteren forderte sie die UN auf, „eindeutig zu erklären, dass die Todesstrafe dem internationalen Recht widerspricht." Vgl. Sozialdemokratischer Pressedienst v. 14.9.1978 „Weltweit wächst der Widerstand"; Anlage zu einem Schreiben an alle Fraktionsmitglieder der SPD im dt. Bundestag v. 3.3.1980 und 13.5.1980; RCDS-Pressemitteilung Nr. 26 v. 6.6.1979.

8 Seit dieser Konferenz wies *AI* regelmäßig auf Menschenrechtsverletzungen und Hinrichtungen in aller Welt hin und forderte in diesem Zusammenhang stets die sofortige und bedingungslose Abschaffung der Todesstrafe in der ganzen Welt. In verschiedenen Berichten dokumentierte die Organisation den Stand der Todesstrafe, insbesondere unter Aufzählung der in Todeszellen Inhaftierten, und wandte sich unter allen Umständen gegen die Todesstrafe unabhängig davon, ob in politischen oder kriminellen Verfahren verhängt und ob sie in strafrechtlich korrekt durchgeführten Prozessen ausgesprochen oder außerrechtlich durch Morde, unerklärtes Verschwindenlassen von Personen oder Folter verhängt wurde. Eine Darstellung aller Aktionen der Hilfsorganisation ist aufgrund der Fülle an dieser Stelle leider nicht möglich. Als Beispiel soll daher nur eine Aktion aus dem Jahr 1979 dargestellt werden: Ende 1979 forderte *AI* alle Bundestagsabgeordneten der BRD sowie prominente Persönlichkeiten auf, einen entsprechenden Aufruf an die UN zu unterschreiben. Unterzeichnet wurde die Petition u.a. von den Schriftstellern *Luise Rinser*, *Heinrich Böll* und *Günter Grass* sowie dem SPD-Vorsitzenden *Willy Brandt* und DGB-Chef *Heinz-Oskar Vetter*. Auch BMJ *Vogel*, der in dem Aufruf eine Bestärkung des Bemühens seiner Partei sowie der Bundesregierung, die Todesstrafe zu ächten, sah, unterstütze die Organisation. Unterstützung erhielt Amnesty zudem durch den FDP-Fraktionsvorsitzenden *Mischnick*, und den *RCDS*. Vgl. dpa-Meldung Nr. 125 v. 8.1.1980 „Amnesty startet Kampagne zur Abschaffung der Todesstrafe"; ddp-Meldung v. 9.4.1979 „Amnesty veröffentlicht [...]"; dpa-Meldung Nr. 204 v. 4.6.1979 „Amnesty International plant weltweite Kampagne gegen Todesstrafe"; GA v. 5.3.1980 „Abgeordnete sollen Amnesty unterzeichnen"; Recht Nr. 41 v. 9.10.1979; dpa-Meldung Nr. 176 v. Jan. 1980 „Vogel unterstützt Amnesty-Aufruf gegen Todesstrafe"; Sozialdemokratischer Pressedienst v. 9.1.1980; FDK Nr. 9 v. 9.1.1980; dpa-Meldung Nr. 204 v. Jan. 1980 „FDP erinnert an Initiative zur Ächtung der Todesstrafe"; dpa-Meldung Nr. 214 v. 4.3.1980 „Mischnick für weltweite Ächtung der Todesstrafe"; FDK Nr. 168 v. 4.3.1980; Anlage zu einem Schreiben an alle Fraktionsmitglieder der SPD im dt. Bundestag v. 3.3.1980 und 13.5.1980.

9 In einer Ansprache im Rahmen eines Bußtags-Gottesdienstes beispielsweise forderte *Vogel*, dafür einzutreten, dass die Todesstrafe auch in anderen Ländern zurückgedrängt und beseitigt wird. „Der Weckruf, den wir jetzt zusammen anstimmen wollen, hat da und dort schon Gehör gefunden. Und es ist gar kein Anlass zur Hoffnungslosigkeit, zur Resignation – die mitunter auch pharisäerhafte Züge tragen kann – oder zur verbitterten Verzweiflung in dieser Sache. Wir müssen nur das Unsere tun, beharrlich und geduldig – dann wird die Todesstrafe dereinst kein aktuelles mehr, sondern ein historisches Thema sein." (Siehe Sozialdemokratischer Pressedienst Nr. 225 v. 23.11.1978; Bulletin Nr. 140 v. 29.11.1978; Parlament v. 9.12.1978; Recht Nr. 12 v. 21.12.1978). Die Bundestagsvizepräsidentin *Annemarie Renger* (SPD) forderte die internationale Abschaffung der Todesstrafe durch die UNO angesichts der willkürlichen Hinrichtungen im Iran von politisch und religiös Andersdenkenden (Siehe Bild v. 10.3.1979 „Weg mit der Todesstrafe!"). Ebenso forderten auch *Vertreter der CDU/CSU* die Bundesregie-

Republik hinaus für die Ächtung der Todesstrafe zu werben.[10] Das Thema war in der Folgezeit besonders dadurch aktuell geworden, dass die Todesstrafe in zunehmender Zahl bei politischen Machtwechseln benutzt wurde, um politische Gegner auszuschalten. Spätestens mit der Hinrichtung des früheren pakistanischen Staats- und Regierungschefs Zulfikar Ali Bhutto[11] oder des ehemaligen iranischen Ministerpräsidenten Amir Abbas Hoveyda[12], sowie mit zahl-

---

rung auf, sich wegen der besorgniserregenden Todesurteile im Iran und Pakistan an die Vereinten Nationen zu wenden. (Siehe ddp-Meldung v. 10.4.1979 „Vogel (CDU) fordert Regierungsstellungnahme zu Hinrichtungen im Iran"; dpa-Meldung Nr. 172 v. 15.6.1979 „Genscher will sich vor UNO für Ächtung der Todesstrafe einsetzen"; ddp-Meldung v. 15.6.1979 „Bonn soll Menschenrechtsverletzungen im Iran vor die UN bringen") Der hessische Landesvorsitzende der FDP *Ekkehard Gries* erklärte, die Todesstrafe verstoße gegen die von den UN proklamierten Menschenrechte. (Siehe ddp-Meldung v. 8.5.1979 „Gries für Ächtung der Todesstrafe durch die UN").

10 Politiker aller Parteien vertraten die Ansicht, die deutsche Politik dürfte sich nicht mit dem nationalen Verbot der Todesstrafe begnügen. Daher dürften die Menschenrechte und die Durchsetzung eines humanen Strafrechts auch nicht an Ländergrenzen halt machen. Der Einwand der Einmischung in innere Angelegenheiten gelte nicht bei Menschenrechtsverletzungen oder bei der geplanten, kaltblütig ausgeführten Vernichtung menschlichen Lebens. Wer sich, so Bundeskanzler *Kohl*, auf das Prinzip der Nichteinmischung in innere Angelegenheiten berufe, „verrät nur sein schlechtes Gewissen". Aus Erfahrung wisse man, wie schwierig es sei, Menschen von der moralischen und tatsächlichen Sinnlosigkeit der Todesstrafe zu überzeugen. Die Praxis der letzten 40 Jahre der Bundesrepublik belege, dass eine Rechtsordnung auch ohne Todesstrafe auskomme, ohne dass diese Rechtsordnung an Qualität verliere. Vgl. Sten. Bericht des BT, 27. Sitzung v. 17.9.1987, S. 1797ff.; Sten. Bericht des BT, 52. Sitzung v. 14.1.1988, S. 3625ff.; Sten. Bericht des BT, 80. Sitzung v. 19.5.1988, S. 5432ff.; Sten. Bericht des BT, 117. Sitzung v. 9.12.1988, S. 8567ff.

11 *Bhutto* war durch einen Staatsstreich unter der Führung des pakistanischen Staatspräsidenten und Kriegsrechtsadministrator Zial Ul-Hag am 5.7.1977 gestürzt und ein Jahr später wegen Anstiftung zur Ermordung von Ahmed Reza Kasuri – einem seiner entschiedensten Gegner – zur Todesstrafe verurteilt worden. Unter der strengen Einhaltung der pakistanischen Gesetze bestätigte das oberste Gericht das Todesurteil. Auch die Revision Bhuttos wurde zurückgewiesen. Zahlreiche Nationen, darunter auch die Bundesrepublik als auch der UN-Generalsekretär *Kurt Waldheim* oder *AI* hatten vergeblich um die Begnadigung Bhuttos gebeten. Ul-Hag hatte sich geweigert, von seinem Recht zur Begnadigung Gebrauch zu machen. (Siehe dpa-Meldung Nr. 219 v. 4.4.1979 „Bestürzung und Bedauern über Hinrichtung Bhuttos"; dpa-Meldung Nr. 315 v. 4.4.1979 „PLO-Chef kondoliert Bhuttos Familie"; ddp-Meldung v. 4.4.1979 „Früherer Staats- und Regierungschef Pakistans hingerichtet") Angesichts dieser „hochkarätigen Fürsprecher" wurde der Bundesregierung jedoch vorgeworfen, dass offenbar „immer erst Ministerpräsidenten und Premiers hingerichtet werden müssen, bevor solche Initiativen in Gang gebracht werden". z.B. Sendung des DFS v. 16.4.1979 „Der Internationale Frühschoppen – Nach der Wende – Recht oder Rache?".

12 Der, unter dem Schah Mohammad Reza Pahlavi, iranische Ministerpräsident *Hoveyda* wurde nach der islamischen Revolution im Februar 1979 verhaftet und von Sadegh Khalkali zum Tode verurteilt. Zwei Monate später wurde der ehemalige Ministerpräsident durch ein Erschießungskommando hingerichtet. Khalkali, im Februar 1979 von

reichen anderen politischen Hinrichtungen auf der ganzen Welt, die trotz internationaler Proteste nicht verhindert werden konnten,[13] setzte sich die Bundesrepublik tatkräftig für die weltweite Zurückdrängung der Todesstrafe ein. Eine Garantie dafür, dass bei politischen und weltanschaulichen Auseinandersetzungen die Todesstrafe nicht zu einem Mittel zur Beseitigung politisch und religiöser Andersdenkender werde, war insbesondere in den Augen der sozialliberalen Bundesregierung nur durch die völkerrechtlich verbindliche weltweite Abschaffung der Todesstrafe möglich.[14]

Aber auch die Staaten, in denen die Todesstrafe nicht mit politischer Willkür einherging, sondern nach rechtsstaatlichen Grundsätzen verhängt und vollstreckt wurde, gerieten immer stärker in die Kritik. Allen voran die Vereinigten Staaten von Amerika, die durch die Wiedereinführung der Todesstrafe in 36 Bundesstaaten im Jahr 1976 verstärkt in den öffentlichen Fokus gerieten.[15] Neben der Kritik, dass bei der Verhängung der Todesstrafe in den USA auch Faktoren wie Rasse und soziale Stellung sowohl des Täters als auch des Opfers

---

Ruhollah Chomeini zum obersten Richter der Islamischen Revolution ernannt, trat mit Standgerichten für die rasche und erbarmungslose Umsetzung islamischer Gesetze ein. Er selber rühmte sich, mehr als 400 Menschen zum Tode verurteilt zu haben. Die tatsächliche Zahl seiner Opfer ist umstritten. Nach *Greussing* sind vom Februar 1979 bis zum Attentat auf die Islamisch-Republikanische-Partei am 28.6.1981 mindestens 1.600 Menschen vom Regime hingerichtet worden. Siehe Spiegel, Nr. 50/1979; Zeit v. 31.8.1979 und v. 2.5.1980. Vgl. auch *Kurt Greussing*, Neue Politik, alter Despotismus. Perspektiven der islamischen Revolution im Iran.

13 Dabei wurden insbesondere „unmenschliche Todesurteile durch Revolutionstribunale in verschiedenen Ländern der Erde" verurteilt, wie zum Beispiel Iran, Afghanistan, Uganda, Südafrika oder Pakistan, in denen auch Schwangere, Kinder und Jugendliche hingerichtet wurden. Diese Verfahren seien lediglich Ausdruck staatlicher Willkür, da sie regelmäßig gegen die Menschenrechte verstießen und rechtsstaatliche Grundsätze völlig außer acht ließen. Gerade sozialdemokratische Politiker, aber auch Vertreter der anderen Parteien, wandten sich regelmäßig gegen derartige Todesurteile, und baten den jeweils Verantwortlichen, um Begnadigung der zum Tode Verurteilten, z.B. im Fall des südafrikanischen Freiheitskämpfers Solomon Mahlangu oder des farbigen Dichters Malasela Benjamin Moloise. Die deutschen Politiker setzten sich gleichfalls für die Begnadigung farbiger Studenten, Farm- oder Minenarbeiter ein. Vgl. Sten. Bericht des BT v. 27.4.1979, S. 11 939; ddp-Meldung v. 9.4.1979; ddp-Meldung v. 8.4.1979 „Amnesty international fordert Sitzung des Sicherheitsrates"; Sendung des DFS v. 16.4.1979; ppp-Meldung Nr. 204 v. 23.10.1980; ddp-Meldung v. 18.4.1979 „Bangemann fordert Abschaffung der Todesstrafe in Europa"; Sozialdemokratischer Pressedienst Nr. 553 v. 7.10.1985 sowie Nr. 556 v. 18.10.1985; Information der sozialdemokratischen Bundestagsfraktion Nr. 1974 v. 17.10.1985 sowie Nr. 2065 v. 18.10.1985 und Nr. 321 v. 17.2.1984; Dt. Allg. Sonntagsblatt v. 7.4.1985 „Legalisierte Grausamkeit"; ppp-Meldung Nr. 164 v. 1.9.1987 „Bonner Fremdwort Solidarität".

14 BT-Drs. Nr. 9/172, Sten. Bericht des BT, 27. Sitzung v. 17.9.1987, S. 1797ff.

15 Zur Wiedereinführung der Todesstrafe in den USA. Siehe oben Dritter Teil, 3. Kapitel.

eine Rolle spielten,[16] wurden besonders die Hinrichtungen von geistig Behinderten oder von Tätern, die ihre Straftaten als Minderjährige begangen hatten, von deutschen Politikern kritisch beurteilt.[17] Nach Art. 6 Abs. 5 IbpR, dem die USA nicht beigetreten waren, darf die Todesstrafe nicht für strafbare Handlungen, die von Jugendlichen unter 18 Jahren begangen worden sind, verhängt werden.

War die sozialliberale Bundesregierung in ihren Bemühungen zunächst auf sich allein gestellt, verabschiedete der deutsche Bundestag in seiner Sitzung vom 29. Oktober 1981 einmütig eine Entschließung zur weltweiten Ächtung der Todesstrafe.[18] Damit wurde die Bundesregierung erstmals von dem gesamten Parlament unterstützt und aufgefordert, weiterhin mit Nachdruck für eine Abschaffung der Todesstrafe in allen Ländern der Erde einzutreten. Ergänzend wurde ein Beschluss des Rechtsausschusses angenommen,[19] entspre-

16 Obwohl Schwarze nur rund 12% der Gesamtbevölkerung der USA ausmachten, stellten sie 40% der zum Tode Verurteilten. *AI* bezeichnete die Praxis der Todesstrafe in den USA als „grausige Lotterie", da sich Tendenzen der Willkür und der rassistischen Diskriminierung abzeichneten. Politik, Geld und Rasse entschieden häufiger als die begangene Straftat selbst darüber, ob ein Mensch in einer Todeszelle endete. Siehe FR v. 28.4.1989 „Noch immer gilt die Todesstrafe in über hundert Ländern"; Vorwärts v. 21.2.1987 „Willkürliche Todesstrafen"; FAZ v. 10.9.1986.

17 Mit fünf zu vier Stimmen hatte der Oberste Gerichtshof der USA die Hinrichtung Jugendlicher ab 16 Jahren in besonders schweren Mordfällen ausdrücklich für verfassungsrechtlich zulässig erklärt. Zugleich befand das Gericht, dass auch geistig Zurechnungsunfähige nicht zwangsläufig von der Hinrichtung ausgeschlossen werden dürften. Siehe BT-Drs. Nr. 11/459 v. 9.6.1987, Sten. Bericht des BT, 27. Sitzung v. 17.9.1987, S. 1797ff.; Sten. Bericht des BT, 52. Sitzung v. 14.1.1988, S. 3625ff.; Sten. Bericht des BT, 80. Sitzung v. 19.5.1988, S. 5432ff. Vgl. auch Welt v. 28.6.1989 „US-Richter: Todesstrafe auch gegen Jugendliche".

18 Zurückzuführen war diese Entschließung auf einen Antrag der Koalitionsparteien auf weltweite Ächtung der Todesstrafe – der erste von zahlreichen anderen Anträgen Anfang der 80er Jahre, die stets darauf gerichtet waren, die Bemühungen der Bundesregierung zur Ächtung der Todesstrafe zu unterstützen. SPD und FDP begründeten ihre Anträge damit, dass diese Problematik nicht nur eine Sache der Bundesregierung, sondern auch des Parlaments sei. Mit den Anträgen sollte unterstrichen werden, dass „alle Absichten und alle Aktivitäten der Regierung in der Vergangenheit von uns, der Volksvertretung, voll mitgetragen werden." Siehe Sten Bericht des BT, 31. Sitzung v. 9.4.1981, S. 1610ff., Sten. Bericht des BT, 62. Sitzung v. 29.10.1981, S. 3537ff., sowie BT-Drs. Nr. 8/4015 v. 14.5.1980; BT-Drs. Nr. 8/3136 v. 28.8.1979; BT-Drs. Nr. 8/3111 v. 10.8.1979; BT-Drs. Nr. 9/172.

19 Zuvor war der Antrag der SPD und FDP auf weltweite Ächtung der Todesstrafe aufgrund von Bedenken der CDU/CSU-Fraktion an den Rechtsausschuss, sowie mitberatend an den Auswärtigen Ausschuss, überwiesen worden. Der Rechtsausschuss sprach daraufhin einstimmig die Empfehlung aus, den Antrag anzunehmen. Zugleich erinnerte der Ausschuss daran, dass der IbpR die Folter verbiete und ein faires Strafverfahren garantiere. Nach Ansicht der CDU/CSU waren die Erfolgschancen für die Umsetzung ei-

chend den Grundsätzen des Internationalen Pakts über bürgerliche und politischen Rechte, in gleicher Weise für die Wahrung weiterer Menschenrechtsprinzipien, wie die Abschaffung der Folter und die Garantie eines fairen Strafverfahrens einzutreten. In der parlamentarischen Aussprache verurteilten Sprecher aller drei Fraktionen, dass die Todesstrafe in vielen Ländern missbraucht werde, um politische Gegner und religiös Andersdenkende auszuschalten. Kritik wurde dabei vor allem an den Vorgängen im Iran geübt. Der neue Bundesminister der Justiz, Jürgen Schmude (SPD), sagte, die schwerwiegenden Verstöße gegen die Menschenrechte im Iran, besonders die Hinrichtungen auch von Minderjährigen, erfüllten ihn mit Betroffenheit und Bestürzung. Ohne auf eine Auseinandersetzung mit dem iranischen Botschafter in Bonn einzugehen, der Schmude das Recht auf Kritik abgesprochen hatte, fügte Schmude hinzu, die Bundesregierung werde auch künftig nicht davon abgehen, mit aller Deutlichkeit betroffene Staaten an die Menschenrechte zu erinnern. Denn die Bundesrepublik sei berechtigt, aus den Erfahrungen der letzten 32 Jahre ohne Todesstrafe Schlüsse zu ziehen[20] und diese als Empfehlung an andere Staaten weiterzugeben. Vertreter der CDU/CSU warnten jedoch vor „rechthaberischer Selbstüberhebung. Die Bundesrepublik Deutschland ist nicht der praeceptor mundi“.[21] Keinesfalls sei die Todesstrafe automatisch gleichbedeutend mit einer Schreckensherrschaft. Gerade in Anbetracht der Tatsache, dass auch viele Staaten mit demokratisch-rechtsstaatlicher Grundordnung – darunter auch zahlreiche befreundete und verbündete Länder – die Todesstrafe im Rahmen der bestehenden völkerrechtlichen Vereinbarungen praktizierten, sei zu unterscheiden, ob die Todesstrafe im Rahmen einer rechtsstaatlichen Ordnung für schwerste Verbrechen „angedroht, selten verhängt und noch seltener vollstreckt“, oder ob sie zur „Ausrottung politischer Gegner oder anderer missliebiger Minderheiten missbraucht wird“.[22] Die Bundesregierung müsse

---

nes fairen Strafverfahrens höher einzuschätzen als die weltweite Ächtung der Todesstrafe. Siehe Sten. Bericht des BT, 220. Sitzung v. 12.6.1980, S. 17 806; Sten Bericht des BT, 31. Sitzung v. 9.4.1981, S. 1610ff.; BT-Drs. Nr. 9/920 v. 20.10.1981.

20 So habe die Praxis der Abschaffung der Todesstrafe mitgeholfen, bestimmte Vorstellungen und Meinungen in der Bevölkerung zu verändern. Des weiteren habe die Kriminalitätsentwicklung nicht nur in Deutschland die vielfach angeführte abschreckende Wirkung der Todesstrafe widerlegt. Siehe Sten. Bericht des BT, 62. Sitzung v. 29.10.1981, S. 3537ff.; Sten. Bericht des BT, 31. Sitzung v. 9.4.1981, S. 1610ff.

21 Sten. Bericht des BT, 62. Sitzung v. 29.10.1981, S. 3537ff. Bereits am 9.4.1981 hatte die Opposition davor gewarnt, mit „erhobenem Zeigefinger“ vor die Weltöffentlichkeit zu treten. Die von der Bundesregierung international geforderten, menschenrechtspolitischen Ziele sollten lieber „ohne schulmeisterliche Besserwisserei“ verfolgt werden. Siehe Sten Bericht des BT, 31. Sitzung v. 9.4.1981, S. 1610ff.

22 Sten. Bericht des BT, 62. Sitzung v. 29.10.1981, S. 3537ff.; Sten. Bericht des BT, 31. Sitzung v. 9.4.1981, S. 1610ff. Vergleichbar äußerte sich der FDP-Abgeordnete

das berechtigte Ziel der weltweiten Abschaffung der Todesstrafe mit Takt verfolgen und es vermeiden, „Diktaturen und freiheitliche Staaten in einen Topf [zu] werfen".[23] Vor allem aber, so der CDU-Abgeordnete Hans Hugo Klein, müsse die Bundesregierung, wenn sie sich schon international gegen die Todesstrafe zu Wort melde, auch auf das „SED-Regime" in Ost-Berlin einwirken, die Todesstrafe abzuschaffen.[24] Es sei erschreckend, dass „in einem Teil unseres Vaterlandes unter einem [...] totalitären Regime diese Strafe nach wie vor für eine Reihe von Straftaten angedroht wird und ihr Missbrauch auch nicht ausgeschlossen ist".[25] Ungeachtet dessen bezweifelte die Opposition die Tauglichkeit der Instrumente des internationalen Rechts zum Schutz der Menschenrechte, wenn diejenigen, die sie unterzeichneten, sie trotzdem fortwährend brachen, indem sie beispielsweise Minderheiten im Namen des Rechts

---

*Irmer*, der einen qualitativen Unterschied darin sah, ob ein Mensch nach ordnungsgemäßen rechtsstaatlichen Verfahren mit Berufungsmöglichkeit zum Tode verurteilt, oder ob die Todesstrafe ebenso wie die Folter von Willkürstaaten als reines Terrorinstrument eingesetzt werde. Siehe Sten. Bericht des BT, 27. Sitzung v. 17.9.1987, S. 1797ff.

23 Sten. Bericht des BT, 62. Sitzung v. 29.10.1981, S. 3537ff.; Sten. Bericht des BT, 31. Sitzung v. 9.4.1981, S. 1610ff.

24 Bereits am 15.10.1975 beschäftigte die Hinrichtungspraxis der DDR den deutschen Bundestag. Damals schilderte der Parlamentarische Staatsekretär *de With* die Situation wie folgt: Der Besondere Teil des Strafgesetzbuches der DDR drohe für 21 Delikte neben einer zeitigen oder lebenslänglichen Freiheitsstrafe die Todesstrafe an, wie zum Beispiel Planung und Durchführung von Aggressionskriegen, Verbrechen gegen die Menschlichkeit, besonders schwere Fälle des Hochverrats, der Spionage oder des Terrors, der Division oder der Sabotage. Ebenso kam die Todesstrafe in Betracht bei Mord oder Militärstraftaten, u.a. Fahnenflucht, Wehrdienstentziehung bzw. -verweigerung, Befehlsverweigerung oder Feigheit vor dem Feind. Bis zum Inkrafttreten des neuen Strafgesetzbuches der DDR im Jahr 1968 wurde per Guillotine hingerichtet. Danach ordnete das Strafrecht eine Hinrichtung durch Erschießen an. Die Todesstrafe war in Art. 60 des Strafgesetzbuches verankert. Der Ausspruch bzw. die Vollstreckung der Todesstrafe gegen Jugendliche unter 18 Jahren oder Geisteskranke sowie gegen schwangere Frauen war ausgeschlossen. Über die Zahl der verhängten und vollstreckten Todesurteile in der DDR sei nur wenig bekannt. Nach Angaben der *Bundesanstalt für gesamtdeutsche Aufgaben* sei die Todesstrafe in der Zeit von 1949 bis 1975 insgesamt 210mal verhängt worden. Bis zum Jahr 1964 seien allein wegen NS-Gewaltverbrechen 90 Todesurteile ausgesprochen worden. In der Zeit danach noch vier weitere. Wegen Verstoßes gegen die Staatsschutzbestimmungen seien 71 Fälle bekannt. Des weiteren seien 25 Todesurteile wegen Mordes erfasst, wobei die Dunkelziffer hierbei aber weitaus höher liegen dürfte. Allgemein sei festzustellen, dass die Justizorgane der DDR seit dem Inkrafttreten des neuen Strafgesetzbuches eine deutliche Zurückhaltung bei der Verhängung der Todesstrafe ausübe. Siehe Sten. Bericht des BT, 192. Sitzung v. 15.10.1975, S. 13 360ff.

25 Sten. Bericht des BT, 62. Sitzung v. 29.10.1981, S. 3537ff.

ausrotteten oder Kinder und Jugendliche zum Tode verurteilten und hinrichteten.[26]

In der Folgezeit bestand zwischen den politischen Kräften in der Bundesrepublik ein Grundkonsens hinsichtlich der Grundlinien der Wahrung und des Schutzes der Menschenrechte, in dessen Rahmen alle Parteien in seltener Einmütigkeit die weltweite Ächtung der Todesstrafe verfolgten.[27] Hierbei betonten die Sprecher der Regierung und Opposition stets, dass die Todesstrafe ein inhumanes Überbleibsel vergangener Jahrhunderte[28] sei und keinerlei Abschreckungswirkung[29] gegen schwere Straftaten habe. Speziell die schrecklichen Folgen eines nicht wieder zu korrigierenden Justizirrtums seien nicht hinnehmbar.[30] Unter Hinweis auf den massiven politischen Missbrauch der schärfsten aller strafrechtlichen Sanktionen unter dem nationalsozialistischen Regime bekannte sich die Bundesrepublik zur Unantastbarkeit des Lebens. Die

26 Sten. Bericht des BT, 62. Sitzung v. 29.10.1981, S. 3537ff.; Sten. Bericht des BT, 31. Sitzung v. 9.4.1981, S. 1610ff.

27 Fast so, als ob in Deutschland nie über die Wiedereinführung der Todesstrafe diskutiert worden wäre. Das Verbot der Todesstrafe erstarkte im Bundestag zu einem unumstößlichen Faktum. Im Rahmen ihrer Menschenrechtspolitik verfolgte die Bundesrepublik aber nicht nur die Abschaffung der Todesstrafe, sondern wandte sich auch gegen Rassendiskriminierung, Menschenrechtsverletzungen gegen Frauen und Kindern, sowie gegen die Folter. Ausführlicher Überblick aller Aktivitäten siehe in BT-Drs. Nr. 11/6553. Vgl. auch Sten. Bericht des BT, 31. Sitzung v. 9.4.1981, S. 1610ff.; Sten. Bericht des BT, 62. Sitzung v. 29.10.1981, S. 3537ff.; Sten. Bericht des BT, 27. Sitzung v. 17.9.1987, S. 1797ff.; Sten. Bericht des BT, 52. Sitzung v. 14.1.1988, S. 3625ff.; Sten. Bericht des BT, 80. Sitzung v. 19.5.1988, S. 5432ff.

28 BT-Drs. Nr. 8/4015; BT-Drs. Nr. 9/172; BT-Drs. Nr. 10/5947 v. 21.8.1986.

29 BT-Drs. Nr. 8/3136; BT-Drs. Nr. 8/4132 v. 29.5.1980; Sten Bericht des BT, 31. Sitzung v. 9.4.1981 S. 1610ff.; Sten. Bericht des BT, 27. Sitzung v. 17.9.1987, S. 1797ff.; Sten. Bericht des BT, 80. Sitzung v. 19.5.1988, S. 5432ff. Ebenso Informationen der SPD-Bundestagsfraktion v. 25.4.1980; FDP-Tagesdienst Nr. 45 v. 14.1.1988. Tatsächlich ließen neuere amerikanische Untersuchungen Zweifel an der Präventivwirkung der Todesstrafe aufkommen. Zwei amerikanische Forscher legten im Jahr 1985 eine international vergleichende Langzeituntersuchung über Gewaltverbrechen vor, mit dem Fazit, dass die Abschreckungstheorie „wissenschaftlich nicht haltbar“ sei. Die beiden Soziologen *Dane Archer* und *Rosemary Gartner* hatten Daten aus 110 Ländern und 44 Großstädten der Welt zusammengetragen, die die Wissenschaftler zu einer Kriminalstatistik verknüpften. Im Rahmen der Auswertung stellten sie fest, dass die Häufigkeit von Mord und Totschlag keineswegs zunahm, wenn die Todesstrafe abgeschafft wurde – im Gegenteil. Eher konnte eine brutalisierende Wirkung der Todesstrafe festgestellt werden. Siehe Dt. Allg. Sonntagsblatt v. 7.4.1985; Spiegel v. 25.2.1985 „Legales Blutbad“.

30 BT-Drs. Nr. 8/3136; BT-Drs. Nr. 11/802 v. 15.9.1987; Sten Bericht des BT, 31. Sitzung v. 9.4.1981 S. 1610ff.; Sten. Bericht des BT, 52. Sitzung v. 14.1.1988, S. 3625ff.; Sten. Bericht des BT, 80. Sitzung v. 19.5.1988, S. 5432ff.

Entscheidung des Verfassungsgebers in Art. 102 spreche für die gemeinsame Überzeugung, dass es dem Staat verboten sei, einen Menschen, ganz gleich, unter welchen Umständen und aus welchen Gründen, für lebensunwert zu erklären.[31] Nur die generelle Abschaffung der Todesstrafe beseitige die ständige Versuchung des Staates, den Raum für ihre Verhängung und Vollstreckung zur Beseitigung von politisch und religiös Andersdenkender ständig auszudehnen, wie dies in der jüngsten Vergangenheit leider immer wieder geschehen sei.[32] Grundsätzlich wirke die Todesstrafe oft korrodierend auf die allgemeine Achtung einer menschlichen Werteordnung und auf die allgemeine Achtung vor dem Leben.[33]

Neben zahlreichen Bemühungen auf bilateraler Ebene[34] strebten die jeweiligen Bundesregierungen – unterstützt durch das Parlament – an, die Menschenrechte unter den Schutz völkerrechtlicher Verträge zu stellen. In Anerkennung anderer geschichtlicher Entwicklungen und Rechtstraditionen, die zu einem unterschiedlichen Verständnis der Todesstrafe führten, war die Bundesrepublik

---

31 BT-Drs. Nr. 8/3136; BT-Drs. Nr. 8/4132; BT-Drs. Nr. 11/802; Sten Bericht des BT, 31. Sitzung v. 9.4.1981 S. 1610ff.; Sten. Bericht des BT, 27. Sitzung v. 17.9.1987, S. 1797ff.; Sten. Bericht des BT, 52. Sitzung v. 14.1.1988, S. 3625ff.; Sten. Bericht des BT, 80. Sitzung v. 19.5.1988, S. 5432ff.; Sten. Bericht des BT, 52. Sitzung v. 14.1.1988, S. 3625ff.; Sten. Bericht des BT, 80. Sitzung v. 19.5.1988, S. 5432ff.; Sten. Bericht des BT, 165. Sitzung v. 6.10.1989, S. 12549ff. Ebenso Recht Nr. 24 v. 24.4.1980; Recht Nr. 41 v. 9.10.1979; Recht Nr. 29 v. 23.5.1980; Sozialdemokratischer Pressedienst v. 9.1.1980; Informationen der SPD-Bundestagsfraktion v. 25.4.1980; FDK Nr. 228 v. 8.8.1980.

32 BT-Drs. Nr.8/3136; BT-Drs. Nr. 8/4132; Sten Bericht des BT, 31. Sitzung v. 9.4.1981 S. 1610ff.; Sten. Bericht des BT, 27. Sitzung v. 17.9.1987, S. 1797ff.; Sten. Bericht des BT, 52. Sitzung v, 14.1.1988, S. 3625ff.; Sten. Bericht des BT, 52. Sitzung v. 14.1.1988, S. 3625ff.; Sten. Bericht des BT, 165. Sitzung v. 6.10.1989, S. 12549ff.

33 BT-Drs. Nr. 8/4132; Sten. Bericht des BT, 27. Sitzung v. 17.9.1987, S. 1797ff.; Sten. Bericht des BT, 80. Sitzung v. 19.5.1988, S. 5432ff.

34 Insbesondere in Fällen „besonders grober und anhaltender Menschenrechtsverletzungen“ in der *Türkei* (BT-Drs. Nr. 11/1734; Sten. Bericht des BT, 4.2.1988, S. 4008; BT-Drs. Nr. 11/8162; Sten. Bericht des BT, 25.10.1990, S. 18 428), in *China* (BT-Drs. Nr. 11/4857; Sten. Bericht des BT, 22.6.1989, S. 11 463ff; BT-Drs. Nr. 11/4873; Sten. Bericht des BT, 22.6.1989, S. 11 415; Sten. Bericht des BT, 23.6.1989, S. 11575f.; BT-Drs. Nr. 11/7879; Sten. Bericht des BT, 19.9.1990, S. 17 771), im *Iran* (BT-Drs. Nr. 11/4084; BT-Drs. Nr. 11/4171; BT-Drs. Nr. 11/7470; Sten. Bericht des BT, 31.10.1990, S. 18 748ff.), in *Chile* (BT-Drs. Nr. 11/659; BT-Drs. Nr. 11/710; BT-Drs. Nr. 11/729; BT-Drs. Nr. 11/817; Sten. Bericht des BT, 8.10.1987, S. 1952ff.; BT-Drs. Nr. 11/2985; BT-Drs. Nr. 11/2986; Sten. Bericht des BT, 10.11.1988, S. 7316ff; BT-Drs. Nr. 11/4292), in *Südafrika* (BT-Drs. Nr. 11/2539; Sten. Bericht des BT, 22.6.1988, S. 5817ff.) oder in der *Sowjetunion* (BT-Drs. Nr. 11/781; Sten. Bericht des BT, 17.9.1987, S. 1849) Ebenso vgl. BT-Drs. Nr. 11/957; BT-Drs. Nr. 11/2163; BT-Drs. Nr. 11/900.

hierbei jedoch immer darauf bedacht, das Selbstbestimmungsrecht der einzelnen Völker nicht zu beschneiden.[35] Im Hinblick auf die deutschen Bemühungen zur weltweiten Ächtung der Todesstrafe sind insbesondere die Beiträge der Bundesrepublik zur völkerrechtlichen Normierung des Todesstrafenverbots im europäischen Gemeinschaftsgebiet und in den Vereinten Nationen herauszustellen.

## *A) Europa*

Zum einen war die Bundesregierung maßgeblich an der Entstehung des „Protokoll Nr. 6 zur Konvention zum Schutze der Menschenrechte und Grundfreiheiten über die Abschaffung der Todesstrafe" beteiligt, mit dem die Todesstrafe zum ersten Mal durch einen völkerrechtlichen Vertrag abgeschafft wurde.[36] Damit verwirklichten sich die Forderungen der Europäischen Justizministerkonferenz,[37] der Parlamentarischen Versammlung des Europarates[38] und des

35 Die *Bundesregierung Kohl* hielt insbesondere Versuche für verfehlt, der Geltung der bürgerlichen und politischen Menschenrechte durch eine bedingende Verknüpfung mit der wirtschaftlichen Lage von Staaten zu verschaffen.

36 Zur Chronologie der Abschaffung der Todesstrafe in Europa im einzelnen siehe *Thomas Hensgen/Birgit Jannig/Michael Mansfeld*, Europa – Ein Kontinent ohne Todesstrafe?; *Christian Broda*, Europas Kampf gegen die Todesstrafe, in: ZfRV 1986, 1ff.; *Hanno Hartig*, Die Todesstrafe in den Mitgliedstaaten des Europarates, in: EuGRZ 1980, 340ff.; *Rolf-Peter Calliess*, Die Abschaffung der Todesstrafe – Zusatzprotokoll Nr. 6 zur EMRK, in: NJW 1989, 1019ff.; *Anne Peters*, Die Missbilligung der Todesstrafe durch die Völkerrechtsgemeinschaft, in: EuGRZ 1999, 650ff.; *Hans Jürgen Bartsch*, Die Entwicklung des internationalen Menschenrechtsschutzes im Jahre 1982, in: NJW 1983, 473ff.; *Manfred Nowak*, Neuere Entwicklung im Menschenrechtsschutz des Europarates, in: EuGRZ 1985, 240f.; *Dreier*, a.a.O., Art. 102 Rn. 67; *Christoph Gusy*, in: *v. Mangoldt/Klein/Starck*, Bonner-GG, Art. 102 Rn. 65.

37 Bereits im Juni 1978 unterstützte der BMJ auf der *XI. Europäischen Justizministerkonferenz* eine österreichische Initiative mit dem Ziel einer generellen Abschaffung der Todesstrafe im Rahmen des Europarates, woraufhin die an der Konferenz teilnehmenden Minister einstimmig beschlossen, dem Ministerkomitee des Europarates zu empfehlen, die die Todesstrafe betreffenden Fragen den zuständigen Gremien des Europarates zur Prüfung zu überweisen. Die Entscheidung war bereits insofern bemerkenswert, als von den 20 Mitgliedern des Europarates immer noch sieben Staaten (Belgien, Zypern, Frankreich, Griechenland, Irland, Liechtenstein und die Türkei) die Todesstrafe im gewöhnlichen Strafrecht kannten und sechs weitere (Spanien, Italien, Malta, Niederlande, Großbritannien, Schweiz) diese Strafe in außergewöhnlichen Fällen, zum Beispiel Krieg, vorsahen. Allerdings war die Todesstrafe in einigen Ländern, auch wenn sie kraft Gesetzes noch galt, de facto abgeschafft, z.B. in Belgien, wo seit 1863 – mit einer Ausnahme 1918 – alle Todesurteile ziviler Gerichte automatisch durch einen königlichen Gnadenerlass in lebenslange Freiheitsstrafen umgewandelt wurden. Tatsächlich war die Todesstrafe in den vergangenen 10 Jahren nur noch in vier Mitgliedsstaaten zur Anwendung gekommen (Frankreich, Griechenland, Spanien und Türkei.)

Europäischen Parlaments.[39] Artikel 1 des Protokolls Nr. 6 begründete eine völkerrechtliche Verpflichtung zur Abschaffung und Nichtanwendung der

---

Auf Grundlage der Ergebnisse des durch das Ministerkomitee beauftragten *Ausschusses für Strafrechtsfragen (CDPC)* und des *Lenkungsausschusses für Menschenrechte (CDDH)* sprach sich die *XII. Europäische Justizministerkonferenz* im April 1980 abschließend für die Abschaffung der Todesstrafe in allen Staaten Westeuropas aus. In einer Empfehlung an das Ministerkomitee des Europarates setzte sich die Konferenz für die Ausarbeitung entsprechender europäischer Normen ein. Siehe BT-Drs. Nr. 8/3136; dpa-Meldung Nr. 169 v. 22.4.1980 „Europarat für Abschaffung der Todesstrafe"; FR v. 28.6.1980 „Die Einsicht in die Unantastbarkeit menschlichen Lebens"; dpa-Meldung Nr. 3 v. 11.9.1980 „Nur acht europäische Staaten gegen Todesstrafe"; Sozialdemokratischer Pressedienst v. 14.9.1978 „Weltweit wächst der Widerstand"; ddp-Meldung v. 18.3.1979 „In fünf EG-Ländern gibt es noch die Todesstrafe"; Recht Nr. 29 v. 23.5.1980; ddp-Meldung v. 23.5.1980 „Abschaffung der Todesstrafe endgültiges Ziel"; dpa-Meldung Nr. 216 v. 16.3.1990 „Belgien will Todesstrafe nur teilweise abschaffen".

38 Am 22.4.1980 bekundete die *Parlamentarische Versammlung des Europarates* mit eindeutiger Mehrheit, dass die Todesstrafe unmenschlich sei. Sie verabschiedete eine Resolution, die an die Parlamente der Mitgliedstaaten appellierte, die Todesstrafe für in Friedenszeiten begangene Straftaten in ihrem Strafrecht abzuschaffen. Gleichzeitig sprach sie die Empfehlung aus, die EMRK in diesem Sinne entsprechend zu ändern. Siehe Entschließung 727 betr. die Abschaffung der Todesstrafe, und Empfehlung 891 betr. die Abschaffung der Todesstrafe und die Europäische Menschenrechtskonvention in BT-Drs. Nr. 8/4132. Vgl. auch dpa-Meldung Nr. 169 v. 22.4.1980; Recht Nr. 24 v. 24.4.1980; BT-Drs. Nr. 8/4015.

39 Im November 1980 hatte das *Europäische Parlament* zunächst von ihren Mitgliedstaaten lediglich gefordert, keine Todesurteile mehr zu vollstrecken, solange das Strafrecht einiger Mitgliedsstaaten die Todesstrafe noch immer vorsah und nach wie vor verhängt werden konnte. Der Antrag war im Dringlichkeitsverfahren von sozialistischen Abgeordneten eingebracht worden und richtete sich an Frankreich, wo die Entscheidung des Präsidenten über den Vollzug von drei Todesurteilen anstand. (Das französische Strafgesetzbuch sah die Ahndung von etwa 200 Verbrechen mit der Todesstrafe vor. Der Bestand der Todesstrafe war in Frankreich in den letzten Jahren stark umstritten, allerdings blieben mehrere Versuche, die Todesstrafe in Frankreich abzuschaffen erfolglos. Schließlich schaffte aber auch Frankreich unter der Regierung *Francois Mitterrand* mit Unterstützung seines Justizministers *Robert Badinter* im Jahr 1981 die Todesstrafe ab. Mitterrands Vorgänger *Giscard d'Estaing* und dessen Justizminister *Alain Peyrefitte* hatten die Abschaffung der Todesstrafe stets mit dem Hinweis auf die öffentliche Meinung abgelehnt, obwohl Giscard im Wahlkampf 1974 erklärt hatte, er fühle eine tiefe Abneigung gegen dieses höchste Strafmaß. Während seiner Amtszeit gab es drei Hinrichtungen, allesamt an Kindsmörder, die in Frankreich nach wie vor mit der Guillotine vorgenommen wurden. In der Tat befürwortete ein Großteil der Franzosen wegen der ständig zunehmenden Gesamtkriminalität nicht nur den Fortbestand, sondern vor allem auch den Vollzug der Todesstrafe. Siehe Stuttg. Zeitung v. 24.6.1978 „Die Guillotine steht wieder zur Diskussion"; Münchener Merkur v. 24.6.1978 „Todesstrafe abschaffen"; FR v. 28.10.1978 „Gewissen und Guillotine"; SZ v. 24.6.1978 „Thema Todesstrafe in Europa vertagt"; NZZ v. 18.6.1979 „Französische Dauerdebatte über die Todesstrafe"; NZZ v. 29.6.1979 „Umstrittene Todesstrafe in Frankreich"; SZ v. 18.7.1979 „Das Volk ruft nach der Guillotine"; RCDS-Pressemitteilung Nr. 39 v. 30.10.1980;

Todesstrafe nur für den Konventionsstaat, der das Protokoll ratifizierte. Diese Verpflichtung galt jedoch nicht uneingeschränkt. Nach Artikel 2 konnte ein Staat die Todesstrafe für in Zeiten des Krieges oder unmittelbarer Kriegsgefahr begangene Straftaten in seiner Rechtsordnung beibehalten oder einführen. Für die Staaten, die das Protokoll nicht ratifizierten, blieb es bei der uneingeschränkten Weitergeltung des Art. 2 Abs. 1 EMRK. In diesen Staaten war die Todesstrafe weiterhin zulässig. Mit dieser Ausnahmeregelung war auch ein Beitritt der Länder möglich, die die Todesstrafe für den Kriegsfall noch vorsahen.[40] Das Zusatzprotokoll Nr. 6, welches am 28. April 1983 zur Zeichnung durch die 21 Mitgliedstaaten des Europarates aufgelegt worden war,[41] trat am 1. März 1985 in Kraft, nachdem es von der notwendigen Anzahl von mindestens fünf Staaten ratifiziert wurde.[42,43]

---

ppp-Meldung v. 24.3.1980 „Paris: Weiterhin Guillotine"; Vorwärts v. 13.8.1981 „Kein Szenenapplaus mehr für den Henker" v. *Günter Lier*; Tagesspiegel v. 27.8.1981 „Frankreich will Todesstrafe abschaffen". Aufgrund eines Antrags u.a. der Bundesrepublik zur Abschaffung der Todesstrafe, brachte das *Europäische Parlament* im Juni 1981 entschieden den Wunsch zum Ausdruck, dass die Todesstrafe in der Gemeinschaft abgeschafft werden sollte. Bezugnehmend auf die Entschließungen und Empfehlungen des Europarats und dessen Gremien, forderte das Europäische Parlament seine Mitgliedsstaaten auf, „gegebenenfalls ihre Gesetze zu ändern und im Ministerkomitee des Europarates tatkräftig auf eine entsprechende Änderung der Europäischen Menschenrechtskonvention hinzuwirken". Siehe BT-Drs. Nr. 9/645 v. 9.7.1981. Vgl. auch dpa-Meldung Nr. 237 v. 17.6.1981 „Bekenntnis des Europaparlaments zur Abschaffung der Todesstrafe"; dpa-Meldung Nr. 190, November 1980; Informationen der SPD-Bundestagsfraktion Nr. v. 29.10.1981.

40 Text des Zusatzprotokolls siehe in BT-Drs. Nr. 11/458 v. 9.6.1987; BT-Drs. 11/1468 v. 7.12.1987. Siehe auch Recht Nr. 6 v. 27.1.1983.

41 Die ersten Unterzeichner waren, Österreich, Belgien, die Bundesrepublik Deutschland, Spanien, Frankreich, Luxemburg, Norwegen, die Niederlande, Portugal, Schweden und die Schweiz. Siehe FAZ v. 29.4.1983 „Konvention zur Ächtung der Todesstrafe unterzeichnet"; ddp-Meldung v. 28.4.1983 „Möllemann unterzeichnet Zusatzprotokoll gegen Todesstrafe"; Parlament v. 2.7.1983 „Abschaffung der Todesstrafe in Europa".

42 Eine allgemein wirkende, ausnahmslose Abschaffung der Todesstrafe durch ausdrückliche Änderung der Menschenrechtskonvention war gegen den Widerspruch einiger Mitgliedsstaaten nicht zu erreichen, da für ein Änderungsprotokoll zu Art. 2 EMRK eine Ratifizierung durch alle 21 Mitgliedsstaaten erforderlich gewesen wäre. (Siehe BT-Drs. Nr. 10/1527; BT-Drs. Nr. 11/1468; Sten. Bericht des BT, 52. Sitzung v, 14.1.1988, S. 3625ff.; Recht Nr. 28 v. 29.4.1983) Eingehend siehe *Norman Weiß*, Die Todesstrafe aus völkerrechtlicher Sicht; *Hanno Hartig*, Abschaffung der Todesstrafe in Europa, in: EuGRZ 1983, 270ff. sowie *Hanno Hartig*, EuGRZ 1980, 340ff.; *Calliess*, NJW 1989, 1019ff.

43 Im Entstehungsprozess des 6. Zusatzprotokolls ist eine dem Straßburger Europarat zugeleitete Stellungnahme des *Vatikans* hervorzuheben, aus der hervorging, dass die Kirche die internationalen Bemühungen zur Zurückdrängung der Todesstrafe mit „besonderer Wertschätzung" verfolge. Der Vertreter des Heiligen Stuhls beim Europarat

Obwohl die Bundesrepublik das Zustandekommen des 6. Zusatzprotokolls wesentlich unterstützt und als einer der ersten Staaten das Protokoll am 28. April 1983 unterzeichnet hatte, dauert es ganze sechs Jahre bis die Bundesrepublik das Protokoll auch tatsächlich ratifizierte. Gemäß der Bekanntmachung vom 27. September 1989 trat das Zusatzprotokoll am 1. August 1989 in Kraft.[44] Zurückzuführen war die Ratifizierung auf eine Initiative der sozialdemokratischen Fraktion im Bundestag. Diese hatte im Juni 1987 einen „Entwurf eines Gesetzes zu dem Protokoll Nr. 6 vom 28. April 1983 zur Konvention des Europarates zum Schutz der Menschenrechte und Grundfreiheiten über die Abschaffung der Todesstrafe" in den Bundestag eingebracht.[45] Die mittler-

---

wies darauf hin, dass in zahlreichen theologischen Studien die Haltung zur Todesstrafe „neu überdacht" werde. Zwar habe die Kirche die Todesstrafe bisher nicht prinzipiell verurteilt, weil es sich dabei nicht um eine Frage des Dogmas handle. Dessen ungeachtet könnten aber Politiker, die eine solche Strafe überflüssig machen wollten, mit der Unterstützung der Kirche rechnen. Zugleich erinnerte der Vertreter des Heiligen Stuhls an die Praxis des Vatikans. Im Kirchenstaat sei die Todesstrafe „seit mehreren Jahren abgeschafft, ohne jemals angewandt worden zu sein". (Vatikanstadt hatte 1969 die Todesstrafe für alle Verbrechen – durch Aufhebung des Art. 4 des „Vatikanischen Gesetzes über die Rechtsquellen" – abgeschafft.) Dennoch sprach sich im November 1980 *Papst Johannes Paul II.* zustimmend für die Todesstrafe in regulärer Anwendung der Gesetze aus. Erst im Januar 1983 schloss der Papst bei einem traditionellen Neujahrempfang für bei dem Vatikan akkreditierte Diplomaten in aller Deutlichkeit die Anwendung der Todesstrafe aus. Der Heilige Stuhl bitte aus humanitären Zielen um Milde und trete für die Begnadigung von zum Tode verurteilten Menschen ein. Dies gelte „vor allem, wenn diese aus politischen Motiven verurteilt wurden, die wechselhaft, an die Persönlichkeiten der aktuell Verantwortlichen gebunden sein können". Erst die am 1.2.2001 veröffentlichte neue Verfassung des Vatikans sah keine Todesstrafe mehr vor. Siehe ppp-Meldung v. 11.7.1980 „Vatikan zunehmend kritischer gegenüber der Todesstrafe"; dpa-Meldung Nr. 4 Sept. 1980 „Auch der Vatikan gegen Todesstrafe"; Sten. Bericht des BT, 31. Sitzung v. 9.4.1981 S. 1610ff.; dpa-Meldung Nr. 295 v. 20.3.1991 „Jesuiten gegen Todesstrafe"; dpa-Meldung Nr. 129 v. 8.1.1983 „Papst verurteilt Todesstrafe und ruft zur Abrüstung auf". Näheres siehe auch *Henssen/Janning/Mansfeld*, a.a.O.

44 Die Ratifikation setzte den Erlass eines Vertragsgesetzes voraus, da sich das Übereinkommen auf Gegenstände der Bundesgesetzgebung bezog und daher nach Art. 59 Abs. 2 Satz 1 der Zustimmung der für die Bundesgesetzgebung zuständigen Körperschaften in der Form eines Bundesgesetzes bedurfte. Das Ratifizierungsgesetz wurde in der Bundestagssitzung am 19.5.1988, bei einigen Enthaltungen, angenommen. Bis zu diesem Zeitpunkt hatten bereits zwölf andere Mitgliedsstaaten das 6. Protokoll zur Europäischen Menschenrechtskonvention ratifiziert: Österreich, Dänemark, Frankreich, Island, Italien, Luxemburg, die Niederlande, Norwegen, Portugal, Spanien, Schweden und die Schweiz. Siehe BGBl. 1988 II S. 663 und 814; Sten. Bericht des BT, 80. Sitzung v. 19.5.1988, S. 5432ff. Vgl. auch FR v. 28.4.1989.

45 BT-Drs. Nr. 11/458. Bereits ein Jahr zuvor hatte die SPD den wortgleichen Entwurf eingebracht, nachdem das Europäische Parlament am 17.1.1986 eine neue Resolution zur Todesstrafe angenommen hatte, welche den Beitritt aller Mitgliedsstaaten zum Protokoll Nr. 6 zur EMRK unterstützte. Diese Entschließung ging weiter als die Reso-

weile CDU/CSU-geführte Bundesregierung hatte bis dahin eine Einbringung eines Ratifizierungsgesetzes unter dem Hinweis der Arbeitsüberlastung sowie Verweis auf die Tatsache, dass die nationale Regelung des Art. 102 ohnehin weitreichender sei, unterlassen.[46] Die Sozialdemokraten begründeten ihren eher ungewöhnlichen Schritt damit, dass durch die „Nachlässigkeit der Bundesregierung europäisch und international ein schlechtes Beispiel im Kampf gegen die Todesstrafe gesetzt" werde. Vielmehr sollte die Bundesregierung zur Erreichung der weltweiten Abschaffung der Todesstrafe mit der Ratifizierung des Protokolls ein Zeichen für eine europaweite Regelung setzen.[47,48] Zeitgleich hatte die Fraktion Die Grünen in einem eigenen Gesetzesentwurf den einseitigen Verzicht der Bundesrepublik auf die Übernahme des Art. 2 des

---

lution von 1981, indem sie erklärte, dass „die Todesstrafe eine grausame und unmenschliche Bestrafungsform darstellt und gleichzeitig eine Verletzung des Rechts auf Leben bedeutet, und zwar selbst dann, wenn der Grundsatz eines ordnungsgemäßen gerichtlichen Verfahrens beachtet wird". Der Antrag der SPD konnte aber in der 10. Wahlperiode nicht mehr behandelt werden. Siehe BT-Drs. Nr. 10/5896 v. 29.7.1986.

46 BT-Drs. Nr. 10/5896, BT-Drs. Nr. 11/458. Tatsächlich hatte die zögerliche Haltung der Bundesregierung noch einen weiteren Grund. Wie BMJ *Hans A. Engelhard* selbst bestätigte, verzögerte sich die Ratifizierung, da die Bundesregierung zunächst mögliche Auswirkungen von dem Protokoll auf das Ausländerrecht überprüft hatte. Diese Prüfung sei jetzt aber abgeschlossen. Siehe Sten. Bericht des BT, 27. Sitzung v. 17.9.1987, S. 1797ff.

47 Informationen der SPD-Bundestagsfraktion Nr. 1012 v. 9.6.1987; Sten. Bericht des BT, 52. Sitzung v, 14.1.1988, S. 3625ff.

48 Gleichzeitig forderte die *SPD-Bundestagsfraktion* in einem zweiten Antrag, dass sich die Bundesregierung auch weiterhin nachhaltig für den Fortgang der Initiative zur weltweiten Abschaffung der Todesstrafe in der UN einsetze. Die Bundesregierung sollte sich insbesondere dafür einsetzen, dass befreundete und verbündete Staaten der Bundesrepublik dem IbpR durch Ratifizierung beitraten. Damit waren vor allem die USA aber auch Griechenland, Irland und die Türkei gemeint. Bereits im Jahr 1985 forderte ein sozialdemokratischer Abgeordnete im Bundestag, anlässlich der drohenden Todesstrafe für Verurteilte, die ihre Tat als Minderjährige begangen hatten, die Einflussnahme der Bundesregierung auf die USA, damit diese dem IbpR beitraten. Daraufhin versicherte Staatsminister *Möllemann*, die Bundesrepublik habe – unabhängig von politischen und strafrechtspolitischen Anlässen – in bilateralen Gesprächen die USA immer wieder zum Beitritt des Paktes aufgefordert. Zudem habe sich der Bundesminister des Auswärtigen in zahlreichen Fällen, in denen die Vollstreckung eines Todesurteils in einem amerikanischen Bundesstaat bevorstand, in persönlichen Schreiben an den Gouverneur dieses Bundesstaates bzw. an ein entsprechend zuständiges Gremium für die Aussetzung der Vollstreckung eingesetzt. (Siehe Sten. Bericht des BT, 156. Sitzung v. 12.9.1985, S. 11 697; BT-Drs. 11/459). Auch dieser Antrag war bereits ein Jahr zuvor wortgleich durch die SPD gestellt worden. Der Antrag wurde im Mai 1988 zusammen mit der Ratifizierung durch das Parlament gebilligt. (Siehe BT-Drs. 10/5947; Informationen der SPD-Bundestagsfraktion Nr. 1623 v. 21.8.1986; Sten. Bericht des BT, 27. Sitzung v. 17.9.1987, S. 1797ff.; Sten. Bericht des BT, 52. Sitzung v. 14.1.1988, S. 3625ff.).

Zusatzprotokolls, der eine Ausnahme der Todesstrafe für Krieg und Kriegsgefahr beinhaltete, gefordert. Der, durch das Bundesverfassungsgericht festgestellte,[49] Anspruch auf Resozialisierung im Sinne einer realisierbaren Chance müsse auch für Straftaten gelten, die „in Kriegszeiten oder bei unmittelbarer Kriegsgefahr begangen werden. Dieses gelte um so mehr, als gerade hier rechtsstaatliche Garantien für die Bürgerinnen und Bürger zum Teil oder völlig außer Kraft gesetzt würden."[50,51]

Nachdem der Bundestag die sozialliberalen Anträge zur Abschaffung der Todesstrafe an den Rechtsausschuss federführend sowie dem Auswärtigen Ausschuss zur Beratung überwiesen hatte,[52] legte auch die Bundesregierung einen „Entwurf eines Gesetzes zu dem Protokoll Nr. 6 vom 28. April 1983 zur Konvention zum Schutze der Menschenrechte und Grundfreiheiten über die Abschaffung der Todesstrafe" vor.[53] Bundesjustizminister Hans A. Engelhard sah in dem Protokoll einen wichtigen Fortschritt in Europa in dem Bestreben zur gänzlichen Abschaffung der Todesstrafe. Auch wenn das 6. Zusatzprotokoll keine Auswirkungen auf das innerstaatliche Recht habe, da in der Bundesrepublik die Todesstrafe durch Art. 102 schon 1949 bedingungslos abgeschafft

---

49 Siehe oben Dritter Teil, 3. Kapitel, B) III.

50 Zudem beantragten *Die Grünen*, dass die Konvention nicht kraft Ratifizierung Anwendung, sondern „auf sämtliche Hoheitsgebiete eines Unterzeichnungsstaates Anwendung" finde. Siehe BT-Drs. 11/802.

51 Der Antrag der *Grünen* auf Änderung und Streichungen innerhalb des Zusatzprotokolls wurde von den übrigen Parteien im Bundestag einmütig abgelehnt. Nach Ansicht *Däubler-Gmelins* war es nicht richtig, „ein Ziel nur hochzuhalten und gleichzeitig die heute notwendigen und heute möglichen Zwischenschritte zu seiner Verwirklichung nicht zu gehen oder sogar zu behindern". „Eine Streichung von Art. 2 des Protokolls würde", so BMJ *Engelhard*, „den mühsam erzielten Kompromiss zerstören und die Chance für die Annahme des Protokolls durch mehrere Staaten vereiteln." Siehe Sten. Bericht des BT, 27. Sitzung v. 17.9.1987, S. 1797ff.

52 Sten. Bericht des BT, 27. Sitzung v. 17.9.1987, S. 1797ff.

53 Der ebenfalls an den Rechtsausschuss und Auswärtigen Ausschuss überwiesen wurde. In Übereinstimmung mit dem Auswärtigen Ausschuss empfahl der Rechtsausschuss einstimmig (das Mitglied der Fraktion Die Grünen hatte sich mit den Vorlagen als nicht vertraut bezeichnet und daher nicht an der Abstimmung teilgenommen), den Regierungsentwurf anzunehmen und den Entwurf der Fraktion der SPD für erledigt zu erklären sowie mehrheitlich (gegen die Stimme des anwesenden Mitglieds der Fraktion Die Grünen und bei Enthaltung der Fraktion der SPD), den Antrag der Fraktion Die Grünen abzulehnen. Der Antrag der Fraktion der SPD bezüglich der weiteren Bemühungen zur weltweiten Abschaffung der Todesstrafe wurde einstimmig bei einer Enthaltung zur Annahme empfohlen. Die Fraktion der CDU/CSU wies im Rahmen der Abstimmung darauf hin, dass die Zustimmung nur den Antrag, nicht hingegen dessen Begründung umfasse, die man sich nicht in allen Teilen zu eigen machen könne. Siehe BT-Drs. Nr. 11/1468; Sten. Bericht des BT, 52. Sitzung v. 14.1.1988, S. 3625ff.; BT-Drs. Nr. 11/2287 v. 9.5.1988.

worden sei, dokumentiere die Bundesrepublik durch diesen Schritt auf der völkerrechtlichen Ebene das, was innerstaatlich bereits eine rechtliche Selbstverständlichkeit sei.[54]

In der Beratung über die Ratifizierungsentwürfe, an der nur wenige Abgeordnete teilnahmen,[55] forderten die Vertreter aller Fraktionen übereinstimmend die weltweite Abschaffung der Todesstrafe. Einig waren sich die Abgeordneten in ihrer Kritik an der in dieser Vereinbarung vorgesehenen Ausnahmeregelung des Art. 2, die die Todesstrafe bei Krieg und Kriegsgefahr weiter zuließ.[56] Während die SPD und FDP zudem kritisierten, dass zwischen der Zeichnung des Protokolls und der Vorlage zur Ratifizierung fast fünf Jahre vergangen seien,[57] warf die Grünen-Abgeordnete Olms der Bundesregierung ein „höchst taktisches Verhältnis zu Menschenrechten" vor. Zum Beweis führte Olms unter anderem die Bonner Haltung zu Regimen besonders in der Dritten Welt an, die die Menschenrechte missachteten und dennoch Entwicklungs- und Militärhilfen aus Bonn erhielten. Olms unterstellte zudem, in der CDU/CSU gebe es immer noch eine verbreitete „Kopf-ab-Mentalität".[58] Von Unionsseite wurde dagegen argumentiert, zur Ächtung der Todesstrafe gehöre auch die Frage der Abtreibung.[59] Letztlich versprach der Bundesminister der

54 So auch die Begründung des Regierungsentwurfs. Siehe BT-Drs. Nr. 11/2287; Recht Nr. 56 v. 14.10.1987; Sten. Bericht des BT, 80. Sitzung v. 19.5.1988, S. 5432ff.

55 Was der Bundestagsabgeordnete *Irmer* als Beweis dafür nahm, dass es sich bei dem Thema mittlerweile um ein Thema für Insider handele. Siehe Sten. Bericht des BT, 27. Sitzung v. 17.9.1987, S. 1797ff.

56 Sten. Bericht des BT, 27. Sitzung v. 17.9.1987, S. 1797ff.; Sten. Bericht des BT, 52. Sitzung v. 14.1.1988, S. 3625ff.; Sten. Bericht des BT, 80. Sitzung v. 19.5.1988, S. 5432ff.

57 Sten. Bericht des BT, 27. Sitzung v. 17.9.1987, S. 1797ff.; Sten. Bericht des BT, 52. Sitzung v. 14.1.1988, S. 3625ff.

58 „Das Gezerre innerhalb der Regierungskoalition bezüglich der Unterzeichnung der Konvention wie auch der Chile-Debatte sind die jüngsten Belege dafür, dass eine Kopf-ab-Mentalität in den Reihen der Unionsparteien nach wie vor virulent ist." Siehe Sten. Bericht des BT, 52. Sitzung v. 14.1.1988, S. 3625ff.

59 Der christdemokratische Abgeordnete *Seesing* konnte sich nicht damit abfinden, „dass wir ein europaweites oder gar weltweites Verbot der Todesstrafe einfordern, uns aber mit der Tötung von menschlichem Leben zu anderer Zeit und an anderem Platz nicht nur abfinden, sondern gelegentlich sogar dafür eintreten. [...] Die Frage der Abtreibung, also die Tötung ungeborenen Lebens, muss nach meiner Auffassung auch unter menschenrechtlichen Aspekten durchdacht werden. [...] Ich befürchte nur, dass mit der Schwächung der Achtung vor dem Leben jener Weg der Unmenschlichkeit beginnt, der in den Gaskammern der Konzentrationslager und in der Liquidation politischer Gegner und auch religiös Andersdenkender endet." Siehe Sten. Bericht des BT, 52. Sitzung v. 14.1.1988, S. 3625ff.

Justiz, die Bundesregierung wolle bei jeder sich bietenden Gelegenheit in jeder Minute weltweit auf der Abschaffung der Todesstrafe beharren.[60]

Mit besonderer Genugtuung würdigten alle Parteien die Abschaffung der Todesstrafe in der DDR im Jahr 1987.[61,62] Mit der Abschaffung der höchsten Strafe war die DDR aus der langjährigen gemeinsamen Linie der „sozialistischen Staaten"[63] ausgeschert und hatte damit kurz vor der Wiedervereinigung Deutschlands eine bedeutsame Angleichung des Strafrechts in Deutschland geschaffen. Daneben forderten viele Abgeordnete aller Parteien den Verzicht auf die Abschiebung ausländischer Personen,[64,65] wenn diesen in ihrem Hei-

60 Sten. Bericht des BT, 27. Sitzung v. 17.9.1987, S. 1797ff.; Sten. Bericht des BT, 80. Sitzung v. 19.5.1988, S. 5432ff.

61 Am 17.7.1987 schaffte der Staatsrat der DDR die Todesstrafe ab, ohne öffentliche und fachliche Auseinandersetzung. In der Verordnung hieß es, mit der Abschaffung bekenne sich die DDR „zur Wahrung der Menschenrechte" und folge den „Empfehlungen der Vereinten Nationen zur schrittweisen Beseitigung der Todesstrafe aus dem Leben der Völker". Siehe GBl. DDR I, 192. Eingehend siehe *Evans*, a.a.O., S. 958ff.; *Hensgen/Janning/Mansfeld*, a.a.O. Vgl. auch *Hans-Joachim Schwahn*, Zehn Jahre keine Todesstrafe mehr auf deutschem Boden, in: NJW 1998, 2568ff.

62 Gleichzeitig kritisierten sie die Todesstrafenpraxis in verschiedenen Ländern, z.B. Türkei oder Irland sowie die Wiedereinführungsbegehren in einigen Ländern, wie z.B. Großbritannien, das in 11 Jahren insgesamt 7-mal über die Wiedereinführung abstimmte. Siehe Sten. Bericht des BT, 27. Sitzung v. 17.9.1987, S. 1797ff.; Sten. Bericht des BT, 52. Sitzung v. 14.1.1988, S. 3625ff.; Sten. Bericht des BT, 80. Sitzung v. 19.5.1988, S. 5432ff. Vgl. auch Pressemitteilung der CDU-Bundestagsabgeordneten Ingeborg Hoffmann v. 29.3.1988; ppp-Meldung Nr. 128 v. 8.7.1983 und Nr. 129 v. 15.7.1983; Dt. Allg. Sonntagsblatt v. 7.4.1985; Zeit v. 15.7.1983 „Hitzig geht es um den Galgen"; Information der sozialdemokratischen SPD Nr. 1000 v. 8.7.1983 sowie Nr. 1004 v. 9.7.1983.

63 Unter der Führung der Sowjetunion drohten alle anderen sozialistischen Nationen die Todesstrafe an. Noch im Jahr 1984 versuchte die DDR die Initiative der BRD zur weltweiten Ächtung der Todesstrafe zu unterlaufen. Vor der UN-Menschenrechtskommission reagierte die DDR im Namen des sozialistisch-kommunistischen Lagers. Die Frage der Todesstrafe werde, „ausgewogen für die mögliche Praxis aller Staaten flexibel geregelt", hieß es in der Stellungnahme. Diskussionen um ein neues völkerrechtliches Instrumentarium würfen nur „eine Vielzahl von Problemen auf, so eine DDR-Sprecherin. Siehe Welt v. 23.2.1984 „Streit um Todesstrafe".

64 Insbesondere nachdem sich ein junger Türke aus dem Fenster des Berliner Gerichtsgebäudes in den Tod gestürzt hatte, um einer Abschiebung in die Türkei zu entgehen. Siehe Sten. Bericht des BT, 27. Sitzung v. 17.9.1987, S. 1797ff.; Sten. Bericht des BT, 52. Sitzung v. 14.1.1988, S. 3625ff.; Sten. Bericht des BT, 80. Sitzung v. 19.5.1988, S. 5432ff.

65 Im Vorfeld hatten sich bereits Juristen mit den Auswirkungen des verfassungsrechtlichen Verbots des Art. 102 auf Auslieferungsverfahren beschäftigt, die im Ergebnis den Sachverhalt jedoch unterschiedlich bewerteten. Im einzelnen siehe z.B. *Hans Schüßler*, Todesstrafe und Grundgesetz im Auslieferungsverfahren, in: NJW 1965, 1896ff.; *Günter Frankenberg*, Ausweisung und Abschiebung trotz drohender Todesstrafe?, in:

matland die Verhängung und Vollstreckung der Todesstrafe drohe. Nach einer Erklärung der Bundesregierung[66] bezog sich die Ratifizierung nämlich nur auf strafrechtliche Tatbestände; d.h. unmittelbare Rechtswirkungen auf Gebiete außerhalb des Strafrechts, wie zum Beispiel das Ausländerrecht, konnten nicht hergeleitet werden. Gerade weil das bis dahin realisierte Völkerrecht keine Konsequenzen für auslieferungs- und ausländerrechtliche Fragen bereit hielt, soweit die Todesstrafe in völkerrechtlich zulässiger Weise verhängt wurde, forderten die Abgeordneten eine gesetzliche Regelung zum Schutz der Ausländer.[67] Bisher hatte die Bundesrepublik für den Fall, dass keine (völker-) vertragliche Auslieferungsverpflichtung bestand, durch § 8 des Gesetzes über die internationale Rechtshilfe in Strafsachen (IRG)[68] bzw. durch einschlägige Verträge, wie z.B. in Art. 11 des Europäischen Auslieferungsabkommens[69] geregelt, dass im Rahmen der Rechtshilfe für andere Staaten zum Zwecke der Strafverfolgung und Strafvollstreckung die Auslieferung an einen Staat, in dessen Recht die Tat mit der Todesstrafe bedroht ist, nur zulässig war, wenn

JZ 1986, 414ff.; *Otto Lagodny*, Grundrechte als Auslieferungs-Gegenrechte, in: NJW 1988, 2146ff.; *Theo Vogler*, Auslieferungsrecht und Grundgesetz.

66 BT-Drs. Nr. 11/1468.

67 In einem Entschließungsantrag forderte die Fraktion *Die Grünen* von der Bundesregierung unter Bezugnahme auf eine Entscheidung des Bundesverwaltungsgerichts v. 1.12.1987 (1 C 29/85,), wonach die Gefahr einer im Ausland drohenden Todesstrafe bei aufenthaltsbeendenden Entscheidungen zu berücksichtigen sei, eine gesetzliche Regelung zum Schutz von Ausländern, damit eine Abschiebung in ein Land, in dem die Todesstrafe drohte, ausgeschlossen werde. (BT-Drs. Nr. 11/2288 v. 9.5.1988) Nach Ansicht vieler Abgeordneter durfte es hierbei keinen Unterschied machen, ob eine Person auf Wunsch des Verfolgerstaates ausgeliefert oder aufgrund innerstaatlicher Entscheidung der Bundesrepublik „nur" abgeschoben werden sollte. Siehe Sten. Bericht des BT, 27. Sitzung v. 17.9.1987, S. 1797ff.; Sten. Bericht des BT, 52. Sitzung v. 14.1.1988, S. 3625ff.; Sten. Bericht des BT, 80. Sitzung v. 19.5.1988, S. 5432ff.

68 v. 23.12.1982, siehe BGBl. I S. 2071. Im einzelnen zum Gesetz und insbesondere zur Ausgestaltung der Zusicherung – nach der h.M. genügt es, dass die Vollstreckung der Todesstrafe mit Sicherheit bzw. mit an Sicherheit grenzender Wahrscheinlichkeit ausgeschlossen ist – siehe *Theo Vogler*, Das neue Gesetz über die internationale Rechtshilfe in Strafsachen, in: NJW 1983, 2144ff.; *Theo Vogler/Peter Wilkitzki*, Gesetz über die Internationale Rechtshilfe in Strafsachen; *Theo Vogler*, Auslieferung bei drohender Todesstrafe – ein Dauerthema, in: NJW 1994, S.1433ff.; *Wolfgang Schomburg/Otto Lagodny*, Internationale Rechtshilfe in Strafsachen; *Lagodny*, NJW 1988, 2146ff.

69 Nach Art. 11 EUAlÜbk durfte ein Staat, der selbst die Todesstrafe nicht anwendet, die Auslieferung verweigern, wenn dem Verfolgten in dem ersuchenden Staat die Todesstrafe droht. (BGBl. 1964 II, S. 1369). Eine Zusammenstellung der Auslieferungsverträge findet sich in *Heinrich Grützner/Paul-Günther Pötz*, Internationaler Rechtshilfeverkehr, Bd. 2. Nur der deutsch-tunesische Vertrag v. 19.7.1966, (BGBl. 1969 II, 1157) sah eine solche Regelung nicht vor. Der Vertrag verpflichtete den ersuchenden Staat lediglich zu der an die Strafverfolgungsbehörden gerichteten Empfehlung, die Todesstrafe in eine Freiheitsstrafe umzuwandeln. Siehe *Dreier*, a.a.O., Art.102 Rn. 47ff.

der anfragende Staat zusicherte, die Todesstrafe nicht zu verhängen oder nicht zu vollstrecken.[70] Das Ausländergesetz sah jedoch bis dahin ein Verbot der Abschiebung in ein Land, in dem dem Ausländer oder der Ausländerin die Todesstrafe drohte, nicht vor.[71]

Am 7. Juli 1989 fällte der Europäische Gerichtshof (EGMR) dahingehend ein Grundsatzurteil, das für den Auslieferungsverkehr und die völkerrechtliche Bewertung der Todesstrafe wegweisend war.[72] Zunächst hatte der EGMR festgestellt, dass das Völkerrecht ein Verbot der Auslieferung bei drohender Todesstrafe nicht enthalte. Insbesondere lasse sich ein solches Verbot nicht aus

---

70 Das Auslieferungsverbot des § 8 IRG gilt unmittelbar jedoch nur für den Bereich des vertragslosen Auslieferungsverkehr. Daher war in der Literatur umstritten, inwieweit sich bereits kraft Verfassung Ausweisungs- und Abschiebungshindernisse wegen drohender Todesstrafe ergeben. Teilweise wird ein Auslieferungsverbot für den vertraglichen Verkehr unmittelbar aus dem Grundgesetz, speziell aus Art. 1, Art. 2 Abs. 2 und Art. 102, abgeleitet. Die Staatsgewalt sei an Art. 1 Abs. 3 gebunden, der nicht danach differenziere, ob die Wirkungen des staatlichen Handelns im Inland oder im Ausland eintreten. Daher verbiete Art. 102, dass die Staatsgewalt der BRD durch die Überstellung einzelner Personen an Stellen anderer Staaten im Weg der Auslieferung ermöglicht, dass die Todesstrafe durch einen anderen Staat verhängt und vollstreckt wird. Eine Auslieferung sei daher verfassungswidrig. (vgl. *Schomburg/Lagodny*, a.a.O.; *Helmuth Schulze-Fielitz* in: *Dreier*, GG, Art. 2 Rn. 40; *OLG Düsseldorf* in: NJW 1994, 1485f.; *Schüßler*, NJW 1965, 1896ff; *Gusy*, a.a.O., Art. 102 Rn. 23ff.; *Lagodny*, NJW 1988, 2146ff.; *Axel Azzola*, AK GG, Art. 102 Rn. 45ff.; *Helmut Albert*, Das Grundrecht auf Leben als Schranke für aufenthaltsbeendende Maßnahmen; *Kunig*, a.a.O., Art. 102, Rn. 6; *Christoph Degenhart* in: *Sachs*, GG, Art. 102 Rn. 1ff.). Nach der Gegenmeinung steht die Verfassung nicht einer Auslieferung entgegen. Es sei unzulässig, die Entscheidung des deutschen Rechts gegen die Todesstrafe gegenüber der abweichenden Wertentscheidung ausländischer Rechtsordnungen zu verabsolutieren (vgl. *Scholz*, a.a.O., Art. 102 Rn. 26; *Dreier*, a.a.O., Art. 102 Rn. 48; *Vogler/Wilkitzki*, a.a.O.; *Vogler*, NJW 1994, S.1433ff.; *Wilhelm Karl Geck*, Art. 102 und der Rechtshilfeverkehr, in: JuS 1965, 221ff.; *Hans Joachim Cremer*, Der Schutz vor den Auslandsfolgen aufenthaltsbeendender Maßnahmen.) Das BVerfG hatte im Jahr 1964 (BVerfGE 18, 112ff.) zunächst entschieden, dass Art. 102 nicht schlechthin die Auslieferung wegen einer Straftat verbiete, die in dem um die Auslieferung ersuchenden Staat mit der Todesstrafe bedroht ist. In seiner Entscheidung von 1982 ließ das BVerfG dann jedoch ausdrücklich offen, ob an der Entscheidung „heute noch in vollem Umfang festzuhalten wäre". (BVerfGE 60, 348ff.) Vgl. auch *Thomas Weigend*, Grundsätze und Probleme des deutschen Auslieferungsrechts, in: JuS 2000, 105ff.; *Dreier*, a.a.O., Art. 102, Rn. 48.

71 Das Ausländergesetz v. 9.7.1990 (BGBl. 1990 I, 2983) regelt das Problem nunmehr ausdrücklich in § 53 Abs. 2 S. 1. Danach darf ein Ausländer nicht in einen Staat abgeschoben werden, wenn dieser Staat den Ausländer wegen einer Straftat sucht und die Gefahr der Todesstrafe besteht. Gemäß § 31 Abs. 3 AsylVfG (BGBl. 1993 I, 1361) ist das Vorliegen von Abschiebungshindernissen nach § 53 AuslG zu prüfen.

72 Siehe *Hensgen/Janning/Mansfield*, a.a.O. Vgl. auch EGMR, Söring v. Vereinigtes Königreich, Urteil v. 26. Januar 1989, EuGMR v. 7.7.1989 in: EuGRZ 89, 314ff.

der EMRK ableiten.[73] Gleichwohl entschied der EGMR, dass Großbritannien seine Verpflichtungen aus Art. 3 der Europäischen Menschenrechtskonvention verletzten würde,[74] wenn es Jens Soering, einen Staatsangehörigen der Bundesrepublik Deutschland, an die Vereinigten Staaten ausliefern würde, wo ihm im Bundesstaat Virginia der Prozess wegen Mordes ersten Grades gemacht werden sollte. Zwar hatte der EGMR die Todesstrafe als solche nicht als unmenschliche Behandlung qualifiziert, aber das Gericht hatte aus der Art und Weise der Vollstreckung einer Todesstrafe im konkreten Fall der USA eine unmenschliche Behandlung abgeleitet, die nach Art. 3 EMRK unzulässig war.[75]

Neben den Entschließungen des Europarates war wichtigstes Grundrechtsdokument innerhalb der Europäischen Gemeinschaft bis zu diesem Zeitpunkt die Erklärung des Europäischen Parlaments vom 12. April 1989.[76] Mit dieser Erklärung lag im Rahmen der Gemeinschaft erstmals ein ausführlicher Grundrechts- und Menschenrechtskatalog vor, der über die bis dahin vereinzelten vertraglichen Garantien und die fallweise Fortentwicklung des Grundrechtsschutzes durch den Gerichtshof hinausging und der in Art. 22 wortgleich mit Art. 102 Grundgesetz die Todesstrafe für abgeschafft erklärte.[77]

---

73 Siehe *Vogler*, NJW 1994, S.1433ff.

74 Nach Art. 3 EMRK darf niemand der „Folter oder unmenschlicher oder erniedrigender Strafe oder Behandlung unterworfen werden".

75 Faktoren, die zur Entscheidung des Gerichts beitrugen, waren unter anderem die persönlichen Umstände des Täters (Söring war zum Tatzeitpunkt erst achtzehn Jahre alt), die lange Zeit, die in den USA zwischen Verurteilung und Hinrichtung (sog. Death-Row-Phenomenon) vergeht, sowie die Haftbedingungen im Todestrakt. Wie es in Bonn hieß, „wird mit dem Urteilsspruch erstmals attestiert, dass die Bedingungen für die Häftlinge in den Todeszellen der USA nicht mit der Menschenrechtskonvention zu vereinbaren sind". Siehe *Hensgen/Janning/Mansfield*, a.a.O.; *Kay Hailbronner*, Das Gesetz zur Neuregelung des Ausländerrechts, in: NJW 1990, 2158f.; *Weiß*, a.a.O.; *Vogler*, NJW 1994, S.1433ff. Vgl. auch dpa-Meldung Nr. 243 v. 7.7.1989 „Bonn begrüßt Entscheidung".

76 Text der Erklärung siehe in EuGRZ 1989, 204ff. Siehe auch *Weiß*, a.a.O.; *Dreier*, a.a.O., Art. 102 Rn. 28. Vgl. auch BT-Drs. Nr. 11/6553.

77 Allerdings wurde die Erklärung nie verbindlich umgesetzt. Stattdessen hat der Europäische Rat auf eine Initiative der deutschen Bundesregierung im Dezember 2000 die „Charta der Grundrechte der Europäischen Union" verabschiedet, die sich inhaltlich an der EMRK und den gemeinsamen Verfassungsüberlieferungen der Mitgliedsstaaten orientierte. Da die Charta den zweiten Teil des gescheiterten Europäischen Verfassungsvertrages bildete, blieb auch sie zunächst unverbindlich. Am 19. Oktober 2007 einigten sich die Staats- und Regierungschefs nunmehr auf einen neuen Reformvertrag der EU, welcher am 13.12.2007 unterzeichnet wurde und insgesamt von 27 Mitgliedsstaaten ratifiziert werden muss. Dieser enthält als Zusatzprotokoll die nahezu unveränderte EU-Grundrechtscharta. Durch einen Verweis soll die Charta 2009 für alle Staaten,

## *B) Vereinte Nationen*

Parallel zu den europäischen Bemühungen strebte die Bundesregierung unter Bundeskanzler Helmut Schmidt auch die Abschaffung der höchsten Strafe innerhalb der Vereinten Nationen an.[78] In einer Initiative des Auswärtigen Amtes,[79] die auf den Druck einer starken Gruppe von SPD- und FDP-Parlamentarier zurückzuführen war,[80] legte die Bundesregierung[81] – in dem

---

ausgenommen Großbritannien und Polen, für bindend erklärt werden. Siehe Homepage des Auswärtige Amt, Homepage des Europaparlaments. Ebenso *Weiß*, a.a.O.; *Katharina Flemming*, Wiedereinführung der Todesstrafe in Deutschland?.

78 Die UN-Generalversammlung beschäftigte sich bereits seit Ende der 50er Jahre mit dem Problem der Todesstrafe. Nach einer Reihe von Resolutionen verschiedener UN-Gremien fasste die Generalversammlung im Jahr 1971 eine Resolution, dass die Zahl der Straftaten, für welche die Todesstrafe vorgesehen ist, mit dem Ziel verringert werden sollten sie später ganz abzuschaffen. Seit dem Beitritt der BRD im Jahr 1973 setzte sich diese intensiv für den Schutz, die Förderung und die Fortentwicklung der Menschenrechte ein. Siehe BT-Drs. Nr. 8/3144; BT-Drs. Nr. 11/6553.

79 Unterstützt wurde das Begehren durch eine AI-Petition. AI forderte, unterstützt von 150.000 Menschen in 100 Ländern, von den Vereinten Nationen und ihren Mitgliedstaaten die sofortige Ergreifung von den zur Abschaffung der Todesstrafe erforderlichen Maßnahmen. Gleichzeitig brachten sie ihre Bestürzung über die Hinrichtung von politischen Gegnern und Straftätern in vielen Ländern zum Ausdruck. Die Aktion wurde ihrerseits unterstützt durch Bundeskanzler *Schmidt* sowie zwölf weiteren Bundesministern. Auch Altbundespräsident *Walter Scheel*, der SPD-Vorsitzende *Willy Brandt*, die Schriftsteller *Heinrich Böll*, *Friedrich Dürrematt*, und *Günter Grass*, 225 Mitglieder des Bundestages, der Präsident der BVerfG, der Vorsitzende des dt. Gewerkschaftsbundes *Vetter* sowie die evangelischen Bischöfe *Eduard Lose* und *Martin Kruse* unterstützten die Aktion. Der dt. AI-Generalsekretär *Helmut Frenz*, begründete die „verhältnismäßig kleine Zahl der Unterschriften" damit, dass die Aktion auf Unterschriften von Prominenten abzielte. AI sei lediglich an verantwortliche Politiker, Gewerkschafter, Prominente des öffentlichen Lebens, Schriftsteller, Dichter, Kirchleute und andere religiöse Führer herangetreten. Andernfalls seien sicher Millionen von Unterschriften zusammen gekommen. Vgl. dpa-Meldung Nr. 417 v. 22.10.1980 „Amnesty International für Abschaffung der Todesstrafe"; dpa-Meldung Nr. 23 v. 22.10.1980 „Bundeskanzler Schmidt unterstützt Amnesty-Aktion gegen Todesstrafe"; ddp-Meldung v. 22.10.1980 „Weltweiter Appell fordert Abschaffung der Todesstrafe"; FDK Nr. 311 v. 25.9.1980; ppp-Meldung v. 23.10.1980 „Interview mit Helmut Frenz: USA und Frankreich geben Signal für Todesstrafe".

80 So war die Initiative u.a. auf eine schriftliche Anfrage des FDP-Abgeordneten *Jürgen Möllemann* zurückzuführen, der Auskunft darüber begehrte, was die Bundesregierung in der Europäischen Gemeinschaft und den Vereinten Nationen gegen die Schnelljustiz unternehmen und ob sie sich in der UNO für eine Abschaffung der Todesstrafe einsetzen werde. Zudem fragte er nach der Bereitschaft der Bundesregierung, einen Initiativantrag zur generellen Ächtung der Todesstrafe in der UNO einzubringen, „da die Todesstrafe gegen die von den UN proklamierten Menschenrechte verstößt und in letzter Zeit bei politischen Machtwechseln zunehmend mehr als Willkürmaßnahmen eingesetzt wird". In ihrer Antwort wies die Bundesregierung darauf hin, dass sie auf der gegenwärtigen Tagung des Wirtschafts- und Sozialrates der UN für die Wahl zum UN-

Bewusstsein, dass es sich aufgrund der erheblichen Unterschiede zwischen den vielfältigen Kulturen in politischer, wirtschaftlicher und sozialer Hinsicht um ein langwieriges und schwieriges Unterfangen handelte[82] – im Herbst 1980 den Vereinten Nationen den Entwurf eines Zweiten Fakultativprotokolls zu dem Internationalen Pakt über bürgerliche und politische Rechte (IbpR) vor.[83] Ziel der Initiative war es, „langfristig ein völkerrechtliches Instrument zu schaffen, das zur weltweiten Abschaffung der Todesstrafe beiträgt".[84] Angesichts der Tatsache, dass die Mehrheit der Staaten eine generelle Abschaffung der Todes-

---

Ausschuss zur Verbrechensverhütung und Behandlung von Straffälligen kandidiere, auf dessen Tagesordnung seit einiger Zeit die Frage der Eindämmung und Abschaffung der Todesstrafe stehe. Die Bundesregierung werde sich, falls sie in den Ausschuss gewählt würde, dort aktiv für eine Abschaffung der Todesstrafe einsetzen. Schon vorher hatte sich die Bundesregierung im Rahmen der ihr eingeräumten Möglichkeiten auch über Europa hinaus für eine Zurückdrängung und Ächtung der Todesstrafe eingesetzt. So hatte sie auf der 32. UN-Generalversammlung einen von Schweden vorgelegten Resolutionsentwurf zur stufenweisen Abschaffung der Todesstrafe unterstützt. Siehe Sten. Bericht des BT, 149. Sitzung v. 27.4.1979, S. 11 939f.; BT-Drs. Nr. 8/3136; Spiegel v. 16.4.1979 „UNO gegen Todesstrafe?".

81 Zusammen mit Italien, Österreich, Portugal, Schweden und Costa Rica, Siehe ddp-Meldung v. 16.12.1980 „UN-Vollversammlung billigt Entschließung gegen Todesstrafe", Informationen der SPD-Bundestagsfraktion v. 9.10.1981.

82 Sten. Bericht des BT, 62. Sitzung v. 29.10.1981, S. 3537; BT-Drs. Nr. 9/172, Sten. Bericht des BT, 27. Sitzung v. 17.9.1987, S. 1797ff.

83 Doc. A/C.3/35/L.75 v. 21.11.1980 und Doc. A/C3/35/L.97 v. 4.12.1980. Ferner BT-Drs. Nr. 10/4715 v. 23.1.1986; BT-Drs. 11/1468; BT-Drs. Nr. 11/2961 v. 21.9.1988. Außenminister *Hans-Dietrich Genscher* warb in den folgenden Jahren regelmäßig für die Annahme der von Deutschland initiierten Konvention. In einer Rede vor der 36. UN-Generalversammlung hatte *Genscher* darauf aufmerksam gemacht, dass andere geschichtliche Entwicklungen, andere Rechtstraditionen und andere religiöse Überzeugungen in anderen Staaten auch zu einem anderen Verhältnis zur Todesstrafe führten. Das dürfte aber niemanden daran hindern, den Missbrauch zu sehen, der vielfach mit der Todesstrafe getrieben werde. Dem könnte nur durch vollständige Abschaffung der Todesstrafe wirksam entgegen getreten werden. Genscher hatte bereits am 27.9.1979 vor der 34. UN-Generalversammlung ausgeführt: „Ein akutes Problem ist die beunruhigende Zunahme von Hinrichtungen in der Welt, viele von ihnen mit politischem Hintergrund. Die Todesstrafe sollte eingegrenzt und letztendlich abgeschafft werden, so wie dies in meinem Land nach bitteren geschichtlichen Erfahrungen schon vor mehr als 30 Jahren geschehen ist." Am 27.9.1989 betonte der Bundesminister vor der 44. Generalversammlung erneut, dass „die Achtung der Menschenrechte für uns unverzichtbare Grundlage aller Politik sei". Vgl. BT-Drs. Nr. 8/3144; FDK Nr. 9 v. 9.1.1980; FDK Nr. 228 v. 8.8.1980; dpa-Meldung Nr. 172 v.15.6.1979 „Genscher will sich vor UNO für Ächtung der Todesstrafe einsetzen"; Sten Bericht des BT, 31. Sitzung v. 9.4.1981 S. 1610ff. Eine Auflistung der Aktivitäten innerhalb der UN und anderen völkerrechtlichen Gremien siehe BT-Drs. Nr. 11/6553.

84 Sten. Bericht des BT, 27. Sitzung v. 17.9.1987, S. 1797ff.; BT-Drs. Nr. 11/2961. Vgl. auch Informationen der SPD-Bundestagsfraktion v. 29.10.1981; Informationen der SPD-Bundestagsfraktion v. 9.10.1981.

strafe auch in absehbarer Zeit noch nicht in Betracht ziehe,[85] wollte die Initiative unter einer langfristigen Perspektive als Teil der allgemeinen Menschenrechtsproblematik gesehen und bedeutsam vorangetrieben werden. Durch das Fakultativprotokoll sollten nur die ihm beitretenden Staaten verpflichtet werden, die Todesstrafe abzuschaffen und nicht wieder einzuführen. Der Fakultativcharakter des Protokolls sollte dabei unterstreichen, dass kein Eingriff in die innerstaatlichen Rechte der Mitgliedsstaaten der Vereinten Nationen beabsichtigt war.[86]

Nachdem das Plenum der Generalversammlung der Vereinten Nationen am 15. Dezember 1980 den von dem für Menschenrechte zuständigen dritten Ausschuss des UN-Plenums positiv bewerteten Entschließungsentwurf der Bundesrepublik und anderer Staaten gebilligt hatte,[87] befassten sich in den nächsten 10 Jahren neben der Vollversammlung auch die UN-Menschenrechtskommission, der auch die Bundesrepublik angehörte, sowie zahlreiche Ausschüsse und Unterausschüsse bzw. Unterkommissionen mit der deutschen Forderung nach der weltweiten Ächtung der Todesstrafe.[88] Hierbei setzte die neue Bundesregierung um Bundeskanzler Kohl die 1980 begonnenen Bemühungen fort, im Rahmen der Vereinten Nationen die Verabschiedung des zweiten Fakultativprotokolls zum Internationalen Pakt über bürgerliche und politische Rechte zu erreichen. Dabei gab sie, ebenso wie ihre Vorgängerin,

---

85 Nach einem Buch des deutschen Bundestagsabgeordneten *Freimut Duve* (Die Todesstrafe) über die Situation der Todesstrafe in rund 140 Ländern hatten zu dieser Zeit genau 18 Ländern, in denen ca. 8% der Weltbevölkerung lebten, die Todesstrafe abgeschafft. Für mehr als 90% der Weltbevölkerung war also die Todesstrafe im Krieg und Realität ein Bestandteil der jeweiligen Rechtsordnung. Siehe Sten. Bericht des BT, 31. Sitzung v. 9.4.1981, S. 1610ff.

86 Sten. Bericht des BT, 27. Sitzung v. 17.9.1987, S. 1797ff.; BT-Drs. Nr. 11/2961.

87 Der Erfolg der Entschließung war zunächst ungewiss, da zahlreiche Staaten aus religiösen, kriminologischen, verfassungsrechtlichen und anderen Gründen die Todesstrafe beibehalten wollten. Erst nach längeren Debatten nahm der Ausschuss zum Abschluss seiner Beratungen mit 52 gegen 23 Stimmen bei 53 Enthaltungen den deutschen Antrag an, der die Menschenrechtskommission aufforderte, den Gedanken eines wahlfreien Zusatzprotokolls zum IbpR in Erwägung zu ziehen. Sämtliche Ostblockstaaten enthielten sich der Abstimmung. Zahlreiche islamische Staaten lehnten den Antrag aus religiösen Gründen ab. Siehe BT-Drs. Nr. 9/172. Siehe auch dpa-Meldung Nr. 70 v. 6.11.1981 „Konsens über Bonns Initiative zur Ächtung der Todesstrafe"; dpa-Meldung Nr. 76 v. 8.12.1981 „Menschenrechtskommission soll Protokoll gegen Todesstrafe erwägen".

88 Im einzelnen siehe *Manfred Möhrenschläger*, Völkerrechtliche Abschaffung der Todesstrafe – Geschichtliche Entwicklung und gegenwärtiger Stand; *Weiß*, a.a.O.

dem menschenrechtlichem Aspekt in der internationalen Diskussion den Vorrang.[89]

Gleichwohl geriet die Bundesregierung in die Kritik[90], die Glaubwürdigkeit der Bundesrepublik im Kampf für die weltweite Ächtung der Todesstrafe zu gefährden, hatte sie doch zum Leiter der deutschen Delegation bei der Menschenrechtskommission der Vereinten Nationen den mittlerweile 70-jährigen, ehemaligen Bundesjustizminister und bekennenden Befürworter der Todesstrafe, Richard Jaeger,[91] gewählt. Die „Peinlichkeit" war – so die sozialdemokratischen und liberalen Abgeordneten – noch deutlicher geworden, als Jaeger bei der Behandlung der Todesstrafe vor der Menschenrechtskommission die Delegationsleitung seinem Stellvertreter, Wilhelm Hoeynck, überlassen hatte und

89 Sten. Bericht des BT, 156. Sitzung v. 12.9.1985, S. 11 697. In ihrer Antwort auf eine Große Anfrage der SPD-Bundestagsfraktion v. 23.1.1986 (BT-Drs. Nr. 10/4715) hatte die Bundesregierung erklärt, dass sie in ihrem Bemühen um die internationale Zurückdrängung der Todesstrafe einen wichtigen Bestandteil ihrer Menschenrechtspolitik sehe. Die Bundesregierung hatte ferner in ihrer Antwort vom 25.05.1984 auf eine kleine Anfrage der SPD-Bundestagsfraktion (BT-Drs. Nr. 10/1527) versichert, sie sei unabhängig von der politischen und gesellschaftlichen Ordnung anderer Staaten bereit, ihren Standpunkt zur Todesstrafe deutlich zu machen. Siehe BT-Drs. Nr. 10/5947. Ebenso BT-Drs. Nr. 11/6553.

90 Z.B. Spiegel v. 6.2.1984 „Altes Eisen"; FAZ v. 25.4.1984 „SPD: Jaeger gefährdet Bonns Glaubwürdigkeit"; SZ v. 7.3.1984 „Befürworter der Todesstrafe in der Menschenrechtskommission" und „Recht auf Leben für jeden"; Informationen der SPD-Bundestagsfraktion Nr. 1133 v. 13.6.1984; Dt. Allg. Sonntagsblatt v. 4.3.1984 „Töten aus Überzeugung?"; Informationen der SPD-Bundestagsfraktion Nr. 784 v. 24.4.1984.

91 *Jaeger* hatte sich auch weiterhin als Befürworter der Todesstrafe zu erkennen gegeben und betonte, er stehe weiterhin hinter der Überzeugung – der Staat habe das Recht, bei schwersten Verbrechen die Todesstrafe zu fordern – auch wenn eine 2/3 Mehrheit nicht zu erreichen sei und er diesbezüglich keine Bemühungen unternehmen werde. (Siehe FAZ v. 25.4.1984; SZ v. 7.3.1984; Spiegel v. 6.2.1984). Dessen ungeachtet benutzte *Jaeger* das Verfassungsverbot der Todesstrafe, um gegen den Abtreibungsparagraphen § 218a StGB zu argumentieren, zuletzt in einer kleinen Anfrage an die Bundesregierung. Hierbei wandte er sich gegen die Rechtfertigungsgründe des § 218a, kraft derer die Tötung eines ungeborenen Kindes ausnahmsweise rechtmäßig war. In diesem Zusammenhang behauptete er, das Verfassungsverbot des Art. 102 sei Ausdruck eines allgemein im Grundgesetz fest verankerten Verbots der Tötung eines Menschen. Demgegenüber erklärte die Bundesregierung, sie vermöge keinen sachlich begründeten Zusammenhang zwischen der Abschaffung der Todesstrafe und der Rechtsnatur der Indikationen des § 218a StGB erkennen (BT-Drs. Nr. 11/7401). Schon im Mai 1980 hatte die Bundesregierung in einer Fragestunde erklärt: „[...] Eine Gleichsetzung von Todesstrafe und Schwangerschaftsabbruch ist bisher in der öffentlichen Diskussion von keiner Seite versucht worden und müsste auch mit Nachdruck zurückgewiesen werden." Siehe BT-Drs. Nr. 8/3981 v. 8.5.1981; Sten. Bericht des BT, 217. Sitzung v. 14.5.1980, S. 17 456f.

der Sitzung ferngeblieben war.[92] Gerade im Ausland, erklärten die Sozialdemokraten, sei die Benennung Jaegers, der sich bis heute als „Anhänger der Todesstrafe“ bezeichne, auf Unverständnis und Befremden gestoßen.[93] Während die Sozialdemokraten dieser Sorge in einer kleinen Anfrage im Bundestag Ausdruck verliehen,[94] stellte die Fraktion Die Grünen einen Antrag, den ehemaligen Bundesjustizminister als Leiter der Delegation der Bundesrepublik Deutschland beim UN-Menschenrechtsausschuss zurückzuziehen.[95]

Jaeger, so begründete die Bundesregierung ihre Entscheidung, sei ein „engagierter Verfechter der Menschenrechte“[96] und besitze als früherer Bundesminister der Justiz eine besondere Sachkenntnis und Erfahrung auf dem Gebiet des Menschenrechtsschutzes. Es sei keineswegs ungewöhnlich, dass sich die persönliche Meinung eines Delegationsleiters nicht in allen Einzelfragen mit der

---

92 *Jaeger* selbst begründete seine Abwesenheit in der Sitzung, er habe sein ganzes Leben noch nie gegen seine Überzeugung gesprochen. Für diese Position habe Außenminister Genscher Verständnis gezeigt. Daher habe Hoeynck, der persönlich gegen die Todesstrafe sei, und somit die Initiative mit seinem Gewissen vereinbaren konnte, ihn vertreten. Ohnehin sei die Todesstrafeninitiative qualitativ sicher ein wichtiges Thema, egal ob man nun für oder gegen die Todesstrafe sei. Aber gemessen an den anderen Problemen, etwa an den Rechten der Deutschen in der DDR, oder der Folter sei es nicht das wichtigste und nicht das dringlichste Problem, zumal eine Mehrheit für die deutsche Initiative auch gar nicht abzusehen sei. Daher verfolge die deutsche Delegation das Ziel der Überweisung der Angelegenheit in einen Unterausschuss. Siehe FAZ v. 25.4.1984.

93 Siehe Informationen der SPD-Bundestagsfraktion Nr. 1133 v. 13.6.1984; Dt. Allg. Sonntagsblatt v. 4.3.1984.

94 Die Aufgabe des Delegationsleiters verlange ein besonderes Maß an persönlicher Überzeugung und Engagement. Die Ernennung Jaegers in diese Position sei ein Missgriff, der das bisher erworbene Ansehen der Bundesregierung im Kampf gegen die Todesstrafe in Frage stelle. Siehe Informationen der SPD-Bundestagsfraktion Nr. 784 v. 24.4.1984.

95 Sie kritisierten, dass sich Jaeger auch nach seiner Ernennung zum Delegationsleiter erneut als Anhänger der Todesstrafe bezeichnet hatte. In den Augen der Fraktion erschien es erforderlich, dass die Vertreter der Bundesrepublik aus eigener Überzeugung hinter der Forderung nach weltweiter Abschaffung der Todesstrafe stünden. Andernfalls bestehe die Gefahr, dass ihr Anliegen und ihr Einsatz dafür international an Glaubwürdigkeit verliere. Gerade das Amt des Delegationsleiters vertrete in besonderem Maße die Politik der Bundesregierung nach außen. Durch seine Position disqualifiziere sich Jaeger generell auf dem Gebiet des Menschenschutzes, da die Gewährung der Menschenrechte von der Abschaffung der Todesstrafe nicht zu trennen sei. Siehe BT-Drs. Nr. 11/2288. Ferner Sten. Bericht des BT, 80. Sitzung v. 19.5.1988, S. 5432ff.

96 Diese Begründung befremdete die *SPD*, „wenn man sich daran erinnert, dass seine außenpolitischen Präferenzen bei Diktaturen wie denen des früheren Schahs von Persien oder des portugiesischen Diktators Salazar lagen, und er auch nach seiner Amtszeit als Justizminister Positionen vertrat, die mit unserem Rechtsstaatlichkeitsprinzipien nicht vereinbar waren.“ Siehe Informationen der SPD-Bundestagsfraktion Nr. 1133 v. 13.6.1984.

Auffassung seiner Regierung decke. Dadurch werde die Glaubwürdigkeit der Bundesrepublik nicht beeinträchtigt. Entscheidend sei, dass er die Politik der Regierung wirksam vertrete. Als gewähltes Mitglied des Bundestages und überzeugter Demokrat respektiere Jaeger selbstverständlich die Abschaffungsbemühungen der Regierung und des deutschen Parlaments. Die Bejahung der Todesstrafe sei lediglich Ausdruck der persönlichen Meinungsäußerung Jaegers. Zudem habe Hoeynck die Todesstrafeninitiative im Menschenrechtsausschuss nur deshalb begründet,[97] weil er mit der Materie besonders vertraut gewesen sei. Es sei nichts Ungewöhnliches daran, wenn Delegationsleiter sich von sachkundigen Delegationsmitgliedern vertreten ließen.[98]

Auch die Ernennung des Berliner Justizsenators Prof. Rupert Scholz (CDU) als Verteidigungsminister sorgte für Aufregung. Die saarländische SPD bezeichnete dessen Ernennung angesichts eines Beitrages Scholz′ zu der Kommentierung des Art. 102 in einem großen Grundrechtskommentar[99] als „schwer erträglichen Fehlgriff" des Bundeskanzlers. Insbesondere der saarländische SPD-Bundestagsabgeordnete Ottmar Schreiner nahm Anstoß an dem Satz des künftigen Verteidigungsministers[100]:

> „Die im Grundgesetz gegebenen Notstandsermächtigungen umschließen keine Ermächtigung für die Todesstrafe. Bietet der Gedanke des Notrechts somit keine selbständige Grundlage für die Todesstrafe, so können Ausnahmen allein im

97 *Wilhelm Hoeynck* hatte vor der 43 Länder zählenden Kommission erklärt: „Wir glauben nicht, dass die Todesstrafe notwendig ist". Man halte in der BRD die gesellschaftlichen Kräfte für so stark, dass es der Staat nicht nötig habe, zur Absicherung seines konstitutionellen und rechtlichen Systems Menschen ihres Lebens zu berauben. *Hoeynck* verwies auf die „traurige Erfahrung, dass Justizirrtümer und auch der Missbrauch der Todesstrafe unwiderrufliche Tatsachen schaffen". Er unterstrich den Optionscharakter der deutschen Initiative. In der Frage der Todesstrafe solle die souveräne Entscheidung jedes Staates auf der Grundlage unterschiedlicher historischer Einflüsse sowie rechtlicher Traditionen und religiöser Überzeugungen respektiert werden. Siehe dpa-Meldung Nr. 247 v. 16.2.1984 „Bonn dringt auf weltweite Ächtung der Todesstrafe".

98 BT-Drs. Nr. 10/1527.

99 Siehe *Scholz*, a.a.O., Art. 102 Rn. 31.

100 Die SPD im deutschen Bundestag, Nr. 881 v. 28.4.1988, „Erklärung des Abg. Schreiner". Vgl. auch FAZ v. 17.5.1988 „Unzutreffende Vorwürfe gegen Scholz"; FAZ v. 29.4.1988 „Vorwürfe der SPD gegen Scholz". Bereits sieben Jahre zuvor, hatte der Beitrag Scholz' zum Art. 102 Wellen geschlagen. Die Alternativen in Berlin unterzogen damals die Mitglieder des neuen CDU-Senats einer Personalbefragung. Die *FAZ* berichtete damals, dass die Befragung nicht ohne Unterstellungen abgegangen sei. So sollte aus dem parteilosen neuen Justizsenator Scholz herausgefragt werden, er sei Befürworter der Todesstrafe. Eine illustrierte Zeitung hatte nämlich aus der Kommentierung von Scholz Satzteile zitiert, die jener Unterstellung Nahrung gaben. Siehe FAZ v. 16.6.1981 „Jagdpech".

Kriegsfall, das heißt, unter den speziellen Voraussetzungen kriegsrechtlicher Regelungen, gelten."[101]

Scholz ging in seinem Beitrag der verfassungsrechtlichen Frage nach, ob Art. 102 von der Ewigkeitsklausel des Art. 79 Abs. 3 erfasst werde, und stellte in diesem Zusammenhang verfassungstheoretische Erwägungen an. Insgesamt war Scholz zu dem Schluss gekommen, dass sich ein unabänderbares Verbot der Todesstrafe für alle Zeiten nicht begründen lasse. Bezugnehmend auf diese Kommentierung fragte die Abgeordnete Däumler-Gmelin die Bundesregierung, ob sie mit der Auffassung von Scholz übereinstimme, wonach die Wiedereinführung der Todesstrafe im Kriegsfalle zulässig sein solle und wenn ja, wie die Bundesregierung mit dem bewussten Widerspruch zwischen der Position Scholz' und vorherigen Aussagen des Bundesjustizministers Engelhard sowie des Staatsministers im Auswärtigen Amt Schäfer, die sich bei zahlreichen Gelegenheiten gegen die Todesstrafe – auch im Kriegsfall – ausgesprochen hatten, umgehe. Daraufhin erklärte die Bundesregierung, vertreten durch den Parlamentarischen Staatssekretär Jahn, sie sehe es nicht als ihre Aufgabe an, „die von Professor Dr. Scholz als Verfassungsrechtler früher in einem Kommentar zum Grundgesetz gegebenen Erläuterungen ihrerseits zu kommentieren. Im übrigen bestehen innerhalb der Bundesregierung zur Todesstrafe keine unterschiedlichen Auffassungen".[102]

Unabhängig von diesen nationalen Personaldiskussionen, verabschiedete die 44. Generalversammlung der Vereinten Nationen nach einem langwierigen und sehr bürokratischen Verfahren[103] am 15. Dezember 1989 das Zweite Fakultativprotokoll zu dem 1966 verabschiedeten Internationalen Pakt für bür-

---

101 Außerdem verwies *Schreiner* auf den Satz: „In Zeiten einer ernsthaft gefährdeten Rechtsordnung, beziehungsweise in Zeiten notstandsmäßiger oder doch notstandsähnlicher Verhältnisse, kann das generalpräventive Ziel der Abschreckung unter Umständen für eine Wiedereinführung der Todesstrafe sprechen. Voraussetzung hierfür ist jedoch, dass der – bisher bekanntlich nicht geführte – Nachweis gelänge, dass der Todesstrafe zumindest in derartigen Ausnahmesituationen tatsächlich wirksame Abschreckungs- und Sicherungswirkung zukäme". Dabei „übersah" *Schreiner* jedoch den Schlusssatz von *Scholz*: „Andererseits sind derzeit jedoch kaum Verhältnisse abschätzbar, unter denen eine Wiedereinführung der Todesstrafe, beziehungsweise eine verfassungsrechtliche Aufhebung des Artikels 102, tatsächlich erforderlich erscheinen könnte." Siehe *Scholz*, a.a.O., Art. 102 Rn. 31.

102 BT-Drs. Nr. 11/2585.

103 Widerstand gegen die Initiative kam vor allem von den islamischen Staaten, die die Todesstrafe religiös begründeten, aber auch von den USA, die bis dahin keine Bereitschaft erkennen ließen, auf den Henker zu verzichten. Der Durchbruch kam, so eine dpa-Meldung, als die Ostblockstaaten in den letzten Jahren ihre ablehnende Haltung aufgaben, zuletzt die DDR und die Ukraine. Siehe dpa-Meldung Nr. 422 v. 15.12.1989 „UNO beschließt Konvention gegen Todesstrafe".

gerliche und politische Rechte, welches eine definitive Verpflichtung zur Abschaffung der Todesstrafe enthielt.[104] Es überlagert die Abs. 2, 4, 5 und 6 des Art. 6 IbpR für diejenigen Staaten, die das Zusatzprotokoll ratifizierten – war somit nicht allgemeinverbindlich. Das Zusatzprotokoll ist gem. Art. 6 Abs. 2 notstandsfest; Vorbehalte dürfen nach Art. 2 Abs. 1 nur für einen Ausnahmefall angebracht werden. Hierbei handelt es sich um die Anwendung der Todesstrafe in Kriegszeiten für besonders schwere Verbrechen militärischer Art.[105] Mit dem Zweiten Fakultativprotokoll zum IbpR entstand, neben dem Protokoll Nr. 6 zur EMRK, ein weiteres völkerrechtliches Instrument, das die weltweite Ächtung der Todesstrafe zum Ziel hatte.

## *C) NATO*

Die Glaubwürdigkeit der deutschen Bemühungen um völkerrechtliche Vereinbarungen zur Ächtung der Todesstrafe sahen zahlreiche Politiker, vor allem der SPD,[106] zudem durch die Tatsache gefährdet, dass trotz des Verfassungsverbots des Art. 102 auch lange nach Wiedererlangung der Souveränität der Bundesrepublik fremde Staaten in Ausübung ihrer Militärgerichtsbarkeit Todesurteile im deutschen Hoheitsgebiet zulässigerweise verhängen durften.[107,108]

---

104 59 Mitgliedsstaaten stimmten dafür, 26 dagegen und 48 enthielten sich der Stimme. Das Übereinkommen stand allen Staaten zum Beitritt offen, die dem IbpR angehörten. Amnesty International rief nach der Abstimmung alle Regierungen auf, der Konvention beizutreten. Siehe BT-Drs. Nr. 11/6553; dpa-Meldung Nr. 422 v. 15.12.1989.

105 Das Fakultativprotokoll trat am 11.7.1991 in Kraft, nachdem es von zehn Staaten ratifiziert worden war. Für die BRD gilt das Protokoll seit dem 18.11.1992. Dort heißt es: Niemand, der der Hoheitsgewalt eines Vertragsstaates dieses Fakultativprotokolls untersteht, darf hingerichtet werden. Jeder Vertragsstaat ergreift alle erforderlichen Maßnahmen, um die Todesstrafe in seinem Hoheitsgebiet abzuschaffen. Siehe GV Res. 44/128, U.N. Doc. A/44/49, BGBl. 1992 II, S. 390. Näheres siehe *Weiß*, a.a.O.

106 Es dürfe nicht hingenommen werden, dass auf deutschem Boden die Todesstrafe ausgesprochen werde, obwohl die Bundesregierung weltweit für die Ächtung der Todesstrafe eintrete. Siehe BT-Drs. Nr. 11/2021 v. 16.3.1988, Sten. Bericht des BT, 165. Sitzung v. 6.10.1989, S. 12 549ff. Vgl. auch Sozialdemokratischer Pressedienst Nr. 126 v. 6.7.1988; Die SPD im deutschen Bundestag v. 22.3.1988 und 10.5.1988; dpa-Meldung Nr. 22 v. 6.11.1988 „SPD will Todesstrafe bei NATO-Truppen unmöglich machen"; Vorwärts v. 5.11.1988 „Feigheit vor dem Freund".

107 Das Abkommen zwischen den Parteien des Nordatlantik-Vertrages über die Rechtsstellung ihrer Truppen (NATO-Truppenstatut – NTS), dem die BRD 1961 beigetreten war (BGBl. 1961 I, S. 1183, 1190) schloss in Art. VII Abs. 7a zwar nicht die Verhängung, wohl aber die Vollstreckung der Todesstrafe aus, wenn das Recht des Aufnahmestaates diese Strafe nicht vorsah. Praktisch führte diese Regelung dazu, dass die Verhängung der Todesstrafe auf dem Hoheitsgebiet der BRD erfolgte und die Verurteilten anschließend zur Vollstreckung ausgeflogen wurden. Näheres hierzu siehe *Calliess*, NJW 1988, 849ff.; *Dreier*, a.a.O., Art. 102 Rn. 41ff.

Nach dem NATO-Truppenstatut und einem Zusatzabkommen war jeder Bündnispartner, der auf dem Gebiet eines anderen NATO-Partners ständig Truppen stationierte, berechtigt, innerhalb des Stationierungsstaates die Strafgerichtsbarkeit über die seinem Militärrecht unterworfenen Personen auszuüben.[109]

Gerade nachdem die Militärgerichtsbarkeit der Vereinigten Staaten von Amerika Ende der 80er Jahre wiederholt Todesurteile gegen US-Soldaten in der Bundesrepublik ausgesprochen hatte,[110] wuchs der Widerstand gegen die Re-

---

108 In Berlin war die Verhängung der Todesstrafe nicht nur in Ausübung der Militärgerichtsbarkeit, sondern sogar im Rahmen der allgemeinen Gerichtsbarkeit über deutsche Bundesbürger möglich. Theoretisch sahen zwei Vorschriften die Todesstrafe vor. Nach dem Gesetz Nr. 43 des Kontrollrats der Alliierten Kontrollratsbehörde (Art VI Abs. 1 c KRG Nr. 43, VOBl. F- Groß-Berlin v. 11.2.1947) hatten die vier Siegermächte die Ein- und Ausfuhr sowie den Transport und die Lagerung von „Kriegsmaterial" verboten und bisher mit der Todesstrafe bedroht. Die westalliierte Verordnung 511 v. 15.10.1951 (Berl. GVBl. 1951, S. 1112) regelte eine Vielzahl von Delikten wie Waffenbesitz oder Handlungen gegen die Interessen der Schutzmächte, die mit der Todesstrafe bedroht waren. Noch vor der Wiedervereinigung Deutschlands hob die Alliierten Kommandantura durch Anordnung vom 15.3.1989 (Berl. GVBl. 1989, S. 568) die Todesstrafe mit sofortiger Wirkung auf. Danach durfte niemand mehr wegen eines Verstoßes gegen alliierte Vorschriften zum Tode verurteilt werden. Die Alliierten wollten damit nach eigenen Angaben Bedenken in der Berliner Bevölkerung Rechnung tragen, obwohl das Gesetz ohnehin nur noch theoretischen Charakter hatte. Vgl. Spiegel v. 10.3.1969 „Gesetz Nr. 43"; *Calliess*, NJW 1988, 849ff.; FAZ v. 15.3.1989 „Alliierte schaffen Todesstrafe in Berlin ab"; dpa-Meldung Nr. 280 v. 14.3.1989 „Alliierte heben Todesstrafe in Berlin auf"; ddp-Meldung Nr. 50 v. 15.3.1989 „Alliierte heben Todesstrafe in Berlin auf"; *Dreier*, a.a.O., Art. 102 Rn. 41f.

109 Die Jurisdiktion der Militärgerichte umfasste dabei nicht nur ausländische und staatenlose Angehörige der in der Bundesrepublik stationierten Streitkräfte, sondern auch deutsche Staatsangehörige, sofern sie Angehörige der Streitkraft des Entsendestaates waren (Art. VII Abs. 4 NTS). Vgl. Spiegel v. 17.7.1989 „Dumme Einrichtung"; *Calliess*, NJW 1988, 894ff.; BT-Drs. Nr. 11/2520 v. 20.6.1988. Zum Text des NTS siehe *Beck'sche Textausgaben*, Denkschrift zum NATO-Truppenstatut und zu den Zusatzvereinbarungen.

110 Bis zum Jahr 1982 waren die Regelungen des NTS weitgehend unbekannt. Konnten sie bis dahin noch als Kriminalsache unter Amerikanern (sowohl Täter als auch Opfer kamen aus den USA) eingestuft werden, änderte sich dies mit der Verurteilung des US-Soldaten Leon B. Redmond, der wegen der Ermordung einer deutschen Staatsangehörigen auf dem Gebiet der BRD durch ein Militärgericht zum Tode verurteilt worden war. Über die Anzahl aller Verfahren, die seit dem Inkrafttreten des NTS am 1.7.1963 vor US-Militärgerichten in der BRD verhandelt worden waren und in denen nach US-amerikanischen Recht die Verhängung der Todesstrafe nicht auszuschließen war, lagen der Bundesregierung bis zum Jahr 1988 keine verlässlichen Angaben vor. Nach Berichten der für die Durchführung des NTS zuständigen Justizbehörden der Länder wurde unter der Geltung des NTS in der BRD in insgesamt fünf Fällen die Todesstrafe verhängt. In drei der bekannten Fälle war die Todesstrafe in eine lebenslange Freiheitsstrafe umgewandelt worden. Siehe BT-Drs. Nr. 11/2521 v. 20.6.1988. Vgl. auch Spiegel v. 10.5.1982 „Schraube angezogen".

gelungen des NATO-Truppenstatuts.[111] Dabei wurde insbesondere den deutschen Justizbehörden vorgeworfen, dass diese die verhängten Todesurteile zumindest in drei Fällen, in denen die Opfer der Gewaltverbrechen durch US-Soldaten deutsche Staatsangehörige waren, hätten verhindern können, dies aber pflichtwidrig unterlassen hätten.[112] Unter Bezugnahme auf einen Aufsatz des Hannoveraner Professors Rolf-Peter Calliess[113] mehrten sich die Stimmen,

---

111 Bereits 1979 hatte der FDP-Abgeordnete *Möllemann* an den amerikanische Präsidenten Carter appelliert, das kurz zuvor von einem Militärgericht in Fürth gegen einen amerikanischen Soldaten verhängte Todesurteil nicht vollstrecken zu lassen (Siehe FDK Nr. 611 v. 18.7.1981). Im Jahr 1982 bezeichnete der rheinland-pfälzische Justizminister und spätere Kanzleramtsstaatssekretär *Waldemar Schreckenberger* die Verhängung der Todesstrafe gegen US-Soldaten, obwohl auf deutschem Boden diese kraft Gesetzes abgeschafft war, als ein „Paradoxon unter NATO-Partnerstaaten". Wenn sich Todesurteile nunmehr „eklatant häuften", müsste „die Bundesregierung mit den Amerikanern über das Truppenstatut reden". (Siehe Spiegel v. 10.5.1982; Spiegel v. 17.7.1989).

112 Nach Art. 19 Abs. 3 eines Zusatzabkommens zum NATO-Truppenstatut (BGBl. 1961 II, S. 1183ff.) hatte die Bundesregierung für die Fälle konkurrierender Gerichtsbarkeit auf Ersuchen aller Entsenderstaaten auf ihr nach Art. VII Abs. 3 b) NTS zustehende Vorrecht der deutschen Strafgewalt allgemein vertraglich verzichtet – auch dann, wenn Bundesbürger durch ausländische Soldaten zu Schaden kamen. Die BRD hatte jedoch die Möglichkeit, sollte nach Ansicht der deutschen Behörden „wesentliche Belange der deutschen Rechtspflege die Ausübung der deutschen Gerichtsbarkeit erfordern" diesen Verzicht innerhalb einer Frist von 21 Tagen im Einzelfall zurückzunehmen. Ob die Voraussetzungen für die Rücknahme des Verzichts im Einzelfall vorlagen, hatten die Justizbehörden der Länder in eigener Zuständigkeit zu entscheiden. (Art. 3 Abs. 1, S. 1 des Gesetzes zum NATO-Truppenstatut und zu den Zusatzvereinbarungen, vgl. auch BT-Drs. Nr. 11/2521, BT-Drs. Nr. 11/2520) Von der Möglichkeit, das Verfahren an sich zu ziehen, hatten die deutschen Staatsanwaltschaften bisher jedoch wenig Gebrauch gemacht. Tatsächlich wurden sie nur in Fällen, in denen die deutschen Staatsanwälte eine zu sanfte Behandlung der US-Straftäter befürchteten, tätig. Ansonsten begnügten sie sich mit der Vorstellung, dass dem staatlichen Strafanspruch Genüge getan wird, wenn auch durch ein ausländisches Militärgericht. Teilweise schwärmten einige Juristen sogar von den „drakonischen Strafen, die in Deutschland nie drin gewesen" wären. Im Jahr 1989 nahmen die rheinland-pfälzischen Staatsanwaltschaften erstmals seit 20 Jahren in zwei Verfahren gegen US-Soldaten den allgemein erklärten Verzicht zurück, nachdem sich die US-Militärgerichtsbarkeit geweigert hatte, „eine eindeutig negative Erklärung zur Frage der Todesstrafe" abzugeben. Der Chefankläger wollte sich im Gegenteil die Entscheidung vorbehalten, „gegebenenfalls auf Verhängung der Todesstrafe" zu plädieren. Daneben spielte zudem eine Rolle, dass einer der beiden Soldaten nach bundesdeutschem Recht als Heranwachsender zu beurteilen war, nach US-Vorschriften aber als Erwachsener behandelt worden wäre. Siehe Sten Bericht des BT, 165. Sitzung v. 6.10.1989, S. 12 549ff.; Spiegel v. 10.5.1982; Sozialdemokratischer Pressedienst Nr. 151 v. 9.8.1989; Die SPD im deutschen Bundestag Nr. 1938 v. 23.8.1989; FR v. 16.8.1989 „Todesurteil gegen US-Soldaten in der Bundesrepublik verhindert"; *Calliess*, NJW 1988, 849ff.

113 *Calliess* sah in der Verhängung der Todesstrafe durch Militärgerichte auf deutschem Boden eine Einschränkung der bundesdeutschen Rechtssouveränität und eine Aushöhlung des Grundgesetzes und bezeichnete die Diskrepanz zwischen dem NTS von 1961

die jene Vorschrift des NATO-Truppenstatuts als verfassungswidrig einstuften und den Widerspruch zwischen Verfassung und Strafrechtswirklichkeit als untragbar empfanden.[114] Teilweise wurde bemängelt, dass in vielen Bereichen der BRD noch eine „Art Besatzungsrecht“ gelte.[115] Insbesondere Juristen und Oppositionspolitiker sahen dringenden Handlungsbedarf, die bestehenden Praktiken der Todesstrafe auf dem Hoheitsgebiet der BRD abzustellen, und drängten auf eine Überprüfung des nunmehr fast 30 Jahre alten NATO-Truppenstatuts und seiner Zusatzabkommen speziell im Verhältnis zum Bündnispartner USA.[116]

---

und dem Grundgesetz als verfassungswidrig. Das Verbot der Todesstrafe gelte nicht nur als Grundrecht für Deutsche. Vielmehr begründe die Regelung ein Grundrecht für Jedermann, d.h. auch für Angehörige ausländischer Streitkräfte. Zwar seien ausländische Staaten nicht an die deutsche Verfassung gebunden. Allerdings ergebe sich aus der Norm eine Schutzpflicht der Bundesrepublik, die die Duldung der Verhängung der Todesstrafe auf deutschem Territorium und den Abtransport zu ihrer Vollstreckung verbiete. Die Diskrepanz könne weder aus Besatzungsrecht noch mit dem völkerrechtlichen Prinzip der Gegenseitigkeit gerechtfertigt werden. Das NTS sei keine Fortführung des Besatzungsrechts, sondern beruhe auf einem Vertrag zwischen den NATO-Bündnispartnern, der 12 Jahre nach Erlangung der Souveränität der Bundesrepublik geschlossen wurde. Hierbei stehe es der BRD jedoch nicht zu, den Partnern ein Recht zu übertragen, dass ihr selbst gar nicht zustand. Jede andere Beurteilung führe ansonsten zwangsläufig zu der Feststellung, dass die vorgebliche Souveränität der Bundesrepublik nur eine Teilsouveränität wäre, als „Souveränität mit besatzungsrechtlichen Einsprengseln entlarvt“. Der Jurist forderte, dass die „Verfassungsorgane der Bundesrepublik Deutschland zur Verhängung der Todesstrafe keine Beihilfe mehr leisten dürfe und stellte einen „dringenden Handlungsbedarf“ fest. Im einzelnen siehe *Calliess*, NJW 1988, 849ff. Ähnlich äußerte sich der stellvertretende ASJ-Bundesvorsitzende im Sozialdemokratischen Pressedienst, Nr. 126 v. 6.7.1988. Kritisch hierzu *Christina Ballhausen*, Todesstrafe durch Alliierte – ein Verstoß gegen das Grundgesetz?, in: NJW 1988, 2656ff.; *Geck*, JuS 1965, 221ff.

114 Die SPD im deutschen Bundestag v. 22.3.1988; Die SPD im deutschen Bundestag v. 10.5.1988; Sozialdemokratischer Pressedienst Nr. 126 v. 6.7.1988.

115 Die Sonderrechte aus dem NTS seien faktisch die „Festschreibung von Besatzungsrecht“, so der stellvertretende Vorsitzende der Arbeitsgemeinschaft sozialdemokratischer Juristen *Heinz Menne*. Die Regelungen seien auf „oktroyiert“. Das die Bundesregierung keine Anstalten machte, um in Neuverhandlungen einzutreten, hielt er für „Feigheit vor dem Freund“. Motiv für das Zaudern des Kanzleramtes sei die Befürchtung, dass ihr der Wunsch nach Neuverhandlungen als Abrücken vom Bündnis ausgelegt werden könnte. (Siehe Vorwärts v. 5.11.1988) Das NTS habe u.a. den Zweck gehabt, das noch bestehende Besatzungsrecht abzulösen. Die volle Souveränität sei aber noch nicht erreicht, sodass die Regelungen über die Jurisdiktion Alliierter Strafgerichte mit den Einschränkungen des Art. 102 noch fortbestehendes Besatzungsrecht seien. (Siehe Sozialdemokratischer Pressedienst Nr. 126 v. 6.7.1988; Sten. Bericht des BT, 165. Sitzung v. 6.10.1989, S. 12 549ff.; Spiegel v. 17.7.1989).

116 Anlässlich der Verurteilung am 18.12.1987 des amerikanischen Sergeant James Murphy zum Tode, wegen Mordes an seiner deutschen Ehefrau und den gemeinsamen Söh-

Auf die oppositionelle Forderung, entsprechende Gespräche mit den NATO-Partnern zur Änderung dieser Praxis aufzunehmen, beteuerte die Bundesregierung zwar, sie suche nach Möglichkeiten, langfristig die Verhängung von Todesurteilen durch Militärgerichte der NATO-Partner auf deutschem Boden zu verhindern.[117] Dennoch lehnte sie zunächst die Bemühungen zur Änderung des NATO-Truppenstatuts selbst ab. Da das NATO-Truppenstatut nur durch Verhandlungen mit allen dreizehn Vertragspartnern geändert werden könne, bestehe zurzeit keine Möglichkeit für eine entsprechende Vertragsänderung, „was die Art der von fremden Militärgerichten zu verhängenden Strafen anbelangt".[118] Zweifelsfrei, so die Bundesregierung, verbiete Art. 102 des Grundgesetzes die Verhängung und Vollstreckung der Todesstrafe in Ausübung deutscher Strafgewalt. Dieses Verbot stehe aber einer Verhängung der Todesstrafe durch die Militärgerichtsbarkeit, die ein anderer Entsendestaat im Rahmen der Bestimmungen des NATO-Truppenstatuts über eine seinem Militärrecht unterworfen Person ausübe, nicht entgegen, da die Militärgerichte im Rahmen der Bestimmungen des NATO-Truppenstatuts originäre, eigene Strafgewalt ausübten.[119,120] Auch sah die Bundesregierung keine Notwendigkeit,

nen durch ein US-Militärgericht in Frankfurt, fragten die Fraktionen der *SPD* und *Die Grünen* im Rahmen kleiner Anfragen im Bundestag nach den Umständen der amerikanischen Militärverfahren und nach der Haltung der Bundesregierung zur gegenwärtigen Rechtslage. Siehe BT-Drs. Nr. 11/2021; BT-Drs. Nr. 11/1947; Sten. Bericht des BT, 165. Sitzung v. 6.10.1989, S. 12 549ff. Vgl. auch Spiegel v. 17.7.1989; *Calliess*, NJW 1988, 849ff.; dpa-Meldung Nr. 22 v. 6.11.1988; Die SPD im deutschen Bundestag Nr. 620 v. 22.3.1988 und 10.5.1988.

117 Speziell in den Fällen, in denen amerikanische Soldaten wegen schwerster Verbrechen, die sie in der BRD begangen haben, von amerikanischen Gerichten zum Tode verurteilt worden seien, habe sich die Bundesregierung stets mit Erfolg dafür eingesetzt, dass die Todesstrafe auch in den Vereinigten Staaten nicht vollstreckt wurde. Sie war und werde weiterhin bemüht sein, in den Fällen, in denen die Todesstrafe verhängt wurde und werde, durch Kontakte mit der amerikanischen Regierung sicherzustellen, dass ein Todesurteil nicht vollstreckt wird, falls es rechtskräftig werden sollte. Für bedeutsam hielt die Bundesregierung insbesondere die Tatsache, dass unter der Geltung des NTS kein Todesurteil eines Militärgerichts der USA oder eines anderen NATO-Staates in der BRD rechtskräftig, geschweige denn vollstreckt worden sei. Siehe BT-Drs. Nr. 11/2520; Sten. Bericht des BT, 165. Sitzung v. 6.10.1989, S. 12 549ff. Vgl. auch Welt v. 27.12.1988 „Todesurteil wird hier nicht vollstreckt werden".

118 Gerade im Rückblick auf das jahrzehntelang ausgeübte Verfahren und vor allem wegen der Respektierung der bundesrepublikanischen Rechtsverwirklichung durch Nichtvollstreckung von Todesurteilen seitens der US-Behörden sah man keine Notwendigkeit für Verhandlungen. Siehe BT-Drs. Nr. 11/2521; Sten. Bericht des BT, 165. Sitzung v. 6.10.1989, S. 12 549ff.

119 BMJ *Engelhard* verwies in diesem Zusammenhang auf eine Entscheidung des BVerfG, wonach es zum Charakter herkömmlicher Militärbündnisse gehöre, dass Streitkräfte anderer Bündnispartner auf dem Territorium eines Verbündeten Aufenthalts- und Einsatzrechte haben. Zudem, so der FDP-Abgeordnete *Laermann*, hatte das NTS ja bereits

ihren nach Art. 19 Abs. 1 des Zusatzabkommens gewährten Verzicht generell zurückzunehmen oder einzuschränken.[121] Wer, so die Staatsministerin im Auswärtigen Amt Frau Adam-Schwaetzer, eine Änderung des NATO-Truppenstatuts fordere, der müsse sich auch bewusst sein, dass im Falle der Veränderung auch deutsche Soldaten, die in einem anderen Land Dienst täten, der Rechts- und Gerichtsordnung des Bündnispartners unterlägen. Das dürfte nicht im Interesse des Parlaments liegen. Letztlich sei eine durchgreifende Änderung nur möglich, wenn die Todesstrafe weltweit abgeschafft werde.[122]

---

Rechtskraft bei den unterzeichnenden Nationen erlangt, als die BRD noch gar nicht Mitglied des Bündnisses war. Daher habe es außer Frage gestanden, dass die Bundesrepublik bei ihrem Eintritt in die NATO die bestehenden Regelungen übernahm. Siehe BT-Drs. Nr. 11/2520; Sten. Bericht des BT, 165. Sitzung v. 6.10.1989, S. 12 549ff. Vgl. auch Welt v. 27.12.1988; Recht Nr. 51 v. 20.9.1989; FAZ v. 21.9.1989 „Engelhard gegen Todesstrafe durch alliierte Militärgerichte".

120 So auch *Ballhausen*, NJW 1988, 2656ff. Im Gegensatz zu Calliess hielt *Ballhausen* die Rechtspraxis der staatlichen Organe der Bundesrepublik in Bezug auf die durch Militärgerichte der NATO-Staaten, die auf dem deutschem Staatsgebiet Truppen stationiert hatten, ausgesprochenen Todesurteile mit dem Grundgesetz für vereinbar. Dass diese Urteile im Staatsgebiet der BRD ausgesprochen wurden, sei nicht entscheidend. Entscheidend sei vielmehr, dass die BRD die NATO-Truppenangehörigen zulässigerweise der ausländischen Gerichtsbarkeit überantwortet habe. Diese Möglichkeit ergebe sich aus Art. 24 Abs. 1 GG: wenn der Bund Hoheitsrechte sogar auf zwischenstaatliche Einrichtungen übertragen dürfe, dann dürfe er erst recht in einfachen völkerrechtlichen Verträgen mit einzelnen Staaten auf deren Ausübung verzichten. Damit verliere die BRD nicht ihre „Rechtssouveränität". Die Angehörigkeit zur in der BRD stationierten Truppe eines NATO-Staates stelle ein bloßes Verfolgungshindernis für die deutsche Staatsgewalt dar. Auch die Duldung der Verhängung von Todesurteilen auf dem Staatsgebiet der BRD seitens der Staatsgewalt der BRD verstoße nicht gegen Art. 102, da sich aus dieser Vorschrift keine absolute Ächtung der Todesstrafe ableiten lasse. Dafür spreche, dass Art. 102 im Kontext zu Vorschriften stehe, diese sich allein auf die Rechtsprechung der deutschen Staatsgewalt beziehen, und nicht im Zusammenhang mit Art. 1 Abs. 1 Satz 2 geregelt wurden. Des weiteren habe der Gesetzgeber davon abgesehen ein Auslieferungshindernis für mit der Todesstrafe bedrohte Personen zu konstituieren. Dies zeige, dass anderen Rechtsordnungen insoweit nicht der Respekt versagt werden sollte, als diese die Todesstrafe als mögliche Reaktion auf Straftaten vorsahen. Sicher, so *Ballhausen*, bestehe ein politisches Bedürfnis die Todesstrafe auch im Hinblick auf das NTS weltweit zu ächten und abzuschaffen. Entsprechende Initiativen seien jedoch nicht vom Grundgesetz zwingend vorgeschrieben. Vgl. ebenso *Kunig*, a.a.O., Art. 102 Rn. 17; *Dreier*, a.a.O., Art. 102 Rn. 43f.; *Geck*, JuS 1965, 224ff.

121 Schließlich liege die Entscheidung über die Rücknahme des Verzichts nicht bei der Bundesregierung, sondern allein bei den Justizbehörden der Länder, die die Bundesregierung selbstverständlich in allen diesbezüglichen Bemühungen unterstützten. Siehe BT-Drs. Nr. 11/2520; Sten. Bericht des BT, 165. Sitzung v. 6.10.1989, S. 12 549ff. Vgl. auch Welt v. 27.12.1988.

122 Sten. Bericht des BT, 165. Sitzung v. 6.10.1989, S. 12 549ff.

Trotz dieser von der Bundesregierung vorgebrachten Argumente forderte das Parlament in seiner Sitzung vom 31. Oktober 1990, mit den NATO-Partnern über eine entsprechende Änderung des NATO-Truppenstatuts und seiner Zusatzvereinbarungen zu verhandeln.[123] Wenigstens jedoch sollte die Bundesregierung durch bilaterale Verhandlungen mit den USA sicherstellen, dass eine weitere Verhängung der Todesstrafe durch US-Militärgerichte in der BRD zukünftig ausgeschlossen werde.[124]

Am 18. März 1993 wurde schließlich in das NATO-Truppenstatut ein neuer Art. 18 A eingefügt,[125] demzufolge die Behörden eines Entsendestaates die zuständigen deutschen Behörden unverzüglich unterrichteten, falls sie Strafverfolgungsmaßnahmen in Ausübung ihrer Gerichtsbarkeit gem. Art. VII des NATO-Truppenstatuts durchführen wollten, die zur Verhängung der Todesstrafe führen könnten. Außerdem durften Todesstrafen weder in der Bundesrepublik vollstreckt, noch durften Strafverfolgungsmaßnahmen durchgeführt werden, die zur Verhängung einer solchen Strafe in der Bundesrepublik führen könnten. Mit diesem am 29. März 1998 in Kraft getretenen Änderungsabkommen, war ein möglicher Konflikt zwischen Verfassung und Völkerrecht weitgehend entschärft worden.[126,127]

123 Bereits am 29./30.5.1989 anlässlich eines Gipfeltreffens der Staats- und Regierungschefs hatte sich die Allianz für eine neue Struktur der Beziehungen zwischen den Staaten in West und Ost ausgesprochen, in der „ideologische und militärische Gegensätze durch Zusammenarbeit, Vertrauen und friedlichen Wettbewerb ersetzt werden und in der Menschenrechte und politische Freiheiten zum Wohle aller Menschen voll garantiert sind“. Siehe BT-Drs. Nr. 11/6553.

124 Der Beschluss war zurückzuführen auf einen Entschließungsantrag der Fraktion *Die Grünen*, welcher an den Rechtsausschuss und den Auswärtigen Ausschuss zur Beratung überwiesen wurde. Während der federführende Rechtsausschuss die Zielrichtung des Antrages, auf die Abschaffung der Todesstrafe hinzuwirken, einhellig begrüßte und einstimmig befürwortete, hatte der mitberatende Auswärtige Ausschuss dagegen zuvor empfohlen, den Antrag abzulehnen. Siehe BT-Drs. Nr. 11/3939; BT-Drs. 11/8090 v. 5.10.1990; Sten. Bericht des BT, 234. Sitzung v. 31.10.1990, S. 18 749ff.

125 Art. 7 des Abkommens zur Änderung des Zusatzabkommens vom 3.8.1959 in der durch das Abkommen vom 21.10.1971 und die Vereinbarung vom 18.5.1981 geänderten Fassung zu dem Abkommen zwischen den Parteien des Nordatlantikvertrages über die Rechtsstellung ihrer Truppen hinsichtlich der in der Bundesrepublik Deutschland stationierten ausländischen Truppen. Siehe BGBl. 1994 I, S. 2598. Vgl. auch *Dreier*, a.a.O., Art. 102 Rn 43f.; *Gusy*, a.a.O., Art. 102 Rn. 17; *Dieter Fleck*, Zur Neuordnung des Aufenthaltsrechts für ausländische Streitkräfte, in: ZaöRV 1996, 389ff.

126 Zustimmungsgesetz v. 28.9.1994 (BGBl. 1994, I S. 2594). Inkrafttreten am 29.3.1998 gemäß Bekanntmachung v. 30.6.1998 (BGBl. 1998 I, S. 1961). Vgl. auch *Dreier*, a.a.O., Art. 102, Rn. 44, *Kunig*, a.a.O., Art. 102 Rn. 17.

127 Trotz der bekannten Problematik, räumte die Bundesrepublik nach der Wiedervereinigung durch den deutsch-sowjetischen Truppenaufenthalts- und abzugsvertrag diesmal

## *D) Ausblick*

Zwar führten die außenpolitischen Bemühungen und Initiativen der Bundesrepublik bisher nicht zur weltweiten Ächtung der Todesstrafe. Dafür hat die Bundesrepublik aber nachhaltig in die völkerrechtliche Entwicklung eingegriffen und einen zwar langsamen, aber stetigen Wandel in Gang gesetzt. Aber auch wenn sich aufgrund der durch die Bundesrepublik wesentlich beeinflussten völkerrechtlichen Entwicklungen eine Tendenz zur Abschaffung der Todesstrafe, wenn auch nur auf parlamentarischer Ebene der völkerrechtlichen Gremien, abzeichnete, war man Ende der 80er Jahre von einer weltweiten Abschaffung der Todesstrafe noch weit entfernt. Zwar war eine mehrheitliche Bereitschaft zur Bekämpfung der Todesstrafe auf internationaler Ebene nicht zu leugnen. Dennoch hielt die Mehrheit der Nationen weiterhin die Todesstrafe in ihren nationalen Rechtsordnungen[128] aufrecht. Bis einschließlich 1989 hatten gerade einmal 35 von insgesamt 180 Staaten die Todesstrafe gänzlich ab-

---

den sowjetischen Militärgerichten das Recht zur Verhängung von Todesurteilen über Mitglieder der sowjetischen Truppen und ihren Familieangehörigen auf dem Gebiet der ehemaligen DDR ein, sofern sowjetische Interessen betroffen waren und es sich um schwerste Verbrechen handelte. (Art. 18 Abs. 2 des „Vertrages vom 12. Oktober 1990 zwischen der BRD und der Union der Sozialistischen Sowjetrepubliken über die Bedingungen des befristeten Aufenthalts und die Modalitäten des planmäßigen Abzugs der sowjetischen Truppen aus dem Gebiet der Bundesrepublik Deutschland", BGBl. 1991 II, S. 256ff.) Art. 18 Abs. 5 des Vertrages sah ausdrücklich vor, dass die Todesstrafe im Aufenthaltsgebiet, d.h. der Bundesrepublik nicht vollstreckt werden durfte. Infolge dessen verlangte Rheinland-Pfalz im Bundesrat eine Neuverhandlung des Vertrages. Im Oktober 1990 beschloss der Bundesrat einmütig eine Entschließung, in der die Bundesregierung aufgefordert wurde, sich dafür einzusetzen, dass keine sowjetischen Todesurteile mehr auf deutschem Boden verhängt werden. Zuvor hatte bereits der rheinland-pfälzische Justizminister *Caesar* (FDP) während der Vertragsverhandlungen vergeblich gegen die Regelung protestiert. Es sei ihm „völlig unverständlich", so *Caesar*, wieso die Bundesregierung, der „diese Problematik bekannt gewesen" sei, entsprechende Regelungen in den Vertrag mit Moskau aufgenommen habe. BMJ *Engelhard* rechtfertigte das Handeln der Bundesregierung damit, dass Moskau auf der Regelung „bestanden" und Bonn, nach „zähen Verhandlungen" schließlich zugestimmt habe. Die Bundesregierung hoffe, dass sich die Zahl der Todesurteile bis zum völligen Abzug der sowjetischen Truppen auf ein Minimum beschränke. Mit dem Ende des Aufenthaltes sowjetischer Truppen auf deutschem Boden wurde auch die Regelung des Art. 18 im Jahr 1995 gegenstandslos. Siehe Tageszeitung v. 25.10.1990 „Rote Armee darf in der BRD zum Tode verurteilen"; ddp-Meldung v. 16.10.1990 „Caesar fordert Verbot der Todesstrafe in früherer DDR"; Pressedienst der Landesregierung Rheinland-Pfalz v. 16.10.1990 „Keine Todesstrafe auf deutschem Boden"; dpa-Meldung Nr. 737 v. 26.10.1990 „Länder gegen sowjetische Todesurteile auf deutschem Boden". Vgl. auch *Dreier*, a.a.O., Art. 102 Rn. 42.

128 FR v. 28.6.1980 „Die Einsicht in die Unantastbarkeit menschlichen Lebens".

geschafft.[129] Allerdings verdreifachte sich der jährliche Durchschnitt von Ländern, die die Todesstrafe abschafften ab 1989, von ungefähr einem pro Jahr in den Jahren 1965 bis 1988, auf drei pro Jahr in den Jahren 1989 bis 2001.[130] Dieser stetige Abschaffungsprozess wurde nicht zuletzt aufgrund der Entscheidung des Europarates und der Europäischen Union, die Abschaffung der Todesstrafe als Bedingung für die Mitgliedschaft zu machen, beschleunigt. Ebenso wie in der Bundesrepublik wurde die Abschaffung der Todesstrafe zum Prüfstein für die Umsetzung internationaler Menschenrechte. Der Wunsch, als Teil der europäischen politischen Gemeinschaft akzeptiert zu werden, hatte entscheidenden Einfluss gerade auf die Entscheidung vieler Länder des ehemaligen Ostblocks. Aber auch in zahlreichen afrikanischen Ländern, allen voran Südafrika unter dem Einfluss Nelson Mandelas, war eine Abwendung von der Todesstrafe in den 90er Jahren zu verzeichnen. Dagegen hielten die islamischen und asiatischen Staaten unverändert an der höchsten Strafe, als Bestandteil ihrer auf Religion basierenden Rechtskultur, fest.[131]

Trotz dieses erfreulichen Trends zur Abschaffung der Todesstrafe bleibt sie für den überwiegenden Anteil der Weltbevölkerung grausame Realität. In rund 60 Staaten der Erde, unter denen sich die bevölkerungsreichsten befinden, gehört die Todesstrafe nach wie vor zum staatlichen Sanktionssystem, d.h. zwei Drittel der Weltbevölkerung leben immer noch in Staaten, die Hinrichtungen durchführen. Die meisten Urteile werden in wenigen Ländern vollstreckt: in China, Pakistan und Saudi-Arabien, im Iran und in den USA[132]. Allein diese fünf Staaten waren, laut Amnesty International, 2007 für fast 90 Prozent der bekannt gewordenen 1.252 Hinrichtungen verantwortlich. Die Dunkelziffer der Todesurteile, davon gehen Experten aus, liegt weitaus höher:

---

129 Siehe *Roger Hood*, Die Todesstrafe: Globale Perspektive. Nach Hoods Erkenntnissen, hatten die Todesstrafe 35 Länder (19%) vollständig abgeschafft, 18 Länder (10%) für normale Straftaten abgeschafft, 26 Länder (14%) de facto nicht mehr vollzogen und 101 Länder (56%) beibehalten.

130 Ebd. Im Jahr 1999 hatten die Todesstrafe bereits 74 Länder (38%) vollständig abgeschafft, 11 Länder (6%) für normale Straftaten abgeschafft, 38 Länder (20%) de facto nicht mehr vollzogen und 71 Länder (37%) beibehalten. Im August 2001 hatten die Todesstrafe 76 Länder (39%) vollständig abgeschafft, 12 Länder (6%) für normale Straftaten abgeschafft, 34 Länder (17%) de facto nicht mehr vollzogen und 72 Länder (37%) beibehalten.

131 Ebd.

132 Gerade die Position der USA zur Todesstrafe, auch wenn nicht alle Bundesstaaten die Todesstrafe als höchste Strafform vorsehen, schwächt die weltweiten Bemühungen zur weltweiten Ächtung der Todesstrafe. Obwohl sich die USA selbst als Modell der liberalen Demokratie und als Hüterin der Menschenrechte betrachtet, lehnt sie in der Diskussion um die Todesstrafe Menschenrechtsargumente ab. Siehe Hood, a.a.O.

allein für China schätzen sie für das Jahr 2007 ca. 6.000 Exekutionen. Über 20.000 Menschen warten derzeit weltweit auf den richterlich verfügten Tod. Völlig unterschiedlich sind die Straftaten, für die Todesstrafen verhängt werden können. Sie reichen von Mord, Raub, Kindesentführung, Drogenhandel bis hin zu Ehebruch, Homosexualität, Bestechlichkeit und Prostitution. Nicht selten ergehen immer noch Todesurteile nach unfairen Gerichtsverfahren oder basieren auf fragwürdigen Beweisen, beispielsweise auf unter Folter erzwungenen Geständnissen.[133]

133 Siehe Homepage v. Amnesty International Deutschland.

# 12. Kapitel: Schlussbetrachtung

Die Abschaffung der Todesstrafe ist, wie das Bundesverfassungsgericht bereits 1964 ausgeführt hat,

> „eine Entscheidung von großem staatspolitischen und rechtspolitischen Gewicht. Sie enthält ein Bekenntnis zum grundsätzlichen Wert des Menschenlebens und zu einer Staatsauffassung, die sich in betonten Gegensatz zu den Anschauungen eines politischen Regimes stellt, dem das einzelne Leben wenig bedeutete und das deshalb mit dem angemaßten Recht über Leben und Tod des Bürgers schrankenlosen Missbrauch trieb. Diese Entscheidung ist aus der besonderen historischen Situation heraus zu verstehen, in der sie getroffen wurde."[1]

Unbestreitbar waren für einen nicht unerheblichen Teil der Abgeordneten des Parlamentarischen Rates die Erfahrungen unter dem nationalsozialistischen Unrechtsregime so prägend, dass sie die allgemeine Stimmung gegen die Wiederanwendung der Todesstrafe durch den neuen deutschen Staat begünstigten. Eine Rolle spielte hierbei gewiss auch die Zusammensetzung des Parlamentarischen Rates – immerhin bestand er zu Zwei-Drittel aus Akademikern und Beamten, denen es vielleicht möglich war, eine Entscheidung aus einer gewissen emotionalen Distanz heraus zu treffen. Und sicher erkannten einige Abolitionisten die einmalige Chance, die sich Ihnen durch den Neuanfang des westdeutschen Staates bot, dem mittlerweile 100-jährigen Kampf um die Abschaffung der Todesstrafe zumindest vorerst ein Ende zu bereiten.[2] Dies allein erklärt aber noch nicht das überraschende Einvernehmen aller Parteien – von der abolitionistischen Linken bis zur die Todesstrafe traditionell befürwortenden Rechten – in der Frage der Abschaffung der Todesstrafe. Tatsächlich basiert die Ächtung der höchsten Strafe gleichzeitig auch auf dem Mitgefühl, das etliche Abgeordnete für jene NS-Täter hegten, die von alliierten Militärgerichten zum Tode verurteilt worden waren.[3] Neben der Deutschen Partei, die ganz offen um die Gunst ehemaliger Nationalsozialisten als Wähler und Mitglieder warb, war auch für zahlreiche Unions-Abgeordnete die Kriegsverbrecherfrage – obgleich nicht ganz so offensiv – maßgeblich für ihr Votum gegen die Todesstrafe. Die rechten Politiker hofften, mit der verfassungsrechtlichen

---

1 BVerfGE 18, 112ff.

2 Näheres siehe Erster Teil, 2. Kapitel.

3 So *Evans*, a.a.O., S. 936ff.; *Frei*, a.a.O., S. 170ff.; FR v. 25.6.2001 „Vom blutigen Schauspiel zum diskreten Verwaltungsakt" v. *Horst Meier*.

Abschaffung der Todesstrafe ein starkes moralisches Argument im Kampf um die Bewahrung deutscher Kriegsgefangener vor alliierten Todesurteilen zu begründen.[4] Wäre es, erklärt Evans, nur um die Frage der gemeinen Tötungsdelikte gegangen, wäre die Entscheidung wohl anders ausgefallen.[5] Drei Jahre nach Abschaffung der Todesstrafe bestätigte dies der CDU-Abgeordnete Weber:

> „Wir hatten damals, als das Grundgesetz beschlossen wurde [...] die schlimmen Erfahrungen der Nazizeit bis 1945 und – auch das muss in diesem Zusammenhang gesagt werden – die schlimmen Erfahrungen nach 1945 vor Augen."[6]

In diesem Sinne protestierte die deutsche Bundesregierung sofort nach Inkrafttreten des Bonner Grundgesetzes bei der Alliierten Hohen Kommission gegen die Vollziehung der Todesstrafe bei deutschen Kriegsverbrechern.[7] Unter Berufung der verfassungsrechtlichen Abschaffung der Todesstrafe in Deutschland wurde gefordert, auf deutschem Boden keine Todesurteile mehr von Amts wegen zu vollstrecken. Teilweise gingen die deutschen Vertreter sogar so weit, die alliierte Strafgerichtsbarkeit offen in Frage zu stellen.[8] Angesichts dessen überrascht es auch nicht, dass selbst als beispielsweise der Eichmann-Prozess oder die Ausschwitz-Prozesse das ganze Ausmaß der nationalsozialistischen Taten offenbarten, niemand die Todesstrafe für überführte Verbrecher des nationalsozialistischen Regimes forderte, obwohl die Todesstrafe auch zu dieser Zeit durchaus noch populär war.

Auch die KPD-Abgeordneten verfolgten mit ihrer Unterstützung für den Abschaffungsartikel nicht nur humanitäre Beweggründe, auch wenn ihre Motive andere waren als bei den rechten Politikern. Die Kommunisten befürchteten vielmehr, dass aufgrund des sich immer mehr zuspitzenden Ost-West-Konflikts die Todesstrafe eines Tages gegen sie selbst angewandt werden könnte[9] – war sie doch bereits in der Vergangenheit als Mittel zur Verteidigung des Staates gegen politische Feinde eingesetzt worden. Diese Befürchtung war berechtigt, veränderte sich doch im Zeichen des Korea-Krieges innerhalb kürzester Zeit die politische Stimmung in Deutschland: Es galt nicht mehr in erster Linie den Nationalsozialismus einzudämmen. Vielmehr verla-

---

4 Siehe *Frei*, a.a.O., S. 170; *Evans*, a.a.O., S. 936ff. Einzelheiten siehe oben Erster Teil, 2. Kapitel.

5 Siehe *Evans*, a.a.O., S. 936.

6 Sten. Bericht des BT, 232. Sitzung v. 2.10.1952, S. 10 617. Siehe auch oben Zweiter Teil, 1. Kapitel, D).

7 Siehe oben Zweiter Teil, 1. Kapitel, B).

8 Siehe oben Zweiter Teil, 1. Kapitel, B).

9 Siehe oben Erster Teil, 2. Kapitel.

gerten sich die staatlichen Bemühungen auf die Bekämpfung „der als akut empfundenen kommunistischen Bedrohung“.[10] Bereits zwei Jahre nach Inkrafttreten des Art. 102 tauchte in der Diskussion um die Todesstrafe erneut die Forderung ihrer Wiedereinführung auch für politische Delikte auf. Die Forderungen einiger Politiker nach der Todesstrafe im Zusammenhang mit den Halacz-Attentaten beweisen, wie geneigt deutsche Politiker waren, die Todesstrafe nicht nur für Kapitalverbrechen, sondern auch für politische Taten in Betracht zu ziehen.[11] Seitdem ist die Forderung nach Wiedereinführung der höchsten Strafe auch für politische Taten fester Bestandteil aller Todesstrafendiskussionen, gerade auch im Zusammenhang mit dem Notstandsrecht und der Wehrfrage. Letztlich dürfte aber auch die Tatsache, dass das Grundgesetz nur als Provisorium bis zur damals schon bald erwarteten Wiedervereinigung mit dem östlichen Teil der Republik gedacht war, einzelnen Abgeordneten die Entscheidung zugunsten des Art. 102 erleichtert haben. Denn dadurch bot sich ihnen die Chance durch das Provisorium „Grundgesetz“ die Todesstrafe abzuschaffen und deutsche Kriegsverbrecher zu schützen; beseelt von der Aussicht bei der Wiedervereinigung eine neue einheitliche Verfassung zu erlassen, die ein verfassungsrechtliches Verbot der Todesstrafe nicht enthalten würde. Unter diesem Aspekt war mit der verfassungsrechtlichen Verankerung des Verbots keine Gefahr der Dauerhaftigkeit verbunden. Niemand konnte damals voraussehen, dass mit dem Grundgesetz ein dauerhaftes Verfassungswerk geschaffen wurde, das selbst nach der – in den 50er Jahren angestrebten und erst 40 Jahre später realisierten – Wiedervereinigung Bestand hatte.

Ungeachtet dessen, ist Müller-Meiningen jr. (früher maßvoller Befürworter und späterer Gegner der Todesstrafe) zu folgen, dass es nicht auf die konkreten Motive der Grundgesetz-Väter ankommt, sondern allein auf die Norm, ihren Sinn und Zweck.[12] So war die Abschaffung der Todesstrafe in erster Linie ein symbolischer Akt. Im Laufe der Zeit aber entwickelte sich das Verfassungsverbot zu einer festen Säule der Demokratie. Die politischen Vertreter der Bundesrepublik maßen der Regelung immer mehr Bedeutung zu, verwoben sie immer stärker mit den Grundrechtsgewährleistungen aus Art. 2 Abs. 2 Satz 1 (Recht auf Leben und körperliche Unversehrtheit) und aus Art. 1 Abs. 1 (Schutz der Menschenwürde). Heute nimmt die h.M. an, dass es sich bei Art. 102 um eine objektiv-rechtliche Regelung handelt, die eine Schranke für die gemäß Art. 2 Abs. 2 Satz 3 mögliche Beschränkung des Rechts auf Leben

10 Siehe *Frei*, a.a.O., S. 323.

11 Siehe oben Zweiter Teil, 1. Kapitel.

12 *Müller-Meiningen jr.*, Soll die Todesstrafe in der Bundesrepublik Deutschland wiederkehren?.

bilde.[13] Teilweise wird das Verbot der Todesstrafe aber nicht nur als eine Konkretisierung der Grundrechtsgewährleistungen des Art. 2 Abs. 2 Satz 1 und Art. 1 Abs. 1, sondern als mit diesen von vornherein identisch bzw. als unmittelbarer Bestandteil der Gewährleistung des Art. 1 Abs. 1 verstanden.[14] Jedenfalls aber wurde die Todesstrafe unter dem Gesichtspunkt der Menschenrechte und im Lichte neuerer Erkenntnisse der Kriminologie zur Verbrechensbekämpfung bzw. -vorbeugung immer mehr in Frage gestellt.[15] Spätestens durch die wesentlichen Strafrechtsänderungen, mit den Strafzwecken Besserung sowie Resozialisierung des Täters, war die Todesstrafe immer weniger mit dem modernen Strafrecht vereinbar.

Dennoch wurden in den vergangenen 60 Jahren zahlreiche Versuche unternommen, das Verfassungsverbot des Art. 102 zu beseitigen und die Todesstrafe in der Bundesrepublik wiedereinzuführen. Dabei war die Regelung allerdings nie ernsthaft in Gefahr. Dies lag zum einen in der für die Änderung des Art. 102 erforderlichen verfassungsändernden Mehrheit. Es hat sich gezeigt, dass durch die Verankerung des Verbots in der Verfassung ein status quo geschaffen wurde, der – ungeachtet der verfassungsrechtlichen Frage, ob der Art. 102 überhaupt aufhebbar ist[16] – in normalen Zeiten faktisch so gut wie

13 BVerfGE 18, 112ff.; *Azzola*, a.a.O., Art. 102 Rn. 51; *Degenhart*, a.a.O., Art. 102 Rn. 3; *Hans Jarass/Bodo Pieroth*, Grundgesetz für die Bundesrepublik Deutschland, Art. 102 Rn. 1; *Klaus Stern*, Das Staatsrecht der Bundesrepublik Deutschland, Bd. I, S. 372f.; *Christoph Enders*, Die Menschenwürde in der Verfassungsordnung, S. 461; *Stein/Götz*, a.a.O., § 53 VII; *Kunig*, a.a.O., Art. 102 Rn. 3; *Cremer*, a.a.O., S. 376; *Friedrich Ebel/Philip Kunig*, Die Abschaffung der Todesstrafe, in: JURA 1998, 617ff.; *Geck*, a.a.O., Art. 102; *Peter Tettinger*, Aufhebung des Art. 102 Grundgesetz?, in: JZ 1978, 128ff.

14 *Scholz*, a.a.O., Art. 102 Rn. 5; *Wolfgang Heyde*, Rechtsprechungshandbuch Verfassungsrecht, § 33 Rn. 71; *Rolf Peter Calliess*, Die Todesstrafe in der Bundesrepublik Deutschland, in: NJW 1988, 849ff.; *Schüßler*, NJW 1965, 1896ff.; *Walter Sax* in: *Bettermann/Nipperdey/Scheuner*, Die Grundrechte, Bd. III/2, S. 963; *Andreas Hamann/Helmut Lenz*, GG, Art. 102.

15 Siehe *Hartig*, EuGRZ 1980, 340ff.

16 Die Wiedereinführung der Todesstrafe wird überwiegend als unzulässig angesehen (*Kunig*, a.a.O., Art. 102 Rn. 16; *Degenhart*, a.a.O., Art. 102 Rn. 7; *Azzola*, a.a.O., Art. 102 Rn. 48; *Calliess*, NJW 1988; 849ff.; *Adalbert Podlech* in: *Denninger/Hoffmann-Riem/Schneider/Stein*, AK GG, Art. 2 Rn. 58, Art. 1 Rn. 43). Vereinzelt wird vertreten, der Art. 102 sei unter engen Voraussetzungen aufhebbar (*Scholz*, a.a.O., Art. 102 Rn. 32). Ebenfalls wird die Wiedereinführung der Todesstrafe teilweise als zulässig erachtet (*Geck*, a.a.O., Art. 102 und JuS 1965, 221; *Tettinger*, JZ 1978, 128ff.). Ausführlich zu dieser Frage siehe *Flemming*, a.a.O. *Flemming* kommt zu dem Ergebnis, dass eine Aufhebung bzw. Änderung des Art. 102 grundsätzlich zulässig wäre, da dieser weder selbst noch über seinen Menschenwürdegehalt den Schutz der Ewigkeitsgarantie des Art. 79 Abs. 3 genießt. Eine einfachgesetzliche Wiedereinführung der Todesstrafe schließt sie jedoch wegen einer Verletzung des Art. 2 Abs. 2 Satz 1 aus, da sie

unmöglich zu beseitigen ist. Wie die Aussprachen im Bundestag belegen, standen selbst die Fraktionen der Antragssteller selten einheitlich hinter den eigenen Wiedereinführungsbegehren. In jedem politischen Lager – mit Ausnahme der SPD und der KPD – fanden sich, je nach persönlicher Meinung, sowohl Befürworter als auch Gegner der Todesstrafe. Nur ein einschneidendes, viele Menschen in der Bundesrepublik traumatisierendes Ereignis – ähnlich wie die Erlebnisse unter dem nationalsozialistischen Regime – könnte die unterschiedlichen Auffassungen innerhalb des Parlaments bündeln, um so die notwendige Zwei-Drittel-Mehrheit doch noch zu erreichen. Aber selbst die Terrorzeiten der 70er Jahre konnten dies nicht bewirken.

Diese „formale" Hürde war allerdings nicht der einzige Grund, warum die Wiedereinführungsbegehren immer wieder scheiterten. Denn diesmal schien, anders als bisher, die Geschichte für die Gegner der höchsten Strafe zu arbeiten. Während zu Beginn der von Beccaria aufgeworfene Abschaffungsgedanke zwar immer mehr Anhänger gewann, die Befürworter der Todesstrafe sich aber aufgrund geschichtlicher Ereignisse letztlich immer wieder durchsetzen konnten, scheint es seit Inkrafttreten des Art. 102 genau umgekehrt. Stets waren staatspolitische Erwägungen, wie beispielsweise die Wiedererlangung staatlicher Souveränität, die Aussicht auf die baldige Wiedervereinigung mit dem ostdeutschen Teil der Republik oder die Aufnahme in die NATO, wichtiger als prinzipielle Strafrechtsgesichtspunkte. Auch der lange Prozess der Großen Strafrechtsreform begünstigte das Bestehenbleiben des Art. 102. Regelmäßig verschoben die Abgeordneten eine ausführliche Behandlung des Problems auf einen späteren Zeitpunkt, um die Frage thematisch im Zusammenhang mit der geplanten Strafrechtsreform ausführlich diskutieren und endgültig entscheiden zu können. Als die Große Strafrechtskommission endlich tagte, hatten die Abgeordneten die Abschaffung der Todesstrafe – zumindest in Friedenszeiten – schon weitgehend akzeptiert. Es hatte sich die Erkenntnis durchgesetzt, dass es der Funktionsfähigkeit der Bundesrepublik nicht förderlich war, wenn die Verfassung systematisch geändert werden würde. Zudem hatte die Bundesrepublik erst kurze Zeit zuvor ihre volle Souveränität wiedererlangt und gerade erst war die Entscheidung für eine selbstständige Wiederbewaffnung der BRD und ihren Eintritt in die NATO gefallen.[17] Eine Wiedereinführung der höchsten Strafe hätte womöglich die Erinnerungen der

vor dem Hintergrund der gegenwärtigen nationalen moralisch-ethischen Vorstellungen bzw. des gegenwärtigen Standes der Wissenschaft mangels Angemessenheit nicht als verfassungsmäßige Schranke i.S.d. Art 2 Abs. 2 Satz 3 in Betracht komme. Eine Wiedereinführung der Todesstrafe durch den Gesetzgeber sei somit nicht verfassungsgemäß. (S. 107f.).

17 Siehe oben Zweiter Teil, 2., 3. und 4. Kapitel.

Alliierten an das nationalsozialistische Regime, dem die Todesstrafe als Machtmittel gedient hatte, hervorgerufen, und die jüngsten Errungenschaften der noch relativ jungen Demokratie wieder aufs Spiel gesetzt. Letztlich trugen auch die verschiedenen Antragssteller selbst nicht gerade zum Erfolg ihrer Begehren bei. Selten verfolgten sie mit ihren Begehren ein besonderes persönliches Anliegen, noch seltener ging es um die rein strafrechtliche bzw. verfassungsrechtliche Frage der Todesstrafe als solche. Zu oft wurde die Diskussion um die Todesstrafe offensichtlich zu parteitaktischen Gründen missbraucht. Schon der erste Ansturm auf den Art. 102 war, zumindest in den Augen der Bundestagsabgeordneten, geprägt von der Absicht, das Grundgesetz im Ganzen auf den Prüfstand zu setzen. Auch in den darauffolgenden Jahren verfolgten die Antragssteller der verschiedenen Wiedereinführungsbegehren wohl nicht allein die strafrechtliche Behandlung des Problems. Vielmehr versuchten die meist rechten Politiker mit ihren Begehren, die regelmäßig im unmittelbaren Zusammenhang mit Landtags- oder Bundestagswahlen auftauchten, lediglich, sich die öffentliche Stimmung zu Nutze zu machen. Schließlich erreichten die einzelnen Abgeordneten, Fraktionen und Parteien nach jedem neuen aufsehenerregenden Gewaltverbrechen Briefe und Eingaben, in denen stets die „Unschädlichmachung der verbrecherischen Unmenschen" gefordert wurde.[18] Das erkannten auch die Gegner der Todesstrafe und verzichteten in vielen Debatten wohlweislich darauf, mit einzelnen Argumenten gegen die Wiedereinführungsbegehren vorzugehen. Stattdessen beschränkten sie sich in vielen Fällen darauf, die Unantastbarkeit des Grundgesetzes als Basis eines demokratischen Rechtsstaates zu betonen. Denn in diesem Punkt konnten sie sich – anders als in der Frage der strafrechtlichen Anwendbarkeit der Todesstrafe – angesichts der fundamentalen Bedeutung des Grundgesetzes eines starken Rückhaltes in allen Parteien sicher sein. Insbesondere bei offenkundigen Propagandaaktionen wie die des Abgeordneten Kühn mit Unterstützung Adenauers, oder des CSU-Abgeordneten Stücklen gingen die Mitglieder des Parlaments einfach zur Tagesordnung über.[19] Spätestens in den 80er Jahren hatte die Bundesrepublik nach ihrem innenpolitischen Tauziehen um die Wiedereinführung der Todesstrafe zu einer gemeinsamen Linie gefunden. Statt weiter – ohne Aussicht auf Änderung – über die Todesstrafe zu diskutieren, war sich die Mehrheit der Politiker seitdem einig, außenpolitisch gegen Todesurteile vorzugehen und für eine weltweite Ächtung der höchsten Strafe zu kämpfen.

---

18 Siehe Akten des Bundesjustizministeriums zum Thema Todesstrafe.

19 Siehe oben Dritter Teil, 2. Kapitel.

Eine innenpolitische Diskussion um die Wiedereinführung der Todesstrafe in Deutschland fand nicht mehr statt.[20]

Seit nunmehr 60 Jahren bestimmt die Verfassung der Bundesrepublik Deutschland die Abschaffung der Todesstrafe. Dennoch war der Streit der Meinungen für oder gegen die Todesstrafe mit Inkrafttreten des Grundgesetzes nicht beendet. Aus dem Glauben, die Gewaltkriminalität in Deutschland steige ins Unermessliche und dem Gefühl, bei der Entscheidung um die Frage der Todesstrafe übergangen worden zu sein, forderte die Öffentlichkeit nach jedem brutalen Raubüberfall, Sexualdelikt (speziell an Kindern) oder Taxifahrermord die Wiederanwendung der höchsten Strafe. Ohne Frage hatte der Parlamentarische Rat mit der Abschaffung der Todesstrafe eine zunächst in der Bevölkerung unbeliebte Entscheidung getroffen – dessen waren sich die Volksvertreter auch bewusst. Aber der Gesetzgeber ist eben nicht an die volkstümliche Meinung gebunden. Zwar steht in Art. 20 Abs. 2 geschrieben, dass „alle Staatsgewalt vom Volke aus“ geht. Dieser Grundsatz wird jedoch in der Bundesrepublik Deutschland durch eine repräsentative Demokratie verwirklicht, d.h. sie wird vom Volk in Wahlen und Abstimmungen und durch besondere Organe des Gesetzgebers, der vollziehenden Gewalt und der Rechtsprechung ausgeübt. Nach Art. 38 sind die Abgeordneten zwar Vertreter des Volkes, sind aber an dessen Aufträge und Weisungen nicht gebunden, sondern nur ihrem Gewissen unterworfen. Die Grundgesetz-Väter haben im bewussten Gegensatz zu der in Sachen Volksbefragung und Volksentscheid großzügigen Weimarer Verfassung eine direkte Beeinflussung durch die Bevölkerung auf Bundesebene bedeutend eingeschränkt, und eine solche ausschließlich für die Frage der Neugliederung des Bundesgebietes gebilligt.[21] Dennoch beriefen sich Politiker, insbesondere solche des rechten Flügels, in ihrer Begründung für die Wiedereinführung der Todesstrafe immer wieder auf die Volksstimmung, belegten doch demoskopische Untersuchungen seit 1948 regelmäßig eine starke Mehrheit der Bevölkerung zugunsten der Todesstrafe. Derartige demoskopische Ergebnisse sind jedoch mit Vorsicht zu genießen, da diese allein schon durch die Art der Fragestellung im höchsten Maße anfällig sind für suggestive Ak-

20 Siehe oben Dritter Teil, 4. Kapitel.

21 Siehe *Müller-Meiningen jr.*, Soll die Todesstrafe in der Bundesrepublik Deutschland wiederkehren?, Todesstrafe und öffentliche Meinung. Die starke Einschränkung von Volksbefragungen wurde vom Bundesverfassungsgericht in seinem Urteil über die Frage der Zulässigkeit von Volksbefragungen im Zusammenhang mit der Atombewaffnung bestätigt. (Siehe BVerfGE 8, 104ff.) Dagegen sind Volksbegehren auf Landesebene durchaus möglich. Vgl. auch *Herman K. Heußner/Ottmar Jung*, Mehr Demokratie wagen.

zente.[22] Rudolf Dix bezweifelte schon 1951, dass die Meinung der Öffentlichkeit zweifelsfrei festgestellt werden könne. Insbesondere Statistiken seien eine trügerische Erkenntnisquelle, da deren Ergebnisse oft schon durch die Fragestellung gefälscht werden könnten. Abgesehen davon sei die Statistik, so Dix weiter, oft „eine feile Dirne des jeweiligen Regimes oder der jeweiligen Regierung".[23] Allgemein betrachtet unterliegen demoskopische Umfragen tatsächlich beträchtlichen Schwankungen, da der Kreis der Befragten rein zufällig gewählt ist und damit keinen zuverlässigen Querschnitt für die Ansichten der Bevölkerung gewährleistet. Die unter Umständen vielschichtigen Sachverhalte werden bei demoskopischen Umfragen meist auf eine einzige, dem Problem nicht gerecht werdende Frage reduziert, sodass eine umfassende Stellungnahme des Einzelnen gar nicht möglich ist.[24] Zudem wird der befragte Personenkreis oftmals klein gewählt, umso die Auswertungsarbeiten so gering wie möglich zu halten.[25] Hinzu kommen Schwankungen aus den jeweiligen Zeitumständen. Die demoskopischen Umfragen können nur eine Momentaufnahme der subjektiven-emotionalen Stimmungen wiedergeben,[26] immer abhängig von aktuellen Tagesereignissen und persönlichen Einstellungen eines begrenzten Teils der Bevölkerung mit unterschiedlichem Wissensstand. Schon Untersuchungen zur gleichen Zeit und zum selben Thema, aber von unterschiedlichen demoskopischen Instituten führen zum Teil zu großen Unterschieden. Von „der öffentlichen Meinung" kann somit nicht gesprochen werden. Ohnehin repräsentiert die öffentliche Meinung keineswegs einen Mechanismus, an dessen Ende ein vernunftgeleitetes Ergebnis steht.[27] Gerade die immer wieder nach moralisch besonders verwerflichen Verbrechen erhobene Forderung nach der Todesstrafe entspricht, wie die öffentlichen Diskussionen der Vergangenheit beweisen, eben nicht vernunftgemäßen Überlegungen, sondern allein spontanen emotionalen Reaktionen. Wie selbstverständlich vertraute die Mehrheit der Öffentlichkeit darauf, dass die Todesstrafe als

22 Siehe *Müller-Meiningen jr.*, Soll die Todesstrafe in der Bundesrepublik Deutschland wiederkehren?, Todesstrafe und öffentliche Meinung. Vgl. auch *Dix*, FrNPr v. 8.9.1951; *Jan-Wolfgang Berlit*, Todesstrafe im Namen des Volkes?.

23 *Dix*, FrNPr v. 8.9.1951.

24 Naturgemäß macht es einen Unterschied, zwischen der Frage „Sind Sie für oder gegen die Todesstrafe?" oder „Sind Sie für die Todesstrafe, wenn jemand Menschen entführt und dann ermordet, oder sind sie in jedem Fall gegen die Todesstrafe?" bzw. „Sind Sie für die Todesstrafe, wenn jemand einen Sexualmord an einem Kind begeht oder sind sie in jedem Fall gegen die Todesstrafe?".

25 Siehe *Anja Kruke*, Demoskopie in der Bundesrepublik Deutschland.

26 Siehe *Müller-Meiningen jr.*, Soll die Todesstrafe in der Bundesrepublik Deutschland wiederkehren?; Todesstrafe und öffentliche Meinung.

27 Siehe *Daniel Delhaes*, Politik und Medien.

schwerste Strafe von allen die der Staat aussprechen kann, auch gleichzeitig die effektivste im Kampf gegen die Schwerstkriminalität ist. Dabei wurde unterstellt, dass die Todesstrafe – im Gegensatz zur lebenslänglichen Freiheitsstrafe – eine nicht zu übertreffende Abschreckungswirkung leiste, da schließlich die Kriminalität zu früheren Zeiten, als die Todesstrafe noch Teil des deutschen Strafensystems war, weitaus niedriger gewesen sei. Die Bevölkerung hatte zunehmend das Empfinden, die Kriminalität in Deutschland nehme stärker zu, als aus den offiziellen Statistiken abzulesen war. Durch die wachsende flächendeckende, teilweise exzessive mediale Berichterstattung über Verbrechen jeglicher Art sah sich die Bevölkerung im wachsenden Maße mit Berichten über Verbrechen konfrontiert, die in ihrem persönlichen Umfeld nicht oder nur vereinzelt vorkamen. Diese tägliche Konfrontation nährte den Eindruck, dass der Staat auf dem Gebiet der inneren Sicherheit versage.[28] Verstärkt wurde dieser Eindruck durch die parlamentarischen Bemühungen um Liberalisierung des Strafrechts wie beispielsweise die Abschaffung der Zuchthausstrafe oder der zeitlichen Begrenzung der lebenslänglichen Freiheitsstrafe. „Nirgends“, so der damalige österreichische Justizminister Christian Broda, „weht der Wind der öffentlichen Meinung den Rechtsreformen so sehr ins Gesicht, wie bei ihren Bemühungen um die Humanisierung des Strafvollzugs. Nirgends sind die Aggressionen gegen Minderheiten so ausgeprägt, wie im Rache- und Vergeltungsdenken gegenüber Strafgefangenen.“[29] Der Glaube an die angebliche Macht schärferer Strafen ist nur schwer aufzulösen. Die Bevölkerung fühlt sich einfach beruhigter, wenn sie weiß, dass der Mörder mit der Verwirkung seines Lebens rechnen muss. [30] Dahinter versteckt sich, nach Ansicht des Innsbrucker Rechtsprofessor Friedrich Nowakowski „eine urtümliche Furcht, die sich erst mit der völligen Vernichtung der Gefahrenquelle beruhigt“.[31] Auch wenn Luhmann die öffentliche Meinung als „heimlichen Souverän“[32] bezeichnet, muss sich doch, in Anbetracht der oben dargelegten Unwägbarkeiten bei ihrer Ermittlung, zwangsläufig die Erkenntnis durchsetzen, dass die sog. Volksmeinung nicht die Grundlage für die Wiedereinführung der Todesstrafe sein kann.

Überdies hat sich die Meinung des Volkes mittlerweile ins Gegenteil verkehrt. Mittlerweile spricht sich die Mehrheit der Bevölkerung in demoskopischen Umfragen gegen die Todesstrafe aus. Wie aus einer Umfrage des Allensbacher

28 Siehe *Renate Köcher*, Auge um Auge.

29 Siehe SPD-Mitteilung für die Presse v. 13.11.1976.

30 *Hellwege*, NRZ v. 15.3.1955.

31 Siehe *Nowakowski*, Die Todesstrafe in Österreich. Vgl. auch Spiegel v. 2.5.1977.

32 *Delhaes*, a.a.O.

Instituts hervor ging, befürworteten im März/April 1986 nur noch 22 Prozent der Befragten die Anwendung der Todesstrafe.[33] Dies war der niedrigste Prozentsatz, den das Institut in seinen seit 1950 regelmäßig durchgeführten Umfragen ermittelte. Seitdem hat sich in der Bundesrepublik eine breite Mehrheit in der Bevölkerung gegen die Todesstrafe herausgebildet.[34] Diese neue, gegen die Todesstrafe gerichtete Tendenz in der öffentlichen Meinung entsprach, so Evans, dem in der Bundesrepublik Deutschland sich vollziehenden Generationswechsel, der 1968 in der Studentenrevolte gipfelte.[35] In den 50er-Jahren befürworteten mehr Gebildete als Ungebildete die Todesstrafe, da diese sich mit den konservativen und autoritären Werten identifizierten und damit traditionell die Todesstrafe unterstützten. In den 70er-Jahren kehrte sich die Identifikation um. Die Unterstützung der Todesstrafe nahm mit zunehmendem Bildungsgrad ab, liberalere Werte breiteten sich an den Universitäten und unter den Lehrern höherer Schulen aus. Die neue Generation stand nicht mehr unter dem Einfluss nationalsozialistischer Erziehung.[36] Bereits vorangegangene demoskopische Untersuchungen hatten belegt, dass die jüngere Generation immer stärker zu Gegnern der Todesstrafe wurde, während die ältere Generation unbeirrt an der höchsten Strafe festhielt. Daneben dürfte aber auch die Haltung der Parlamentarier und der Presse eine entscheidende Rolle gespielt haben. War die Presse zunächst noch bemüht, die Forderung nach der Todes-

33 Siehe Allensbacher Berichte des Instituts für Demoskopie, Oktober 1986. Die Bevölkerung sprach sich mit 57% mehrheitlich gegen die grundsätzliche Anwendung der Todesstrafe aus. 21% der Befragten waren unentschieden. Inzwischen ging die Einstellung gegen die höchste Strafform quer durch alle Bevölkerungsgruppen, wobei immer noch eine stärkere Ablehnung unter den 16 bis 29-jährigen Befragten festzustellen war (70%). Die Älteren (60 Jahre oder älter) sprachen sich nur mit 46% grundsätzlich gegen die Todesstrafe aus. Aber auch jetzt noch, rief die Bevölkerung nach aufsehenerregenden Kriminalfällen nach der Todesstrafe. Eine Umfrage der Wickert-Institute kurz nach der Ermordung eines Kindes ergab eine Zustimmung für die Todesstrafe für Kindesmörder von 61%. Lediglich 32% lehnten die Todesstrafe ab. 7% waren unentschieden. Siehe Quick v. 30.11.1988 „Wie kann dieser Mord gesühnt werden?“; FrNPr. v. 30.11.1988 „Umfrage: Mehrheit für die Todesstrafe“.

34 Auch 1992 sprachen sich in Westdeutschland „nur“ 24% der Befragten grundsätzlich für die Anwendung der Todesstrafe aus. 56% lehnten sie ab, 20% enthielten sich. 1995 sprachen sich noch 53% gegen und 30% für die Todesstrafe aus. In Ostdeutschland dagegen befürworteten 29% im Jahr 1992 und ganze 40% im Jahr 1995 die erneute Anwendung der Todesstrafe. 49% bzw. 40% lehnten sie dagegen ab. Siehe *Noelle-Neumann*, a.a.O.

35 *Evans*, a.a.O., S. 956f.

36 Siehe *Evans*, a.a.O., S. 956f. *Evans* führt weiter aus, dass letztendlich auch die Erkenntnisse des Eichmann-Prozesses bzw. der Ausschwitz-Prozesse die Mehrheit der Westdeutschen davon überzeugte, „dass sie auch nicht den leisesten Nachhall dieser Politik in ihrem Lande dulden durften“.

strafe wegen ihrer besonderen Medienwirksamkeit laut werden zu lassen, veränderten sich im Laufe der Zeit die Schlagzeilen und Inhalte. Allmählich kritisierte auch die Presse die immer wieder aufkommende Diskussion um die Wiedereinführung der Todesstrafe. Parallel zu dieser Entwicklung entzog die Entscheidung der deutschen Politiker und des deutschen Parlaments, nicht mehr über die Wiedereinführung der Todesstrafe zu diskutieren, sondern deren Ächtung zu einem außenpolitischen Anliegen des deutschen Staates zu machen, weiteren Diskussionen schlicht die Diskussionsgrundlage. In dem Moment, wo sich der Gesetzgeber weigerte, sich weiter mit dem Thema zu beschäftigen und ein Volksentscheid verfassungsrechtlich nicht möglich war, musste sich die Bevölkerung gezwungenermaßen mit dem Status der abgeschafften Todesstrafe abfinden. Die Mehrheit der Bevölkerung lernte diesen Umstand zu akzeptieren. Elisabeth Noelle-Neumann sah in dieser Entwicklung eine Bestätigung der These Paul F. Lazarsfeld, dass wenn ein Gesetz beschlossen wird, über kurz oder lang die Mehrheit der Bevölkerung nachfolgt.[37] Zumindest in der Frage der Todesstrafe hat sich die These bewahrheitet. Die Entscheidung des Parlamentarischen Rates gegen die Todesstrafe hat sich letztendlich gegen die damals vorherrschende Sozialmoral der Bevölkerung durchgesetzt und ist ein hervorragendes Beispiel für den Sinn der repräsentativen Demokratie.[38] Der ehemals heftig kritisierte Verfassungsgrundsatz des Art. 102 entwickelte sich über eine Spanne von 20 Jahren langsam zu einem von der Mehrheit des Volkes allgemein anerkannten Rechtsgrundsatz. Ähnlich wie einst die Hexenverbrennungen oder die Lebens- und Leibesstrafen der Carolina, wird auch die Todesstrafe von der deutschen Bevölkerung heute überwiegend als unmenschlich und antiquiert zurückgewiesen.

Wenn aber die öffentliche Meinung als Grundlage für die Wiedereinführung der Todesstrafe ausscheidet, stellt sich die Frage nach Argumenten zugunsten der Todesstrafe, da es zu ihrer Rechtfertigung mehr bedarf, als die bloße Behauptung ihrer Zweckdienlichkeit.

Die Todesstrafe gehört zu den ältesten Strafformen des Strafrechts.[39] Sie fand ursprünglich ihren besonderen Ausdruck im Talionsprinzip: Die Gerechtigkeit fordert die Strafe für die mit der Tat verwirklichten Schuld, um das Recht

---

37 *Noelle-Neumann*, a.a.O., *Paul F. Lazarsfeld*, a.a.O.

38 *Noelle-Neumann*, a.a.O. Siehe auch Allensbacher Berichte des Instituts für Demoskopie, März/April 1986 und Juli/August 1986.

39 Zur Geschichte der Todesstrafe siehe *Düsing*, a.a.O.; *Evans*, a.a.O.; *Rossa*, a.a.O.; *Alt*, a.a.O.; *Ludwig Barring*, Götterspruch und Henkershand; *Dieter Keller*, Die Todesstrafe in kritischer Sicht; *Ebel/Kunig*, JURA 1998, 617ff.

wiederherzustellen.[40] Dennoch ist das Talionsprinzip, auch wenn es sich auf das Rechtsdenken sowohl des Alten Testaments[41] als auch Immanuel Kants[42] berufen kann, mit dem heutigen Sinn und Zweck der Strafe unvereinbar.[43] Das Talionsprinzip fordert nur die Vergeltung von Gleichem mit Gleichem. Dies ist nicht gleichbedeutend damit, dass der Tod einzig mit dem Tod zu sühnen ist. Diesem Gedanken folgend müssten alle Straftaten, beispielsweise auch Notzuchtverbrechen, nach diesem Prinzip geahndet werden. Aus naheliegenden Gründen ist dies jedoch abzulehnen. Ohnehin kann durch die Hinrichtung eines Menschen keine Wiederherstellung des vorher bestehenden Zustandes oder auch nur ein vergleichbarer Zustand erreicht werden.

Auch wenn die Todesstrafe durch die Jahrhunderte hindurch immer auch eine religiöse Strafe war,[44] sprechen sich die christlichen Kirchen mittlerweile nicht mehr für eine Anwendung der Todesstrafe aus, obgleich die Todesstrafe weder der evangelischen Lehre noch der katholischen Moraltheologie widerspricht. Der Glaube an die Unsterblichkeit der Seele hat es den christlichen Kirchen erlaubt, das Problem der Todesstrafe in einem anderen Kontext zu sehen und sie zu rechtfertigen: in einer christlich gläubigen Welt hat die Verhängung und Vollstreckung der Todesstrafe durch weltliche oder geistliche Gerichte den Charakter einer vorläufigen Entscheidung, denn über das endgültige Schicksal des Sünders sollte in der Ewigkeit erst Gott selbst bestimmen.[45] Schon Wolf

---

40 Siehe *Scholz*, a.a.O., Art. 102 Rn. 13; *Dreier*, a.a.O., Art. 102 Rn. 1; *Hinrich Rüping/Günter Jerouschek*, Grundriss der Strafrechtsgeschichte.

41 Siehe Ex. 21, 22ff., Lev. 20, 1ff., Lev. 24, 17ff., Gen. 9.6. Näheres hierzu siehe *Gustav Ermecke*, Zur ethischen Begründung der Todesstrafe; *Althaus*, a.a.O.; *Greinwald*, a.a.O.; *Karl Peters*, Zur ethischen Begründung der Todesstrafe", in: Theologische Revue (1960), S. 244ff.; *Künneth*, a.a.O.; *Michael Sierck*, Die Todesstrafe. Bestandsaufnahme und Bewertung aus kirchlicher Sicht.

42 Siehe *Immanuel Kant*, Metaphysik der Sitten. Zwar könne ein Rechtsstaat das Talionsprinzip nicht wortwörtlich erfüllen. Gleichwohl müsse er es durchsetzen, um die Rechtsordnung zu wahren und Unrecht zu sühnen. Daher müsse der Rechtsstaat nach einer staatlichen Sanktion, proportional mit der inneren Bösartigkeit der Verbrecher, suchen. „Hat er aber gemordet, so muss er sterben. Es gibt kein Surrogat zur Befriedigung der Gerechtigkeit". Selbst für den hypothetischen Fall der Selbstauflösung der Gesellschaft bestand Kant auf die Hinrichtung eines Mörders: „[...] müsste auch der letzte im Gefängnis befindliche Mörder vorher hingerichtet werden, damit Jedermann das widerfahre, was seine Taten wert sind, und die Blutschuld nicht auf dem Volk haftе, das auf die Bestrafung nicht gedrungen hat".

43 *Scholz*, a.a.O., Art. 102 Rn. 13; *Wolfgang Rother*, Kants untauglicher Versuch einer Begründung des Talionsprinzip, in: Journal der Juristischen Zeitgeschichte 1/2007, S. 27ff.; *Hoerster*, Dt. Zeitung v. 30.9.1977; *Müller-Meiningen jr.*, a.a.O.; *Arthur Kaufmann*, in: *Görres-Gesellschaft*, Staatslexikon, Bd. 5, S. 482ff.

44 *Camus*, a.a.O.

45 Siehe *Camus*, a.a.O.

Middendorf kam zu dem Ergebnis, dass „außer der von katholischer wie von evangelischer Seite vertretenen theologischen Begründung der Todesstrafe, es keine weiteren Argumente gibt, die für die Wiedereinführung der Todesstrafe sprechen".[46] Trotzdem wenden sich die christlichen Kirchen heute gegen die Todesstrafe, da – unabhängig von der Frage der Zulässigkeit – in einer säkularisierten Gesellschaft eine moralisch begründete Bestrafung fremder Handlungen mangels höherer Instanz nicht mehr legitimiert werden kann.[47] Seit der Staat seine Kompetenzen nicht mehr von Gott, sondern vom Volk ableitet, ist er auf die Schutzaufgabe der Sicherung menschlichen Zusammenlebens beschränkt.[48]

Nach einer Entscheidung des Bundesverfassungsgerichts vom 21. Juni 1977[49] ist oberstes Ziel des Strafens, der Begehung von Straftaten entgegenzuwirken (allgemeine Generalprävention) – „die Gesellschaft vor sozialschädlichem Verhalten zu bewahren und die elementaren Werte des Gemeinschaftslebens zu schützen" – umso das Vertrauen in die Bestands- und Durchsetzungskraft der Rechtsordnung zu erhalten und zu stärken. Zugleich sollen Täter und solche, die in Gefahr sind ähnliche Taten zu begehen, vor weiteren Taten abgeschreckt werden (spezielle Generalprävention). Auch wenn das Bundesverfassungsgericht die allgemeine und spezielle Generalprävention als Aspekt einer angemessenen Strafsanktion angeführt hat, rechtfertigt dies jedoch noch nicht die Anwendbarkeit der Todesstrafe. Es scheint bereits sehr bedenklich, einen Täter durch eine derart endgültige Sanktion zu instrumentalisieren und zum Objekt staatlichen Handelns zu machen, um kriminalpolitische Ziele zu erreichen. Ungeachtet dessen kann eine, wie von den Befürwortern der Todesstrafe regelmäßig angeführte verstärkte Abschreckungswirkung der höchsten Strafe weder be- noch widerlegt werden und ist somit als Rechtfertigungsargument für die Todesstrafe ungeeignet. Die Statistiken geben keine Einsicht darüber, wie viele potentielle Täter aufgrund der angedrohten Strafart tatsächlich abgeschreckt werden, ein Verbrechen zu begehen. In diesem Bereich versagen die Statistiken, selbst wenn, wie Arthur Koestler einmal formulierte, „die deutschen Statistiken die gründlichsten und vollständigsten sind".[50] Die Kriminal-

46 *Wolf Middendorf*, Todesstrafe – Ja oder nein?.

47 *Marcus Marlie*, Schuldstrafrecht und Willensfreiheit – Ein Überblick, in: ZJS 1/2008, S. 41ff.

48 *Marlie*, ZJS 1/2008, S. 41ff.; *Claus Roxin*, Strafrecht Allgemeiner Teil, Bd. 1, § 3.

49 BVerfGE 45, 187ff.

50 Sie seien so gründlich, dass in der Vor-Nazizeit die gesetzlichen Hinrichtungen in den offiziellen Mordstatistiken in der Rubrik „vorsätzliche Tötung" mit aufgeführt wurden. Siehe *Arthur Koestler*, Die Rache ist mein.

statistik, so Bockelmann, ist immer dem Einwand ausgesetzt, nur Auskunft darüber zu geben, wie der Verlauf der Kriminalität unter der Herrschaft eines bestimmten Strafensystems tatsächlich gewesen ist, nicht aber darüber, wie es gewesen wäre, wenn das Strafensystem anders ausgesehen hätte.[51] Zudem geben Statistiken nur Auskunft über rechtskräftig abgeschlossene Strafverfahren – nicht aber über die ungelösten Tötungsverbrechen oder solche, die gar nicht als Fremdtötung erkannt worden sind. Damit dürfte die Dunkelziffer ungleich höher liegen. Aber auch ohne diese Unsicherheiten sind Kriminalstatistiken ungeeignet Auskunft über die Abschreckungswirkung der Todesstrafe zu geben. Zum einen fehlen vergleichbare Bewertungsgrundlagen, da die gesellschaftlichen Verhältnisse in unterschiedlichen Ländern und Jahrzehnten steten Veränderungen unterliegen. Zum anderen sind Statistiken interpretationsbedürftig und liegen daher im Auge des Betrachters. Gerade die Behauptung der vermeintlich stetigen Abnahme der Kapitalverbrechen zeigt, mit welcher Vorsicht Kriminalstatistiken zu behandeln sind. Eine Abnahme war nämlich nur zu verzeichnen, wenn die Mord- und Totschlagsdelikte gemeinsam betrachtet wurden. Untersucht man die Mordrate gesondert, dann war sehr wohl ein Anstieg festzustellen. Auch Äußerungen von Tätern, sie hätten es nicht getan, wenn es die Todesstrafe gegeben hätte, haben keinen Beweiswert, gibt es doch mindestens genauso viele Verurteilte, die um Umwandlung ihrer Strafe in die Todesstrafe bitten. Insgesamt ist die angebliche Macht der Abschreckungswirkung der Todesstrafe bisher eben nur eine unbewiesene Theorie.

Das heutige Strafrecht ist an das Schuldprinzip gebunden: von Rechtsstaat wegen gilt der Grundsatz „nulla poena sine culpa“. Keine Strafe darf die individuelle Täterschuld übersteigen. Jede angedrohte Strafe muss im gerechten Verhältnis zum Ausmaß der Schuld des Täters stehen.[52] Demgemäss muss sich das rechtsstaatliche Strafen auch absolute Strafen versagen. Die Todesstrafe aber verkörpert diejenige absolute Strafe, die am gravierensten ist und zugleich irreparable Rechtsfolgen setzt.[53] Zum einen schließt sie als absolute Strafe den durch das Bundesverfassungsgericht anerkannten verfassungsrechtlichen Anspruch des Täters auf Resozialisierung aus. Die Resozialisierung soll die Fähigkeit und den Willen zu einer verantwortlichen Lebensführung vermitteln und helfen etwaige soziale Anpassungsschwierigkeiten, die mit der Tat zusammenhängen, zu überwinden[54] – sie ist eben mehr als die bloße Unschäd-

51 *Paul Bockelmann*, Die rationalen Gründe gegen die Todesstrafe.

52 *Karl Lackner/Kristian Kühl*, Strafgesetzbuch, § 46; *Tröndle/ Fischer*, a.a.O., § 46.

53 *Scholz*, a.a.O., Art. 102 Rn. 9.

54 *Tröndle/Fischer*, a.a.O., § 46; BVerfGE 35, 202; BT-Drs. Nr. 10/3828; *Roxin*, a.a.O., § 3.

lichmachung des Täters. Zum anderen fehlt bei der Verhängung der Todesstrafe, im Gegensatz zu den Freiheitsstrafen, die Möglichkeit, im Falle eines Fehlurteils, das dem unschuldig Verurteilten zugefügte Unrecht wieder gutzumachen. Und ein solches Fehlurteil ist eben bei jeder Strafverhängung möglich, da dem Menschen nur ein beschränktes Erkenntnisvermögen zur Verfügung steht. Auch Richter urteilen fehlbar – nicht ohne Grund beginnen die Tatbestandsfeststellungen eines jeden deutschen Strafurteils mit den Worten: „[...] steht zur Überzeugung des Gerichts fest." Auch der Gesetzgeber rechnet mit Fehlurteilen, wie die Bestimmungen über das Wiederaufnahmeverfahren (§§ 359ff. StPO) zeigen. Zwar hat sich die strafrechtliche Erkenntnisgewinnung stetig entwickelt – so waren früher zum Beispiel Fingerabdruck- oder DNS-Spuren in einem Strafverfahren als Beweismittel nicht bekannt bzw. nichts gerichtsfest verwertbar. Heute dagegen können anhand solcher Spuren Täter verifiziert oder entlastet werden. Doch auch der heutige Stand der Wissenschaft spiegelt keineswegs die absolute, unumstößliche Wahrheit wieder, sondern kann genauso in einigen Jahren schon wieder durch neue Methoden überholt sein. Hinzu kommt die Problematik, todeswürdige Verbrechenstatbestände in rechtlich eindeutiger Weise zu bestimmen. Verstärkt durch die nicht einheitlichen Gnadeninstanzen würde dies unweigerlich zu Diskriminierungen bei der praktischen Anwendung führen. Aus diesen Gründen ist es unbedarft zu glauben, Fehlurteile könnten heute in einer so fortschrittlichen Gesellschaft wie der Bundesrepublik nicht mehr vorkommen. Besonders Fehlurteile aufgrund sog. Sachverständigengutachten kommen immer wieder vor, wie beispielsweise Müller-Meiningen jr. eindrucksvoll bewiesen hat.[55] Weil es die absolute Erkenntnis der Schuld nicht gibt, so hat Camus festgestellt, sollte es auch keine absolute Strafe mehr geben.[56] Die Gefahr von Justizirrtümern kann auch nicht durch die von den Befürwortern der Todesstrafe oft vorgeschlagenen Verfahrenswege eliminiert werden. Besonders ungeeignet ist der Vorschlag, nur den geständigen Täter mit dem Tode zu bestrafen. Neben der Tatsache, dass sich Geständnisse allzu oft als falsch erwiesen haben, hätte dieser Vorschlag zur Folge, dass der leugnende Täter straffrei bliebe. Abzulehnen ist ebenfalls der generelle Ausschluss von Indizienbeweisen, kommt doch dem Zeugenbeweis ohnehin keine stärke Beweiskraft zu. Die Verurteilung zur Todesstrafe nur in Fällen zweifelsfrei feststehender Schuld führt ebenso nicht zur Verbannung von Justizirrtümern aus dem deutschen Rechtssystem. Denn schon heute muss die Schuld eines Täters zur Überzeugung des Gerichts zwei-

55 *Müller-Meiningen jr.*, Soll die Todesstrafe in der Bundesrepublik Deutschland wiederkehren?.

56 *Camus*, a.a.O.

felsfrei feststehen. Hier gilt der Grundsatz „in dubio pro reo“, wonach die einwandfrei festgestellte Schuld des Angeklagten Voraussetzung jeder Verurteilung ist. Schuld ist das Maß des Vorwurfs, der dem Täter zu machen ist.[57] Strafbar ist ein Verhalten nur, wenn der Täter hierfür individuell verantwortlich gemacht, ihm sein Verhalten „vorgeworfen“ werden kann.[58] Dabei unterliegt die Schuld jedoch keiner exakten strafrechtlichen Beweisbarkeit, da die Schuld „als ethischer Begriff nicht naturwissenschaftlich bewiesen“ werden kann. Es bedarf zur Feststellung vielmehr eines sozialen Wertungsaktes des Richters.[59] Das Gericht hat zu prüfen, ob Gründe vorliegen, die die Schuld aufgrund affektbedingter Faktoren oder krankhafter Zustände des Täters im Einzelfall ausschließen.[60] Auch hier ist der Richter in Zweifelsfällen – ebenso wie bei den Tatbestandsfeststellungen – auf die Meinungen von Sachverständigen angewiesen, die sowohl die biologischen Regelwidrigkeiten wie auch deren psychologischen Auswirkungen begutachten und bewerten müssen.[61] Dabei stößt die forensische Begutachtung an ihre Grenzen, allein schon aufgrund der zwischen den verschiedenen Forschungsrichtungen der Seinswissenschaften, namentlich Psychiatrie und Psychologie, bestehenden grundsätzlichen Meinungsverschiedenheiten. Diese führen bis heute zu einer nicht überwundenen Uneinheitlichkeit der Gutachterpraxis.[62] Gerade die Unzulänglichkeiten menschlichen Erkenntnisvermögens bei der Tatbestands- und Schuldfeststellung legen somit den Verzicht auf die Todesstrafe, als absolute und nicht revidierbare Strafe nahe.

Neben den strafrechtlichen Prinzipien wird die Forderung nach der Todesstrafe immer wieder auch mit einem Notwehrrecht des Staates gerechtfertigt. Notwehr ist die Verteidigung, die erforderlich ist, um einen gegenwärtigen rechtswidrigen Angriff von sich oder einem anderen abzuwenden (§ 32 Abs. 2

---

57 Siehe *Tröndle/Fischer*, a.a.O., Vor § 13; *Lackner*, a.a.O., § 20. Zur Verfassungsmäßigkeit des Schuldprinzips siehe BVerfGE 20, 323.

58 *Marlie*, ZJS 1/2008, S. 41ff.

59 Siehe Kabinettsentwurf zum Schuldstrafrecht 1960, zitiert in *Müller-Meiningen jr.*, Soll die Todesstrafe in der Bundesrepublik Deutschland wiederkehren?.

60 *Lackner/Kühl*, a.a.O., § 20; *Tröndle/Fischer*, a.a.O., Vor § 13.

61 *Lackner/Kühl*, a.a.O., § 20.

62 Siehe *Tröndle/Fischer*, a.a.O., Vor § 13; *Lackner/Kühl*, a.a.O., § 20. Vgl. auch *Martin Geschwind/Franz Petersohn/Erardo Rautenberg*, Die Beurteilung psychiatrischer Gutachten im Strafprozess; *Gunter Heinz/Karl Peters*, Fehlerquellen forensisch-psychiatrischer Gutachten; *Hermann Witter*, Unterschiedliche Perspektiven in der allgemeinen und in der forensischen Psychiatrie; *Christel Frank/Gerhart Harrer*, Der Sachverständige im Strafprozess; *Irmgard Rode/Aldo Legnaro*, Psychiatrischer Sachverhalt im Strafverfahren; *Rainer Luthe*, Die zweifelhafte Schuldfähigkeit; *Werner Janzarik*, Grundlagen der Schuldfähigkeitsprüfung.

StGB). Wesentliche Voraussetzung der Notwehr ist also ein gegenwärtiger, d.h. unmittelbar bevorstehender, gerade stattfindender oder noch andauernder Angriff.[63] Von einem derartigen Angriff kann jedoch nicht mehr ausgegangen werden, wenn – wie am Beispiel Amerikas erkennbar – ein Delinquent in der Regel jahrelang (wenn nicht sogar jahrzehntelang) im Gefängnis auf die rechtskräftige Verhängung und Vollstreckung seines Todesurteils warten muss. Ungeachtet dessen, berechtigt das gesetzlich normierte Notwehrrecht nur zur erforderlichen Verteidigung, um den Angriff sicher und endgültig zu beenden und auch nur, wenn ein milderes Mittel nicht zur Verfügung steht.[64] Die Verteidigung gegen einen „Angriff" des Verbrechers ist aber ebenso wirksam durch die lebenslange Inhaftierung in einem gut gesicherten Gefängnis zu erreichen.

Abschließend betrachtet, kann die zwingende Notwendigkeit der Wiederanwendung der Todesstrafe unter kriminalpolitischen Gesichtspunkten nicht überzeugend begründet werden – auch wenn es sich bei der Frage der Todesstrafe auf den ersten Blick um ein rein rechtswissenschaftliches Problem handelt.

Schon Rechtsprofessor Bockelmann hat in verschiedenen Beiträgen zur Todesstrafe geschrieben:

> „Der wichtigste rationale Grund gegen die Todesstrafe ist, dass es keine rationalen Gründe für sie gibt. Solche Gründe könnten nur in ihrer Unentbehrlichkeit oder in ihrer Nützlichkeit für die Bekämpfung des Verbrechens bestehen. Aber die Todesstrafe leistet für die Bekämpfung des Verbrechens nichts [...] was nicht andere Strafen oder was nicht Maßregeln ebenso gut leisten."[65]

Solange keine überzeugenden Argumente für die höchste Strafe gefunden und nicht alle juristischen Bedenken gegen die Strafe ausgeräumt sind, sollte ein demokratischer Rechtsstaat, wie die Bundesrepublik Deutschland, von der erneuten Einführung der Todesstrafe absehen. Denn qualitativ besteht ein Unterschied, ob ein Staat eine einmal abgeschaffte Strafregelung wieder einführt oder einfach an einem etablierten Strafensystem, welches eben auch die Todesstrafe beinhaltet, festhält. Die Beweislast für die zwingende Notwendigkeit der Todesstrafe liegt, anders als zum Zeitpunkt der Abschaffung der Todesstrafe, diesmal bei denen, die diese für unverzichtbar halten. Doch beide

---

63 *Lackner/Kühl*, a.a.O., § 32 Rn. 9; *Tröndle/Fischer*, a.a.O., § 32 Rn. 4.

64 *Lackner/Kühl*, a.a.O., § 32 Rn. 9; *Tröndle/Fischer*, a.a.O., § 32 Rn. 12ff.

65 Freiheit v. 15.6.1962, „Die Frage der Todesstrafe – 12 Antworten"; Stuttg. Zeitung 26.1.1977.

Parteien haben ihren Standpunkt erschöpfend dargelegt. Neue Argumente werden schwer zu finden sein.

Es ist deutlich geworden, dass es sich bei der Zulässigkeit der Todesstrafe in unserer Rechtsordnung um eine politische, ethische und weltanschauliche Frage handelt.[66] Rationale, kriminalpolitische Zweckmäßigkeitsgesichtspunkte treten immer mehr in den Hintergrund. Stattdessen beruht der Ruf nach der Todesstrafe auf einer persönlich gefassten Überzeugung von Sinn und Zweck der Strafe. Je nachdem von welchem Standpunkt aus man das Problem betrachtet, kommen verschiedene Positionen auch zu unterschiedlichen Antworten. Professor Eberhard Schmidhäuser erklärte hierzu:

> „Die Todesstrafe wird heute noch in Für und Wider so diskutiert, wie man zwei Theorien diskutiert. [...] Dies erweckt den Eindruck, als gäbe es rationale Argumente für die Todesstrafe und als könne man diese Strafe so gut wieder einführen wie abgeschafft sein lassen."[67]

Tatsächlich fehlt es an einer gemeinsamen Diskussionsgrundlage, da Argumente unterschiedlichster Bereiche gegeneinander angeführt werden: juristische, politische, religiöse, sozialstaatliche, individuell-menschliche, philosophische, ethische, weltanschauliche. Eine allgemeingültige Lösung ist nur schwer zu finden, da die Antwort auf die Frage von der jeweiligen Grundeinstellung eines jeden abhängt. Es handelt sich um eine der umstrittensten Fragen der menschlichen Gesellschaft, die – das haben nicht zuletzt die jeweiligen Bundesjustizminister bewiesen – nicht durch eine rein objektiv geführte Vernunftentscheidung beantwortet werden kann. „Nichts ist persönlicher, so scheint es, als die persönliche Entscheidung darüber, ob die Todesstrafe zum legitimen Werkzeug des Staates gehören soll"[68] – ob der Staat ihren Vollzug als Ausdruck staatlicher Autorität und zur Bekämpfung der Kriminalität benötigt. Jeder Einzelne muss in eigener Verantwortung für sich entscheiden, welchen Stellenwert ein Menschenleben im Staatsgefüge haben soll: Darf der Gesetzgeber über Leben und Tod seiner gesellschaftlichen Mitglieder entscheiden oder sollte nicht die Unantastbarkeit des menschlichen Lebens, auch das des grausamsten Verbrechers, oberstes Ziel eines demokratischen Rechtsstaats sein?

---

66 *Hartig*, EuGRZ 1980, 344ff.

67 Stuttg. Zeitung v. 26.1.1977.

68 So *Reißmüller*, FAZ v. 20.11.1964.

# ANHANG

# Quellenverzeichnis

## *A) Aufsätze, Bücher, Lehrbücher und Kommentare*


ADENAUER, Konrad: Erinnerungen 1945–1953 (1965).

ALBERT, Helmut: Das Grundrecht auf Leben als Schranke für aufenthaltsbeendende Maßnahmen (1990).

ALT, Hans-Peter: Das Problem der Todesstrafe (1960).

ALTHAUS, Paul: Die Todesstrafe als Problem der christlichen Ethik (1955).

ARNDT, Adolf: in: Reihe des WDR, Umstrittene Sachen: Wieder Todesstrafe? – Eine Diskussion (1957), S. 33ff.

ARNDT, Adolf: Rechtsprechende Gewalt und Strafkompetenz, in: Festgabe für C. Schmid (1962), S. 5ff.

AUST, Stefan: Der Baader-Meinhof-Komplex (2008).

AZZOLA, Axel Christian: in: Erhard Denninger/Richard Bäumlin/Axel Azzola, Kommentar zum Grundgesetz für die Bundesrepublik Deutschland, Bd. 2, 2. Auflage (1989).

BALLHAUSEN, Christina: Todesstrafe durch Alliierte – ein Verstoß gegen das Grundgesetz?, in: NJW 1988, 2656ff.

BARRING, Ludwig: Götterspruch und Henkershand (1967).

BARTH, Karl: Die kirchliche Dogmatik III/4. Die Lehre von der Schöpfung (1951).

BARTSCH, Hans Jürgen: Die Entwicklung des internationalen Menschenrechtsschutzes im Jahre 1982, in: NJW 1983, 473ff.

BASTEN, Thomas: Von der Reform des politischen Strafrechts bis zu den Anti-Terror-Gesetzen. Die Entwicklung des Strafrechts zur Bekämpfung politisch motivierter Kriminalität in der sozialliberalen Ära (1983).

BECCARIA, Cesare: aus dem Italienischen übersetzt von Thomas Vorbaum: Von den Verbrechen und von den Strafen (1764), (2005).

BECK'sche Textausgaben: Denkschrift zum NATO-Truppenstatut und zu den Zusatzvereinbarungen, 2. Auflage (1978).

BERLIT, Jan-Wolfgang: Todesstrafe im Namen des Volkes? (1964).

BLAU, B.: Die Kriminalität in Deutschland während des zweiten Weltkrieges, in: ZStW Bd. 64, (1952) S. 31ff.

**Bockelmann**, Paul: Die rationalen Gründe gegen die Todesstrafe, in: Die Frage der Todesstrafe – 12 Antworten (1962) aus der Reihe, Das Heidelberger Studio – Eine Sendereihe des Süddeutschen Rundfunks, S. 148ff.

**Borowsky**, Peter: Außerparlamentarische Opposition und Studentenbewegung, Dossier zur RAF für Information zur politischen Bildung unter www.bpb.de.

**Borowsky**, Peter: Große Koalition und außerparlamentarische Opposition, in: Information zur politischen Bildung, Heft 258.

**Broda**, Christian: Europas Kampf gegen die Todesstrafe, in: ZfRV 1986, 1ff.

**Broszat,** Martin: Siegerjustiz oder strafrechtliche Selbstreinigung – Aspekte der Vergangenheitsbewältigung der deutschen Justiz während der Besatzungszeit, in: Vierteljahresheft der Zeitgeschichte 29. Heft (1981) S. 477ff.

**Broszat**, Martin: Zur Perversion der Strafjustiz im dritten Reich, in: Vierteljahresheft der Zeitgeschichte (1958) 4. Heft, S. 360.

**Bucher**, Peter: Der Parlamentarische Rat 1948–1949 – Akten und Protokolle, Bd. 2: Der Verfassungskonvent auf Herrenchiemsee (1981).

**Calliess**, Rolf-Peter: Die Abschaffung der Todesstrafe – Zusatzprotokoll Nr. 6 zur EMRK, in: NJW 1989, 1019ff.

**Calliess**, Rolf-Peter: Die Todesstrafe in der Bundesrepublik Deutschland. Zu einem aktuellen strafrechtlichen und verfassungsrechtlichen Problem, in: NJW 1988, 849ff.

**Camus**, Albert: Die Guillotine in: Albert Camus/Arthur Koestler/Ernst Müller-Meiningen jr./Friedrich Nowakowski, Die Rache ist mein – Theorie und Praxis der Todesstrafe (1961), S. 159ff.

**Coing**, Helmut: Die obersten Grundsätze des Rechts (1947).

**Cremer**, Hans Joachim: Der Schutz vor den Auslandsfolgen aufenthaltsbeendender Maßnahmen (1994).

**Dachs**, Johann: Tod durch das Fallbeil – Der deutsche Scharfrichter Johann Reichardt 1893–1972 (1996).

**Degenhart**, Christoph: in: Michael Sachs, Grundgesetz, 3. Auflage (2003).

**Delhaes**, Daniel: Politik und Medien – Zur Interaktionsdynamik zweier soziologischer Systeme (2002).

**Dirks**, Walter: Die abgeschaffte Todesstrafe, in: Frankfurter Hefte (1949), S. 535.

**Dreher**, Eduard: Für und Wider die Todesstrafe, in: ZStW Bd. 70 (1958) S. 564ff.

DREIER, Horst: in: Horst Dreier/Hartmut Bauer, Grundgesetz-Kommentar, 2. Auflage, Bd. 3 (2008).

DÜSING, Bernhard: Die Geschichte der Todesstrafe in der Bundesrepublik Deutschland unter besonderer Berücksichtigung ihres parlamentarischen Zustandekommens (1952).

DUVE, Freimut: in: Amnesty International, Die Todesstrafe (1979).

EBEL, Friedrich und Philip KUNIG: Die Abschaffung der Todesstrafe – Historie und Gegenwart, in: JURA 1998, 617ff.

EBERT, Udo: Tendenzwende in der Straf- und Strafprozessordnung, in: JR 1978, 136ff.

ENDERS, Christoph: Die Menschenwürde in der Verfassungsordnung (1997).

ERMECKE, Gustav: Zur ethischen Begründung der Todesstrafe, 2. Auflage (1963).

EVANS, Richard: Rituale der Vergeltung – Die Todesstrafe in der deutschen Geschichte 1532–1987 (2001).

FELSKE, Karsten: Kriminelle und terroristische Vereinigungen – §§ 129, 129a StGB, Reformdiskussion und Gesetzgebung seit dem 19. Jahrhundert (2002).

FLECK, Dieter: Zur Neuordnung des Aufenthaltsrechts für ausländische Streitkräfte, in: ZaöRV 1996, 389ff.

FLEMMING, Katharina: Wiedereinführung der Todesstrafe in Deutschland? Verfassungsrechtliche, internationale und europarechtliche Aspekte (2007).

FRANK, Christel und Gerhart HARRER: Der Sachverständige im Strafprozess. Kriminalitätsverhütung (1997).

FRANKENBERG, Günter: Ausweisung und Abschiebung trotz drohender Todesstrafe?, in: JZ 1986, 414ff.

FREI, Norbert: Vergangenheitspolitik – Die Anfänge der Bundesrepublik Deutschland und die Nationalsozialistische Vergangenheit, 2. Auflage (2003).

FROWEIN, Jochen A. und Wolfgang PEUKERT: Europäische Menschenrechtskonvention, EMRK-Kommentar, 2. Auflage (1996).

GECK, Wilhelm Karl: in: Rudolf Dolzer/Klaus Vogel/Karin Graßhof, Bonner Kommentar zum Grundgesetz (Loseblattsammlung seit 1950ff.).

GECK, Wilhelm Karl: Art 102 und der Rechtshilfeverkehr zwischen der Bundesrepublik und Ländern mit der Todesstrafe, in: JuS 1965, 221ff.

GESCHWIND, Martin, Franz PETERSOHN und Erardo C. RAUTENBERG: Die Beurteilung psychiatrischer Gutachten im Strafprozess (1982).

GREINWALD, P. Sigisbert: Für und Wider die Todesstrafe (1931).

GREUSSING, Kurt: Neue Politik, alter Despotismus. Perspektiven der islamischen Revolution im Iran (1981).

GRITSCHNEDER, Otto: Furchtbare Richter. Verbrecherische Todesurteile deutscher Kriegsgerichte (1998).

GRÜTZNER, Heinrich und Paul-Günther PÖTZ: Internationaler Rechtshilfeverkehr in Strafsachen, Bd. 2, 2. Auflage (1995).

GÜRTNER, Franz: Das kommende deutsche Strafrecht, 2. Auflage (1936).

GUSY, Christoph: in: Hermann von Mangoldt/Friedrich Klein/Christian Starck, Kommentar zum Grundgesetz, Bd. 3, 5. Auflage (2005).

GUSY, Christoph: Der Rechtsstaat und die RAF, Dossier zur RAF für Information zur politischen Bildung unter www.bpb.de.

HAILBRONNER, Kay: Das Gesetz zur Neuregelung des Ausländerrechts, in: NJW 1990, 2158f.

HAMANN, Andreas und Helmut Lenz: Das Grundgesetz für die Bundesrepublik Deutschland vom 23. Mai 1949. Ein Kommentar für Wissenschaft und Praxis, 3. Auflage (1970).

HARTIG, Hanno: Abschaffung der Todesstrafe in Europa. Das 6. Zusatzprotokoll zur EMRK, in: EuGRZ 1983, 270ff.

HARTIG, Hanno: Die Todesstrafe in den Mitgliedstaaten des Europarates, in: EuGRZ 1980, 340ff.

HEINRICH, Hans: Die Verjährung der NS-Verbrechen unter staats- und völkerrechtlichen Aspekt, in: Bibliothek der Friedrich-Ebert-Stiftung unter www.fes.de.

HEINZ, Gunter und Karl PETERS: Fehlerquellen forensisch-psychiatrischer Gutachten. Eine Untersuchung anhand von Wiederaufnahmeverfahren, 2. Auflage (2001).

HENSGEN, Thomas, Birgit JANNIG und Michael MANSFELD: Europa – Ein Kontinent ohne Todesstrafe?, in: Christian Boulanger/Vera Heyes/Phillip Hanfling, Zur Aktualität der Todesstrafe – Interdisziplinäre und globale Perspektiven, 2. Auflage (2002), S. 269ff.

HENTIG, Hans von: Crime – Causes and Conditions (1947).

HENTIG, Hans von: The Criminal and his Victim (1948).

HENTIG, Hans von: Der gehängte Henker – Eine kriminalhistorische Studie, in: ZStR 71, (1956), S. 32ff.

**Heussner**, Herman K. und Ottmar Jung: Mehr Demokratie wagen – Volksbegehren und Volksentscheid: Geschichte, Praxis, Vorschläge (1999).

**Heyde**, Wolfgang: in: Ernst Benda/Werner Maihofer/Hans-Jochen Vogel, Handbuch des Verfassungsrechts der Bundesrepublik Deutschland, Bd. 2, 2. Auflage (1995).

**Hohmann**, Olaf: Die Geschichte der Todesstrafe in Deutschland, in: Christian Boulanger/Vera Heyes/Phillip Hanfling, Zur Aktualität der Todesstrafe – Interdisziplinäre und globale Perspektiven, 2. Auflage (2002), S. 247ff.

**Holzgräber**, Rudolf: Die DP. Partei eines neuen Konservatismus? (1955).

**Hood**, Roger: Die Todesstrafe: Globale Perspektive, in: Christian Boulanger/Vera Heyes/Phillip Hanfling, Zur Aktualität der Todesstrafe – Interdisziplinäre und globale Perspektiven, 2. Auflage (2002), S. 447ff.

**Janzarik**, Werner: Grundlagen der Schuldfähigkeitsprüfung (1995).

**Jarass**, Hans und Bodo Pieroth: Grundgesetz für die Bundesrepublik Deutschland, 8. Auflage (2006).

**Jescheck**, Hans-Heinrich: Die Todesstrafe im ausländischen Recht, in: Die Frage der Todesstrafe – 12 Antworten (1962) aus der Reihe, Das Heidelberger Studio – Eine Sendereihe des Süddeutschen Rundfunks, S. 60ff.

**Jescheck**, Hans-Heinrich und Thomas Weigend: Lehrbuch des Strafrechts Allgemeiner Teil, 5. Auflage (1996).

**Kant**, Immanuel: Metaphysik der Sitten (1990).

**Kaufmann**, Arthur: Um die Todesstrafe, in: Studien zur Strafrechtsdogmatik (1966).

**Kaufmann**, Arthur: Rechtsphilosophie, 2. Auflage (1997).

**Kaufmann**, Arthur: in: Görres-Gesellschaft, Staatslexikon, Bd. 5 (1989).

**Keller**, Dieter: Die Todesstrafe in kritischer Sicht (1968).

**Kleinknecht**, Theodor und Lutz Meyer-Gossner: Strafprozessordnung, 44. Auflage (2001).

**Klughardt**, Werner: Die Gesetzgebung zur Bekämpfung des Terrorismus aus strafrechtlich-soziologischer Sicht (1984).

**Köcher**, Renate: Auge um Auge – Unter dem Eindruck spektakulärer Verbrechen wird der Ruf nach drakonischen Strafen lauter, für das Institut für Demoskopie Allensbach (1996).

**Koestler**, Arthur: Die Rache ist mein, in: Albert Camus/Arthur Koestler/Ernst Müller-Meiningen jr./Friedrich Nowakowski, Die Rache ist mein – Theorie und Praxis der Todesstrafe (1961), S. 93ff.

KRAUSSHAAR, Wolfgang: Die RAF und der linke Terrorismus (2006).

KROESCHELL, Karl: Rechtsgeschichte Deutschlands im 20. Jahrhundert (1992).

KRUKE, Anja: Demoskopie in der Bundesrepublik Deutschland: Meinungsforschung, Parteien und Medien 1949 – 1990 (2007).

KÜHL, Kristian: Neue Gesetze gegen terroristische Straftaten, in: NJW 1987, 737ff.

KÜNNETH, Walter: Die theologischen Argumente für und wider die Todesstrafe, in: Die Frage der Todesstrafe – 12 Antworten (1962) aus der Reihe, Das Heidelberger Studio – Eine Sendereihe des Süddeutschen Rundfunks, S. 153ff.

KÜNNETH, Walter: Politik zwischen Dämonen und Gott. Eine christliche Ethik des Politischen (1954).

KUNATH, Jana: Die Rote Armee Fraktion und die Reaktion des Staates (2002).

KUNIG, Philip: in: Ingo v. Münch/Philip Kunig, Grundgesetz-Kommentar, Bd. 3, 4./5. Auflage (2003).

LACKNER, Karl und Kristian KÜHL: Strafgesetzbuch – Kommentar, 24. Auflage (2001).

LAGODNY, Otto: Grundrechte als Auslieferungs-Gegenrechte, in: NJW 1988, 2146ff.

LAZARSFELD, Paul F.: Public Opinion and the Classical Tradition, in: The Public Opinion Quarterly, Vol. XXI, No.1 (1957).

LUTHER, Rainer: Die zweifelhafte Schuldfähigkeit. Einführung in Theorie und Praxis der Begutachtung für Beteiligte an Gerichtsverfahren (1996).

MARLIE, Marcus: Schuldstrafrecht und Willensfreiheit. Ein Überblick, in: ZfS 1/2008, S. 41ff.

MERGEN, Armand: Dokumentation über die Todesstrafe – mit einer rechtvergleichenden Darstellung des Problems der Todesstrafe in aller Welt (1963).

MEYN, Hermann: Die deutsche Partei – Entwicklung und Problematik einer national-konservativen Rechtspartei nach 1945 (1965).

MIDDENDORF, Wolf: Todesstrafe – Ja oder Nein? (1962).

MITTERMAIER, Wolfgang: Die Todesstrafe in Deutschland abgeschafft, in: ZStR 64, (1949), S. 369ff.

MÖHRENSCHLÄGER, Manfred: Völkerrechtliche Abschaffung der Todesstrafe – Geschichtliche Entwicklung und gegenwärtiger Stand, in: Festschrift für Jürgen Baumann zum 70. Geburtstag (1992), S. 297ff.

MOOR, Paul: Jürgen Bartsch: Opfer und Täter (1991).

**Müller**, Frank: Streitfall Todesstrafe (1998).

**Müller**, Teresa: Die Haltung der Parteien zu den Problemen von Strafe und Strafvollzug (1977).

**Müller-Meiningen jr.**, Ernst: Soll die Todesstrafe in der Bundesrepublik Deutschland wiederkehren? in: Albert Camus/Arthur Koestler/Ernst Müller-Meiningen jr./Friedrich Nowakowski, Die Rache ist mein – Theorie und Praxis der Todesstrafe (1961), S. 221ff.

**Müller-Meiningen jr.**, Ernst: Todesstrafe und öffentliche Meinung, in: Die Frage der Todesstrafe – 12 Antworten (1962) aus der Reihe, Das Heidelberger Studio – Eine Sendereihe des Süddeutschen Rundfunks, S. 105ff.

**Noelle-Neumann**, Elisabeth: Rechtsbewusstsein im wiedervereinigten Deutschland, für das Institut für Demoskopie Allensbach v. 8.3.1995.

**Nowak**, Manfred: Neue Entwicklung im Menschenrechtsschutz des Europarates, in: EuGRZ 1985, 240f.

**Nowakowski**, Friedrich: Die Todesstrafe in Österreich, in: Albert Camus/Arthur Koestler/Ernst Müller-Meiningen jr./Friedrich Nowakowski, Die Rache ist mein – Theorie und Praxis der Todesstrafe (1961), S. 325ff.

**Peters**, Anne: Die Missbilligung der Todesstrafe durch die Völkerrechtsgemeinschaft, in: EuGRZ 1999, 650ff.

**Peters**, Karl: Zur ethischen Begründung der Todesstrafe, in: Theologische Revue 1960, S. 244ff.

**Pikart**, Eberhard und Wolfram Werner: Der Parlamentarische Rat 1948 – 1949 – Akten und Protokolle, Bd. 5: Ausschuss für Grundsatzfragen (1993).

**Podlech**, Adalbert: in: Erhard Denninger/Wolfgang Hoffmann-Riem/Hans-Peter Schneider/Ekkehart Stein, Kommentar zum Grundgesetz für die Bundesrepublik Deutschland (Loseblattsammlung seit 1984ff.).

**Radbruch**, Gustav: Die Erneuerung des Rechts, in: Die Wandlung, 2. Jahrg. (1947), Heft 1, S. 8ff.

**Radbruch**, Gustav: Ars moriendi, in: ZStR 59, (1945), S. 460ff.

**Reinders**, Ralf und Ronald Fritsch: Die Bewegung 2. Juni (1995).

**Rittler**, Theodor: Die Todesstrafe und das 20. Jahrhundert, in: Wort und Wahrheit, Feb. 1948, S. 93ff.

**Rode**, Irmgard und Aldo Legnaro: Psychiatrische Sachverständige im Strafverfahren. Subjektive Aspekte der Begutachtung (1994).

**Rossa**, Kurt: Todesstrafe – ihre Wirklichkeit in drei Jahrtausenden (1966).

ROTHER, Wolfgang: Kants untauglicher Versuch einer Begründung des Talionsprinzips, in: Journal der Juristischen Zeitgeschichte 1/2007, S. 27ff.

ROXIN, Claus: Strafrecht – Allgemeiner Teil, Bd. 1 (1992).

RÜPING, Hinrichtungen und Günter JEROUSCHEK: Grundriss der Strafrechtsgeschichte, 4. Auflage (2002).

SALZMANN, Rainer: Die CDU/CSU im Parlamentarischen Rat – Sitzungsprotokolle der Unionsfraktion, Bd. 2 (1981).

SAX, Walter: in: Karl August Bettermann/Hans Carl Nipperdey/Ulrich Scheuner, Die Grundrechte – Handbuch der Theorie und Praxis, Bd. III/2 (1972).

SCHLÜTER, Holger: Die Urteilspraxis des nationalsozialistischen Volksgerichtshofes (1995).

SCHMIDT, Eberhard: Einführung in die Geschichte des deutschen Strafrechts (1947).

SCHMIDT, Eberhard: Goethe und das Problem der Todesstrafe, in: ZStR 63, (1948), S. 444ff.

SCHMOLLINGER, Horst W.: Die deutsche Partei, in: Richard Stoss, Parteien-Handbuch. Die Parteien der Bundesrepublik Deutschland 1945-1980, Bd. I (1986).

SCHOLZ, Rupert: in: Theodor Maunz/Günter Dürig, Grundgesetz-Kommentar (Loseblattsammlung seit 1958ff.).

SCHOMBURG, Wolfgang und Otto LAGODNY: Internationale Rechtshilfe in Strafsachen, 3. Auflage (1998).

SCHÜSSLER, Hans: Todesstrafe und Grundgesetz im Auslieferungsverfahren, in: NJW 1965, 1896ff.

SCHULZE-FIELITZ, Helmuth: in: Horst Dreier/Hartmut Bauer, Grundgesetz-Kommentar, 2. Auflage, Bd. 1 (2004).

SCHWAHN, Hans-Joachim: Zehn Jahre keine Todesstrafe mehr auf deutschem Boden, in: NJW 1998, 2568ff.

SIERCK, Michael: Die Todesstrafe. Bestandsaufnahme und Bewertung aus kirchlicher Sicht (1992).

SIGEL, Robert: Im Interesse der Gerechtigkeit. Die Dachauer Kriegsverbrecherprozesse 1945–1948 (1992).

SONKUP, Uwe: Wie starb Benno Ohnesorg? Der 2. Juni 1967 (2007).

STEIN, Ekkehardt und Frank GÖTZ: Staatsrecht, Bd. III/2, 19. Auflage (2004).

STERN, Klaus: Das Staatsrecht der Bundesrepublik Deutschland, Bd. I, 2. Auflage (1984).

**SÜSTERHENN**, Adolf: Die rationalen Gründe für die Todesstrafe, in: Die Frage der Todesstrafe – 12 Antworten (1962) aus der Reihe, Das Heidelberger Studio – Eine Sendereihe des Süddeutschen Rundfunks, S. 123ff.

**SÜSTERHENN**, Adolf: Zur Diskussion über die Todesstrafe, in Festschrift zum 75. Geburtstag v. Hubert Schorn, Aktuelle Rechtsprobleme (1966), S. 84ff.

**SÜSTERHENN**, Adolf: in: Reihe des WDR, Umstrittene Sachen: Wieder Todesstrafe? – Eine Diskussion (1957), S. 15ff.

**TETTINGER**, Peter: Aufhebung des Art. 102 Grundgesetz?, in: JZ 1978, 128ff.

**TRÖNDLE**, Herbert und Thomas FISCHER: Strafgesetzbuch und Nebengesetze, 50. Auflage (2001).

**VOGEL**, Hans Jochen: Strafverfahrensrecht und Terrorismus – eine Bilanz, in: NJW 1978, 1217ff.

**VOGLER**, Theo: Auslieferungsrecht und Grundgesetz (1970).

**VOGLER**, Theo und Peter WILKITZKI: Gesetz über die Internationale Rechtshilfe in Strafsachen (1994).

**VOGLER**, Theo: Das neue Gesetz über die internationale Rechtshilfe in Strafsachen, in: NJW 1983, 2144ff.

**VOGLER**, Theo: Auslieferung bei drohender Todesstrafe – ein Dauerthema, in: NJW 1994, S. 1433ff.

**WEIGEND**, Thomas: Grundsätze und Probleme des deutschen Auslieferungsrechts, in: JuS 2000, 105ff.

**WEISS**, Norman: Die Todesstrafe aus völkerrechtlicher Sicht, in: Christian Boulanger/Vera Heyes/Phillip Hanfling, Zur Aktualität der Todesstrafe – Interdisziplinäre und globale Perspektiven, 2. Auflage (2002), S. 427ff.

**WINTERFELD**, Armin von: Entwicklungslinien des Strafrechts und des Strafprozessrechts in den Jahren 1947 bis 1987, in: NJW 1987, S. 2631ff.

**WITTER**, Hermann: Unterschiedliche Perspektiven in der allgemeinen und in der forensischen Psychiatrie. Eine kleine Methodenlehre für Juristen, psychologisch-psychiatrische Sachverständigen und interessierte Laien (1990).

**WORM**, Manfred: SPD und Strafrechtsreform (1968).

**WROBEL**, Hans: Strafjustiz im totalen Krieg – aus den Akten der Sondergerichts Bremen 1940–1945, Bd. 1–3 (1991/1994).

**ZEIGER**, Ivo: Das Bonner Verfassungswerk, in: Stimmen der Zeit 1949, S. 161ff.

## *B) Periodika*

Abendpost
Allgemeine Zeitung (Allg. Zeitung)
Badische Zeitung (BZ)
Bayern-Kurier
Bayreuther Tageblatt
Bild am Sonntag (BamS)
Bild-Zeitung (Bild)
Bremer Nachrichten
Darmstädter Echo
Das Handelsblatt
Das Parlament (Parlament)
Das Sonntagsblatt
Das Volk (Volk)
Der Gewerkschafter (Gewerkschafter)
Der Mittag (Mittag)
Der Sozialdemokrat (Sozialdemokrat)
Der Spiegel (Spiegel)
Der Tag (Tag)
Der Tagesspiegel (Tagesspiegel)
Der Telegraf (Telegraf)
Deutsche Nationalzeitung (Dt. Nationalzeitung)
Deutsche Polizei (Dt. Polizei)
Deutsche Presse-Agentur (dpa-Brief)
Deutsche Presse-Agentur (dpa-Meldung)
Deutsche Tagespost (Dt. Tagespost)
Deutsche Zeitung (Dt. Zeitung)
Deutsche Zeitung und Wirtschaftszeitung
Deutscher Depeschendienst (ddp-Meldung)
Deutsches Allgemeines Sonntagsblatt (Dt. Allg. Sonntagsblatt)
Deutsches Echo (Dt. Echo)
Die Abendzeitung (AZ)
Die Fränkische Tagespost
Die Freiheit (Freiheit)
Die Kultur (Kultur)
Die Neue Ruhr-Zeitung (NRZ)
Die Neue Rhein-Zeitung (NRhZ)
Die Neue Zeitung
Die Welt (Welt)
Die Zeit (Zeit)
Europäische GRUNDRECHTE-Zeitschrift (EuGRZ)
Eßlinger Zeitung
Evangelischer Pressedienst (epd-Meldung)
Frankfurter Allgemeine Zeitung (FAZ)
Frankfurter Hefte
Frankfurter Neue Presse (FrNPr)
Frankfurter Rundschau (FR)
Fränkische Tagespost
General-Anzeiger (GA)
Hamburger Abendblatt
Hamburger Echo
Hannoversche Allgemeine (Hannov. Allgemeine)
Hannoversche Presse
Illustrierte Woche
Industriekurier

Information zur politischen Bildung

Journal der Juristischen Zeitgeschichte (JoJZG)

Juristische Ausbildung (JURA)

Juristische Rundschau (JR)

JuristenZeitung (JZ)

Juristische Schulung (JuS)

Kasseler Post

Katholische Nachrichten Agentur (KNA)

Kölner-Stadt-Anzeiger (KStA)

Kurier

Mannheimer Morgen

Münchener Merkur

Neue Juristische Wochenschrift (NJW)

Neue Revue

Neue Züricher Zeitung (NZZ)

Niederdeutsche Zeitung (Niederdt. Zeitung)

Norddeutsche Zeitung (Norddt. Zeitung)

Nürnberger Nachrichten

Nürnberger Zeitung (NZ)

Ötv-Magazin

Parlamentarischer Pressedienst (ppp-Meldung)

Quick

Rheinische Post (Rh. Post)

Rheinischer Merkur (Rh. Merkur)

Rhein-Neckar-Zeitung

Ruhr-Nachrichten

Schwäbische Landeszeitung (Schwäb. Landeszeitung)

Schweizerische Zeitschrift für Strafrecht (ZStR)

Spandauer Volksblatt

Stern

Stimmen der Zeit

Stuttgarter Zeitung (Stuttg. Zeitung)

Süddeutsche Zeitung (SZ)

Süd-Ost-Kurier

Theologische Revue

Trierische Landeszeitung

Vierteljahresheft der Zeitgeschichte

Vorwärts

Welt am Sonntag (WamS)

Welt der Arbeit

Westdeutsche Tageblatt (Westdt. Tageblatt)

Westfälische Allgemeine Zeitung (WAZ)

Westfälische Neue Presse (WNPr)

Westfälische Rundschau (Westfl. Rundschau)

Wirtschaftszeitung

Wort und Wahrheit

Zeitschrift für ausländisches öffentliches Recht und Völkerrecht (ZaöRV)

Zeitschrift für das Juristische Studium (ZJS)

Zeitschrift für die gesamte Strafrechtswissenschaft (ZStW)

Zeitschrift für Rechtsvergleichung Internationales Privatrecht und Europarecht (ZfRV)

Zeitschrift für Soziologie (ZfS)

# C) Sonstiges Schrifttum

## I. Demoskopische Untersuchungen

Institut für Demoskopie Allensbach (IfD).

EMNID – Institut für Meinungsforschung.

Deutsches Institut für Volksumfragen (DIVO).

Wickert-Institute für Markt-, Meinungs- und wirtschaftliche Zukunftsforschung.

## II. Stenographische Protokolle

Bericht über den Verfassungskonvent auf Herrenchiemsee 10. – 23.8.1948.

Stenographische Berichte des Hauptausschusses des Parlamentarischen Rates.

Parlamentarischer Rat: Verhandlungen des Hauptausschusses1948/1949.

Stenographische Berichte des Plenums des Parlamentarischen Rates.

Stenographische Berichte des deutschen Bundestages.

Niederschriften über die Sitzungen der Großen Strafrechtskommission.

Stenographische Berichte des Bayerischen Landtags.

## III. Parteien

CSU-Pressemitteilungen.

CDU-Pressemitteilungen.

Pressereferat der CDU/CSU-Fraktion des dt. Bundestages.

RCDS-Pressemitteilungen.

Freie Demokratische Korrespondenz (FDK).

Mitteilung an Fraktionsmitglieder der SPD im dt. Bundestag.

Parlamentsbericht der SPD-Bundestagsfraktion.

SPD-Mitteilung an die Presse.

SPD-Pressedienst.

## *IV. Dokumente des Bundesarchivs Koblenz*

BArch, Justizpolitik und Notstandsgesetzgebung, unter www.bundesarchiv.de.

BArch, Dokument Nr. 48 v. 24.9.1950, Besprechung des Bundeskanzlers mit dem Hohen Kommissar John J. McCloy in Rhöndorf, unter www.bundesarchiv.de.

BArch, Nationalsozialistische Vergangenheit, unter www.bundesarchiv.de.

BArch, Landsberg: Ein dokumentarischer Bericht, Hrsg. v. Information Service Division Office of the U.S. High Commission for Germany (1951) (B 122/644).

Kabinettsprotokolle der Bundesregierung, unter www.bundesarchiv.de.

Akten des Bundesjustizministeriums und des Bundeskanzleramtes:

| | | |
|---|---|---|
| B 122/000644 | B 122/004997 | B 134/003191 |
| B 136/070052 | B 141/003060 | B 141/003191 |
| B 141/003796 | B 141/003797 | B 141/003798 |
| B 141/003799 | B 141/003800 | B 141/003801 |
| B 141/003802 | B 141/003803 | B 141/003804 |
| B 141/003805 | B 141/003806 | B 141/003807 |
| B 141/003808 | B 141/003809 | B 141/003810 |
| B 141/003811 | B 141/003812 | B 141/003813 |
| B 141/003816 | B 141/003826 | B 141/003827 |
| B 141/003902 | B 141/007052 | B 141/017317 |
| B 141/030602 | B 141/030603 | B 141/036120 |
| B 141/048309 | B 141/048310 | B 141/048319 |
| B 141/048399 | B 141/400891 | B 141/400901 |
| B 141/400903 | | |

# Juristische Zeitgeschichte

Herausgeber: Prof. Dr. Dr. Thomas Vormbaum, FernUniversität in Hagen

**Abteilung 1: Allgemeine Reihe**

1 *Thomas Vormbaum (Hrsg.):* Die Sozialdemokratie und die Entstehung des Bürgerlichen Gesetzbuchs. Quellen aus der sozialdemokratischen Partei und Presse (1997)
2 *Heiko Ahlbrecht:* Geschichte der völkerrechtlichen Strafgerichtsbarkeit im 20. Jahrhundert (1999)
3 *Dominik Westerkamp:* Pressefreiheit und Zensur im Sachsen des Vormärz (1999)
4 *Wolfgang Naucke:* Über die Zerbrechlichkeit des rechtsstaatlichen Strafrechts. Gesammelte Aufsätze zur Strafrechtsgeschichte (2000)
5 *Jörg Ernst August Waldow:* Der strafrechtliche Ehrenschutz in der NS-Zeit (2000)
6 *Bernhard Diestelkamp:* Rechtsgeschichte als Zeitgeschichte. Beiträge zur Rechtsgeschichte des 20. Jahrhunderts (2001)
7 *Michael Damnitz:* Bürgerliches Recht zwischen Staat und Kirche. Mitwirkung der Zentrumspartei am Bürgerlichen Gesetzbuch (2001)
8 *Massimo Nobili:* Die freie richterliche Überzeugungsbildung. Reformdiskussion und Gesetzgebung in Italien, Frankreich und Deutschland seit dem Ausgang des 18. Jahrhunderts (2001)
9 *Diemut Majer:* Nationalsozialismus im Lichte der Juristischen Zeitgeschichte (2002)
10 *Bianca Vieregge:* Die Gerichtsbarkeit einer „Elite“. Nationalsozialistische Rechtsprechung am Beispiel der SS- und Polizeigerichtsbarkeit (2002)
11 *Norbert Berthold Wagner:* Die deutschen Schutzgebiete (2002)
12 *Miloš Vec:* Die Spur des Täters. Methoden der Identifikation in der Kriminalistik (1879–1933), (2002)
13 *Christian Amann:* Ordentliche Jugendgerichtsbarkeit und Justizalltag im OLG-Bezirk Hamm von 1939 bis 1945 (2003)
14 *Günter Gribbohm:* Das Reichskriegsgericht (2004)
15 *Martin M. Arnold:* Pressefreiheit und Zensur im Baden des Vormärz. Im Spannungsfeld zwischen Bundestreue und Liberalismus (2003)
16 *Ettore Dezza:* Beiträge zur Geschichte des modernen italienischen Strafrechts (2004)
17 *Thomas Vormbaum (Hrsg.):* „Euthanasie“ vor Gericht. Die Anklageschrift des Generalstaatsanwalts beim OLG Frankfurt/M. gegen Werner Heyde u. a. vom 22. Mai 1962 (2005)
18 *Kai Cornelius:* Vom spurlosen Verschwindenlassen zur Benachrichtigungspflicht bei Festnahmen (2006)
19 *Kristina Brümmer-Pauly:* Desertion im Recht des Nationalsozialismus (2006)
20 *Hanns-Jürgen Wiegand:* Direktdemokratische Elemente in der deutschen Verfassungsgeschichte (2006)
21 *Hans-Peter Marutschke (Hrsg.):* Beiträge zur modernen japanischen Rechtsgeschichte (2006)

## Abteilung 2: Forum Juristische Zeitgeschichte

1 *Franz-Josef Düwell / Thomas Vormbaum (Hrsg.):* Themen juristischer Zeitgeschichte (1) – Schwerpunktthema: Recht und Nationalsozialismus (1998)
2 *Karl-Heinz Keldungs:* Das Sondergericht Duisburg 1943–1945 (1998)
3 *Franz-Josef Düwell / Thomas Vormbaum (Hrsg.):* Themen juristischer Zeitgeschichte (2) – Schwerpunktthema: Recht und Juristen in der Revolution von 1848/49 (1998)
4 *Thomas Vormbaum:* Beiträge zur juristischen Zeitgeschichte (1999)
5 *Franz-Josef Düwell / Thomas Vormbaum:* Themen juristischer Zeitgeschichte (3), (1999)
6 *Thomas Vormbaum (Hrsg.):* Themen juristischer Zeitgeschichte (4), (2000)
7 *Frank Roeser:* Das Sondergericht Essen 1942–1945 (2000)
8 *Heinz Müller-Dietz:* Recht und Nationalsozialismus – Gesammelte Beiträge (2000)
9 *Franz-Josef Düwell (Hrsg.):* Licht und Schatten. Der 9. November in der deutschen Geschichte und Rechtsgeschichte – Symposium der Arnold-Freymuth-Gesellschaft, Hamm (2000)
10 *Bernd-Rüdiger Kern / Klaus-Peter Schroeder (Hrsg.):* Eduard von Simson (1810–1899). „Chorführer der Deutschen" und erster Präsident des Reichsgerichts (2001)
11 *Norbert Haase / Bert Pampel (Hrsg.):* Die Waldheimer „Prozesse" – fünfzig Jahre danach. Dokumentation der Tagung der Stiftung Sächsische Gedenkstätten am 28. und 29. September in Waldheim (2001)
12 *Wolfgang Form (Hrsg.):* Literatur- und Urteilsverzeichnis zum politischen NS-Strafrecht (2001)
13 *Sabine Hain:* Die Individualverfassungsbeschwerde nach Bundesrecht (2002)
14 *Gerhard Pauli / Thomas Vormbaum (Hrsg.):* Justiz und Nationalsozialismus – Kontinuität und Diskontinuität. Fachtagung in der Justizakademie des Landes NRW, Recklinghausen, am 19. und 20. November 2001 (2003)
15 *Mario Da Passano (Hrsg.):* Europäische Strafkolonien im 19. Jahrhundert. Internationaler Kongreß des Dipartimento di Storia der Universität Sassari und des Parco nazionale di Asinara, Porto Torres, 25. Mai 2001 (2006)
16 *Sylvia Kesper-Biermann / Petra Overath (Hrsg.):* Die Internationalisierung von Strafrechtswissenschaft und Kriminalpolitik (1870–1930). Deutschland im Vergleich (2007)
17 *Hermann Weber (Hrsg.):* Literatur, Recht und Musik. Tagung im Nordkolleg Rendsburg vom 16. bis 18. September 2005 (2007)
18 *Hermann Weber (Hrsg.):* Literatur, Recht und (bildende) Kunst. Tagung im Nordkolleg Rendsburg vom 21. bis 23. September 2007 (2008)
19 *Francisco Muñoz Conde / Thomas Vormbaum (Hrsg.):* Transformation von Diktaturen in Demokratien und Aufarbeitung der Vergangenheit (2010)

## Abteilung 3: Beiträge zur modernen deutschen Strafgesetzgebung Materialien zu einem historischen Kommentar

1 *Thomas Vormbaum / Jürgen Welp (Hrsg.):* Das Strafgesetzbuch seit 1870. Sammlung der Änderungen und Neubekanntmachungen; Vier Textbände (1999–2002) und drei Supplementbände (2005, 2006)

2 *Christian Müller:* Das Gewohnheitsverbrechergesetz vom 24. November 1933. Kriminalpolitik als Rassenpolitik (1998)

3 *Maria Meyer-Höger:* Der Jugendarrest. Entstehung und Weiterentwicklung einer Sanktion (1998)

4 *Kirsten Gieseler:* Unterlassene Hilfeleistung – § 323c StGB. Reformdiskussion und Gesetzgebung seit 1870. (1999)

5 *Robert Weber:* Die Entwicklung des Nebenstrafrechts 1871–1914 (1999)

6 *Frank Nobis:* Die Strafprozeßgesetzgebung der späten Weimarer Republik (2000)

7 *Karsten Felske:* Kriminelle und terroristische Vereinigungen – §§ 129, 129a StGB (2002)

8 *Ralf Baumgarten:* Zweikampf – §§ 201–210 a.F. StGB (2003)

9 *Felix Prinz:* Diebstahl – §§ 242 ff. StGB (2003)

10 *Werner Schubert / Thomas Vormbaum (Hrsg.):* Entstehung des Strafgesetzbuchs. Kommissionsprotokolle und Entwürfe. Band 1: 1869 (2002); Band 2: 1870 (2004)

11 *Lars Bernhard:* Falsche Verdächtigung (§§ 164, 165 StGB) und Vortäuschen einer Straftat (§ 145d StGB), (2003)

12 *Frank Korn:* Körperverletzungsdelikte – §§ 223 ff., 340 StGB. Reformdiskussion und Gesetzgebung von 1870 bis 1933 (2003)

13 *Christian Gröning:* Körperverletzungsdelikte – §§ 223 ff., 340 StGB. Reformdiskussion und Gesetzgebung seit 1933 (2004)

14 *Sabine Putzke:* Die Strafbarkeit der Abtreibung in der Kaiserzeit und in der Weimarer Zeit. Eine Analyse der Reformdiskussion und der Straftatbestände in den Reformentwürfen (1908–1931), (2003)

15 *Eckard Voßiek:* Strafbare Veröffentlichung amtlicher Schriftstücke (§ 353d Nr. 3 StGB). Gesetzgebung und Rechtsanwendung seit 1851 (2004)

16 *Stefan Lindenberg:* Brandstiftungsdelikte – §§ 306 ff. StGB. Reformdiskussion und Gesetzgebung seit 1870 (2004)

17 *Ninette Barreneche†:* Materialien zu einer Strafrechtsgeschichte der Münchener Räterepublik 1918/1919 (2004)

18 *Carsten Thiel:* Rechtsbeugung – § 339 StGB. Reformdiskussion und Gesetzgebung seit 1870 (2005)

19 *Vera Große-Vehne:* Tötung auf Verlangen (§ 216 StGB), „Euthanasie" und Sterbehilfe. Reformdiskussion und Gesetzgebung seit 1870 (2005)

20 *Thomas Vormbaum / Kathrin Rentrop (Hrsg.):* Reform des Strafgesetzbuchs. Sammlung der Reformentwürfe. Band 1: 1909 bis 1919. Band 2: 1922 bis 1939. Band 3: 1959 bis 1996 (2008)

21 *Dietmar Prechtel:* Urkundendelikte (§§ 267 ff. StGB). Reformdiskussion und Gesetzgebung seit 1870 (2005)

22 *Ilya Hartmann:* Prostitution, Kuppelei, Zuhälterei. Reformdiskussion und Gesetzgebung seit 1870 (2006)

23 *Ralf Seemann:* Strafbare Vereitelung von Gläubigerrechten (§§ 283 ff., 288 StGB). Reformdiskussion und Gesetzgebung seit 1870 (2006)

24 *Andrea Hartmann:* Majestätsbeleidigung (§§ 94 ff. StGB a.F.) und Verunglimpfung des Staatsoberhauptes (§ 90 StGB). Reformdiskussion und Gesetzgebung seit dem 19. Jahrhundert (2006)

25 *Christina Rampf:* Hausfriedensbruch (§ 123 StGB). Reformdiskussion und Gesetzgebung seit 1870 (2006)

26 *Christian Schäfer:* „Widernatürliche Unzucht“ (§§ 175, 175a, 175b, 182, a.F. StGB). Reformdiskussion und Gesetzgebung seit 1945 (2006)
27 *Kathrin Rentrop:* Untreue und Unterschlagung (§§ 266 und 246 StGB). Reformdiskussion und Gesetzgebung seit dem 19. Jahrhundert (2007)
28 *Martin Asholt:* Straßenverkehrsstrafrecht. Reformdiskussion und Gesetzgebung seit dem Ausgang des 19. Jahrhunderts (2007)
29 *Katharina Linka:* Mord und Totschlag (§§ 211–213 StGB). Reformdiskussion und Gesetzgebung seit 1870 (2008)
30 *Juliane Sophia Dettmar:* Legalität und Opportunität im Strafprozess. Reformdiskussion und Gesetzgebung von 1877 bis 1933 (2008)
31 *Jürgen Durynek:* Korruptionsdelikte (§§ 331 ff. StGB). Reformdiskussion und Gesetzgebung seit dem 19. Jahrhundert (2008)
32 *Judith Weber*: Das sächsische Strafrecht im 19. Jahrhundert bis zum Reichsstrafgesetzbuch (2009)
33 *Denis Matthies*: Exemplifikationen und Regelbeispiele. Eine Untersuchung zum 100-jährigen Beitrag von Adolf Wach zur „Legislativen Technik“ (2009)
34 *Benedikt Rohrßen*: Von der „Anreizung zum Klassenkampf“ zur „Volksverhetzung“ (§ 130 StGB). Reformdiskussion und Gesetzgebung seit dem 19. Jahrhundert (2009)
35 *Friederike Goltsche:* Der Entwurf eines Allgemeinen Deutschen Strafgesetzbuches von 1922 (Entwurf Radbruch) (2010)
36 *Tarig Elobied:* Die Entwicklung des Strafbefehlsverfahrens von 1846 bis in die Gegenwart (2010)
37 *Christina Müting:* Sexuelle Nötigung; Vergewaltigung (§ 177 StGB) (2010)
38 *Nadeschda Wilkitzki:* Entstehung des Gesetzes über Internationale Rechtshilfe in Strafsachen (IRG) (2010)
39 *André Brambring:* Kindestötung (§ 217 a.F. StGB). Reformdiskussion und Gesetzgebung seit 1870 (2010)
40 *Wilhelm Rettler:* Der strafrechtliche Schutz des sozialistischen Eigentums in der DDR (2010)

**Abteilung 4: Leben und Werk. Biographien und Werkanalysen**

1 *Mario A. Cattaneo:* Karl Grolmans strafrechtlicher Humanismus (1998)
2 *Gerit Thulfaut:* Kriminalpolitik und Strafrechtstheorie bei Edmund Mezger (2000)
3 *Adolf Laufs:* Persönlichkeit und Recht. Gesammelte Aufsätze (2001)
4 *Hanno Durth:* Der Kampf gegen das Unrecht. Gustav Radbruchs Theorie eines Kulturverfassungsrechts (2001)
5 *Volker Tausch:* Max Güde (1902–1984). Generalbundesanwalt und Rechtspolitiker (2002)
6 *Bernd Schmalhausen:* Josef Neuberger (1902–1977). Ein Leben für eine menschliche Justiz (2002)
7 *Wolf Christian von Arnswald:* Savigny als Strafrechtspraktiker. Ministerium für die Gesetzesrevision (1842–1848), (2003)
8 *Thilo Ramm:* Ferdinand Lassalle. Der Revolutionär und das Recht (2004)
9 *Martin D. Klein:* Demokratisches Denken bei Gustav Radbruch (2007)

10 *Francisco Muñoz Conde:* Edmund Mezger – Beiträge zu einem Juristenleben (2007)
11 *Whitney R. Harris:* Tyrannen vor Gericht. Das Verfahren gegen die deutschen Hauptkriegsverbrecher nach dem Zweiten Weltkrieg in Nürnberg 1945–1946 (2008)
12 *Eric Hilgendorf (Hrsg.):* Die deutschsprachige Strafrechtswissenschaft in Selbstdarstellungen (2010)
13 *Tamara Cipolla:* Friedrich Karl von Strombeck. Leben und Werk – Unter besonderer Berücksichtigung des Entwurfes eines Strafgesetzbuches für ein Norddeutsches Staatsgebiet (2010)
14 *Karoline Peters:* J. D. H. Temme und das preußische Strafverfahren in der Mitte des 19. Jahrhunderts (2010)

**Abteilung 5: Juristisches Zeitgeschehen Rechtspolitik und Justiz aus zeitgenössischer Perspektive**

Mitherausgegeben von Gisela Friedrichsen („Der Spiegel") und RA Prof. Dr. Franz Salditt

1 *Diether Posser:* Anwalt im Kalten Krieg. Ein Stück deutscher Geschichte in politischen Prozessen 1951–1968. 3. Auflage (1999)
2 *Jörg Arnold (Hrsg.):* Strafrechtliche Auseinandersetzung mit Systemvergangenheit am Beispiel der DDR (2000)
3 *Thomas Vormbaum (Hrsg.):* Vichy vor Gericht: Der Papon-Prozeß (2000)
4 *Heiko Ahlbrecht / Kai Ambos (Hrsg.):* Der Fall Pinochet(s). Auslieferung wegen staatsverstärkter Kriminalität? (1999)
5 *Oliver Franz:* Ausgehverbot für Jugendliche („Juvenile Curfew") in den USA. Reformdiskussion und Gesetzgebung seit dem 19. Jahrhundert (2000)
6 *Gabriele Zwiehoff (Hrsg.):* „Großer Lauschangriff". Die Entstehung des Gesetzes zur Änderung des Grundgesetzes vom 26. März 1998 und des Gesetzes zur Änderung der Strafprozeßordnung vom 4. Mai 1998 in der Presseberichterstattung 1997/98 (2000)
7 *Mario A. Cattaneo:* Strafrechtstotalitarismus. Terrorismus und Willkür (2001)
8 *Gisela Friedrichsen / Gerhard Mauz:* Er oder sie? Der Strafprozeß Böttcher/Weimar. Prozeßberichte 1987 bis 1999 (2001)
9 *Heribert Prantl / Thomas Vormbaum (Hrsg.):* Juristisches Zeitgeschehen 2000 in der Süddeutschen Zeitung (2001)
10 *Helmut Kreicker:* Art. 7 EMRK und die Gewalttaten an der deutsch-deutschen Grenze (2002)
11 *Heribert Prantl / Thomas Vormbaum (Hrsg.):* Juristisches Zeitgeschehen 2001 in der Süddeutschen Zeitung (2002)
12 *Henning Floto:* Der Rechtsstatus des Johanniterordens. Eine rechtsgeschichtliche und rechtsdogmatische Untersuchung zum Rechtsstatus der Balley Brandenburg des ritterlichen Ordens St. Johannis vom Spital zu Jerusalem (2003)
13 *Heribert Prantl / Thomas Vormbaum (Hrsg.):* Juristisches Zeitgeschehen 2002 in der Süddeutschen Zeitung (2003)
14 *Kai Ambos / Jörg Arnold (Hrsg.):* Der Irak-Krieg und das Völkerrecht (2004)
15 *Heribert Prantl / Thomas Vormbaum (Hrsg.):* Juristisches Zeitgeschehen 2003 in der Süddeutschen Zeitung (2004)

16 *Sascha Rolf Lüder:* Völkerrechtliche Verantwortlichkeit bei Teilnahme an „Peace-keeping"-Missionen der Vereinten Nationen (2004)
17 *Heribert Prantl / Thomas Vormbaum (Hrsg.)*: Juristisches Zeitgeschehen 2004 in der Süddeutschen Zeitung (2005)
18 *Christian Haumann:* Die „gewichtende Arbeitsweise" der Finanzverwaltung. Eine Untersuchung über die Aufgabenerfüllung der Finanzverwaltung bei der Festsetzung der Veranlagungssteuern (2008)

**Abteilung 6: Recht in der Kunst**

Mitherausgegeben von Prof. Dr. Gunter Reiß

1 *Heinz Müller-Dietz:* Recht und Kriminalität im literarischen Widerschein. Gesammelte Aufsätze (1999)
2 *Klaus Lüderssen (Hrsg.):* »Die wahre Liberalität ist Anerkennung«. Goethe und die Juris prudenz (1999)
3 *Bertolt Brecht:* Die Dreigroschenoper (1928) / Dreigroschenroman (1934). Mit Kommentaren von Iring Fetscher und Bodo Plachta (2001)
4 *Annette von Droste-Hülshoff:* Die Judenbuche (1842) / Die Vergeltung (1841). Mit Kommentaren von Heinz Holzhauer und Winfried Woesler (2000)
5 *Theodor Fontane:* Unterm Birnbaum (1885). Mit Kommentaren von Hugo Aust und Klaus Lüderssen (2001)
6 *Heinrich von Kleist:* Michael Kohlhaas (1810). Mit Kommentaren von Wolfgang Naucke und Joachim Linder (2000)
7 *Anja Sya:* Literatur und juristisches Erkenntnisinteresse. Joachim Maass' Roman „Der Fall Gouffé" und sein Verhältnis zu der historischen Vorlage (2001)
8 *Heiner Mückenberger:* Theodor Storm – Dichter und Richter. Eine rechtsgeschichtliche Lebensbeschreibung (2001)
9 *Hermann Weber (Hrsg.):* Annäherung an das Thema „Recht und Literatur". Recht, Literatur und Kunst in der NJW (1), (2002)
10 *Hermann Weber (Hrsg.):* Juristen als Dichter. Recht, Literatur und Kunst in der NJW (2), (2002)
11 *Hermann Weber (Hrsg.):* Prozesse und Rechtsstreitigkeiten um Recht, Literatur und Kunst. Recht, Literatur und Kunst in der NJW (3), (2002)
12 *Klaus Lüderssen:* Produktive Spiegelungen. 2., erweiterte Auflage (2002)
13 *Lion Feuchtwanger:* Erfolg. Drei Jahre Geschichte einer Provinz. Roman (1929). Mit Kommentaren von Theo Rasehorn und Ernst Ribbat (2002)
14 *Jakob Wassermann:* Der Fall Maurizius. Roman (1928). Mit Kommentaren von Thomas Vormbaum und Regina Schäfer (2003)
15 *Hermann Weber (Hrsg.):* Recht, Staat und Politik im Bild der Dichtung. Recht, Literatur und Kunst in der Neuen Juristischen Wochenschrift (4), (2003)
16 *Hermann Weber (Hrsg.)*: Reale und fiktive Kriminalfälle als Gegenstand der Literatur. Recht, Literatur und Kunst in der Neuen Juristischen Wochenschrift (5), (2003)
17 *Karl Kraus:* Sittlichkeit und Kriminalität. (1908). Mit Kommentaren von Helmut Arntzen und Heinz Müller-Dietz (2004)
18 *Hermann Weber (Hrsg.)*: Dichter als Juristen. Recht, Literatur und Kunst in der Neuen Juristischen Wochenschrift (6), (2004)

19 *Hermann Weber (Hrsg.):* Recht und Juristen im Bild der Literatur. Recht, Literatur und Kunst in der Neuen Juristischen Wochenschrift (7), (2005)

20 *Heinrich von Kleist:* Der zerbrochne Krug. Ein Lustspiel (1811). Mit Kommentaren von Michael Walter und Regina Schäfer (2005)

21 *Francisco Muñoz Conde / Marta Muñoz Aunión:* „Das Urteil von Nürnberg". Juristischer und filmwissenschaftlicher Kommentar zum Film von Stanley Kramer (1961), (2006)

22 *Fjodor Dostojewski:* Aufzeichnungen aus einem Totenhaus (1860). Mit Kommentaren von Heinz Müller-Dietz und Dunja Brötz (2005)

23 *Thomas Vormbaum (Hrsg.):* Anton Matthias Sprickmann. Dichter und Jurist. Mit Kommentaren von Walter Gödden, Jörg Löffler und Thomas Vormbaum (2006)

24 *Friedrich Schiller:* Verbrecher aus Infamie (1786). Mit Kommentaren von Heinz Müller-Dietz und Martin Huber (2006)

25 *Franz Kafka:* Der Proceß. Roman (1925). Mit Kommentaren von Detlef Kremer und Jörg Tenckhoff (2006)

26 *Heinrich Heine:* Deutschland. Ein Wintermährchen. Geschrieben im Januar 1844. Mit Kommentaren von Winfried Woesler und Thomas Vormbaum (2006)

27 *Thomas Vormbaum (Hrsg.):* Recht, Rechtswissenschaft und Juristen im Werk Heinrich Heines (2006)

28 *Heinz Müller-Dietz:* Recht und Kriminalität in literarischen Spiegelungen (2007)

29 *Alexander Puschkin:* Pique Dame (1834). Mit Kommentaren von Barbara Aufschnaiter/Dunja Brötz und Friedrich-Christian Schroeder (2007)

30 *Georg Büchner:* Danton's Tod. Dramatische Bilder aus Frankreichs Schreckensherrschaft. Mit Kommentaren von Sven Kramer und Bodo Pieroth (2007)

31 *Daniel Halft:* Die Szene wird zum Tribunal! Eine Studie zu den Beziehungen von Recht und Literatur am Beispiel des Schauspiels „Cyankali" von Friedrich Wolf (2007)

32 *Erich Wulffen:* Kriminalpsychologie und Psychopathologie in Schillers Räubern (1907). Herausgegeben von Jürgen Seul (2007)

33 *Klaus Lüderssen:* Produktive Spiegelungen: Recht in Literatur, Theater und Film. Band II (2007)

34 *Albert Camus:* Der Fall. Roman (1956). Mit Kommentaren von Brigitte Sändig und Sven Grotendiek (2008)

35 *Thomas Vormbaum (Hrsg.):* Pest, Folter und Schandsäule. Der Mailänder Prozess wegen „Pestschmierereien" in Rechtskritik und Literatur. Mit Kommentaren von Ezequiel Malarino und Helmut C. Jacobs (2008)

36 *E. T. A. Hoffmann:* Das Fräulein von Scuderi - Erzählung aus dem Zeitalter Ludwigs des Vierzehnten (1819). Mit Kommentaren von Heinz Müller-Dietz und Marion Bönnighausen (2010)

37 *Leonardo Sciascia:* Der Tag der Eule. Mit Kommentaren von Gisela Schlüter und Daniele Negri (2010)

**Abteilung 7: Beiträge zur Anwaltsgeschichte**

Mitherausgegeben von Gerhard Jungfer, Dr. Tilmann Krach und Prof. Dr. Hinrich Rüping

1 *Babette Tondorf:* Strafverteidigung in der Frühphase des reformierten Strafprozesses. Das Hochverratsverfahren gegen die badischen Aufständischen Gustav Struve und Karl Blind (1848/49), (2006)
2 *Hinrich Rüping:* Rechtsanwälte im Bezirk Celle während des Nationalsozialismus (2007)

**Abteilung 8: Judaica**

1 *Hannes Ludyga:* Philipp Auerbach (1906–1952). „Staatskommissar für rassisch, religiös und politisch Verfolgte" (2005)
2 *Thomas Vormbaum:* Der Judeneid im 19. Jahrhundert, vornehmlich in Preußen. Ein Beitrag zur juristischen Zeitgeschichte (2006)
3 *Hannes Ludyga:* Die Rechtsstellung der Juden in Bayern von 1819 bis 1918. Studie im Spiegel der Verhandlungen der Kammer der Abgeordneten des bayerischen Landtags (2007)

FSC
www.fsc.org
MIX
Papier | Fördert gute Waldnutzung
FSC® C083411

Kolibri 360 GmbH
Ferdinand-Jühlke-Straße 7
99095 Erfurt, Deutschland
produktsicherheit@kolibri360.de